María do Mar Castro Varela, Nikita Dhawan
Postkoloniale Theorie

Cultural Studies | Herausgegeben von Rainer Winter | Band 36

María do Mar Castro Varela (Dr. rer. soc.), Diplom-Psychologin, Diplom-Pädagogin und promovierte Politikwissenschaftlerin, ist Professorin für Allgemeine Pädagogik und Soziale Arbeit an der Alice Salomon Hochschule in Berlin. Forschungs- und Interessensschwerpunkte: Postkoloniale Theorie und Holocaust Studies, Soziale Gerechtigkeit, Critical Pedagogy. Veröffentlichungen u.a.: »Unzeitgemäße Utopien. Migrantinnen zwischen Selbsterfindung und Gelehrter Hoffnung« (2007), »Soziale (Un)Gerechtigkeit« (2011, hg. gem. mit Nikita Dhawan).
Nikita Dhawan (Dr. phil.) ist Professorin für Politikwissenschaft an der Leopold-Franzen Universität Innsbruck und Direktorin des Frankfurt Research Center for Postcolonial Studies, Exzellenzcluster »Die Herausbildung normativer Ordnungen«, Goethe Universität Frankfurt am Main. Forschungs- und Interessensschwerpunkte: Transnationaler Feminismus, Globale Gerechtigkeit, Menschenrechte, Demokratie und Dekolonisierung. Veröffentlichungen u.a.: »Impossible Speech: On the Politics of Silence and Violence« (2007), »Decolonizing Enlightenment: Transnational Justice, Human Rights and Democracy in a Postcolonial World« (2014, hg.).

María do Mar Castro Varela, Nikita Dhawan

Postkoloniale Theorie

Eine kritische Einführung

(2., komplett überarbeitete Auflage)

[transcript]

Bibliografische Information der Deutschen Nationalbibliothek
Die Deutsche Nationalbibliothek verzeichnet diese Publikation in der Deutschen Nationalbibliografie; detaillierte bibliografische Daten sind im Internet über http://dnb.d-nb.de abrufbar.

Umschlaggestaltung: Kordula Röckenhaus, Bielefeld
Umschlagabbildung: »Tipu's Tiger«, emblematic organ, 1790.
Victoria and Albert Museum London.
Lektorat: Kai Reinhardt, Bielefeld
Korrektorat: Elisa Bertelmann, Löhne
Satz: Mark-Sebastian Schneider, Bielefeld
Printed in Germany
Print-ISBN 978-3-8376-1148-9
PDF-ISBN 978-3-8394-1148-3
EPUB-ISBN 978-3-7328-1148-9

Gedruckt auf alterungsbeständigem Papier mit chlorfrei gebleichtem Zellstoff.
Besuchen Sie uns im Internet: *http://www.transcript-verlag.de*
Bitte fordern Sie unser Gesamtverzeichnis und andere Broschüren an unter: *info@transcript-verlag.de*

Inhalt

Bildnachweis

»Tipu's Tiger«, emblematic organ, 1790. Victoria and Albert Museum London. »Tipu's Tiger« ist ein Musikautomat, der für Tipu – von 1782-1799 der Sultan von Mysore in Südindien – angefertigt wurde. Die geschnitzte und bemalte Holzbox repräsentiert einen brüllenden Tiger, der einen britischen Soldaten angreift. Dazu macht die Box entsprechende Geräusche. Der Tiger ist gleichzeitig Tipus persönliches Emblem und deutet auf den Hass gegen die britische East India Company.

Vorwort zur 2. Auflage

Seit der ersten Auflage der vorliegenden Einführung in die postkoloniale Theorie (2005) haben sich postkoloniale Ansätze im deutschsprachigen Raum weiter ausgebreitet und sind aus kritischen Perspektiven nicht mehr wegzudenken. Im angloamerikanischen Raum hingegen ist die postkoloniale Theorie innerhalb der Geistes-, Kultur- und Sozialwissenschaften nicht nur angekommen, sondern hat sich tatsächlich etabliert. Die prominenten Namen, die mit dieser Theorierichtung assoziiert werden, werden hofiert. Viele besetzen nun einflussreiche Positionen – zumeist an US-amerikanischen Universitäten.

Kritik an postkolonialen Theorieperspektiven ist zwar weiterhin vernehmbar, aber eine grundsätzliche Hinterfragung findet kaum noch statt. Eine enorme Dynamik hat sich entfaltet: Studien, die die Paradigmen, Konzepte und Strategien der postkolonialen Theorie zum Einsatz bringen, sind zahlreich. Sie behandeln so diverse Themen, dass die Sammelbände, die immer wieder herausgegeben werden, die Vielfalt kaum zu bündeln in der Lage sind. Im Gegenteil: Jeder Band ist von Lücken gekennzeichnet.

Diese zweite Auflage der Einführung sollte eigentlich lediglich durch die Nachzeichnung einiger Entwicklungen ergänzt werden. Zudem sollten die Neuerscheinungen von (beziehungsweise zu) Said, Spivak und Bhabha besprochen werden und Fehler, die sich bei der ersten Auflage eingeschlichen hatten, korrigiert werden. Angedacht war dies schon vor einigen Jahren und es war unter anderem die unglaubliche Fülle des zu bearbeitenden Materials, die das Erscheinen der zweiten Auflage immer wieder nach hinten verschoben hat. Wir haben nun versucht, einen querschnittsartigen Einblick in die postkoloniale Theorie zu eröffnen – in der Hoffnung, dass sich Lesende finden, die hier Themen und Fragestellungen entdecken, die sie in ihrer wissenschaftlichen und politischen Arbeit weiterverfolgen möchten.

Die zunehmende Anerkennung postkolonialer Perspektiven hat auch dazu geführt, dass wir beide zahlreichen, oft internationalen Einladungen gefolgt sind und eine große Anzahl von Aufsätzen zu spezifischen Themen der postkolonialen Theorie auf Anfrage verfasst haben. Auch dies hat dazu beigetragen, dass der Band erst jetzt vorliegt. Andererseits hat dies auch unser Verständnis des postkolonialen Projekts deutlich erweitert.

Unter anderem die Einladungen zu Aufenthalten an die Pusan Universität in Südkorea, an das Institute for International Law and the Humanities der Universität Melbourne in Australien, an das Program of Critical Theory, University of California, Berkeley und Columbia University, New York, USA, an die Universität La Laguna auf Tenerife, Spanien und an die Universität Costa Rica haben uns die Möglichkeit gegeben, unsere Thesen vorzustellen und mit internationalen Kollegen und Kolleginnen und Studierenden intensiv zu diskutieren. Wir möchten uns an dieser Stelle dafür ganz herzlich bei allen Beteiligten bedanken. Die zahlreichen Gespräche mit Gayatri Chakravorty Spivak haben uns zudem immer wieder herausgefordert und unser Denken geschärft.

2009 hat Nikita Dhawan das *Frankfurt Research Center for Postcolonial Studies* (FRCPS) im Rahmen des Exzellenzcluster *Die Herausbildung normativer Ordnungen* an der Goethe-Universität Frankfurt am Main begründet, welches sie bis 2016 leiten wird. Das FRCPS hat seit 2009 unermüdlich prominente postkoloniale Theoretiker/-innen nicht nur aus den USA, sondern auch aus Lateinamerika, Afrika und Asien eingeladen, um über postkoloniale Themen auf hohem Niveau zu diskutieren. Das etablierte Kolloquium bot zudem jungen Wissenschaftler/-innen, die zum Teil noch isoliert an deutschsprachigen Hochschulen zu postkolonialen Themen arbeiten, einen Raum zum konstruktiven Austausch. Vieles, was wir in dieser neuen Auflage vorlegen, verdanken wir Anregungen, die wir aus Diskussionen bei Veranstaltungen des FRCPS – Kolloquien, Tagungen, Konferenzen etc. – gezogen haben. Mit der Demontage von Forschungsinstitutionen wie das FRCPS bleibt die Dekolonisierung deutschsprachiger Universitäten und akademischer Diskurse eine große Herausforderung. Der Widerstand gegen die Institutionalisierung postkolonialer Kritik und die Integrierung eurozentrismuskritischer Theorien muss, wie wir meinen, grundsätzlich thematisiert werden.

Es bleibt zu wünschen, dass an den Hochschulen mehr Räume geschaffen werden, die die konstruktive Debatte über kritische Ansätze ermöglichen.

Darüber hinaus möchten wir aber auch namentlich denjenigen danken, die das Manuskript unter anderem lektoriert, Übersetzungen angefertigt oder die Literaturangaben überprüft haben. Ohne sie wäre die 2. Auflage sicher immer noch ein Vorhaben. Wir danken Zubair Ahmad, Susanne Bernhart, Elisabeth Fink, Luisa Hoffmann, Joanna James, Anna Krämer, Johanna Leinius, Rirhandu Mageza-Barthel, Anna Millan, Regina Röder und Aylin Zafer.

Für anregende Diskussionen danken wir ganz herzlich unseren Kollegen und Kolleginnen Shalini Randeria, Judith Butler, Dipesh Chakrabarty, Angela Davis, Ilan Kapoor, Wendy Brown, Ann Laura Stoler, Tejaswini Niranjana, Meyda Yeğenoğlu, Ursula Apitzsch, Uta Ruppert, Kira Kosnick, Sundhya Pahuja,

Ratna Kapur, Malathi de Alwis, Diane Ott, Tamara Musfeld, Uta-Maria Walter, Gülay Çağlar, Bélen Martín Lucas, Eva Darias Beautell, Marianna Scarfone, Jamila Mascat, Roxana Reyes, Marwa Arsanios, Liliana Feierstein, Lena Levinas, Aditya Bharadwaj, Emma Wolukau-Wanambwa, Sultan Doughan, Fouziehya Towghi, Ursula Scheidegger, Teresa Orozco, Gabi Rosenstreich und Randi Elin Gressgård.

Wir danken aber auch Karin Werner vom transcript Verlag, die uns dazu motiviert hat, eine zweite Auflage anzufertigen und eine unendliche Geduld mit uns gezeigt hat, die heutzutage im Verlagswesen nicht mehr selbstverständlich ist. Für das Lektorat des Manuskripts danken wir zudem Kai Reinhardt.

Berlin/Frankfurt am Main im Januar 2015,
María do Mar Castro Varela und Nikita Dhawan

Vorwort zur 1. Auflage

Im Jahre 1883 veröffentlicht der bekannte deutsche Orientalist Friedrich Max Müller unter dem Titel *India, what can it teach us?* seine Vorlesungen für die britischen Bewerber in den *Indian Civil Service (ICS)*. Das Buch gilt als eines der besten Beispiele für das, was Edward Said als die »Orientalisierung des Orients« bezeichnet hat. Als deutscher Orientexperte wurde Müller 1847 von der *East India Company* unter Vertrag genommen, um die *Rigveda*[1] aus dem Sanskrit ins Englische zu übersetzen und sorgfältig zu systematisieren. Müller, der nie einen Fuß auf indischen Boden gesetzt hat, zählte zu den einflussreichsten Indologen. Trotz diesem und vieler anderer Beispiele hielt sich lange Zeit das Vorurteil, im deutschsprachigen Kontext sei postkoloniale Theorie kaum von Relevanz, da weder Deutschland noch Österreich – und noch weniger die Schweiz – historisch zu den großen Kolonialmächten gehört haben. Stabilisiert wurde diese Annahme durch Argumente, die unerfreulicherweise von einigen Vertretern der postkolonialen Theorie selbst geliefert wurden. Edward Said hat sich z.B. in seiner berühmten Studie *Orientalism* gegen eine Analyse des spezifisch deutschen Orientalismus ausgesprochen und dies damit begründet, dass Deutschland nie eine imperiale Pioniermacht und insoweit im Unterschied zu der »anglo-französisch-amerikanischen Erfahrung des Orients« nur nachrangig gewesen sei (Said 1978: 16ff.). Im Gegensatz dazu führt Gayatri C. Spivak aus, dass ›Deutschland‹ kulturell und intellektuell gesehen im 19. Jahrhundert eine der Hauptquellen sorgfältigster orientalistischer Gelehrsamkeit darstellte – gingen doch von diesem geopolitischen Ort eine Vielzahl autoritative, mit universellen Ansprüchen ausgestattete orientalistische Erzählungen aus (Spivak 1999a: 8). Ob nun Kant, Hegel oder Marx – die Produktionen dieser philosophischen Autoritäten, die Spivak zu Recht als Quelltexte »einer europäischen ethisch-politischen Selbstrepräsentation«

1 | Die *Rigveda ist der älteste Teil der vier Veden und zählt zu den wichtigsten Schriften des Hinduismus*. Sie gilt als die älteste mündlich überlieferte Textsammlung Indiens und ist ca. 1000 Jahre vor unserer Zeitrechnung entstanden.

(ebd.: 9) bezeichnet hat, haben keinen spezifisch akademisch kontrollierten Imperialismus installiert oder konsolidiert.

Als kritische Intervention, die interdisziplinär denkt und eine immense Bandbreite an Themen bearbeitet, ist postkoloniale Theorie zweifelsohne von außerordentlicher Relevanz für aktuelle politische Auseinandersetzungen. Die akademischen Wortgefechte reflektieren dabei die politischen Debatten, die mit dem Beginn einer weltumspannenden Antiglobalisierungsbewegung ein neu erwachtes Interesse an imperialer Herrschaft, Neokolonialismus und Migrationsbewegungen hervorgebracht haben. Wir haben es hier mit einer spannenden Pendelbewegung zu tun, bei der auf der einen Seite Theorie politisiert wird, um auf der anderen Seite neue Politisierungsformen über theoretische Debatten zu erschließen. Postkoloniale Theorie untersucht dabei sowohl den Prozess der Kolonisierung als auch den einer fortwährenden Dekolonisierung und Rekolonisierung. Die Perspektive auf den (Neo-)Kolonialismus beschränkt sich dabei nicht auf eine brutale militärische Besetzung und Ausplünderung geographischer Territorien, sondern umfasst auch die Produktion epistemischer Gewalt.

Theoretisch zeigt sich der Postkolonialismus vor allem stark durch marxistische und poststrukturalistische Ansätze beeinflusst. Während poststrukturalistische Herangehensweisen zur Kritik an westlichen Epistemologien und zur Theoretisierung einer eurozentrischen Gewalt beigetragen haben, schafft die marxistische Perspektive eine Basis für eine Kritik, welche die internationale Arbeitsteilung[2] und die aktuellen Prozesse des Neokolonialismus und der Rekolonisierung in den Blick nimmt. Postkoloniale Theorie gilt als die kontinuierliche Verhandlung dieser beiden scheinbar gegensätzlichen Erkenntnismodi. Allerdings kann kaum von einer einheitlichen, wohl strukturierten Theorie gesprochen werden, denn unter dem Etikett werden durchaus unterschiedliche Theoretiker/-innen, die sich zudem in einem kontinuierlichen Schlagabtausch zu befinden scheinen, zusammengefasst.

Das vorliegende Buch bietet einen ersten Überblick über die aktuellen Diskussionen innerhalb postkolonialer Theorie. Dafür werden die drei prominentesten Figuren – Edward W. Said, Gayatri C. Spivak und Homi K. Bhabha – und

2 | Die internationale Arbeitsteilung zeigt die kapitalistische Beziehung zwischen den Ländern des globalen Südens und Nordens auf. Während der Norden Kapital in Ländern des Südens investiert, stellen diese Standorte für Investitionen aus dem Norden bereit. Sie bleiben nicht nur gekennzeichnet durch niedrige soziale und ökologische Standards, sondern stellen zudem auch genügend ausbeutbare Arbeitskraft bereit. Die Verlagerung von Produktionsstätten in so genannte Billiglohnländer des globalen Südens stabilisiert dabei kontinuierlich die internationale Arbeitsteilung, die eine direkte Folge des Kolonialismus darstellt und von der alle im Norden verorteten Menschen mehr oder weniger profitieren.

ihre wichtigsten Konzepte – etwa »Orientalismus«, »Subalterne« und »Hybridität« – exemplarisch dargelegt. Die diversen theoretischen Betrachtungen dieser drei Literaturwissenschaftler/-innen bilden u.E. einen guten Startpunkt in postkoloniale Debatten. Darüber hinaus sollen die grundsätzlichen Begrifflichkeiten wie etwa »Kolonialismus«, »Imperialismus« und »Postkolonialismus« und die wichtigsten Kontroversen um postkoloniale Theorie präsentiert werden.

Es brauchte seine Zeit, bis im deutschsprachigen Kontext von einer merklichen Rezeption postkolonialer Theorie gesprochen werden konnte. Insoweit ließe sich zu Recht fragen, ob es zum jetzigen Zeitpunkt – wo sich diese langsam etabliert – sinnvoll ist, eine *kritische* Einführung vorzulegen. Ein solches Unternehmen riskiert – so ließe sich einwenden –, die Bedeutung postkolonialer Theorie anzuzweifeln, noch ehe sie sich einen Platz im kritischen Diskurs sichern konnte. Wir würden allerdings auf solcherlei Einwände mit Spivak entgegnen, dass die ernsthafteste Kritik immer diejenige ist, die etwas Nützliches kritisiert. Die Anstöße, die aus der Richtung postkolonialer Theorie kommen, sind nicht nur wissenschaftlich fruchtbar, sondern auch politisch wichtig und notwendig, weswegen wir uns die Mühe gemacht haben, die signifikante politische und theoretische Kritik an ihr zusammenzutragen. Der von nicht wenigen im deutschsprachigen Raum an den Tag gelegte Enthusiasmus und die damit häufig einhergehende unreflektierte Vereinnahmung postkolonialer Konzepte für partikulare politische Interessen erscheinen uns beachtenswert. Aus diesen Gründen haben wir uns bei der Vorstellung postkolonialer Theorie dazu entschieden, nicht nur die bedeutsamsten Argumente, sondern auch kontroverse Stimmen zu Wort kommen zu lassen. Anstatt also eine allzu simple Zelebrierung von Postkolonialität zu präsentieren, haben wir auch der anderen Seite der Debatte – der Kritik an den einzelnen theoretischen Positionen – Raum gewährt, so dass sich beim Lesen des Buches die Bandbreite von Meinungen, Positionen und Perspektiven erschließt. Dies soll nicht nur zu einem besseren Verständnis von postkolonialer Theorie beitragen, sondern auch die Lebendigkeit und Ernsthaftigkeit der Verhandlungen dokumentieren.

Bedauerlicherweise sind viele postkoloniale Studien und Essays bisher nicht ins Deutsche übertragen worden, so dass die Teilnahme an den spannenden und kontroversen Auseinandersetzungen auf die Gruppe der englischsprachigen Leser- und Zuhörerschaft beschränkt ist. Deswegen ist ein Ziel dieses Buches, postkoloniale Interventionen im deutschsprachigen Kontext zu vitalisieren. Wir verbinden damit nicht nur die Hoffnung, dass die Gruppe der Interessierten an postkolonialer Theorie erweitert, sondern auch, dass der postkoloniale Diskurs pluralisiert wird. Wie jede kritische Theorie lebt auch die postkoloniale Theorie von der Debatte. Thesen werden präsentiert und sogleich angegriffen und hinterfragt. Es ist in den Zwischenräumen der Dispute, wo sich unserer Ansicht nach Möglichkeiten des Widerstands bieten und sich neue Politikformen finden lassen – und nicht in den zu ›Wahrheit‹ gefrorenen Argumenten dieser Autorin oder jenes Autors. In diesem Sinne plädieren wir mit Spivak für »Freiheit für den Widerspruch« (Spivak 1999b: 39).

DANKSAGUNG

Ein Buch zu schreiben ist wie eine indische Hochzeit – es ist unmöglich, dabei *alle* glücklich zu machen! Sedef Gümen, Antke Engel, Vathsala Aithal, Gisela Ott-Gerlach, Meher Bhoot, Stephan Bundschuh, Tülay Arslan, Birgit Jagusch, Güler Arapi, Irene Franken, Eri Park, Liliana Feierstein, Anja Weiß, Sylvia Nagel, Silvia Osei, Uschi Wachendorfer, Jyoti Sabharwal, Nutan Sarawagi, Priyadarshi Jetli, Nina Gantert, Shwetha Rao, Rahul Warke und unsere Eltern Estrella Varela Pazos, Carlos Castro Pena, Nimmi und Suresh Dhawan haben wir, so hoffen wir zumindest, glücklich gemacht! Wir danken ihnen ganz herzlich für die liebevolle, freundschaftliche und kritische Begleitung dieses Projekts.

Dem transcript Verlag danken wir für das entgegengebrachte Vertrauen und die gute Betreuung!

Köln im März 2005,
María do Mar Castro Varela und Nikita Dhawan

I. Kolonialismus, Antikolonialismus und postkoloniale Studien

»Wir leben alle in einer postkolonialen Welt, nicht nur jene Menschen in und aus ehemals kolonisierten Gebieten.« (Eckert/Randeria 2009: 11)

Trotz aller Versuche der Klärung bleibt der Begriff »postkolonial« unscharf und heiß debattiert. Beschrieb er in den 1970er Jahren noch die Lage ehemaliger Kolonien, die die Unabhängigkeit von der kolonialen Herrschaft errungen hatten, so wurde er in den 1980ern ausgeweitet und bezeichnete fortan alle kolonisierten Regionen und Gemeinschaften – und zwar vom Moment der Kolonisierung bis hin zur Gegenwart (vgl. Ashcroft/Griffiths/Tiffin 1989: 2). Die Perspektiven und Herangehensweisen, die mit postkolonialer Kritik assoziiert werden, finden dabei auch Anwendung auf die Bedingungen so genannter »interner Kolonien« innerhalb des Westens – etwa Schottland, Irland und Wales (vgl. etwa Young 2001). Auch postsozialistische Studien wurden durch diese inspiriert (vgl. etwa Todorova 2009). Auf ein Problem mit dem Begriff »postkolonial« weist Ania Loomba hin, die nicht nur das Präfix »post« problematisiert, sondern auch den Terminus »kolonial« in »postkolonial« als Bezeichnung aller vormals kolonisierten Länder. Damit werden, so Loomba, die reichen Traditionen, Ideologien und Geschichten dieser Länder verleugnet – als seien sie erst mit dem Kolonialismus entstanden und nur durch denselben überhaupt bedeutsam (vgl. 1998: 17). Dagegen wertet etwa der nigerianische Historiker Jacob Ade Ajayi die »Kolonialperiode [...] lediglich [als] eine ›Episode‹ im langen Kontinuum der afrikanischen Geschichte« (Eckert 2006: 60). Kolonialismus hat nicht auf einer *Tabula rasa* stattgefunden. Wenngleich die präkolonialen Geschichten heute schwer nachzuzeichnen sind – gegeben hat es sie. Dies impliziert, dass die präkolonialen Strukturen in die kolonialen hineingewirkt haben. Shalini Randeria spricht in diesem Zusammenhang von »verwobenen Geschichten« (*entangled histories*, Conrad/Randeria 2002: 17) und beschreibt damit eine relationale Perspektive, die die Unmöglichkeit aufzeigt, eine Geschichte des Westens ohne die Geschichte der kolonisierten Länder zu schreiben und *vice versa*: »[D]ie moderne Geschichte [ist] als ein Ensemble von Verflechtungen aufzufassen.« (Ebd.) Postkoloniale Theorie nimmt gewissermaßen die Herausforderung einer solchen transnationalen Geschichtsschreibung ernst. Folgerichtig untersucht sie Kolonialismus und Imperialismus als ein europäisches wie außereuropäisches Gesamtphänomen.[1]

Postkolonialismus kann dabei nicht einfach als etwas gedacht werden, dass ›nach‹ dem Kolonialismus eingetreten ist, sondern muss als eine Widerstandsform gegen die koloniale Herrschaft und ihre Konsequenzen betrachtet werden. Anstatt also Geschichte als lineare Progression zu betrachten, wendet sich postkoloniale Theorie den Komplexitäten und Widersprüchen historischer Prozesse zu. Und so komplex, wie sich die Kolonisierung und ihre Folgen zeigen, so kompliziert und uneindeutig stellen sich selbstverständlich auch Dekolonisierungsprozesse dar. Soll »postkolonial« nicht nur einen technischen Machttransfer andeuten, so verlangt dies danach, die Brüche und Widersprüche insbesondere der Dekolonisierungsprozesse herauszuarbeiten (vgl. Loomba 1998: 10).

Zudem ist der Prozess der Dekolonisierung ein kontinuierlicher, der sich jedoch nicht als fortschreitend darstellen lässt. Neokolonialismus (siehe Nkrumah 1965) und Rekolonisierungstendenzen zeigen vielmehr an, dass der Kolonialismus immer neue Wege findet und Strategien entwirft, um sich die Ressourcen der vormals kolonisierten Länder zu sichern. Kolonialismus ist damit nicht ausschließlich Stoff für staubige Geschichtsbücher, denn spezifische Unterdrückungsformen sind durchaus weiterhin aktuell, während andere immer wieder revitalisiert werden. Dasselbe gilt im Übrigen für die facettenreichen Widerstandskämpfe innerhalb des globalen Südens und auch in den Metropolen der imperialen Mächte. Ein uniformes Verständnis von Postkolonialität ist mithin wenig sinnvoll. Vielmehr verlangt die vorgelegte Diagnose nach einer Kontextsensibilität beim Gebrauch des Begriffes »postkolonial«. Konkurrierende oder supplementierende Begriffe wie »antikolonial« (etwa Fanon 1981 [1961]), »dekolonial« (etwa Mignolo 2007) oder »tricontinental« (Abdel-Malek zit. in Young 2001: 5) zielen in ihren Grundannahmen auf ähn-

1 | In der Herangehensweise finden sich durchaus Parallelen zur Global- bzw. Weltgeschichte, die sich in Deutschland zu Beginn des 21. Jahrhunderts zu etablieren beginnt. In seinem über 1.500-Seiten starken Buch zur Geschichte des 19. Jahrhunderts bemerkt Jürgen Osterhammel, dass es dieser darum gehe, »›Eurozentrismus‹ wie jede andere Art von naiver kultureller Selbstbezogenheit [zu] überwinden« (Osterhammel 2011: 19). Auch die *histoire croisée* (Verflechtungsgeschichte) bietet einen ähnlichen Zugang. Diese versucht die Ansätze der komparativen Sozialgeschichte zu überwinden und stattdessen eben die Verflechtungen zu fokussieren, indem sie eine multiperspektivische transnationale Geschichtsschreibung stark macht (siehe Werner/Zimmermann 2002).

liche Phänomene und Problemfelder: Einerseits wird der noch aktuelle Eurozentrismus in den Wissenschaften und Alltagsvorstellungen *vis-à-vis* des globalen Südens angegriffen (siehe zu Eurozentrismus etwa Wallerstein 1997). Andererseits wird die nicht vollendete Dekolonisierung thematisiert und ein Blickwechsel auf Geschichte und Politik angemahnt – vom globalen Norden hin zum globalen Süden. Unterschiede bestehen vor allem in der Frage, *wie* dieses politische Unternehmen effektiv und möglichst inklusiv zu entwickeln sei. Das Schlüsselmanöver ist jedoch bei all diesen Ansätzen »Intervention«, wie dies Graham Huggan in seiner Einleitung zum *Oxford Handbook of Postcolonial Studies* (2013: 12) schreibt: »Postkoloniale Theorie interveniert in die eurozentrischen Narrative und die damit zusammenhängende Amnesie Europas, um hegemoniale Strukturen zu transformieren.«[2]

Die koloniale Diskursanalyse als wichtiger Teil postkolonialer Theorie repräsentiert einen neuen Weg, Kolonialgeschichte zu lesen, werden hier doch sowohl kulturelle als auch ökonomische Prozesse als sich bedingende Formationen des Kolonialismus betrachtet. Eines der Ziele solcher Analysen ist deswegen, über die Untersuchung der Überschneidungen von Ideen und Institutionen – etwa Wissen und Macht im Sinne Foucaults – den Blickwinkel kolonialer Studien zu erweitern. Neben den offenkundigen materiellen Seiten kolonialer Herrschaft wird die gewaltvolle Macht der Repräsentation untersucht. Die koloniale Diskursanalyse insistiert dabei darauf, dass Literatur nur verstanden werden kann, wenn sie gemeinsam mit Geschichte, Politik, Philosophie, Sozialwissenschaften und anderen Disziplinen betrachtet wird. Die scheinbar fixierten Grenzen zwischen Text und Kontext werden radikal problematisiert, um daran die Kontinuitäten von Repräsentationsformen der Kolonisierten und die Praktiken (neo-)kolonialer Macht aufzeigen zu können (vgl. Moore-Gilbert 1998: 8).

Das Aufkommen postkolonialer Studien knüpft dabei an zwei Momente an: zum einen an die Geschichte der Dekolonisierung sowie die Problematisierung dominanter ›Rassen-‹, Kultur-, Sprach- und Klassendiskurse durch die intellektuellen Aktivisten und Aktivistinnen antikolonialer Kämpfe und zum anderen an die Revolutionierung westlich intellektueller Traditionen, welche die gängigen Konzepte von Macht, Subjektivität und Widerstand herauszufordern wussten. Diese zwei Diskurse scheinen sich nur auf den ersten Blick zu widersprechen. Sie bilden *de facto* eine dynamische Einheit (vgl. Loomba 1998: 20; Rangan/Chow 2013). Unter »Postkolonialität« wird in der Folge ein Set diskursiver Praktiken verstanden, die Widerstand leisten gegen Kolonialismus, kolonialistische Ideologien und ihre Hinterlassenschaften (vgl. Adam/Tiffin 1991: vii). Die daraus entstandene postkoloniale Theorie umfasst eine Vielfalt

2 | Alle Zitate aus englischen Originaltexten wurden von den Autorinnen ins Deutsche übertragen.

methodologischer Herangehensweisen, die in einem ausgedehnten interdisziplinären Feld und in den unterschiedlichsten Institutionen zur Anwendung kommen (siehe etwa Schwarz/Ray 2000; Huggan 2013). Fernerhin beschäftigt sie sich heute längst nicht mehr nur mit den Wirkungen der Kolonisierung, sondern bezieht auch die aktuell bestehenden neokolonialen Machtverhältnisse und die diversen »kulturellen Formationen«, die in Folge von Kolonisierung und Migration in den Metropolen entstanden sind, in ihre Analysen ein. Die Verschiebung von ›Dritter Welt‹ zur ›Postkolonie‹ hat dabei zu einer entscheidenden Veränderung der Debatte beigetragen (siehe etwa Mbembe 2001).

Trotz der verspäteten Rezeption[3] sowie der komplexen Geschichte der postkolonialen Kritik in den westlichen Akademien, hat diese zweifelsfrei einen starken Einfluss auf gegenwärtige Modi der Kulturanalyse und Gesellschaftstheorie. Methodologisch bedient sich die postkoloniale Kritik hierfür – auch im Gegensatz zu anderen kolonialismuskritischen Ansätzen – vor allem bei der französischen Theorietradition. Stark rezipiert werden etwa die Schriften von Michel Foucault (1926-1984), Jacques Derrida (1930-2004) und Jacques Lacan (1901-1981). Dabei ist das Verhältnis zur ›hohen Theorie‹ – wie es im anglophonen Sprachraum heißt – bei den drei in diesem Band Vorgestellten (Said, Spivak, Bhabha) durchaus different. Mag dies auch verwirrend sein, so sabotiert es doch die Möglichkeit der Vereinnahmung postkolonialer Theorie durch eine ›Schule‹ oder ›Richtung‹. Dem britischen Literaturwissenschaftler Robert Young zufolge hat diese Herangehensweise eine neue Logik des historischen Schreibens hervorgebracht (1995: 163). Mit einer solchen Aussage setzt er sich im Übrigen von den vehementen Kritikern und Kritikerinnen postkolonialer Theorie ab, die den Einsatz der ›hohen Theorie‹ beklagen (wie etwa Parry 2004: 23), da diese den antikolonialen Widerstand zu einer elitären Veranstaltung werden lasse, der nur wenige folgen könnten. Dagegen haben Young (1995: 163) zufolge Said, Spivak und Bhabha, die er als die »Heilige Dreifaltigkeit« (*Holy Trinity*) der postkolonialen Theorien bezeichnet, eine radikale Rekonzeptionalisierung der Beziehung zwischen Nation, Kultur und Ethnizität ermöglicht, die ohne Zweifel von weit reichender kultureller und politischer Bedeutung ist.

Neben anderen Faktoren ist es die Dominanz des englischsprachigen Kontextes, die dazu geführt hat, dass etwa ›Lateinamerika‹ lange Zeit innerhalb der postkolonialen Theorie nur eine marginale Rolle spielte, obgleich schon sehr früh äußerst inspirierende Arbeiten aus dem Feld der Lateinamerikastu-

---

3 | So erschien der erste Sammelband zur postkolonialen Kritik *The Empire Writes Back*, herausgegeben von den Australiern Bill Ashcroft, Gareth Griffith und Helen Tiffin, erst im Jahre 1989.

dien[4] kamen. Bereits Anfang der 1990er Jahren hat sich in den USA die *Latin American Subaltern Studies Group* gegründet, die es sich zur Aufgabe gemacht hat, die Lateinamerikastudien mittels der postkolonialen Perspektive zu revidieren. Inspiriert durch die Arbeiten der *South Asian Subaltern Studies Group*, die sich bereits in den 1970er Jahren um den indischen Historiker Ranajit Guha gründete, beschäftigten sich die Mitglieder dieser Gruppe unter anderem mit der Übertragbarkeit von Konzepten wie etwa das der »Subalternität« auf die lateinamerikanische Situation (vgl. Rodríguez 2001: 6ff.). In diesem Sinne analysiert John Beverley (2004) in Anlehnung an Guha die subalternen Widerstandspraktiken der nicht-alphabetisierten indigenen Bevölkerung und führt als Beispiele die mexikanischen Zapatisten und die guatemaltekische Friedensnobelpreisträgerin Rigoberta Menchú an, die als Quiché-Maya geboren wurde, mit 23 Jahren die *Organisation zur Dokumentation und Anklage von Menschenrechtsverletzungen* mitgründete und 1992 den Friedensnobelpreis erhielt. Spannend sind die Studien vor allem dort, wo sie die Grenzen postkolonialer Theorie aufzuzeigen vermögen und neue Perspektiven einbringen (vgl. auch Castro-Gómez/Mendieta 1998). So verweist Walter Mignolo auf »lokale Sensibilitäten« und beschreibt einen lateinamerikanischen »Postokzidentalismus«, dessen Anfänge er auf das Jahr 1918 datiert – als die meisten afrikanischen und asiatischen Ländern noch unter kolonialer Herrschaft waren. Zu den Theoretikern und Schriftstellern dieser Richtung zählt er unter anderem den Peruaner José Carlos Mariátegui (1894-1930), den Brasilianer Darcy Ribeiro (1922-1997) und den Kubaner Roberto Fernández Retamar (geb. 1930). Seiner Meinung nach artikulieren diese Autoren eine kritische Antwort auf das soziale und wissenschaftliche Projekt der Moderne im Zuge der imperialistischen Globalisierung. Die hier *von* Lateinamerikanern *in* Lateinamerika *für* Lateinamerikaner/-innen produzierten Diskurse vermögen die eurozentrische Epistemologie der Moderne zu durchbrechen, die schließlich das kolonialistische Projekt einer fortschreitenden Verwestlichung begleitet hat (vgl. Mignolo 1993, 2005).

Die Arbeiten der *Latin American Subaltern Studies Group* wurden allerdings sehr bald heftiger Kritik ausgesetzt. So klagt etwa Mabel Moraña die Gruppe eines »theoretischen Handels« (*theoretical trafficking*, Moraña 1998: 243) von der ›Dritten Welt‹ in die ›Erste Welt‹ an. Darüber hinaus bemerkt sie, dass die Dominierung der Lateinamerikastudien durch die US-amerikanischen Hochschulen ein weiteres Mal das hegemoniale Verhältnis der USA *vis-à-vis*

4 | In den USA haben die *Latin American Studies* (LAS) eine lange Tradition und wurden insbesondere in Zeiten des Kalten Krieges von der US-Regierung großzügig gefördert. Häufig wurde die enge Zusammenarbeit der universitären *Area Studies* mit den US-Regierungsabteilungen kritisiert. Ein etwas differenzierteres und dennoch kritisches Bild zeichnet Helen Delpar (2008).

›Lateinamerika‹ stabilisiert (ebd.). Aufgrund der starken Kritik von außen und internen Debatten löste sich die Gruppe im Jahre 2000 auf. Einige der damaligen Mitstreiter gehören heute zur Kerngruppe der dekolonialen Studien, die Dekolonisierungsprozesse von der Perspektive der »Kolonialität der Macht« (*coloniality of power*, Quijano 2000) aus untersuchen und im Gegensatz zu den meisten anderen postkolonialen Studien zentral Lateinamerika fokussieren.

Der Kampf um Dekolonisierung hat nicht nur verschiedene Strategien hervorgebracht und diverse Phasen durchlaufen, sondern auch unlösbare interne Kämpfe transparent werden lassen. Diese drehen sich immer wieder um Fragen der Repräsentation und der materiellen Dominanzverhältnisse wie auch um die Beziehung von Theorie und politischem Aktivismus. Aber auch die Frage nach der ›richtigen‹ Theorie wird immer wieder gestellt. Wie kann das (post-)koloniale Verhältnis beschrieben werden – unter Hinzuziehung marxistischer Paradigmen oder dekonstruktiver Lesarten? Wie kann antikolonialer Widerstand adäquat repräsentiert werden – durch die Analyse von Diskursen oder nur unter Hinzuziehung sozialistischer Beschreibungen von Unterdrückung? Ist es irreführend oder ein unzulässiger Euphemismus, von *Post*kolonialismus zu sprechen? Welche philosophischen Herangehensweise erscheinen sinnvoller: die Hermeneutik, die Systemtheorie, feministische oder poststrukturalistische Ansätze? Geht es um Supplementierung oder ein Entweder-Oder? Das sind nur einige wenige Fragen, die das Feld der postkolonialen Studien durchziehen und es dadurch so spannend und politisch sowie theoretisch herausfordernd machen.

Kolonialismus und Imperialismus

Obschon immer noch behauptet wird, postkoloniale Theorie hätte im deutschen Kontext keine wirkliche Bedeutung, da Deutschland nie eine große Kolonialmacht gewesen sei, hat die postkoloniale Theorie im deutschsprachigen Raum in den letzten Jahren zahlreiche Studien inspiriert und gerahmt. Parallel dazu hat auch die Beschäftigung mit der deutschen Kolonialgeschichte inner- und außerhalb der Hochschulen beachtlich zugenommen. Gründe hierfür sind sicherlich einerseits politische Debatten zum Kolonialismus, die in den Medien große Aufmerksamkeit erhielten: etwa die Klage der Herero gegen die Bundesrepublik Deutschland[5] oder die Auseinandersetzungen um

5 | Die *Herero People's Reparations Corporation* reichte am 19. September 2001 Schadensersatzklagen über insgesamt vier Milliarden US-Dollar gegen die Bundesrepublik Deutschland, die Deutsche Bank, die Deutsche Afrika Linien (DAL) und den Baugeräte-Hersteller Terex ein. Die Herero benennen als Grund für die Klage Verstrikkungen in Völkermord und Verbrechen gegen die Menschlichkeit. Die Bundesrepublik

das Humboldt-Forum in Berlin, in dem Exponate aus dem Ethnologischen Museum Dahlem ausgestellt werden sollen. Die Kritiker/-innen sprechen von »Beutekunst«, die Befürworter/-innen von »preußischen Kulturbesitz«.

Es ist wahrlich problematisch, über das Ausmaß *direkter* kolonialer Interventionen einen Rückschluss auf die allgemeine Bedeutung des Kolonialismus[6] für die einzelnen Nationalstaaten zu ziehen (vgl. Eckert/Wirz 2002)[7], denn, wie die postkoloniale Theorie aufzeigen konnte, war es keiner Region dieser Erde möglich, den Wirkungen kolonialer Herrschaft zu entkommen. Aus diesem Grunde weisen nicht nur Deutschland und das heutige Namibia eine koloniale Beziehung auf, koloniale Diskurse und Praktiken haben auch in Ländern, die nie direkt kolonisiert wurden, tiefe Spuren hinterlassen. So war auch die Schweiz, die nie als Kolonialmacht aufgetreten ist, tief in den Sklavenhandel verstrickt (vgl. etwa David et al. 2005). Deutschland wiederum hat einerseits keinen kolonialen Einfluss von der Größe etwa Großbritanniens, Frankreichs oder Spaniens ausgeübt und gilt deswegen vielen als gescheiterte Kolonialmacht. Andererseits stellt der deutsche Historiker Winfried Speitkamp fest, dass das Deutsche Reich bis zum Vorabend des Ersten Weltkrieges ein koloniales Imperium – mit Kolonien in Afrika als auch in Nordostchina sowie im Pazifik – aufgebaut hatte, dass »hinter Großbritannien, Frankreich und die Niederlanden an vierter Stelle stand« (Speitkamp 2005: 39; siehe auch Conrad 2008: 22).

Der französische Jurist und Ökonom Arthur Girault (1865-1931), für den der Kolonialismus eine Frage der »Pflichterfüllung« war, kam kurz nach dem Ersten Weltkrieg zu dem Ergebnis, »das Festland der Erde sei zu etwa der Hälfte

---

Deutschland soll als Rechtsnachfolgerin des Deutschen Reiches belangt werden. Die frühere Reederei Woermann, die heutige Deutsche Afrika Linien (DAL), hatte lange Zeit ein Monopol auf den gesamten Warenverkehr zwischen dem Deutschen Reich und Südwestafrika. Sie transportierte unter anderem die notwendigen Soldaten, Pferde und Waffen nach Deutschland-Südwest, die den Genozid erst möglich machten. Die Klage hatte keine Aussicht auf Erfolg, brachte aber die Kolonialgeschichte Deutschlands wieder ins öffentliche Bewusstsein.

6 | Zumeist wird angenommen, dass das Wort ›Kolonialismus‹ sich von dem lateinischen *colonia* ableiten lässt, was so viel wie ›Farm‹ oder ›Siedlung‹ bedeutet und vom römischen Imperium zur Beschreibung ihrer Siedlungen in anderen Ländern diente. V.Y. Mudimbe (1988: 1) macht allerdings auf eine andere mögliche Etymologie aufmerksam: das lateinische Wort *colere*, welches so viel wie ›kultivieren‹ oder ›gestalten‹ bedeute und die Wahrnehmung der Kolonien als frei gestaltbare Territorien nachzeichnet.

7 | Die Alltagswelt und Imaginationen auch der Länder, die nicht als (große) Kolonialmächte gelten, sind tief geprägt von der kolonialistischen Begegnung. So gehören nicht nur Produkte wie Kartoffeln, Zucker und Kaffee zur alltäglichen Nahrung, sondern auch rassistische Bilderwelten.

von Kolonien bedeckt. Mehr als 600 Millionen Menschen, d.h. ungefähr zwei Fünftel der [damaligen] Weltbevölkerung, unterstünden kolonialer Herrschaft: 440 Millionen in Asien, 120 Millionen in Afrika, 60 Millionen in Ozeanien und 14 Millionen in Amerika.« (Osterhammel 2003: 29) Allerdings führt der Mitbegründer der britischen *Cultural Studies* Stuart Hall richtig aus, dass der Begriff der »Kolonisierung« wie auch der des »Postkolonialen« nicht nur auf die Quadratmeter okkupiertes Land, sondern vielmehr auf ein Kräftefeld verweisen, welches von Macht und Wissen regiert wird. Eine Unterscheidung in »Kolonisierung als einem Herrschafts-, Macht- und Ausbeutungssystem und Kolonisierung als einem Erkenntnis- und Repräsentationssystem« sei deswegen hinderlich und zurückzuweisen (Hall 2002: 237). Tatsächlich beruht der koloniale Diskurs essentiell auf einer Bedeutungsfixierung, die in der Konstruktion und Festsetzung der ausnahmslos Anderen zum Ausdruck kommt. Die gewaltvolle Repräsentation der Anderen als unverrückbar different war notwendiger Bestandteil der Konstruktion eines souveränen, überlegenen europäischen Selbst (siehe etwa Said 1978; Mignolo 2005).

Die moderne Kolonisierung beginnt bekanntermaßen 1492 mit der vom spanischen Königshaus finanzierten ›Entdeckungsreise‹ des Genuesischen Schifffahrers Christoph Kolumbus (1451-1506).[8] Es war dabei nicht allein die Gier nach Rohstoffen, die die Expeditionen motivierten und in der Folge eine europäische Kolonisierung in Gang setzte, welche von einer brutalen Plünderung der beherrschten Territorien, Genoziden[9] und der schrittweisen Etablie-

8 | Im Bestreben, auf dem westlichen Seeweg von Europa nach Ostasien zu gelangen, stach Kolumbus am 3. August 1492 von den Kanarischen Inseln aus in See und erreichte am 12. Oktober 1492 die Karibischen Inseln, obschon er bekanntermaßen eigentlich Quin-sai (Hangzhou) erreichen wollte. Seinerzeit verstand man unter »*las Indias*« einen Raum, der Indien, aber auch Teile Chinas umfasste. Kolumbus glaubte, dieses Indien erreicht zu haben und gab den Einheimischen deswegen den Namen »Indios«. Nachdem er erst eine kleinere Insel ansteuerte, landete er schließlich auf einer der größten karibischen Inseln. Sie beheimatet heute die Staaten Haiti und die Dominikanische Republik. Kolumbus taufte die Insel »*Hispaniola*«. Sie gilt als die erste Kolonie des spanischen Königreichs (Kastilien und Aragon) in der so genannten ›Neuen Welt‹. Kolumbus wird ihr Gouverneur und Vizekönig (vgl. etwa die klassische historische Darstellung von Salvador de Madariaga 1947; siehe auch Elliott 2002).

9 | Massenmorde und -vergewaltigungen waren während der ersten Phase der Kolonisierung nichts Außergewöhnliches. Hinzu kommt, dass etwa die Hälfte der indigenen Bevölkerung Nord- und Südamerikas sowie der Karibik durch die Einfuhr von Viren und Bakterien (Blattern, Syphilis, Pest, Gelbfieber, Mundfäule etc.) aus Europa starb (vgl. etwa Galeano 2003: 63f.; auch Las Casas 1988 [1552]). Der Begriff des »Genozids« wurde erst im Jahre 1943 von dem polnischen Juristen Raphael Lemkin (1900-1959) im Zusammenhang mit dem Holocaust entworfen (siehe etwa Schaller/Zimmerer 2005).

rung eines Sklavenhandels[10], der die Menschen als Arbeitskraftware exportierte, begleitet wurde (vgl. Thomas 2006), sondern auch die wissenschaftliche Neu-Gier (siehe insbesondere Said 1978). Der Prozess der Kolonisierung und die Motivation, sich in Übersee niederzulassen, sind heterogen – und nur langsam gewinnt die historische Forschung einen genaueren Einblick in das koloniale Geschehen. Der Jahrhunderte anhaltende Prozess der Kolonisierung verlief dabei keineswegs uniform. In den differenten Kontexten etablierten sich vielmehr sehr unterschiedliche koloniale Herrschaftssysteme. In einigen Ländern wurden bereits bei der ersten Landeinnahme Genozide begangen, während es in anderen Fällen erst nach Aufständen gegen die koloniale Unterdrückung zum Völkermord kam – in »Deutsch-Südwestafrika«, dem heutigen Namibia, etwa nach dem Herero-Aufstand von 1904, dem bekanntlich Zehntausende zum Opfer fielen (vgl. Zeller/Zimmerer 2003; Zimmerer 2010). Zwischen einigen Ländern hatten über Jahrzehnte Handelsbeziehungen bestanden, bevor Kolonialregierungen eingesetzt wurden, wie etwa im Fall der britischen *East India Company*, dem weltweit ersten transnationalen Konzern.[11]

Allerdings ist der entsprechende deutsche Begriff »Völkermord« wesentlich älter. Er reicht bis in das 18. Jahrhundert zurück und taucht in den politischen Debatten um den europäischen Imperialismus im 19. Jahrhundert regelmäßig auf.

10 | Zur Legitimierung von Sklaverei diente unter anderem der Rassismusdiskurs, der in Form einer Rechtfertigungsideologie auftrat. Die Kolonisierten wurden rassifiziert, d.h. einer Rassenkonstruktion unterworfen, die sie als ›minderwertig‹, ›primitiv‹ und ›unzivilisiert‹ repräsentierte. Einer solchen ›Logik‹ folgend war die Sklaverei nicht inhuman, handelte es sich bei den versklavten Menschen doch nicht um Menschen im eigentlichen Sinne (vgl. etwa Miles 1991: 38ff.).

11 | Die *East India Company* (Ostindische Handelsgesellschaft) wurde 1600 durch die englische Königin Elisabeth I. gegründet und besaß das ausschließliche Privileg, mit Indien und den östlich davon gelegenen Ländern Handel zu betreiben. Nach der Übertragung der Steuerhoheit 1765 hatte sie die faktische Herrschaft über Bengalen inne. Der Regierungskontrolle unterworfen, verlor sie immer mehr ihren Charakter als Handelsgesellschaft und auch ihr Ansehen und wurde nach und nach zur reinen Verwaltungsagentur der britischen Regierung. Nach dem indischen Aufstand von 1857 ging die Herrschaft über Indien ganz auf die englische Krone über, die schließlich in Indien einen Vizekönig einsetzte. Adam Smith (1723-1790), Begründer der klassischen Nationalökonomie, Edmund Burke (1729-1797), Staatsphilosoph und geistiger Vater des Konservativismus, wie auch Karl Marx (1818-1883) gehörten zu den vehementen Kritikern der *East India Company* – wenn auch aus unterschiedlichen Gründen. Smith beschrieb sie als eine der größten Feinde der freien Marktwirtschaft, Burke problematisierte das unethische und undemokratische Vorgehen und für Marx war sie lediglich Träger von Großbritanniens Geldherrschaft (vgl. Robins 2006: xi).

Freilich existierten bereits andere Formen der Okkupation und Beherrschung, bevor im 15. Jahrhundert mit der blutigen Eroberung der Amerikas und der Karibik das Zeitalter des europäischen Kolonialismus eingeläutet wurde. Auch aufgrund der geographischen und historischen Ausmaße muss der Kolonialismus der Neuzeit nichtsdestotrotz als ein Phänomen gelesen werden, welches neue und bis dahin beispiellose Maßstäbe setzte. Dabei ist jeder Versuch, eine erschöpfende und kohärente Beschreibung und Theoretisierung des Kolonialismus zu liefern, unausweichlich zum Scheitern verurteilt, muss eine solche Anstrengung doch unweigerlich in Simplifizierungen münden, die die komplexen und teilweise widersprüchlichen Praktiken der Kolonisierung banalisieren würden. Jürgen Osterhammel, der die Kolonisierung als ein »Phänomen kolossaler Uneindeutigkeit« beschreibt (2003: 8), spricht deswegen von einer »Vielzahl von Geschichten einzelner Kolonialismen« (ebd.: 29; vgl. auch Conrad/Osterhammel 2006: 14f.).

Systematisierungsanstrengungen mit dem Ziel, die Unterschiedlichkeit der Kolonisationsformen beschreibbar zu machen, haben drei grobe Figuren herausarbeiten können. Diese haben sich zur Orientierung als durchaus produktiv erwiesen (vgl. Osterhammel 2003): Zum einen können *»Beherrschungskolonien«* beschrieben werden, in denen nur eine geringe Anzahl von Bürokraten, Geschäftsleuten und Militärangehörigen zum Zwecke der wirtschaftlichen Ausbeutung und der strategischen Absicherung imperialer Politik eingesetzt wurden. Diese Kolonialländer wurden gewissermaßen ferngesteuert vom so genannten ›Mutterland‹ aus regiert. Das klassische Beispiel hierfür ist *British India*, während eine Variation *Hispano América* darstellt. Letztere unterscheidet sich jedoch von *British India* durch die schnelle und enorme europäische Einwanderung, welche eine städtische ›Mischgesellschaft‹ auszubilden verhalf, die schließlich von einer ›kreolischen‹ Minderheit (in den Kolonien geborene Spanier/-innen) und ›Mestizen‹[12] dominiert wurde. Dagegen sind die

---

12 | Einer der Folgen des Kolonialismus ist die Etablierung einer rassistischen Sprache, die eine äußerst differenzierte soziale Hierarchie etabliert hat, die die soziale Position anhand der Herkunft bestimmt (siehe etwa Morales 2008: 490ff.). Die staatlichen Statistiken in den meisten Ländern Lateinamerikas beschreiben nach wie vor die Bevölkerung zum Teil minutiös nach rassistischen Kategorisierungen. Im spanischen Sprachgebrauch ist auch von *castas* (Kasten) die Rede.
In vielen Ländern Lateinamerikas und der Karibik avancierten einige dieser rassistischen Bezeichnungen im Laufe der Geschichte zu positiven Selbstrepräsentationen. Hierzu zählt der Begriff ›Mestize‹, der eine Person indianisch-spanischer Herkunft bezeichnet. Die mexikanisch-amerikanische Chicana-Feministin, Kulturtheoretikerin und Schriftstellerin Gloria Anzaldúa (1942-2004) hat beispielsweise in den 1980er Jahren das Konzept der »neuen Mestizin« (*new mestiza*) eingeführt, das insbesondere in der *Women of Color*-Bewegung der USA großen Anklang fand (siehe Anzaldúa 1999).

so genannten »*Stützpunktkolonien*« das Resultat von Flottenaktionen – hierzu zählen prominent etwa Shanghai oder Malakka. Stützpunktkolonien dienten vor allem logistischen Zwecken bei der maritimen Machtentfaltung. Als dritter Typus können schließlich die »*Siedlungskolonien*« genannt werden, bei denen billiges oder enteignetes Land unter Ausbeutung indigener Arbeitskräfte oder ›eingeführter‹ Sklaven und Sklavinnen bearbeitet und von europäischen Farmern und Plantagenbesitzern verwaltet wurde. Flankiert von militärischen Aktionen wurden so riesige Territorien eingenommen und zur Heimat erklärt. Beispiele hierfür sind etwa die heutige USA, Neuseeland, Australien oder Kanada, in denen der überwiegende Teil der indigenen Bevölkerungen grausamen Genoziden zum Opfer fiel und die überlebenden Nachkommen zu einem Leben in Reservaten gezwungen wurden. In diesem Zusammenhang ist auch von einem »Indigenocide« die Rede (vgl. Evans/Thorpe 2001), der eine systematische Zerstörung der Kultur, Veränderung der Umwelt sowie planvolle sexuelle Ausbeutung der indigenen Bevölkerung bedeutete. Im heutigen Südafrika, einer weiteren ehemals klassischen Siedlungskolonie, wurde die einheimische Bevölkerung dagegen zur Land- und Minenarbeit eingesetzt und damit vom Kolonialstaat nicht nur physisch und ökonomisch ausgebeutet, sondern auch in ein heute noch virulentes ökonomisches Abhängigkeitsverhältnis zur Kolonialmacht gesetzt. Die berüchtigten Apartheidgesetze, die auf die Kolonisation folgten, rechtfertigten dabei die Überausbeutung der einheimischen Bevölkerung. Zur moralischen Legitimierung dieser Gewalttaten wurde der indigenen Bevölkerung wie auch den zu Sklaven und Sklavinnen gemachten Subjekten kurzerhand die Menschlichkeit abgesprochen. Ein wichtiges historisches Beispiel in diesem Zusammenhang ist die so genannte Valladolid-Debatte zwischen dem spanischen Dominikaner und Historiker Juan Ginés de Sepúlveda (1490-1573) und dem ebenfalls spanischen Dominikaner und ersten Erzbischof von Chiapas Bartolomé de las Casas (1484-1566). Retrospektiv betrachtet könnte man die Ansicht vertreten, es habe sich bei dem öffentlichen Disput um eine eher bescheidene koloniale Episode gehandelt. Eine solche Betrachtungsweise verkennt allerdings die enorme Wirkmächtigkeit, die dieses Ereignis entfaltete. Die Debatte fand zwischen 1550 und 1551 in der spanischen Stadt Valladolid statt, nachdem sie von Karl V. – gleichzeitig Carlos I. von Spanien – einberufen wurde. Letztlich sollte sie die Entscheidung darüber bringen, ob die indigene Bevölkerung in den Kolonien als menschlich anzusehen war. Die intellektuelle Auseinandersetzung zwischen zwei prominenten Theologen brachte jedoch im Grunde nur an die Oberfläche, was im Inneren der Kolonialherrschaft beständig diskutiert wurde. Konsequenz des Disputs war unter anderem, dass die Vorstellung vom Menschen als einer universalen Kategorie für immer erschüttert wurde. Sepúlveda vertrat die Ansicht, die indigene Bevölkerung in den kolonisierten Gebieten seien Barbaren und insoweit sei ihre Versklavung gerechtfertigt. Um diese Argumentation zu begründen, stützte er sich schwerpunktmäßig auf die Paradigmen eines aristotelischen Naturrechtsdenkens. Las Casas stand dagegen der Schule von Salamanca nahe und hatte bereits zuvor die grausame Behandlung der Indigenen durch die spanischen Kolonisatoren skandalisiert. Er forderte entsprechend ein Ende des Encomienda-Systems[13] und beschrieb im Gegensatz zu Sepúlveda die indigene Bevölkerung als vernunftbegabt – wenngleich er sie auch als Barbaren bezeichnete. Er hielt es für unabdingbar und eine Frage der Ethik, diesen das Wort Gottes zu bringen. Aus dem Disput ging kein eindeutiger Sieger hervor, doch die Ausbeutung der indigenen Bevölkerung und deren Ausschließung aus der Kategorie ›Mensch‹ sollte weit reichende Folgen für das westliche Denken haben. Wie der Lauf der Geschichte zeigt, sind weder die koloniale Gewaltherrschaft noch die Sklaverei ohne den rechtfertigenden Ausschluss einiger aus der Kategorie »Mensch« – später dann der Kategorie »Staatsbürger/-in« – vorstellbar (siehe auch Mbembe 2001). Und auch der legalisierte Raub von Land, Ressourcen und Wissen ist ohne eine umfassende Rechtfertigungsstrategie kaum denkbar (vgl. auch Mignolo 2000: 29).[14]

Die karibischen Territorien gelten ebenso als Siedlungskolonien. Für sie ist jedoch charakteristisch, dass die versklavten Menschen, die aus Afrika als Arbeitskräfte für die von den europäischen Kolonisatoren bewirtschafteten Plantagen gewaltvoll in diese Länder transportiert wurden, die ökonomischen Strukturen und das soziale Gewebe nachhaltig formten, was diesen Ländern einen grundsätzlich anderen soziopolitischen Charakter verlieh, als dies etwa für afrikanische Siedlungskolonien der Fall war.[15] Beispiele für diesen Kolonialtypus sind Kuba, Haiti, Trinidad und Tobago, Jamaika und Barbados. Neben der Karibik zählen auch Brasilien und die USA zu den Ländern, deren Ökonomien für Jahrhunderte substantiell auf einer Sklaven- und Plantagenökonomie aufbauten (vgl. Osterhammel 2003: 8ff.). Diese Länder erwirtschafteten hierdurch einen enormen Reichtum (vgl. James 1963 [1938]). So gehörte

13 | Das Encomienda-System wurde 1503 von der kastilischen Krone geschaffen. Es übertrug das Land sowie die dort lebende Bevölkerung treuhänderisch an die Konquistadoren – zumeist Söldner – und hat damit Landraub und Sklaverei juristisch legitimiert (vgl. etwa Himmerich y Valencia 1991).

14 | Die Debatte hat historisch auch deswegen eine erhöhte Bedeutsamkeit erlangt, weil sie im Zentrum eines riesigen Imperiums stattfand – und dies zu einer Zeit, in der Glaubensfragen eine deutliche Restrukturierung erfuhren. Bekanntlich herrschte Kaiser Karl V. über ein Reich, in dem die Sonne nie unterging. Sein Imperium übernahm der Enkel der Katholischen Könige Isabella I. und Fernando II. bereits mit 15 Jahren – und seine Herrschaft war von andauernden Religionskriegen bestimmt.

15 | Mit der Genehmigung durch Kaiser Karl V. im Jahre 1517 setzte offiziell der Handel mit afrikanischen Sklaven und Sklavinnen ein und nahm Mitte des 17. Jahrhunderts einen beispiellosen Aufschwung.

Saint Domingue im 18. Jahrhundert zu den reichsten Kolonien Frankreichs. Vor allem Zuckerrohr und Tabak, die im aufkommenden europäischen Bürgertum zu begehrten Produkten aufgestiegen waren, bedurften der spezifischen kostengünstigen Plantagenproduktion, die auf Sklavenarbeit aufbaute. Es gelang den Kolonialländern damit, ein enormes Kapital zu akkumulieren (vgl. etwa Trouillot 1995: 17ff.).

Auch wenn die Einteilung in drei Kolonietypen sinnvoll erscheint, um eine gewisse Systematik zu erhalten, darf dies nicht darüber hinwegtäuschen, dass die verschiedenen Kolonialräume eine hohe Heterogenität aufweisen (vgl. Conrad 2008: 14). Bei allen drei dargestellten Kolonisationsformen handelt es sich um Herrschaftsbeziehungen, die mit physischer, militärischer, epistemologischer und ideologischer Gewalt durchgesetzt und über ›Rasse-‹ und Kulturdiskurse legitimiert wurden. In einer ersten herrischen Geste wurde das kolonisierte Land von den sich selbst als ›Entdecker‹ bezeichnenden Kolonisatoren als *terra nullius* (leeres Land) charakterisiert – ein Rechtsbegriff, den im Übrigen bereits das römische Rechtswesen kannte (siehe etwa Anghie 2006: 745). Dieser besagt, dass unkultiviertes Land, das keiner anerkannten Macht untersteht, niemandem gehört. Damit war eine Rechtsgrundlage geschaffen, die es den europäischen Kolonialmächten ermöglichte, sich bewohnte Gebiete anzueignen und zu kolonisieren. Die in diesem Zusammenhang Verwendung findenden Adjektive ›leer‹ und ›jungfräulich‹ waren hier gleichbedeutend mit ›verfügbar‹ und ›geschichtslos‹: Das Land galt als in jeder nur denkbaren Weise ausbeutbar. Bereits Rosa Luxemburg (1871-1919) stellt in ihrer Studie *Die Akkumulation des Kapitals* (1990 [1913]) fest, dass es eine »beliebte Fiktion« der Kolonisatoren gewesen sei, »alles Land in der Kolonie« (ebd.: 320) den politischen Herrschern zuzuschreiben. Exemplarisch beschreibt sie, wie die britische Kolonialregierung nach und nach die bäuerlichen Gemeinschaften in Indien enteignete (vgl. ebd.: 320f.) – ein brachiales Vorgehen, welches nicht nur den Großgrundbesitz etablierte, sondern auch eine pauperisierte Landbevölkerung hervorbrachte. Luxemburg erklärt dies mit der Notwendigkeit des Kapitalismus, die Naturalwirtschaft zu vernichten (vgl. ebd.: 316f.; siehe auch Löwy 2013).

Die Kolonien entstehen dabei im Sinne der postkolonialen Theorie als ›Kopien‹ des zum ›Original‹ erklärten ›Mutterlandes‹ der Kolonisatoren. Darauf deuten etwa Ortsbezeichnungen wie Nueva Granada, New York, New Amsterdam oder New Zealand hin. Spivak beschreibt diesen Prozess als »Weltmachen« (*worlding*, 1999a: 211f.), was sowohl die Prozesse der Vergewaltigung, Vernichtung und Enteignung als auch die Produktion der ›Dritten Welt‹[16] beschreibt.

16 | Im postkolonialen Diskurs haben sich mehrere Begriffe etabliert, die die hegemonialen globalen Macht- und Herrschaftsstrukturen beschreiben helfen. Die Bezeich-

In den letzten Jahren hat eine breite Auseinandersetzung mit dem deutschen Kolonialismus eingesetzt,[17] die immer häufiger Bezug auf postkoloniale Theorie nimmt. Freilich ist die Bezugnahme nicht immer affirmativ. So schreibt etwa der deutsche Historiker Wolfgang Reinhard in der überarbeiteten

nung ›Erste Welt‹ wird etwa synonym für die ›Länder des Nordens‹ genutzt, die die so genannten G7 – die sieben ›führenden‹ Industrieländer – bezeichnet. Dagegen steht die ›Dritte Welt‹ oder die ›Länder des Südens‹, für die Mitgliedsländer der Gruppe 77, die einen losen Zusammenschluss von über hundertdreißig vormals kolonisierten Staaten darstellt. Als ›Dritte Welt‹ wurden ursprünglich die blockfreien Staaten bezeichnet, die sich im Ost-West-Konflikt des Kalten Krieges weder der ›Ersten Welt‹ noch der ›Zweiten Welt‹ zuordnen lassen wollten. Der Begriff wurde 1952 vom französischen Demographen Alfred Sauvy (1898-1990) geprägt. Er sollte, in Analogie zum ›Dritten Stand‹ vor der Französischen Revolution, jene Länder bezeichnen, welche zwar die Mehrheit der Weltbevölkerung darstellten, aber in der Weltpolitik dennoch rechtlos waren.
1955 fand dann die berühmte Bandung-Konferenz mit Teilnehmenden aus 29 Ländern – allesamt aus Asien oder Afrika – statt. Die Konferenzteilnehmenden übernahmen den Begriff als Selbstbezeichnung. Insgesamt war die Konferenz ein wichtiger Ausdruck politischer Unabhängigkeit vormals kolonisierter Nationalstaaten und gilt als erste postkoloniale internationale Konferenz (vgl. Young 2001: 191f.). Im Zeitalter des Kalten Krieges kam es hier zu der Formulierung einer Perspektive einer bündnisfreien ›Dritten Welt‹, die sich zwischen den Militärblöcken des kapitalistischen Westens (›Erste Welt‹) und der kommunistischen Staatenwelt (›Zweite Welt‹) positionierte. Die Länder der ›Dritten Welt‹ traten hier erstmals als dritte Kraft hervor. Als gemeinsame Ziele wurde unter anderem die Beendigung der Kolonialherrschaft in allen noch nicht unabhängigen Ländern, das Selbstbestimmungsrecht der Völker und die friedliche Zusammenarbeit formuliert. Heute wird diese damals selbstbewusste Bezeichnung ›Dritte Welt‹ häufig nur noch mit ökonomischer ›Unterentwicklung‹ assoziiert. Die Bandung-Konferenz gilt auch als der Vorläufer der Bewegung blockfreier Staaten, die 1961 in Belgrad begründet wurde.
Auch das von Stuart Hall (1992) eingeführte Gegensatzpaar »der Westen und der Rest« findet in der Literatur Verwendung. Anders als dies Moraña, Dussel und Jáuregui (2008: 20, FN 18) darlegen, hat der Postkolonialismus den Begriff ›Dritte Welt‹ nicht einfach ersetzt. Im Gegenteil: Er wird innerhalb postkolonialer Theorie durchaus problematisiert und gleichzeitig in kritischer Weise genutzt (vgl. etwa Young 2001: 4).

17 | Lange Zeit war die deutsche Kolonialismusforschung eine kaum wahrnehmbare Randerscheinung – wobei sich nach dem Zweiten Weltkrieg die Entwicklungen in den Geschichtswissenschaften der Bundesrepublik eklatant von denen in der Deutschen Demokratischen Republik unterschieden. In Ostdeutschland begann eine Aufarbeitung des deutschen Kolonialismus und Imperialismus bereits in den 1950er und 1960er Jahren, während in Westdeutschland der Bezug der deutschen Geschichte zum Kolonialismus entweder nicht betrachtet oder positiv gelesen wurde (vgl. Dietrich 2007: 11f.)

Ausgabe *Kleine Geschichte des Kolonialismus* (2008), dass dieser »Denkschule« – gemeint ist die postkoloniale Theorie – viele »wertvolle Anregungen« (ebd.: 384f.) zur kritischen Auseinandersetzung mit dem Kolonialismus zu verdanken seien. »Ihre Grundannahmen« seien aber »nichtsdestoweniger nicht zu halten und streng genommen sogar von ihr selbst widerlegt worden« (ebd.: 385). Die Argumente hierfür muten indes seltsam an, behauptet Reinhard doch, aufgrund der Kolonisierung und den damit einhergehenden Prozessen der Hybridisierung könne nun nicht mehr ein dualistisches Denken propagiert werden, wie es die postkolonialen Theoretiker/-innen immer noch aufrechterhalten würden. In den letzten eineinhalb Seiten seiner insgesamt über 400 Seiten starken Einführung in den Kolonialismus wird die postkoloniale Theorie mit einem Satz gelobt, um dann mit wenig überzeugenden Argumenten rundweg disqualifiziert zu werden. Seine Darstellung des Kolonialismus dagegen ist stellenweise nicht nur wegen des unkritisch verwendeten rassistischen Begriffsapparats problematisch und lässt eine Auseinandersetzung mit postkolonialer Theorie an keiner Stelle durchscheinen. Dagegen haben Historiker wie etwa Sebastian Conrad (2008) die eigene Disziplin gegen den Strich gelesen und postkoloniale Kritik nicht nur als eine periphere Intervention interpretiert, sondern daraus auch den Schluss gezogen, den deutschen Kolonialismus intensiver zu untersuchen und die Konsequenzen dieser Herrschaft sowohl auf die kolonisierte Bevölkerung als auch die Kolonialgesellschaft offenzulegen (siehe auch Dietrich 2007: 7ff.). Wie der Historiker Andreas Eckert schreibt, wird »der Kolonialismus (und damit auch die Dekolonisation) in die deutsche Geschichte ›zurückgeholt‹« (Eckert 2009: 7).

Insgesamt 30 Jahre dauerte die direkte koloniale Herrschaft, die im deutschen Kaiserreich 1884 unter Reichskanzler Otto von Bismarck (1815-1898) begann und Gebiete in Afrika (Deutsch-Südwestafrika, Kamerun, Togo, Deutsch-Ostafrika), im Südpazifik (Neuguinea, Samoa) und China (Kiautschau) umfasste. Speitkamp weist zu Recht darauf hin, dass bereits Jahre zuvor Aktivitäten in Übersee begonnen hatten, so dass die genaue Datierung eines Beginns der Kolonialherrschaft, nicht ganz so simpel scheint (vgl. Speitkamp 2005: 14; auch Conrad/Osterhammel 2006; Kundrus 2003).[18]

Susanne Zantop zeigt darüber hinausgehend in ihrer Studie *Colonial Fantasies. Conquest, Family and Nation in Precolonial Germany* (1997) auf, dass die deutschen Kolonialfantasien lange vor der konkreten Kolonialherrschaftspe-

18 | Bereits 1682, Jahre vor der Gründung des Deutschen Kaiserreichs, sandte der Kurfürst Friedrich Wilhelm von Brandenburg (1640-1688) eine Expedition aus, um brandenburgische Kolonien in Afrika zu gründen. In diesen wurde vor allem Handel betrieben. Zu den Gütern zählten Salz, Elfenbein, Gummi, aber auch Sklaven. Groß Friedrichsburg – im heutigen Ghana – war beispielsweise von 1683 bis 1718 eine brandenburgische Kolonie.

riode existent waren und führt etwa die Schriften von Alexander von Humboldt (1769-1859) an, der bereits im 18. Jahrhundert extensive Expeditionen nach Lateinamerika und Asien unternommen hatte und sich gerne selber als »zweiter Kolumbus« beschrieb (Zantop 1997: 170). Zudem kann ab den 1870er Jahren von einer erstarkenden Kolonialagitation im 1871 gegründeten Deutschen Reich ausgegangen werden. Berühmte Agitatoren und Befürworter sind etwa der protestantische Theologe und Missionar Friedrich Fabri (1824-1891), der mit seiner Schrift *Bedarf Deutschland der Colonien?* von 1879 die Debatte wesentlich beeinflusste[19] (ebd.: 17) und maßgeblich am Aufbau der deutschen Kolonialbewegung beteiligt war. Auch der berüchtigte Historiker und Publizist Carl Peters (1856-1918), der 1884 die *Deutsche Gesellschaft für Kolonisation* gründete und als so genannter ›man on the spot‹ als Begründer von Deutsch-Ostafrika gilt, gehört dazu. Peters war nicht nur bekannt für seine unmaskierten rassistischen Ansichten, sondern auch für sein brutales Vorgehen gegenüber der einheimischen Bevölkerung in den Kolonialgebieten (vgl. etwa Perras 2004).[20] Er forderte unter anderem schamlos »die rücksichtslose und entschlossene Bereicherung des eigenen Volkes auf anderer schwächerer Völker Unkosten« (Peters zit. in Conrad 2008: 35). Ebenfalls nicht unerwähnt bleiben sollte Heinrich von Treitschke (1834-1896), Historiker und Nationalökonom, Professor an der Berliner Universität und von 1971-1884 Mitglied des Deutschen Reichtags. Nicht nur befürwortete dieser deutsche Kolonien, er gilt auch als wichtiger Vorläufer eines bürgerlich nationalen Antisemitismus (vgl. etwa Zechner 2003; Conrad 2008: 25). Wir beobachten hier, wie »Chauvinismus, Rassismus [...] zu einer wesentlichen Rechtfertigungsform imperialistischer Kolonialpolitik [geriet]« (Deppe/Salomon/Solty 2011: 105). Es können eine ganz Reihe weiterer traditioneller Intellektueller aufgeführt werden, um unter Beweis zu stellen, wie die deutsche Gelehrsamkeit im 19. Jahrhundert und danach Kolonialismus nicht nur tolerierte, sondern (moralisch) auch für die breite Bevölkerung denkbar machte. Die kolonialen Fantasien vorimperialer Zeiten, von denen Zantop spricht, wurden später durch populäre Literatur (etwa Karl May), Kinderbücher (etwa *Mütterchens Hilfstruppen* von Tony Schumacher, das ein Jahr nach der Kongokonferenz 1885 das erste Mal erschien), Sammelbilder und ›Völkerschauen‹ befeuert. Letztere wurden bekanntlich vom Hamburger Tierhändler Carl Hagenbeck (1844-1913) eingeführt. Auf ihnen wurde

---

19 | Eine digitale Version der Schrift findet sich unter http://digital.ub.uni-duesseldorf.de/urn/urn:nbn:de:hbz:061:1-38389 (letzter Aufruf 1.1.2014).

20 | Obschon die Geschichte von Carl Peters nicht unbekannt ist, gibt es in Deutschland noch etliche Straßen, die seinen Namen tragen. Postkoloniale Initiativen in einigen Städten haben mittlerweile einige Umbenennungen erreicht. Siehe hierzu die Homepage der Initiative *Freedom Roads* (http://www.freedom-roads.de, letzter Aufruf 1.1.2014).

den neugierigen europäischen Besuchern und Besucherinnen Tiere wie auch Menschen aus den Kolonien ›präsentiert‹.

1884 beriefen Frankreich und das Deutsche Reich die Westafrika-Konferenz – auch bekannt unter Kongokonferenz und Berliner Konferenz – ein. Sie fand vom 15. November 1884 bis zum 26. Februar 1885 in Berlin statt und regelte die Aufteilung der afrikanischen Gebiete unter den europäischen Kolonialmächten. Nach der Kongokonferenz begann ein rasanter Wettlauf der europäischen Mächte um Afrika, der als ›Wettlauf um Afrika‹ in die Geschichtswissenschaften einging. Während der Aufstände der Herero und Nama in Deutsch-Südwestafrika (1904-1907) und des Maji-Maji-Aufstands in Deutsch-Ostafrika (1905-1908) waren die Vorgehensweisen der deutschen Kolonialmacht von äußerster Brutalität geprägt und lösten in Deutschland durchaus kontroverse Debatten zur Legitimität des Vorgehens aus (vgl. Speitkamp 2005: 123ff.). Der deutsche Historiker Jürgen Zimmerer beschreibt die planvolle Ermordung der Herero und Nama als den »ersten Genozid des 20. Jahrhunderts« (Zimmerer 2011: 40ff.). Es zählt, so Zimmerer, »zu den auffallendsten Charakeristika des Genozids an den Herero und Nama [...], dass damals niemand die Ereignisse zu vertuschen suchte. Im Gegenteil, sie wurden durch zahlreiche Memoiren, offizielle Berichte und Romane popularisiert.« (Ebd.: 43) Die Reparationsforderungen der Herero an die Bundesrepublik und die Rückführung[21] der Schädel ermordeter Herero und Nama, die sich bis vor kurzem in der Berliner Charité befanden, wo sie damals zu Forschungszwecken hintransportiert worden waren, haben eine große Medienresonanz erhalten. Deutschland als Kolonialmacht und die begangenen rassistisch motivierten Verbrechen während der Kolonialmacht sind nun stärker im öffentlichen Bewusstsein als je zuvor. Doch »[d]ie deutsche Kolonialgeschichte ist noch nicht zu Ende« (Speitkamp 2005: 9). Es bleiben noch etliche Kapitel dazu zu schreiben.

Eine Frage, die die postkoloniale Theorie beschäftigt, ist der Zusammenhang zwischen »Kolonialismus«, »Moderne« und »Imperialismus«. Zu Beginn der deutschen Kolonialzeit forderte der damalige deutsche Staatssekretär des Äußeren, Bernhard von Bülow (1849-1929), einen »Platz an der Sonne« für die deutschen Reichsbürger/-innen. Für ihn war dieser ganz klar nicht ohne imperialistische Kriegspolitik zu haben. Die Konsequenz dieser Vehemenz war schließlich der Erste Weltkrieg. Kolonialismus und Imperialismus zeigen sich aufs Engste verquickt. Doch besteht weiterhin generell Unklarheit darüber, wo die Grenze zwischen Imperialismus und Kolonialismus zu ziehen ist (vgl. Young 2001: 15). Angestoßen wurden neuere Imperialismusanalysen vor allem durch die antikolonialen Kämpfe im globalen Süden. In der marxistisch-leninistischen Interpretation ist ›Imperialismus‹ der Begriff, der zur Analyse

21 | http://dipbt.bundestag.de/dip21/btd/17/080/1708057.pdf (letzter Aufruf 1.1.2014).

der Weltwirtschaft zum Einsatz kommt, um später von dem der ›Globalisierung‹ abgelöst zu werden (Altvater/Mahnkopf 2004: 63). Lenin zufolge ist der Imperialismus das höchste Stadium des Kapitalismus. Und Rudolf Hilferding (1877-1941), Sozialdemokrat und einer der führenden Repräsentanten der ›Marx-Orthodoxie‹ der Zweiten Internationalen, bezeichnet in seiner berühmten Schrift *Das Finanzkapital* (1910) den Imperialismus als die aggressive und expansive Wirtschaftspolitik des Finanzkapitals. »[I]m Unterschied zur Kolonisierung [wird Imperialismus] als Inbesitznahme von Gebieten außerhalb des eigenen Landes durch private Interessengruppen mit Unterstützung des Staatsapparats« (Altvater/Mahnkopf 2004: 63) gefasst. Dagegen versteht Osterhammel unter Imperialismus allgemeiner die Praxis, Theorie und Haltung eines dominanten metropolitanen Zentrums, durch das »transkoloniale Imperien« entfaltet wurden (2003: 27), während Kolonialismus einen Spezialfall des Imperialismus darstellt, der »die Möglichkeit weltweiter Interessenwahrnehmung und informell abgestützter kapitalistischer Durchdringung großer Wirtschaftsräume einschließt« (ebd.: 28). In dieser Lesart kann Imperialismus als gemeinsamer Rahmen »der wechselseitigen Konstitution von Metropole und Kolonien« begriffen werden (Conrad/Randeria 2002: 10), so dass auch ein »Imperialismus ohne Kolonien« denkbar ist.[22] Dagegen ist ein »Kolonialismus ohne Imperialismus« nach Osterhammel »während der frühzeitlichen Phase der europäischen Expansion« der »Regelfall« (Osterhammel 2003: 27). Said (1993: 9) zufolge ist Kolonialismus dagegen immer eine Konsequenz von Imperialismus und nicht umgekehrt, während Mignolo (1993) den Kolonialismus als eine Etappe der europäischen Expansion, die von 1500 bis 1945 anhielt, beschreibt. Die Phase des Imperialismus würde erst nach dem Zweiten Weltkrieg unter der Hegemonie der USA einsetzen, so Mignolo. Andere Autoren und Autorinnen wiederum geben bereits das Ende des 19. Jahrhunderts als Beginn des vor allem ökonomisch motivierten US-amerikanischen Imperialismus an (vgl. Young 2001: 41ff.). So unterscheidet der deutsche Historiker und Imperialismusforscher Wolfgang J. Mommsen (1930-2004) drei Phasen des Imperialismus: a) die Epoche des Frühimperialismus von 1815 bis 1881, b) die Epoche des Hochimperialismus von 1881 bis 1918 und c) ab 1918 die Epoche des rückläufigen Imperialismus (vgl. Mommsen 1979: 252). Es scheint unmöglich, die miteinander verflochtenen Phänomene in einer allseits zufriedenstellen-

22 | Die Vereinigten Staaten etwa beherrschen seit Jahrhunderten imperialistisch die Politik und Ökonomie fast ganz Lateinamerikas und der Karibik. Hier wurden willkürlich Diktatoren eingesetzt und demokratisch gewählte Vertreter/-innen abgesetzt oder ins Exil gezwungen, während die Ressourcen wie Öl, Tropenhölzer, Kaffee, Zucker, Obst etc. ohne Rücksicht auf die einheimische Bevölkerung geplündert wurden (vgl. Young 2001: 194). Diese sah sich stattdessen immer häufiger zur Migration gezwungen (vgl. Galeano 2003; San Juan, Jr. 2001/2002).

den Darstellung zusammenzubringen. Dies auch deswegen, weil der Imperialismus – wie schon im Falle des Kolonialismus gesehen – keine monolithische, von einem einzigen Zentrum aus agierende politische Herrschaftsform darstellt, sondern durch Strategie- und Machtwechsel charakterisiert ist. Zudem sind die Übergänge meist fließend und laufen zum Teil parallel ab, wenn auch bisweilen klare Brüche, wie etwa die formale Beendigung der kolonialen Herrschaft, auszumachen sind.

Es sind insbesondere marxistische und neo-marxistische Theoretiker/-innen, die den Kolonialismus in einen Zusammenhang mit der Entwicklung des westlichen Kapitalismus stellen. Auch weil diese Ansätze in einigen postkolonialen Ansätzen vernachlässigt werden, haben Crystal Bartolovich und Neil Lazarus 2002 den Sammelband *Marxism, Modernity and Postcolonial Studies* herausgegeben, in dem sie für ein Zusammendenken marxistischer Theorie – in all ihrer Heterogenität – mit postkolonialer Theorie plädieren. Wie innerhalb der *Cultural Studies* immer wieder betont wird, dass rein ökonomistische Analysen einer Dekolonisierung im Weg stehen, so zeigen neuere marxistische Ansätze, wie problematisch es ist, die ökonomischen Faktoren bei der Analyse von Ungleichheitsverhältnissen, neokolonialen und neoimperialistischen globalen Strukturen außen vor zu lassen.

Bei der Expansion der europäischen Mächte in Asien und Afrika wie auch in den Amerikas ist zentral, dass eine neue Zirkulation von Waren, Ideen und Menschen initiiert wurde. Der Beginn des so genannten »Atlantischen Dreieckshandels« wird bereits auf das 17. Jahrhundert datiert und endete erst durch das Verbot des Sklavenhandels in Großbritannien im Jahre 1807. Es handelt sich dabei um eine geschlossene Handelskette, bei der drei Etappen unterschieden werden: Europa bringt Schiffsladungen mit Waffen, Stahl, grobem Tuch und Manufakturwaren an die westafrikanische Küste, wo die Waren gegen Sklaven und Sklavinnen eingetauscht werden. Danach steuern die Schiffe die Karibik an (dieser Teil wird auch als *middle passage* bezeichnet), wo Sklaven und Sklavinnen gegen Zucker, Rum und Melasse sowie Baumwolle gehandelt werden. Diese werden dann auf dem europäischen Markt mit erheblichem Gewinn verkauft. An diesem gewinnträchtigen Geschäft waren von Beginn an große europäische Handelskompanien beteiligt – etwa die »Brandenburgisch-Afrikanische Compagnie«. Bereits 1787 wurde indes die »Gesellschaft zur Abschaffung der Sklaverei« gegründet – ein Datum, das als Beginn der abolitionistischen Bewegungen, die sich aktiv für das Ende des Sklavenhandels stark machten, in die Geschichte einging. Die Bewegung sammelte Unterschriften, reichte Petitionen im Parlament ein und rief zum Boykott von durch Sklavenarbeit gewonnenen Zucker auf. Doch der erste Erfolg stellte sich erst 1807 ein, als Großbritannien und Irland offiziell den Sklavenhandel unter Verbot stellten. Allerdings dauerte es noch einige Jahre, bis die Sklaverei gänzlich abgeschafft wurde: Am 23. August 1833 wurde das Gesetz zur

Abschaffung der Sklaverei schließlich verabschiedet und am 1. August 1834 alle Sklaven im britischen Kolonialreich für frei erklärt. 1888 schaffte Brasilien als letzter Staat die Sklaverei offiziell ab[23] (vgl. Zeuske 2004). Menschen wie auch Waren wurden aber ebenso von einer Kolonie in die andere verschoben, so dass koloniale Subsysteme entstanden: Sklaven und Sklavinnen von Afrika wurden etwa in die westindischen Plantagen transportiert, um dort beispielsweise Zucker und Kaffee für den Konsum in Europa zu produzieren. Resultat hiervon waren enorme Bevölkerungsbewegungen und die Etablierung vielfältiger und verschachtelter Abhängigkeitsverhältnisse. Doch in welche Richtung auch immer Rohmaterialien flossen und Menschen sich bewegten oder bewegt wurden – der Hauptstrom der Profite strömte nur in eine Richtung, in die Metropolen Europas. So schreibt der uruguayische Journalist Eduardo Galeano in seinem Buch *Die offenen Adern Lateinamerikas* (2003 [1971]) zu Recht, dass der Reichtum Lateinamerikas immer auch dessen Armut hervorgebracht hat (vgl. ebd.: 43). Die ökonomische Ungleichheit erscheint dabei als Erfordernis, um das Wachstum des europäischen Industriekapitalismus zu sichern, wie der ägyptische Weltsystemtheoretiker Samir Amin (1977) feststellt. Die »›Weltsystemtheorie‹, der unter anderem Immanuel Wallerstein, Samir Amin und Giovanni Arrighi angehören, kommt das Verdienst zu, nachgezeichnet zu haben, wie sich Aufstieg und Fall der großen Mächte in der bisherigen Geschichte der kapitalistischen Weltökonomie darstellen lassen« (Deppe et al. 2011: 26). Innerhalb der dekolonialen Ansätze findet sie in den letzten Jahren wieder eine starke Rezeption (vgl. Moraña et al. 2008).

Der Prozess der materiellen Kolonisierung wurde durch einen Legitimierungsdiskurs begleitet, der den Kolonialismus als Zivilisierungsmission präsentierte, die den kolonisierten Ländern schließlich ›Reife‹ und ›Freiheit‹ bringen würde. Osterhammel weist daraufhin, dass »[d]ie Sprache von Zivilisation und Zivilisierung [...] das dominierende Idiom des 19. Jahrhunderts« (Osterhammel 2011: 1185) darstellte. Die Zivilisierungsmissionen fanden dabei im Inneren Europas und in den Kolonien ihren Ausdruck. So wurden nach den Aufständen der Pariser Kommunen im Jahre 1871 4000 überlebende Kommunarden nach Neu-Kaledonien, damals eine französische Kolonie im Südpazifik, deportiert und dort einem Zivilisierungsprogramm unterworfen (vgl. ebd.).

»[I]m Zusammenhang mit einem neuen Schub kolonialer Expansion« und in einer Zeit, in der »die kapitalistischen Metropolen gleichzeitig in das Zeit-

23 | Teil der Abolitionistenbewegung um Granville Sharp war auch der ehemalige Sklave Olaudah Equiano, der rasch große Beachtung fand. Geboren 1745 in Igbo, dem heutigen Nigeria, und 1797 in den USA gestorben, gilt Equiano als ein Vorkämpfer für das Verbot des Sklavenhandels. Seine Autobiographie liegt seit 1954 in einer neuen Ausgabe vor und erfreut sich einer großen Leser/-innenschaft (Equiano 1995 [1794]).

alter der zwischenimperialistischen Rivalität eintraten«, war »die Welt alles andere als ein Schauplatz der zunehmenden Verrechtlichung aller menschlichen Verhältnisse« (Deppe et al. 2011: 105). Kolonisierung ging zwar mit dem Entwurf unzähliger Rechtsinstitutionen und Gesetze einher, die zum Teil in veränderter Form bis zum heutigen Tage in Kraft sind, doch haben diese nur selten zu mehr Gerechtigkeit geführt. Die *Postcolonial Legal Theory* betrachtet deswegen insbesondere die ambivalente Rolle, die das Recht im (Post-)Kolonialismus einnimmt (Kumar 2003). Dies schließt auch eine genauere Auseinandersetzung mit den zumeist *a priori* als positiv beschriebenen Internationalen Menschenrechten ein (vgl. hierzu etwa Castro Varela/Dhawan 2014). Im Feld der *Postcolonial Legal Studies* wird das Recht auch als Instrument des Kolonialismus beschrieben, das sowohl in den Kolonialländern als auch in Europa grundlegende Veränderungen im Verständnis von Recht und Gerechtigkeit hervorbrachte.[24] Nicht selten haben Rechtsinstitutionen die imperialistischen Unternehmungen wortwörtlich legitimiert (siehe etwa Baxi 2000; Kirkby/Coleborne 2001). Schließlich werden in den postkolonialen Rechtswissenschaften auch die Folgen für das heutige normative Rechtsverständnis entfaltet (siehe etwa Darian-Smith/Fitzpatrick 1999; Pahuja 2013). Die kritischen *Third World Approaches to International Law* (TWAIL) betonen, dass die Universalisierung des Völkerrechts sowohl als Instrument als auch als Bedingung kolonialer und postkolonialer Herrschaft fungierte (Mutua 2000; Anghie/Chimni 2003; Chimni 2006). Und obschon sich nationale Befreiungsbewegungen durchaus auf das Völkerrecht beriefen, um ihr Selbstbestimmungsrecht zu legitimieren, bleiben die institutionalisierten Hierarchien im internationalen Recht weiterhin erhalten und steuern zur Unterordnung vormals kolonisierter Länder bei, weswegen etwa TWAIL die Legitimität und Aufrichtigkeit des internationalen Rechts infrage stellt. Schließlich wäre ohne das Instrument des internationalen Rechts und dessen Konzeption von Privateigentum und Besitz sowie der

24 | Ein in diesem Zusammenhang oft genanntes Beispiel sind die rassistischen Gesetze des Naziregimes, die zum Teil aus dem Kolonialrecht übernommen oder abgeleitet wurden (vgl. Gosewinkel 2006). In den Kolonien eingeführte Gesetze haben nach der Dekolonisation oft nicht an Geltung verloren. So wurden in vielen Ländern nichtnormative Sexualitätspraktiken erst von den Kolonialmächten unter Strafe gestellt und verfolgt. In Indien etwa stellt die *Section 377*, die unter anderem gleichgeschlechtliche Sexualität unter Strafe (Höchststrafe ist lebenslange Haft) stellt, ein Gesetz dar, welches während der Kolonialzeit eingeführt wurde und seit einigen Jahren eine anhaltende Debatte ausgelöst hat. Der Paragraph wurde von der britischen Kolonialadministration eingeführt, weil diese die Ansicht vertrat, dass es notwendig sei, die Sexualität der Kolonisierten zu regulieren. Heute sind in Indien nicht wenige der Ansicht, dass die *Section 377* das ›traditionelle Sexualitätsverständnis‹ widerspiegelt (vgl. Kapur 2005: 79ff.; auch Castro Varela/Dhawan 2005).

Legitimierung von Konfiszierung und Aufzwingung von Regierungsformen die Enteignung außereuropäischer Völker nicht in einer solchermaßen systematischen Art und Weise möglich gewesen. Aber auch humanitäre und liberale Zivilisationsdiskurse werden von den TWAIL-Vertreter/-innen kritisch betrachtet, begleiteten und rechtfertigten sie doch die europäische Eroberung und Beherrschung der kolonialen Territorien (vgl. Anghie/Chimni 2003).

In *Imperialism, Sovereignty, and the Making of International Law* (2007) entfaltet der Rechtswissenschaftler Antony Anghie eine alternative Geschichte des Völkerrechts. Im Gegensatz zu klassischen Darstellungen, die die Konsolidierung der Souveränitätsdoktrin auf den Westfälischen Frieden von 1648 datieren, zeigt Anghie die konstitutive Rolle des Kolonialismus in Diskursen über Souveränität und internationalem Recht auf. Während in der westfälischen Definition der Souveränität die Gleichheit der westlichen Staaten kodifiziert wurde, erhielt die außereuropäische Welt nicht denselben Status. Anghie erkundet die Kontinuitäten dieser historischen Beziehung im Völkerrecht der Gegenwart, das, obwohl es Universalität beansprucht, diese grundlegende Asymmetrie nie überwunden hat. Die Legitimierungsstrategie von Kolonialismus als Rettungsmission und der Dualismus zwischen ›Zivilisierten‹ und ›Unzivilisierten‹ wird in heutigen internationalen Diskursen durch Kategorien wie etwa ›entwickelt‹ und ›unterentwickelt‹ wiederholt und ist auch in der Unterscheidung von ›entwickelten‹ und ›unterentwickelten‹ Rechtssystemen wiederzufinden. ›Unterentwickelten Rechtssystemen‹ wird immer die Möglichkeit eingeräumt, so Anghie, sich zu entwickeln, doch freilich ist dafür die Anleitung durch Europa vonnöten. Es handelt sich gewissermaßen um ein pädagogisches Projekt, das auf der Entmündigung ehemals kolonisierter Völker einerseits sowie der Bestätigung Europas als überlegene Macht andererseits beruht. Sowohl Kolonialismus als auch Neokolonialismus versprechen, diese Dualismen zu überwinden. Der Zivilisierungsdiskurs stellt in Aussicht, dass die behauptete ›politische Inkompetenz‹ der Kolonisierten durch Anstrengungen überwunden werden könne. Zugleich rechtfertigt diese Figur, diejenigen, die keine Vernunft zeigen, auch ohne ihre Einwilligung zu regieren. Anghie analysiert diesen Zusammenhang anhand der Schriften des Juristen und Moraltheologen Francisco de Vitoria (1483/86[25]-1546), der die Schule von Salamanca mitbegründete, die in der Spätscholastik ein internationales Naturrecht skizzierte. Vitoria selbst entwickelte das römische Fremdenrecht *(ius gentium)* zu einem universalen *ius inter gentes* weiter und entwarf einen globalen Begriff von Gemeinwohl, weswegen er nicht nur als als Begründer des modernen Völkerrechts, sondern auch als Vordenker einer modernen Idee des »gerechten Krieges« (*bellum iustum*) gilt (Anghie 2007: 24ff.). Die Differenz zwischen Spanier/-innen und Indigenen hat Vitoria dadurch erklärt, dass Letztere wegen

---

25 | Über das genaue Geburtsjahr streiten sich die Gelehrten bis zum heutigen Tage.

ihrer ›barbarischen‹ kulturellen Praxen, wie ein unterstellter Kannibalismus und rituelle Menschenopfer, nicht zur Souveränität fähig seien. Die Spanier wären dadurch legitimiert, den Indigenen ihre Gesetze, Praktiken und Identität aufzuzwingen, wenn nötig mit Hilfe kriegerischer Handlungen. Kolonialismus wurde so als Akt der Selbstverteidigung rekonfiguriert. Vitoria folgend haben nur Souveräne das Recht, Kriege zu führen, ebenso wie nur Christen »gerechte Kriege« führen können. Beides ist Nicht-Europäern *a priori* verwehrt. Damit wurde Nicht-Europäern die Rechtsfähigkeit aberkannt und mithin auch der Status einer Rechtspersönlichkeit (*legal personality*) abgesprochen. Vitorias Argumente beeinflussten die Entwicklung des Völkerrechts maßgeblich (vgl. Anghie 2007: 13ff.). Zunächst wurden bestimmte Gruppen als berechtigterweise von der Sphäre der Souveränität ausgeschlossen definiert, da sie die europäischen Normen, die für universal erklärt wurden, nicht erfüllten. Darauf folgend wurden diejenigen, die Souveränität besaßen, berechtigt, diejenigen, die sie nicht beanspruchen konnten, zu beherrschen (vgl. auch Koskenniemi 2004; Pahuja 2013). Wie wir wissen, findet diese Argumentation auch heute noch zur Rechtfertigung von kriegerischen Interventionen Anwendung, wenn undemokratische Mittel gegen nicht demokratische Staaten zum Einsatz kommen. Viele Expert/-innen des internationalen Rechts und der internationalen Beziehungen bemerkten etwa, dass nach den Anschlägen des 11. Septembers im Westen von einer neuen und bisher nicht gekannten Bedrohung die Rede war und recht bald nach Reformen im Kriegsrecht und den Menschenrechten gerufen wurde. Vergessen wurde dabei, dass Terroranschläge wie die auf die USA im globalen Süden lange vorher bekannt waren, was aber nie zu einem Ruf nach einer Revidierung bekannter Rechtsvorstellungen geführt hatte. Der so genannte *war on terror* ist Anghie zufolge deswegen als eine Neuauflage des »gerechten Krieges« zu werten, wie die Rhetorik des damals amtierenden US-Präsidenten Bush erschreckend viel Ähnlichkeit mit Vitorias Rhetorik zeige. Die »imperiale Dimension«, die sich etwa in der Etablierung der nationalen Sicherheitsstrategie der USA niederschlägt, die einen präemptiven Schlag gegenüber ›Schurkenstaaten‹ aus Gründen des Selbstschutzes legitimiert, ist so offensichtlich, dass, so Anghie, selbst bisher wenig an Imperialismus interessierte Expert/-innen anerkennen mussten, dass es weniger um Sicherheit als um die Transformation der politischen und sozialen Karte im Nahen Osten ging. Ein solchermaßen defensiver Imperialismus kann mit idealisierten Ideen von Menschenrechten, Demokratie, Weltfrieden, globale Gerechtigkeit und *Good Governance* argumentativ gestärkt werden (vgl. Anghie 2007: 279; 294ff.).

Die Konstruktion des Westens als normative Macht hat eine Spur gewaltsamer und ausbeuterischer Systeme im Namen von Moderne, Fortschritt, Emanzipation, Vernunft, Recht, Gerechtigkeit und Frieden hinterlassen. Postkoloniale Subjekte, Gemeinschaften und Staaten, die als zivilisiert und modern gelten wollen, müssen sich diesen Normen anpassen, riskieren sie sonst doch, gegen ihren Willen ›zivilisiert‹ und ›modernisiert‹ zu werden. Als überlegen dargestellt, scheinen europäische Normen es wert zu sein, von den (ehemalig) Kolonisierten nachgeeifert zu werden, auch wenn sie immer nur , so wird behauptet, ›schlechte‹, ›schwache‹ oder ›versagende‹ Kopien des Originals hervorbringen können.

Trotz des Wissens um die juristische Rechtfertigung der globalen Ungerechtigkeiten haben Rationalisten, Modernisten und Liberale in Europa immer wieder – selbst wenn koloniale Gewalttaten eingestanden wurden – betont, dass Kolonialismus und Imperialismus letztlich der ›unzivilisierten‹ Welt die Aufklärung Europas, seine Rationalität und seinen Humanismus gebracht habe (vgl. Gandhi 1998: 32f.). Das Vordringen der europäischen Kolonisierung wurde grundsätzlich als großer Triumph der Wissenschaft und Rationalität über den Aberglauben und das Unwissen gefeiert. Auch die Einführung der Kolonialsprachen – etwa Spanisch, Englisch oder Französisch – wurde als Möglichkeit vorgestellt, die ›zurückgebliebenen‹ Gemeinschaften in den Kolonien aus der ›Dunkelheit‹ ans ›Licht‹ des ökonomischen Fortschritts und der intellektuellen Entwicklung zu bringen. Der kenianische Schriftsteller und antikoloniale Kulturwissenschaftler Ngũgĩ wa Thiong'o beschreibt dies folgendermaßen: »Unsere Sprachen wurden unterdrückt, so dass wir, die Geknechteten, keinen Spiegel hatten, um uns und unsere Feinde darin zu betrachten.« (Ngũgĩ 1995: 53) Für Ngũgĩ entspricht die Einführung der Kolonialsprachen einer Form des Kulturimperialismus (vgl. Ngũgĩ 1986). Heute, so folgert er, sind die afrikanischen Sprachen zum Feind des neo-kolonialen Staates nach der formalen Dekolonisation geworden (vgl. ebd.: 30). Eine Überwindung dieses Zustands verlange, so Ngũgĩ, nach der Anerkennung der afrikanischen Sprachen, die letztlich die Sprachen der Befreiung seien (vgl. ebd.).

Quer durch das koloniale Spektrum hindurch wurden europäische Technologien und Wissen als Symbole eines wünschenswerten Fortschritts verstanden. Sichtbar wird hier die komplizenhafte Beziehung zwischen den Diskursen der Moderne sowie der Aufklärung und der kolonialistischen Vereinnahmung. Rationalität, Humanismus und Moral werden bis in die Gegenwart allesamt als erstrebenswerte europäische Tugenden angesehen, die den Kolonien gewissermaßen als ›Geschenk‹ überreicht wurden. Daran anknüpfend wurden in den 1950er Jahren vor allem in konservativen Kreisen der US-amerikanischen Wirtschaftswissenschaften die so genannten Modernisierungstheorien entwickelt, die lange Zeit die Entwicklungspolitiken des Westens dominierten (vgl. Eckert 2009: 11f.). Kernidee dieser ist, dass sich die Länder des globalen Südens auf geradezu natürliche Weise von ihren ›barbarischen Traditionen‹ hin zur Moderne entwickeln würden. Gleichzeitig wurde der globale Süden geradezu auf die Rolle der Aufholenden festgelegt (vgl. Cooper 2012: 197). Selten wurden die eurozentrischen Annahmen, die darin enthalten sind, überprüft. Erst die Dependenztheorie, die von lateinamerikanischen Intellektuellen in den 1960er Jahren formuliert wurde, konnte den verdeckten Eurozentrismus aufdecken und die neokoloniale Ausrichtung der Modernisierungsthesen offenlegen (vgl. etwa Cardoso/Faletto 1979).

Ein anderer wichtiger Bereich der kolonialen Intervention betrifft das Wissen und die Bildung. Mit Beginn des 19. Jahrhunderts setzt ein massives Interesse an der Erforschung der kolonialen Räume ein. Viele postkoloniale Studien – angefangen mit Saids *Orientalism* – beschäftigen sich nicht zufällig mit dieser obsessiven ›Neu-Gier‹ und der wissenschaftlichen Erforschung der kolonialen Gebiete. Osterhammel zeichnet die Etablierung und Ausweitung von Bildungsinstitutionen im 19. Jahrhundert nach und stellt fest, dass es nicht nur zu einer Verschulung Europas und Nordamerikas kommt, sondern auch zur Etablierung moderner Universitäten (Osterhammel 2011: 1131ff.). Nach der Mitte des 19. Jahrhunderts »wurde es für Kolonialbehörden und städtische Honoratioren zu einer Ehrensache, sich Universitäten zuzulegen« (ebd.: 1135). Alle drei der in diesem Buch vorgestellten Autor/-innen (Bhabha, Said und Spivak) haben Bildungsinstitutionen besucht, deren Etablierung genau in diese koloniale Zeit fällt. Womit auch gleich die Ambivalenz des Unternehmens deutlich wird: Als Zivilisierungsinstitutionen entworfen, haben diese (kolonialen) Bildungsinstitutionen doch auch zahlreiche Intellektuelle – darunter nicht wenige antikoloniale Kämpfer/-innen und spätere postkolonialen Staatspräsidenten – hervorgebracht.

Innerhalb der postkolonialen Studien wird allerdings nicht nur der Import europäischen Wissens in die Kolonien untersucht und über die Bedeutung dieser massiven intellektuellen Intervention nachgedacht. Die Verflechtung von Wissensproduktion und Imperialismus werden ebenso wie auch die Zerstörung präkolonialen Wissens problematisiert. So war, wie Conrad feststellt, im »ausgehenden 19. Jahrhundert [Erdkunde] weitgehend eine ›Geographie der Erschließung‹« (Conrad 2008: 81) – wie auch die Ethnographie, Anthropologie und Tropenmedizin – aber auch die moderne ›Rassenkunde‹ – in einem direkten Zusammenhang mit kolonialer Herrschaft stehen. Die Löschung und Verdrängung präkolonialem Wissens beschreibt der portugiesische Soziologe Boaventura de Sousa Santos als »epistemicide« und bemerkt, dass es keine soziale Gerechtigkeit ohne eine, wie er es nennt, »kognitive Gerechtigkeit« geben kann (vgl. Santos 2008: ixx; siehe auch Santos 2007). Unterschiedliche Ansichten existieren nun darüber, ob ein präkoloniales Wissen noch freizulegen ist oder ob dieses nicht mehr unkontaminiert vorliegen kann. Einigkeit besteht unter denen, die sich kritisch mit Kolonialismus und Imperialismus beschäftigen, hingegen in der Einschätzung der Massivität des epistemologischen Eingriffs. Wenn etwa Spivak auch nicht über einen Epistemizid spricht, so ist die epistemische Gewalt doch eines ihrer zentralen Fokusse, wie auch Dekolonisierung in den postkolonialen Studien zumeist als epistemischer Wandel verstanden wird.

Postkolonialismus *avant la lettre*

Die *Commonwealth Literary Studies* gelten als einer der Vorläufer postkolonialer Studien, da sie viele der Argumente und Konzepte postkolonialer Theorie vorweggenommen haben. Unter *Commonwealth Literary Studies* wurde ursprünglich das Studium der Literatur im ehemaligen Territorium des britischen Empires verstanden. Theoretisch begründet wurde die Disziplin dabei mit der gemeinsamen Sprache und den geteilten Erfahrungen mit der britischen Herrschaft, die auch Affinitäten in den literarischen Produktionen vermuten ließen. Aus dieser geteilten politischen und kulturellen Geschichte, so wurde angenommen, hat sich ein Repertoire an bündigen Stilen und eine gemeinsame Weltsicht entwickelt, die sich als beharrlicher erweist als die partikularen nationalen Versionen. Die britische Literatur blieb allerdings die Norm, an der die Literatur der postkolonialen Produktionen gemessen wurde, folglich wurden offensichtliche Abweichungen von den metropolitanen Schreibtraditionen rigoros verworfen. Der die *Commonwealth Literary Studies* durchziehende Anglozentrismus gab die Richtung der Disziplin vor (vgl. Moore-Gilbert 1998: 27f.).

Die dominante frühe Form der *Commonwealth Literary Studies* sah sich jedoch schon recht bald Angriffen ausgesetzt. Nicht nur wurde die Verwendung des geforderten ›britischen Standardenglisch‹ hinterfragt, sondern auch kritisch angemerkt, dass die differenten Länder – trotz der scheinbaren Uniformität des Empire – sehr verschiedene Geschichten der Besiedlung und der damit einhergehenden kulturellen Entwicklungen aufwiesen. Wurden zu Beginn auch die Siedlungskolonien (Australien, Neuseeland, Kanada) berücksichtigt, so forderte die Kritik insbesondere die Differenzierung zwischen vormals Beherrschungskolonien und Siedlungskolonien, in denen die dominante Mehrheit von weißen Farmern gestellt wurde. Dies führte bei Letzteren zu einer stärkeren Berücksichtigung der Rolle der hegemonialen Kultur bei der Ausbildung kolonialer Formationen – insbesondere bezüglich ihrer Beziehung zu den einheimischen Gesellschaftsschichten (vgl. ebd.: 9ff.).

Ab Mitte der 1970er Jahre begann schließlich – auch ausgelöst durch das Erstarken antiimperialistischer Bewegungen – eine umfassende Revidierung der Geschichte des Kolonialismus, die zu einer gründlichen Hinterfragung der unterstellten Vorteile, die der Imperialismus den ehemaligen Kolonialländern gebracht haben soll, initiierte. Die daran anschließende Überprüfung der ideologischen Grundlagen früherer Beschreibungen der *Commonwealth Literary Studies* entlarvte das darin enthaltene neokoloniale Ansinnen, die westliche Autorität nach der formalen Dekolonisierung zu rekonstituieren. Dies waren erste behutsame Schritte in Richtung postkolonialer Kritik. Am Anfang wurden *Commonwealth Literary Studies* und *Postcolonial Studies* tatsächlich als synonyme Begrifflichkeiten verwendet (vgl. ebd.: 31). Erst mit der langsamen

Etablierung der kolonialen Diskursanalyse, die nach Saids Veröffentlichung von *Orientalism* stattfand, machten die *Commonwealth Literary Studies* langsam Platz für die heute populären postkolonialen Studien. Das bedeutet jedoch nicht, dass die alten problematischen Paradigmen gänzlich verschwunden wären (vgl. ebd.: 32). Diese ›geistern‹ noch immer durch die postkolonialen Studien und erinnern fortwährend an ihre Vorläufer.

Allerdings wäre postkoloniale Theorie auch nicht denkbar ohne die Kritik an der Moderne, der Aufklärung und am Eurozentrismus des europäischen Kanons sowie den direkten antikolonialen Widerstand im globalen Süden. Für Saids postkoloniales Denken waren die Ereignisse im Nahen Osten *und* die kritische Auseinandersetzung mit Foucaults Schriften entscheidend. Spivaks Schreiben hingegen wurde von der feministischen Kritik der 1960er und 1970er Jahren ebenso beeinflusst wie von der Dekonstruktion Derridas, die in den 1970er Jahren die westlichen Akademien erschütterte. Bhabha schließlich verfolgte die diasporischen Literatur- und Kulturproduktionen der 1970er und 1980er Jahre und versuchte sie unter anderem mit den Schriften Fanons und des französischen Psychoanalytikers Lacan zu verstehen. Der große Einfluss poststrukturalistischer Theorien darf aber nicht die Bedeutung verdecken, die antikoloniale Schriften – politische, theoretische wie auch literarische – als auch marxistische und neomarxistische Texte auf die spezifische Produktivität der postkolonialen Theoretiker/-innen hatten. Die Schriften von Fanon und Césaire sind dabei ebenso prägend wie die von Ngũgĩ wa Thiong'o, Chinua Achebe, Assia Djebar oder Toni Morrison – um nur einige wenige zu nennen. Sie alle haben die kolonialen Bedingungen und rassistischen sowie eurozentrischen Strukturen herausgefordert. Selbstredend hat die Kritik am Kolonialismus und Imperialismus weder mit der postkolonialen Theorie begonnen noch kann diese sie erschöpfend erklären. Es ist nicht nur müßig, sich um den *point zero* zu streiten, sondern auch wenig gewinnbringend – wenn nicht gar kontraproduktiv. Die postkoloniale Theorie hat eine neue Perspektive eingeführt, die eben nur möglich wurde durch eine Vielzahl von Schriften, die aus den metropolitanen Zentren ebenso wie den postkolonialen Räumen stammen: Romane, Erzählungen, Reiseberichte – aber auch detaillierte Beschreibungen der kolonialen Verhältnisse und antikoloniale Streitschriften. Letztere wurden nicht selten von den Kolonisierten und auch ehemalig versklavten Menschen geschrieben: Schriften, die sowohl von Intellektuellen in den Metropolen als auch in den Kolonien zur Kenntnis genommen und zum Teil breit diskutiert wurden. Hierzu zählen etwa – um zwei exemplarische Beispiele zu nennen – die Autobiographie des ehemaligen Sklaven Fredrick Douglass (1817-1895) aus dem Jahre 1845 (aktuelle Ausgabe 1995) oder die Schriften von Fray Calixto de San José Túpac Inca (1710-1782) und Túpac Amaro II. (1738-1781), die in Peru im 18. Jahrhundert zur größten Rebellion gegen die spanischen Kolonialmacht – *la Gran Rebelión* von 1780-1783 – beitrugen (vgl. Dueñas 2010). Doch auch

Hannah Arendts (1906-1975) *The Origins of Totalitarianism* (1962 [1951]) wie auch Jean-Paul Sartres (1905-1980) antikoloniale Schriften (siehe Sammelband 1988 [1964]) oder Albert Memmis *Der Kolonisator und der Kolonisierte* (1994 [1966]) – um nur einige bekannte Namen zu nennen – haben die europäischen Kolonialregime angeprangert und damit direkt oder indirekt die postkoloniale Theoriebildung gerahmt, inspiriert oder herausgefordert. Es ist unmöglich, alle Autoren, Autorinnen und Schriften zu nennen, die eine postkoloniale Perspektive vorweggenommen haben. Wie Osterhammel sehr richtig bemerkt: »[n]iemand verfügt über [...] genügend Kenntnisse, um die Korrektheit jedes Details zu gewährleisten, allen Regionen der Welt die gleiche Gerechtigkeit widerfahren zu lassen« (Osterhammel 2011: 15). Umso wichtiger ist es anzuerkennen, dass postkoloniale Theorie nicht auf einer *Tabula rasa* begonnen hat und auch nicht an den Grenzen des britischen Empires endet – ohne allerdings den Paradigmenwechsel, den diese in einer Vielzahl von Disziplinen eingeläutet hat, zu verleugnen.

Antikolonialer Widerstand und die Frage des Nationalismus

In der marxistischen Theorietradition wird der Kolonialismus lediglich im Zusammenhang mit der Durchsetzung des Kapitalismus beschrieben – und damit problematischerweise zu einem quasi ›unumgänglichen Übel‹ deklariert. Tatsächlich beurteilte Marx den Kolonialismus als eine zwar brutale, aber im Grunde unabdingbare Bedingung für die Befreiung von feudalen Verhältnissen (Marx 1960 [1853]). Seine Analyse des Kolonialismus als Begleiterscheinung des sich weltweit durchsetzenden Kapitalismus hat viele der antikolonialen Bewegungen inspiriert, die freilich die Marx'schen Theorien kontextspezifisch re-interpretiert haben.[26] Da die kolonialen Machtkonstellationen von rassistischen Strukturen durchzogen waren, die in marxistischen Schriften häufig ignoriert wurden, sahen sich antikoloniale Intellektuelle immer wieder vor die Herausforderung gestellt, die marxistische Vorstellung von Klassenkampf zu überdenken und zu erweitern (vgl. etwa Parry 2002).

Es scheint an dieser Stelle sinnvoll, die Kritik marxistischer Autoren und Autorinnen an postkolonialen Studien in Kürze vorwegzunehmen, da hier offen reklamiert wird, dass der Widerstand gegen die Kolonialmächte, die sich sehr häufig etwa auf marxistische Revolutionsvorstellungen bezogen, nicht gebührend rezipiert wurde. Eine der schärfsten – aber womöglich auch wichtigs-

26 | Der kubanische Schriftsteller Roberto Fernández Retamar (1989) bemerkt in diesem Zusammenhang – auf Rosa Luxemburg rekurrierend – zu Recht, dass es unmöglich sei, von *dem* Marxismus zu sprechen.

ten – Kritiken in Richtung postkolonialer Theorie kommt in der Tat von Seiten marxistischer und neo-marxistischer Theoretiker/-innen und Aktivisten und Aktivistinnen, die diesen Perspektiven nahe stehen. Die Argumente sind vielfältig und lassen sich in fünf Hauptkritikpunkten zusammenfassen: Erstens wird auf die Vernachlässigung einer Analyse der ökonomischen Strukturen bei der Kolonisierung hingewiesen; zweitens wird die Kritik an den marxistischen Schriften und Schriften von Marx von Seiten der postkolonialen Theorie in ihrer Ausrichtung problematisiert; drittens wird behauptet, postkoloniale Theorie hätte den Widerstand gegen Kolonialismus und Neokolonialismus vernachlässigt beziehungsweise nicht sehen können; viertens wird unterstellt, postkoloniale Theorie impliziere die Vorstellung, koloniale Zeiten gehörten der Vergangenheit an, und fünftens wird bemerkt, die postkoloniale Theorie habe die Beiträge zur Dekolonisierung außerhalb postkolonialer Studien nicht gebührend genug anerkannt. Die vorliegende Einführung setzt sich mit all diesen Kritikpunkten ernsthaft auseinander, an dieser Stelle soll aber vor allen dargelegt werden, warum postkoloniale Theorie ohne die marxistische Analyse antikolonialer Kämpfe nicht möglich ist.

Der kolonialen Herrschaft wurde in vielfältiger Weise widersprochen: Die unzähligen Aufstände, Rebellionen, Unabhängigkeits-, Guerilla- und Partisanenkriege in allen kolonisierten Gebieten machen es unmöglich, die Kolonisierten lediglich als Opfer zu beschreiben. Doch wurde nicht nur mit Waffengewalt gegen die Kolonialmächte gekämpft, sondern auch auf intellektuellen Terrain. Dabei haben sich die Kolonisierten nicht selten listig der philosophischen Argumente des Westens bedient und sie gegen diese gerichtet (vgl. etwa Parry 2002), wie sie auch einheimische Wissenstraditionen und Vorstellungen zum Anschlag brachten, um die Kolonialherrschaften zu Fall zu bringen. Postkoloniale Theorie hat diese vielfältigen Unternehmungen mit unterschiedlichen Methoden und Perspektiven beleuchtet. Die indische *South Asian Subaltern Studies Group* hat etwa nicht nur die Einwände und Strategien der bekannten antikolonialen Kämpfer/-innen untersucht – in Indien etwa Gandhi, Jinnah und Nehru –, sondern auch die kleinen Rebellionen und Taktiken der subalternen Gruppen zu verstehen gesucht (vgl. Guha/Spivak 1988). Dabei bedienen sich die postkolonialen Theorien aller Kritik zum Trotz sowohl eines poststrukturalistischen Theorieapparates *als auch* marxistischer Konzepte. Allerdings wird Widerstand nie von einem absoluten Außen aus gedacht – stattdessen werden die Verquickungen der heterogenen Macht- und Wissensfelder untersucht. Bemerkenswert in diesem Zusammenhang ist die Studie *Indians and Mestizos in the »Lettered City«: Reshaping Justice, Social Hierarchy, and Political Culture in Colonial Peru* von Alcira Dueñas (2010), die nicht nur zeigt, dass Widerstand gegen die Kolonisierung bereits im 17. Jahrhundert nachzuweisen ist, sondern dass dieser eben auch auf intellektuellen Interventionen beruhte. Dueñas analysiert die Schriften sechs nicht-kanonischer Schriftsteller, die sie als »gebildete Andiner« bezeichnet. Mitte des 17. Jahrhundert bis in das späte 18. Jahrhundert hinein schafften diese ihren Weg in die »Stadt der Bildung« (*ciudad letrada*), die eigentlich nur Mitglieder der gebildeten spanischen Elite Zugang gewährte. Ihre Schriften errangen selbst in Europa einen autoritativen Status. Die Historikerin und Lateinamerikanistin kann zeigen, dass indigene und so genannte ›Mestizo‹-Intellektuelle nicht nur an dieser illustren Bildungskultur teilnahmen, sondern auch, dass sie die Anerkennung dazu nutzen konnten, der kolonialen Unterdrückung zu widerstehen.

Die französische postkoloniale Forscherin Françoise Vergès zeigt in einer ähnlichen Untersuchung auf, wie Kolonisierte und Sklaven in der Karibik »sich des Vokabulars der Französischen Revolution und der Aufklärung [bemächtigten], um die übermäßigen Privilegien der besitzenden Klasse anzugreifen. Die Kolonisierten verwenden den republikanischen Wortschatz, indem sie ihn entnationalisieren und ihm auf diese Weise wieder seinen universellen Charakter geben.« (Vergès 2006: o.S.) Und schließlich hat der in Trinidad geborene Schriftsteller und sozialistische Kritiker C.L.R. James (1901-1989), der selber in der Panafrikanismusbewegung engagiert war, uns die Geschichte der ersten erfolgreichen Rebellion versklavter Menschen in der Karibik hinterlassen (vgl. James 1963 [1938]): Angeführt vom »Schwarzen Jakobiner« François-Dominique Toussaint Louverture (1743-1803) kam es zur haitianischen Revolution, die 1793 erfolgreich mit der Unabhängigkeit Haitis endete (vgl. auch Fischer 2004). Widerstand nahm also diverse Formen an und die globale Geschichte des antikolonialen Widerstands ist noch zu schreiben.

Frantz Fanon (1925-1961), der antikoloniale emblematische Widerstandskämpfer und Psychiater aus Martinique, ist einer der am häufigsten zitierten und analysierten Figuren der postkolonialen Theorie. Fanon präsentiert in seinen Schriften eine verknüpfende Analyse der Kategorien »Rasse« und »Klasse«, um daran aufzuzeigen, dass sich orthodoxe marxistische Theorien als inadäquat für den antikolonialen Kampf erweisen (vgl. Fanon 1981). Der ebenfalls aus Martinique stammende Poet und Aktivist Aimé Césaire (1913-2008) hat dagegen die kulturellen Antagonismen zwischen Europa und den Kolonisierten hervorgehoben. Europa war für Césaire vor allem ein Ort der Dekadenz – des moralischen und spirituellen Abgrunds –, wohingegen er die außereuropäischen Gemeinschaften vor der imperialen Invasion als durch Kooperation und ein kollektives Verständnis des Zusammenlebens geprägt beschreibt (vgl. Césaire 1972: 9). Kaum zufällig gilt *Discourse on Colonialism* (1972 [1955]) von Césaire als einer der einflussreichsten antikolonialen Texte. Und das auch, weil der Autor nicht nur die Brutalität des Kolonialismus beim Namen nennt, sondern insbesondere die »Verdinglichung« (ebd.: 21) des kolonisierten Subjekts anklagt. Fanon, der sich in aller Deutlichkeit von solchen Erzählungen ›reiner‹ und ›guter‹ Traditionen und Werte absetzt, stellt dennoch fest, dass es während der Kolonisierung nicht nur zu einer Vereinnahmung und Ausbeutung der

Arbeitskraft der Kolonisierten kam, sondern auch zu einer Entwertung ihrer Subjektivität (vgl. Fanon 1981). Es ist diese Abwertung, die ihn interessiert – und weniger die Konstruktion eines Narrativs, das von den angeblich ›guten‹, ›unkontaminierten‹ vorimperialen Zeiten spricht.

Weil im Prozess der Kolonisierung nicht nur Territorien besetzt und die Reichtümer der Kolonialländer geplündert wurden, sondern auch die Kolonisierten, in dem Versuch, sie aus dem Projekt der Moderne auszuschließen, gewaltsam zu Anderen gemacht wurden, suchte der antikoloniale Kampf nach neuen, machtvollen Identitäten, die den westlichen Repräsentationen der Kolonisierten begegnen konnten. Durch die Konzentration auf einen gemeinsamen Feind geriet das Projekt des Nationalismus dabei zu einer planvollen systematischen Mobilisierung für den Widerstandskampf, dessen Ziel die Befreiung aus kolonialer Beherrschung war. Die nationalistischen antikolonialen Kämpfe stellen den Beginn einer fortschreitenden Dekolonisierung dar, die bis heute anhält. Anders gewendet kann gesagt werden, dass die Idee der Nation als machtvoller Motor der Entfaltung und Vereinigung antikolonialer Kräfte produktiv gemacht wurde. Allerdings muss auch betont werden, dass es immer interne Kämpfe in den verschiedenen nationalistischen Antikolonialenbewegungen gegeben hat. Die Kämpfe drehten sich dabei um den Verlauf der Grenzen, um Hegemonieansprüche bestimmter Gruppen innerhalb der Kolonialstaaten nach der Dekolonisierung, aber auch um konkrete politische Vorstellungen über die Form und Struktur der imaginierten dekolonisierten Staaten. Die Ideen zu den neuen Nationen variierten dabei enorm. Während die einen etwa ein Zurück zu vorimperialen feudalen Strukturen – wo diese bestanden hatten – forderten, beharrten andere auf den Aufbau sozialistischer Republiken oder neuer Monarchien. Die Kämpfe im Inneren der Bewegung gingen dabei Hand in Hand mit dem Aufbau internationaler Netzwerke, die den Kampf um Unabhängigkeit beschleunigen sollten. Ein Beispiel ist *Die Liga gegen Imperialismus und für nationale Unabhängigkeit*, die 1927 in Brüssel gegründet wurde und bis 1937 bestand. Ihr Ziel war es, eine internationale Massenbewegung gegen den Imperialismus zu organisieren.[27] Über ein neues dichtes Lesen der Schriften des erste Staatspräsidenten Ghanas, des antikolonialen Widerstandskämpfers und Philosophen Kwame Nkrumah (1909-1972), kann nachgezeichnet werden wie westliche Ideen von ›Revolution‹, ›Befreiung‹, ›Nation‹ oder auch

27 | Mitglieder und Unterstützer waren unter anderen Albert Einstein (1879-1955) und der spätere erste indische Staatspräsident Jawaharlal Nehru (1889-1964). Die Liga war eine Frontorganisation der Dritten Internationalen (auch bekannt als Komintern), die 1919 auf Initiative Lenins (1870-1924) gegründet wurde, nachdem die Zweite Internationale 1914 mit Ausbruch des Ersten Weltkrieges aufgelöst wurde. Eine gute Zusammenfassung der Komintern-Diskussionen rund um den Kolonialismus findet sich bei Young (2001: 113-157).

›Emanzipation‹ von antikolonialen Denkern aufgenommen, verarbeitet und re-interpretiert wurden, indem sie mit einheimischen Philosophien in Kontakt gebracht wurden. Während Nkrumah, ein enger Freund des afroamerikanischen Intellektuellen W.E.B Du Bois (1868-1963), in seinen Frühschriften das vorkoloniale Afrika noch romantisiert, lehnt er später diese Vorstellungen rundweg ab. In *Africa Must Unite* (2006 [1963]) skizziert er noch eine gesamtafrikanische Regierung – einen Gedanken, den der stark von Panafrikanismus inspirierte Denker später revidiert (vgl. auch Kah 2012).

Es war Benedict Andersons Buch *Imagined Communities* (1991 [1983]), von dem wesentliche Impulse zur theoretischen Beschreibung der verschiedenen Nationalismen ausgingen. Für Anderson sind Nationen imaginäre Gemeinschaften und damit keine natürlichen Entitäten, sondern Konstruktionen, die fiktiv und fantasmatisch sind. Wie andere Nationalismusforscher/-innen vor und nach ihm sieht Anderson die diversen Nationalismen als historische Ablösephänomene der großen Dynastien einerseits und der großen Religionen als Sinn- und Einheitsstiftungsdiskurse andererseits, wobei der Prozess der Nationenbildung durch bedeutende Entdeckungen und Erfindungen seit Beginn der Neuzeit initiiert und beschleunigt wurde (vgl. Anderson 1991: 37ff.). Mit der Ausbreitung des Buchdrucks, des Zeitungswesens und der Alphabetisierung immer neuer Gesellschaftsgruppen entstand zunehmend das Bedürfnis, neben lateinischen Druckwerken auch solche in den jeweiligen Landessprachen herauszugeben. So wurden bis dahin nicht standardisierte Dialekte zu Literatursprachen zusammengefasst und einige davon zu Amtssprachen erhoben (vgl. ebd.: 18). Daneben schaffte es die Bourgeoisie, gemeinsame Interessen auch über Klassengrenzen hinweg zu formulieren, und nutzte zur Verbreitung die aufkommenden Printmedien (Zeitungen, Romane, Journale etc.). Die Medien waren es, die das für die »Erfindung der Nation« notwendige Vokabular weiter trugen und es gewissermaßen eingängig machten. Erst die Konvergenz des Kapitalismus mit den Drucktechnologien eröffnete so die Möglichkeit einer imaginierten Gemeinschaft, welche die Phase der modernen Nation einläutete (vgl. ebd.: 46). Die Schriftsprache wird zur Sprache des Nationalismus und ermöglicht das, was Anderson als Symbol moderner Nationen bezeichnet hat: das »Vertrauen der Gemeinschaft in Anonymität« (ebd.: 36).

Andersons Argumentationen sind vielfach problematisiert worden. Aus Richtung der postkolonialen Kritik wurde etwa eingewendet, dass Anderson zufolge die Nationalismen in den Kolonien zwangsläufig durch die europäische politisch-intellektuelle Geschichte geformt wurden. Diese These eines »abgeleiteten Diskurses« beschreibt ein mimetisches Modell postkolonialer Nation, das von der kolonialen Herrschaft abhängig bleibt. Die einheimische Intelligenzija spielt in einer solchen Sichtweise eine entscheidende Rolle beim Schmieden eines antiimperialistischen nationalistischen Bewusstseins. Sie ist es, die den Ländern im Unabhängigkeitskampf die europäischen Vorstellungen der Nation überbringt und vervielfältigt. Andersons Sichtweise überschneidet sich allerdings mit den orthodoxen Vorstellungen zum Nationalismus in den ehemaligen Kolonien – behaupten doch englische Historiker gleichermaßen, dass etwa die Inder die Ideen von ›Freiheit‹ und ›Selbstbestimmung‹ aus den englischen Schriften gelernt hätten (vgl. Loomba 1998: 189). Der indische Historiker Partha Chatterjee problematisiert eine solche Sichtweise und bemerkt, dass die Beziehung zwischen antikolonialen und metropolitanen Nationalismen von gegenseitigen Anleihen, aber auch von erheblichen Differenzen geprägt war. Folgerichtig widerspricht er in seinem Buch *The Nation and its Fragments* (1993) Andersons Modell von Nationalismus, welches davon auszugehen scheint, dass die postkoloniale Welt auf ewig dazu verdammt ist, ›Konsumentin‹ europäischer Modernität zu sein.[28] Chatterjee weist damit den geradezu grotesken Gedanken zurück, dass selbst das Drehbuch antikolonialer Widerstandsbewegungen von den Kolonisatoren geschrieben wurde (1993: 5). Im Unterschied dazu schlägt er das Bild des »ideologischen Siebs« vor, durch das die antikolonialen Nationalisten die europäischen Ideen filterten. Antikolonialer Nationalismus ist dann nicht eine bloße Kopie des westlichen Modells, sondern repräsentiert die vielfältigen Vorstellungen von Freiheit und Menschlichkeit, die im Zuge der Befreiungsbewegungen entwickelt wurden. Ebenso haben sich die nationalen Identitäten europäischer Staaten nie ausschließlich in Abgrenzung, sondern immer auch im Austausch zu ihren jeweiligen Anderen herausgebildet.

Nicht zufällig waren es auf beiden Seiten der kolonialen Grenzziehung insbesondere Frauen, die als Marker für nationale und kulturelle Differenz instrumentalisiert wurden (siehe etwa McClintock 1995; Castro Varela/Dhawan 2009a). Die untergeordnete soziale Stellung der Frau galt den Kolonialherren als Beweis für die Rückständigeit der beherrschten Kultur, weswegen die Reform ihrer sozialen Position als eine entscheidende Aufgabe innerhalb des Kolonisierungsprozesses bestimmt wurde. In der späteren nationalistischen Deutung galt dies als kolonialistischer Eingriff, dem mit eigenen Reformen des weiblichen Rollenverständnisses geantwortet wurde – eine Taktik, die zum Teil definitiv Verbesserungen für die soziale Stellung *einiger* Frauen mit sich brachte, derweil allerdings insgesamt die alten patriarchalischen Strukturen stabilisiert wurden (vgl. Sangari/Vaid 1989; siehe auch Castro Varela/Dhawan 2006). Der antikoloniale Nationalismus ist insoweit in komplexe Prozesse verwoben, die kolonialistischen Argumentationen sowohl widerstehen als sie auch bestätigen. So wurden die Ideen von ›Tradition‹ und ›Kultur‹ kontinuierlich (wieder-)erfunden – und zwar von beiden Seiten, den Kolonisatoren und den Nationalisten (vgl. hierzu auch Bhatti 2003). Der indische Historiker Di-

28 | Benedict Anderson hat sich im Übrigen von diesem Modell selbst distanziert und es teilweise revidiert (1991: 163ff.).

pesh Chakrabarty beschreibt den Prozess zwischen europäischem Imperialismus und den ›Dritte-Welt-Nationalisten‹ aus diesem Grunde als verbunden in dem Ziel der gemeinsamen Erreichung einer »Universalisierung des Nationalstaates als der am meist begehrtesten Form politischer Gemeinschaft« (Chakrabarty 1992: 19; vgl. auch Randeria/Eckert 2009: 13).

Aufgrund der die Konstruktionen postkolonialer Staaten begleitenden sozialen Exklusion breiter Bevölkerungsteile wurde die Möglichkeit von Nationalidentitäten als Basis antiimperialistischer Kämpfe immer wieder infrage gestellt. So ist argumentiert worden, dass die hegemonialen postkolonialen Staaten die antiimperialistische Rhetorik des Nationalismus instrumentalisiert haben, um ihre eigene Macht zu sichern. Die Früchte der Befreiung waren letztendlich weder für *alle* gedacht noch für *alle* erreichbar. Im Gegenteil: Die Verteilung verlief denkbar ungleich. Nicht selten wurden bereits bestehende Ungleichheitsstrukturen stabilisiert. So bedeutet die Freiheit von kolonialer Herrschaft nicht zugleich einen besseren Status für Frauen und gleichermaßen nicht für die Arbeiter und Arbeiterinnen oder die Landbevölkerung innerhalb der Kolonien. Als direkte und immer noch aktuelle Konsequenz dieser exklusiven Strategie werden diejenigen, die am nationalistischen antikolonialen Projekt teilnahmen und dabei gleichzeitig ausgegrenzten Gruppen angehörten, weiterhin kaum zur Kenntnis genommen (siehe auch Kapitel 3). Ein gutes Beispiel hierfür ist Bhimrao Ramji Ambedkar (1891-1956), der als *Dalit*[29] aktiv am antikolonialen indischen Befreiungskampf teilnahm und häufig als Antagonist von Mohandas Karamchand Gandhi (1869-1948) beschrieben wird (vgl. Zelliot 1996). Während Gandhi für die Freiheit von kolonialer Beherrschung kämpfte, strebte Ambedkar eine umfassendere Freiheit von Ausbeutung und Unterdrückung an und nahm dafür nicht nur die koloniale Herrschaft, sondern auch die nationale Hindu-Elite ins Visier (vgl. etwa Omvedt 2004: xv; auch Jaffrelot 2004). Ambedkar, der trotz schwieriger Bedingungen als *Dalit* in England und USA Wirtschaftswissenschaft und Jura studierte, war ab 1924 am Obersten Gericht in Bombay tätig. Wenige Jahre später folgte er

29 | Das indische Kastensystem stellt einen spezifischen Stratifikationsmodus dar, der mit dem der Klasse zwar nicht übereinstimmt, aber doch in enger Beziehung zu diesem steht. Als ›Unberührbare‹ (*untouchables*) oder ›Parias‹ galten früher diejenigen, die keiner Kaste angehörten und aufgrund ihres niederen sozialen Status besonders für die ›unreinen‹ Tätigkeiten – etwa das Reinigen der Latrinen oder die Ledergerberei – verantwortlich waren. Bei der Bezeichnung *Dalit* handelt es sich dagegen um eine politische Bezeichnung für diejenigen, die als ›kastenlos‹ (*outcastes*) gelten. Der Begriff ist dem Sanskrit entlehnt und bedeutet ›zerbrochen‹ oder ›zertreten‹. Seit Jahrhunderten sind *Dalits* massiven sozialen Diskriminierungen ausgesetzt. Sie stellen mittlerweile eine starke soziale Bewegung, die sich für die Rechte der von Kastendiskriminierung Betroffenen einsetzt (vgl. Chakravarti 2003).

den Ruf als Professor an das staatliche Institut der Rechtswissenschaft ebenfalls in Bombay. Er war maßgeblich an der Ausarbeitung der Verfassung der freien indischen Republik beteiligt und setzte die soziale Gleichstellung der ›Unberührbaren‹ durch (vgl. Omvedt 2004: 1ff.). Dennoch wird er innerhalb postkolonialer Studien weitgehend ignoriert. In Robert Youngs 500-seitiger Einführung zum Postkolonialismus (2001) wird Ambedkar, einer der bemerkenswertesten antikolonialen Denker Indiens, nicht ein einziges Mal erwähnt, während sich dort für Gandhi hundert Indexeinträge finden lassen. Young widmet Gandhi nicht nur ein ganzes Kapitel, sondern wundert sich auch, warum er angeblich in den postkolonialen Studien so selten erwähnt wird, obschon er doch einer der wichtigsten Figuren des antikolonialen Kampfes darstellen würde (vgl. Young 2001: 24ff.).[30] Und auch Mignolo erwähnt Gandhi und vereinnahmt diesen als Vertreter einer Dekolonialität *avant la lettre* – nicht aber seinen Gegenspieler Ambedkar (vgl. Mignolo 2007: 452).

Es wird deutlich, dass Nationen als Gemeinschaften nicht nur über die Bildung von Zugehörigkeiten und den passenden Zugehörigkeitsmythen geschaffen werden, sondern wesentlich auch über die Aberkennung von Zugehörigkeiten. Hierfür werden bestimmte Erzählungen rhetorisch mit Nachdruck weitergegeben, während andere Geschichten absichtsvoll in die Vergessenheit gedrängt werden (vgl. Loomba 1998: 202). Dennoch beharren Kritiker/-innen der postkolonialen Theorie – wie etwa Benita Parry (2004) und Neil Lazarus (1994) – zu Recht darauf, dass es notwendig bleibt, die enorme Kraft des Befreiungsnationalismus und seine treibende Rolle im Prozess der Dekolonisierung anzuerkennen, obschon auch sie dafür plädieren, die damit einhergegangenen Exklusionen zu problematisieren.

Dabei sind nicht alle antikolonialen Strategien, welche die Nation evozieren, sogleich auf diese beschränkt. Die *Négritude*-Bewegung – oder auch der *Panafrikanismus* – beispielsweise wählte bekanntermaßen eine Beschreibung der Nation als geteilte Erfahrung und Kultur, welche die kolonial gesetzten Landesgrenzen überschreitet (vgl. hierzu Mudimbe 1988). Die Bezeichnung »Négritude«, die von Césaire geprägt wurde, bezieht sich dabei auf die auf Französisch geschriebene Literatur schwarzer Intellektueller, während der Panafrikanismus im Allgemeinen die englischsprachigen schwarzen Intellektuellen zusammenfasst. Das Konzept der *»Latinidad«* oder des *»Latinoamericanismo«* versucht dasselbe für Lateinamerika und die Karibik (vgl. etwa Castro-Gómez/Mendieta 1998; Rodríguez 2003). All diese Bewegungen artikulieren eine pannationale Solidarität mit dem Ziel, die weiße, westliche Vorherrschaft ideologisch und epistemologisch herauszufordern. Im Panafrikanismus und

30 | Dagegen zeigt der indische Historiker Shahid Amin in seiner interessanten Studie *Gandhi as Mahatma* (1988), wie Gandhi über geschickte Strategien für die indischen Subalternen zum Quasi-Heiligen wurde.

in der Négritude wird zudem die Schwarze Identität als eine distinkte Form ›rassisch-kulturellen‹ Seins zelebriert. Für Léopold Senghor (1906-2001), der als der wichtigste Philosoph der Négritude gilt, bedeutet die Erfahrung des Kolonialismus für schwarze Menschen eine ›rassische‹ Erfahrung, die eine »kollektive Persönlichkeit schwarzer Menschen« schafft. Senghor, der von 1960 bis 1980 erster Staatspräsident des Senegals war, assoziiert die »schwarze Rasse«, wie er schreibt, ausschließlich mit Afrika, das die geteilte kulturelle Wurzel aller Schwarzen in der Welt darstelle. Négritude wird damit zu einem direkten Angriff auf die Werte und Haltungen, die von Weißen mit dem Schwarzsein verknüpft werden (vgl. Senghor 1994: 28). Nicht infrage gestellt werden jedoch die von den europäischen Kolonialmächten aufgestellten Theorien der ›rassischen Differenz‹. Fanon zeigt sich deswegen sehr skeptisch gegenüber der Négritude-Bewegung. Indigene Intellektuelle, die sich unhinterfragt auf eine afrikanische Kultur beziehen, sind für Fanon fehlgeleitet, bleiben sie doch der kolonialen Logik verhaftet, indem sie deren Stereotype einfach nur invertieren. In seinem Buch *Die Verdammten dieser Erde* (1981 [1961]) spricht er sich deswegen etwa gegen eine Gleichsetzung der historischen und kulturellen Not der afroamerikanischen Kollektive mit der Gewalterfahrung kolonisierter Menschen, die sich direkt unter einer weißen europäischen Kontrolle befanden, aus.

Paul Gilroy, der Fanons Skepsis teilt, versucht sich dagegen in seinem Buch *The Black Atlantic* (1993) an einem alternativen Denken transnationaler Solidaritäten und Verbindungen, das eine pannationale »schwarze Kultur« entlang anderer Linien theoretisiert (ebd.: 6). Gilroy fokussiert ein historisches, kulturelles, linguistisches und politisches Interaktions- und Kommunikationssystem, welches im Prozess der Versklavung von Afrikanern und Afrikanerinnen entstand. Die Sklaverei sollte, so Gilroy, nicht ausschließlich als eine ökonomische Angelegenheit betrachtet werden, habe sie doch ebenso kulturelle Effekte gezeitigt. Durch den Sklavenhandel wurden differente Menschen in komplexe soziale Beziehungen gezwungen, was unintendierte Konsequenzen mit sich brachte. Diverse Geschichten, Religionen, Sprachen und Weltverständnisse wurden kombiniert und mutierten zu einem dynamischen Muster. *Black Atlantic* umfasst Gilroy zufolge den Prozess der langsamen Übernahme einer fremden Sprache sowie die Anpassung an (neue) Gewohnheiten im Rahmen eines Emanzipationsprojekts (vgl. ebd.: 122). Der Fokus wird hier auf die planlose Komplexität der sich überkreuzenden Erfahrungen und Geschichten gerichtet – und auf die Herausforderungen, die sich dadurch für die Idee einer uniformen und fixierten Kultur ergeben. Gegenüber einem »ethnischen Absolutismus« und »kulturellen Nationalismus« zeigt sich Gilroy kritisch und macht deutlich, dass der Synkretismus der Nation vollkommen übersehen wird, solange der Nationalismus weiterhin als der privilegierte Ort des Widerstands und der Rebellion gegen Herrschaft und Unterdrückung gilt (vgl.

ebd.: 6). Westliche Nationen sind für ihn von einer afrikanischen Diaspora durchdrungen, deren Erfahrungen die Basis einer geteilten »schwarzen Kultur« darstellen, die allerdings niemals in einer ›rassischen‹ oder ontologischen Weise gedacht werden kann (ebd.: 39f.; siehe auch Gilroy 2000). Die Idee eines »Schwarzen Atlantiks« führt mithin die Inadäquatheit von Nation und ›Rasse‹ als Symbole einer privilegierten kulturellen Identität vor Augen.

In seiner einflussreichen Arbeit *Citizen and Subject* (1996) befasst sich der in Uganda aufgewachsene indische Anthropologe Mahmood Mamdani in einer gänzlich anderen Weise mit den Machtstrukturen und der Anatomie von Widerstand, die die Dekolonisierungs- und Demokratisierungsprozesse im postkolonialen Afrika bis heute prägen. Er wendet den Blick wieder hin zu den ehemalig kolonialen Räume nach der Dekolonisation und weg von den diasporischen Erfahrungen, die häufig postkoloniale Studien dominieren. Angesichts der geographischen Ungleichheiten und der Schwierigkeiten, einen gigantischen Kontinent zu erschließen, wurde in Afrika eine »zweigeteilte Herrschaft« etabliert, so einer von Mamdanis zentralen Thesen: einerseits die *indirekte* Herrschaft in den ländlichen Gebieten und andererseits die *direkte* Herrschaft in urbanen Räumen (vgl. Mamdani 1996: 101). Um den Verwaltungsprozess zu vereinfachen, nahmen Kolonialbeamte bewusst lokale Machthaber in den Dienst auf. Es ist in diesem Zusammenhang elementar, an die geringe Zahl europäischer Kolonialbeamter zu erinnern, die beispielsweise in den afrikanischen Kolonialverwaltungen tätig waren. So bemerkt Conrad, dass die »Abhängigkeit von einheimischen Akteuren [...] ihren organisatorischen Ausdruck in der klassischen imperialen Institution der Intermediarität, also der Delegierung von Herrschaftsbefugnissen an lokale und regionale Machthaber und Eliten« (Conrad 2008: 46) fand. Die lokalen Autoritäten wurden damit zum integralen Bestandteil der kolonialen Regierungsstrukturen. Der zweigeteilte koloniale Staat bestand entsprechend aus zwei Formen von Autoritäten: »die erste, eine zivile Macht, die die Sprache des Rechts benutzt, und eine zweite, ›traditionelle Macht‹, die die Sprache der Tradition spricht« (Mamdani 1996: 4). Städtische Afrikaner/-innen unterlagen direkter Herrschaft, während die indirekte Herrschaft der einheimischen Machthaber durch die Europäer gesteuert wurde. Freilich sind nationale Varianten auszumachen, doch im Allgemeinen lässt sich sagen, dass die koloniale Herrschaft zwei Formen von Zugehörigkeiten etablierte: Einerseits die Staatsbürgerschaft, die den Siedler/-innen und einer kleinen exklusiven Gruppe einheimischer Eliten Bürgerrechte im vollen Umfang gewährte; andererseits der reine Subjektstatus, den die Mehrheit der ländlichen Bevölkerung erhielt. Dies führte zu einer Dichotomisierung afrikanischer Gesellschaften in Staatsbürger/-innen – denen grundlegende staatsbürgerliche Freiheiten und Rechte zustanden – und Subjekte des Kolonialstaates, primär landwirtschaftliche Haushalte in den

Peripherien, die der Willkür einheimischer Machthaber ausgesetzt waren (vgl. auch Speitkamp 2005: 42ff.).

Die Pointe besteht nun darin, dass dieses Herrschaftsmuster auch den antikolonialen Kampf prägte, weswegen zwischen ländlichen und städtischen Widerstandsformen zu unterscheiden ist. Der demokratische Kampf gegen die einheimischen Eliten im ländlichen Raum nahm die Form eines »Bürgerkriegs zwischen den Stämmen« (Mamdani 1996: 183) an und kann als Ursprung der konfliktreichen Auseinandersetzungen um Autorität gesehen werden. Es sind dies Konflikte, die eine große Herausforderung für die postkolonialen afrikanischen Regierungen darstellen. Versuche der Nationenbildung werden, Mamdani folgend, durch die Diskontinuitäten zwischen ›traditionellen‹ und urbanen Räumen behindert. Ausgehend von der Tatsache, dass im kolonialen Afrika die Mehrheit der ländlichen Bevölkerung durch indigene Oberhäupter und traditionelles Recht unter einem Regime indirekter Herrschaft regiert wurde, wäre die ländliche Bevölkerung nicht darauf vorbereitet gewesen, so die These, als Staatsbürger/-innen in einem modernen dekolonisierten Staat zu partizipieren. Mamdani postuliert, dass den postkolonialen Regierungen in Afrika im Grunde nur zwei Optionen zur Verfügung stehen: die konservative Bewahrung der Dezentralisierung durch die Hierarchie der ›Stammesführer‹ – oder ein »zentralisierter Despotismus« (ebd.: 17). Während alle postkolonialen afrikanischen Staaten den Versuch unternommen haben, das koloniale Erbe des »dezentralisierten Despotismus« (ebd.: 8) zu transformieren, nämlich von indirekten zu direkten Herrschaftssystemen zu gelangen, reproduzierten sie damit zwangsläufig das koloniale Erbe und etablierten neue Formen des Despotismus. Diese Versuche könnten als misslungene hegemoniale Projekte bezeichnet werden, die den Unterschied zwischen Zentrum und Peripherie nur vergrößert haben. Afrika, so Mamdani, ist nach der Dekolonisation daran gescheitert, sich von kolonialen Herrschaftspraktiken zu befreien, wobei Unabhängigkeit zur »Derassifizierung, aber nicht Demokratisierung« (ebd.: 288) geführt habe. Die afrikanische Landbevölkerung bleibt damit im Grunde »gefangen in einer nicht-rassistischen Version der Apartheid« (ebd.: 8).

Ferner führt Mamdani an, dass die historische Entwicklung der Zivilgesellschaft im kolonialen Afrika aufs Engste mit der Einführung rassistischer Praktiken verbunden ist. Laut Mamdani stellt das Apartheidsystem letztlich eine generische Form des Kolonialismus dar. Der Mangel an politischen Rechten der schwarzen Mehrheit, das Scheitern darin, eine stabile Zivilgesellschaft zu entwickeln, ebenso wie das Scheitern darin, sich für allumfassende demokratische Institutionen einzusetzen, charakterisiert die koloniale Herrschaft in ganz Afrika. Im post-unabhängigen Afrika werden die Verteidigung rassistisch verbriefter Privilegien sowie der Kampf um Umverteilung weiterhin in der Zivilgesellschaft ausgehandelt. Die Forderungen der privilegierten Klassen nach Pressefreiheit, konstitutionellen Garantien und freien Wahlen haben wenig Einfluss auf die verarmte ländliche Bevölkerung. Erfolgreiche ökonomische und politische Reformen stellten nur einen Vorteil für die elitäre Minderheit dar und scheiterten kläglich daran, sich mit den Problemen und Leiden der Bevölkerungsmehrheit zu befassen. Dies veranschaulicht die tief greifenden Verbindungen zwischen (post-)kolonialen Herrschaftsformen und Prozessen kapitalistischer Akkumulation.

In Abwesenheit weiterführender Strategien politischen Wandels und sozialer Transformation ist die Ermächtigung marginalisierter Gruppen, so Mamdani, eingeschränkt und nur von kurzer Dauer (vgl. ebd.: 217). Die Zivilgesellschaft zu reformieren, reiche nicht aus, um Demokratie zu implementieren, eher ist eine weit reichende Dezentralisierung lokaler Autoritäten notwendig, um die Dualität der Macht zu überwinden (vgl. ebd.: 219). Daher müssen demokratische Reformen, wollen sie erfolgreich sein, gleichzeitig ländlich und urban, lokal und zentral sein (vgl. ebd.: 268). Zudem kritisiert Mamdani den »Afro-Pessimismus« (ebd.: 285) derer, die die Fähigkeit der einheimischen Regierungen zur Dekolonisierung grundsätzlich infrage stellen, und erklärt diesen normativistischen Standpunkt der Afrikanisten und Afrikanistinnen – die vor allem im globalen Norden verortet sind – als Schuldzuweisung an die Opfer kolonialer Herrschaft. Mamdani dagegen erläutert, dass die Probleme mit der Demokratisierung Afrikas in der Unfähigkeit der Post-Unabhängigkeitsregime zu suchen sind, sich von der Last der spätkolonialen Herrschaft zu befreien – vor allem von den Strukturen kolonialer Staatsapparate. Laut Mamdani mussten sich politische Regime mit der Unabhängigkeit drei Herausforderungen stellen: erstens der Derassifizierung der Zivilgesellschaft als Schlüssel zur Überwindung der kolonialen Trennung zwischen Staatsbürger/-innen und Subjekten; zweitens der ›Enttribalisierung‹ der einheimischen Machthaber in Richtung Demokratisierung sowie drittens dem Streben nach wirtschaftlichem Wachstum und Entwicklung im Kontext der höchst ungleichen Beziehungen des globalen Kapitalismus. Junge unabhängige Regime waren erfolgreich bei der Derassifizierung der Zivilgesellschaft und scheiterten trotzdem daran, das koloniale System der zweigeteilten Macht zu beseitigen. Mamdani bedauert »das Scheitern der Demokratisierung, das schließlich dazu geführt hat, dass der Prozess der Derassifizierung nicht fortgesetzt werden konnte und Entwicklung definitiv scheiterte« (ebd.: 288). Freilich darf dabei nicht außer Acht gelassen werden, dass postkoloniale Experimente mit den Aufbau freier Gesellschaften ebenso oft an den Widerständen des Westens scheiterten (vgl. etwa Ferguson 2006).

Religion, Säkularismus und Empire

Fragen von Religion und Säkularismus beschäftigen postkoloniale Theorie auf unterschiedliche Art und Weise, schließlich haben die Konzepte von Religion und Säkularismus, die auf beiden Seiten der kolonialen Grenze entwickelt wurden, eine zentrale Rolle bei der Imaginierung einer modernen Nation gespielt. Zwar waren die Kolonien in erster Linie Orte ökonomischer Ausbeutung, aber eben auch Ziel der Zivilisierungsmission, die ein reformiertes, koloniales Subjekt, das die europäische Intervention als befreienden Prozess erleben sollte, hervorbringen wollte. Missionare waren wichtige Agenten des Kolonialismus. Bekanntermaßen nahmen sie eine signifikante und machtvolle Position bei der Rechtfertigung desselben ein. Religiöse Vorstellungen beeinflussten den Kolonialstaat ebenso wie die antikolonialen Kräfte. Auch wenn die Zivilisierungsmission in vieler Hinsicht ein säkulares Unternehmen war, übernahmen christliche Missionsstationen wichtige Aufgaben und haben so die kolonialen Gesellschaften zum Teil stark und nachhaltig verändert (vgl. etwa Gründer 1982; Comaroff/Comaroff 1991).[31]

Bereits im 16. Jahrhundert hatte Las Casas (1988 [1552]), wie gezeigt (vgl. Abschnitt »Kolonialismus und Imperialismus«), dafür plädiert, den kolonisierten indigenen Bevölkerungen das Wort Gottes zu überbringen, was unter anderem zu einem Verbot seiner Berichte durch das Heilige Tribunal der Inquisition in Zaragoza führte (vgl. Enzensberger 1981 [1966]: 125). Nach dem Ende des Dreißigjährigen Kriegs, der von 1618 bis 1648 in Europa tobte, bot sich mit dem gerade neu hergestellten Gleichgewicht der beiden christlichen Kirchen nur sehr begrenzt die Möglichkeit zur Missionierung, dafür eröffneten die Entdeckungen in den Amerikas, Afrika und Asien ein weites Betätigungsfeld für katholische Missionare. So kann das Zusammenspiel zwischen Kolonialismus und Christentum bis zu den iberischen Eroberungen der Amerikas zurückverfolgt werden. Die katholische Kirche unternahm enorme Anstrengungen, um das Christentum in der ›Neuen Welt‹ zu verbreiten und die kolonisierte indigene Bevölkerung zu konvertieren. Sowohl in Portugal als auch in Spanien wurde die Evangelisierung als ein integraler Teil der kolonialen Mission ge-

31 | Der Roman *Things Fall Apart* (1958) (deutsch: *Okonkwo oder Das Alte stürzt*) des nigerianischen Schriftstellers Chinua Achebe schildert exemplarisch wie durch das Eindringen christlicher Missionare die Strukturen eines Dorfes in Afrika nach und nach zerfallen. Es zählt zu den besten schriftstellerischen Auseinandersetzungen mit den Konsequenzen von Kolonialismus und Missionierung. Der südafrikanische Erzbischof, Befreiungstheologe und Friedensnobelpreisträger Desmond Tutu verdeutlicht den Prozess folgendermaßen: »Als die Missionare nach Afrika kamen, hatten sie die Bibel und wir das Land. Sie sagten: ›Lasst uns beten!‹ Wir schlossen unsere Augen. Als wir sie wieder öffneten, hatten wir die Bibel und sie das Land.«

sehen. Bereits 1622 etablierte der Vatikan die *Congregatio de Propaganda Fide*, um den Einfluss der iberischen Königshäuser zu begrenzen. Das Ziel der Kongregation für Glaubenspropaganda war es vor allem, den Einflussverlust durch den sich ausbreitenden Protestantismus entgegenzuwirken. Insbesondere die Niederlande und England stellten eine ernsthafte Bedrohung für die römisch-katholische Weltordnung dar. Gleichwohl war das Zusammentreffen unterschiedlicher religiöser und spiritueller Vorstellungen nicht nur einseitig. Die kolonisierten Menschen inkorporierten christliche Praktiken zum Teil in ihre eigenen metaphysischen Vorstellungen und widerstanden damit den totalitären Ansprüchen der Missionare (vgl. etwa Cooper 2012: 273). So entstand eine Vielfalt von hybriden Formen religiöser Praktiken.

Sowohl in den Amerikas als auch in den kolonisierten Gebieten Asiens und Afrikas wurden die meisten Missionen von Ordensgemeinschaften wie den Augustinern, Franziskanern, Jesuiten und Dominikanern geleitet. Mehrere dieser Missionen waren ohne Zweifel dem Imperialismus verpflichtet und betrachteten sowohl die Gewalt im Zusammenhang mit den kolonialen Eroberungen als auch die Etablierung von Zwangsmaßnahmen als einzige Möglichkeit, den Indigenen die rettende Herrschaft des Christentums zu bringen. Doch auch hier zeigt sich die Kolonisierung ambivalent. So wird in der Literatur oftmals die positive Seite der Missionen in den Kolonien hervorgehoben, die etwa wichtige soziale Dienstleistungen wie Erziehung und Gesundheitsfürsorge einführten, die in den kolonisierten Territorien bis dato unbekannt waren. In stark patriarchalischen Gesellschaften vermittelten Missionarinnen den Frauen in den Kolonien Wissen um Gesundheitsfürsorge und eine grundlegende Bildung.

Antonio de Montesinos (?-1545)[32], ein dominikanischer Mönch auf Hispaniola, war der erste Geistliche, der öffentlich alle Formen von Versklavung und Unterdrückung der indigenen Bevölkerung in den Amerikas verurteilte. Seine Predigt von 1511 beeinflusste die Theologen Vitoria und Las Casas, die die Rechte auch der kolonisierten Bevölkerung verteidigten. Allerdings darf hier auch nicht unerwähnt bleiben, dass Las Casas die Gewalt und Missachtung gegenüber der indigenen Bevölkerung zwar aufs Schärfste kritisierte und detailliert dokumentierte, dies ihn aber nicht vor den Aufbau rassistischer Ordnungen bewahrte. Insgesamt unterschied Las Casas vier Formen von Barbaren, die sich an den Idealen des westlichen Christentums orientierten. Als Barbaren galten all jene, die nicht zum Christentum gehörten. Die theologischen Wissensprinzipien, so stellt Mignolo fest, determinierten die Position der einzelnen Individuen (Mignolo 2005: 17). Zur vierten Kategorie zählten jene Barbaren, die Las Casas zufolge zur Rationalität fähig waren und die über die Fähigkeiten zum Rechtsdenken verfügten (vgl. ebd. 19). Diese vierte Gruppe

32 | Das genaue Geburtsjahr ist unklar.

war das konkrete Ziel der Konvertierungsbestrebungen nach Las Casas. Nur sie seien in der Lage, das Wort Gottes zu empfangen. Interessanterweise gehen damit auch immer ein Sprachverständnis und die Fähigkeit zum abstrakten Denken einher. Deswegen waren die Türken und Mauren Las Casas zufolge ebenso ›Barbaren‹, da sie weder den christlichen Glauben teilten noch sich dazu fähig zeigten, im christlichen Sinne zu glauben. Ausgangspunkt dieser Überlegungen sind auch bei Las Casas die naturrechtlichen Ideen von Aristoteles, die er mit der christlichen Glaubenslehre zusammenzudenken versucht. Las Casas argumentiert, dass Gott unmöglich so viele ›fehlerhafte Wesen‹ – also Indigene und andere Wesen ohne Vernunft – schaffen konnte. Mit dieser Argumentation unternimmt er den Versuch, Religion und Vernunft zu vereinbaren. Sein Argument, dass die Indigenen auch eine Schöpfung Gottes sind, erweitert die Grenze der Menschheit. Dennoch behauptet auch Las Casas, dass die Kolonisierten im Vergleich zu den Europäern ›minderwertig‹ seien und der Führung benötigen (vgl. Anghie 2006).

Obschon Religion eine wichtige Rolle innerhalb kolonialer Politik spielte – später wurde diese schrittweise von hegemonialen rassifizierenden Diskursen ersetzt –, unterstreicht der chilenische Sozialwissenschaftler Fernando Mires auch, dass die Kirche »in den verschiedenen Situationen im jeweilig gegebenen Kräfteverhältnis ziemlich unterschiedliche und oft auch sehr komplexe Formen angenommen« (Mires 1991: 224) hat. Anfänglich bestand ihre Rolle darin, sich um die in den Kolonien lebenden Europäer/-innen zu kümmern, doch schon bald übernahmen die Missionare auch eine bestimmende Aufgabe innerhalb der kolonialen Zivilisierungsmission. Die Missionierung wurde hierbei als christliche Pflicht verstanden, welche darauf abzielte, die verlorenen Seelen der nicht christlichen Kolonisierten vor ewiger Verdammnis zu retten. Zahlreiche Missionsgesellschaften wurden gegründet, die sich als religiöse Heilsbringer und Erlöser der ›heidnischen Seelen‹ verstanden und dies als eine imperiale Verpflichtung europäischer Christen propagierten. Die Betonung lag dabei auf der »Bürde des weißen Mannes«, welcher, um die ›moralische Hebung‹ der indigenen Bevölkerung zu ermöglichen, die Heilsbotschaft in die Kolonien trug. Zu Recht bemerkt Peter van der Veer (2001), dass die zutiefst christliche Natur des Kolonialprojektes bisher in postkolonialen Studien kaum ausreichend berücksichtigt wurde. Dies sieht er unter anderem darin begründet, dass der missionarische Eifer, die indigenen Bevölkerungen zum Christentum zu konvertieren, formal nicht im Auftrag des Kolonialstaates lag, sondern häufig von freiwilligen Organisationen ausgeführt und getragen wurde (vgl. ebd.: 66). Tatsache ist, dass die im Kontext der Kolonialisierung eingeführte Politik der religiösen Neutralität, welche zuerst den Handel und dann die koloniale Herrschaft selbst begünstigen sollte, eine klare Zurückhaltung bei der Unterstützung missionarischer Tätigkeiten implizierte. Dies machte es beispielsweise unmöglich, die Bibel in den Schulen zu behandeln. Eine der größten Herausforderungen für den Kolonialstaat bestand darin, die ›zivilisatorischen Werte‹ zu vermitteln, ohne dabei den Grundsatz der religiösen Neutralität, der den Widerstand der einheimischen Bevölkerung verhindern sollte, anzutasten. Die Vermittlung von christlicher Moral und Sittlichkeit in *British India* wurde z.B. über die Einführung des englischen Literaturunterrichts an den Schulen gewährleistet. Im Literaturunterricht sollte eine Moral vermittelt werden, die als inkompatibel mit einer indigenen Religiosität gesehen wurde. Der Kolonialstaat sollte, so eine durchaus übliche Ansicht, über die Religion in den Kolonien walten. Eines der bekanntesten Beispiele hierfür lässt sich in der wirkungsmächtigsten historischen Publikation über eine außereuropäische Gesellschaft finden, nämlich in James Mills (1773-1836) dreibändigen Werk *History of British India* (1817/18).[33] Mills behauptet hier, dass seine Autorität in Bezug auf das Thema gerade aus dem Mangel einer direkten Vertrautheit mit Indien folge. Der Philosoph, Theologe und politische Theoretiker war nie in Indien und sprach oder schrieb auch keine der indischen Sprachen – wie dies etwa der deutsche Indologe Friedrich Max Müller tat. Kritik vorwegnehmend sieht er sich in der Position eines Richters, der die Einzelheiten einer Tat nie persönlich sehe und von dem doch angenommen würde, dass er im Laufe seiner Untersuchung ein ausgewogeneres Bild erhielte als jeder einzelne von denen, denen er seine Informationen schulden würde. Es seien, so Mill, gerade seine unkontaminierten Einschätzungen, die aus einer Kontaktvermeidung mit Indien und seiner Zivilisation rühre, denen er seine klare Expertise verdanke – ganz im Gegensatz zu seinen Kollegen in der Orientalistik, die einem »*going native*« anheimgefallen seien. Seine Kritik richtete sich dabei sowohl an die indischen Institutionen als auch die britischen Orientalisten. Letzteren warf er insbesondere vor, eine degradierte Gesellschaft zu verteidigen. Mill zeigte sich skeptisch gegenüber einer Priesterherrschaft und der ›autoritären Irrationalität‹ östlicher Religionen. Andere liberale Denker wie er argumentierten, dass es die Aufgabe kolonialer Herrschaft sei, die Gläubigen von ihrer Rückständigkeit, ihrem orientalischen Despotismus und unmoralischen Feudalismus zu befreien (vgl. Mehta 1999). In diesem Zusammenhang konstatiert er auch, dass es Gesellschaften gebe, die sich auf einer niedrigeren Evolutionsstufe befänden und wie Kinder erst zur Freiheit erzogen werden müssten. Es war der Glaube an eine evolutionäre Differenz zwischen der Metropole und

33 | James Mill schrieb fast zehn Jahre an dem Werk, welches ihm schnell Berühmtheit verschaffte. Bereits einige Monate nach der Fertigstellung im Jahre 1819 wurde er bei der *East India Company* angestellt. Im ersten Band zeichnet er die Geschichte der Handelsgesellschaft in Indien nach und kritisiert auch ihr unethisches Vorgehen. Alle drei Bände sind in der *Online Library of Liberty* abrufbar: http://oll.libertyfund.org/index.php?option=com_staticxt&staticfile=show.php%3Ftitle=840&Itemid=27 (letzter Aufruf 2.1.2013).

den Kolonien, die es Denkern wie John Stuart Mill (1806-1873), Sohn von James Mill, erlaubte, in der Heimat als radikale Advokaten der Freiheit aufzutreten und gleichzeitig einen aufgeklärten, progressiven Imperialismus in den Kolonien zu befürworten (vgl. van der Veer 2001: 18). Wie schon zuvor sein Vater, war auch John Stuart Mill, Philosoph und Ökonom, für die *East India Company* tätig (Robins 2006: 9).[34]

Trotz der großen Differenzen hinsichtlich der verfolgten Praktiken ergab sich vor allem im Feld der Erziehung und Reformtätigkeiten ein bezeichnend enges Zusammenspiel zwischen Missionsgesellschaften und Kolonialstaat (vgl. van der Veer 2001: 91). Bildung und Erziehung avancierten zum primären Instrument der Konversion und Expansion. Die sich etablierenden Missionsschulen versuchten dabei zeitgleich sowohl die indigene Elite als auch die ›niederen Klassen‹ innerhalb der Gemeinschaft der Kolonisatoren zu erreichen.[35] Christliche Missionare forderten die ›Neutralität‹ und ›Nicht-Einmischung‹ des Kolonialstaates vis-à-vis der nativen Religion heraus und entwarfen immer neue Strategien der Konversion. Interessant hierbei ist, dass es eben christliche Missionare waren, die eine säkulare Strategie befürworteten und mithin für eine Trennung zwischen Kirche und Kolonialstaat plädierten (ebd.: 22). Ziel war nicht, eine gesellschaftliche Säkularisierung herbeizuführen, vielmehr sollte gewährleistet werden, dass der missionarische Eifer und die Bemühungen, die Einheimischen zu konvertieren, nicht vom kolonialen Staat erschwert oder gar torpediert würden. Im Gegenzug machten Konversionsbemühungen den Indigenen bewusst, dass ihr eigener Glaube Angriffen ausgesetzt war. Die Dialektik aggressiver Missionierung einerseits und des einheimischen Widerstands andererseits transformierte die grundlegende Religionskonzeption und schuf eine Öffentlichkeit, welche die Ausbreitung religiöser Aktivitäten in der Zivilgesellschaft zuließ (ebd.: 21). Anders gesagt: Der Glaube wurde öffentlich debattiert.

34 | John Stuart Mill begann 1823 seine Karriere in der *East India Company*. 1835 folgte dann auch sein weniger bekannter Sohn John Bantham Mill, der eine Stelle bei der Handelsgesellschaft in Bengalen annahm (vgl. Robins 2006: 9). Wie Nick Robins (ebd.) in seiner Geschichte der *East India Company* feststellt, hatte im 18. und 19. Jahrhundert fast jeder in England irgendeine Verbindung mit der Handelsgesellschaft: Wer nicht selber angestellt war, hatte entweder Verwandte oder Bekannte, die bei dieser zu irgendeinen Zeitpunkt gearbeitet hatten – oder konsumierte ihre Waren: Gewürze, Stoffe, Tee etc.

35 | Die Arbeiterklasse inner- und außerhalb Europas wurde ebenfalls für eine ›moralische Besserung‹ ins Visier genommen. Durch Erziehung und Bildung sollte auch ihr ›Charakter‹ kultiviert werden. Vor allem Sonntagsschulen zielten auf die Kinder der Proletarier, die als Agenten für die moralische Regeneration des Familienlebens der unteren Klassen gesehen wurden (van der Veer 2001: 91).

Einheimische spirituelle und religiöse Institutionen reagierten auf die Angriffe auf ihre Glaubensformen mit einer reformistischen Agenda, die auf religiöse Erziehung, rituelle Handlungen und Bräuche abzielte und nach wie vor die aktuelle Politik in der postkolonialen Welt (mit-)bestimmt. Hierdurch wurden die einheimischen religiösen Praktiken schrittweise transformiert, die sich fortan in klarer Opposition zum kolonisierenden Staat positionierten. Sie entwickelten sich innerhalb antikolonialer Bewegungen zu einer wesentlichen Mobilisierungskraft. Die indigene Bevölkerung *British Indias* empfand nicht nur, dass das Modernisierungsprojekt des Kolonialstaates auf westlichen Werten basierte, sondern ebenso christlichen Charakters war. Zudem sahen nicht wenige hochrangige Kolonialoffiziere die Unterstützung der Missionsgesellschaften als ihre christliche Pflicht an (vgl. ebd.: 23).

Die Reaktion, die der Kolonialstaat und die Missionsgesellschaften durch ihr Auftreten provozierten, war zudem klar religiöser Natur. Sie führte im indischen Subkontinent unter anderem zur Etablierung von hinduistischen und muslimischen Schulen, Universitäten und Krankenhäusern (vgl. ebd.: 24). Religiöse Praktiken und Argumentationen erhielten gerade durch das kolonialstaatliche Modernisierungsprojekt einen starken Auftrieb. Umgekehrt war der säkularisierende Einfluss dagegen eher gering. Weder in den Metropolen noch in den Kolonien mündete die Trennung von Kirche und Staat in wirklich säkulare Gesellschaften. Vielmehr deutete sich bald schon eine Verschiebung des Standorts von Religion an. Religionen als Vasallen des Staates bewegten sich hin zu einer neu entstehenden öffentlichen Sphäre (vgl. ebd.).

In der evolutionären Weltsicht des europäischen 19. Jahrhunderts galt der Monotheismus als die höchste Form der Religion. Demzufolge gewährte man lediglich den monotheistischen Religionen das Privileg, über rationale und wissenschaftliche Welterklärungen zu verfügen. Polytheistische Vorstellungen galten dagegen als bestenfalls rückständig (vgl. ebd.: 49). Während das Christentum als die rationale Religion westlicher Moderne porträtiert wurde, mystifizierte man östliche Religionen als ›Weisheiten des Orients‹. Zudem macht van der Veer deutlich, dass ›Hinduismus‹ und ›Buddhismus‹ ohnehin als koloniale Konstrukte und Erfindungen zu verstehen sind (vgl. ebd.: 26). Als ein Teil der Unternehmung, den Orient und seine Einwohner/-innen zu ›kartographieren‹, systematisierte der europäische Orientalismus des 18. Jahrhunderts schrittweise das Wissen über den Orient (siehe auch Said 1978). Hierzu zählte auch die Kondensierung diverser Glaubensvorstellungen und ritueller Bräuche in ganzheitliche und kohärente Religionssysteme, die dann als ›Hinduismus‹ und ›Buddhismus‹ bezeichnet wurden. So existierte nichts dergleichen wie der ›Hinduismus‹ im indischen Subkontinent zuvor, vielmehr wurde eine Vielzahl heterogener Praktiken frommer sowie ritueller Art wie auch verschiedene metaphysische Richtungen unter eine Kategorie zusammengefasst.[36] Entsprechend wurde eine Reihe polytheistischer Traditionen, die durch eine beträchtliche Heterogenität hinsichtlich ihrer Schriften und ihrer (Gottes-)Verehrung charakterisiert waren, in einen modernen Hinduismus mit einem monotheistischen Gott, einem heiligen Buch und der Praxis gemeinsamer Gottesanbetung umgewandelt. Die ›Erfindung‹ des Hinduismus als eine Religion zeigt aber auch die systematischen Bemühungen Kolonisierter auf, sich als eine respektable Gegenbewegung zum Christentum zu positionieren. Van der Veer (2001: 67) beschreibt insgesamt drei mögliche Erwiderungen auf die christlichen Attacken gegen die Glaubensvorstellungen, die dann als Hinduismus firmierten: Erstens konnte das Christentum als Beispiel einer universalen Religion verstanden werden. Christliche und hinduistische Elemente wurden hierfür kombiniert beziehungsweise in eine gemeinsame rationale Religion überführt; zweitens konnte das Christentum – in einer deutlich kämpferischeren Antwort – abgelehnt und die Fehlerhaftigkeit und Probleme des christlichen Denkens deutlich gemacht werden. Zu guter Letzt konnte auch behauptet werden, das Christentum sei eine weniger bedeutende und demnach niedrigere Form universaler Spiritualität, die in allen Religionen zu finden ist. Die höchste Stufe von Spiritualität wurde entsprechend im *vedantischen* Hinduismus[37] lokalisiert (vgl. ebd.: 68). Das Christentum wurde dagegen als materialistisch korrumpiert repräsentiert, welches seine spirituelle Wertigkeit eingebüßt habe. Eine Erlösung des Christentums wurde lediglich über den Einfluss der klassischen hinduistischen Spiritualität gesehen. Diese Vorstellung wurde sowohl von militanten, rechten Hindus als auch von Gandhi vertreten, der selber später von einem rechten Hindufundamentalisten ermordet wurde. Der westliche Diskurs über eine ›östliche Spiritualität‹ konnte so von der antikolonial nationalistischen Bewegung vereinnahmt werden und zeitigte Folgen, die auch in aktuellen Religionsdiskursen in der postkolonialen Welt erkennbar sind. Spiritualität wurde dabei geradewegs zu einem polemischen Ausdruck, welcher sich gegen den christlichen Kolonialismus richtete. Die Übersetzung diskursiver Traditionen des Hinduismus in den Begriff der ›Spiritualität‹ bedeutete dabei gleichzeitig eine signifikante Veränderung dieser Traditionen (vgl. ebd.: 69).

36 | Im postkolonialen Kontext, so die angesehene indische Historikerin Romila Thapar, hat es immer wieder politische Anstrengungen gegeben, die hinduistischen Religionen als eine einheitliche, monolithische Religion zu restrukturieren, indem Parallelen zu semitischen Religionen wie dem Christentum oder dem Islam gezogen wurden (vgl. Thapar 1997: 65).

37 | Der vedantische Hinduismus geht von einer grundlegenden Autorität der Veden aus. Es wird geglaubt, dass dieses heilige Wissen, das nicht-menschlichen Ursprungs ist, den weisen Brahmanen auf Sanskrit offenbart wurde.

Die britische Kolonialpolitik setzte eine ganze Kette reformistischer Reaktionen innerhalb des Hinduismus in Gang, die – in Erwiderung zum kolonialen Modernisierungsprojekt – zur Bildung einer öffentlichen Sphäre durch reformistische Organisationen beitrugen. Eine bereinigte Form der ursprünglich vielfältigen religiösen Ideen und Praktiken wurde in eine maskulinisierte Form des Hinduismus überführt, die sich explizit an die einheimischen Mittelschichten richtete. Ein frühes Beispiel einer auf die Kolonialmacht reagierenden ›Hindu-Öffentlichkeit‹ war im Jahre 1829 die Abschaffung des *Sati* (Witwenverbrennung) durch die Briten (ebd.: 43). *Sati* wurde als das deutlichste Zeichen hinduistischer Sittenlosigkeit und christlich moralischer Überlegenheit gelesen und war von erheblichem Nutzen als Legitimationsstrategie des Kolonialprojekts, welches sich in der Pflicht sah, den moralischen und intellektuellen Charakter seiner kolonisierten Subjekte zu heben (vgl. Mani 1989). Das entstehende Bürgertum okkupierte dem indischen Historiker Partha Chatterjee (1993) zufolge dabei die Mitte zwischen der rationalen Philosophie Europas und dem religiösen Hinduismusdiskurs. Diese zentrale Positionierung ermöglichte es den antikolonialen Nationalisten und Nationalistinnen, die Welt in zwei Bereiche einzuteilen: eine materielle, äußerliche Welt, die von westlicher Wissenschaftlichkeit beherrscht wurde, und eine spirituelle, innere Welt, die von hinduistischen Werten gekennzeichnet war.[38]

Das Motiv der in Opposition zum westlichen Materialismus stehenden hinduistischen Spiritualität kann ohne Zögern als das Herzstück des hinduistisch-nationalistischen Diskurses charakterisiert werden. Gleichzeitig provozierte der westliche Diskurs, der von einer ›orientalischen Degeneration‹ sprach, ein starkes Verlangen seitens der Reformer/-innen, den Hinduismus neu zu beleben. So suchten sie aufzuzeigen, dass jegliche wissenschaftliche Erkenntnis des Westens bereits in der vedischen Offenbarung präsent war. Die vedische Religion beanspruchte damit nicht nur eine universale, rationale Religion, sondern gleich die Wiege der gesamten menschlichen Zivilisation zu sein (vgl. van der Veer 2001: 54). Als Antwort auf die Annahme, dass das Christentum die ›gefallene hinduistische Zivilisation‹ retten müsse, wurde im Hinduismus gewissermaßen über eine Re-Interpretation der arischen ›Rassentheorie‹ die Rückkehr zu vedischen Thesen beworben. Schließlich, so die Reformer/-innen, sei der Hinduismus weitaus älter als die christliche Religion und bilde damit den Ursprung jeglicher Moralität (ebd.: 54). Die koloniale Debatte um Spiritualität kann, wie bereits erwähnt, mithin auch als eine Intervention in hegemoniale ›Rassendiskurse‹ gelesen werden. Gleichzeitig kann ein zunehmendes Interesse Europas an ›östlicher Spiritualität‹ festgestellt werden, das im Zusammenhang mit einer generell antiklerikalen und anti-

38 | Eine Analyse, die auch bei der Bewertung aktueller antimuslimischer Diskurse im Westen hilfreich ist (vgl. hierzu Castro Varela/Dhawan 2006).

kolonialen Grundhaltung im Europa der Aufklärung zu verstehen ist.[39] Bereits seit Schopenhauer (1788-1860) finden sich in den philosophischen und literarischen Texten orientalistische Idealisierungen, die in der indischen Zivilisation die Wiege des spirituellen Denkens sahen (siehe auch Said 1978).[40] Van der Veer legt daher sehr richtig nahe, dass die Ursprünge sowohl des antichristlichen Atheismus als auch des Säkularismus sich nicht so sehr in der liberalen Aufklärung finden lassen, sondern eher das Ergebnis von komparativen Unternehmungen mit anderen so genannten Weltreligionen sind (vgl. van der Veer 2001: 59f.).

Ein weiterer bedeutsamer Aspekt ist die Rolle der Religion im Rahmen von Männlichkeitskonstruktionen bei den Kolonisierenden und Kolonisierten gleichermaßen. So stellt van der Veer in der zweiten Hälfte des 19. Jahrhunderts eine deutliche Zunahme eines »muskulären Christentums« (*muscular christianity*, ebd.: 83) fest. Religion im Allgemeinen stellt dabei eine vergeschlechtlichte Sprache zu Verfügung, die die Realitäten des imperialen Nationalstaates und der Kolonie zu bewältigen suchten. Symbole von Männlichkeit und Weiblichkeit waren sowohl in der Metropole als auch in der Kolonie für die Entwicklung imperialer Einstellungen bedeutsam und dies insbesondere in Bezug auf Religion und Säkularismus. Die im 19. Jahrhundert eingeführte vergeschlechtlichte Unterscheidung zwischen ›öffentlich‹ und ›privat‹ markierte eine wichtige Wende im Hinblick auf die Strukturierung von Machtbeziehungen. Sie ist zentral für die Entwicklung hin zu einer modernen Ideologie von Familie, Häuslichkeit und Sittlichkeit. Beispielsweise können wir in der viktorianischen Periode das Aufkommen des bürgerlichen Ideals der domestizierten Hausfrau beobachten, die im Alltag gerne als ›Engel‹ bezeichnet wurde, was die stark religiösen Bezüge mehr als verdeutlicht (vgl. Hall 1992: 76f.). Es war der religiöse Diskurs, welcher sowohl die öffentliche Sphäre als auch die kulturelle Praxis und die dazugehörige Ideologie der weiblichen Häuslichkeit und der männlichen, nach außen strebenden Aktivität formte. Als zentral für die Stabilität einer moralischen Haltung wurde das Familienleben angesehen: Während der religiöse Haushalt von Frauen geführt wurde, die Abstand zur Öffentlichkeit hielten, hatten Männer die Verpflichtung, das Wort Gottes in der Welt zu verbreiten.

39 | Dies äußerte sich zum Beispiel in der Entwicklung der Theosophie, welche die Idee einer christlichen und ›rassischen‹ Überlegenheit Europas ablehnte und dagegen den östlichen Spiritualismus als übergeordnet ansah.

40 | Ein wichtiges Element der spirituellen Politik ist die Kategorie ›Geschlecht‹. So waren nicht nur viele europäische Intellektuelle des 19. Jahrhunderts der Ansicht, dass Frauen im Besitz einer angeborenen, quasi natürlichen spirituellen Fähigkeit wären – auch antikoloniale Hindus behaupteten dies.

Während zu Zeiten der spanischen *Reconquista* (718-1492) und der damit im Zusammenhang stehenden Kreuzzüge und Eroberung der so genannten ›Neuen Welt‹ christliche Männer als Kriegshelden gefeiert wurden[41] (vgl. Elliott 2002: 62ff.), wurde in *British India* das heroische Ideal deutlich verschoben. Fortan galt es als heldenhaft, die Heilsbotschaft des Evangeliums friedfertig zu übermitteln. Solch ein Verständnis von männlichem Heldentum war direkt mit dem imperialistischen Projekt verbunden, welches sich als Befriedungs- und Zivilisierungsprojekt verstand, dass die ›barbarischen‹ und ›heidnischen‹ Bevölkerungen durch die Verbreitung christlicher Werte zu retten suchte. Missionare waren die neuen Helden.

Antikolonialer Widerstand – zum Beispiel der indische Aufstand von 1857 – wurde mitunter als eine Strafe Gottes interpretiert, die als Folge einer unangemessenen Verkündung der Heilsbotschaft in der Kolonie verstanden wurde. So wurde Widerstand gegen die Kolonialmacht als teuflischer, mörderischer Aufstand gegen die Streitkräfte der Gerechtigkeit betrachtet (vgl. van der Veer 2001: 13). Er wurde als ein Zeichen für die unveränderbare Unmenschlichkeit der kolonisierten ›Barbaren‹ *und* die Unmöglichkeit, eine echte Konversion und moralische Hebung herbeizuführen, gedeutet. In der britischen Berichterstattung des indischen Aufstandes von 1857 wurde der unmoralische Charakter der Inder insbesondere anhand der Gräueltaten deutlich gemacht, die sie angeblich gegenüber hilflosen britischen Frauen und Kindern ausgeübt hatten – Untaten, die oft in sadistischer Weise repräsentiert und verbreitet wurden. Dies bestätigte erneut, dass selbst, wenn die Kolonisierten revoltierten, sie nicht wie tapfere Männer, sondern wie ›grausame Bestien‹ auftraten. Das Bild der »vergewaltigbaren weißen Frau« (vgl. Sharpe 1993) führte zur sexualisierten Angst, die wiederum zu einem bleibenden Referenzpunkt für die Interpretation des Orients wurde. So konzentrierten sich britische Schriften über den Aufstand 1857 zu großen Teilen auf das angebliche Verlangen der

---

41 | *Reconquista* bezeichnet die ›Rückeroberung‹ der Iberischen Halbinsel. Nachdem im 8. Jahrhundert muslimische Eroberer aus Nordafrika das damalige Westgotenreich erobert hatten, begann recht bald eine christliche Rebellion gegen die muslimische Herrschaft. Die *Reconquista* endete im Jahr 1492 mit der Einnahme von Granada – der letzten Bastion und damals noch Emirat. Die Einnahme Granadas unter der Herrschaft der katholischen Könige Isabel I und Fernando II koinzidierte mit der Landung von Christoph Kolumbus auf Hispaniola und der Vertreibung der Juden aus Spanien. Interessant ist hier auch die geradezu explosive Produktion neuer religiöser Positionierungen, die im Zusammenhang mit den kriegerischen Auseinandersetzungen und den legalen Reaktionen darauf folgten. So unterschied man im 15. Jahrhundert unter anderem zwischen »Mozaraber« (Christen unter muslimischer Herrschaft in Andalusien), »Muladíes« (Christen, die zum Islam konvertierten), »Morisken« (zum Christentum konvertierte ›Mauren‹, die in Spanien blieben), »Conversos« (zum Christentum konvertierte Juden) etc.

Aufständischen, britische Frauen für ihre Harems gefangen zu nehmen – ein Bild, das den grundsätzlichen Mangel an Männlichkeit der ›Orientalen‹ beweisen sollte und die Legitimierung für die brutale Zerschlagung des Aufstandes bereitstellte. Die Verletzlichkeit der Kolonisatoren wurde dabei auf die Gutherzigkeit derselben zurückgeführt. Ergänzt wurde diese imperiale Phantasie von der Vorstellung, dass diejenigen Indigene, die über moralisch gute Intentionen verfügen, der imperialen Herrschaft immer wohlwollend gegenüberstehen würden (vgl. van der Veer 2001: 48).

Ein für die imperiale Mission ebenfalls wichtiger Bereich war interessanterweise der Sport – im Falle des britischen Empires insbesondere das *Cricket*. Hier wurde durch die Nachahmung der britischen Körperkultur eine disziplinierte bürgerliche Männlichkeit unter Beweis gestellt (vgl. hierzu etwa die Memoiren von C.L.R. James 1993 [1963]; auch MacLean 2010). Van der Veer bemerkt jedoch, dass nicht nur *Cricket* und Christentum als Grundsteine eines »imperialen männlichen Charakters« (2001: 93) gelten können, sondern auch Bücher wie Rudyard Kiplings *Kim*, die imperiale Männlichkeit propagierten. Das Christentum spielte bei der Konstruktion des männlichen Engländers und seines ›verweiblichten‹ Gegenstückes eine entscheidende Rolle. Die hierin enthaltenen und hierdurch verbreiteten männlich attribuierten Tugenden wie Willensstärke, Ehre und Mut waren für die koloniale Identitätsformation ebenso charakteristisch, wie sie für den Aufbau nationaler und imperialer Projekte wichtig waren (vgl. auch McClintock 1995). Dabei war die Artikulation des männlichen Durchsetzungsvermögens auch zur Konstruktion des öffentlichen Raums vonnöten.[42]

Öffentliche Plätze waren für die Artikulation einer maskulinisierten Religion wichtige Orte und müssen mit den gleichzeitig stattfindenden Prozessen der Feminisierung des Orients analysiert werden, die eine lange Tradition im westlichen Denken haben. So bemerkte bereits Hegel, dem Hinduismus fehle es an einer männlichen, weltordnenden Rationalität. Er würde stattdessen von weiblichen Phantasien und Vorstellungen beherrscht. Die Geschichte der Unterwerfung wird dabei gleichermaßen als Erklärung für die Realität einer ›effeminisierten Rasse‹ angeführt. Während also einerseits die Unterjochung ohne Loyalität als Zeichen von ›Verweichlichung‹ angesehen wurde, galt Widerstand und Opposition gegen die koloniale Herrschaft als symptomatisch für die dem Charakter der Kolonisierten inhärente ›Barbarei‹: ein Charakter, der keine Loyalität kennt. Ironischerweise war es präzis das Bildungsideal Tho-

42 | Ebenso ist die Faszination für den männlich durchtrainierten Körper für faschistische – aber auch kommunistische – Ideologien kennzeichnend (vgl. etwa Theweleit 1986).

mas Babington Macaulays (1800-1859)[43] – der ›anglisierte braune Gentleman‹ –, das als verweiblicht stigmatisiert wurde. Die Feminisierung der kolonisierten Inder war für die Hervorbringung britischer Männlichkeit insoweit konstitutiv, weil sie im Feld legaler Reformen verhandelt wurde. Einer der großen Rechtsstreitigkeiten in *British India* betraf etwa das 1891 beschlossene Gesetz zum Mündigkeitsalter, nach welchem das sexuelle Mündigkeitsalter indischer Mädchen von zehn auf zwölf Jahre angehoben wurde (vgl. van der Veer 2001: 96). Während antireformistische Gruppen argumentierten, dass dies eine unakzeptable Einmischung in hinduistische Vorstellungen und Bräuche darstelle, widersprachen reformistische Gruppen, die keinen Widerspruch zu hinduistischen Praktiken ausmachten (vgl. etwa Sinha 1995). Entscheidend bei der Debatte ist, dass das Inkrafttreten des Gesetzes dem hinduistischen Patriarchat erneute Kontrolle über die häusliche Sphäre einräumte und zwar diesmal sekundiert von nationalistischen Argumenten. Die reformistischen Strömungen wurden im Zuge dessen als ›verwestlicht‹ und außerhalb der Nationalkultur stehend gebrandmarkt. Diese spezifische Strategie machte es in der Folge einfacher, Religion als das Terrain zu definieren, auf dem die entscheidenden Männlichkeitsdebatten geführt wurden. Britischer Argumentation zufolge war auch der frühe Geschlechtsverkehr ein Indiz für die Verweichlichung der Inder. Einer der ausschlaggebenden Begründungen für die neue Gesetzgebung war dabei deutlich eugenischer Natur und hatte ausdrücklich die ›Verbesserung der indischen Rasse‹ zum Ziel. Die Gegner sahen in der vorgeschlagenen Reform die mutwillige Tendenz, die hinduistischen Männer ihrer Männlichkeit zu berauben. Insbesondere der Paragraph zur »Vergewaltigung in der Ehe« führte zu vehementem Widerstand und wurde nicht zufällig selbst von reformistischen Nationalisten als ein offensichtlicher Angriff auf die Ehre des indischen Mannes gewertet (vgl. Sinha 1995: 164). Provoziert wurde dies zusätzlich dadurch, dass der britische Ehevertrag Männern den legalen Zugang zu ihren Ehefrauen nicht versperrte. Im Gegensatz zur Mündigkeitskontroverse in Großbritannien, wo Frauen an den Debatten beteiligt waren, sprachen in *British India* lediglich Männer über die von den kolonialen Regulationen ausgehende Gefahr für das hinduistische Patriarchat. Der relativ sichere Ort der bürgerlich-elitären Männlichkeit in der Selbstwahrnehmung der Männer, die ein Empire beherrschten, steht einer verhandelten Männlichkeit der indischen Elite gegenüber, die unter einem zunehmend rassistischen Kolonialregime zu dienen hatte (vgl. van der Veer 2001: 96). Durch ihre soziale Lage ›entmannt‹, steigerten die Kolonisierten ihre Bemühungen dahingehend, zumindest Herren in eigenem Haus zu bleiben.

43 | Macaulays Vater, Zachary Macaulay (1768-1838), Statistiker, Abolitionist und einer der Gründer der University of London, hatte sich zuvor schon dafür stark gemacht, Indien als Missionsgebiet zu erschließen.

Interessanterweise sahen sie gerade in der ›Verwestlichung‹ die Hauptursache für die Infragestellung ihrer Männlichkeit. Auf die imperialistische Konstruktion eines »muskulären Christentums« wurde im Gegenzug seitens der indischen Nationalisten mit der Konstruktion eines »muskulären Hinduismus« gekontert. Nathuram Vinayak Godse (1910-1949), Gandhis Mörder und Mitglied der ultra-nationalistischen Hinduorganisation, äußerte in seiner gerichtlichen Aussage explizit, dass Gandhis Ideen der Gewaltfreiheit letztlich in der Entmannung der Hindus münden würden (ebd.: 103). Eine ultra-maskulinisierte Sprache wurde zum Kontrapunkt der empfundenen kolonialen Entmannung. Die Angst vor der Effeminisierung und der Kampf um die Wiedererlangung der verlorenen Männlichkeit bestimmen nach wie vor den politischen Diskurs hindunationalistischer Organisationen. Wobei der Mythos, die Hindus seien ihrer Männlichkeit unter fremder Besetzung – zunächst durch Muslime und später durch die Briten – beraubt worden, sich mit dem hinduistischen Nationaldiskurs auf Engste verwoben zeigt. Dieser Diskurs, der Muslime als übermäßig männlich und militant repräsentiert, stellt in Europa seit dem Mittelalter ein bekanntes Narrativ dar.

Die im Kontext der kolonialen Volkszählungen entstandene Besessenheit mit demographischen Entwicklungen nährte zudem den Diskurs von den Hindus als einer ›aussterbenden Rasse‹, während gleichzeitig die angeblich ›muslimische Lüsternheit‹ und besondere ›muslimische Fruchtbarkeit‹ als Gefahr für die hinduistische Gesellschaft präsentiert wurden. Dies zeugt von der Rolle sexueller Ängste bei der Produktion von Männlichkeit, die in den hegemonialen Diskursen zu Religion, Nation und Empire eingebettet sind. Demographie sowie körperliche und moralische Eugenik- und Gesundheitsdiskurse waren für die koloniale Herrschaft von immenser Bedeutung. Die Sexualisierung imperialer und kommunaler Beziehungen wurde zum dauerhaften Interpretationsrahmen auf beiden Seiten der kolonialen Teilung (vgl. ebd.: 105).

Für die Entstehung des Nationalismus sowohl in Europa als auch in den ehemaligen Kolonien waren religiöse Diskurse zweifelsohne ausschlaggebend. Auf beiden Seiten war der Prozess der Staatenbildung nicht nur durch das Empire miteinander verbunden, sondern wurde gleichzeitig über die Verortung der Religion in beiden Kontexten erheblich beeinflusst. Sowohl die Mission des Empires als auch der antikoloniale Nationalismus können ohne diese Vorgänge nicht verstanden werden. Liberalismus und Christentum waren in vielfältiger Weise miteinander verflochten und haben so die Vorstellung eines »moralischen Staates« ermöglicht, dem es immer wieder gelang, große Bevölkerungsgruppen zu mobilisieren. Religion wird für die (entstehende) Nation zur definitionsmächtigen Kraft und wird zu diesem Zwecke verstaatlicht (vgl. ebd.: 12) und zu einem der Felder disziplinarischer Praxen, in denen die moderne und zivilisierte Subjektformation seitdem stattfindet. Die moralische Mission des Nationalstaates liegt darin begründet, Erziehung, Gesundheit und

Sozialfürsorge für seine Subjekte zu organisieren. Um dies jedoch ermöglichen zu können, muss dieser zuerst Wissen über die Bevölkerung erlangen.[44] Dokumentationsprojekte und statistische Erhebungen zeitigen dabei den Effekt, jene Realitäten erst hervorzubringen, die sie zu beschreiben vorgeben.

Ein anderer wichtiger Aspekt in dieser Diskussion ist das Zusammenspiel von Liberalismus und Empire (vgl. Mehta 1999). In der liberalen Tradition verwurzelt, ist der Säkularismus aus der wichtigen Kritik an der Kirche als einer intoleranten Institution und ihrer Praxis der Verfolgung von Atheisten, Atheistinnen und so genannten Gottesläster/-innen hervorgegangen. Liberale Denker/-innen waren besorgt über die Beschneidung der Rechte von religiös Andersdenkenden und plädierten dafür, Minderheiten gegen die religiösen Ansichten der Mehrheitsgesellschaft zu schützen. Institutionen wie die Heilige Inquisition hatten über Jahrhunderte Menschen verfolgt, die sich den dogmatischen Glaubensvorstellungen der katholischen Kirche nicht fügen wollten und/oder andere religiöse Praktiken für sich beanspruchten. Die zu Zeiten der *Reconquista* etablierte Institution wachte über die Einhaltung der katholischen Dogmen – insbesondere in den kolonisierten Gebieten –, verfolgte so genannte Heiden und richtete ein besonderes Augenmerk auf Konvertiten – insbesondere Juden, die zum Christentum konvertiert waren. Letzteren wurde von vornherein abgesprochen, dass sie tatsächlich das Christentum annehmen könnten beziehungsweise wollten.

Die Trennung von Kirche und Staat fällt dabei, das darf nicht vergessen werden, in die Hochphase von Nationalismus und Imperialismus (vgl. van der Veer 2001: 16). Die Vorstellung, dass Religion sowohl eine Gefahr für die Gewissens- wie auch gleichermaßen für die Meinungsfreiheit darstellte und infolgedessen ein Risiko für die freiheitlich organisierte Öffentlichkeit des demokratischen Nationalstaats sei, nimmt ihren Ausgang in der Aufklärung und bleibt zu Zeiten des Postkolonialismus virulent (vgl. ebd.: 17). Säkularismus wird in Folge als eine Notwendigkeit für die demokratische Gestaltung einer religiös plural organisierten Gesellschaft gesehen. In diesem Zusammenhang spricht sich liberales Denken auch dagegen aus, die Nation in religiösen Begrifflichkeiten zu definieren, würde dies doch zwangsläufig jene Gruppen ausschließen, die sich in ihren religiösen Zugehörigkeitsgefühlen von der Mehrheitspopulation unterscheiden. Die systematische Ausschließung bestimmter Gruppen aus dem Meinungs- und Willensbildungsprozess stellt dabei eine Herausforderung für die Legitimität von Herrschaft dar. Politische Loyalität, so wird daher von liberaler Seite argumentiert, solle nicht auf Religionszugehörigkeit, sondern vielmehr auf (Staats-)Bürgerschaft beruhen. Liberale Vorstellungen von Fortschritt, Freiheit, Toleranz und Emanzipation laufen schließlich

44 | Der koloniale Staat führte sehr bewusst Religion als Kategorie in die Volkszählung ein (vgl. van der Veer 2001: 23).

in einer allumfassenden Säkularisierungsthese zusammen (vgl. ebd.: 14). Die essentielle und nicht reduzierbare Differenz zwischen Moderne und Tradition manifestiert sich von da an in der Säkularität der ersteren.

Dem Religionssoziologen José Casanova (1994) zufolge sind es drei wesentliche Charakteristiken, die einen säkularen Staat ausmachen: Die Trennung von Religion und Politik, Ökonomie und Wissenschaft bei gleichzeitiger Privatisierung der Religion und die Verminderung der sozialen Bedeutung religiöser Glaubensbekenntnisse. So wird etwa der Rückgang von (aktiven) Kirchenmitgliedschaften als Indikator für den schwindenden Einfluss des Christentums und die Säkularisierung westlicher Gesellschaften interpretiert. Postkoloniale Theoretiker/-innen argumentieren hingegen, dass diese Indikatoren aus dem Kontext des westlichen Christentums abgeleitet wurden und etwa für den Islam, Hinduismus oder Buddhismus nicht funktionieren (vgl. van der Veer 2001: 15). So kann die aktive Ausübung des Glaubens nicht gleichermaßen gemessen werden, wenn es keine institutionalisierten gemeinschaftlichen Glaubensbekenntnisse gibt. Weder im Islam noch im Hinduismus oder Buddhismus gibt es etwa eine vergleichbare Praxis zum sonntäglichen Kirchgang im Christentum. Die Organisation von Religion, ihr gesellschaftlicher Standort und die Muster der religiösen Anwerbung sind so divers, dass die Säkularisierungsthese aus globaler Perspektive geradezu bedeutungslos erscheint. Dies hat die Universalisierung der Säkularisierungsthese, die diese als wichtiger Bestandteil von Modernisierung sieht, verhindern können (vgl. Asad 1993). Anstatt Säkularität und Religiosität als voneinander gegenseitig abhängige Phänomene zu begreifen, wird durch die binäre Opposition eines säkular konstruierten Westens einerseits und eines religiös konstruierten Orients andererseits eine kontinuierliche Reduzierung der komplexen und heterogenen Geschichten dieser beiden Kategorien betrieben. Europa wird hierbei als der Ort der säkularen Moderne konstituiert, während der Orient als Reich der ewigen Religion betrachtet wird. In einer solchen Vorstellung fungiert Europa wieder einmal als Agent und Ort von Geschichte, wohingegen der Orient außerhalb jedweder Geschichtlichkeit existiert (vgl. van der Veer 2001: 4). Die industrielle Revolution, Privateigentum, individuelle Freiheitsräume, Klassenkonflikte, das Entstehen des Nationalstaates oder der Triumph von Wissenschaft werden gemeinsam mit der abnehmenden Bedeutung institutionalisierter Religion als Marker historischer Weiterentwicklung gelesen. Es scheint unmöglich, die Geschichte des Säkularismus als symptomatisch für die Verharrung in Traditionalität und prämodernen Zeiten zu lesen. Östlichen Religionen wird dagegen jegliche Möglichkeit von Rationalität und Freiheit und folglich auch der Entwicklung von Individualität abgesprochen. Dabei wird das Zusammenspiel zwischen Liberalismus und Kolonialismus aktuell in den Debatten um Islam und Säkularismus erneut revitalisiert.

In seinem einflussreichen Werk *Genealogies of Religion* (1993) stellt der Anthropologe Talal Asad dar, wie die Universalisierung der Religion eng mit dem Aufkommen der Moderne und der europäischen Expansion verknüpft ist. Wenn Religion selbst eine moderne Kategorie darstellt, die in Hinblick auf den Imperialismus von besonderer Bedeutung war, so wirft dies die Frage auf, wie sich das moderne Religionsverständnis des Westens als ein universal gültiges Konzept durchsetzen konnte (vgl. Asad 1993: 27ff.). Das Projekt der Modernisierung, welches für die Etablierung kolonialer Macht weltweit entscheidend war, hat konzeptionell neue Bezugssysteme bereitgestellt, in denen kolonisierende und kolonisierte Subjekte sich verorteten und über welche sie ihre Handlungen verstanden. Religion spielt seitdem eine Schlüsselrolle in einer disziplinierenden Praxis, die moderne Subjekte hervorbringt. Darüber hinaus argumentiert Asad, dass die Idee, Religion sei bloß eine Anreihung von Glaubensvorstellungen, es möglich machte, diese untereinander sowie mit naturwissenschaftlichen Argumenten zu vergleichen und über diese zu urteilen (vgl. ebd.). Erst dieses Vorgehen ermöglichte die Ausübung einer vergleichenden Religionswissenschaft. Die Anerkennung einer religiösen Vielfalt führte allerdings nicht dazu, die Ansicht, dass das Christentum die höchste Form beziehungsweise die Essenz jedweder Religion sei, herauszufordern. Im Gegenteil: Andere Glaubensvorstellungen wurden weiterhin als heidnisch stigmatisiert. Dies rechtfertigte auch Konversionsprozesse, die mit der höheren Moralität des Christentums begründet wurden. Dies erklärt auch, warum während der Phase des Hochimperialismus die Bemühungen deutlich abnahmen, Christen und Christinnen von einer in eine andere christliche Konfession zu konvertieren (vgl. ebd.).

Daneben untersucht Asad (2003: 1ff.) das Denken der Aufklärung und dessen Beziehung zum Säkularismus, zur Toleranz und den Vorstellungen von Freiheit und problematisiert gleichzeitig die Annahme, dass religiöse Ansichten für Andersdenkende unbedingt ausgrenzend sein müssen. Asad zufolge ist die Grenzziehung zwischen religiös und säkular – wie auch das Aufkommen eines säkular konzeptionalisierten liberalen Demokratismus – mit einer durch den europäischen Kolonialismus durchgesetzten westlichen Staatshegemonie verknüpft. Allerdings ist diese Hegemonie in den letzten Jahren ernsthaft durch das Aufkommen und die Folgen einer postsäkularen Wende herausgefordert worden. Überzeugend stellt Asad dar, warum das Konzept der nationalen Identität nicht immun gegenüber Religion bleiben konnte und warum die strikte Trennung von Kirche und Staat nicht zu einer Abnahme der Bedeutung von Religion in der postkolonialen Welt geführt hat (vgl. ebd.). Im Gegenteil: Hinsichtlich ihrer sozialen und politischen Rolle und Funktion ist Religion weiterhin erstaunlich einflussreich geblieben. Es gibt keinen Anlass für die Annahme, so Asad, dass in einem modernen demokratischen Raum religiöse Mehrheiten eine größere Gefahr für Minderheiten darstellen würden, als dies säkulare Mehrheiten tun. In einer postkolonialen Welt hat die ›Ankunft‹ von insbesondere muslimischen Migranten und Migrantinnen in europäischen Staaten aus vormals imperialen und kolonialen Kontexten die Religion zu einem wichtigen Element der nationalen Identität werden lassen. Dies hat erneut die äußerst wichtige Beziehung zwischen Religion, Nation und Empire einerseits und zwischen Staatsbürgerschaft und Ideen von ›Ethnizität‹, ›Rasse‹, Sprache und Religion andererseits deutlich werden lassen.

Einen weiteren interessanten Aspekt des Zusammenspiels zwischen Kolonialismus und Christentum präsentieren John und Jean Comaroff. Über eine Analyse des Christentums, das sich als Religion der Unterdrückten präsentiert, sich aber zu einem machtvollen Instrument der kolonialen Unterdrücker entwickelte, verdeutlichen sie, was sie in ihrem berühmten Werk *Of Revelation and Revolution: Christianity, Colonialism, and Consciousness in South Africa* (1991) als »die Kolonisierung des Bewusstseins und das Bewusstsein des Kolonialismus« (Comaroff/Comaroff 1991: xi) beschreiben. Das Ziel christlicher Mission lag ihnen zufolge darin, das Christentum ins Zentrum der indigenen Gesellschaftsordnung – hier das südliche Afrika – zu katapultieren, wobei sich »diese liebenswürdigen Soldaten aus dem Reich Gottes hinsichtlich ihrer effektiven Subjektproduktion ebenso zu beweisen hatten wie die Sturmtruppen des Kolonialismus« (ebd.: 200).

Das Christentum spielte in der brutalen Landvertreibung der Einheimischen eine Schlüsselrolle. Da dem Christentum Land nicht als heilig galt, konnte es, wie anderer weltlicher Besitz auch, als Handelsware gekauft und verkauft werden – eine Vorstellung, die im starken Kontrast zu einer in Afrika weit verbreiteten Kosmologie stand, in welcher Land als heilig *und* gemeinschaftlich galt, womit der individuelle Besitz oder Verkauf von Land nicht denkbar war (vgl. Cheng 1999). Im Gegenteil: Land galt in vielen indigenen Gemeinschaften als unveräußerlich. Die christliche Neubestimmung von Land als säkular und Teil des individuellen Eigentums legte das legale und konzeptionelle Fundament für die Entfremdung des Landes von der einheimischen Bevölkerung und seiner Übernahme durch die Kolonisatoren. Dies bestätigt die These Max Webers (1864-1920), der bekanntlich von einem protestantischen und kapitalistischen Kräftespiel ausgeht. Über ein Bagatellisieren ethischer Bindungen versäumten christliche Missionare anzuerkennen, dass in vielen Gegenden Afrikas Land und Gemeinschaft unzertrennlich miteinander verwoben waren (vgl. Cheng 1999). Die rein instrumentell-ökonomische Beziehung zum Land ließ die Missionare unsensibel gegenüber dem durch die Landenteignung ausgelösten sozialen Abstieg und den damit einhergehenden Traumata bei der indigenen Bevölkerung werden.[45] Die oft übliche Subsistenz-

---

45 | Ein gänzlich anderes Beispiel stellt die Kolonisierung Neuseelands (*Aotearoa*) dar. Hier wurde 1840 zwischen den einheimischen Māori-Gemeinschaften und der briti-

wirtschaft der Einheimischen schuf eine intensive Bindung mit dem Land – es bedeutete Existenzsicherung (vgl. ebd.), wurde zum Teil rituell geehrt und hielt die Gemeinschaften zusammen, indem es sie nicht nur am Leben hielt, sondern auch Identität stiftete.

Indigene Religionspraktiken sind, so Comaroff und Comaroff, zumeist auf die Selbsterhaltung gerichtet und nicht durch Expansion gekennzeichnet. Mitglieder einer Gemeinschaft würden zwar in Verteidigungsfällen um das eigene Land kämpfen, jedoch vor allem, weil es für die eigene Identität und die Ahnen steht. Indes würden sie niemals gewalttätig das Land einer anderen Gemeinschaft in Besitz nehmen, um die dort ansässigen Gruppen dann anschließend zu ihrer eigenen Religion zu konvertieren. Dagegen strebt das Christentum die Konversion der ganzen Welt zu einem, den eigenen Gott an. Die messianische Hoffnung und apokalyptische Vision des Jüngsten Gerichts im Christentum macht diese Mission umso dringlicher. Um sich selbst als universale Religion zu behaupten, müsse das Christentum, so Comaroff und Comaroff, sich zunächst als universal setzen und über die geographischen Grenzen seiner eigenen Welt hinaus expandieren. Der scheinbar unbremsbare christliche Wille, Gottes universale Gnade, Ordnung und Vernunft in die Kolonialgebiete zu bringen, spielt zudem eine wichtige Rolle bei der Rechtfertigung des westlichen Kolonialismus. Im Kontext dieser Logik ist nichts Verwerfliches daran, Menschen von ihrem Land zu vertreiben, da das Christentum ihnen im Gegenzug Einzug in das Himmelsreich verspricht – ein angeblich viel besseres Königreich. Die Tatsache, dass Missionare – später auch Missionarinnen – an der Enteignung der indigenen Bevölkerungen beteiligt waren, gab dabei keinen genügenden Anlass zur Feststellung eines moralischen Widerspruchs. Das christliche Projekt lässt sich in dieser Beschreibung als ein Projekt der De- und Reterritorialisierung von Menschen gemäß ihres moralischen Status verstehen. Es spielte eine signifikante Rolle bei der Entfremdung der Kolonisierten von ihrem eigenen, seit Jahrtausenden bewohnten und bearbeiteten Land (vgl. Cheng 1999).

schen Kolonialmacht der Vertrag von Waitangi (*Treaty of Waitangi bzw. Tiriti o Waitangi*) ausgehandelt. Der *Tiriti o Waitangi* machte die Insel zu einem Bereich des britischen Empires und stellt gleichzeitig den Beginn moderner Staatlichkeit Neuseelands dar. Er ist immer noch rechtsgültig und regelt unter anderem die Land- und Eigentumsrechte, die auch den Māori zugeschrieben wurden. Die Interpretation des *Tiriti o Waitangi* variiert vor allem zwischen Māori und Pākehā – also Nicht-Māori – und führt immer wieder zu Rechtsstreitigkeiten (vgl. etwa Pocock 1998). Im Gegensatz zu den meisten Landeinnahmen, die nur Enteignung bedeuteten, ist dies ein sehr spezifisches Beispiel eines Kolonisierungsprozesses, das die diversen Vorstellungen von Land, Souveränität und Eigentum zu verdeutlichen vermag.

Ein weiterer wichtiger Gesichtspunkt – nicht nur im südafrikanischen Kontext – ist die enge Verbindung zwischen Christentum und der rassifizierenden Segregation, welche grundsätzlich die Gläubigen von den Heiden, die (moralisch) ›Überlegenen‹ von den ›Minderwertigen‹, die ›Geretteten‹ von den ›Verdammten‹ zu trennen wünschte. Die Kolonialmächte rekurrierten bereits seit der Invasion der karibischen Inseln auf moralische Kategorien und konstruierten dabei die ›Tugendhaften‹ und die ›Barbaren‹ entlang rassistischer Demarkationslinien.

Das Christentum hat das Empire überlebt und ist in den meisten Teilen der postkolonialen Welt untrennbar mit der Art und Weise verbunden, in der Kolonialismus sich (ent-)materialisierte. Es lohnt deswegen auch ein Blick auf die Rolle des Christentums im Rahmen der antikolonialen Kämpfe. In der neueren Geschichte mobilisierte zum Beispiel die Schwarze Befreiungstheologie das Christentum in Südafrika, wodurch die christliche Lehre zu einer den Kolonial- und später dem Apartheidstaat subversierenden Kraft wurde. Die Kirchen wurden hierbei zu Orten, an denen Menschen erfahrene soziale (Un-) Gerechtigkeiten artikulieren konnten. Dasselbe kann im Übrigen für Lateinamerika gesagt werden, wo die Theologie der Befreiung ihren eigentlichen Ursprung hat.[46] Da im südafrikanischen Apartheidstaat für ein Treffen mit mehr

---

46 | Der peruanische Theologe Gustavo Gutiérrez Merino veröffentlichte Anfang der 1970er Jahre sein Buch *Teología de la Liberación* (1972; deutsch: *Theologie der Befreiung* (1973), der der Befreiungstheologie ihren Namen gab. Seit Beginn der 1960er Jahren hatten sich in ganz Lateinamerika und in der Karibik Basisgemeinden gebildet, die sich mehrheitlich aus katholischen Subalternen und Slumbewohner/-innen zusammensetzten. Diese begannen eine lebensnahe Exegese der Bibeltexte. Im Laufe der 1960er und 1970er Jahre schlossen sich viele junge Priester und Theologen der Befreiungstheologie an. Zu den Hauptvertretern gehören Ernesto Cardenal und Óscar Romero (Priester und Sandinisten aus Nicaragua bzw. El Salvador), der ehemalige Franziskaner Leonardo Boff aus Brasilien und der kolumbianische Priester Camilo Torres, der unter anderem Mitglied der Befreiungsarmee ELN, der zeitweise auch Che Guevara angehörte, war. Später entwickelte sich an den lateinamerikanischen Lehren anlehnend die Schwarze Befreiungstheologie, dessen wichtigster Vertreter Erzbischof Desmond Tutu ist. Die römisch-katholische Kirche hat sich immer schwer getan mit der Akzeptanz der Befreiungstheologie und einige wichtige Vertreter exkommuniziert oder mit einem Lehrverbot belegt. Zu den schärfsten Kritikern zählte der deutsche Erzbischof Ratzinger – später Papst Benedikt XVI. Die Befreiungstheologie findet heute Verbreitung auf der ganzen Welt und ist keine ›nur‹ katholische Lehre mehr. Sehr schnell hatten auch protestantische Theologen und Theologinnen die Idee der Erlösung als Befreiung und eines Christentums, das die Armen und Unterdrückten repräsentiert, übernommen. Die stark mobilisierende Kraft ist einerseits der Basisnähe zuzuschreiben, aber auch der Verflechtung mit sozialistischen Gedanken. Cardenal war unter der ersten sandinisti-

als zwölf Personen eine spezielle Genehmigung eingeholt werden musste und lediglich religiöse Versammlungen und Begräbnisse hiervon ausgenommen waren, gerieten Beerdigungen im südafrikanischen Kontext zu besonderen politisch-rituellen Orten des Widerstands. Die Gründung des Afrikanischen Nationalkongresses (ANC) in Südafrika in den Jahren 1912/13 resultierte aus dem Zusammenschluss der unabhängigen Kirchen Afrikas, deren Anführer die Bibel nahmen – welche als ein kolonisierender und zivilisierender Text in die lokale Gemeinschaft getreten war –, um diese einer eigenen Lesart zu unterwerfen. Sie befreiten gewissermaßen die Botschaft von dem Boten und versuchten den Widerspruch zwischen dem theologischen Versprechen, gleich vor Gott zu sein, und der Wirklichkeit einer rassistischen Gesellschaft zu lösen.[47] Ziel war es, primär aufzuzeigen, dass die Apartheid »unchristlich und unbiblisch« (Tutu zit. in Cheng 1999) war. Während Afrika christianisiert wurde, wurde das Christentum gleichzeitig afrikanisiert. Gott schien sowohl auf der Seite der Kolonisierten als auch auf der Seite der Kolonisatoren zu sein. Die kolonisierten Bevölkerungen lassen sich in der Auseinandersetzung um die Moderne nicht als passive Empfänger/-innen europäischer und christlicher Normen und Werte verstehen, sondern waren vielmehr aktiv an dem Gestaltungsprozess dieser Normen und Werte beteiligt (vgl. hierzu auch Beiträge zu einer postkolonialen Theologie: Nehring/Tielesch 2013). Die Befreiungstheologie forderte die jahrhundertealte Einteilung der Welt heraus, in welcher der Westen als modern und der ›Rest‹ als antimodern konzeptionalisiert wurden. Nun werden Schlüsselkonzepte der Moderne wie Säkularität, Freiheit und Gleichheit in Interaktion mit der Postkolonie und der Metropole neu gelesen und erfahren eine Re-Interpretation. Dies lässt die weit verbreitete Annahme ins Wanken geraten, nach der die Metropolen den alleinigen Ort epistemologischer Produktion darstellen, während die Peripherien lediglich abgeleitete und nachgeahmte Diskurse zu entwickeln in der Lage zu sein scheinen (vgl. van der Veer 2001: 3). Statt koloniale Geschichte als einen simplen Prozess des Zwangs zu betrachten, welcher von Europa ausging und auf die ›Zähmung der Wilden‹ und/oder die ›Zivilisierung der orientalischen Barbarei‹ abzielte, scheint es angemessen, diese vielmehr als eine Geschichte von Macht und Verhandlung zu verstehen, die die Kolonisierenden mit den Kolonisierten aufs Engste miteinander verband und durch die gemeinsamen – nicht gleichen – Erfahrungen des Kolonialismus transformierte (vgl. ebd.: 8). In diesem Zu-

schen Regierung in Nicaragua Kulturminister, während Tutu als enger Vertrauter Nelson Mandelas galt und als Vorsitzender der Wahrheits- und Versöhnungskommission tätig war. Einer der wichtigsten theoretischen Referenzpunkte bildet die Dependenztheorie (vgl. Cardoso/Faletto 1979).

47 | Fanon arbeitet die rassifizierte Ungleichheit hinter dem christlichen Gedanken der ›spirituellen Gleichheit‹ in *Black Skin, White Mask (2008 [1952]: 24ff.)* heraus.

sammenhang erscheint es notwendig, die Rolle der Religion zu überdenken. Nicht nur hat die Religion erheblich dazu beigetragen, die neu entstehenden Räume der öffentlichen Sphäre zu formen – auch das staatliche Säkularismusverständnis und die Beschaffenheit des religiösen Glaubens stehen in einer dichten Beziehung zueinander.

Verwobene Vermächtnisse: Kolonialismus und der Holocaust

Bemühungen, den Kolonialismus und Nazismus gemeinsam zu betrachten, wurden von einer Reihe von Wissenschaftler/-innen, allen voran deutschen Historiker/-innen, als Provokation empfunden. So wurde der Historiker Jürgen Zimmerer (2011: 9) mit feindlichen Reaktionen seiner Kollegen und Kolleginnen konfrontiert, als er behauptete, dass der erste Völkermord des 20. Jahrhunderts im Jahre 1904 gegen die Herero und Nama im Kontext der damals deutschen Kolonie Deutsch-Südwestafrika begangen wurde. Obwohl Zimmerer in keiner Weise die beiden tragischen Kapitel der Geschichte gleichsetzt und sich zudem im Versuch, historische Kontinuitäten und Diskontinuitäten herauszuarbeiten, auf vorangegangene Arbeiten von renommierten Intellektuellen wie etwa Arendt, Césaire und Du Bois stützt, waren die Angriffe massiv. Es ist schon verwunderlich, warum die frühe These von Arendt, die, wie Zimmerer feststellt, »bereits vor einem halben Jahrhundert […] vom Imperialismus als Vorläufer des Nationalsozialismus« (ebd.: 141) gesprochen hat, nicht nur nicht mehr weiterverfolgt, sondern nun skandalisiert wurde. Die sehr späte Rezeption postkolonialer Theorie in Deutschland kann möglicherweise als ein weiteres Symptom für dasselbe Dilemma gelesen werden. Der Versuch, nach möglichen Kontinuitäten und Verstrickungen zwischen dem deutschen kolonialen Imperialismus einerseits und dem Nazi-Imperialismus andererseits zu schauen, wurde lange Zeit mehrheitlich missbilligt. Es galt als problematisch, Verbindungen zwischen dem kolonialen Völkermord und der Shoah zu formulieren (vgl. ebd.: 140ff.). Die These von der Singularität des Holocaust erschwert es dabei nach wie vor, sich auf historische Gewaltverhältnisse und Völkermorde zu beziehen, die vor dem Naziregime auftraten. Und doch scheint es notwendig, diese Herausforderung anzunehmen. Ein Zusammendenken der Gräueltaten des Kolonialismus sowie des Dritten Reichs würde erheblich dazu beitragen, ein nuanciertes Verständnis dafür zu entwickeln, ob und inwieweit der Kolonialismus und die Shoah als Fehler, die das Scheitern der europäischen Aufklärung signalisieren, wahrgenommen werden können oder ob beide Ereignisse eher als Teil des Projekts der Moderne zu verstehen sind. Hat die Aufklärung in der Tat ›Werkzeuge‹ bereitgestellt, mit denen der

Imperialismus, Faschismus und das Naziregime legitimiert werden konnten? Oder haben uns die Schriften der Aufklärung vor Schlimmerem bewahrt?

Frederick Cooper weist in *Kolonialismus denken* (2012) darauf hin, dass die Vereinheitlichungen von Konzepten wie etwa ›Modernität‹, aber eben auch ›Aufklärung‹ oder ›Säkularismus‹, ein Problem schlechter historischer Forschung sei. Ein genaues Hinsehen würde schnell die Heterogenität der Argumente, Praktiken und Widerstandsstrategien verdeutlich. »*Wie* jemand Geschichte betreibt«, so Cooper, »bestimmt, wie jemand über Politik denkt, und die Art, wie jemand Politik macht, hat Auswirkungen darauf, was jemand über Geschichte denkt.« (Cooper 2012: 379; Hervorhebungen vom Autor) Wenn demnach ein bestimmter Gedanke nicht verfolgt wird, weil er womöglich Unangenehmes zu Tage trägt, so hat dies auch Auswirkungen auf die Politiken, die praktiziert werden. So hat das Feld der Kolonialgeschichte sich erst etablieren können, als die Kolonialherrschaften fast alle kollabiert waren. Es schien nicht opportun, über die Gewalt zu sprechen, als die Kolonialherrschaften noch etabliert waren.

Innerhalb der Debatte um die Kontinuität von Kolonialismus und Naziherrschaft gibt es nicht nur die Singularitätsthese, sondern auch den Ruf nach einer Etablierung und Analyse von Erinnerungs- und Geopolitiken. Anstatt die Marginalisierung des Kolonialismus im Rahmen der Holocaust-Studien und des Holocaust im Kontext der Postkolonialen Studien voranzutreiben, ist es dringend geboten, wichtige Verknüpfungen zwischen Imperialismus, Naziregime und dem europäischen Faschismus zu erkunden (vgl. Olusoga/Erichsen 2010). Ein solcher Ansatz, der sich anlehnt an die Paradigmen einer transnationalen Geschichtswissenschaft, könnte etwa Konzentrationslager, die Praktiken der Zwangsarbeit und den Horror medizinischer Experimente in den deutschen Kolonien und im Dritten Reich in eine Analyse integrieren (etwa Moses/Stone 2006; Moses 2008). So existierten bekanntermaßen nicht nur Konzentrationslager auf der Haifischinsel vor Lüderitzbucht (1905-1907) (vgl. Zimmerer 2011: 57ff.), sondern können auch bei der Fokussierung von Zwangsarbeit oder der Rolle der Medizin direkte Verflechtungen von Kolonialismus und Nazismus ausgemacht haben. Conrad etwa weist auf den so genannten »Madagaskar-Plan« hin, der bereits Ende des 19. Jahrhunderts die erzwungene Auswanderung von Juden und Jüdinnen vorausgedacht hat. Davor hatte es bereits Ideen gegeben, ›Arbeitsscheue‹ und ›Vagabunden‹, wie es hieß, nach Deutsch-Ostafrika zu deportieren (vgl. Conrad 2008: 25). Es fällt auch nicht schwer, offenkundige Überschneidungen zwischen rassistischen Ideologien und Phantasien europäischer Vorherrschaft im Rahmen kolonialer sowie nazistischer Diskurse zu identifizieren (vgl. Zimmerer 2011: 140ff.). Die Kontinuitätsthese lässt sich Andreas Eckert und Albert Wirz zufolge beispielsweise besonders gut anhand der Berufsgruppe der Mediziner illustrieren (vgl. Eckert/Wirz 2002: 383). Eugen Fischer (1874-1967) etwa war ein deutscher Professor für Medizin, Anthropologie und Eugenik. Fischer, der im Jahre 1905 die Schädel toter Gefangener des Konzentrationslagers auf der Haifischinsel untersuchte, um im Rahmen eines medizinischen Forschungsprogramms die Minderwertigkeit der schwarzen Bevölkerung in den deutschen Kolonie nachzuweisen, reiste im Jahre 1908 nach Deutsch-Südwestafrika, um Feldforschungen zum Thema »Bastarde« zu tätigen – gemeint waren hierbei die Nachkommen von deutschen Männer und afrikanischen Frauen. Ebenso empfahl er Gesetze, die so genannte ›Mischehen‹ unter Verbot stellten. Diese Gesetze wurden in allen deutschen Kolonien eingeführt. Seine Ideen beeinflussten die späteren deutschen ›Rassengesetze‹ – bekannt als »Nürnberger Gesetze«. Fischer studierte später ›Bastarde‹ in Deutschland mit einem Fokus auf die ›Rheinlandbastarde‹. Er wurde im Jahre 1933 von Adolf Hitler zum Rektor der Friedrich-Wilhelms-Universität zu Berlin berufen und trat dann konsequenterweise der NSDAP bei. Aber dies ist kein Einzelfall. Tatsächlich waren die deutschen Kolonien riesige Laboratorien der medizinischen Forschung.

Neben einer ›deutschen‹ Kontinuität können wir darüber hinaus auch konzeptionelle Übernahmen ausmachen. So entstand die Idee der Blutreinheit (*limpieza de sangre*) bereits im 15. Jahrhundert im Zusammenhang mit der Inquisition. Blutreinheit konnten nur jene behaupten, die keine muslimischen oder jüdischen Vorfahren hatten. In Verdachtsfällen wurde dies durch eine genaue Genealogie überprüft.[48] Die Zeiten des beginnenden modernen Kolonialismus überlappen sich nicht zufällig mit einer gewalttätigen Ausgrenzungspolitik, die vor allem die Nicht-Christen trifft und zu deren Zielen immer auch Enteignung gehört.

Mahmood Mamdani (2001: 12) hat überzeugend dargestellt, dass den Genozid an den Herero und den Holocaust noch mehr verbindet als die Etablierung von Konzentrationslagern und eine gemeinsame Politik der Vernichtung. Es sind vor allem die ideologischen Überschneidungen und Kontinuitäten – etwa die kolonialen und faschistischen Projekte des Sozialdarwinismus und der Biopolitik –, die aufmerksam untersucht werden müssen. Darüber hinaus ist es wichtig, die Verbindung zwischen dem Verlust der deutschen überseeischen Kolonien und der nationalsozialistischen Expansionspolitik in Osteuropa als eine Form der »inneren Kolonisierung« zu berücksichtigen. Postkoloniale Studien und Holocaust-Studien können und sollten in einen produktiven Austausch gebracht werden, gerade um die im Namen rassistischer Ideologien

48 | Um den Test, der die Blutreinheit bestätigte, zu bestehen, mussten die Angeklagten auf die Bibel schwören, weder jüdisch noch muslimisch zu sein. Anhand der Namen und Geburtsorte der Eltern und Großeltern wurde dann die Herkunft bestimmt. Zumeist übernahmen Vertreter/-innen der katholischen Kirche die Aufgabe, die Angaben zu überprüfen. Das gesamte Verfahren ähnelt streckenweise erschreckend an die Vorgehensweise nationalsozialistischer Verwaltungen und Gerichte.

und imperial-politischer Projekte ausgeübte Gewalt nuancierter sichtbar zu machen.

Bereits in *Elemente* und *Ursprünge totaler Herrschaft* (1962 [1951]) thematisiert Arendt die Kontinuitäten des Kolonialismus und Nazi-Imperialismus. So weist sie zum Beispiel auf das Vorhandensein von Konzentrationslagern im späten 19. Jahrhundert hin, die während des Zehnjährigen Kriegs von den Spaniern auf Kuba (1868-1878) installiert wurden. In diesem Zusammenhang erwähnt sie ebenso jene Konzentrationslager, die von den Briten während des zweiten Burenkriegs (1899-1902) im heutigen Südafrika installiert wurden. Arendt verstand die rassistischen Ideologien und Praktiken des Imperialismus als Vorläufer des Nationalsozialismus und beschrieb den Prozess »Bumerang-Effekt« des Imperialismus: Die menschenunwürdigen Strategien an den Peripherien infiltrierten schließlich die europäische Innenpolitik.

In seinem *Diskurs über den Kolonialismus* beschreibt auch Césaire den Nazismus als »*choc de retour*« (*reverse effect*), welcher als eine umgekehrte Wirkung übersetzt werden kann (vgl. Rothberg 2009: 36). Überzeugend argumentiert Césaire, dass die Anerkennung außereuropäischer Opfer barbarischer Gewalttaten erst möglich wurde, als auf europäischem Boden dieselben Verbrechen als solche (an-)erkannt wurden (Césaire 1972 [1955]: 3).

Während einige der alliierten Soldaten, die Auschwitz befreiten, Schwierigkeiten bei der Auseinandersetzung mit den Gräueltaten hatten, mit denen sie konfrontiert wurden, ist es an dieser Stelle aufschlussreich, an die Darlegungen des afroamerikanischen Intellektuellen und Schriftstellers James Baldwin zu erinnern (1963: 53): dass nämlich die von den Europäern und Europäerinnen in Europa begangenen Gewalttaten keine Überraschung für die afroamerikanische Bevölkerung war. Sie wusste aus eigener Erfahrung, wozu die Europäer fähig sind, und war im Gegensatz zur weißen US-amerikanischen Bevölkerung nicht über das von den Nazis begangene Blutbad erstaunt. Aus der Perspektive der einst kolonialisierten Völker sowie der Nachkommen der ehemaligen Sklaven waren die Gräueltaten, die von Europäern während der Naziherrschaft durchgeführt wurden, nicht *nicht* vorhersehbar. Vor diesem Hintergrund scheint es nicht überzeugend, die Shoah als einen »Zivilisationsbruch« (Diner 1988) zu beschreiben. Wenn der Holocaust ein singuläres Ereignis war, dann sicherlich nicht deshalb, weil ›aufgeklärte‹ Menschen zum ersten Mal in der Geschichte ›barbarisch‹ gehandelt haben. Die Beispiellosigkeit liegt vielmehr in der Systematik und kaltblütigen Vorbereitung und Berechnung des Massenmords sowie der Tatsache, dass der Völkermord auf europäischem Boden und nicht in den überseeischen Kolonien stattfand (vgl. auch Castro Varela 2014).

Unabhängig davon, wie man sich hinsichtlich der Singularitätsthese positioniert, darf es keinen Zweifel bezüglich des unheimlichen und komplexen Verhältnisses zwischen Moderne und Völkermord geben. Spätere Völkermorde, beispielsweise jene im ehemaligen Jugoslawien und Ruanda, stärken die

Argumentation über die implizite Potentialität des Terrors im Kontext der Moderne und Aufklärung. Außerdem erinnern sie uns daran, dass Völkermord und Terror weder der Vergangenheit angehören noch lediglich ein außereuropäisches Phänomen darstellen (vgl. auch Meister 2012). Und dennoch ist Gilroy zuzustimmen, wenn er schreibt, dass »[d]ie Naziperiode [...] den profundesten moralischen [...] Bruch der Geschichte des 20. Jahrhundert dar[stellt]. [...] Die Erinnerung daran ist seit über fünfzig Jahre integraler Bestandteil der ›Rassenpolitiken‹.« (Gilroy 2000: 25)

Das Globale und das Postkoloniale

Ideen von »der Welt« oder »dem Globalen« bleiben zutiefst mit dem Neokolonialismus verstrickt. Peter Hulme (2005: 45) stellt deswegen zu Recht die Frage, ob es überhaupt möglich sei, eine Vorstellung von »dem Globus« zu haben, ohne sich dabei auf imperiale Perspektiven und Privilegien zu berufen. Er postuliert, dass »die Repräsentation der Erde als Globus unausweichlich mit dem europäischen Kolonialprojekt verbunden ist« (ebd.), weswegen postkoloniale Theoretiker/-innen konsequenterweise eine große Skepsis gegenüber einem unkritischen globalen Denken zeigen (vgl. ebd.: 47). Spivak stellt in diesem Zusammenhang die interessante Frage, was es bedeuten würde, das Postkoloniale in Form von Planetarität statt Globalität oder Nationalismus zu denken (vgl. Spivak 1999).

Zu welchem Zeitpunkt die Globalisierungskritik beginnt, ist ebenso schwierig zu beantworten wie die Frage, wann der tatsächliche Beginn einer postkolonialen Kritik auszumachen ist. Wie bereits bei der Betrachtung der Beziehung von Kolonialismus und Imperialismus dargelegt, spielt die Globalisierungskritik eine besondere Rolle in postkolonialen Zeiten: zum einen, weil die Kritik an der Globalisierung sich eng verquickt mit einer Imperialismuskritik zeigt, und zum anderen, weil die Antiglobalisierungsarenen zunehmend zu Arenen postkolonialer Kritik geworden sind.

Im Fokus postkolonialer Globalisierungskritik stehen dabei sowohl die Offenlegung der An- und Enteignungsprozesse neokolonialer Genese (vgl. etwa Brennan 2005: 116) als auch die Analyse kolonialer Strukturen. Auch wenn Cooper beklagt, dass den aktuellen Globalisierungsdiskussionen vor allem eine »historische Tiefendimension« (Cooper 2012: 160) fehlt, so ist doch gerade das Bemerkenswerte an einer postkolonialen Globalisierungskritik, dass koloniale Ausbeutungs- und Herrschaftsstrukturen eben nicht als etwas Vergangenes, sondern in der Gegenwart Fortbestehendes betrachtet werden, ohne die geschichtliche Dimension zu vernachlässigen. Die Dekolonisation (vgl. Kruke 2009) ehemaliger Kolonien wird dabei als ein Abschnitt in einem noch anhaltenden Rekolonisierungsprozess gelesen, der lange vor der Etablierung der

Kolonien begonnen hat (vgl. J. Abu-Lughod 1991). Eine der Herausforderungen der Analyse liegt darin, die gewaltvolle neoliberale Globalisierung von Formen emanzipatorischer Internationalisierung zu unterscheiden (vgl. Loomba et al. 2005: 4).

Globalisierung und Postkolonialismus können dabei als dominante Paradigmen beschrieben werden, die soziale, politische und ökonomische Transformationen in einer zunehmend interdependenten Welt fokussieren (vgl. etwa Gikandi 2005). Während postkoloniale Theorie für einige eine kritische Perspektive darstellt, die schon vor den dominanten Vorstellungen zur Globalisierung existiert hat und die innerhalb der Globalisierungsprozesse zu lokalisieren ist – und sich dabei gleichzeitig gegen diese richtet (vgl. Loomba et al. 2005: 8) –, sind andere der Auffassung, dass der Zeitraum zwischen Saids *Orientalism* (1978) und Michael Hardts und Antonio Negris *Empire* (2000) die Ablösung postkolonialer Studien durch die Globalisierungsforschung markiert (etwa During 1998, 2000). Trotz der deutlichen inhaltlichen Überschneidungen und gemeinsamen Anliegen dieser beiden Forschungsperspektiven wird das Verhältnis von Globalisierungs- und Postkolonialismus-Forschung nach wie vor kontrovers debattiert. Die Literaturwissenschaftlerin Revathi Krishnaswamy ist beispielsweise der Meinung, dass zwar eine inhaltliche Nähe zwischen postkolonialen und globalisierungskritischen Theorien auszumachen ist. Gleichwohl merkt sie an, dass nach wie vor unklar bleibt, »ob das Postkoloniale den Grundlagen des Globalen vorausgeht oder diese bereitstellt [...] oder ob Globalisierung die historischen und materiellen Bedingungen geschaffen hat, die sowohl die Produktion des Postkolonialismus ermöglicht wie auch deren politische Kraft durch Vereinnahmung und Zähmung untergraben hat« (Krishnaswamy 2008: 3). Zwei entgegengesetzte Perspektiven auf Globalisierung identifiziert Vilashini Cooppan: Einerseits wird Globalisierung als Prozess einer andauernden Dekolonisierung verstanden, der die zunehmende Heterogenität der Welt widerspiegelt und folglich auch von den aufkeimenden politischen Forderungen vormals marginalisierter Gruppen bestimmt wird. Andererseits bezeichnet Globalisierung eine machtvolle koloniale Reformulierung in Gestalt eines immer globaler werdenden Kapitalismus (vgl. Cooppan 2005: 84f.). Globalisierung kann aber auch als eine Erweiterung der Weltsysteme im modernen Kapitalismus und Kolonialismus betrachtet werden. Wir schauen dann auf ein neues und komplexeres Netzwerk, das aus nationalen und transnationalen Akteuren und Akteurinnen, Kapital, Arbeit, Anbieter/-innen und Märkte sowie auch NGOs und multilateralen Agenturen besteht (vgl. Loomba et al. 2005: 2). Die entstehende globale Ordnung kann dabei als zerstörerisch *und* ermächtigend verstanden werden. Können, so ließe sich nämlich fragen, Globalisierungsprozesse unvorhergesehene Chancen für vormals unterdrückte Kollektive schaffen – oder würde eine solche Perspektive lediglich die brutalen Privatisierungsprozesse und imperialistische Expansion beschönigen (vgl. Brennan 2008: 39)? Haben wir es, anders gefragt, mit einer »Intensivierung des US-amerikanischen Imperialismus« zu tun, oder ist der Imperialismus gänzlich überwunden und das »Empire«, welches Hardt und Negri (2000) in ihrem weltweit rezipierten Buch als »den zentrumslosen Raum des Kapitals« dargestellt haben, durch eine tosende *Multitude* erschüttert worden (vgl. Krishnaswamy 2008: 4)? Eine postkoloniale Genealogie der Globalisierung verdeutlicht, dass die schrittweise Dekolonisation eine neue globale Ordnung einläutete, die eine neoliberale Hegemonie als eine Form des Neokolonialismus etablierte (vgl. Behdad 2005: 63). In diesem Zusammenhang geht es auch darum zu prüfen, ob die Globalisierung lediglich als eine Fortsetzung des imperialen Projektes des Westens zu verstehen ist oder eben globale Machtverhältnisse tatsächlich transformiert (vgl. Krishnaswamy 2008: 10, 15).

Als postsozialistisches und neoliberales Projekt der offenen Märkte führte die ökonomische Globalisierung ohne Zweifel zu weltweiten Deregulierungs- und Privatisierungsprozessen, die eine zunehmende Bewegung von transnationalem Kapital, Gütern – aber auch Menschen – mit sich brachte. Das Sprechen vom *Global Village* suggeriert dabei, dass die Welt aufgrund fortschrittlicher Kommunikationstechnologien zusammengeschrumpft sei. Im Epizentrum der soziopolitischen Systeme wurden unternehmerische Werte etabliert und durch internationale und nationale Strukturen, die die Mobilität des Kapitals auch über spekulative Geldgeschäfte fördert, gefestigt. Selbst das politische Sprechen und Denken sind heute unweigerlich durchzogen von einem unternehmerischen Vokabular und einer unternehmerischen Logik. Die Wirtschaftspolitik konzentriert sich dabei in erster Linie auf die Wettbewerbsvorteile für Unternehmen. Das Wohl der Menschen gerät gegenüber den Unternehmensinteressen und dem Wohlergehen transnationaler Eliten in den Hintergrund.

Insbesondere die Nationalstaaten des globalen Südens haben dabei scheinbar häufig kaum eine andere Wahl – zuweilen sekundiert durch die amtierenden Machthaber –, als der Globalisierung zu folgen. Transnational operierende Firmen üben beständig Druck auf Regierungen und lokale Akteure aus, um möglichst günstige Bedingungen für die freie Bewegung des Kapitals zu schaffen. Beugen sich die Staaten diesem Druck nicht, folgen Handelsembargos und die internationale Isolation. Die Welt wird nach berechenbaren, marktfreundlichen Bedingungen geformt, um Unternehmen und Investoren freie Hand zu lassen, die Prozesse skrupellos zu gestalten. Dies führte einerseits zur Dominanz multinationaler Unternehmen und der gleichzeitigen Aushöhlung der Nationalstaaten, so dass Unternehmensmanager/-innen heute über mehr Macht als demokratisch gewählte Abgeordnete verfügen (vgl. Harvey 2007). Andererseits muss festgehalten werden, das Politiker/-innen – oft unter der Rechtfertigung der Verfolgung nationaler Interessen – die Remodellierung des Staates mit dem Ziel, Auslandsinvestitionen anzuziehen, konkret unterstützen (vgl. Sklair 2008: 219). So beschreibt der Diskurs um die nationale Wettbewerbsfähigkeit auf dem globalen Markt die Allianzen zwischen globalisierungstreuen Politiker/-innen, der transnationalen kapitalistischen Klasse und dem Unternehmenssektor. Einer der Effekte ist die brutale Privatisierung sozialer Institutionen – wie beispielsweise Schulen, Universitäten und Krankenhäuser – mit den entsprechenden fatalen Konsequenzen (vgl. ebd.).

Jedoch führt die rasante Geschwindigkeit ökonomischer, kultureller und technologischer Transmissionen sowie die beschleunigte Kapitalbewegung und Mobilität von Waren, Menschen und Ideen auch zu der Ansicht, dass eine grundlegend neue weltpolitische Situation vorläge, die durch den Niedergang des Nationalstaatsmodells und der Imperien gekennzeichnet sei (vgl. Coppan 2005: 81). Die Globalisierungsforschung geht in Teilen davon aus, ein neues Verständnis für kulturelle Prozesse zu ermöglichen, das homogenen eurozentrischen Narrativen von Entwicklung und Fortschritt Einhalt gebietet, indem der Fokus auf eine soziale und kulturelle Organisierung jenseits nationalstaatlicher Grenzziehungen gelegt wird. Hierbei werden strukturalistische Auffassungen herausgefordert, die sowohl die Weltsystemtheorie als auch die eurozentrische Chronologie, die bekanntlich eine Periodisierung in vormodern, modern und postmodern durchsetzte, durchzieht (vgl. Gikandi 2005: 614). Weiterhin wird auch gesagt, dass lokale und globale Perspektiven in Einklang zu bringen sind und sich mithin Rekonfigurationen dieser komplexen Beziehungen abzubilden scheinen. Bill Ashcroft bemerkt etwa, dass das Lokale »unter dem Niveau jener Staatsapparate, die die Repräsentation im Interesse einer nationalen Identifikation organisiere« (Ashcroft 2001: 215), operiere. Bereits in den 1990er Jahren prägte der britische Soziologe Roland Robertson (1998) den Begriff der »Glokalisierung« und beschrieb damit die Beziehung zwischen dem Lokalen und Globalen als wechselseitige Durchdringung. Demzufolge lässt sich das Globale im Lokalen identifizieren – wie auch ohne das Lokale das Globale nicht mehr beschreibbar ist. Bhabha zufolge ermöglichen Hybridität und kultureller Wandel zudem die Artikulierung »globaler oder transnationaler Fiktionen« (Bhabha 1994a: 205), womit sie die bestehenden Tendenzen zur Homogenisierung und Standardisierung herausfordern würden. Auch der indische Anthropologe Arjun Appadurai beschreibt die Globalisierungsprozesse nicht gänzlich negativ. Im Kontrast zum »kulturellen Imperialismus« würden neue Globalisierungsformen das Entstehen von »delokalisierten Transnationen« (Appadurai 1996: 172) ermöglichen, welche die »Hegemonie der Eurochronologie« (ebd.: 30) durch Hybridität und Differenz herausfordern. Der Fokus liegt hier auf dem Einfluss lokaler Gruppen auf die globale kulturelle Produktion sowie den erfolgreichen Strategien postkolonialer Kollektive, die dem kulturellen Kapital des imperialen Zentrums widerstehen, aber auch als Konsumenten und Konsumentinnen adressiert werden (vgl. Ashcroft 2001: 206).

Ältere Erklärungsmodelle globaler kultureller Beziehungen, wie beispielsweise das Drei-Welten-System oder das Zentrum-Peripherie-Paradigma, gelten heute weitgehend als inadäquat, kann doch nicht mehr strikt zwischen kulturellen Praktiken und Regionen sowie Nationen und Kulturen unterschieden werden. Hall sieht gar das Aufkommen einer »globalen Kultur«, die durch das Phänomen der Massenkommunikation und moderne Mittel kultureller Produktion charakterisiert ist (vgl. Hall 1997: 178). In diesem Zusammenhang spricht David Harvey von einer »Zeit-Raum-Verdichtung« (1989: 240f.). Im Zeitalter der Informationsökonomie entstehen globale Städte als strategische Schauplätze für die Finanzierung des internationalen Handels, für Investments und Basisoperationen (vgl. auch Sassen 2008: 87). Mobilität – ob materiell oder virtuell – eröffnet, so die etwas idealisierende Vorstellung, den Zugang zur öffentlichen Sphäre für bisher ausgeschlossene Gruppen und birgt das Potential, statische imperialistische Kräfteverhältnisse ins Wanken zu bringen. In dieser Vorstellung schwingt die Hoffnung mit, die Globalisierung führe zur Verdrängung einer rein westlichen Hegemonie. Globalisierung stelle, so die Hoffnung, essentialistische Ideen infrage und würden dezentrierte Narrative fördern. Letztere entstünden vornehmlich in transnationalen Räumen, da Nationalstaaten keinen adäquaten Rahmen mehr für die Opposition gegen den gegenwärtigen Kapitalismus böten. Laut Appadurai bringt die Globalisierung eine spezifische Trennung (*disjuncture*) zwischen dem Ökonomischen, dem Politischen und dem Kulturellen mit sich. Er geht davon aus, dass globale »*mediascapes*« und »*ideoscapes*« sich zu spannungsvollen Schauplätzen kultureller Homogenisierung und Heterogenisierung entwickelt haben (vgl. Appadurai 1996: 32). Die Idee des »subversiven Konsums« impliziert dabei, dass Kultur nicht unilateral übermittelt wird, sondern vielmehr Prozesse der Auswahl, Interpretation, Übersetzung, Adaption und Aneignung in Gang setzt (vgl. Krishnaswamy 2008: 14). Des Weiteren unterscheidet Appadurai ältere Formen der Moderne, welche auf die instrumentelle Rationalisierung der Welt abzielen, von der neuen globalen Kultur, die er durch Reziprozität statt Hierarchie charakterisiert sieht. Die USA, so der Anthropologe, sei nicht länger mehr »der Puppenspieler« der Welt, sondern lediglich »Knotenpunkt einer komplexen transnationalen Konstruktion einer imaginären Landschaft« (Appadurai 1996: 30).

Eine eher optimistische Perspektive, nach der der Imperialismus von der Globalisierung abgelöst worden sei, wird folglich von einer anderen Perspektive auf Globalisierung begleitet, die eher durch eine Krisenstimmung gekennzeichnet ist (vgl. Gikandi 2005: 610). Hier wird argumentiert, dass die Machtasymmetrie zwischen dem globalen Norden und dem globalen Süden – trotz gegenteiliger Behauptungen – durch eine neoliberale Globalisierung intensiviert wird. Während die Kolonien zur Zeit des europäischen Kolonialismus Rohstoffe in die kolonisierenden Länder exportierten und sie als Fertigerzeugnisse wieder importierten, produzieren viele der ehemaligen Kolonien in der derzeitigen Globalisierungsphase arbeitsintensive, halbfertige Produkte mit geringem Technologieniveau im Niedriglohnsektor, während die ehemaligen Kolonialmächte wissensintensive Produktion auf hohen Technologieniveaus monopolisieren.

Darüber hinaus sieht sich der globale Süden, trotz jahrzehntelanger Kritik und ebenso langem Widerstand, nach wie vor mit Entwicklungsdiskursen konfrontiert, welche die Anbindung an Globalisierungskräfte in Form globalen Kapitals und multilateraler Hilfsorganisationen fordern. Globale Institutionen wie der Internationale Währungsfond (IWF), die Weltbank, multinationale Unternehmen sowie regionale Investmentbanken geben oftmals der Innenpolitik ehemals kolonisierter Länder vor, ihre Ökonomie nach den Prinzipien des freien Handels, Monetarismus und »ökonomischem Rationalismus« (Ashcroft 2001: 209) auszurichten. Während die neokoloniale Macht des Bankensektors unternehmerische und militärisch-industrielle Komplexe stärkt, beobachten wir gleichzeitig eine fortschreitende Verelendung großer Bevölkerungsteile in den vormals kolonisierten Ländern. Die neoliberale Globalisierung verfestigt damit strukturelle Unterschiede und soziale Ungleichheiten, die bereits während des Kolonialismus etabliert worden sind.

Ein weiterer Kritikpunkt besteht darin, dass Schlüsselkonzepte der Globalisierung wie Hybridität oder Mobilität unzureichend scheinen, um materielle und strukturelle Erfahrungen von Ausbeutung und Entrechtung zu verstehen. Durch die zentrale Bedeutung von Kultur in der Analyse globaler Erfahrungen sind die ›*émigré native informants*‹ als primäre Protagonisten und Protagonistinnen des postkolonialen Globalismus hervorgegangen. Doch die Aneignung von Hybridität, Differenz und Mobilität durch den globalen Kapitalismus hat diese ihres kritischen Potentials beraubt. Der digitale Raum bietet nicht nur neue Zugangsmöglichkeit zu virtuellen Gegenöffentlichkeiten, sondern ist auch der neue Hauptschauplatz für die Akkumulation und die Operationen des globalen Kapitals (vgl. Sassen 2008: 89). Folglich ist die Mobilität des Globalen hochgradig ambivalent, bleibt sie doch nicht nur dominiert von imperialen Weltkonstruktionen, sondern perpetuiert diese auch beständig (vgl. Ashcroft 2001: 207). Cooppan ist aus diesem Grunde auch der Ansicht, dass Hardt und Negri die Untersuchung komplexer Relationen zwischen dem Nationalen und Globalen banalisieren, indem sie zwischen den beiden Konstellationen allzu scharf unterscheiden und die Verflechtung missachten (vgl. Cooppan 2005: 86). So wird bei Hardt und Negri argumentiert, dass im Vergleich zum Kolonialismus die globale Natur dezentrierter und deterritorialisierter Netzwerke neokolonialer Macht es erschwere, dem Neokolonialismus etwas entgegenzusetzen.

Nach wie vor gibt es eine starke Stimme innerhalb der Globalisierungsforschung, die von der Redundanz des Nationalstaates ausgeht. Doch ein genauerer Blick auf die tatsächlichen Prozesse macht schnell sichtbar, dass die beständige Rhetorik der Globalisierung von einer Wiederauferstehung älterer Formen von Nationalismus, Patriotismus und Fundamentalismus begleitet wird (vgl. Gikandi 2005: 619). Kulturelle und religiöse Fundamentalismen sind längst nicht überwunden und üben auf große Teile der Bevölkerungen in den ehemaligen Kolonien – wie auch im Westen – eine hohe Anziehungskraft aus.

Damit liegt einer der Hauptunterschiede zwischen der Globalisierungsforschung und der postkolonialen Theorie darin, dass der Nationalstaat für letztere immer noch ein enorm machtvoller Apparat ist. Dabei interessiert auch die Beziehung zwischen Staat und Nation. Der Fokus der Globalisierungsforschung liegt jenseits der Nation, während postkoloniale Theorie aufs Neue die komplexe Beziehung zwischen nationaler und transnationaler Macht untersucht (vgl. Loomba et al. 2005: 22). Häufig wird der Staat lediglich auf einen repressiven Apparat reduziert und als überholtes Konzept erachtet. In Anbetracht der Wichtigkeit seiner Mechanismen bezüglich umverteilender Gerechtigkeit sowie seiner Möglichkeiten, auf die Hoffnungen der Bürger/-innen zu reagieren, scheint es jedoch dringend notwendig, die Rolle des Staates grundlegend zu überdenken (vgl. Dhawan 2013b). Hall (2007: 178) macht darauf aufmerksam, dass eine der Gefahren der Schwächung von Nationalstaaten in der Ära der Globalisierung darin liegt, dass diese auf defensive und exklusive Formationen nationaler Identitäten zurückgreifen, die durch aggressive Formen von Rassismus und Kommunalismus vorangetrieben werden. Postkoloniale Theoretiker/-innen bemühen sich darum, die Allianzen und Spannungen, durch welche die Beziehung zwischen Globalisierung und Nationalismus geprägt ist, aufzudecken. In ehemaligen Kolonien kann sich Widerstand gegen die Globalisierung im Namen von kulturellem und ökonomischem Nationalismus zeigen. Zeitgleich wird die Globalisierung von einer immer größer werdenden Konsumelite zelebriert (vgl. Menon 2005: 210). Postkoloniale Studien eignen sich gut für ein nuancierteres Lesen reziproker Machtabläufe (ökonomisch, sozial und kulturell) zwischen Nationalstaaten und globalisiertem Kapital (vgl. etwa Loomba et al 2005; Krishnaswamy/Hawley 2008; Dhawan/Randeria 2013).

Laut Hall stellen die enorme kontinuierliche Arbeitsmigration aus den ehemaligen Kolonialländern sowie die damit verkoppelten Rücküberweisungen (*remittances*) in die Herkunftsländer weitere Faktoren dar, die zur Umgestaltung der globalen Ökonomie und zur Etablierung einer neuen internationalen Arbeitsteilung beitrugen (vgl. Hall 1997: 175). Die neuen globalen politischen, ökonomischen und kulturellen Formationen erscheinen dabei paradox: Sie sind multinational und doch dezentriert (vgl. ebd.: 180) – oder wie Saskia Sassen schreibt: Das globale Kapital zirkuliert als denationalisiertes nationales Kapital (Sassen 2008: 82). Statt einzelner Unternehmen finden sich nun eine Reihe dezentrierter Formen von sozialer und ökonomischer Organisierung mit neuen Regimes der Informalisierung, Prekarität und Flexibilität, die von segmentierten Märkten, postfordistischen Organisationsstilen, *Just-in-Time*-Produktionen und neuen Formen des Marketings begleitet werden (vgl. Hall 1997: 181). Dies geht unter anderem mit einem kosmopolitischen Lebensstil einher, der Differenz permanent romantisiert.[49] Globalisierung ist ein zutiefst widersprüchlicher Prozess, der beständig in der Lage ist, Differenzen, die die Hegemonie durchaus bedrohen, zu inkorporieren. Es scheint, als gebe es »keine Differenz die diese nicht beinhalten, keine Andersheit, die diese nicht sprechen, keine Marginalität aus der diese keine Lust ziehen könnte« (ebd.: 182).

Demzufolge betonen postkoloniale Theoretiker/-innen die Rolle (neo-)kolonialer Beziehungen in der Entstehung des Globalen und verweisen darauf, dass postkoloniale Theorie die Hauptquelle einer neuen Grammatik darstelle, die das Globale zu überdenken ermöglicht (vgl. Gikandi 2005: 612). Ohne ein Verständnis davon, wie der europäische Kolonialismus globale Machtverhältnisse ökonomisch, politisch und kulturell strukturiert, können Prozesse der Globalisierung nicht angemessen nachvollzogen werden. Ein historisches Bewusstsein *vis-à-vis* transozeanischem und -kontinentalem Handel, Reisen und Eroberung hilft, die Zusammenhänge zwischen dem heutigen Neoimperialismus und älteren Kolonialsystemen zu verstehen und eindimensionale Zugänge zu gegenwärtigen Auffassungen des Globalen zu vermeiden (vgl. Loomba et al. 2005: 4).

Die Beiträge postkolonialer Theorie, welche die Verbindungen zwischen Imperialismus und der politischen, ökonomischen sowie soziokulturellen Verfasstheit Europas offenlegen, können selbst von den größten Kritiker/-innen dieser Forschungsperspektive nicht geleugnet werden. So wurde etwa detailliert nachgezeichnet, dass die europäische Industrialisierung auf Sklavenhandel angewiesen war, um Quellen für Investitionen und die Schaffung neuer plantagenbezogener Märkte herzustellen (vgl. Brennan 2005: 107). Die europäischen Kolonialmächte beuteten bekanntermaßen ihre Kolonien durch die Erzwingung unbezahlter Arbeit und die Entreißung ihrer Ressourcen aus. Ein weiterer wichtiger Aspekt imperialer ökonomischer Politik war auch die bewusste Verhinderung von Entwicklung innerhalb der Kolonien, womit es möglich wurde, den Ländern des globalen Südens strukturell ungleiche Handlungsbedingungen aufzuzwingen (vgl. ebd.: 109). Die Peripherien wurden zu Orten billiger Produktion und des ausbeuterischen Abbaus von Ressourcen. Akkumulation muss hier als das Ergebnis verschiedener Strategien gelesen

49 | Ein bemerkenswertes Beispiel hierfür ist die boomende ›Pink Economy‹, in der die zuvor stigmatisierten queeren Subkulturen zunehmend massenkompatibel geformt werden. Queere Subjekte werden nun als wertvolle Konsument/-innen betrachtet. Die globalisierte Macht zeigt sich gewissermaßen tolerant gegenüber feministischen, multikulturalistischen und queeren Belangen, weil dies ökonomischen Gewinn verspricht.

werden: Einerseits wurden ausbeuterische Arbeitsbedingungen etabliert, andererseits werden Profitraten bewusst verfälscht sowie gesamte Sektoren dem weltwirtschaftlichen Wettbewerb entzogen (vgl. ebd.: 109ff.).

Freihandelszonen und pharmazeutisches *Dumping* halten heute ehemalige Kolonien nach wie vor für die weitergehende Ausbeutung verfügbar.[50] Jean Comaroff beschreibt prägnant, wie in Afrika »Strukturanpassungsakteure es bewerkstelligten, Demokratie zu einem Synonym von Privatisierung und minimaler Regierung« zu gerinnen, was in Zeiten der Dekolonisierung zu einer Konvergenz von Befreiung, Liberalismus und Liberalisierung führte (vgl. Comaroff 2005: 128). Ein in diesem Zusammenhang relevantes Thema ist die Aushöhlung kollektiver Rechte landwirtschaftlicher Gemeinschaften aufgrund von Biopiraterie, die im Rahmen von *Trade Related Aspects of Intellectual Property Rights* (TRIPS) durch die Welthandelsorganisation ermöglicht wurden und unter anderem eine Patentierung biogenetischen Materials – etwa von Basmatireis oder Neemöl – möglich gemacht haben (vgl. Shiva 2001; Randeria 2009: 219ff.). Darüber hinaus führen multinationale Unternehmen genmanipulierte Samen ein, die bereits zu weit verbreitetem ländlichen Elend, hoher Verschuldung und dem Suizid von tausenden Bauern im globalen Süden geführt haben (etwa Sainath 2004), während der systematische Diebstahl von Land (*land grabbing*) und die damit einhergehende massenhafte Zwangsvertreibung bittere Not und die Zerstörung von Existenzgrundlagen zur Folge hat (etwa Pearce 2012; Liberti/Flannelly 2013).

Laut Shiva bedeuten Globalisierungsprozesse letztlich, dass die Perspektiven und Positionen der verletzlichsten Gruppen in den abgelegensten Dörfern ehemals kolonisierter Länder direkt mit den Perspektiven der globalen Elite zusammenprallen. Anhand des Beispiels der Bauernsuizide in Indien verdeutlicht sie die brutale und ausbeuterische Konvergenz von globalem unternehmerischen Kapitalismus mit einem noch intaktem lokalen Feudalismus. Zur Verdeutlichung zitiert Shiva hier das Entwicklungsprogramm der UN, demzufolge jährlich Hilfsleistungen im Wert von 50 Milliarden Dollar vom globalen Norden in den globalen Süden fließen, während die Länder des globalen Süden jährlich 500 Milliarden Dollar in Form von Zinstilgungen und aufgrund ungleicher Handlungsbedingungen verlieren (vgl. Shiva 2001: 23). Die wirtschaftliche Ungleichheit zwischen den hochindustrialisierten und den armen Ländern ist, das sollte nun klar geworden sein, vor allem eine Konsequenz des jahrhundertelangen Kolonialismus (vgl. auch Blaut 1989; Amin 2011).

---

50 | Timothy Brennan (2005: 116) führt hier das Beispiel der Biopiraterie an und erklärt, dass 74% aller pharmazeutischen Entdeckungen nicht im Labor stattfinden, sondern von so genannten traditionellen Heilerinnen und Heilern oder Ärzten und Ärztinnen im globalen Süden identifiziert werden.

Die Legitimierung des Neokolonialismus kann sehr eindrücklich anhand des Empowerment-Paradigmas im gegenwärtigen Entwicklungsdiskurs veranschaulicht werden. Zu Beginn der Dekolonisierung wurde Entwicklung als zentrales Element von Demokratisierungsprozessen verstanden, das zudem als wirksames Mittel zur Erlangung von Geschlechtergerechtigkeit galt (vgl. Kapoor 2008: 41ff.; siehe auch Zein-Elabdin/Charusheela 2003: 2f.). Das Konzept von »Fraueninteressen« unterstellte dabei, dass alle Frauen unabhängig von ›Rasse‹, Klasse, Religion und Sexualität gemeinsame Interessen teilen, und führte zu einer Befürwortung von universellen Lösungsansätzen für diverse Problemlagen wie Armut und Arbeitslosigkeit. Diese »Politik des Helfens« verdeckt ökonomische und geopolitische Interessen, während gleichsam »Geschlecht und Entwicklung« dem globalen Norden erneut als Alibi dienen, um im globalen Süden politisch zu intervenieren (siehe Kapitel 3). Im Rahmen einer eurozentrischen Epistemologie, die auf dem entwicklungstheoretischen Modernisierungsansatz beruht, werden die Ursprünge des Reichtums der Länder der ›Ersten Welt‹ von den Bedingungen des Kolonialismus losgelöst und stattdessen mit Diskursen von Fortschritt und Rationalität als Produkte europäischer Aufklärung verknüpft. Weit verbreitet ist etwa das Bild von ›denen‹, die, ›unserem‹ Beispiel folgend, ›Entwicklung‹ erfahren sollen (vgl. Kapoor 2008: 20f.). Solch eine wohltätige Politik vernachlässigt den historischen Zusammenhang zwischen ›unserer‹ Entwicklung und ›ihrer‹ Ausbeutung. Die fehlende Auseinandersetzung mit den Machtverhältnissen zwischen dem globalen Norden und globalen Süden und den Bedingungen, unter denen die dominierende Epistemologie sowie die materiellen Privilegien von Ländern des globalen Nordens entstanden sind, bleibt alles andere als folgenlos. Vielmehr werden hierdurch orientalistische Diskurse und neokoloniale Machtverhältnisse reproduziert, während Vorstellungen von kultureller Überlegenheit weitestgehend unwidersprochen bleiben. Die Probleme der so genannten ›Entwicklungsländer‹ werden fast durchgehend als ›Mangel‹ beschrieben (etwa Mangel an Bildung, Demokratie, Geschlechtergleichheit, Toleranz, wissenschaftlichen Erkenntnissen, Technologie), der den Norden dazu zu legitimieren scheint, für den globalen Süden Verantwortung zu übernehmen (vgl. Kapoor 2008: 40ff.).

Schon ein flüchtiger Blick auf den Entwicklungsdiskurs offenbart, dass die Problematik in einem direkten Zusammenhang mit der postkolonialen Situation steht. Wird auf der einen Seite Entwicklung als die einzige Möglichkeit für eine Dekolonisierung des globalen Südens angeführt, so finden sich auch Anti-Development-Positionen, die jede Form von Entwicklung als ein von Ausbeutung gekennzeichnetes kapitalistisches Wachstum rundheraus ablehnen. An die Vertreter/-innen letzterer Position wird von Seiten der postkolonialen Theorie der Appell gerichtet, die Ambivalenzen des Entwicklungsprozesses anzuerkennen, die etwa auch darin bestehen, Beschäftigungsmöglichkeiten für entrechtete Gruppen schaffen zu müssen, auch wenn dies gleichzeitig im

Kontext einer »Politik des Helfens« persistent und differenziert problematisiert werden muss. Eine kategorische Zurückweisung von Entwicklung – eine Position, die oft mit Shiva in Verbindung gebracht wird – läuft freilich Gefahr, die Interessen der verletzlichsten Gruppen des globalen Südens zu romantisieren (vgl. ebd.: 51f.). Die pauschale Zurückweisung von Entwicklung wird nur durch eine bestimmte Konstruktion von ›Dritte-Welt-Frauen‹ als authentische und heroische Subalterne ermöglicht, die sich in der linken Avantgarde des globalen Nordens einer großen Beliebtheit erfreut und in einer direkten Beziehung zu kolonialen romantisierenden Bildern steht. Gleichwohl haben postkoloniale feministische Theoretikerinnen im Rahmen des feministischen Post-Development-Ansatzes (vgl. etwa Saunders 2002) auf den impliziten Imperialismus hingewiesen, der die Entwicklungspolitiken mit ihrem Glauben an Modernisierung, Fortschritt sowie gemeinsamen Interessen und Zielen begleitet. Spivak beschreibt Gender-Programme pointiert als eine »Matronisierung und Verschwisterung von Frauen im Entwicklungsprozess« (1999a: 386). Diese Programme stellen, laut Spivak, ›Dritte-Welt-Frauen‹ als nur hilfsbedürftig dar und legitimieren auf diesem Wege problematische politische Interventionen. Laut Spivak müssen Gender-Expertinnen in Entwicklungsorganisationen »lernen, damit aufzuhören, sich als Frau privilegiert zu fühlen« (Spivak 1988: 136), und von der Erwartung Abstand nehmen, »Solidarität von Frauen zu erfahren, weil sie Frauen sind« (ebd.).

Die Strukturanpassung an Freihandel und Investitionsmaßnahmen haben die Ökonomien des globalen Südens zu einem Ausbau des Exports gedrängt, der eine Explosion von Exportproduktionszonen (EPZ) zur Folge hatte. In diesen Zonen werden Löhne extrem niedrig gehalten und eine gewerkschaftliche Organisation aktiv verhindert. Die Arbeiterinnen müssen lange in kleinen geschlossenen Räumen arbeiten, die eine genaue Überwachung ermöglichen und eine spezifische Modellierung ihrer Körper mit sich bringt. Folglich sind Frauen nicht einfach in den EPZ beschäftigt, ihre Körper, ihre Sexualitäten und sozialen Beziehungen werden in spezifischer Weise durch die EPZ geformt. Die Arbeiterinnen werden dazu angehalten, ›weibliche‹ Eigenschaften wie etwa Passivität, Geduld und Fingerfertigkeit an den Tag zu legen, um so Körper zu erzeugen, die für die Arbeit in diesen Zonen als adäquat angesehen werden (vgl. Ong 1987: 152). Sie gelten für diese Art von Arbeit aber auch als besonders geeignet, weil davon ausgegangen wird, dass sie sich seltener in Gewerkschaften organisieren. Die größte Herausforderung besteht darin, Frauen nicht mehr als effiziente ökonomische Subjekte zu instrumentalisieren.

Die Rolle des transnationalen Feminismus wird dabei kontrovers diskutiert. Befürworterinnen betonen, dass das wachsende internationale Netzwerk zivilgesellschaftlicher Akteure und Akteurinnen, welches auch das Resultat der Globalisierung ist, eine zunehmende Beteiligung von Frauen des globalen Südens an globalen Politiken ermöglichte. Kritikerinnen dagegen argumentieren, dass im Falle einer Verbindung von lokalen Kämpfen mit den Anliegen der globalen Frauenbewegung letztlich nur Elite-Feministinnen profitieren. Seit der Weltfrauenkonferenz in Peking im Jahr 1995 wird sowohl die Komplizenschaft der transnationalen feministischen Bewegung mit dem Imperialismus als auch das Potential eines grenzüberschreitenden Feminismus diskutiert, wobei zumeist Einigkeit darüber herrscht, dass es dringend einer Dekolonisierung des Feminismus bedarf (etwa Mohanty et al. 2003). Dies würde beinhalten, dass »Feministinnen mit einem transnationalem Bewusstsein« ihre »komplizenhafte Handlungsmacht« anerkennen und der Rolle der »*native informant-cum-hybrid-globalist*« (Spivak 1999: 399) widerstehen. Das Verhältnis zwischen Globalisierung und Postkolonialismus bleibt ambivalent und widersprüchlich. Einfache Lösungen sind auch hier nicht zu haben.

II. Edward W. Said – Der orientalisierte Orient

»Was ich als wichtig erachte, ist ein Humanismus als geeignete Praxis für Intellektuelle und Akademiker/-innen, die wissen wollen, was sie tun, was sie als Wissenschaftler/-innen bewegt, und die diese Prinzipien ebenso mit der Welt, in der sie als Bürger/-innen leben, in Verbindung bringen wollen.« (Said 2004: 6)

Der Literaturwissenschaftler Edward Wadie Said wurde im November 1935 in West-Jerusalem, als die Stadt noch unter britischer Mandatsmacht stand, im Stadtteil Talibya in eine christlich-palästinische Familie geboren und wuchs in Jerusalem, Beirut und Kairo als Sohn eines wohlhabenden Geschäftsmanns und Mitglieds der Anglikanischen Episkopalkirche auf. Die prägenden Jahre seiner Kindheit verbrachte Said in Kairo. Die christliche Gemeinschaft, die Episkopalkirche, der die Familie angehörte, bildete in Ägypten eine Minderheit innerhalb der Minderheit der Christen, die einer muslimischen Mehrheit gegenüberstand (vgl. Kennedy 2000: 6). Weil sein Vater Ibrahim Wadie Said im Ersten Weltkrieg auf Seiten der USA gekämpft hatte, erhielt er die US-amerikanische Staatsbürgerschaft. Infolgedessen ist auch sein Sohn Edward US-Amerikaner. Said wechselte insgesamt neunmal die Schule, weil die Familie mehrmals umzieht. Nach seinem Studium am britischen Victoria College[1] in Kairo, dass er verlassen muss, weil er sich dem dort herrschenden Disziplinarregime nicht anpasst und beispielsweise Arabisch spricht, obschon dies nicht

1 | Das Victoria College ist eine Privatschule, die 1902 unter anderem gegründet wurde, um sowohl den Standard imperialer Erziehung zu heben als auch den Einfluss der lokalen Madrasas einzudämmen. Das College wurde von zahlreichen späteren Politikern, Intellektuellen und einflussreichen Männern der Wirtschaft besucht. Said beschreibt in seiner Autobiographie die Atmosphäre als sehr streng und wettbewerbsorientiert. Klares Ziel war es, eine ägyptische Elite hervorzubringen, die die europäischen Werte und Vorstellungen schätzt – Mimikry-Männer in Bhabhas Worten (siehe Kapitel IV zu Homi K. Bhabha). Lila Abu-Lughod (2005: 17) schreibt, dass die Schule so exklusiv war, dass es ein Stigma war, dort ein orientalischer Schüler zu sein.

erwünscht ist, sendet sein Vater ihn mit 15 Jahren in die USA an das Northfield Mount Hermon Internat.[2] Nach seinem erfolgreichen Highschool-Abschluss geht er für einen BA an die Princeton University und anschließend an die Harvard University, wo er 1963 mit 28 Jahren seinen Doktor in Literaturwissenschaft mit einer Studie zu Joseph Conrad[3] erwirbt. Unmittelbar nach seiner Promotion holt ihn Lionel Trilling (1905-1975), seinerzeit einer der prominentesten jüdischen New Yorker Intellektuellen und Vertreter des *New Criticism*, als Assistenzprofessor für Vergleichende Literaturwissenschaften an die Columbia University, New York. Er lehrt dort bis zu seinem Tode im September 2003. Said war Zeit seines Lebens mit der Frage nach Gerechtigkeit im Nahen Osten beschäftigt und für viele Jahre unter anderem Mitglied des Palästinensischen Nationalkongresses (PNC). In einem Dokumentarfilm über sein Werk und Leben[4] von 1986 bemerkt Said, dass er sich zwar in der akademischen Welt akzeptiert fühlt, aber doch prinzipiell spürte, dass er als arabischer Amerikaner ständig kriminalisiert werde. Er erhält Morddrohungen und sein Büro wird vandalisiert. In den Medien – auch in akademischen Publikationen – wird er angefeindet, diffamiert und seine Arbeiten disqualifiziert. Said erscheint auf Listen, die die Feinde Israels auflisten, und wird beispielsweise von Edward Alexander (1989) in der Zeitschrift *Commentary* als »*Professor of Terror*« bezeichnet. 1991 wurde bei Said Leukämie diagnostiziert. Zwölf Jahre später erliegt er der Krankheit. Insgesamt veröffentlichte Said über 20 Bücher und

---

2 | Das Northfield Mount Hermon College ist eine so genannte »Prep-School« (*Preparatory School*), die Kinder reicher Eltern auf den Besuch von Eliteuniversitäten vorbereitet. Einer seiner früheren Lehrer am Mount Hermon, William V. Spanos, schrieb Jahre später ein Buch, dass in das Werk Saids einführt: *The Legacy of Edward W. Said* (2009). Said belegte zwar keinen Kurs bei Spanos, erinnert sich aber noch Jahre später an ihn, weil er so gar nicht in das klassische WASP (*White Anglo-Saxon Protestant*)-Schema passte. Spanos beschreibt in seinem Buch die protestantische Arbeitsethik des Jungeninternats, die neben einem harten Studium das regelmäßige Arbeiten auf einer Farm vorsah.

3 | Joseph Conrad (1857-1927), eigentlich Józef Teodor Nałęcz Konrad Korzeniowski, war ein Schriftsteller polnischer Herkunft, der seine Werke in englischer Sprache verfasst hat. 1886 erhielt Conrad die britische Staatsbürgerschaft und bereiste als Kapitän mehrere Kolonialgebiete. Die dort gemachten Erlebnisse verdichtete er zu Romanen und Erzählungen, die weltberühmt wurden. Insbesondere sein Roman *Heart of Darkness* (1899) regte zu zahlreichen kontroversen Studien in den Literatur- und Kulturwissenschaften an. Auch innerhalb der postkolonialen Theorie findet Conrad immer wieder Erwähnung. Dies liegt auch daran, dass Said in fast all seinen Schriften Werke von Conrad zitiert und diese exemplarisch analysiert. Obschon Conrad die englische Sprache erst mit 21 Jahren erlernte, zählt er zu den größten englischsprachigen Schriftstellern.

4 | Siehe http://www.youtube.com/watch?v=7g1ooTNkMQ4 (letzter Aufruf 20.12.2013).

unzählige Aufsätze, die in über 30 Sprachen übersetzt wurden. Nach seinem Tod erschien eine Vielzahl von Büchern zu seinem Werk und es wurde eine Reihe internationaler Tagungen, Symposien und Konferenzen organisiert, die sich seiner Arbeit widmeten.

In jungen Jahren wollte Said Pianist werden – und auch wenn er sich schließlich dagegen entschied, blieb er der Musik immer verbunden. Gemeinsam mit seinem Freund, dem weltberühmten argentinisch-israelischen Dirigenten Daniel Barenboim, gründete er 1999 das *West-Eastern Divan Orchestra*. Gedacht als ein Friedensprojekt, bringt das Orchester, das als jährlich stattfindender Workshop in Weimar startete und heute seinen Sitz in Sevilla/Spanien hat, jedes Jahr junge Musiker/-innen im Alter von 14 bis 25 Jahren zusammen, die unter anderem aus Ägypten, Syrien, dem Libanon, Palästina, Israel und Andalusien kommen. 2007 wurde das Orchester mit dem *Praemium Imperiale Grant for Young Artists*, 2010 mit dem Westfälischen Friedenspreis geehrt. Barenboim und Said erhielten 2002 zudem den Prinz-von-Asturien-Preis in der Sparte »Eintracht«. Said erhielt unzählige nationale und internationale Auszeichnungen – darunter 20 Ehrendoktortitel.

1978 erschien sein wohl bedeutendstes Buch *Orientalism*, das eine bis heute andauernde Debatte auslöste und auch als Gründungsdokument der postkolonialen Studien bezeichnet wird. Als Wendepunkt in Saids Leben gilt der Ausbruch des arabisch-israelischen Krieges im Jahre 1967.[5] Said, der damals in den USA bereits ein anerkannter Literaturwissenschaftler war, wird in diesem Jahr unmittelbar mit antiarabischen Feindseligkeiten konfrontiert. Die Besetzung Palästinas ist ihm Anlass, sich mit den imperialistischen Diskursen des Westens zu beschäftigen und diese in Beziehung zu seiner eigenen Biographie zu setzen. Viele seiner Schriften handeln von der Dämonisierung der arabischen Welt und des Islams und sind auch heute noch hochaktuell. Saids politische Positionierung koinzidiert mit seiner Selbstidentifizierung als Araber und Palästinenser und bereitet die Erarbeitung von *Orientalism* vor. Einigen Said-Kennern erscheint es deswegen verzerrend, *Orientalism* als Gründungsdokument der postkolonialen Theorie zu verstehen, würde dies doch bedeuten, dem Text abzuerkennen, dass er Bestandteil eines politischen Projekts sei, der die epistemische Dekolonisierung wie auch die konkrete ›Befreiung Palästinas‹ thematisiert. Häufig wird auch behauptet, dass es Said nie darum gegangen sei, eine neue Theorieschule zu begründen. Dies allerdings kann nur behaupten, wer die Geschichte der postkolonialen Theorie und deren ethisch-politische Ausrichtung ignoriert. Und freilich werden Texte, insbesondere politisch-theoretische Texte, nie mit der Intention verfasst, eine wissenschaftliche

5 | Am 5. Juni 1967 attackierte Israel Ägypten, um dann innerhalb von sechs Tagen Jerusalem, die Westbank in Jordanien, die Golanhöhen im südlichen Syrien und Teile Sinais einzunehmen. Der Angriff ging als Sechstagekrieg in die Geschichte ein.

Richtung zu begründen. Der Ursprung einer wissenschaftlichen – wie auch politischen – Richtung wird immer retrospektiv festgestellt und berücksichtigt nur selten die Intention der Autoren und Autorinnen. Erinnert sei an die berühmten Worte Karl Marx': »Alles, was ich weiß, ist, dass ich kein Marxist bin.« Die Kritik scheint eher symptomatisch für eine spezifisch deutsche Rezeption postkolonialer Theorie, die nach wie vor die Reichweite postkolonialer Studien, die letztlich, indem sie unter anderem die Wirkmächtigkeit kolonialer Herrschaft in den Geisteswissenschaften zur Diskussion gestellt haben, ganze wissenschaftliche Disziplinen revolutionieren konnten, nicht zu erfassen in der Lage ist. Dagegen bleibt festzuhalten, dass Saids Werk zu Recht als postkolonial beschrieben werden kann, weil es sich einschreibt in das Projekt der Dekolonisierung, das die epistemische Gewalt, die ihren Ursprung in der imperialen Herrschaft hat, offenlegt. Die Kritik am Eurozentrismus und am Imperialismus beginnt bekanntlich nicht mit Said und Said ist auch nicht der erste Intellektuelle, der die eigene Exilerfahrung zum Ausgangspunkt seiner theoretischen Auseinandersetzungen macht. Auch die systematische Kritik am Westen und am Konstrukt des Orients haben, wie der pakistanisch-britische Intellektuelle Ziauddin Sardar (2002: 65ff.) feststellt, schon etliche Autoren vor Said getätigt. Doch bleibt Said der erste, der eine koloniale Diskursanalyse durchgeführt hat und damit eine neue Methode zur Verfügung stellen konnte, die es Geisteswissenschaftler/-innen nach ihm ermöglichte, die Kritik an eurozentrischen Epistemologien – auch in anderen Postkolonien – in einer systematischen und produktiven Weise auszubuchstabieren (vgl. etwa Ahluwalia 2001: 128). Dass sich alle diejenigen, die mit dem Etikett ›postkoloniale Theorie‹ keine Probleme haben, sympathisierend oder kritisch distanzierend auf Saids *Orientalism* beziehen, zeigt an, dass Saids Werk mehr ist als nur eine autobiographische Antwort auf die Erfahrung von Exil und Rassismus. Es kann letztlich nicht darum gehen, die ›Helden der postkolonialen Theorie‹ zu bestimmen, sondern nur darum, den Einfluss spezifischer Schriften im Feld der Dekolonisierung zu skizzieren. Said nimmt im akademischen Feld, in dem antikolonialer Widerstand, Dekolonisierungsstrategien und Eurozentrismuskritik diskutiert werden, eine besondere Stellung ein. Dies hat auch damit zu tun, dass er über seine eigenen Erfahrungen hinauszugehen wusste und zudem über die erforderliche umfassende Bildung verfügte, die es ihm ermöglichte, sich im Westen wie auch in postkolonialen Räumen Respekt zu verschaffen. Und wie andere vor ihm verstand er es, seine Privilegien für einen ihm wichtig und notwendig erscheinenden politischen Kampf zur Verfügung zu stellen. Said lehnte es entschieden ab, als Literaturwissenschaftler *und* politischer Aktivist beschrieben zu werden, denn die wissenschaftliche Praxis musste für ihn, sollte sie sinnreich sein, immer im Kontakt mit der aktuellen Alltagswelt bleiben. Insoweit sah sich der Literaturwissenschaftler *gleichzeitig* als politischer Aktivist. Auch zeigte er sich beunruhigt von der Vereinnahmung seiner Thesen durch – wie er es nannte – »nativistische Anliegen«. Verortet hat er sich in einem Raum zwischen der kolonialen Vergangenheit Palästinas und der imperialistischen US-amerikanischen Gegenwart, und obwohl er sich in vielen seiner Arbeiten für ein palästinensisches Selbstbestimmungsrecht eingesetzt hat, war die Verbreitung seiner Schriften auf Arabisch lange Zeit nicht nur in Palästina, sondern auch in der gesamten Golfregion untersagt (vgl. Said 2002: 3). Immer wieder musste er sich den Vorwürfen stellen, seine Schriften seien ›verwestlicht‹ und seine Verteidigung des Islams (aber auch seine Kritik an islamischen Praxen) dubios.

Nichtsdestotrotz zählt »Orientalismus« zu den Schlüsselkonzepten postkolonialer Theorie und nimmt mittlerweile die Position eines generischen Begriffs ein, der beschreibt, wie dominante Kulturen *andere* Kulturen repräsentieren und damit erstere wie letztere konstituieren.[6] Mithilfe der Foucault'schen Diskursanalyse wird nachgezeichnet, wie der koloniale Diskurs die kolonisierten Subjekte *und* Kolonisatoren gleichermaßen hervorgebracht hat[7] und wie der Orient durch selbsternannte Orientexperten, die vorgaben, den Orient zu kennen, hergestellt und anschließend essentialisiert wurde. Darüber hinaus arbeitete Said überzeugend heraus, wie der orientalistische Diskurs instrumentalisiert wurde, um die europäische Kolonialherrschaft auf- und auszubauen: Das vermeintliche Wissen über den Orient diene, so Said, nicht nur der direkten Machtausübung, sondern auch der Legitimierung von Gewalt. Später spricht er davon, dass die Hochschulen im Westen sich die Kämpfe der Unterdrückten in Form von Theorie aneigneten und damit gleichsam zähmten bzw. ihre Widerstandskraft brachen (vgl. Said 1983: 226f.).

In *Culture and Imperialism* (1993) setzt sich Said nicht nur mit den kulturellen Produktionen des Westens auseinander, sondern auch mit dem (post-)kolonialen Widerstand. Seit den 1960er Jahren stand die Palästinafrage im Zentrum seiner politisch-theoretischen Arbeiten (siehe Said 1995). Die einseitigen Islamdarstellungen sind dabei bereits das Thema von *Covering Islam* (1981). Auch dieses Buch hat an Aktualität kaum verloren. Der Islam, so stellt Said bereits hier fest, stellt kein monolithisches Gebilde dar, sondern ist in seinen Auslegungen und Praktiken äußerst komplex und vielfältig. Entsprechend bleibt auch die muslimische Identität eine umkämpfte, die nicht nur hetero-

---

6 | So gilt etwa das Buch *The Invention of Africa* (1988) des kongolesischen Philosophen V.Y. Mudimbe als Äquivalent zu *Orientalism* innerhalb der African Studies – und auch Mignolos *The Idea of Latin America* (2005) ist ähnlich strukturiert und zeichnet die Produktion Lateinamerikas nach.

7 | Said gilt als der erste, der für eine Verbreitung der kolonialen Diskursanalyse und damit auch für die Etablierung einer eigenen akademischen Richtung innerhalb der Literatur- und Kulturtheorie gesorgt hat (vgl. Spivak 1993a: 56). Die koloniale Diskursanalyse sollte allerdings nicht mit postkolonialer Theorie in eins gesetzt werden.

gen, sondern deren Seinsformen Gegenstand beständiger interner Debatten ist – eine Tatsache, die von den Medien und auch den westlichen Wissenschaften, die ein Interesse an der Essentialisierung einer muslimischen Identität haben, ignoriert wird. Stattdessen, so Said, geben diese vor, *den* Islam zu *kennen*, während sie gleichzeitig Muslime und generell Menschen aus dem arabischen Raum in erster Linie als Öllieferanten und/oder potentielle Terroristen und Terroristinnen repräsentieren (vgl. Said 1997a [1981]: 28).

Anders lautenden Einschätzungen zum Trotz war es nie Saids Intention, jedwede politische Praxis ›islamischer Staaten‹ zu verteidigen. Äußerst dezidiert hat er sich in seinen Schriften und Vorträgen von repressiven Staaten, die Unterdrückung mit dem Koran zu legitimieren suchen, distanziert und ihre Praktiken aufs Schärfste verurteilt. Viel eher ging es ihm darum zu zeigen, dass es sich bei der westlichen Berichterstattung über *den* Islam um eine selektive Interpretationspolitik handelt, die die globalen hegemonialen Verhältnisse und machtvollen Geopolitiken widerspiegeln. So geriet der Begriff des ›Fundamentalismus‹, Said folgend, zu einem Synonym für einen ›teuflischen Islam‹ und ›terroristische Araber‹ (vgl. ebd.: xvi).

Valerie Kennedy (2000: 1ff.) beschreibt in ihrer kritischen Einführung zu Saids Werk drei zentrale Fokusse seiner Schriften: die Beschreibung der Auswirkungen des westlichen Kolonialismus und Imperialismus auf die nichteuropäische Welt; politische Analysen zum Nahostkonflikt und das diffizile Verhältnis zwischen Israel und Palästina sowie schließlich die Rolle der Kritik und die damit im Zusammenhang stehende Verantwortung der Intellektuellen. Was auch immer im Zentrum der einzelnen Schriften steht, immer bedient sich Said bei der Exemplifizierung der jeweiligen Problemstellung aus seinem enormen literaturwissenschaftlichen Wissensreservoir. Seit dem Erscheinen von *Orientalism* haben sich in den USA postkoloniale Studien zu einem bedeutsamen Forschungsfeld entwickelt. Und sicher kann ohne Übertreibung behauptet werden, dass Said das politische Denken und die kritischen Diskurse der letzten Jahrzehnte entscheidend beeinflusst hat.

Das Gründungsdokument postkolonialer Theorie: *Orientalism*

Orientalism (1978) gilt als eines der frühesten Beispiele für die kombinierte Anwendung kritischer französischer Theorie, anglophoner Kulturwissenschaften und Texttradition. Thema dieser außergewöhnlichen Studie ist der Orientalismus, ein Diskurs, der eine Art westliche Projektion darstellt, die an eine willentliche Unterwerfung des Orients[8] gebunden ist (vgl. Said 1978: 95). Das Buch wurde nicht nur zu einem Bestseller, es ist in vielen Disziplinen – darunter die Literatur- und Kulturwissenschaften – zu einem kanonischen Werk aufgestiegen. Und das, obwohl Said, wie er in dem 1995 verfassten Nachwort schreibt, zunächst Schwierigkeiten hatte, einen seriösen Verlag für das Manuskript zu finden (vgl. Said 1995: 329).

Der doppelte Fokus der Studie richtet sich dabei auf der einen Seite auf die Konstruktion des Orients durch Europa sowie die damit einhergehenden Repräsentationspolitiken und auf der anderen Seite auf die Instrumentalisierung dieses Wissens zur kolonialen Herrschaftsstabilisierung. Insbesondere die die hegemonialen Epistemologien als auch materiellen Realitäten strukturierenden Diskurse werden hier analytisch in den Blick genommen. Damit raubt Said wissenschaftlichen Disziplinen wie etwa den Literaturwissenschaften, der Orientalistik und Indologie ihre vermeintliche Unschuld. Sie können nicht mehr als neutral beschrieben werden, werden sie doch in einem direkten Zusammenhang mit Macht und Herrschaft gestellt.

Als akademische Disziplin entsteht der Orientalismus im späten 18. Jahrhundert und bildet fortan ein Wissensarchiv, welches die westliche kulturelle, ökonomische und militärische Dominanz über den Orient konsolidieren hilft. Planvoll wird der Orient als ein Ort beschrieben, den es zu entdecken und begreifbar zu machen gilt (vgl. ebd.: 73). Alle kulturellen Beschreibungssysteme des Westens, so Said, waren zutiefst von Strategien der Macht durchzogen. Um diese These zu untermauern, beschreibt er die Verbindungslinien zwischen europäischer Wissensproduktion und europäischen Imperialismus. Konsequenterweise ist für Said Eurozentrismus ohne die Frage der Repräsentation nicht begreifbar. Über eine Darlegung der Art und Weise, mit der die Repräsentation der Anderen durch Europa seit dem 18. Jahrhundert als Charakteristikum kultureller Dominanz institutionalisiert wurde, kann Said die Verbindung zwischen Macht und Wissen offenlegen. So weist er nach, dass Europas Strategien des »Kennenlernens« zwar harmlos anmuten, doch letztendlich Strategien der Weltbeherrschung darstellen (vgl. hierzu auch Sánchez Martínez 2006).

Der Orientalismus konstruiert den orientalischen Menschen als exaktes Gegenbild der Europäer/-innen: als ihre Anderen. Er geht einher mit der für die imperialistischen Abenteurer so wichtigen positiven Selbstbestimmung der

---

8 | Grob umrissen umfasst das Territorium, welches Europa Said zufolge als der ›Orient‹ gilt, den heutigen Nahen und Mittleren Osten, einige semitische Gesellschaften sowie Südostasien. Entscheidend ist hier auch die folgenreiche Einteilung des Orients in eine ›gute Hälfte‹, die durch das klassische Indien repräsentiert wird, und eine ›böse Hälfte‹, die das heutige Asien, Nordafrika sowie alle islamisch geprägten Länder umfasst (vgl. Said 1978: 99).

Europäer/-innen. Orientalismus erweist sich damit als ein nationalistischer als auch rassistischer Diskurs, der über nationale und kulturelle Besonderheiten und linguistische Ursprünge spricht und damit Autorität gewinnt. Mit dem Begriff ›orientalisch‹ wird eine breite und diverse Wissensfülle homogenisiert und mit einem einzigen Adjektiv zu erfassen gesucht. Insoweit Orientalismus auf einer ontologisch und epistemologisch gesetzten Differenz zwischen Orient und Okzident gründet (vgl. ebd.: 2), wird es dann möglich, über orientalische Sprachen, Geschichte und Kultur zu sprechen, ohne dass dies befremdlich anmutet. Die Ansicht der »positionellen Superiorität« (*positional superiority*) Europas wurde dabei nie infrage gestellt, sondern ganz im Gegenteil in den Schriften der Orientalisten kontinuierlich verstetigt (vgl. ebd.: 7).

Der Begriff ›Orientalist‹ beschrieb dabei anfangs europäische Geisteswissenschaftler, die zwischen 1780-1830 in Indien tätig waren und – begeistert von dem Subkontinent – seine kulturellen und religiösen Praktiken als auch vielfältigen Sprachen und literarischen Produktionen studierten.[9] Schon früh zeigten sich europäische Ethnologen, Philologen und Historiker geradezu besessen vom Orient und den indoeuropäischen Sprachgruppen, boten letztere doch scheinbar Erklärungen zu den Wurzeln einer europäischen Zivilisation an (vgl. Said 1999a: 29). Nicht wenige sahen den Ursprung einer Reihe europäischer Sprachen im Sanskrit – etwa der deutsche Orientalist Paul Jakob Deussen (1845-1919), ein enger Freund von Friedrich Nietzsche (1844-1900) *und* Swami Vivekananda (1863-1902) gleichermaßen, der stark von Arthur Schopenhauer (1788-1860) beeinflusst wurde.[10] Diese folgenreiche These evozierte ein obsessives Studium insbesondere des antiken Indiens, das auch als *Indomania* beschrieben wurde (vgl. Moore-Gilbert 1998: 38). Said ist diese produktive Begeisterung verdächtig. Er sieht darin keine uneigennützige, objektive Praxis, sondern eine spezifische Herrschaftsstrategie. Interkulturelle Begegnungen, wie sie die Orientalisten begeistert feierten, fanden schließlich immer zwischen ungleichen Partnern statt. Das Wissen, das durch die Orientexperten hergestellt und akkumuliert wurde, diente nicht zufällig der kolonialen Administration, der es die Beherrschung der kolonisierten Gebiete erheblich erleichterte. Die Etablierung des damit einhergehenden dichotomen Repräsen-

---

9 | Orientalisten und einige Beamte der *East India Company*, die mit diesen assoziiert wurden, zeigten sich entsetzt über Macaulays Erziehungsprogramme zur Modernisierung und Anglisierung Indiens (vgl. etwa Moore-Gilbert 1998: 38; siehe auch Kapitel I).

10 | Sanskrit gilt als Ursprung der indogermanischen Sprachgruppe und damit auch des Deutschen. Die These ist zwar nicht unumstritten, wird jedoch unter Philologen und Philologinnen mehrheitlich vertreten. Der Romantiker Friedrich Schlegel (1772-1829), der das Sanskrit erlernte, glaubte, dass Sanskrit Zeugnis einer Kultur ablege, die eine geistige Verwandtschaft zur deutschen aufweise und dabei viel älter als die europäische sei (vgl. Pollock 1993).

tationssystems zeigt sich dabei eingebettet in ein Stereotypenregime, bei dem der Orient als feminin, irrational und primitiv im Gegensatz zum maskulinen, rationalen und fortschrittlichen Westen entworfen wurde.[11]

Um seine Argumentation weiter zu entfalten, untersucht Said verschiedene Werke von Gelehrten und Schriftstellern des 18. Jahrhunderts bis hin zur Gegenwart. Auch weil einige der untersuchten Autoren direkt als Administratoren oder Berater der Kolonialmächte tätig waren, ist es nicht schwer, die enge Beziehung zwischen den westlichen Texten, Repräsentationen sowie Studieninhalten und den Institutionen und Techniken der kolonialen Machtzentralen nachzuweisen (siehe auch Kapitel I). Saids Studie dreht die koloniale Perspektive dabei gewissermaßen um und nimmt nunmehr die Kolonisatoren und ihre Wissensproduzenten ins Visier, die als »geheime Agenten *innerhalb* des Orients« (Said 1978: 223; Hervorhebung im Original) in Erscheinung treten.

Was die Bandbreite der untersuchten Wissensgebiete und Disziplinen betrifft, handelt es sich bei *Orientalism* um ein überaus ambitioniertes Projekt. So wurden nicht nur wissenschaftliche Texte, sondern auch Reiseberichte, journalistische Schriften, Belletristik und religiöse Texte untersucht (vgl. ebd.: 23). Fokussiert Said zu Beginn des Buchs insbesondere die imperiale Geschichte Frankreichs und Großbritanniens, so finden sich im Schlussteil der Studie kritische Analysen zur neokolonialen US-amerikanischen Geopolitik.

Das Buch gliedert sich in insgesamt drei Teile: Im ersten wird die expansive und amorphe Kapazität des Orientalismus dargestellt. Im Zentrum der Untersuchung steht hier die Frage der Repräsentation. Darüber hinaus zeigt Said die enge Verbindung zwischen Orientalismusstudien und dem Aufstieg imperialistischer europäischer Herrschaft zwischen 1815 und 1914 auf. Er erinnert beispielsweise an Napoleon Bonapartes (1769-1821) Invasion Ägyptens und die damit einhergehende so genannte *mission civilisatrice* am Ende des 18. Jahrhunderts. Napoleon gelang es, die ägyptische Bevölkerung davon zu überzeugen, dass er im Namen des Islams und nicht gegen ihn kämpfe. Hierfür setzte er strategisch geschickt das vorhandene und aufbereitete Wissen über den Koran und die islamischen Gesellschaften ein. Eindrucksvoll gelingt es Said, die wohl berechnete und taktisch eingesetzte Macht des Wissens nachzuzeichnen (vgl. auch Castro Varela 2015). So beschreibt er die Tatsache, dass Napoleon beim Verlassen Ägyptens strikte Anweisungen gegeben hat, die Verwaltung Ägyptens den Orientalisten und den religiösen islamischen Führern, die er für seine Sache hatte gewinnen können, zu übergeben. »[J]ede andere Politik war zu teuer und zu dumm.« (Ebd.: 82) Fortan, so Said, gelingt es dem Orientalismus, fundamental verändernd in die hegemonialen Strukturen zu

11 | Freilich waren die Stereotypen nie kohärent: Der Orient wurde schließlich nicht nur verachtet, sondern für seine Spiritualität und die reichen Traditionen auch geachtet (vgl. etwa King 1999).

intervenieren. Dabei wäre es ein grundlegendes Missverständnis, Orientalismus lediglich als »einen Repräsentationsstil« zu beschreiben. Said spricht vielmehr von einer Art »*Schöpfung*« (ebd.: 87; Hervorhebung im Original). Der Orientalismus, so Said, hat die koloniale Herrschaft nicht nur rationalisiert, sondern eigentlich erst ermöglicht (vgl. ebd.: 39).

Daran anschließend beschäftigt sich der zweite Teil des Buches mit den sich beständig verändernden orientalistischen Strukturierungen (*structures and restructures*). Said arbeitet heraus, wie sich die prominentesten Schriftsteller und Philologen des 19. Jahrhunderts auf eine Wissenstradition stützen konnten, die es ihnen erlaubte, den Orient ohne merklichen Widerstand zu vereinnahmen. Er legt dar, wie dies über eine systematische Aneignung von »orientalischem Material und einer regulierten Verbreitung in Form von spezialisiertem Wissen« (ebd.: 165) gelang. Damit kann er die Etablierung des Orients als textliches Konstrukt nachweisen.

Abschließend wird im Buch die Verdrängung Frankreichs und Großbritanniens durch die USA als neues Epizentrum imperialistischer Macht abgebildet – eine Machtverschiebung, die kaum zur Transformierung der etablierten Orientalisierungsstrategien geführt hat. Muslime, Musliminnen und Menschen aus dem arabischen Raum nehmen auch in den aktuellen populären Imaginationen der USA einen zentralen Platz ein und sind ein Symptom dafür, dass britische und französische Orientalismen in den heutigen USA fast ungebrochen fortbestehen. Sie haben einen grundlegenden Einfluss auf deren Außenpolitik wie schon der koloniale Orientalismus, der die imperiale Politik bestimmte.

Mit *Orientalism* gelingt es Said auch, die absorptive Kraft des Orientalismus nachzuweisen, dem es gelang, nicht nur Darwinismus, Positivismus, sondern auch marxistisches Denken zu vereinnahmen, und damit seine diskursive Kraft stetig zu stärken. Die damit im Zusammenhang stehenden Imaginationen erwiesen sich dabei als äußerst streng limitiert. Die Demarkationslinie zwischen Orient und Okzident ist, wie bereits dargelegt, keine natürliche, sondern Effekt eines spezifischen Dominanzdiskurses (vgl. ebd.: 2). Said bezeichnet das Produkt orientalistischen Denkens sehr treffend als »imaginative Geographie« (*imaginative geography*, ebd.: 54), die nach einer rigiden und stabilen Grenzziehung verlangt. Die imaginierte Trennung zwischen Orient und Okzident bildet dabei unter anderem eine wichtige Basis für bilaterale Handelsbeziehungen. Der koloniale Diskurs entspricht einem Bündel systematisierender Aussagen über die Kolonien, die Kolonialmächte und die Beziehungen zwischen diesen zwei ungleichen Seiten (vgl. ebd.: 12). Als Wissenssystem und Glauben definiert dieser das geopolitische Territorium der Kolonisierung. Als Folge des wirkmächtigen Kolonialdiskurses haben sich nicht wenige kolonisierte Subjekte in der Nachfolge im Sinne dieses Diskurses selbst beschrieben und bezeichnet: Die Fremddarstellung wurde zu einem Muster für die Selbstrepräsentation.

Für seine umfassende Analyse hat Said Foucaults Denken mit dem des marxistischen Sarden Antonio Gramsci (1891-1937) produktiv verknüpft. Letzterer hat in den Gefängnisheften – Notizen, die er während seiner Zeit in den Kerkern Mussolinis (1926-1937) geschrieben hat –, unter anderem gezeigt, wie über Erziehung und kulturelle Praktiken bei der Mehrheit der Bevölkerung eine Einwilligung in hegemoniale Ordnungsverhältnisse erreicht wird. Hegemonie beruht nach Gramsci nicht nur auf Zwang, sondern vor allem auf einer mehrheitlich geteilten Meinung (*senso comune*) und einem politischen Willen. Für Gramsci zeichnet sich die Ausübung von Hegemonie durch das Zusammenspiel von Zwang und Konsens aus, »die sich in verschiedener Weise die Waage halten, ohne dass der Zwang zu sehr gegenüber dem Konsens überwiegt, sondern im Gegenteil sogar versucht wird, zu erreichen, dass der Zwang auf den Konsens der Mehrheit gestützt scheint« (Gramsci 1996 [1932-34], Heft 13: 1610). Neben diesem Gramscianischen macht- und staatstheoretischen Verständnis adoptiert Said das Foucault'sche Subjektverständnis, welches kein prädiskursives Subjekt kennt: Subjekte werden erst durch Diskurse hervorgebracht. Mit dieser Verknüpfung kann er nun abschätzen, in welcher Weise kulturelle Beziehungen als Medium des Orientalismus fungierten und welche Rolle westliche Wissens- und Repräsentationssysteme bei der materiellen und politischen Unterwerfung beziehungsweise Subjektivierung der nicht-westlichen Welt spielten (vgl. Said 1978: 7). Hierfür fokussiert er insbesondere die Diskurse, welche zwischen Westen und Nicht-Westen vermittelten.

Mit Saids Wendung hin zum Orientalismus wird ein Perspektivwechsel vollzogen, bei dem nun der ›Orientale‹ die europäischen Machtdiskurse analysiert. Provozieren wollte Said damit unter anderem »eine neue Form der Auseinandersetzung mit dem Orient« (ebd.: 28), die bestrebt ist, den Orient-Okzident-Dualismus aufzulösen, indem er seine Konstruktion transparent macht. Dies hatte eine revidierte Wahrnehmung der Literatur des Empires wie auch der Literaturproduktionen (de-)kolonisierter Länder zur Folge, die die Literaturkritik wie auch die Literaturproduktion wahrlich beflügelt hat. Über eine Analyse des Orientalismus als Diskurs wurde es möglich, die Disziplin zu verstehen, die es Europa gestattete, den Orient nicht nur zu beherrschen, sondern in der Zeit nach der Aufklärung diesen politisch, ideologisch und imaginativ herzustellen (vgl. ebd.: 3). Es ist gerade das Wissen um den Orient, das das imperiale Regieren zu einem einfachen und profitablen Geschäft hat werden lassen. Foucault zufolge ist Wissen Macht und ein Mehr an Macht verlangt nach mehr Wissen innerhalb einer profitablen Dialektik von Information und Kontrolle (vgl. ebd.: 32). »Macht«, so Foucault, »ist nicht eine Institution, ist nicht eine Struktur, ist nicht eine Mächtigkeit einiger Mächtiger. Die Macht ist der Name, den man einer komplexen strategischen Situation in einer Gesellschaft gibt.« (Foucault 1983: 114) Die Macht der Konstruktionen ist, Said folgend, Effekt einer realen, materiellen Herrschaft des Westens über den Orient – ein Prozess, der schließlich nicht nur dazu führte, dass die Kultur des Orients als Abweichung und minderwertig gegenüber den Okzident erachtet wurde, sondern auch den Grund dafür stellt, dass der Orient bis zum heutigen Tage als monolithisch und ohne Geschichte erscheint. Wie Europa heute Syrien oder Ägypten imaginiert, ähnelt über weite Strecken den Bildern, denen wir in den Büchern der Orientalisten des 19. Jahrhunderts begegnen. Der Okzident erscheint dagegen, weil ihm eine aktive Geschichte zugeschrieben wird, als reif und dynamisch (vgl. Said 1978: 40). Da das Wissen über den Orient aus einer Haltung der Überlegenheit generiert wurde, etablierte es gleichermaßen das Bild eines unterwürfigen Orientalen (Subjekt) als auch eines unterworfenen Orients (Raum) (vgl. ebd.). Als Textkreation dient der Orient dem Westen somit als Ort von Macht und Wissen, während er gleichzeitig das konstitutive Außen Europas repräsentiert. Diese versteckte politische Funktion der orientalistischen Texte ist dabei, scheinbar paradox, ein Merkmal ihrer Weltzugewandtheit. Said ist weniger daran interessiert, nachzuweisen, was sich hinter den orientalistischen Texten verbirgt, sondern zeigt auf, wie der Orientalist über seine Beschreibungen den Orient sprechen lässt (vgl. ebd.: 20f.). Eine der brisantesten Thesen in Saids *Orientalism* besagt, dass *alles* akademische Wissen über kolonisierte Gesellschaften *immer* imperialistisch sei (vgl. ebd.: 11).[12] Die Orientalisten, die in ihren Schriften den Orient wiederholt beschrieben, haben, in Saids Worten, seine »Mysterien freigegeben« (ebd.: 21) und ihn damit beherrschbar gemacht. Orientalismus wird hier als ein spezifischer westlicher Stil gelesen, der es ermöglicht hat, den Orient zu unterjochen *und* zu gestalten. Die Orientalisten bedienten sich dafür in ihren Schriften einer auffallend vertraulichen Sprache, wenn sie über ihnen eigentlich unvertraute Wirklichkeiten berichteten. Ihren Texten kommt jedoch ein weitaus höherer Status zu als den Objekten, über die sie sprechen. Sie erreichen ein autoritatives Niveau, während die, *über die* gesprochen wird, so Said, selber nicht sprechen (vgl. ebd.: 94f.).

Anstatt eine korrekte orientalische Essenz nachzuweisen, geht es Said darum darzulegen, wie die europäische Repräsentation den Orient entstellt. So bemerkt er, dass der Islam im Westen permanent falsch repräsentiert wurde (vgl. ebd.: 272). Diese westlichen (Miss-)Repräsentationen des Orients, so Said, erwerben Autorität, Normalität und schließlich den Status natürlicher Wahrheiten (vgl. ebd.: 325f.), die eine typische Form der Gewaltlegitimation darstellen. Entsprechend warnt Said nicht nur leidenschaftlich vor den Konse-

12 | Dies bedeutet nicht, dass der hegemoniale orientalistische Diskurs ohne die Einwilligung der Kolonisierten nicht funktionieren kann. Said ist hier häufig missverstanden worden (vgl. etwa das Nachwort in der Ausgabe von 1995).

quenzen eines unkritischen Umgangs mit den Repräsentationen der Anderen (vgl. ebd.: 327), sondern versucht darüber hinausgehend, Alternativen zu den gewaltvollen Formen akademischer Praxis auszuarbeiten. Um freilich Widerstand gegen einen postkolonialen Orientalismus zu leisten, ist es notwendig, einen Orient außerhalb dieses Diskurses zu kennen, dieses Wissen schließlich zu repräsentieren und den Orientalisten entgegenzuhalten. Wie Said richtig feststellt, richten sich die Schriften der Orientalisten nicht an Leser/-innen im Orient. Die imaginierten Leser/-innen und Konsumenten/Konsumentinnen sind vielmehr in den westlichen Metropolen verortet (vgl. Said 2001a: 323ff.). Somit werden die selbst ernannten Experten und Expertinnen durch den Orientalismus nicht mit der ›richtigen‹ Geschichte des Orients konfrontiert. Wenn der Orient nur eine Imagination des Westens ist, so kann es Said zufolge keinen ›wahren, authentischen Orient‹ geben (vgl. Said 1978: 322). Statt sich auf die Suche nach einem wahrhaftigen Ort zu machen, sollten Intellektuelle eher ihr kritisches Bewusstsein zum Einsatz bringen, indem sie die imperialen Diskurse nicht einfach zurückweisen oder umkehren, sondern stattdessen kritisch in diese intervenieren. Dies gelingt, so Said, wenn diese eine verantwortungsvolle und doch ambivalente Position einnehmen. Die Entwicklung eines solchen kritischen Bewusstseins stellt folgerichtig eine zentrale Widerstandsstrategie dar.

Said hat sich immer entschieden für eine Kontextualisierung von Fragestellungen und Methoden eingesetzt und eine Wissenschaft mit Tunnelblick, die sich selbst als uneigennützig konstruiert, abgelehnt. Kulturen und Geschichte können seiner Auffassung nach unmöglich unter Auslassung der relevanten Machtkonfigurationen studiert werden (vgl. ebd.: 7). In diesem Sinne beschreibt er, wie die disziplinierenden Machtregimes innerhalb des Orientalismus den *realen* Osten in einen diskursiven Orient verwandelten. Anders gewendet könnte gesagt werden, dass der Orient nicht entdeckt, sondern »orientalisiert« wurde (ebd.: 5). Für Said ist – hier deutlich im Widerspruch zu Foucaults Machtvorstellungen argumentierend – die Beherrschung der Welt durch den Westen ein bewusster und intendierter Prozess individueller und institutioneller Praxen. Aus diesem Grunde betont er den konkreten Einfluss spezifischer Schriften auf das insgesamt anonyme kollektive orientalistische Schaffen, welches die diskursive Formation des Orientalismus darstellt (vgl. ebd.: 23). Diese Abweichung von Foucaults Auffassung kann als durchaus symptomatisch für sein Festhalten an den humanistischen Traditionen gesehen werden. Konzepte wie etwa »Intentionalität« oder auch »Handlungsmacht« bleiben in Saids Schriften unhinterfragt und unangetastet. Er selber betont, dass es sich bei *Orientalism* um eine humanistische Studie handele, die einen Versuch darstelle, die gewalttätigen Grenzen des Denkens in Richtung einer nicht-dominanten und nicht-essentialistischen Form des Lernens zu überschreiten (vgl. Said 1995: 337).

Die Faszination, die für den Westen vom so genannten Orient ausgeht, so können wir zusammenfassend festhalten, ist keine harmlose Liebhaberei. Vielmehr reflektiert sie eine hegemoniale Logik, die sich insbesondere zum Ende des 19. Jahrhunderts in Europa entfaltet und bis heute an Aktualität kaum eingebüßt hat. Die Beschreibung und Analyse dessen, was Said als Orientalismus bestimmt hat, eröffnet dabei gleichsam Einblicke in die Produktion des hegemonialen Westens. Dies ist auch der Grund dafür, dass einige kritische Autoren und Autorinnen vom Okzidentalismus sprechen, der ihrer Meinung nach besser bezeichnet, dass es um die ›Orientalisierer‹ und nicht die ›Orientalen‹ gehe (vgl. Coronil 1996). Der Okzident stellt sich in der Begriffsfolge des Orientalismus als ›zivilisiert‹ und ›emanzipiert‹ dar und legitimiert damit selbst die gewaltvolle territoriale Beherrschung über Kolonien und Protektorate. Insoweit Orientalismus ein komplexes Geflecht von zur Wahrheit geronnenen westlichen Aussagen über den Orient und dessen bildliche, verbale und schriftliche Repräsentation in Kunst, Literatur und Wissenschaft darstellt, schließt er letztlich auch die Bestimmung des Gegen-Okzident mit ein.

Die Orientalismus-Kontroverse

In seinem Nachwort zur Ausgabe von 1995 zeigt sich Said erstaunt über die Rezeption von *Orientalism*, die er in dieser Weise und in diesem Ausmaß nicht vorhergesehen habe. Wie Osterhammel richtig beobachtet, haben die Orientalismusthesen sowohl erbitterte Ablehnung als auch enthusiastische Zustimmung gefunden (vgl. Osterhammel 1997: 597).

Obschon erst seit 2009 eine deutsche Übersetzung von *Orientalism* vorliegt, ist die deutschsprachige Rezeption erstaunlich: Orientalismus hat sich als Begriff und Konzept etabliert und ist aus den Kultur- und kritischen Sozialwissenschaften nicht mehr wegzudenken. Allerdings ist auffallend, dass die deutsche Orientalistik über 20 Jahre benötigte, um das Werk Saids respektvoll und nuanciert zu rezipieren. Lange Zeit wurde es ignoriert oder als nicht relevant für die Disziplin betrachtet. Erst in den letzten Jahren findet sich innerhalb der deutschsprachigen Islamwissenschaften und Orientalistik eine Anzahl von Publikationen, die sich mit den Folgen von *Orientalism* für die eigene Disziplin in angemessener Weise beschäftigen und auch den deutschen Orientalismus unter die Lupe nehmen (etwa Polaschegg 2005).

Dabei ist das Buch, wie bereits erwähnt, keineswegs nur positiv aufgenommen worden. Es wurde von unterschiedlichen Seiten durchaus scharf kritisiert (vgl. Said 2001a: 329f.). Der Popularität des Buches hat dies allerdings keinen Abbruch getan. Unter anderem wurde Said vorgeworfen, eine polemische Rhetorik zum Anschlag zu bringen und eine ahistorische Beschreibung der Beziehung von Orient und Okzident zu präsentieren (etwa Varisco 2007). Neben eher apologetischen Schriften, die Said Unseriosität und Ressentiments gegenüber den Westen vorwerfen und ihm – insbesondere nach den terroristischen Anschlägen des 11. Septembers 2001 – gar nachsagen, den Hass gegen den Westen angefacht zu haben (etwa Warraq 2007), finden sich zahlreiche ernstzunehmende Kritiken, denen sich Said nicht nur in seinen Publikationen, sondern auch durch die Teilnahme an Diskussionsveranstaltungen, Konferenzen und selbst etlichen Talkshows immer wieder gestellt hat.

Neben dem Orientalisten Bernard Lewis, dessen Werk als ein zentrales Beispiel in Saids *Orientalism* für die Kontinuität von Orientalismus herhalten muss und der insoweit nicht zufällig Saids Thesen hart angreift, gilt der marxistische, indische Literaturkritiker Aijaz Ahmad als einer seiner schärfsten Kritiker. Während Lewis das Werk der Orientalisten verteidigt und *Orientalism* als *Science Fiction* bezeichnet (vgl. Chakarbarti 2009: 154), attackiert Ahmad insbesondere Saids Foucault-Rezeption. Er bezeichnet Saids Buch als ein Beispiel für den Rückzug der Linken im Anbetracht des globalen Aufschwungs der Rechten (vgl. Ahmad 1992: 192). Als besonders ärgerlich beschreibt Ahmad die Tatsache, dass *Orientalism* eine besondere Attraktion auf politische Gruppierungen des rechten ›Dritte-Welt-Nationalismus‹ ausübe. Ihm zufolge ist der Grund hierfür in einer selektiven Erinnerung zu suchen, die zum Beispiel die Gräueltaten, die bei der Teilung des indischen Subkontinents (*Partition*) in Indien und Pakistan von Subjekten des Orients begangen wurden, schlichtweg unerwähnt lässt (vgl. ebd.: 196f.).[13] Das übergreifende Ziel der theoretischen Darlegung von Said scheint, so Ahmad, darin zu bestehen, einen monolithischen Feind des Orients zu konstruieren. Die Popularität von *Orientalism* zeige sich darüber hinaus unweigerlich verschwistert mit dem Prominentwerden eines kleinen Personenkreises der universitären Intelligenzija, die entweder selbst Minderheitengruppen entstammt oder sich aus strategischen Gründen

13 | Mit der britischen Entscheidung, sich aus dem indischen Subkontinent zurückzuziehen, stimmte die Kongresspartei und die Muslimische Liga im Juni 1947 der Teilung von *British India* entlang religiöser Linien zu (bekannt als *Mountbatten Plan*). Die Republik Indien und die Islamische Republik Pakistan wurden als unabhängige Staatsgebiete – mit mehrheitlicher Hindu-Bevölkerung auf der indischen Seite und mehrheitlicher muslimischer Bevölkerung auf der pakistanischen – gegründet. Die Teilung des Subkontinents führte zu einer enormen Dislokation von Menschen. Dreieinhalb Millionen Hindus und Sikhs wanderten beziehungsweise flohen von Pakistan nach Indien und circa fünf Millionen Muslime von Indien nach Pakistan. Die interkommunale Gewalt, die darauf folgte, hat mehr als einer Million Menschen das Leben gekostet (vgl. etwa Pandey 2002). Ostpakistan gewann nach anhaltenden Kämpfen mit Westpakistan schließlich im Jahre 1971 als Volksrepublik Bangladesch die Unabhängigkeit – der Konflikt, der auch einen Genozid umfasste, forderte, so die Schätzung, über eine Million Opfer und circa zehn Millionen Flüchtlinge (vgl. Bass 2013).

ideologisch zu diesen rechnet (vgl. ebd.: 195ff.). Es ist dies eine Kritik, die im Zusammenhang mit dem Aufkommen postkolonialer Theorie oft wiederholt wurde.

Die sehr heterogene Kritik an *Orientalism* setzt sich aus fünf Problematisierungen zusammen: Erstens wird Said eine *Homogenisierung* und damit *Essentialisierung* des Orients wie auch des Okzidents vorgeworfen; zweitens wurde immer wieder festgestellt, dass der *totalisierende Impetus* des präsentierten Arguments keinen Raum für das Denken von Widerstand lässt; drittens werden die *Einseitigkeit* und der *anklagende Ton* Saids bemängelt; viertens wurden *diverse Lücken* in der sehr breit angelegten Studie nachgewiesen und fünftens sind zahlreiche *Paradoxien* und *Widersprüche* festgestellt worden, die auch mit den von Said verwendeten theoretischen Werkzeugen in Verbindung gebracht wurden. Eine genauere Beschäftigung mit der vielfältigen Kritik an *Orientalism* erleichtert unseres Erachtens nicht nur den Zugang zu Saids Hauptwerk, sondern auch zu den sich durch sein Gesamtwerk ziehenden wichtigsten Thesen.

Eine methodische Schwierigkeit in Saids Werk scheint in der Tatsache zu liegen, dass er selbst Teil des Systems ist, das er scharf attackiert (vgl. Moore-Gilbert 1998: 42). Für Said sind Intellektuelle Personen, die einen Raum abseits und unabhängig von der aktuellen Ideologie bewohnen. Erst die gelebten Exilerfahrungen ermöglichen ihm eine kritische Distanz zu den Kontexten, die er aktuell bewohnt. Dagegen, so Said, hätten sich die Orientalisten nicht in der Lage gezeigt, die »humane Realität« der im Orient lebenden Menschen wahrzunehmen. Young merkt hierzu zynisch an, dass es fast so aussähe, als würde Widerstand gegen die »verführerische Unterwerfung unter das Wissen« (Young 2004: 172) gleichbedeutend sein mit einer Ethik der Treue zu den gemachten Erfahrungen und methodischer Selbstbewusstheit, die einhergehe mit dem Werben für die menschliche Gemeinschaft. Es sei allerdings zu bezweifeln, dass Sympathie mit den Unterworfenen die Unterwerfung beenden würde. Durch Saids Rettung der Kategorie des ›Humanen‹, gekoppelt an seinen unbeirrbaren Glauben, dass die persönlichen Erfahrungen wichtiger Bestandteil theoretischer und politischer Praktiken sind, ist zweifellos die Rolle des Individuums in der widerständigen politischen und sozialen Handlungsmacht wiederbelebt worden. Wenn er aber den hegemonialen Orientalismus als Totalität ohne Referenten und fernab innerer Konflikte beschreibt, dessen alleiniges Ziel die Dominanz über die Anderen ist, dann kann Said Widerstand nur von einem Außen des Systems her denken. Dabei hält er an der traditionellen Idee eines rational handelnden Individuums fest und kombiniert damit Foucaults Diskurs und Gramscis Vorstellungen zu organischen Intellektuellen – zwei eigentlich inkommensurable Perspektiven. Die Supplementierung macht dabei genau so viel Sinn wie die Ineinssetzung problematisch erscheint. So nimmt er an, dass der Kritiker den Raum des »skeptischen kritischen Bewusstseins« (Said 1978: 327) einnehme, der sich zwischen der dominanten Kultur und den totalisierenden Formen von Kritik befindet. Eine solche Überzeugung geht davon aus, dass sowohl die dominante Kultur als auch die Kritik eine homogene und widerspruchsfreie Struktur aufweisen. Saids Versuch, die einzigartige Formation kultureller Beherrschung aufzuzeigen, die sich in dem Dualismus von Orient und Okzident widerspiegelt, muss so in einer erneuten Stabilisierung des von ihm beklagten Dualismus enden. So verwundert es nicht, dass *Orientalism* für seine Homogenisierungen und Totalisierungen entschieden kritisiert wurde, unterschlägt Said doch nicht nur die Kritik am Orientalismus – und zwar in Europa wie in der arabischen Welt –, sondern auch die Schriften jener Orientalisten, die argumentiert haben, dass die Kulturen des Ostens höherwertig als die des Westens seien. Ebenso wird der US-amerikanische Orientalismus des 20. Jahrhunderts dem britischen und französischen des 19. Jahrhunderts nahezu gleichgestellt, so dass die drei differenten Herrschaftsformationen wie ein einheitlicher Diskursblock erscheinen.

Bart Moore-Gilbert (1998: 45) bemerkt, dass Said kontinuierlich zwischen der Anerkennung der Heterogenität kolonialer Diskurse und der Überzeugung einer essentiellen Konsistenz schwankt. Um eine Darstellung zu ermöglichen, welche die Kontinuität der westlichen Dominanzdiskurse herausarbeitet, so die Kritiker, müsse Said alle historischen und geographischen Differenzen im Westen einschließlich ihrer spezifischen imperialistischen Formen unterschlagen oder zumindest möglichst gering halten, weswegen er kaum auf die Unterschiede der verschiedenen Orientalismen eingehe und den spanischen sowie auch deutschen Diskurs fast gänzlich übergehe. Dabei handelt es sich beileibe nicht nur um simple Variationen des britischen Orientalismus: Insbesondere der einflussreiche deutsche Orientalismus stellt Saids These infrage, die territoriale Expansion sei mit dem »Wissen um den Orient« (Clifford 1988: 267) Hand in Hand gegangen. In *Orientalism Reconsidered* (1985) bezeichnet Said diese Einwände als trivial und rechtfertigt seine Position mit der Einschätzung, dass der deutsche Orientalismus als untergeordnet im Gegensatz zu denen Frankreichs und England einzuschätzen sei (vgl. Said 1978: 17ff.). Mit dieser Art von Widersprüchlichkeit hat Said seine Thesen freilich äußerst angreifbar gemacht. Sheldon Pollock, Indologe und Südostasienexperte an der Columbia University, beschreibt in seinem Aufsatz *Deep Orientalism? Notes on Sanskrit and Power Beyond the Raj* (1993) den Einfluss der deutschen Indologie auf das britische Empire und die Faszination der deutschen Romantiker mit indischen Sprachen und Philosophie und skizziert schließlich, welche Folgen diese seltsame Faszination während des Nationalsozialismus zeitigte. Pollock zufolge ist die direkte Verbindung zwischen Orientalismus und kolonialer Beherrschung eine risikoreiche Engführung – er beschreibt dagegen das Zusammenwirken orientalistischer Konstruktionen und kolonialer Herrschaft als geschichtliche Ausnahme (vgl. ebd.).

Die Ineinssetzung verschiedener Orientalismen und die Negation anderer werden dabei ebenso kritisiert wie Saids Vergleich des britischen und französischen Kolonialismus. Von den britischen Orientalisten behauptet Said etwa, dass diese im Allgemeinen einen wissenschaftlichen Stil bevorzugt haben, der eher unpersönlich und distanziert gewesen sei. Darin lasse sich beispiellos deren Begehren nach Klassifizierung und Katalogisierung nachweisen, die schließlich auch die Kontrolle der Kolonien sicherte. Im Gegensatz dazu beschreibt Said den französischen Kolonialismus als distinguiert in seiner ästhetischen Qualität und der »verständnisvollen Identifikation« mit den unterworfenen Gesellschaften (vgl. ebd.: 192ff.). Für Said sind diese Unterschiede, die er anhand der differenten Kolonialgeschichten beider Ländern erklärt, historisch konsistent. Während die Briten scheinbar mehr an den materiellen Notwendigkeiten aktueller Herrschaftsstabilisierung interessiert waren, deutet Said an, dass der französische Orientalismus eher Strategien des kulturellen Einflusses entwickelt habe (vgl. ebd.: 244). Gleichwohl muss hier angemerkt werden, dass Said den Maghreb bei seiner Analyse der Beziehungen des Westens mit der islamischen Welt in der modernen Periode, wie er selber später zugibt, außer Acht ließ (vgl. Said 2001a: 338). Hätte er indessen das nördliche Afrika in seine Untersuchungen einbezogen, wären seine Schlüsse so wohl kaum nachvollziehbar (vgl. Moore-Gilbert 1998: 47). Die Kolonialgeschichte Algeriens erlaubt keine Differenzierung zwischen einem repressiven und distanzierten britischen gegenüber einem ästhetischen, emotionalen und an der Kultur der Eroberten interessierten französischen Orientalismus. Erinnert sei hier an die Beschreibungen Fanons in *Les damnés de la terre* (1961) (deutsch: *Die Verdammten dieser Erde*), das als Manifest des Antikolonialismus Geschichte machte und das Said in seinen Schriften so häufig analysiert und als autoritative Schrift zitiert. Das Buch, das Fanon kurz vor seinem Tod in nur zwei Monaten intensiver Arbeit schrieb, reflektiert unter anderem seine Erfahrungen bei der Behandlung algerischer Folteropfer und ihrer Folterer. Er beschreibt hier die unglaubliche Gewalt und Brutalität der französischen Kolonialherrschaft und ihre Folgen für die Kolonisierten wie auch Kolonisatoren. Im Vorwort schreibt Fanons Freund Sartre, das Buch hätte eigentlich kein Vorwort nötig, weil es sich nicht an die Europäer/-innen wende. »Ich habe trotzdem eines geschrieben«, bemerkt Sartre, »um die Dialektik bis zu Ende zu führen: auch wir Europäer werden dekolonisiert. Das heißt, durch eine blutige Operation wird der Kolonialherr ausgerottet, der auch in jedem von uns steckt.« (Sartre 1981 [1961]: 23)

Die unablässige Betonung der Kontinuitäten des Diskurses bei Vernachlässigung der Diskontinuitäten gelingt Said scheinbar nur unter Missachtung einer zentralen These Foucaults, der zufolge westliche Wissensregimes gewalttätig *und* unstetig waren (vgl. Moore-Gilbert 1998: 48). Said kann deswegen auch nicht plausibel machen, wie und warum der Orientalismus entstanden ist, denn er unterschätzt die prozessuale Natur hegemonialer Systeme, in denen Machtverhältnisse kontinuierlich re-strukturiert, herausgefordert und re-stabilisiert werden. Seine Beschreibung von Machtverhältnissen übersieht die diskursive Natur der Macht wie auch die evidenten Differenzen, Widersprüche und gegenhegemonialen Positionen innerhalb des Orientalismus. Zudem wird Macht generell als negativ beschrieben und der von Foucault problematisierten »Repressionshypothese« (Foucault 1983: 25ff.) unterworfen. Damit entsteht ein totalisierender Interpretationsrahmen, innerhalb dessen ein Phänomen zu beschreiben gesucht wird, welches tatsächlich aber voller Antagonismen, Aporien und Diskontinuitäten ist und zudem im eigenen Inneren vielfache und heterogene Typen beherbergt. Für Said sind die erkennbaren Transformationen des Diskurses nicht qualitativer Art, sondern zeigen nur an, ob das Interesse am Orient in einer bestimmten Phase stärker oder geringer ist. Deswegen vermag seine Theorie auch nicht zu erklären, wie die eher positive Beschreibung Indiens durch die Orientalisten abgelöst werden konnte durch die feindliche Haltung der Anglisten, die schließlich auch einen Wechsel in der kolonialen Gouvernementalität herbeiführte. So wurde im Jahre 1813 nicht nur die koloniale Herrschaft der *East India Company* über den indischen Subkontinent verstetigt, sondern auch eine neue Ära der kolonialen Bildung eingeläutet. Die Literaturwissenschaftlerin Gauri Viswanathan (1989) zeigt auf, wie die Vermittlung von christlicher Moral und Sittlichkeit in den Kolonien über die Einführung des englischen Literaturunterrichts an den Schulen gewährleistet wurde. Auch wenn in Großbritannien die Klassiker gelehrt wurden, so wurde Englische Literatur als Fach zuerst in *British India* eingeführt. Eines der Ziele war dabei, die ›moralische Hebung‹ der Indigenen zu fördern, und damit gewissermaßen als säkulares Religionssubstitut zu fungieren. Es wurde ein Bildungssystem etabliert, das eine Klasse anglisierter Inder hervorbringen sollte, die als kulturelle Vermittler zwischen den Briten und Indern dienen sollten. Dies wurde bekanntermaßen 1835 von Macaulay – damals Generalgouverneur von *British India* – veranlasst und ist im *Minute on Indian Education* nachzulesen. In dessen Folge wurde ein englisches Bildungssystem in Indien etabliert – mit der Konsequenz, dass Englisch zur Unterrichtssprache der höheren Bildung erhoben wurde. Dies bedeutete auch, dass Sanskrit und Persisch, die in den von der *East India Company* unterstützten Bildungsinstitutionen bis dahin als Unterrichtssprache üblich waren, ersetzt wurden (vgl. Viswanathan 1989: 44). Ziel war es, dass alle Schüler/-innen des indischen Subkontinents Englische Literatur studieren, was zweifelsfrei weit reichende Folgen zeitigte. Inspiriert von der utilitaristischen Idee des ›zweckdienlichen Lernens‹ argumentierte Macaulay, sein Ziel sei die Bereicherung der indischen Sprachen. Das Englische solle fortan als Medium für die wissenschaftlichen, historischen und literarischen Konzepte Europas dienen. Seiner Ansicht nach waren die auf Sanskrit, Persisch oder Arabisch geschriebenen

Bücher der englischsprachigen Gelehrsamkeit in keiner Hinsicht gewachsen. Macaulay zufolge war die historische Information, die man aus all den in Sanskrit verfassten Büchern gesammelt hatte, weniger Wert als der erbärmlichste Abriss, welcher in den Vorbereitungsschulen Englands zu finden wäre.[14] Zudem vertrat er die Ansicht, das englische Bildungssystem würde die Hindus aus ihrem »orientalischen Schlummer« (van der Veer 2001: 6) wecken.

Saids Behauptung, der Orientalismus sei nach dem 18. Jahrhundert niemals revidiert worden (vgl. Said 1978: 96), steht im klaren Gegensatz zu seinem eigenen Argument, dass dieser im 20. Jahrhundert einen radikalen Wandel durchgemacht habe. Diese Flexibilität der orientalistischen Repräsentationsmuster korrespondiert fernerhin mit den diversen Formen, in denen gegenüber der kolonialen Herrschaft Widerstand geleistet wurde. So standen beispielsweise in Indien im 19. Jahrhundert die wechselnden Repräsentationen von Islam und Hinduismus in einem direkten Zusammenhang mit der von den Kolonialmächten angenommenen Gefahr, die für sie von den jeweilig kategorisierten Subjekten ausging, welche die imperiale Kontrolle ins Wanken zu bringen drohte. Der Aufstand von 1857[15], die so genannte Sepoy-Rebellion, führte etwa bekanntermaßen zu einer radikalen Modifizierung des jahrhundertealten Stereotyps des angeblich femininen, demütigen und »sanften Hindu« sowie auch seines Gegenbilds, des »gewalttätigen Muslims«, der als unberechenbar galt (vgl. Sharpe 1993). Mit dem Aufkommen der antikolonialen nationalistischen Bewegung in Indien wurde der Islam zu einer strategisch kalkulierbaren Gegenkraft, womit sich die zuvor negativen Repräsentationen in positivere transformierten. Das neue Stereotyp zeichnete den gebildeten städtischen Hindu als berechnend und gerissen. Der Westen, so wird hieran deutlich, hatte ein klares Interesse daran, die Machtverhältnisse immer wieder zu verhandeln, und war hierfür, falls erforderlich, durchaus dazu in der Lage, die Repräsentation der Anderen einer Transformation zu unterwerfen (vgl. Moore-Gilbert 1998: 50f.). Said hätte wissen können, dass Stereotype nicht weniger machtvoll sind, wenn sie sich flexibel zeigen – ganz im Gegenteil, wie Bhabha Jahre später unter Beweis stellen sollte (vgl. Kapitel IV).

---

14 | Macaulays Text ist im vollen Wortlaut online abrufbar unter: http://www.columbia.edu/itc/mealac/pritchett/00generallinks/macaulay/txt_minute_education_1835.html (letzter Aufruf 1.1.2014).

15 | Die Sepoy-Rebellion gilt als größter indischer Aufstand gegen die britische Kolonialherrschaft und begann am 10. Mai 1857 mit der Meuterei der britischen Garnison aus Anlass der Einführung einer neuen Waffe, deren Patronen angeblich mit Rinder- und Schweinetalg eingefettet waren. Zur Benutzung mussten die Patronen mit dem Mund geöffnet werden, was zu Widerstand bei Muslimen und Hindus führte, die sich aus religiösen Gründen weigerten, dies zu tun. Die Meuterei wuchs sich zu einem allgemeinen Volksaufstand aus (vgl. etwa Chakravarty 2005).

Wenn alles Wissen, so wie Said vorgibt, mit machtvollen Institutionen verwoben ist, so impliziert dies eine Vorstellung von Wissensproduktion, bei der Wissen und Machtinstitutionen schon immer miteinander verquickt sind. Ein bedeutsamer Einwand gegen Saids *Orientalism* richtet sich insoweit zu Recht gegen die Nichtbenennung von Alternativen, bleibt er doch die Antwort auf die Frage nach nicht gewalttätigen Wissensformen, die er dennoch für möglich hält, schuldig (vgl. Young 2004: 167). Des Weiteren argumentiert Said, der Orientalismus habe eine auf ewig unveränderliche platonische Vision des Orients geschaffen, womit er als diskursive Formation zur Essenz gerinne, die über die Jahrhunderte hinweg unverändert geblieben sei (vgl. Said 1978: 38). Zu Saids Verteidigung muss gesagt werden, dass er an einigen Stellen durchaus bemerkt, dass der koloniale Diskurs in seinen Operationen, Zielen und in den vielfältigen Formen der Implementierung heterogen gewesen sei. Und obschon er behauptet, dass der Westen den Orient *bewusst* als ein Außerhalb seiner selbst definiert habe, so zeigt er doch auch auf, dass der Orient integraler Bestandteil des Westens – und damit aufs innigste mit ihm verwoben – war und ist. Womit er im Grunde bestätigt, dass der Westen kein einheitliches Gebilde darstellt. Auch erkennt er sehr wohl die Unterschiede in der Repräsentation des Orients durch den Westen an. So lenkt er die Aufmerksamkeit auf den Konflikt zwischen den konkreten, bewussten Zielen und Intentionen des Orientalismus und seinem Begehren und seiner Projektionen, die gleichermaßen bei der Kolonisierung zum Tragen kommen. Seine genealogische Analyse berücksichtigt insoweit durchaus die Veränderungen, Verfeinerungen und auch Revolutionen, die innerhalb des Orientalismus stattfanden (vgl. ebd.: 15). Der Vorwurf, Said habe lediglich ein statisches Bild entworfen und essentialistisch argumentiert, ist damit eigentlich hinfällig. Said hat in *Orientalism* auch unterschiedliche Phasen des Orientalismus aufgezeigt, was eine statistische Beschreibung *modo grosso* gar nicht zulassen würde. Trotz dieser Einschränkungen bleibt allerdings dennoch der berechtigte Vorwurf bestehen, dass Said die Heterogenitäten und Diskontinuitäten zu Gunsten der Darstellung eines homogenisierenden Diskurses deutlich vernachlässigt.

Auch von Seiten der Literatur- und Kulturwissenschaften wurde Kritik laut. Unter anderem wird Said vorgeworfen, dass er zwar untersucht habe, wie man Belletristik und Lyrik in den Dienst der kolonialen Herrschaft stellen konnte, dabei jedoch unerwähnt ließ, dass auch westliche Literatur zuweilen eine kritische Funktion gegenüber dem politischen Orientalismus eingenommen hat (vgl. etwa Clifford 1988; Porter 1993). Said harmonisiere dabei nicht nur den westlichen Diskurs, sondern tue dies auch mit dem Diskurs des Orients. So beschreibe er Orientalismus erst als einen Versuch, die arabische Welt – konkret den Nahen und Mittleren Osten – zu beherrschen, und subsumiere später ohne weitere Erklärungen Indien, Indonesien und Japan unter denselben. Diese Generalisierungen haben, wie nicht anders zu erwarten, Historiker/-innen auf den Plan gerufen, welche nicht ganz zu Unrecht die Genauigkeit von Saids Analysen infrage stellten (vgl. MacKenzie 1995). Es zeigt sich, dass die beeindruckende Systematisierung des kolonialen Diskurses, die Said in *Orientalism* vorgelegt hat, nur durch Unterdrückung der Ambivalenzen, Brüche und Widersprüche im Diskurs gelingen konnte. Sara Mills (1991) bemerkt hierzu pointiert, dass es wenig gewinnbringend ist, die Widersprüche und Brüche innerhalb kolonialer Diskurse zu umgehen und stattdessen lediglich ein klares und mithin dualistisches Bild von den Kolonisierten und der Kolonialmacht zu skizzieren. Der Verlust ist schließlich größer als der Gewinn.

Verschiedentlich wurde auch Saids anklagender Ton negativ angemerkt. So wird in *Orientalism* jedem westlichen Schriftsteller und jeder westlichen Schriftstellerin die Komplizenschaft mit der Unterwerfung des Orients vorgeworfen. Alle Europäer/-innen, die sich zum Orient geäußert haben, werden so gewissermaßen unter den Verdacht des Rassismus und Imperialismus gestellt (vgl. Said 1978: 204). Lediglich gegenüber Marx zeigt er sich bemerkenswerterweise ambivalent. Wenngleich dessen ökonomische Schriften voller orientalistischer Bilder seien, habe sich dieser, so Said, doch immer klar auf die Seite der Unterdrückten und Deklassierten gestellt. In Marx' Schriften dominiere ein romantischer und mithin zu entschuldigender Orientalismus (vgl. ebd.: 154). Der Generalverdacht gegenüber europäischen Autoren und Autorinnen wird im Zusammenhang mit der unverständlichen Absolution Marx' allerdings noch problematischer, weil er willkürlich wirkt. Wie William Spanos feststellt, überdeterminiert Said den Orientalismusdiskurs wie auch die diskursive und politische Herrschaft, die dieser ermöglichte (vg. Spanos 2009: 110).

Weitaus mehr Auflehnung scheint gleichwohl das Fehlen einer Said'schen Widerstandstheorie hervorgerufen zu haben. Für diese Lücke sind nicht nur Saids Homogenisierungstendenzen, sondern auch die Anlehnung an Foucaults Theorien verantwortlich gemacht worden, die, so die Meinung der Kritiker/-innen, keine Analyse von sozialem und politischem Widerstand möglich machen würde (vgl. etwa Ahmad 1992: 199ff.). Aufschlussreicherweise hat sich Said später selbst von Foucault distanziert und ihm eines fehlenden politischen Engagements angeklagt und überdies beanstandet, dass sich dieser mehr an der Weise interessiert zeige, wie Macht funktioniere, anstatt Wege aufzuzeigen, wie in diese interveniert werden könne. Kurioserweise bemerkt Said, dass Foucaults Machtkonzeption keinen Raum für Widerstand lasse (vgl. Said 1983: 245). Die Kritik an Said hallt Jahre später in der Kritik Saids an Foucault nach. Einige Autoren und Autorinnen sind dennoch der Meinung, dass Said nur die Diskurse der Kolonialmächte beleuchtet und die Widerstandsdiskurse der Kolonisierten vernachlässigt habe. Konsequenz dieser Missachtung sei die unintendierte Stabilisierung der von ihm angegriffenen Repräsentationen des kolonisierten Subjekts als passiv und damit zum Widerstand unfähig. Said hat solchen Einwendungen entgegengehalten, dass der Orient innerhalb des imperialen Diskurses nicht als ein gleichberechtigter Gesprächspartner Europas auftreten würde, sondern eben der schweigende Andere sei (vgl. Said 1985: 17). Damit kann Said die Kritik, die besagt, dass er nicht in der Lage und/oder gewillt ist, Widerstand darzustellen, allerdings nicht schwächen, sondern stärkt diese *nolens volens*. Es ist dabei geradezu ironisch, dass Widerstand im Westen durchaus wahrgenommen und dokumentiert wurde, während Said diese nicht zu sehen scheint (vgl. Moore-Gilbert 1998: 50). Nun kann allerdings nicht ernsthaft behauptet werden, dass Said Widerstand überhaupt nicht thematisiere (vgl. etwa Said 1978: 205), indes hat er es versäumt, die vielfältigen Formen aufzuarbeiten, mit denen die Kolonisierten den hegemonialen Diskurs herausgefordert haben. Auch stellt er selber an anderen Stellen seines Werks fest, dass es aus der Richtung der Orientalisten durchaus Widerstand gegen Stereotypisierungen der Subjekte, die ihren Untersuchungsgegenstand darstellten, gegeben habe. Eine Erkenntnis, die gleichwohl keinen Einlass in seine Theorie fand, wo stattdessen von klar differenzierbaren Machtblöcken die Rede ist. Wenn es aber eine Reihe von Orientalisten gegeben hat, die offenbar in einer oppositionellen Weise innerhalb der Diskurse operiert haben, so bestätigt dies, dass eine »Einfühlung« (*identification by sympathy*, Said 1978: 118) durchaus wichtige Gegendiskurse hervorbringen konnte. Was wiederum bedeutet, dass entgegen Saids Ansichten eine nicht gewaltsame Repräsentation innerhalb ungleicher Machtverhältnisse doch möglich ist.

Bemängelt wird des Weiteren, dass Said den hegemonialen Prozess nur als über Gewalt hervorgebracht wahrnimmt und dabei gänzlich unberücksichtigt lässt, welche Rolle die partielle Billigung und Kooperation der einheimischen Eliten beim Prozess der Kolonisierung gespielt haben (vgl. etwa Porter 1993). Das muss auch deshalb erstaunen, weil Said sich an Gramscis Hegemonietheorie anlehnt, bei der der Prozess der Konsensbildung eine bedeutsame machttheoretische Rolle einnimmt. Zudem hatte sein enger Freund und Weggefährte, der palästinensisch-amerikanische Politikwissenschaftler Ibrahim Abu-Lughod (1929-2001), bereits 15 Jahre vor *Orientalism* sein berühmtes Werk *The Arab Rediscovery of Europe: A Study in Cultural Encounters* (2011 [1963]) geschrieben, in dem er die intellektuellen Reaktionen der Einheimischen auf die Invasion der napoleonischen Truppen in Ägypten im Jahre 1798 beschreibt. Bei Abu-Lughod, dessen Schriften Said stark beeinflusst haben, liest sich die Geschichte allerdings stärker als Verflechtung und weniger als ein einseitiger Prozess des *Othering*.

Die fehlende Berücksichtigung von Gender bei der Analyse des Orientalismus gesteht Said an einigen Stellen selbst ein und bemerkt im Anschluss an die Kritik, dass der koloniale Diskurs zweifelsohne ein vergeschlechtlichter war. Er belässt es jedoch bedauerlicherweise bei der wenig aussagekräftigen Bemerkung, dass sich der Orientalismus nur für die männlichen Subjekte des Orients interessiert habe und insoweit einen männlichen Diskurs darstelle.

Dies freilich stimmt in einer solchen Verkürzung nicht. So hat die türkische Soziologin Meyda Yeğenoğlu in ihrem Buch *Colonial Fantasies* nuanciert den Phallozentrismus orientalistischer Diskurse herausgearbeitet, der ihrer Meinung nach auf die Verwobenheit kultureller Differenzierungen mit sexuellen und geschlechtsspezifischen Differenzbildungen deutet (vgl. Yeğenoğlu 1998: 11; auch Lewis 1995). Yeğenoğlu zufolge hat Saids Weigerung, sich dem Orientalismus psychoanalytisch zu nähern, die Ergebnisse der – ihrer Ansicht nach bahnbrechenden – Studie deutlich begrenzt (vgl. ebd.: 25). Es geht ihr in ihrer feministischen Analyse von *Orientalism* nicht darum, die Felder zu ergänzen, die Said geradezu systematisch vernachlässigt hat, sondern vielmehr um ein Neu-Lesen von *Orientalism* mit dem Ziel, Saids Werk durch feministische Perspektiven zu supplementieren (vgl. ebd.: 68). Ein wichtiges Unternehmen, denn feministische Kritikerinnen haben wohl sehr richtig diagnostiziert, dass den Argumenten von *Orientalism* nur eine Leserin folgen kann, die für die Zeit des Lesens ihr eigenes Geschlecht beiseite lässt (vgl. Mills 1991: 13). Darüber hinaus wird auch die Rolle der kolonialen Frau innerhalb des Empires bei der Produktion kolonialer Textualität von Said gänzlich ignoriert, womit er nicht nur ihr Mitwirken am Kolonialismus, sondern auch ihren Widerstand gegen die dominanten Diskurse eines maskulinisierten Imperialismus unberücksichtigt lässt (vgl. etwa Callaway 1987). Das klassische Bild der passiven Frau, die im Grunde gar nicht in das koloniale Geschehen involviert ist, wird damit ein weiteres Mal stabilisiert (vgl. dagegen etwa Lewis 1995; Hall 2004; Woollacott 2006; siehe auch Lewis/Mills 2003).

Nicht nur feministische Wissenschaftlerinnen haben zudem herausgearbeitet, dass der Orient für Europa als ein Ort verbotener sexueller Praktiken imaginiert wurde, in dem Frauen die Rolle des passiven, schweigsamen und willigen Subjekts zugewiesen wurde (vgl. etwa McClintock 1995). Die verschleierte Frau nimmt in diesen Diskursen, wie Yeğenoğlu (1998) feststellt, eine besondere Rolle ein. Gleichzeitig wurde die koloniale Beziehung immer als heterosexuelle gedacht, in denen der Orient als ›Frau‹ imaginiert wurde, die vom männlichen Westen beherrscht und ›penetriert‹ wurde. Aus *queertheoretischer* Perspektive liest sich Saids Analyse gerade wegen dieser Auslassungen als auffällig heteronormativ (vgl. etwa Lane 1995). Er hat ganz grundsätzlich darauf verzichtet, sich die Rolle, die der Sexualität – etwa auch über sexualisierte Beschreibungen des Orients – zukommt, näher zu beleuchten.

Feministische Wissenschaftler/-innen und Queertheoretiker/-innen haben diese Lücke Jahre später geschlossen und dargelegt, inwieweit der Orient auch als Projektionsfläche für verbotene Begehren diente (vgl. etwa Aldrich 2003; Boone 2003; Stoler 2010). Um die aktuellen Debatten um queere Sexualitäten in postkolonialen Kontexten verstehen zu können, ist es notwendig, sich koloniale Sexualpolitiken zu vergegenwärtigen (vgl. Massad 2007; Puar 2007; Dhawan 2013a). Saids Analyse ist sicher ein Ausgangspunkt, aber nicht mehr als das. Im Prozess der Kolonialisierung wurden die Kolonien als Brutstätten sexueller Devianz bestimmt, die einer gründlichen zivilisatorischen Reinigung bedurften. So finden sich innerhalb kolonialer Diskurse rassistische Diskurse verwoben mit denen um ›deviante‹ Sexualitätsformen. Nicht-europäische Frauen und Männer galten den Kolonialmächten denn auch als sexuell unersättlich, unkontrollierbar und gleichgeschlechtlichen Beziehungen zugeneigt. Insbesondere Haremsgeschichten dienten dazu, Phantasien des lesbischen Begehrens zu evozieren. Dabei handelt es sich nicht nur um exotische Geschichten über die Anderen, die Erzählungen dienten durchaus auch der Definierung ›devianten‹ Sexualverhaltens und der Normierung der ›richtigen‹ Praxis in den Heimatländern. Gleichzeitig hatte die Kriminalisierung der Homosexualität in Europa direkte Konsequenzen für die Wahrnehmung homosexuellen Begehrens innerhalb der Kolonialländer. Sodomie war nun nicht mehr ›nur‹ sündhaft, sondern galt fortan als krimineller Akt, der entsprechend unter Strafe gestellt wurde. Die Kodifizierung eines einheitlichen Strafgesetzes und Bürgerlichen Rechts hatte zur Folge, dass die bis dahin sehr heterogenen Rechtsvorstellungen innerhalb der Kolonien eine Homogenisierung erfuhren. Interessanterweise ähneln sich die kolonialen und antikolonialen Diskurse nationalistischer Prägung – wenn sie auch sonst gegensätzlich zu sein scheinen – in ihrer Haltung gegenüber Sexualität (vgl. etwa J. Alexander 1996). Im Bild der Vergewaltigung, welches dominant in kolonialen und antikolonialen Diskursen nachzuweisen ist, verschmelzen rassistische und sexuelle Gewalt. Sprachen die Europäer von einem ›Eindringen‹ in die Kolonien, so galt dies den antikolonialen Nationalisten als ›Vergewaltigung‹ der Heimat. Gleichzeitig beschrieben die Kolonisatoren den kolonisierten Mann als feminisiert, während sie gleichzeitig Maskulinität als die Manifestierung kolonialer Autorität darstellten. Von dieser Perspektive aus betrachtet erscheint das antikoloniale nationalistische Unternehmen als eines, welches die ›verlorene‹ Maskulinität wiederzugewinnen versucht. Sowohl das Empire als auch sein Antagonist, die nachkoloniale Nation, zeigen sich zudem als heteronormative Projekte, die beide auf einer maskulinen Bedeutungsökonomie beruhen. Feministische Historikerinnen haben darüber hinaus darauf hingewiesen, dass der antikoloniale Nationalismus auch auf der Disziplinierung weiblicher Sexualität gründet. Die Ideologie einer ›respektablen‹ indigenen Weiblichkeit beruht beispielsweise auf einer einfachen Oppositionsbildung, wonach eine kolonisierte Frau das Gegenteil einer westlichen Frau ist. Die Konstruktion einer ›respektablen‹ Sexualität ist hier zentral für die Formierung der neuen bürgerlich-nationalistischen Subjektivitäten. Im Kontext von kolonialen Diskursen wurden ›deviante‹ Sexualitäten nicht nur orientalisiert, kulturalisiert und rassifiziert, sondern ganze Kolonien als exotische »Porno-Tropen« (*porno-tropics*, McClintock 1995: 22) gedacht, auf welche Europa seine verbotenen sexuellen Wünsche und Ängste projizieren konnte (vgl. ebd.). Das Versprechen vom sexuellen Abenteuer und sexueller Freude beruhte auf der Annahme, dass Nicht-Europäer unmoralisch, pervers und libidinös seien. Gleichzeitig war die Orientalisierung sexueller Differenzen dazu dienlich, normatives Verhalten in der Metropole zu definieren.

In den letzten Jahrzehnten hat die Stellung der Sexualität im Kontext westlicher Subjektivität dramatische Veränderungen erfahren: Das hart umkämpfte Ringen von Feministinnen und Queer-Aktivisten führte zu der rechtlichen wie auch sozio-kulturellen Anerkennung von nicht-normativen Körpern, Wünschen und Verhaltensweisen. Innerhalb einer kurzen Zeitspanne ist das einst pathologisierte und kriminalisierte queere Subjekt zu *dem* Markenzeichen einer euro-amerikanischen sexuellen Aufklärung und Toleranz aufgestiegen. Interessanterweise wurden queere Emanzipationdiskurse in Europa und den USA von rassistischen und imperialistischen Motiven begleitet. Während außereuropäische Kontexte weiterhin orientalisiert werden und als Projektionsfläche sexueller Phantasien des Westens operieren, werden dieselben Kontexte für ihre Repression und Frömmigkeit verdammt. In diesem Zusammenhang wird ein Coming-out als Zeichen kultureller Reife und Fortschrittlichkeit gedeutet. Innerhalb dieser Logik verkommt die queere Emanzipationspolitik zu einer (Re-)Produktion der kolonialen Konstruktion des Orients. Dieser wird im Anschluss hierauf nicht nur als ein Ort geschlechtlicher sowie sexueller Unterdrückung konstruiert, sondern vielmehr mit einem vermeintlich egalitären Westen kontrastiert, welcher die freie Wahl der Sexualität rechtlich zu garantieren meint (vgl. Dhawan 2013a: 201f.). Während das koloniale Europa die ›orientalisch wilde Sexualität‹ verurteilt, feiert der moderne Westen die erreichten sexuellen Freiheiten. Zwar lässt sich historisch nachweisen, dass gleichgeschlechtliches Begehren in Teilen des globalen Südens während des europäischen Kolonialismus kriminalisiert wurde, doch scheint dies in Anbetracht der westlichen Selbstkonstruktion als sexuell aufgeklärt (gegenüber den nicht-westlichen Anderen, die dies eben nicht seien) in Vergessenheit geraten zu sein. Diese wenigen Stichpunkte mögen ausreichen, um zu verdeutlichen, wie gravierend Saids Auslassungen zum Thema Sexualität sind.

Kritiker/-innen weisen zudem auf einige Unstimmigkeiten in *Orientalism* hin: Ahmad etwa zeigt auf, dass Said gleichzeitig von herrschenden Repräsentationssystemen *und* falschen Repräsentationen spricht – eine Paradoxie, die für eine Reihe von Inkonsistenzen in Saids Werk verantwortlich sei (vgl. Ahmad 1992: 185f., 193f.). Es scheint paradox, dass Said auf der einen Seite argumentiert, den Orient gebe es nicht, und andererseits bemerkt, dass es sich bei der Repräsentation des Orients um eine Missrepräsentation handele. Letzteres impliziert, dass eine korrekte Repräsentation des Orients doch möglich sei (vgl. kritisch etwa Dallmayer 2001: xvii). Dieser ungelöste Widerspruch hallt in vielen Diskussionen um *Orientalism* nach. Der dekonstruktiven Studie von Yeğenoğlu (1998) dagegen gelingt es mit einer Lacan'schen Lesart den Orientalismus als Phantasma zu begreifen, die dahinter stehende Begehrensstruktur darzulegen und damit auch die Trennung zwischen einem *realen* und *imaginierten* Orient zu überwinden. Der Orientalismus ermöglichte, wie gezeigt, ein systematisches Lernen über den Orient, das von direktem Vorteil für die sozioökonomischen und politischen Institutionen ist und mithin die koloniale Herrschaft nicht nur begründet, sondern auch zu einem ›erfolgreichen‹ Projekt hat werden lassen. Das Problem besteht nun darin, dass Said einerseits konstatiert, Orientalismus habe mit dem realen, materiell existierenden Orient keine Ähnlichkeit, um dann andererseits zu behaupten, der Orientalismus hätte im Dienste kolonialer Eroberung gestanden. Beide Aussagen stehen zueinander in einem klaren Widerspruch, denn wenn es sich beim Orientalismus um ein reines Imaginationsphänomen und bloße Repräsentationspolitik handeln würde, wie kann dieser dann gleichzeitig effektiv zum Aufbau und Erhalt kolonialer Macht- und Herrschaftsstrukturen eingesetzt werden (vgl. Young 2004: 169)? Seine Annahme eines *realen* Orients, dem er den durch Orientalisten konstruierten Orient entgegenhielt, bleibt paradox (vgl. ebd.: 168f.). Entweder der Orient wurde lediglich falsch repräsentiert *oder* es handelt sich bei ihm um eine diskursive Konstruktion – beides gemeinsam zu denken scheint zumindest problematisch. Auch hat Said die Komplizenschaft mit Herrschaftsformationen, die er dem Orientalismus unterstellt, nie wirklich nachweisen können. Es bleibt im Grunde zu belegen, wie genau der Orientalismus die gewaltvolle koloniale Aneignung tatsächlich konsolidierte.

Damit einher geht ein weiterer häufig benannter Widerspruch, der in Saids Unterscheidung zwischen *latentem* und *manifestem* Orientalismus ausgemacht wird (vgl. Said 1978: 201ff.): Ein latenter Orientalismus bezeichnet die Tiefenstruktur des Orientalismus, die politische Positionierung und den Willen zur Macht, während sich der manifeste Orientalismus auf die Oberflächendetails, also einzelne Disziplinen, kulturelle Produktionen und akademische Praktiken bezieht. In dem Versuch, die determinierenden Kräfte nachzuzeichnen, die von den latenten auf die manifesten Strukturen übergehen, geraten Saids Schlussfolgerungen letztlich in eine dauerhafte Spannung. Diese versucht er zu lösen, indem er die latenten Formationen als statisch denkt und nur die manifesten Diskurse als von Transformationen betroffen beschreibt. Diese Argumentation vermag freilich nicht wirklich zu überzeugen, bleibt doch weiterhin unklar, wie sich der Orientalismus gleichzeitig verändern und dabei doch gleich bleiben kann. Said verfeinert das Modell allerdings ein wenig, indem er von zwei unterschiedlichen Orientalismen spricht: dem Diskurs des Wissenschaftsapparats, der das Objekt konstruiert, und einem zweiten Diskurs, der in den zu einem bestimmten Zeitpunkt aktuellen Orientalismusbildern in Reiseberichten, Pilgerfahrten und Staatspolitiken Ausdruck findet (vgl. ebd.: 221f.). Doch auch so bleibt die Frage im Raum, wie eine Repräsentation, von der behauptet wird, dass sie keine Ähnlichkeit mit dem eigentlichen Objekt habe, für die gewaltvolle Unterwerfung von Ländern, die als zum Orient zugehörig bezeichnet wurden, instrumentalisiert werden konnte. Ebenso unbeantwortet bleibt die Frage, ob der Orientalismus der imperialistischen Expansion vorausging oder eine Folge derselben war. Said behauptet beides (etwa Said 1978: 80, 87).

Kompliziert wird seine Argumentation überdies durch ein konstantes Rekurrieren auf humanistische Werte und Traditionen (vgl. Said 1983: 5ff.). Obschon die Untersuchung des Orientalismus als Diskurs unverkennbar von Foucault inspiriert wurde, weicht Said an diesem sehr entscheidenden Punkt von Foucault'schen Vorstellungen ab. Seine Grundthese ist, dass der Orientalismus einen Versuch darstelle, die »humanistischen Werte« zu zerstören und dass mithin der Orientalist im Allgemeinen inhuman sei (vgl. Said 1978: 44, 110). Freilich bleibt dabei problematisch, dass die Idee des ›Humanen‹, die Said gegen die westliche Repräsentation des Orients einklagt, nicht nur selber Bestandteil westlicher Tradition ist, sondern zudem mitverantwortlich zeichnet für den Aufbau einer rassistischen Ideologie, die von der Überlegenheit des ›weißen Mannes‹ spricht und deren Rhetorik eine von ›Hochkulturen‹ und ›Zivilisation‹ ist, die sich gegen die intellektuelle und kulturelle ›Minderwertigkeit‹ der Kolonien absetzte – wie Said selbst herausgearbeitet hat (vgl. ebd.: 227f.). Hier könnte allerdings eingewendet werden, dass solcherart Widersprüche jedwede theoretische Auseinandersetzung mit dem Kolonialismus kennzeichnet. Es bleibt herauszuarbeiten, ob – und wenn ja, wie – das Erbe der Aufklärung mit dem Widerstand gegen Kolonialismus und Rassismus zusammengebracht werden kann. Wie wir sehen werden, bietet insbesondere Saids theoretisch-politische Weggefährtin Spivak eine mögliche Lösung für dieses Dilemma an. Said scheint – zumindest als er *Orientalism* schrieb – die Spannung nicht oder nicht stark genug empfunden zu haben. Sie bleibt in das Buch eingewoben, ohne wirklich angesprochen zu werden. Eigentlich konnte der Versuch, marxistische Traditionen der Kulturtheorie mit einer an Foucault angelehnten poststrukturalistischen Theorie zu verknüpfen, kaum widerspruchsfrei bleiben. Doch selbst seine heftigsten Kritiker/-innen erkennen an, dass *Orientalism* einen bedeutsamen Platz innerhalb der westlichen Geisteswissenschaften einnimmt.

Kaum beachtet wurde lange Zeit die Rezeption von Saids Werk in der arabischen Welt. Das Buch hat selbstredend auch dort eine intensive, über Jahrzehnte andauernde Debatte ausgelöst. Diese kann allerdings nicht vollkommen losgelöst von den Diskussionen im Westen betrachtet werden: Die Diskurse bleiben verflochten. Wie alle postkolonialen Intellektuellen unterliegt auch Said immer wieder dem Verdacht, nur vom Westen aus und für den Westen zu schreiben. Doch Autoren und Autorinnen, die aus arabischen Ländern kommen oder dort verortet sind, haben sich auch immer wieder positiv auf Said bezogen – eine Strategie, die wir als eine Reklamierung des palästinensischen Intellektuellen im arabischen Raum bezeichnen könnten.

Nach *Orientalism*: Kultur und Imperialismus

Fünfzehn Jahre nach *Orientalism* erscheint Saids Studie *Culture and Imperialism* (1993). In dieser werden die Thesen von *Orientalism* ergänzt und teilweise auch modifiziert. Said analysiert hier zum einen weitere Kontexte – etwa das napoleonische Ägypten – und fokussiert zum anderen aktuelle Praxen und Entwicklungen des Orientalismus. Er wirft nun einen genaueren Blick auf den Literaturkanon der Metropolen und liest etwa E.M. Forsters (1879-1970) *A Passage to India* oder die Schriften von André Gide (1869-1951) und begnügt sich nicht mehr damit, eher marginale Produktionen – etwa Reiseberichte der imperialen Periode – zu untersuchen. Er berücksichtigt nun zunehmend nichtwestliche Kulturproduktionen und fordert damit seine frühere Konzeption des Kolonisierten als einen »schweigenden Anderen« (*silent Other*, Said 1985: 17) innerhalb der hegemonialen Diskurse selbst heraus. Wie von den Kritiker/-innen gefordert, analysiert Said nun auch die gegen die imperialistische Macht gerichteten Widerstandsbewegungen, wofür er sich mit zahlreichen Erzählungen aus der Zeit antikolonialer Kämpfe und der formalen Dekolonisation in der Zeit zwischen dem Ersten und Zweiten Weltkrieg und danach auseinandersetzt.

Wurden in *Orientalism* die Orient-Okzident-Beziehungen noch als unweigerlich konfligierend und unversöhnlich präsentiert, so stellt Said die Kulturen und Ökonomien der ehemaligen Kolonisierten und Kolonisatoren nun als voneinander abhängig und ihren Kontakt als Ergebnis einer zunehmend globalisierten Welt dar (vgl. Said 1993: xx). Eine Versöhnung zwischen dem Westen und dem Nicht-Westen, die von gegenseitigem Respekt und Anerkennung getragen wird, erscheint nun nicht mehr gänzlich unmöglich. Sie wird über eine Wahrnehmung der Welt als eine sich annähernde »gemeinsame Kultur« (ebd.: 268), deren Wurzel in einer geteilten Erfahrung von Kolonialismus und Imperialismus liegt, denkbar. Damit das gelingen kann, schlägt Said ein »Reisen nach Innen« (*voyage in*, ebd.: 244ff.) vor. Die oppositionelle Qualität dieser Strategie liegt darin begründet, dass die dominanten Diskurse des Westens nun von im Exil lebenden »Dritte-Welt-Intellektuellen« vereinnahmt werden, um sie gegen das hegemoniale System selbst zu wenden. Aufgrund der materiellen Grenzüberschreitung könne es postkolonialen Subjekten gelingen, die Fallen des Nationalismus zu umgehen, so Said. Seine persönlichen Erfahrungen, die es ihm nach eigenen Worten nicht nur ermöglicht haben, auf beiden Seiten zu leben, sondern auch zwischen den Seiten zu vermitteln, werden hier zum Ausgangspunkt einer oppositionellen Strategie (vgl. ebd.: xxiii).

Eine der wichtigsten Fragen, die Said in diesem Zusammenhang aufwirft, ist jene nach der Möglichkeit, kulturelle Differenzen zu repräsentieren, ohne auf essentialistische Identitätsmodelle zurückzugreifen. Dies nimmt die immer wieder akute Frage postkolonialer Theorie auf, ob eine nicht-gewaltvolle, nicht-reduktionistische Repräsentation der Anderen überhaupt möglich sei.

Die Rolle, die der Kultur als Stützpfeiler des Imperialismus zukommt, kann eigentlich nicht überbewertet werden, wird der Imperialismus doch erst durch den Einsatz von kulturellen Strategien zur Zivilisierungsmission. Für Said stellt Kultur eine moralische Macht dar, die eine »ideologische Befriedung« (*ideological pacification*, 1994b: 67) herbeiruft, in deren Folge die Beherrschten nicht rebellieren, sondern dem ›weißen Mann‹ oft sogar dankbar sind (vgl. Said 1993: 9). Er führt hier das Beispiel Indiens an, wo nur 4.000 britische Kolonialbeamte mit dem Beistand von 60.000 Soldaten und 90.000 Zivilisten ein Land von damals 300 Millionen Menschen beherrschen konnten (vgl. ebd.: 11). Es ist deswegen sein Anliegen aufzuzeigen, wie kulturelle Praktiken über die Produktion von »Gefühlsstrukturen« (*structures of feeling*, ebd.: 14) die imperiale Macht konsolidierten. Wie die Kulturwissenschaftlerin Sara Ahmed Jahre später unter Hinzuziehung der nun viel rezipierten Affekttheorie schreibt: »Gefühle können an bestimmten Körpern kleben, in derselben Art und Weise, wie wir Räume, Situationen, Dramas beschreiben.« (Ahmed 2010: 39)

In den Metropolen des Westens, schreibt Said, habe sich die imperiale Ideologie und Rhetorik ungebrochen halten können, ohne von den sozialen Bewegungen wirklich herausgefordert worden zu sein. Ob Frauen- oder Arbeiterbewegung – sie alle zeigten Züge der Komplizenschaft mit dem Imperialismus auf (vgl. Said 1993: 67). Die von der imperialen Kultur aufgestellten, sehr grundsätzlichen Behauptungen seien durch soziale Reformen nie wirklich infrage gestellt worden. Das autoritative Gebäude selbstherrlicher Kultur, das im 19. Jahrhundert von Europa ausgehend aufgebaut wurde, erwies sich als recht stabil – ihre Beteiligung an der imperialen Zivilisierungsmission wurde nie wirklich hinterfragt. An dieser Stelle nimmt Said eine wichtige Unterscheidung zwischen Antiimperialismus und Antikolonialismus vor, die in *Orientalism* noch fehlt: Wie er feststellt, wurde in den liberalen Zirkeln der Metropolen die koloniale Herrschaft durchaus kontrovers debattiert, während jedoch gleichzeitig die Überlegenheit des Westens nie bezweifelt wurde (vgl. ebd.: 240f.). Daneben wird in *Culture and Imperialism* eine weitere Lücke der *Orientalism*-Studie geschlossen, nämlich die Frage nach den außereuropäischen Grundlegungen des europäischen Imperialismus und den damit zusammenhängenden präkolonialen Machtstrukturen, die mit den kolonialen Kräften nicht selten kollaborierten (vgl. ebd.: 262).

Said verdeutlicht, dass alle Kulturproduktionen aufs engste mit dem politischen Charakter der Gesellschaft verwoben sind, und dass es gerade die Unsichtbarkeit dieser Beziehung ist, welche die darin zugrunde liegende Ideologie so effektiv werden lässt. Letztlich zielt Said auch aus diesem Grunde auf eine »De-Universalisierung« der imperialen Kultur hin. Durch möglichst konkrete Kontextualisierung und Offenlegung der Quellen, die die Behauptung des universellen Charakters der Kulturproduktion stützen, sollen diese untergraben werden. Indem er das Verhältnis zwischen Kultur und politischen Praktiken aufdeckt, weist Said die weit verbreitete Überzeugung einer neutralen Kultur vehement zurück. Kulturproduktionen, welcher Art auch immer, seien nie unschuldig, sondern stünden in einer komplexen und dynamischen Beziehung zu den hegemonialen Strukturen, in denen sie hervorgebracht wurden (vgl. ebd.: 15). In einer solchen Perspektive endet der Imperialismus nicht mit der formalen Dekolonisation. Im Gegenteil: Auch nach dem Ende der kolonialen Herrschaft wird der Imperialismus kulturell, ökonomisch und auch politisch lange nach der angeblichen Befreiung fortgeführt (vgl. ebd.: 9). Vornehmlich die Kulturproduktionen sind es, die den Imperialismus zu einer Kraft haben werden lassen, die über das geographische Empire hinausreicht. Sie erfüllen dabei nicht nur eine Funktion, sondern sind auch Quelle von Identitätsprozessen, was den häufig auftretenden kulturellen Traditionalismus in postkolonialen Gesellschaften erklärt, der eben die Form eines religiösen und/oder nationalen Fundamentalismus annehmen kann. Said warnt immer wieder vor diesen Tendenzen in postkolonialen Räumen. Imperiale Diskurse dagegen wiederholen kontinuierlich, dass die Anderen unterworfen werden *müssen*, und propagieren gleichzeitig ein metaphysisches Recht des Imperiums zur gewaltsamen Unterdrückung derselben (vgl. ebd.: 10). Dies impliziert eine dichte Bezugnahme zwischen imperialen Zielen und einer nationalen Kultur, die über eine Rhetorik von Universalität der Kultur hergestellt wird.[16] Said bemerkt, dass die individuellen Schriftsteller/-innen und Künstler/-innen im Westen nicht einfach den Determinierungen der dominanten Ideologie entfliehen können, sondern vielmehr einem neokolonialen Kontext verhaftet bleiben. So zeigt er beispielsweise auf, dass das Aufkommen von Romanen in einer direkten Beziehung zum westlichen Imperialismus stand. Ohne das Empire, so Said, hätte es den europäischen Roman nie gegeben. Der Roman stellt sich als ein kulturelles Artefakt der bürgerlichen Gesellschaft und des Imperialismus dar (vgl. Said 1993: 70ff.). Und es war auch die Dominanz des britischen Romans während des 19. Jahrhunderts, welches die Macht des britischen Imperialismus stabilisieren half – auch wenn dies vielen als eine gewagte These gilt. Romane waren mitbeteiligt an dem Aufbau des britischen Selbstverständnisses als imperiales Machtzentrum. So weist Said unter anderem darauf hin,

16 | Die Said-Schülerin Viswanathan (1989) ging gar so weit zu argumentieren, dass die Erfindung der Englischen Literaturwissenschaft Teil der Zivilisierungsmission in Indien war.

dass Daniels Defoes (1660-1731) *Robinson Crusoe* von 1719 als erster englischer Roman gilt, dessen Protagonist eine neue Welt schafft, die er nicht nur beherrscht, sondern auch für das Christentum und England einnimmt (vgl. ebd.: 70). Said stellt insoweit folgerichtig fest – hier auch deutlich Gramscianisch –, dass Romane dazu beitragen, Haltungen und Wahrnehmungen dem Westen und seinen Anderen gegenüber zu prägen. Sie tun dies langsam, aber kontinuierlich und umso effektiver (vgl. ebd.: 75). Allerdings geht er nicht davon aus, dass »der Roman oder die Oper [dazu] führen [...], dass Menschen in die Welt gehen, um imperialistisch zu beherrschen« (ebd.: 81). Der Einfluss ist wesentlich subtiler und die bedeutendere Frage wäre Said zufolge, warum die »großen humanistischen Werte« (ebd.) Großbritanniens dem ungebremsten Imperialismus nur so geringen Widerstand entgegenzusetzen in der Lage waren.

Um die dichte Beziehung zwischen der europäischen Kultur und dem imperialen Unternehmen zu analysieren, schlägt Said eine Lesart vor, die er als »kontrapunktisch« (*contrapuntal reading*, ebd.: 66f.) bezeichnet.[17] Es ist dies eine Form des »Zurück-Lesens« (*reading back*, ebd.), der den Kanon aus der Perspektive der Kolonisierten zu lesen wagt, um daran zu verdeutlichen, wie die Präsenz des Empires sich in die kanonischen Texte eingelassen hat. Ein solches Lesen eröffne, so Said, neue Sichtweisen, die das Gefühl vermitteln, es würde im Roman etwas völlig anderes passieren. Dem kontrapunktisch Lesenden muss die Geschichte der Metropolen ebenso bewusst sein wie die versiegelte(n) Geschichte(n), gegen die sich die dominanten Diskurse richten (vgl. ebd.: 51). Wenn etwa eine Erzählung auf einer Zuckerplantage spielt und die Lesenden verstehen, was es heißt, wenn der/die Erzähler/-in darauf hinweist, welche Rolle die Zuckerplantagen für die Etablierung einer bestimmten Lebensqualität in England spielten, dann sprechen wir von einem kontrapunktischen Lesen (vgl. ebd.: 66). Es ermöglicht eine Sichtweise, die zwischen der imperialen Erzählung und einer widerständigen postkolonialen Perspektive verortet ist und eine Gegenerzählung aufbaut, die immer wieder die Oberfläche einzelner Texte durchstößt. Um das Konzept des »kontrapunktischen Lesens« hat es einige Diskussion gegeben, da der kubanische Anthropologe Fernando Ortiz (1881-1969) bereits in den 1940er Jahren ein Buch mit dem Titel *Contrapunteo cubano del tabaco y del azúcar* veröffentlichte, in dem er ein sehr ähnliches strategisches Vorgehen fordert und das durch ein Vorwort des

---

17 | In der Musiktheorie bezeichnet der Kontrapunkt (lat. für »Note gegen Note«) eine Kompositionstechnik. Die einfachste Variante des Kontrapunkts ist die ›Gegenstimme‹ zu einer vorgegebenen Melodie. Kontrapunkt ist gewissermaßen die Kunst, Gegenstimmen zu gegebenen Tonfolgen zu erfinden, die einen Zusammenklang ermöglichen als auch Eigenständigkeit aufweisen. Als Musikkritiker bespricht Said den kontrapunktischen Stil des Pianisten und Bachinterpreten Glenn Gould und übersetzt diese Technik später in das Feld der Literaturkritik (vgl. Bayoumi/Rubin 2000: xxix).

berühmten polnischen Sozialanthropologen Bronislaw Malinowski (1884-1942) eingeleitet wird. Wie auch bei Said ist diese Idee des Kontrapunktes inspiriert von einer musikalischen Form, die Ortiz jedoch nicht in der westlich-klassischen Musik, sondern in der kubanischen Volksmusik findet. Bei einem *contrapunteo* singen mindestens zwei Personen, die jeweils unterschiedliche Geschichten erzählen: eine musikalische Debatte, die differente Perspektiven sichtbar werden lässt. Die englische Übersetzung *Cuban Counterpoint: Tobacco and Sugar* erschien bereits 1947 bei Knopf und wurde 1995 – nachdem der Text einige Zeit kaum rezipiert wurde – dann mit einer Einführung von Coronil wiederaufgelegt (2003 [1995]: ixff.). »Im Gegensatz zur imperialen Alchemie, die die westliche Partikularität in ein Modell von Universalität kehrt, macht uns *Cuban Counterpoint* auf das Spiel der global verbundenen Partikularitäten aufmerksam.« (Coronil 2003 [1995]: xiv) Ortiz liefert eine Interpretation der sozialen Entwicklungen in Kuba vermittelt durch die Aktionen von Tabak und Zucker, die anthropomorphisiert als die zwei wichtigsten Protagonistinnen in der Geschichte Kubas vorgestellt werden: »Don Tabak« und »Doña Zucker« (vgl. ebd.: xxii). Er lässt sich hier von Marx' »Madame la terre« und »Monsieur le Capital« inspirieren (vgl. ebd.: xxviii). Coronil zufolge entwickelte Said, den er als Imperialismuskritiker bezeichnet, 50 Jahre später unabhängig ein ähnliches Analysemodell wie Ortiz. Ortiz war damit seiner Zeit voraus – auch indem er immer wieder darauf hinwies, dass es nicht möglich ist, nationale Anliegen getrennt von globalen Anliegen zu betrachten (vgl. ebd.: xliv).[18] Said geht es beim kontrapunktischen Lesen vor allem darum, die durchdringende Konstitution der imperialistischen Macht in den kanonischen Texten aufzudecken, um damit sowohl Imperialismus als auch den antiimperialistischen Widerstand transparent zu machen. Er demonstriert die Strategie unter anderem an den Romanen von Jane Austen (1775-1817) – etwa *Mansfield Park* aus dem Jahre 1814. Fanny Price, die Protagonistin des Romans, ist die Tochter einer armen, kinderreichen Familie und wird nach Mansfield Park gesendet, um dort bei Lady Bertram, einer Tante, zu leben, die mit dem reichen Sir Thomas verheiratet ist. Der Plot entfaltet sich eben zu dem Zeitpunkt, als Sir Thomas für zwei Jahre nach Antigua reist, um persönlich Probleme auf seiner Zuckerplantage zu lösen. Said zeigt auf, wie der Roman den britischen Imperialismus als Teil einer Kultur offenbart, die ohne Kolonialismus gar nicht denkbar gewesen wäre. Das kontrapunktische Lesen darf an dieser Stelle aber

18 | Der Journalist Miguel Leal Cruz beschreibt in seinem Buch *Canarias-Cuba. Perspectivas Cruzadas* (2010) die Geschichte der kanarischen Inseln und Kubas, die nicht nur geprägt ist von bilateralem Handel, sondern auch von Migration und Knechtschaft. Damit rückt er ein Gebiet der frühen Prä-Kolumbus-Kolonisierung in den Fokus und erzählt eine spannende koloniale Verflechtungsgeschichte. Auch er bezieht sich auf Ortiz (ebd.: 13).

nicht in einer Schuldzuweisungsrhetorik enden, die, wie Said bemerkt, häufig von Minderheiten und marginalisierten Gruppen zum Einsatz gebracht wird, und die Autorinnen wie Austen retrospektiv dafür attackieren, dass sie »weiß, privilegiert, gefühllos und mitschuldig« (ebd.: 96) seien. In der Tat, so Said, war Austen Mitglied einer Gesellschaft von Sklavenbesitzern, doch kann dies seiner Meinung nach nicht heißen, dass deswegen ihre Romane für wertlos erklärt werden. Sie sind trotz der klaren imperialen Bezüge von »ästhetisch intellektueller Komplexität« (ebd.) und mithin lesenswert. Die intellektuelle Aufgabe besteht eher darin, weder die geschichtlichen Zusammenhänge des Romans zu löschen noch ihm die Anerkennung der ästhetischen und intellektuellen Leistung, die er unter Beweis stellt, zu verweigern (vgl. ebd.: 97). Durch das Aufzeigen der sich überlappenden Geschichte(n) ehemalig kolonisierter Gesellschaften mit den europäischen Metropolen kann eine reduzierende und essentialisierende »Politik der Schuldzuweisung« (ebd.: 18) vermieden werden. Für Said sind kulturelle Erfahrungen und Kulturproduktionen immer radikal und in der Quintessenz hybrid (vgl. ebd.: xxv). Ein kontrapunktisches Lesen ermöglicht es, die Verbindung zwischen diskrepanten Erfahrungen herzustellen. Die kontrapunktische Strategie sei zudem eine Praxis, die gewöhnliche und simplifizierende imaginäre Geographie zu überdenken. Der Kampf um die Konstitution der Orte sei einer der wichtigsten Merkmale des Imperialismus, weswegen sowohl die Kultur als auch der Imperialismus die Vorrangigkeit der Geographie affirmiere, die letztlich Bestandteil einer Ideologie territorialer Kontrolle sei (vgl. ebd.: 225f.). Die meisten Kulturhistoriker/-innen und Literaturwissenschaftler/-innen haben es laut Said versäumt, die Bedeutung der geographischen Notierung, das theoretische Kartographieren und Verwalten von Territorien innerhalb westlicher Erzählungen, die von großer Relevanz für das Geltendmachen kultureller Dominanz waren, anzuerkennen. Der Kampf um die Geographie versuche hingegen, die historische imperiale Geographie des Westens zu überwinden (vgl. ebd.). Ein kontrapunktisches Lesen stört scheinbar stabile, undurchlässige Kategorien, welche die Ansicht durchsetzen helfen, die Kulturen des Westens könnten in vollkommener Unabhängigkeit von anderen Kulturen bestehen. Wo auch immer man einen Blick auf die europäische Kultur des 19. Jahrhunderts wirft, stößt man sogleich auf dichte Bezüge zum imperialen Prozess. Neben Jane Austens *Mansfield Park* (1814) werden von Said auch Giuseppi Verdis (1813-1901) *Aida* (1871), Rudyard Kiplings (1865-1936) *Kim* (1901) und Albert Camus' (1913-1960) *L'Étranger* (1942) kontrapunktisch gelesen. Am Beispiel von Kiplings Erzählung *Kim* kann Said zudem aufzeigen, wie unproblematisch es für einen britischen Autor war, Empathie für Indien zu zeigen und dessen ungeachtet seinen Glauben an die Richtigkeit der britischen Kolonialherrschaft aufrechtzuerhalten (vgl. Said 1993: 132ff.). Im Roman ist kein Raum für koloniale Konflikte, denn für Kiplings Protagonist Kim war die britische Herrschaft das bestmögliche Schicksal für die indische

Bevölkerung. Said erkennt hier die Methode, nach der der Mythos einer permanenten britischen Herrschaft aufgebaut wurde: die Produktion solcher Billigungsphantasien, die im Grunde eine Spiegelung des eigenen Glaubens an die Zivilisierungsmission waren.

Bei diesen Analysen, die nicht nur das Projekt von *Orientalism* weiterführen, sondern Said auch als umfassend gebildeten Literaturkritiker zeigen, wird – wie bereits erwähnt – Widerstand zum zentralen Thema. Said argumentiert, dass Widerstand gegen das Empire im Bereich des Imperialismus immer vorhanden gewesen sei (vgl. ebd.: xii), und bemerkt beiläufig, dass sein Fokus in *Orientalism* nicht bedeute, dass die imperiale Macht einfach ihre Dominanz habe durchsetzen können. Said distanziert sich in *Culture and Imperialism* erneut von Foucault (vgl. ebd.: 26f.), dessen Machttheorie er an dieser Stelle als zu pessimistisch und deterministisch beschreibt. Sie lässt, so Said, kein Überwinden der über Jahrhunderte aufgebauten Dualismen zwischen dem Westen und seinen Anderen zu. Da Foucault auf Konzepte wie Intention und Wille verzichtet, sei es ihm nicht möglich, das hegemoniale System tatsächlich anzugreifen (ebd.). Trotz seiner Distanzierung von Foucault nutzt er zur Verteidigung seines eigenen Vorgehens dessen These, dass wo Macht ist, auch Widerstand sei (vgl. ebd.). Anstatt jedoch eine einfache Theorie des Widerstands zu präsentieren, werden in einer kontrapunktischen Lesart konstant die Überlappungen und Einsprüche beleuchtet, die in aktuellen widerständigen Kulturproduktionen nachgewiesen werden können. Seine Theoriepolitik der »säkularen Interpretation« (ebd.: 54) versucht hier, die »Fallstricke des nationalen Bewusstseins« (ebd.) über eine aktive Wachsamkeit und Selbstkritik zu vermeiden.

In Anlehnung an Gramsci versteht Said Kultur als Teil eines imperialistischen ideologischen Arsenals und Imperialismus als konstitutiv für die moderne metropolitane Kultur. Aufgrund der schon erwähnten ungelösten Spannung zwischen Foucault'schen und Gramscianischen Ansätzen bestimmt Said Land und Raum als unabhängige Quellen sozialer Regulierung und Wertproduktion. Die geographische Bemächtigung ebenso wie die räumlichen Beziehungen werden von Said als wirksame ideologische und ökonomische Imperative betrachtet.

Eindrücklich geht Said der doppelten Frage nach, wie die nationale britische Kultur zur Etablierung und Aufrechterhaltung einer Hegemonie über weit entlegene überseeische Peripherien beitrug und wie ein Konsens hergestellt und konsolidiert werden konnte, der letztlich die Beherrschung ferner Territorien ermöglichte. Auffallend seien die Häufigkeit und der zentrale Stellenwert geographischer Verbindungen in allen drei europäischen Kulturen mit weit verzweigtem territorialen Besitz. Auf bemerkenswerte Weise zeigt Said den steten Prozess auf, bei dem das europäische Bewusstsein über den Orient sich von der textlichen und kontemplativen Form löste und in eine administrative, ökonomische und militärische transformiert wurde. Der fundamentale Wechsel war dabei wiederum vor allem ein räumlicher, geographischer. Im Prozess des Studierens und Imaginierens drang der Westen in den geographischen Raum des Orients ein, überarbeitete diesen Schritt für Schritt und eignete ihn sich gleichzeitig an: Der Orient wandelte sich so zu einen geographischen Raum, der kultiviert und geschützt werden musste. Dabei ist es wichtig, sich in Erinnerung zu rufen, dass die westlichen Mächte um 1800 noch 55% des Weltterritoriums beanspruchten, aber *de facto* nur 35% besetzt hielten. 1878 wurden bereits 67% beherrscht und 1918 regierte Europa schließlich über ungefähr 85% des globalen Territoriums in Form von Kolonien, Protektoraten und Dependancen (vgl. Said 1993: 8). Dabei stellte das Empire nie einen homogenen Raum dar, denn nicht nur unterschieden sich europäische Kolonialreiche des 17. und des 19. Jahrhunderts und die verschiedenen Imperien des 19. und 20. Jahrhunderts voneinander, auch innerhalb eines einzigen imperialen Systems existierte eine Vielzahl unterschiedlicher materieller und symbolischer Räume. Und wie die Kolonien, so waren auch kolonisierende Gesellschaften heterogene Orte, die hegemoniale sowie gegenhegemonialen Strömungen und Subjektivitäten beherbergten.

Said vertritt die Ansicht, dass die Phase der Rückeroberung geographischer Territorien immer mit der Veränderung der kulturellen Territorien verbunden war und ist. Die Phase des physischen Widerstands gegen die imperiale Okkupation werde begleitet und/oder gefolgt, so Said, von einer ideologischen und kulturellen Wiederherstellung. Diese Rekonfigurierung funktioniere über ein »Zurück-Schreiben« der ehemaligen Kolonisierten, das als ein bewusster Akt beschrieben wird, der die Diskurse des Westens zu betreten sucht, um sie von innen heraus zu verändern. Die marginalisierten und vergessenen Geschichten könnten so die Achtung finden, die ihnen bis dahin entzogen wurde. Es ist dies ein kraftvoller transformativer Widerstand, den Said, wie bereits erwähnt, als ein »Reisen ins Innen« (*voyage in*, ebd.: 243) bezeichnet hat. Die ideologischen Kriege gegen den Imperialismus in den Kolonien finden jetzt in veränderter Form Eingang in die Metropolen des Westens (vgl. ebd.: 276). Zum ersten Mal sieht sich die westliche Bevölkerung in der Zwangslage, sich als Repräsentantin einer Kultur wahrzunehmen, die gewaltiger Verbrechen angeklagt wird (vgl. ebd.: 195). Das »Reisen ins Innen« beschreibt Said als eine »besonders interessante Variante hybrider kultureller Arbeit« (ebd.: 244). Geschichte wird nun nicht mehr – wie noch bei Hegel – als in eine Richtung gehend, nämlich vom Osten nach Westen und vom Süden nach Norden, wahrgenommen. Der Norden (beziehungsweise Westen) ist nicht mehr der Ort des Fortschritts und der Gewandtheit – und damit umgekehrt der Süden (beziehungsweise Osten) auch nicht mehr der Ort von Rückständigkeit, Barbarismus und Primitivität. Eines der vom Kolonialismus geerbten Dinge sind die

»Waffen der Kritik« (ebd.: 245). Sie ermöglichen Said zufolge neue Konfigurationen fernab der Strategie des ›Teile und Herrsche‹ (vgl. ebd.).

In seiner Diskussion der Widerstandskulturen und Befreiungsbewegungen warnt Said beständig vor einem separatistischen Nativismus, der das koloniale Selbst abzuschütteln versucht, indem er sich auf die Suche nach einem essentiellen präkolonialen Selbst macht (vgl. ebd.: 228f.). Die Gefahr liegt für ihn darin begründet, dass es dann nicht mehr möglich sei, die »emotionale Genugtuung bei der Zelebrierung der eigenen Identität« (ebd. 229) zu überschreiten. Auch wenn Said die Wichtigkeit des antiimperialistischen Nationalismus einräumt, so wiederholt er doch Fanons Warnung gegen ein nationalistisches Bewusstsein, das zu einer Rigidität führen kann, die chauvinistisches Potential in sich birgt (vgl. ebd.: 267). Folgerichtig lehnt er einen Nationalismus, der sich – wie z.B. im Falle der *Négritude* – zu einem simplen Nativismus entwickelt, rigoros ab.[19] Said folgt hier Fanon, für den die *Négritude*, wie in Kapitel I beschrieben, im Grunde in sich selbst gefangen bleibt und damit nur eine passive und reaktive Rolle einnehmen kann. Auch wenn die Strategie auf den ersten Blick radikal erscheine, werde letztlich erneut die Aufteilung in Herrscher und Beherrschte konsolidiert, so Said (vgl. ebd.: 228). Deswegen bedauert er es, dass innerhalb des Postkolonialismus die Kritik am Nativismus, wie sie von Fanon – aber auch von anderen antikolonialen Theoretikern – formuliert wurde, nie wirklich rezipiert wurde. Ergänzend dazu scheut er sich nicht, die Kollaboration kolonisierter Subjekte mit der kolonialen Herrschaft zu thematisieren. Fanons Arbeiten, auf die er hier detailliert eingeht, sollten Said zufolge in diesem Zusammenhang als eine heimliche Gegenerzählung betrachtet werden (vgl. ebd.: 271). Kaum zufällig nimmt Fanon in *Culture and Imperialism* eine zentrale Rolle ein. Schließlich war er es, der bereits in den 1950er Jahren »Kulturimperialismus« als wissenschaftlichen Gegenstand einführte. Said zufolge gelingt es Fanon in seinen Schriften, die Verbindungen zwischen kolonialer Herrschaft und imperialistischem Wahrheitsregime aufzuzeigen, die letztlich den Grund für den Mythos westlicher Kultur herstellen (vgl. ebd.: 268). Er zeichnet hier auch nach, inwieweit Fanons Ruf nach der bereinigenden Kraft von Gewalt durch dessen Lektüre von Georg Lukács' (1885-1971) *Geschichte und Klassenbewußtsein* (1923) beeinflusst wurde. Das Buch war

19 | Die *Négritude*, die das ›Schwarzsein‹ und die spezifischen afrikanischen Kulturen und Werte feiert und das präkoloniale Afrika zu reifizieren versucht hat, wird neben Fanon (siehe Kapitel I) auch von dem nigerianischen Schriftsteller und Nobelpreisträger Wole Soyinka abgelehnt, auf den sich Said hier direkt bezieht (vgl. Said 1993: 229). Auch das von Fanon vorgetragene Argument, dass jede Form von orthodoxem Nationalismus letztendlich durch die Übertragung der Autorität an die nationale Bourgeoisie den Imperialismus reproduzieren würde, findet Saids Zustimmung (vgl. Said 1997b: 87).

ein Jahr vor Fanons Tod in einer französischen Übersetzung erschienen, und Said stellt fest, dass »Fanons Gewalt, mittels derer die Einheimischen die Trennung zwischen Weißen und Einheimischen überwinden, [...] aufs Engste mit Lukács' These zur Überwindung der Fragmentierung durch einen Willensakt« (Said 1993: 270) korrespondiert. Dabei entspricht der oder die Einheimische/Indigene bei Fanon dem entfremdeten Arbeiter bei Lukács. Dass diese Strategie nicht den von Fanon erwünschten »neuen Humanismus« mit sich brachte, liegt unter anderem daran, dass, wie Said ausführt, Fanons Strategie weder über ein institutionelles noch ein theoretisches Gegengift für die Verwüstungen, die mit der reinigenden Kraft der Gewalt unweigerlich einhergehen, ausgestattet war (vgl. ebd.: 277). Said folgert daraus, dass Fanon und auch Amílcar Cabral (1924-1973), der kapverdische Unabhängigkeitskämpfer, würden sie heute noch leben, sich sicherlich zutiefst enttäuscht über den Ausgang ihrer antikolonialen Bemühungen zeigen würden (vgl. ebd.: 276). Die einsetzende Gewaltspirale in vielen der postkolonialen Räume war gewiss nicht das, was sie vor Augen hatten, als sie ihr eigenes Leben aufs Spiel setzten, um ein von kolonialer Herrschaft unterdrücktes Land zu befreien.

Westlicher Imperialismus und ›Dritte-Welt-Nationalismus‹ stehen Said zufolge in einem gegenseitigen Verhältnis der »Hege und Pflege« (ebd.: xxiv). Dagegen setzt er auf eine Betrachtungsweise, die die miteinander verquickten Geschichten der Moderne reflektiert und Identitätskonzeptionen, die auf rassifizierenden Kategorien oder nationaler Identität aufruhen, herausfordert – anstatt sie zu stabilisieren. Wie Fanon versteht Said Nationalismus nur als eine Übergangsphase (vgl. ebd.: 258) und distanziert sich von einem Nationalstaatenmodell, das eine ausgrenzende exklusive Gemeinschaft voraussetzt. Said zeigt sich dabei weiterhin skeptisch gegenüber den nationalistischen antikolonialen Bewegungen, erkennt jedoch an, dass diese eine wichtige Rolle im Dekolonisierungsprozess gespielt haben (vgl. ebd.: 217f.). Solche Politiken bergen für ihn immer das Risiko, in einer destruktiven Konfrontationsgeste eingefroren zu werden (vgl. ebd.: 18). Indessen spricht er sich für einen selbstkritischen Nationalismus aus, so wie ihn etwa Rabindranath Tagore (1861-1941), Pablo Neruda (1904-1973) oder Cabral formulierten. »Im besten Falle«, so Said, »suggeriert die Kultur von Opposition und Widerstand eine theoretische Alternative und eine praktische Methode, die es erlaubt, die menschliche Erfahrung unter nicht-imperialistischen Bedingungen wiederzuerlangen.« (Ebd.: 276)

Wenn postkoloniale orientalisierte Subjekte den Orientalismus infrage stellen, so widerstehen sie diesen nicht nur, sondern schaffen auch die Möglichkeit, Subjekte zu werden, indem sie die ihnen zugewiesene Rolle der Anderen zu verlassen wagen. Die Said'sche Kunst des »Zurück-Schreibens« ermöglicht es den Entwürdigten, ihre Erfahrungen zu reflektieren und eine nicht-imperialistische Welt zu entwerfen (vgl. 1993: 276). Dies scheint Said weiterhin eine

Dringlichkeit, denn wie er vierten Kapitel von *Culture and Imperialism* darlegt: Von einem Ende des Imperialismus kann keine Rede sein (vgl. ebd.: 282).

Die Frage nach der Rolle der Identitätspolitiken hat innerhalb postkolonialer Theorie immer wieder zu Disputen geführt. So behauptet etwa Ahmad, dass Saids Texte ihren Status der »sentimentalsten und extremsten Form eines Dritte-Welt-Nationalismus« (1992: 198) und essentialistischen Identitätskonzeptionen zu verdanken haben. Gleichzeitig haben Said und andere postkoloniale Theoretiker/-innen nicht gerade wenig Kritik dafür geerntet, dass sie die Bedeutung des Nationalismus für die legitimen antikolonialen Widerstandsbewegungen unterschätzt haben. Sowohl Parry als auch Lazarus halten etwa die nationalistischen Bewegungen gegen die imperialen Herrschaften und das daraus folgende nationale Bewusstsein für Prozesse der Dekolonisierung als unumgänglich und zeigen deshalb auch kein Verständnis für eine Missachtung derselben (vgl. Parry 2004; Lazarus 1994). Auch wenn Said zugibt, dass es für unterdrückte Gruppen erforderlich ist, sich identitätspolitisch zu organisieren, hält er dieser Form von Widerstand entgegen, dass sie immer essentialistisch sei und damit ungewollt zu einer nicht wünschenswerten Stabilisierung von Differenzen führe. Eine identitätspolitische Denkweise bezeichnet er als reaktiv und führt dementsprechend aus, dass diese im Grunde auch neokoloniale Diskurse stabilisieren würde (vgl. Said 2002: 3). Die Betonung pluraler Identitätsformationen als Widerstandsstrategie gegen die Universalität des weißen, westlichen Mittelschichtmanns bringt ebenso eine Reihe von Problemen mit sich. So hat Young Saids Modell multipler Identitäten vehement infrage gestellt, würde Said doch bei den Ausführungen in einen sentimentalen Humanismus abrutschen (vgl. Young 2004: 170f.).

»Travelling Theories« – Wenn Theorien reisen

Saids Essay *Travelling Theory* erschien, bevor er im Band *The World, the Text and the Critic* (1983: 226-247) aufgenommen wurde, bereits ein Jahr zuvor im *Raritan Quarterly*. Der Text wurde nicht nur breit rezipiert und das dort vorgestellte Konzept »reisende Theorie« häufig zitiert, sondern fand auch in den Literatur- und Sozialwissenschaften große Resonanz, wurde schnell aufgenommen und weiterbearbeitet. »Reisende Theorie« erwies sich als ein äußerst produktives Konzept, um zu verstehen, wie einige Konzepte Dominanz erlangen, während andere unter Löschung ihres Ursprungskontextes vereinnahmt und ihrer Radikalität beraubt werden.

Said beschreibt, wie Theorien von einem Ort zum anderen reisen und was ihnen im Prozess des Reisens widerfährt. Wie auch Menschen und kritische Schulen sich von einem Ort zum anderen bewegen, so reisen auch Theorien und Konzepte (vgl. ebd.: 226) – und wie erstere bleiben auch letztere davon nicht unberührt. Die Ausführungen werfen bedeutsame Fragen bezüglich des Produktionsortes, der Rezeption und der Übertragung von Theorien auf. Das erste Verständnis eines Ereignisses oder Phänomens geschieht, so Said, über die theoretische Rahmung, die das Ereignis filtert. Die Stärke der theoretischen Formulierung ist dabei abhängig von dem direkten, konkreten historischen Kontext. Insgesamt unterscheidet er vier Phasen (vgl. ebd.: 226ff.). Die Formulierung einer Theorie beginnt am Ursprungsort, an dem wir ein Set von Bedingungen vorfinden, die gewissermaßen den ermöglichenden Rahmen der Theorieproduktion bilden. Darauf folgt die Überwindung einer Distanz: der Übergang. Die Theorie reist und muss sich unterschiedlichen Kontexten beugen, bis sie am Ankunftsort eine neue Präsenz erlangen kann. Wenn die Theorie schließlich ankommt, findet sie dort ein neues Set an Bedingungen vor, denen sich die nun versetzte Theorie anpassen muss, um toleriert oder akzeptiert zu werden. Schlussendlich erscheint die angepasste Theorie als eine andere Theorie, die durch die Praktiken des Ankunftsortes transformiert wurde. Um seine Argumentation zu plausibilisieren, wählt Said als Beispiele die Konzepte »Klassenbewusstsein« und »Verdinglichung« im Werk des ungarischen Marxisten Lukács, wie dieser sie in *Geschichte und Klassenbewußtsein* (1923) konturiert hat. Das Phänomen der Verdinglichung beschreibt Said im Anschluss an den marxistischen Philosophen als »ein universales Schicksal, das, in einer Ära, die dominiert wird durch Kommodifizierung und Fetischisierung, alle Aspekte des Leben heimsucht« (Said 1983: 230). Er erklärt nun, dass die ursprüngliche Lukács'sche Theorie in späteren Reformulierungen bei den Literaturwissenschaftlern Lucien Goldmann (1913-1970) und anschließend bei Raymond Williams (1921-1988) an Kraft verloren habe – eine politische Kraft, die von den Arbeiteraufständen in Budapest Anfang des 20. Jahrhundert herrühre. »Zur Theorie zu greifen«, ist in diesem Kontext »gleichbedeutend mit der Drohung, die Verdinglichung wie auch das gesamte bürgerliche System, welches von der Verdinglichung abhängig ist, zu zerstören« (ebd.: 233). Lukács' Theorie, so Said, wird beim Reisen schrittweise gezähmt und institutionalisiert. Auf der Reise von Ungarn in die Kulturwissenschaften Westeuropas wird sie gleichsam ihrer Radikalität beraubt. Im Zusammenhang mit Goldmanns Adaptation von Lukács spricht Said gar von »Degradierung« (ebd.: 236). Die Theorie wird der politischen Dringlichkeit, aus der sie am Ort ihres Ursprunges resultierte, beraubt (vgl. ebd.). Williams bringt die von Goldmann in Paris adaptierte Version nach Cambridge, wo sie erneut eine Anpassung erfährt. In *Travelling Theory Reconsidered*, ein Essay aus dem Jahre 1994, das im Band *Reflections on Exile* (2000: 436ff.) aufgenommen wurde, revidiert Said seine Theorie etwas. Wenn er einerseits erneut die Radikalität und das revolutionäre Potential von Lukács' Theorie betont, so macht er für die Zähmung nun nicht mehr alleine deren Disseminierung und geographische Verbreitung, sondern auch die »versöhnenden und nach Lösung strebenden Aspekte in seiner Diagnose« (ebd.: 438) verantwortlich – nämlich konkret Lukács' ungebrochenen Glaube an das kritische Potential des Klassenbewusstseins. Lukács zufolge repräsentiere das proletarische Bewusstsein die theoretische Gegenthese zum Kapitalismus (vgl. Said 1983: 234). In der revidierten Form der »reisenden Theorie« ist es umgekehrt die geographische Verstreuung, die es dem Konzept ermöglicht, das revolutionäre Potential des Konzeptes wiederzuerlangen, das den Entstehungskontext letztlich mit sich führe und insoweit rekuperierbar sei.

Als weiteres Beispiel bespricht Said in der ersten Version von *Travelling Theory* Foucaults Machttheorie. Einer der Probleme in Foucaults Theorie resultiere daraus, dass dessen Werk sich von den engeren Beschreibungen totalisierender Institutionen (Gefängnisse, Klinken etc.) hin zu einer universellen Bestimmung von Macht hin bewegt habe, die Said als problematisch bestimmt – ein Problem überdies, welches sich im Moment der Übersiedlung Foucault'scher Paradigmen in den angloamerikanischen Raum deutlich verschärft habe (vgl. ebd.: 244). Die Geschichte der französischen Kliniken wird nun zur universellen Geschichte totaler Institutionen. Auch wenn Said Foucaults Ablehnung ahistorischer und sozial ungebundener Analysen schätzt, so zeigt er sich doch beunruhigt von der Art und Weise, wie seine ubiquitäre Machtvorstellung, der es gelingt, die konkreten materiellen Kämpfe geradewegs außer Acht zu lassen, rezipiert wird. In Saids Worten könnte der Foucault-Rezeption fehlende Weltlichkeit attestiert werden. Wie risikoreich die unkritische Rezeption dieser adaptierten, blutleeren Theorien ist, zeigt sich insbesondere dann, wenn sie zu einem kulturellen Dogma erhoben werden und damit einen autoritativen Status erhalten. Es geht Said nach eigenen Worten nicht darum, sich gegen Theorieproduktionen auszusprechen. Vielmehr will er den Sinn von theoretischen Unternehmungen erhalten – nämlich die Hoffnung zu nähren, dass Alternativen möglich sind und ein gewaltfreies Miteinander denkbar ist (vgl. ebd.: 247).

Die Ausführungen von Said sind nun ebenso gereist und adaptiert worden, wie er dies für Lukács und Foucault beschreibt. Der US-amerikanische Historiker James Clifford beispielsweise nutzt Saids *Travelling-Theory*-Ansatz, um damit den einseitigen Nord-Süd-Fluss von Theorien, der den ambivalenten Aneignungen und Widerständigkeiten, die die Reisen von Theorien und Theoretiker/-innen zwischen ›Erster‹ und ›Dritter Welt‹ charakterisieren, nicht gerecht wird, zu bemängeln. Dabei zeichnet er die unvermuteten Routen nach, welche Theorien nehmen, und beobachtet, wie diese sich zwischen den verschiedensten widersprüchlichen Kontexten und Leserschaften bewegen (vgl. Clifford 1989: 185). Auch Clifford legt dar, wie die Theorieproduktion ebenso wie ihre Rezeption von den spezifischen Kontexten, in denen sie entstehen und in denen sie aufgenommen werden, konturiert werden. Unter den Bedingungen der Globalisierung sind sowohl Theoretiker/-innen als auch

Theorien immer mobiler geworden und damit in einem unablässigen Prozess der Übersetzung eingebunden. Bei der Untersuchung des etymologischen Ursprungs des griechischen Begriffs »*theorein*« stellt Clifford zudem fest, dass es sich bei dem Terminus um eine bestimmte Praktik des Reisens handele, bei welcher eine Person einer Polis in eine andere geschickt wurde, um dort als Beobachter einer religiösen Zeremonie beizuwohnen. »Theorie« sei demnach das Produkt des Ortswechsels und des Vergleiches, der gleichzeitig eine gewisse Distanz voraussetze: Die Theoriebildung verlangt nach einem Verlassen der Heimat (vgl. ebd.: 177). Allerdings ist die Vorstellung, dass der Ausgangspunkt von Theorien in einer »Heimat« liegt, nicht mehr wirklich kompatibel mit den heutigen globalen Bewegungen von Theorien und Theoretiker/-innen. Wenn Theorie im Westen nicht länger natürlich zu Hause ist und damit dieser privilegierte Platz durch andere Strömungen des Wissens, die rassifizierte, vergeschlechtlichte und kulturelle Differenzen artikulieren, infrage gestellt wird, ruft dies die dringliche Frage auf, wie Theorien angeeignet werden, und ebenso, wie man sich ihnen widersetzen beziehungsweise wie sie verschoben werden können (vgl. ebd.: 178).

Darauf aufbauend hat die feministische Kulturwissenschaftlerin Mieke Bal (2002) den Begriff der »reisenden Konzepte« (*travelling concepts*) in die Debatte eingebracht. Als Werkzeuge des Diskurses ermöglichen Konzepte Dialog und Austausch, auch wenn sich die Bedeutung und Aussagekraft der Konzepte verändere und kontinuierlich zwischen den verschiedenen kulturellen Kontexten und historischen Abschnitten verhandelt werde, so Bal. Dies verweist sowohl auf die Notwendigkeit einer kritischen Analyse der Entstehungsbedingungen spezifischer Konzepte als auch nach einer Darlegung, wie sie importiert und exportiert werden und welche Transformationen sie bei der Bewegung durch verschiedene Kontexte erfahren. Zudem wird auf die Dringlichkeit einer Untersuchung der methodologischen Konsequenzen hingewiesen, welche das Reisen von Konzepten für transnationale Analysen normativer Ordnungen haben. Da sich die Konzepte nicht auf den bekannten Routen bewegen, ist es ebenso erforderlich, die Pfade ihrer Reisen wie auch ihre Stationen nachzuzeichnen.

In ihren wegweisenden Arbeiten beschäftigt sich die chinesische Kulturtheoretikerin Lydia Liu schließlich mit der Frage, was es bedeutet, Konzepte auf Grundlage gemeinhin anerkannter Äquivalenzen von einer Sprache in eine andere zu übersetzen (vgl. Liu 1995: xv). Sie untersucht unter anderem, ob es möglich ist, von einer die Ost-West-Kluft durchquerenden konzeptuellen Strömung zu sprechen, bei denen die Erfahrung der einen nicht den Repräsentationen, Übersetzungen und Interpretationen der anderen unterworfen sei. Was geschieht, wenn Konzepte von einer Sprache in eine andere reisen? Was ist das Transportmittel? Werden Grenzen problemlos überschritten? Wer legt die Grenzen fest und überwacht sie (vgl. ebd.: 21)? Ist es auf universellem und transhistorischem Boden möglich, sichere Vergleichskategorien zu entwickeln (vgl. ebd.: xv)? Liu bringt an dieser Stelle den Begriff der »übersetzten Moderne« (*translated modernity*) zum Einsatz, um damit einen Raum zu eröffnen, der es ermöglicht, transkulturelle Interpretationen und Formen der linguistischen Vermittlung zwischen Ost und West neu zu denken. So wird gleichzeitig die Frage berührt, was es für Theoretiker/-innen und Praktiker/-innen bedeutet, Sprachgrenzen zwischen Kulturen und Sprachgemeinschaften zu überschreiten (vgl. ebd.: 1). Immer dann, wenn beispielsweise die Frage gestellt wird, wie Begriffe wie etwa »Menschenrechte«, »Gerechtigkeit« oder »Demokratie« auf Hindi oder Mandarin übersetzte werden können, wird die Nicht-Existenz eines direkten Äquivalents entweder als Mangel bezeichnet oder aber der betreffende landessprachliche Terminus wird in Gehalt und Ausdifferenzierungsgrad an dem europäischen Begriff gemessen (vgl. ebd.: 6). Die Implikationen sprachlicher Interaktionen zwischen Osten und Westen sind vielfältig und die Überschreitung sprachlicher Grenzen ist sicher nicht nur eine linguistische Frage. In Bezug auf die kolonialen und imperialistischen Diskurse des 19. Jahrhundert verweist das Reisen von Ideen und Theorien von Europa in den Rest der Welt auf Begriffe wie »Vernunft«, »Aufklärung«, »Fortschritt« und »Emanzipation«.

Die postkoloniale Feministin Tejaswini Niranjana (1992) legt in Ergänzung zu Said dar, wie die Kolonialverwaltung von *British India* immer wieder darauf beharrte, dass es wichtig sei, den Orient von Europäern studieren, kodieren und erfassen zu lassen, während die Einheimischen gleichzeitig als unzuverlässige Interpreten ihrer Gesetze und Kultur bestimmt wurden. Die Zentralität von Sprachpolitiken für die koloniale Herrschaft nötigt, die Dekolonisierungsstrategien translingualer Praktiken ernst zu nehmen. Was geschieht, wenn ein ›westliches Konzept‹ in eine nicht-europäische Sprache übersetzt wird und umgekehrt? Kann das Kräfte- und Machtverhältnis zwischen dem Osten und Westen neu erfunden werden? Und wenn ja, wie? Dabei sollte das Sprechen und Schreiben nicht-europäischer Sprachen keineswegs sogleich mit Widerstand gegen Eurozentrismus gleichgestellt werden. Schließlich waren nicht nur die Orientalisten der nicht-europäischen Sprachen kundig, sondern auch die Kolonialbeamten des *Indian Civil Service*. Niranjana folgend geht es vielmehr darum, den einseitigen Strom von Konzepten und Normen zu unterlaufen – wie auch um die Anerkennung der geschichtlichen Gebundenheit und konkreten Kontextualität westlicher Konzepte. Die De-Universalisierung westlicher Konzepte kann als ein erster Schritt betrachtet werden, der die *sichtbare* Grenzüberschreitung nicht-westlicher Konzepte und Theorien ermöglicht. Die Historisierung und Dekolonisierung von Wissen wird damit als eine Strategie bestimmt, die es letztlich gestattet, den einseitigen Strom von Konzepten herauszufordern und infrage zu stellen. Es geht hier weder um die Zurückweisung europäischen Wissens und europäischer Theorieproduktion noch um einen banalen Kulturrelativismus, sondern vielmehr darum, die Verflochtenheit von Theorieproduktionen transparent zu machen. Dies nimmt Intellektuelle in die Verantwortung, die Ursprünge der Theorien und Konzepte darzulegen und auch ein Verständnis davon zu erlangen, was mit diesen auf der Reise von einem Kontext zum anderen geschehen ist.

»Weltlichkeit« und »säkulare Kritik«

Neben *Orientalism* bietet die Essaysammlung *The World, the Text and the Critic* (1983) einen guten Einstieg in Saids Werk. Hier werden seine wichtigsten Thesen systematisch vorgestellt und seine Gedanken zur Rolle der Intellektuellen in der Gesellschaft entfaltet. An mehreren Stellen in seinem Werk hat Said die materielle Lokalisierung des Textes in der Welt hervorgehoben und dies als »Weltlichkeit« (*worldliness*) bezeichnet. Weltlichkeit meint hier Weltzugewandtheit: Die Texte werden dabei immer in einer direkter Beziehung zu ihrem Entstehungskontext gesehen. Sie tragen gewissermaßen die Spuren der Welt in sich, weshalb ihre Bedeutung und Sinnstruktur weit über das auf den ersten Blick Sichtbare hinausgehen. Die Verbindung mit den politischen Realitäten ermöglicht den Intellektuellen, die »Wahrheit gegen die Macht vorzutragen« (Said 1994a: xiv). Eine Beschreibung, die frappierend an Foucaults Spätwerk erinnert, in dem er die *parrhesia* – das Wahrsprechen – im Zusammenhang mit einem ethischen Leben stellt (vgl. Foucault 1994). »Bei *parrhesia* hebt der Sprecher die Tatsache hervor, daß er beides ist, nämlich das Subjekt des Aussagens und das Subjekt des Auszusagenden – daß er selbst das Subjekt der Meinung ist, auf die er sich bezieht.« (Ebd.: 11)

Said lehnt spezialisierte Disziplinen ab, die sich einer kryptischen, nicht mehr allgemeinverständlichen Fachsprache bedienen.[20] Für ihn hat das akademische Sprechen und Schreiben, welches sich oft einer verschlüsselten Geheimsprache zu bedienen scheint, monologischen Charakter, das den Kontakt mit dem gemeinen Alltagsleben verloren beziehungsweise bewusst aufgekündigt hat. Auch wenn er beispielsweise Theodor W. Adornos (1903-1969) Schriften schätzt, so bedauert Said doch, dass dieser aufgrund seiner schwer zugänglichen Sprache kaum gelesen würde und dass bei jenen, die versuchen, seine Sprache zu imitieren, nur ein Jargon übrig bleibe (vgl. Said 2003: 72). Judith Butler, die Adornos Schreibweise verteidigt, weil diese sich Ideologien widersetze, indem ein vorgegebener Stil verweigert würde, antwortet Said, dass es leider oft so wäre, dass lediglich ein Jargon mit einem anderen ersetzt würde (vgl. ebd.: 72). Dabei müsse es doch um eine »Entmystifizierung« (ebd.) gehen, die, um so effizient wie möglich zu sein, den Kontakt mit der materiellen Welt

20 | Nicht von ungefähr ist Said im Vergleich zu Spivak und Bhabha sicher derjenige, der die zugänglichsten Texte verfasst hat.

und den politischen Geschehen nicht aus den Augen verlieren sollte. Die Forderung nach Weltlichkeit ist damit auch ein Ruf nach öffentlichen Intellektuellen, deren Theoriebildung in einem direkten Kontakt mit einem politischen Aktivismus steht (vgl. Chakrabarti 2010: 11). Zu dieser Vorstellung passt auch Saids Plädoyer für eine »säkulare Kritik« (*secular criticism*), die vehement die begrenzte Spezialisierung akademischer Diskurse und die Rolle der Intellektuellen in diesen hinterfragt (vgl. Said 1994a: 57): Diese sollen sich vielmehr selber als »amateurhaft« verstehen. Sein früherer Student, der Literaturwissenschaftler Aamir Mufti (1998), stellt fest, dass dieses Konzept nie die gleiche Popularität wie etwa das Konzept des Orientalismus erreichte, obschon Said selber die säkulare Kritik als für sein Schaffen zentral angesehen hat. Säkulare Kritik ist dabei durchaus religionskritisch zu verstehen, denn Said verwehrte sich gegen jedwede Art von Dogmen – ganz gleich, ob diese ideologisch oder religiös bestimmt sind. Das Problem des religiösen Diskurses sieht Said vor allem in der Immunität gegen Kritik und in deren Tendenz, statische Dualismen hervorzubringen (vgl. auch Gourgouris 2013). Für ihn geben sich amateurhafte Kritiker/-innen nicht mit den eng gezogenen Grenzen einer Disziplin und deren eigener Sprache zufrieden, widerspräche dies doch dem Grundprinzip der Weltlichkeit. Die Weltlichkeit der Texte deute zudem auf deren direkte Bindung an Macht- und Herrschaftsstrukturen. Eine Berücksichtigung dieser erlaubt es nicht, einer Theorieproduktion zu frönen, die aller Zusammenhänge mit der materiellen Welt beraubt wurde und mystische und/oder dogmatische Erklärungen stark mache (vgl. Said 2003: 48). Dabei spielt Said mit der eher negativen Konnotation der Bezeichnung »Amateur«, die unsere Vorstellungen von den sozialen Funktionen, die Akademiker/-innen erfüllen, irritiert. Wortwörtlich ist die Bedeutung von *amateurism*: eine »Aktivität, welche geleitet wird von Fürsorge und Liebe« (Said 1994a: 61). Die heutigen Intellektuellen sollen Said zufolge Amateure sein, die sich nicht in Sorge darüber zeigen, ob das von ihnen Gesagte den Leuten gefällt oder wie sie Profit daraus schlagen können. Ihre Praxis solle dagegen *idealiter* eine ethische sein, die von dem Willen geleitet wird, etwas verändern zu wollen und mithin vom Wunsch getragen ist, soziale Verantwortung zu übernehmen (vgl. ebd.: 61f.). Verärgert bemerkt er, dass »heutige Intellektuelle [...] eher [...] Literaturprofessoren und -professorinnen mit einem sicheren Einkommen und keinem Interesse an einer Auseinandersetzung mit der Welt außerhalb des Seminarraums [sind]. Solche Individuen [...] schreiben esoterische und barbarische Prosa, die vor allem auf akademische Förderung und nicht auf soziale Veränderung abzielen.« (Ebd.: 53) Said erscheint dies verdächtig. Dabei geht es ihm keinesfalls nur um eine kritische Haltung gegenüber dem Staat, vielmehr wird eine intellektuelle Notwendigkeit postuliert, die in einer permanenten kritischen Haltung zu verweilen habe – stets bereit, Halbwissen (Adorno) zurückzuweisen, und in der Lage, eine klare politische Position zu beziehen. Ohne ein Verhaftetsein in der Welt kann es laut Said für die Intellektuellen keinen Ort geben, von dem aus und in dessen Richtung sie sprechen können. Sie seien gezwungen, die Verhältnisse zu verändern und die Falle des Spezialistentums zu umgehen, wollen sie nicht zur gesellschaftlichen Marginalie geraten. Die säkulare Kritik distanziert sich nachdrücklich von einer intellektuellen Praxis, die er, in Anlehnung an Gramsci, als »priesterlich« bezeichnet. Gegen einen Rückzug der Kritik in eine labyrinthartige Textualität weist er auf eine *weltliche* Dreifaltigkeit hin: Welt – Text – Kritiker/-innen. Saids Konzept der säkularen Kritik befreit sich bewusst von jeglichen Restriktionen, die sich aus einer intellektuellen Spezialisierung ergeben können. Kritik ist dabei immer situiert zu denken: »Sie ist skeptisch, säkular [und] reflexiv offen für ihr eigenes Scheitern.« (Said 1983: 26) Was keinesfalls bedeutet, dass diese wertfrei ist (vgl. ebd.). Desgleichen betont Said die notwendige Bedingung eines realen oder metaphorischen Exils, das seiner Meinung nach erst die für die Kritik notwendige Pluralität von Visionen ermöglicht. Das Exil gestatte es den Kritikern und Kritikerinnen, die vermeintliche Heimat aus der Distanz zu betrachten und dabei auch den aktuellen Lebenskontext kritisch zu hinterfragen. Es versetzt Intellektuelle in die Lage, vom Zentrum hin zu den Rändern zu wandern (vgl. Chakrabarti 2009: 129). So kann eine »doppelte Perspektive« (Said 1983: 44) eingenommen werden, die sich als besonders sensitiv und zur Empathie fähig erweist. Das Exil ist für Said ein zutiefst ambivalenter Zustand, der gerade deswegen eine Notwendigkeit für die kritische Weltlichkeit intellektueller Praxis darstellt, weil er auch Quelle der Verzweiflung ist. Beständig warnt er davor, die kritische Praxis aus der Welt zu entlassen, da Kritiker/-innen nicht bloße Übersetzer/-innen einer *zufälligen* Realität seien. Im Gegenteil: Kritik sei immer persönlich, aktiv und verquickt mit der Welt. Dass sich viele Leser/-innen häufig durch die ›schwierige‹ Sprache aktueller Theoriebildung marginalisiert fühlten, bedeute auch, so Said, dass die Mehrheit der Intellektuellen die hegemonialen Vorstellungen und Konzepte einer europäischen Elite repliziere, die sich ebenso in einer ausgrenzenden Art des Schreibens dokumentiert. Insbesondere für ehemals kolonisierte Menschen – und andere Minorisierte – sei eine elitäre, abgehobene Form der Kritik, die keinen Wert auf einen Kontakt mit dem aktuellen soziopolitischen Geschehen lege, bedeutungslos.

Das größere Problem zeitgenössischer Kritik verortet Said jedoch in der Tatsache, dass den formalen Aspekten eines Textes eine zu hohe Bedeutung beigemessen wird, während die Materialität des Textes, sein Gebundensein an den Kontext seines Ursprungs, häufig ignoriert wird. Manche Literaturkritik ende gar, so Said, mit der Reduzierung des Textes zum Objekt, womit der Text selbst verzerrt werde. Dabei gewinne die intellektuelle Kritik gerade aus dem Aufzeigen der Verbindungslinie zwischen akademischer Praxis und den Beziehungen zur Macht ihren sozialen und auch ethischen Wert. Deswegen insistiert das Said'sche Konzept der Weltlichkeit auf der fundamentalen politischen Bedeutsamkeit des Kontextes: der Welt, aus der Text und Autor/-in entstammen. Der Text trägt immer die Spuren der Umstände, der Zeit, des Ortes und der Gesellschaft, in denen er geschaffen wurde, und ist mithin »weltlich« (Said 1983: 35). Zudem ist er »in der Welt« (ebd.: 33), d.h. er hat eine materielle Präsenz, eine kulturelle und soziale Geschichte, und ist durch politische und ökonomische Strukturen gekennzeichnet, wie er auch in einer interdependenten Beziehung zu anderen Texten, die durchaus eine andere materielle Präsenz aufweisen, steht.

Eine schlagkräftige Kritik muss über spezifische Positionen hinausgehen, weswegen Said es ablehnt, Kritik mit Etiketten wie etwa Marxismus, Liberalismus oder anderen »-ismen« zu versehen (vgl. ebd.: 28). Sollte die Solidarität Priorität gegenüber der Kritik erhalten, so würde dies das Ende der Kritik selbst bedeuten, weswegen keine Theorie und keine Praxis von Kritik verschont bleiben solle (vgl. ebd.). Auch an dieser Stelle hallt Gramscis Denken wider, für den Selbstkritik und politische Praxis unweigerlich miteinander verknüpft sind. Selbst wenn zwei Seiten miteinander kämpfen und die Loyalitäten geklärt scheinen, bleibt die Selbstkritik eine unabdingbare Notwendigkeit, denn gerade wenn um Existentielles gekämpft und gerungen wird, ist nichts wichtiger als ein kritisches Bewusstsein. Said bezeichnet dies als »oppositionelle Kritik« (*oppositional criticism*, ebd.: 29). Weil der akademische Jargon zuweilen die soziale Realität vernebelt, anstatt sie offenzulegen und begreifbar zu machen (ebd.: 4), hat Said seine eigenen Schriften so verfasst, dass sie sich auch an so genannte ›Laien‹ richten. Der von ihm gepflegte Stil ist gekennzeichnet durch viele Wiederholungen und es wird eher erzählt denn demonstriert, weswegen mitunter viele seiner Texte – zu Unrecht – als wenig theoretisch bezeichnet wurden. Viel eher legen seine Arbeiten Zeugnis davon ab, dass es notwendig und möglich ist, die Weltlichkeit der Texte nicht zu löschen. Die Kritik an seinen Texten zeigt aber auch, wie sehr das akademische Feld ein von einem Bedürfnis nach Distinktion geprägter Raum ist.

Wenn die Intellektuellen dem Imperialismus ihre Schriften entgegenhalten und Ungerechtigkeiten skandalisieren, dann formiert sich Said zufolge Widerstand. Dieser habe nichts mit einer »Rhetorik der Schuldzuweisung« (*rhetorics of blame*, Said 1994a: xi) zu tun, bei der postkoloniale Subjekte den Imperialismus für alles verantwortlich machen. Eine solche Rhetorik lehnt Said strikt ab, weil diese Veränderung nicht hervorbringe, sondern eher unterlaufe. Die von ihm propagierte Strategie der »säkularen Interpretation« (*secular interpretation*, Said 1993: 60), die sich aus der säkularen Kritik heraus erklären lässt, scheint dagegen radikaler und effektvoller zu sein. Die intellektuelle Praxis erinnert hier persistent an koloniale Zeiten und den Folgen aus diesen für das Hier und Jetzt und verknüpft diese Erinnerungsleistung gleichzeitig mit der Hoffnung auf eine bessere Welt – also Erinnerung *und* Utopie.

Said hat sich im Laufe seiner Karriere immer wieder mit der Last, ein nichteuropäischer Humanist zu sein, beschäftigt und versucht, einem in der Literaturkritik im Anschluss an den französischen Poststrukturalismus immer mehr dominierenden Antihumanismus zu widerstehen. In *Humanism and Democratic Criticism* (2004), ein Buch, das posthum erschien, fasst Said seine vielfältigen Thesen zum Humanismus zusammen. Dabei zeigt er einerseits auf, warum es möglich und wichtig ist, sich weiter kritisch auf die humanistische Tradition zu beziehen. Andererseits zeichnet er nach, warum der dem Humanismus innewohnende Eurozentrismus nach einer Bearbeitung des Kanons verlangt. Kanonisierung sei schließlich eine Strategie des Ein- und Ausschlusses und keineswegs harmlos. Die Kanonisierung bestimmt nicht nur, welche Werke als wertvoll angesehen werden, sondern universalisiert überdies Wert- und Moralvorstellung eines partikularen Kontextes. In seinem Buch *Dem Archiv verschrieben. Eine Freudsche Impression* (1997), welches sich mit Freuds Schrift *Der Mann Moses und die monotheistische Religion* (1939) beschäftigt, erläutert Derrida, dass die Macht, die von der Praxis des Archivierens ausgeht, unter anderem aus ihrer Funktion der Systematisierung und Vereinheitlichung resultiere. Derrida spricht hier von der »Konsignationsmacht«, die »ein einziges Korpus zu einem System oder zu einer Synthese [zusammenfügen kann], in dem alle Elemente die Einheit einer idealen Konfiguration bilden« (Derrida 1997: 13). Der Begriff der Konsignation bedeutet »die Übergabe registrieren« und wurde insbesondere im Überseehandel verwendet. Im übertragenen Sinne können wir die Macht des Archivs, zu konsignieren, als einen Akt der Wertbeimessung und Ordnungsschaffung verstehen. Diejenigen, die die Macht haben, zu konsignieren, stellen auch den Wert einer Theorie, eines Konzepts, einer Idee fest und vereinheitlichen kulturelle Systeme. Kultur ist jedoch nie rein und statisch, sondern immer hybrid, wie Said feststellt. Seine Strategie des Zurück-Lesens greift gewissermaßen die Macht des Archivs und der Konsignation an. Die kanonischen Texte werden aus dem Archiv geholt, übersetzt und neu gelesen, der Kontakt mit anderen kulturellen Kontexten führt unweigerlich dazu, dass neue Ideen aufgenommen werden. Die Auffassung, dass Kultur rein sein könne, ist Said immer verdächtig gewesen. Er beschreibt sie als eine Vorstellung, die den Ausschluss und die Disqualifizierung unliebsamer Werke beziehungsweise Teile derselben legitimiert habe. In *Culture and Imperialism* zeigt Said etwa auf, wie die antiken griechischen Kulturproduktionen von ihren semitischen Elementen bereinigt wurden.

Was bedeutet es, ein Humanist zu sein, wenn Gerechtigkeit für die Unterdrückten und Verachteten so weit entfernt erscheint? Was ist in diesem Zusammenhang die Rolle der Geisteswissenschaften? Ist ein neuer Humanismus, wie ihn Fanon imaginiert hat, denkbar? Said verstand sich Zeit seines Lebens als praktizierender Humanist – und auch wenn sein Kampf für Palästina in seinem Leben einen zentralen Platz eingenommen hat, so beschreibt er sich selber vor allem als Literaturdozent, Akademiker und Kritiker (vgl. Said 2003: 1, 5). Das Erstarken antihumanistischer Strömungen bringt Said dabei nicht allein mit dem Aufkommen poststrukturalistischer Schriften in Verbindung. Er erkennt an, dass diese einer neuen Generation von Studierenden im Westen die Möglichkeit gegeben hat, ihre Wut gegenüber der immer wieder zur Schau gestellten Suprematie des Westens, die etwa den Vietnamkrieg wie auch den fortgesetzten Rassismus mit humanistischen Gerede verteidigten, Ausdruck zu verleihen (vgl. ebd.: 12f.). Die »Unberührbarkeit des Kanons« (ebd.), wie Said schreibt, wurde mit dem Aufkommen der Neuen Sozialen Bewegungen in den 1960er und 1970er Jahren endlich durchgreifend angezweifelt (vgl. ebd.: 13). Doch ist es Saids Sache nicht, eine ihm sinnvoll erscheinende Idee aufzugeben, weil diese von einigen verraten wurde und entsprechend zu Recht Kritik erfährt. Humanismus *ist* für ihn Kritik, weswegen es darum gehen müsse, *gegen* den Humanismus *mit* dem Humanismus zu kämpfen. Humanismus ist für ihn eine Praxis, die allen zugänglich gemacht werden sollte und sich nicht darauf beschränken könne, eine kleine exklusive Literaturliste des europäischen Kanons zu preisen und zu rezitieren. Statt um Rückzug und Kontemplation gehe es eher um politische Partizipation und Intervention. Walter Benjamin (1892-1940) hätte, so Said, sicher recht gehabt, als er bemerkte, dass jedes Dokument der Zivilisation auch ein Dokument der Barbarei sei, doch jede noch so verdeckte Ungerechtigkeit, jeder noch so geheimnisvolle imperialer Plan, könne, so seine Hoffnung, offen gelegt, erklärt und kritisiert werden. Das sei die Aufgabe des Humanismus als Praxis (vgl. ebd.: 22). Damit hebt er einerseits das kritische Potential humanistischer Praktiken hervor und legt andererseits dar, dass auch die kanonischen Texte des Humanismus fortgesetzt unterschiedlichen Lesarten unterworfen sind. Er weist dabei auf zwei Etymologien des Wortes ›Kanon‹ hin: Die erste führt den Begriff auf das arabische Wort »*qanun*« (Recht) zurück, womit der Kanon mit »richten« und »Rechtsprechung« im Zusammenhang stehen würde. Der zweite Ursprung führt wieder zur Musik und den kontrapunktischen Formen. Said bemerkt, dass wenn der Kanon nun eher als eine kontrapunktische Figur gesehen würde, dies den Kanon nicht mehr als etwas erscheinen lasse, welches uns aus der Vergangenheit heraus schikanieren könne, sondern stattdessen immer offen für Neuinterpretationen und Resignifizierungen bliebe (vgl. ebd.: 25). Es gelte, die Polyphonie des Humanismus zu stärken. Es ist eine der Schwierigkeiten beim Umgang mit der humanistischen Tradition, dass diese immer dazu tendiert hat, einen kleinen Ausschnitt menschlichen Wissens als universal zu setzen und damit gleichzeitig die immense nicht-europäische Wissensproduktion persistent zu disqualifizieren. Humanismus, so Said, kann nicht mehr unhinterfragt hingenommen werden. Allerdings will sich Said nicht gänzlich von demselben verabschieden oder auch nur distanzieren – viel eher geht es ihm, wie Chakrabarty (2000) es formuliert, um die »Provinzialisierung« humanistischen Wissens. Eine Studie, die von Said als exemplarisch für einen kritischen Humanismus in diesem Zusammenhang vorgestellt wird, ist *Mimesis: Dargestellte Wirklichkeit in der abendländischen Literatur* des deutsch-jüdischen Literaturwissenschaftlers und Romanisten Erich Auerbach (1892-1952) – ein Klassiker der Literaturwissenschaft. Auerbach wurde von den Nazis 1935 des Amtes enthoben und migrierte kurz darauf nach Istanbul – wo er *Mimesis*, sein wohl wichtigstes Buch, im Exil schrieb. Hierin plädierte er für die Interpretation des Wirklichen durch die literarische Darstellung. Said zeigt sich von dem Buch, welches er bereits in seinem Band *The World, the Text and the Critic* (1983: 1-30) bespricht, fasziniert. *Mimesis* liest sich wie ein *par de force* durch die westliche Geistesgeschichte. Auerbach hat die meisten Werke dabei aus dem Gedächtnis zitiert, da er in Istanbul, nach eigener Aussage, keinen Zugang zu spezialisierten Bibliotheken hatte (vgl. Said 1983: 8). Eigentlich ist bereits der Versuch, die abendländische Literatur nachzuzeichnen – ein unglaubliches Unternehmen. Auerbach legt dar, dass die Beziehung zwischen Literatur und Wirklichkeit je nach Kontext unterschiedliche Gestalten annehme. Für Said ist es gerade der eklektische Stil Auerbachs und sein Unwillen, *die* Interpretation und *das* Ordnungssystem vorzugeben, die das Buch einzigartig machen. Es ist die Unorthodoxie, die Said bewundert. Zudem verdeutliche das Werk Auerbachs, dass es diesem vor allem um eine intensive und ernsthafte Beschäftigung mit dem humanistischen Kanon gehe – eine Auseinandersetzung im Übrigen, die keine langen Wege scheue, denn Humanismus ist für Said eine mühsame, aber keine mystische Praxis (vgl. Said 2003: 85ff.).[21] Es ist dies ein Humanismus, der den Ort der Textproduktion mitreflektiert. Nicht zufällig schreibt Auerbach, dass er das Buch in Deutschland nicht hätte schreiben können, er benötigte dafür die Distanz, die Teil der Exilerfahrung ist. *Mimesis*, so Said, verdanke seine Existenz »dem orientalischen, nicht-okzidentalen Exil und der Heimatlosigkeit« (Said 1983: 8) Auerbachs.

Intellektueller Aktivist: Palästina und Exil

In *Reflections on Exile* (2000: 171ff.) legt Said mit beeindruckender Klarheit dar, dass einer der Verantwortlichkeiten des Intellektuellen darin liege, für die zu sprechen, die vertrieben und enteignet wurden. Die eigene Exilerfahrung kann dabei in Anspruch genommen werden, um einen Machtmissbrauch offenzulegen. Der Migrant oder die Migrantin als eine randständige Figur, die sich zwischen den Kulturen, Sprachen und Welten aufhält, kann dadurch Wi-

21 | Sicher ist es aber auch nicht abwegig zu vermuten, dass Said *Mimesis* besonders in den Blick nimmt, weil Auerbach es im Exil geschrieben hat und seine Exilerfahrungen sehr konkret darin durchscheinen.

dersprüche und Teilungen ans Tageslicht bringen, die den Verwurzelten verborgen bleiben. Das Exil wird in dieser Lesart zu einer ermöglichenden Position. Said teilt diese Vorstellung mit anderen migrantischen und diasporischen Intellektuellen – etwa Arendt, Vilém Flusser (1920-1991), Gilroy oder auch Spivak. Das Leben im Exil beschreibt er als nomadisch und kontrapunktisch (vgl. ebd.: 186). Saids Werk kann nicht ohne seine persönlichen Exilerfahrungen und sein daraus resultierendes politisches Engagement für Palästina verstanden werden. Manch einer bezeichnet ihn als Aktivist – doch ist Said eher ein öffentlicher Intellektueller, der sich selber immer wieder als Lehrer und Akademiker bezeichnet hat. In zahlreichen Interviews und Beiträgen erwähnt er, dass es der Sechstagekrieg im Jahre 1967 war, der ihm schmerzlich in Erinnerung gerufen habe, dass er zwar US-amerikanischer Staatsbürger sei, aber letztlich als Araber wahrgenommen würde, während er sich selbst als Palästinenser verstehe. In seiner Autobiographie *Out of Place* (1999b: 293) schreibt er, dass er nach 1967 nicht mehr dieselbe Person war. Die bittere Niederlage der arabischen Länder, die es gewagt hatten, sich gegen Israel aufzulehnen, bedeutete eine andauernde Beschämung derselben. Höhnische Bemerkungen über jene, die sich diesen zugehörig fühlten, waren an der Tagesordnung. Die Medien berichteten ununterbrochen über die ›Feigheit der Araber‹ und den ›glorreichen Sieg Israels‹. Said denkt in diesen Tagen an seine Familie in Beirut und seine Freunde und Freundinnen in Ägypten, Jerusalem und den Libanon. Seine Position als diasporischer Intellektueller bestimmt fortan seine intellektuelle Arbeit.

The Question of Palestine (1979) versammelt zahlreiche Texte, in denen der humanistische Literaturwissenschaftler Said politisch Stellung zum Nahostkonflikt bezieht, der für die linken wie auch konservativen Intellektuellen in den USA und Europa eine dauernde Zerreißprobe darstellt. Als streitbarer Intellektueller hat er sich nicht nur den politischen Auseinandersetzungen nicht entzogen, sondern seine Prominenz dazu genutzt, im Namen derjenigen zu sprechen, die nicht mehr gehört werden können. Damit hat er sich viele Feinde gemacht, aber auch viele Freunde und Freundinnen gewonnen, die seinem couragierten Engagement Anerkennung zollten – selbst wenn sie ihm nicht in allen Punkten folgten (vgl. etwa Ali 2006).

Said hat sich immer gegen Gewalt ausgesprochen und Gerechtigkeit für alle von Vertreibung Betroffenen gefordert. Und obschon er seit 1977 als gewählter Repräsentant des Palästinensischen Nationalrates (PNC), das palästinensische Parlament im Exil, auch Mitglied der Palästinensischen Befreiungsorganisation (PLO) war, hat er sich nie gescheut, die Politik der PLO, wenn es ihm notwendig erschien, zu kritisieren. Die Mitgliedschaft wie auch die Kritik an der PLO hat ihm wiederum zahlreiche Kritiker/-innen im Westen, aber auch in Palästina und anderen arabischen Ländern, beschert. So formulierte er beispielsweise in einem im Oktober 1995 in *The Nation* abgedruckten Beitrag deutlich Einwände gegen das Oslo-II-Abkommen, das von Yitzhak Rabin und Jassir Arafat unterzeichnet wurde, und bezeichnet dieses als »Frieden der Schwachen« (Bayoumi/Rubin 2000: 382). Es war das erste Mal, dass er Bedenken gegenüber der Führung der PLO so offen und klar äußerte (vgl. Said 1995: xxxii). Die verärgerte palästinensische Führung ließ daraufhin Saids Bücher in der West Bank verbieten und ordnete eine Durchsuchung aller Buchhandlungen mit dem Auftrag an, alle Bücher Saids aus den Regalen zu entfernen (vgl. ebd.: 383). Bereits vier Jahre zuvor war Said von seinem Amt im PNC aus Protest gegen den Verlauf der Friedensprozesse zurückgetreten. Der frühere Berater von Arafat und das prominenteste PNC-Mitglied zieht sich allerdings nicht zurück, sondern tut das, was er selber von einem Intellektuellen immer gefordert hat: Er verfolgt das politische Geschehen in Israel-Palästina weiterhin kritisch mit und meldet sich zu Wort, wann immer er dies für notwendig erachtet. Dem engagierten öffentlichen Intellektuellen Said haben Ressentiments und Angriffe auf seine Person nicht unberührt gelassen – und doch haben diese ihn auch nicht dazu bewegt, sein Schreiben zu entpolitisieren. Im Gegenteil: In aller Schärfe kritisierte er Arafat und bezeichnete ihn als korrupten Diktator, der für das palästinensische Volk eine totale Katastrophe sei (vgl. Said 1999c [1986]: x). Seit dem Beginn der Friedensprozesse Anfang der 1990er Jahre schrieb Said unermüdlich Artikel und gab Interviews, um seinen Standpunkt sichtbar zu machen. Der israelische Soziologe und Anthropologe Dan Rabinowitz, der sich Jahre später Saids Schreiben aus jenen Jahren genauer ansieht, betont Saids Weitblick und politische Klarheit und bezeichnet Saids Opposition zum Oslo-Abkommen als »politisch mutig« und »intellektuell scharfsinnig« zugleich (Rabinowitz 2005: 143). Auch er sieht in Said einen Parrhesiast: mutig genug, um der Macht gegenüber die Wahrheit zu sagen (vgl. ebd.). »Er war ein öffentlicher Intellektueller auf der Suche nach einer gerechteren Zukunft für sein Volk« (ebd.: 144), so Rabinowitz.

In seinem mit Christopher Hitchens herausgegebenen Band *Blaming the Victims* (1988) bringt Said Texte einer Reihe unterschiedlicher Intellektueller zusammen, die den Nahostkonflikt einer kritischen Betrachtung unterziehen. Autoren sind nicht nur palästinensische Intellektuelle wie etwa Saids langjähriger Freund Ibrahim Abu-Lughod, sondern auch etwa der jüdische Intellektuelle Noam Chomsky. Für viele Jahre war Said nicht nur Repräsentant des PNC, sondern diente zeitweise auch als Berater der UNO in der Palästinafrage. In seinem 1999 gemeinsam mit dem Photographen Jean Mohr produzierten und im Jahre 1986 in erster Auflage erschienen Buch *After the Last Sky: Palestinian Lives* (1999c [1986]) beklagt Said, dass die Mehrheit der Menschen im Westen keine wirkliche Vorstellung von der Existenz des palästinensischen Volkes habe. Dagegen würde das Bild des palästinensischen Terroristen die populäre Imagination dominieren. »Sprich das Wort ›Terror‹ aus, und ein Mann, mit einer *Kaffiyah* und Maske bekleidet, der eine Kalachnikov trägt, erscheint vor unseren Augen.« (Ebd.: 4) Das Bild des verarmten, hilflosen ›Flüchtlings‹ wurde quasi ersetzt durch den ›Angst einflößenden arabischen Terroristen‹. Der Bildband versucht, diesen Stereotypen Bilder des Alltagslebens im Exil entgegenzuhalten. Die Schwarzweißbilder sind schlicht und eindrucksvoll zugleich. Sie zielen weder darauf ab, ›wehrlose Opfer‹ zu zeigen noch ›rachsüchtige Terroristen‹.

Bereits in den 1970er Jahren beginnt Said in journalistischen Beiträgen Palästina aus seiner sehr persönlichen Perspektive heraus zu beschreiben. Einige dieser Beiträge finden sich in dem Band *The Politics of Dispossession* (1995). In *The Palestinian Experience* (ebd.: 3ff.) weist er beispielsweise die antipalästinensische Polemik zurück, die den Widerstand gegen die zionistische Exklusion der Palästinenser/-innen schlicht als arabischen Antisemitismus etikettiert (vgl. ebd.: 3). Said macht es sich nicht leicht und nimmt die Gründe für die israelische Staatsgründung – insbesondere die Shoah – ernst, ohne zu verschweigen, dass eben diese Staatsgründung im Jahre 1948 von den Palästinenser/-innen als *Nakba* – die Katastrophe/das Unglück – erinnert wird. In seinem Aufsatz *Zionism from the Standpoint of its Victims*, erschienen in dem Band *The Question of Palestine* (1992 [1979]: 56ff.), wirbt Said für die kurzzeitige Einnahme einer Minderheitenperspektive. Die Mehrheit verstehe den Zionismus aus der Sicht einer jüdischen Gemeinschaft, die jahrhundertelange Verfolgung, Ghettoisierung und versuchte Vernichtung erleiden musste. Während des Naziregimes wurden sechs Millionen Juden und Jüdinnen ermordet – und es fällt aufgrund des unvergleichlichen Leidens nicht schwer, den Wunsch nach einem sicheren Ort für eine verfolgte Gruppe und einem Ort der Zugehörigkeit für eine in der Diaspora verstreute Gemeinschaft nachzuvollziehen. Said versucht, die Spannung zwischen der Unterwerfung der Palästinenser/-innen durch Israel und der Weigerung der arabischen Welt gegenüber Israel auszubuchstabieren. Während die Ideologie des Zionismus die Juden ermächtigt hätte, so Said, hätte sie gleichzeitig die Palästinenser/-innen entmächtigt. Ella Shohats Essay *Sephardim in Israel: Zionism from the Standponit of its Jewish Victims* (1988) ergänzt gewissermaßen Saids Analyse, indem sie die Entrechtung der orientalischen Juden durch den Zionismus, den sie im Wesentlichen als ein Ashkenazi (europäisch-jüdisches) Projekt versteht, beschreibt. Mizrahische Juden, so argumentiert Shohat, wurden immer als kulturell minderwertig dargestellt und mit sozioökonomischen Benachteiligungen konfrontiert. Darüber hinaus diskutiert ihr Essay das kulturelle Dilemma, Jude und Araber zugleich zu sein.

Immer wieder hat Said aber auch beständig um Einfühlungsvermögen gebeten, wenn etwa von arabischer Seite das jüdische Leid disqualifiziert wurde: »Wir müssen die Realitäten des Holocaust anerkennen, nicht als einen Blankoscheck für die Israelis, um uns zu missbrauchen, sondern vielmehr als Zeichen unserer Menschlichkeit, unsere Fähigkeit, Geschichte zu verstehen, unserer Forderung, unser Leid gegenseitig anzuerkennen [...]. Warum erwarten wir von der Welt, dass sie sich unserem Leiden als Araber annimmt, wenn (a) wir die Leiden anderer, selbst die unserer Unterdrücker, nicht (an-)erkennen können, und (b) wir nicht mit Fakten umgehen können, die die vereinfachenden Vorstellungen von *bien-pensants*-Intellektuellen herausfordern, die sich weigern, die Beziehung zwischen dem Holocaust und Israel zu sehen.« (Said 2001b: 285) Für Said ist sowohl der unhinterfragte Zionismus als auch die Weigerung innerhalb der arabischen Welt, den Holocaust anzuerkennen, zu kritisieren. Wie bereits erwähnt, war eine der Reaktionen auf Saids Kritik Zensur, die von Zionisten als auch von arabischen Nationalisten gleichermaßen gefordert wurde.

Saids 1999 erschienene Memoiren mit dem Titel *Out of Place* (1999b) führten schon vor der Publikation in den Medien zu erbitterten Debatten. Unter anderem wurde Said nachgesagt, er würde sich hier selber als Opfer stilisieren und hätte nie die Erfahrung des Exils gemacht, schließlich sei er bereits mit 15 Jahren als US-amerikanischer Staatsbürger in die USA übergesiedelt. Und auch seine palästinensische Identität wird angezweifelt, die Übersiedlung der Familie von Jerusalem nach Kairo hätte zu einem Zeitpunkt stattgefunden, an dem Said noch zu jung gewesen sei, um überhaupt ein Heimatgefühl entwickelt zu können. Im Grunde wird ihm seine palästinensische Identität rundweg streitig gemacht (vgl. Bayoumi/Rubin 2000: 399f.).

Vergegenwärtigen wir uns, wie stark das Exil Saids Leben beeinflusst hat, so kann es kaum verwundern, dass das Exil und die Migration auf seine Theoriebildung eingewirkt haben. Ob es die Weltzugewandtheit der Texte ist, die er beständig fordert, oder auch die säkulare Kritik, die er selber praktiziert und die kein Dogma zulässt: Said spricht als Mensch mit Exilerfahrung. Und geradezu selbstredend zeichnet er auch die Zusammenhänge zwischen Kolonialismus und postkolonialen Migrationsbewegungen nach und schreibt über den westlichen – insbesondere US-amerikanischen – Medienimperialismus, dass dieser sich vor allem in der Monopolisierung von Repräsentationen der Anderen äußere und jede Form von Selbstrepräsentation geradezu unmöglich mache (vgl. Said 1993: 292ff.).

Ein gutes Beispiel für die Polemik, der Said beständig begegnete, ist die so genannte »Freud-Kontroverse«. Am 6. Dezember 2001 hielt Said im Rahmen der *Freud Museum Annual Lectures* den Vortrag *Freud and the Non-European* (2003), nachdem er zuvor aufgrund des Nahostkonflikts und seiner allzu bekannten politischen Position hierzu von der Wiener Sigmund-Freud-Gesellschaft ausgeladen worden war. Im *Spiegel* ist damals zu lesen: »Edward Said [...], Exil-Palästinenser und intellektueller Vertreter der palästinensischen Sache, hat sich mit der Sigmund-Freud-Gesellschaft in Wien überworfen. Am 6. Mai, anlässlich Freuds Geburtstags, sollte Said einen Vortrag über die Faszination des Psychoanalytikers für Kulturen des Altertums wie Ägypten, Palästina und Griechenland halten. Die Einladung, bereits im August vergangenen Jahres ausgesprochen, wurde nun zurückgezogen, weil Mitglieder der Gesellschaft ein Foto entdeckt haben, das Said Steine werfend zeigt. Die Aufnahme stammt vom Juli 2000 und hatte bereits damals für Furore gesorgt. [...] Nach einem Protestbrief prominenter Psychoanalytiker an die Wiener Kollegen hat das Londoner Freud-Museum Said eingeladen, seinen Vortrag dort zu halten.[22] Obschon Said beteuerte, das es sich nur um einen Kieselstein gehandelt habe und keine Soldaten in Reichweite gewesen seien, war das Bild willkommener Anlass, um seine Integrität infrage zu stellen. In dem Vortrag, den er schließlich in London hielt, untersucht Said insbesondere Sigmund Freuds (1985-1939) Schrift *Der Mann Moses und die monotheistische Religion*, die Freud in seinen Exiljahren kurz vor seinem Tod in London verfasste.[23] Said fokussiert hier Freuds Ambivalenz mit seinem Judentum. Die erste Abhandlung ist mit *Moses ein Ägypter* übertitelt und geht der Frage nach, ob der Religionsstifter Moses tatsächlich Jude oder eben ein Ägypter war. Moses, so Freud, habe wohl den semitischen Stämmen, die seit Jahrhunderten als Sklaven in Ägypten lebten, die Aton-Religion überbracht. Die politischen und religiösen Veränderungen während der Herrschaft des Pharao Amenophis IV. – später Echnaton[24] –, der etwa zwischen 1353 bis 1336 vor unserer Zeitrechnung regiert hat, gelten als Vorläufer des Monotheismus. Moses, so Freud, verteidigte den Monotheismus, der unter anderem auch das Bildverbot einführte, selbst nachdem spätere Herrscher wieder zu ihrer Götzenanbetung zurückkehrten. Said fasziniert diese Schrift insbesondere, weil Freud Moses gleichzeitig ein- und ausschließt. Für Freud seien Semiten keine Europäer, womit er eklatant von den Ordnungssystemen in den Schriften der Orientalisten – etwa Ernest Renan (1823-1892) – und rassistischen Ideologen – etwa Arthur de Gobineau (1816-1882) – abweiche, die die Juden und Araber – Semiten eben – als fremd bezeichneten, weil diese nicht der griechisch-germanisch-arischen Kultur angehören würden (vgl. Said 2003: 16). Said versucht nun darzulegen, wie Freud bei seinem Versuch, die Ursprünge des Judentums nachzuzeichnen, die Kategorien Europäer und Nicht-Europäer zum Einsatz bringt. Dabei ist Said nicht daran interessiert, Freuds Schrift des Eurozentrismus zu überführen – dies

22 | http://www.spiegel.de/spiegel/print/d-18759195.html (letzter Aufruf 25.12.2013).

23 | Freud begann mit der Erarbeitung des Textes im Jahre 1934 (vgl. Yerushalmi 1997: 3). Die ersten zwei Abhandlungen erschienen im Jahre 1937 in unterschiedlichen Ausgaben der Zeitschrift *Imago* und wurden dann im Jahre 1939 in Amsterdam als Monographie herausgegeben. Es ist Freuds letzte Schrift, die lange Zeit nicht ernsthaft besprochen wurde.

24 | Echnaton war der Gatte der Mitregentin Nofretete und zeugte mit seiner Schwester den späteren Pharao Tutanchamun, der nach der Entdeckung seines Grabes im Jahre 1922 Weltberühmtheit erlangte.

sei nicht anders zu erwarten gewesen. Und es geht ihm auch nicht darum, zu zeigen, wie Freud die damaligen neuen archäologischen Funde in Ägypten (re-)interpretiert hat – vielmehr verfolgt Said, wie Freud das Verhältnis von Europa zu Nicht-Europa schildert und welche Beziehungen er zwischen diesen beiden Räumen annimmt – wo er gewissermaßen die Grenze zwischen einem Innen und Außen zieht. An mehreren Stellen des Vortrags macht Said dabei deutlich, dass er weit davon entfernt sei, Freud anzuklagen, den er für einen brillanten Denker hält, sondern ihn vielmehr die Argumentationslinie Freuds interessiere. Wie er pointiert feststellt, versuche er »immer die Figuren aus der Vergangenheit, die [er] bewundere, zu verstehen, wenn [s]ich auch herausstelle, wie sehr ihre Sicht auf andere Kulturen und Völker bestimmt w[ü]rde durch die Perspektiven eines bestimmten kulturellen Moments« (ebd.: 23). Die Schriften retrospektiv als politisch nicht korrekt zurückzuweisen, befindet er dagegen als dumm (vgl. ebd.). Anders als viele seiner Epigonen ist er nicht der Ansicht, dass es sinnvoll sei, Autoren und Autorinnen nachträglich zu verurteilen. Viel eher geht es um ein Nachvollziehen der Argumentationen, die ein intensives Studium vonnöten mache. An dieser Stelle ähnelt seine Position der seiner von ihm geschätzten Kollegin Spivak, die, wie wir im nächsten Kapitel zeigen werden, dafür plädiert, historische Texte nicht einfach anzuklagen, aber diese auch nicht zu entschuldigen. Vielmehr sei es angeraten, in deren Logik einzutauchen, um ein Verstehen – nicht zu verwechseln mit Verständnis – zu erreichen.

In seiner Auseinandersetzung mit Freud bezieht sich Said nun auch auf die Studie seines Kollegen Yosef Hayim Yerushalmi[25] *Freud's Moses, Judaism terminable and interminable* aus dem Jahre 1991. Für Yerushalmi ist Freuds letzte Schrift für die Erzählung der jüdischen Geschichte von besonderer Relevanz, weshalb er dieser ein ganzes Buch widmet. Freuds These fasst er wie folgt zusammen: Moses, der kein Hebräer, sondern ein ägyptischer Priester oder Edelmann war, setzt sich selber als Haupt einer unterdrückten semitischen Gemeinschaft in Ägypten ein, um die Aton-Religion vor ihrer Auslöschung zu bewahren. Er erlöst die Leviten von ihrer Knechtschaft und gründet gleichzeitig eine neue Nation. In dieser führt er einen rigiden, spirituellen Monotheismus ein. Eines der Prinzipien ist das Bildverbot und eine neue Praxis, nämlich die aus Ägypten stammende Sitte der Beschneidung (vgl. Yerushalmi 1991: 3f.). Die Beschneidung stellte Moses' Volk den Ägyptern gleich und ermöglichte gleichzeitig, so Freud, die Isolierung des neuen Volkes (vgl. Freud 1999 [1939]: 129). Im Bildverbot erkennt Freud eine sukzessive Flucht aus den Zwängen der Idolatrie, die den geistigen Fortschritt erst möglich machte. So gelingt es Freud, Antisemitismus als einen Antimonotheismus und mithin

25 | Yerushalmi war seinerzeit Professor für jüdische Geschichte und Saids Kollege an der Columbia University.

auch Antiintellektualismus zu begreifen. Freud fragt sich allerdings auch, was eigentlich einen »vornehmen Ägypter« dazu motiviert haben könnte, »sich an die Spitze eines Haufens von eingewanderten, kulturell rückständigen Fremdlingen zu stellen und mit ihnen das Land zu verlassen« (ebd.: 115). Nach einiger Zeit rebellieren die ehemaligen Sklaven, weil sie sich den strengen Regeln der neuen Religion nicht fügen wollen. Moses wird ermordet, doch die Erinnerung an seinen Mord wird aus dem nationalen Narrativ gelöscht. Die Israeliten schmieden eine Allianz mit einer verwandten nomadischen semitischen Gruppe, den Midianiten, die den Vulkangott Yahwe verehren, der zur nationalen Gottheit erkoren wird. Nach einem jahrhundertelangen Kampf gewinnen die strengen Regeln der Religion Moses' wieder die Oberhand und werden nun eingehalten und in der Verehrung von Yahwe eingebettet. Der Mord an Moses bleibt dem Kollektivgedächtnis verborgen beziehungsweise wird verdrängt und taucht nur im Bild des Mordes an Christus wieder auf (vgl. Yerushalmi 1991: 3f.). Der Vatermord wird Freud zufolge zu einer Art Trauma, die in eine Verehrung von Moses transformiert wird. »Das arme jüdische Volk«, so Freud, »das mit gewohnter Hartnäckigkeit den Mord am Vater zu verleugnen fortfuhr, hat im Laufe der Zeiten schwer dafür gebüßt. Es wurde ihm immer wieder vorgehalten: Ihr habt unseren Gott getötet.« (Freud 1999 [1939]: 196)

Freud, der sich selber immer als säkularer Jude beschrieben hat, deutet in seiner letzten Schrift auf die klaren Grenzverwischungen zwischen Ägyptern – und mithin Arabern – und Juden hin und versucht unter anderem den jahrhundertelangen Antisemitismus mit »zwei [...] Eigenheiten« (ebd.: 197) zu erklären. Es sei, so Freud, die Differenz mit den Aufnahmegesellschaften, die die Juden verdächtig gemacht habe. Dabei seien diese eben nicht grundverschieden, denn »sie sind nicht fremdrassige Asiaten, wie die Feinde behaupten, sondern zumeist aus Resten der mediterranen Völker zusammengesetzt und Erben der Mittelmeerkultur« (ebd.). Zudem äußere sich »die Intoleranz der Massen« (ebd.) stärker gegen die feinen Unterschiede. Als zweite Eigenheit für den anhaltenden Judenhass nennt Freud die unglaubliche Resilienz des jüdischen Volkes, das selbst grausamste Verfolgung überlebt und sich im Arbeitsleben und im Feld der Kultur behauptete. »Die tieferen Motive des Judenhasses wurzeln in längst vergangenen Zeiten, sie wirken aus den Unbewußten der Völker.« (Ebd.)

Auch wenn kaum etwas an Freuds These gänzlich neu ist, so scheint sie vielen dennoch ungeheuerlich. Said geht dieser Ungeheuerlichkeit nach – ein Unternehmen, das auch aus dem Grunde an dieser Stelle so viel Platz einnimmt, weil der Vortrag, der posthum erschien und sich intensiv mit Freuds Schreiben am Ende seines Lebens beschäftigt, vieles von dem zusammenbringt, was dem Autor von *Orientalism* Zeit seines Lebens beschäftigt hat: darunter unter anderem die Frage nach »Ursprung« und »Herkunft«, die je nach Kontext unterschiedlich verfolgt wurde; die Beziehung zwischen Juden und Arabern und die wechselnden Grenzziehungen, die es immer wieder verhinderten, die Gemeinsamkeiten zum Thema zu machen und stattdessen die Gegenüberstellung von ›Wir‹ und ›Anderen‹ aufruft, dass die eigene Identität immer wieder gegen ein Außen verteidigt, welches in diesem Prozess erst geformt wird; und schließlich die Frage, wie mit dem Rassismus der Gelehrten umzugehen ist, die nicht einfach aus den Regalen lesenswerter Literatur verbannt werden können, da sie unser Denken zu stark geprägt haben. Nicht zufällig führt Said in seinem Vortrag auch Conrad an, über dessen Werk er in den 1960er Jahren seine Dissertation verfasst hat und dessen Schriften vielen als so problematisch erscheinen, dass selbst eine Auseinandersetzung damit tabuisiert wird – als ginge man das Risiko einer Kontaminierung ein. Für Said steht ohne Zweifel fest, dass Conrads Schriften von einer eurozentrischen Vision getragen werden – und doch lenkt er unsere Aufmerksamkeit auf die antinomischen Momente in Conrads Schriften, die ein Zurück-Schreiben ermöglichen (vgl. Said 2003: 24f.). Auch Freuds fragmentarisches und widersprüchliches Werk erscheint Said antinomisch und damit in einer eigenartigen Weise couragiert. Für Freud ist Moses Ägypter und mithin »different von dem Volk, dass ihn als Führer adoptierte – ein Volk, welches jüdisch wurde und das Moses später als *sein* Volk schuf« (ebd.: 35; Hervorhebung im Original). Im Gegensatz zu Yerushalmi, für den Freud unzweifelhaft jüdisch ist, streicht Said dessen Ambivalenz *vis-à-vis* dem Judentum heraus. Freud hat sich immer dagegen verwehrt, die Psychoanalyse als eine jüdische Wissenschaft zu bezeichnen. Er hielt dies im Grunde für eine antisemitische Strategie. Auf Unverständnis und Interesse gleichzeitig stößt bei Said Freuds Erklärung für den anhaltenden Antisemitismus. Wie, so fragt sich Said, kann der Begründer der Psychoanalyse gleichzeitig behaupten, Moses sei Ägypter *und* die Juden seien nicht so fremd »wie die fremdrassigen Asiaten«, da sie »Erben der Mittelmeerkultur« seien (Freud 1999 [1939]: 197). Said findet diese Aussage schwach und unbefriedigend und fragt sich, ob der wachsende Antisemitismus, der Freud schließlich aus Wien vertrieben hat, ihm womöglich dazu motiviert habe, Schutz zu suchen, indem er Juden und Jüdinnen im Inneren Europas verortete (vgl. Said 2003: 39f.). Er nimmt die Argumentation Freuds zum Anlass, um über das Konzept ›Nicht-Europäer‹ und die Verschiebungen in seiner Bedeutung nachzudenken: Die Nürnberger Prozesse hatten Juden und Jüdinnen während des Naziregimes aus eben dieser Kategorie ausgeschlossen und damit als »entbehrlich« (ebd.: 40) bestimmt. Nach 1948 findet, so Said, mit der Etablierung Israels in Palästina »eine Re-Schematisierung der Rassen und Völker« (ebd.: 41) statt. Israel wird zu einem quasi-europäischen Staat, der die Anderen – die Araber (palästinensische Araber, Ägypter, Syrier sowie auch arabische Midianiten: allesamt Semiten) – für den Westen in Schach halten soll. Im Gegensatz zu Freud, so Said, der den Ursprung des Judentums in Ägypten sieht, lösche die israelische Judikative und Exekutive diese Vorstellung aus und setze eine striktere, geschlossene Sicht in Bezug auf die jüdische Identität durch (vgl. ebd.: 44). Bei aller Kritik lasse Freuds Sichtweise doch keine simple nationalistische und/ oder religionsspezifische Ursprungsnarrative zu. Said konkludiert schließlich, dass »Freuds ungelöste[r] Identitätssinn [...] als Beispiel so produktiv [sei], weil die Bedingungen, die er so schmerzlich beleuchtet, eigentlich in der nicht-europäischen Welt umfassender sind, als er erwartet [habe]« (ebd.: 55).

Es bleibt die dringliche Frage zurück, wie mit dem Trauma umzugehen ist, wissend, dass das Trauma, wie Freud herausgearbeitet hat, nach Wiederholung drängt. Kultur und Identität beruhen auf Gewalt und Triebverzicht. Dabei stellen, wie Derrida in seiner Auseinandersetzung mit Freud feststellt, die Strategien der Verdrängung und des Erinnerns und Archivierens keineswegs Gegensätze dar. »Als ob man nicht eben genau das, was man verdrängt, erinnern und archivieren könne, es archivieren könne, indem man es verdrängt (denn Verdrängung ist eine Archivierung), das heißt anders archivieren, das Archiv verdrängen, indem man die Verdrängung archiviert; anders, gewiß, und darin liegt das ganze Problem, als nach den Weisen der geläufigen, bewußten, anerkannten Archivierung.« (Derrida 1997: 116) Said ist kein Freund von Derridas Dekonstruktion – und doch scheinen beide an dieser Stelle eine ähnliche Zielrichtung zu haben, die sie mit Freuds Lebenswerk teilen: den Spuren des Verdrängten nachzugehen, um gewaltvolle essentialistische Vorstellungen aufzubrechen. Während Said sich hierfür der säkularen Kritik bedient und poststrukturalistische Theorie als nicht weltzugewandt verurteilt, gelingt es Derrida mithilfe einer abstrakt anmutenden Strategie, die Grundlagen westlichen Denkens zu erschüttern.[26]

Es mutet geradezu ironisch an – und ist gleichzeitig auf merkwürdige Weise stimmig –, dass der palästinensisch-amerikanische Literaturwissenschaftler Said, der als Christ in Ägypten aufgewachsen ist und die meisten Jahre seines Lebens in den USA verbrachte, am Ende seines Lebens darin gehindert wird, einen Vortrag zur letzten Schrift des deutsch-jüdischen Mediziners Freud, der eigentlich Schriftsteller werden wollte, und darin über Ursprünge und Herkunft nachdenkt, zu halten. Stattdessen hält er den Vortrag, nach weltweiten Protesten von Psychoanalytiker/-innen, den Erben Freuds gewissermaßen, am Ort von Freuds Exil – London. Die kontrapunktische Lesart von *Der Mann Moses und die monotheistische Religion* erlaubt es Said, über die Herstellung von ausgrenzenden Nationalnarrativen nachzudenken, die die Staatsgründung Israels für Israel und Palästina zu einem Trauma haben werden lassen. Die britische Literaturwissenschaftlerin Jacqueline Rose, die Saids Vortrag kommentierte, bemerkt poetisch und treffend zugleich, dass sie sich nicht mehr

26 | Auch Spanos bemerkt in *The Legacy of Edward W. Said* (2009: 7), dass der Einfluss der poststrukturalistischen Theoriebildung auf sein Denken unbestreitbar ist – trotz Saids gegenteiliger Beteuerungen.

wünsche, Said hätte den Vortrag in Wien gehalten, denn dieser Moment sei für immer verloren, doch hätte sie sich beim Lesen und Hören des Vortrags gewünscht, die Wiener Gastgeber/-innen hätten dem Vortrag in London beiwohnen können (vgl. Rose 2003: 79). Das blieb ein Wunsch. Das kollektive Trauma auf beiden Seiten der Grenzen verhinderte nicht nur das Gespräch, sondern auch die Selbstkritik. Dies öffnet einen Spalt, in dem sich der von Freud und Said gefürchtete Antiintellektualismus einnisten kann, um dann nationalistische Ursprungsnarrative wie auch Utopien zu ersinnen und zu verstreuen.

Said war ein politischer säkularer Kritiker und engagierter öffentlicher intellektueller Aktivist gleichermaßen. Postkoloniale Theorie, die ohne Said nicht denkbar ist, ist deswegen auch ohne politisches Engagement nicht denkbar. Oder besser: Postkoloniale Theorie ist immer zwangsläufig politisch. Saids Werk wird im deutschsprachigen Raum insbesondere im Zusammenhang mit Analysen zur Islamophobie und/oder zum antimuslimischen Rassismus rezipiert. Hier können Kontinuitätslinien zwischen den imperialen Orientalismus und den aktuellen rassistischen Stereotypen denen gegenüber, die als muslimisch und/oder arabisch wahrgenommen werden, ausgemacht werden. Said hat das in zahlreichen Studien vor und nach dem 11. September 2001 bereits selber getan. So legte er 1981 in *Covering Islam* minutiös die Bilder vom ›gewalttätigen‹ und ›barbarischen‹ Islam offen, die die westlichen Medien konstant verbreiten und die auf einer unglaublichen Ignoranz des Westens *vis-à-vis* dem Nahen Osten beruhen: »Für das allgemeine Publikum in Amerika und Europa heute, bedeutet Islam ›Nachrichten‹ von einer besonders unangenehmen Sorte.« (Said 1981: 144) Über 30 Jahre später können wir immer noch sehen, dass, wann immer ›muslimische Menschen‹ und/oder der ›Islam‹ in den Medien Thema sind, mit Sicherheit davon ausgegangen werden kann, dass die Repräsentationen in der Tendenz feindselig sind. Vielleicht war Said ein Vordenker – oder aber, und das ist plausibler, die orientalistischen Bilder, die sich durchaus wandlungsfähig zeigen, sind resistenter als die kritisch-westliche Lehrmaschinerie (*teaching machine*, Spivak 1993a). Saids Schriften bleiben aktuell und rufen gleichzeitig zur Debatte auf.

III. Gayatri Chakravorty Spivak – Marxistisch-feministische Dekonstruktion

»Falls Ihnen etwas, das ich heute sage, ganz unzumutbar erscheint, so bitte ich Sie, dies der Ernsthaftigkeit meines Ansinnens zuzuschreiben. Also wieder Freiheit für den Widerspruch.« (Spivak 1999b: 39)

Geboren wurde die Literaturwissenschaftlerin Gayatri Chakravorty Spivak 1942 – fünf Jahre vor der Unabhängigkeitserklärung Indiens – in Kalkutta, der Hauptstadt Westbengalens. Sie wuchs in einer gebildeten Mittelschichtsfamilie auf und besuchte die *St. John's Diocesan Girls' Higher Secondary School* – eine Mädchenschule, die 1876 von den Missionarinnen Angelina Hoare und Milman[1] gegründet wurde – und später das angesehene *Presidency College*[2], heute *Presidency University of Kolkata.* Im Alter von 17 Jahren erwarb sie dort 1959 ihren Bachelor als Jahrgangsbeste in Englischer Literatur und erhielt Ehrungen in den Fächern Englische und Bengalische Literatur. Anschließend ging sie in die USA an die Cornell University, wo sie zunächst ihren Master in Anglistik erwarb. Um ein Stipendium zu erlangen, lernte sie Französisch und erhielt 1964 als erste Frau ein Vollstipendium der Telluride Association.[3] Bereits während ihrer Promotion lehrte sie als Assistenzprofessorin mit nur 24 Jahren an der University of Iowa. Spivak promovierte schließlich 1974 bei Paul

1 | Vorname nicht bekannt.

2 | Das Presidency College folgte 1855 dem Hindoo College, welches als einer der ersten Institutionen für höhere Bildung in *British India* – im westlichen Sinne – bereits im Jahre 1817 gegründet wurde. Obschon es nur männliche Hindus annahm, rühmt sich das College auf seiner Website, immer eine säkulare Bildung verfolgt zu haben. Unter anderem haben hier zwei spätere indische Präsidenten, der Nobelpreisträger Amartya Sen sowie der renommierte Filmemacher Satyajit Ray studiert.

3 | Siehe die Website zum 100-jährigen Bestehen der Telluride Association http://www.tellurideassociation.org/about/centennial/historical_exhibit.html (letzter Aufruf 14.1.2014).

de Man (1919-1983) in Vergleichender Literaturwissenschaft mit einer Arbeit zum Schaffen des irischen Poeten W.B. Yeats. Ihr erstes Buch veröffentlichte sie im selben Jahr. Ihre bereits 1976 erschienene Übersetzung von Derridas *De la Grammatologie* ins Englische und das darin enthaltene 80-seitige Vorwort brachten ihr beachtliche Anerkennung innerhalb der internationalen Wissenschaftscommunity ein. Die Übersetzung fungierte als Türöffner für Derridas Werk in den anglophonen Wissenschaftsbetrieb und zeichnet damit mitverantwortlich für die weltweite Rezeption der Derrida'schen Dekonstruktion.

Spivak lehrte an unterschiedlichen Hochschulen der USA, bis sie schließlich 1991 an die Columbia University berufen wurde, an der bereits seit einigen Jahren Edward Said lehrte. Seit 2007 ist Spivak *University Professor* der *Columbia University* und besetzt damit den höchsten akademischen Rang einer US-amerikanischen Hochschule. Obschon die Columbia University bereits im Jahre 1754 gegründet wurde, ist Spivak die erste und bisher einzige *women of color*, der diese Ehre zuteil wurde. Ihr Aufsatz *Can the Subaltern Speak?* (1988) wird mit Saids *Orientalism* als ein Gründungsdokument der postkolonialen Studien bezeichnet. Sie zählt zu den renommiertesten Literaturkritiker/-innen der Neuzeit und sagt von sich selber, dass sie vor allem eine Lehrerin sei. 1997 gründete sie das *Pares Chandra and Sivani Chakravorty Memorial Education Project*, eine *Non-profit*-Organisation, die eine qualitativ hochwertige Bildung für subalterne Kinder in Westbengalen anbietet. Sie selber ist jedes Jahr dort und bietet unter anderem ein kontinuierliches Training für Lehrer/-innen an, die mit ihr zusammenarbeiten, um – in Spivaks Worten – im größten Sektor der indischen Wählerschaft demokratische Gewohnheiten zu entwickeln. Sie zählt zu den wenigen Intellektuellen, die nicht nur die unterschiedlichsten wissenschaftliche Disziplinen beeinflusst haben, sondern auch politische Aktivisten und Aktivistinnen auf der ganzen Welt. Spivaks Denken und politisches Tun ist nicht einfach zu beschreiben. Sie selber spricht von sich als »ethische Philosophin« und bemerkt, dass sie es als eine Verpflichtung und tiefe ethische Verantwortung der Geisteswissenschaften ansieht, bei Minderheiten, die historisch über eine unsichtbare Unterdrückungsstruktur von Sprache und Geschichte ferngehalten wurden, einen Willen zur sozialen Gerechtigkeit zu wecken – einen Willen, den sie gleichzeitig auch bei den privilegierten Studierenden, die viel zu früh digitalisiert würden, hervorbringen möchte[4] (vgl. auch Spivak 2011).

Spivak hat zahlreiche Ehrungen und Auszeichnungen erhalten: darunter 2012 den Kyoto-Preis – bekannt als der Nobelpreis der Künste – in der Sparte »Denken und Ethik«, zahlreiche Ehrendoktortitel – sowie 2013 den *Padma Bhushan* der Republik Indien. Ihre Schriften sind in zahlreichen Sprachen und

4 | Siehe das Interview mit Spivak im Zusammenhang mit dem Erhalt des Kyoto-Preises von 2012 (http://news.columbia.edu/oncampus/2818, letzter Aufruf 14.1.2013).

etlichen Auflagen erschienen. Zu ihren wichtigsten Publikationen zählen *In Other Worlds* (1988), *Outside in the Teaching Machine* (1993a), *A Critique of Postcolonial Reason: Towards a History of the Vanishing Present* (1999a), *Other Asias* (2008) und *An Aesthetic Education in the Era of Globalization* (2012).[5]

Spivak lehnt es ab, unter eine theoretische Schule subsumiert zu werden und lässt stattdessen in ihren Studien mannigfache Strategien und Konzepte unterschiedlicher Schulen zum Einsatz kommen. Sie verwendet dabei eine rigorose rhetorische Strategie der Intervention und Supplementierung, die akademische Regeln durchbricht und die disziplinäre Autorität untergräbt. Ergebnis solch intellektueller Performanz sind komplexe und eigenwillige Betrachtungen, die nicht nur von hoher Dichte sind, sondern auch mit unerwarteten Wendungen aufwarten, die die Leser/-innen zuweilen desorientieren (vgl. Young 2004: 199). Mit ihren ambitionierten Texten zeigt Spivak, dass es möglich ist, einen politischen Kampf an mehreren Fronten gleichzeitig auszutragen. Den postkolonialen Gegendiskurs beschreibt sie dabei in der interessanten rhetorischen Wendung: »die hartnäckige Kritik an dem, was man nicht nicht wollen kann« (Spivak 1991a: 234). Gegen die Kritik, die behauptet, dass ihre Schriften im Grunde das politische Ziel zu sabotieren drohen, da sie zu voraussetzungsvoll seien, argumentiert Spivak, dass gerade innerhalb der postkolonialen Theorie die Verwendung diverser Quellen eine unumgehbare Notwendigkeit darstelle. Die Analyse müsse unvermeidlicherweise die Heterogenität postkolonialer Realitäten anerkennen (vgl. Spivak 1999a: 314ff.). Die fragmentarische Form ihrer Schriften ist damit nicht nur eine Frage des persönlichen Stils, sondern stellt eine politische und theoretische Strategie dar. Spivak behauptet von sich selbst, sie sei nicht gelehrt genug, um transdisziplinär zu sein – aber doch in der Lage, die Regeln zu brechen (vgl. ebd.: xiii). Und an anderer Stelle bezeichnet sie sich gar als »*bricoleur*« (Spivak 1985a: 8), die das nutzt, was ihr gerade in die Hände gerät. Spivaks Migration ebenso wie die links-intellektuelle antikoloniale Tradition Indiens – insbesondere in Bengalen – haben ihr Denken und Schreiben entscheidend geprägt. Ihr beständiges Bemühen, Marxismus und dekonstruktive Praxis mit feministischen Anliegen zusammenzubringen, haben ihr den Titel »feministisch-marxistische Dekonstruktivistin« (MacCabe 1988: ix) eingebracht.

Obwohl Spivak vor allem für ihren wichtigen Beitrag im Feld der postkolonialen Studien bekannt ist, ist ihr Schaffen wahrlich nicht darauf beschränkbar. Spivaks kritisches Oeuvre, ebenso wie die Reichweite und der Einfluss

5 | In deutscher Übersetzung liegen nach wie vor nur relativ wenige Arbeiten von Spivak vor. 2012 ist jedoch im Kohlhammer Verlag endlich eine Übersetzung von *A Critique of Postcolonial Reason: Towards a History of the Vanishing Present* (deutsch: *Kritik der postkolonialen Vernunft: Hin zu einer Geschichte der verrinnenden Gegenwart*) erschienen.

ihrer Arbeiten, beschränkt sich keineswegs nur auf die Analyse der Effekte des Kolonialismus. Ihre Schriften umfassen eine weite Bandbreite an Themen – vom poststrukturalistischen Denken über Literaturkritik, kontinentale Philosophie, Feminismus, Psychoanalyse, Menschenrechts- und Entwicklungspolitik bis hin zu internationaler Arbeitsteilung. Zusätzlich zu ihrer Betonung der materialistischen Dimensionen des Kolonialismus, besonders der Inkorporierung der Kolonien in die internationale Arbeitsteilung, welche einen Prozess globaler Ungleichheit und sozioökonomischer Verarmung, besonders in der ›Dritten Welt‹, initiierte, unternimmt Spivak semiotische Untersuchungen, in denen sie die kulturelle Produktion des Imperialismus fokussiert, die sie als »Weltenmachen« (*worlding*) der ›Dritten Welt‹ (1985c: 247) bezeichnet. Im »Worlding« sieht sie Ähnlichkeiten mit Marx' »Warenfetischismus«, wonach im Kapitalismus Waren so fetischisiert werden, dass der in ihrer Produktion angewandte (entfremdete) Arbeitsprozess nicht mehr zu erkennen ist (vgl. Kapoor 2008: 43). Spivak zufolge hat die epistemische Gewalt des Imperialismus dazu geführt, dass die ›Dritte Welt‹ in ein Zeichen verwandelt worden ist, dessen Produktion dermaßen vernebelt wurde, dass westliche Überlegenheit und Dominanz quasi naturalisiert und glaubhaft gemacht werden konnten (vgl. Spivak 1999: 114ff.). Die Verleugnung des »Weltenmachens« der ›Dritten Welt‹, die Wechselbeziehungen zwischen dem Imperialismus und der vergeschlechtlichten internationalen Arbeitsteilung im Zeitalter der Globalisierung ermöglich es, so die postkoloniale Intellektuelle, zu ignorieren, wodurch der Kolonialismus entweder ausradiert oder weit genug in der Vergangenheit situiert wurde.

Als ehemalige Studentin von Paul de Man hat sie früh begonnen, dekonstruktive Strategien heranzuziehen, um etwa die offizielle indische Geschichtsschreibung »gegen den Strich« zu lesen. Allerdings sagt sie auch, dass Dekonstruktion selber »katachrestisch« (*catachretized*, Spivak 1991a: 242) gefasst werden muss.[6] Spivak ist der Ansicht, dass die Dekonstruktion politische und theoretische Werkzeuge zur Verfügung stellt, die im Kampf gegen soziale Ungerechtigkeit effektiv zum Einsatz gebracht werden können. Zugleich bedient

6 | Für ihre Textanalysen verwendet Spivak die Techniken der Katachrese und der Neuanordnung. Letztere löst den gesamten Text aus dem Kontext heraus, um ihn dann mit fremden Argumenten zu verbinden (vgl. Spivak 1988: 241). So nutzt Spivak »subalternes Material« von Mahasweta Devis Erzählungen, um die theoretischen Diskurse des Westens zu untersuchen, und kann damit deren Begrenzungen und weißen Flecken sichtbar machen. Die Katachrese hingegen verschiebt spezifische Bilder und rhetorische Strategien innerhalb einer Erzählung, um sie dann zur Eröffnung neuer Bedeutungsfelder und -funktionen, die im Kontrast zu einem konventionellen Verständnis stehen, freizugeben.

sie sich jedoch auch marxistischer Theorieansätze und feministischer Analysen – wiewohl sie auch diese konsequenterweise kritisch zur Disposition stellt.

Neben dem »Neu-Denken« Marx'scher und Derrida'scher Ansätze werden auch Spivaks Übersetzungen und Kommentierungen des Werkes der bengalischen Schriftstellerin und Aktivistin Mahasweta Devi ins Englische international geschätzt. Unbestritten ist, dass ihre Arbeiten stark von der *South Asian Subaltern Studies Group*, einem Zusammenschluss indischer Historiographen und Historiographinnen, in deren Fokus der Widerstand so genannter subalterner Gruppen steht, inspiriert wurden. Das Verständnis vom Konzept der Subalternen basiert dabei auf einer Gramsci-Interpretation durch Ranajit Guha, dem Mitbegründer der Gruppe (Guha 1982). Guha definiert ›subaltern‹ als einen Raum, der innerhalb eines kolonialisierten Territoriums von allen Mobilitätsformen abgeschnitten ist (vgl. Spivak 1996a: 288, 1999a: 270f.). Die Arbeiten der Gruppe zeigen auf, inwiefern der nationale Befreiungskampf im Grunde versagt hat, denn die Mehrheit eines postkolonialen Indien lebt immer noch in bitterer Armut. Die ökonomische und politische Macht ruht in Indien – wie auch in anderen ehemaligen Kolonialländern – bis zum heutigen Tage in den Händen einer kleinen Gruppe männlicher Angehöriger der gebildeten Mittelschicht, während die ländlichen Bevölkerungsschichten kaum von der Unabhängigkeit profitierten. Existenziell hat sich für sie nach der Befreiung von der Kolonialherrschaft nur wenig verändert (vgl. Guha 1983). Das Projekt der *South Asian Subaltern Studies Group* möchte die »Geschichte von unten« nachzeichnen, indem es die Leerstellen des bürgerlichen Befreiungskampfes beleuchtet.

Ein Hauptaugenmerk Spivaks gilt der Pädagogik, die sie als ein »sich Anlegen mit dem Apparat der Wertekodierung« (Spivak 1990b: 227f.) und damit als eine politisch intervenierende Praxis versteht (vgl. Spivak 1999a: 74ff.). So beschreibt sie in ihren Texten immer wieder die Eigenartigkeit von Lernprozessen wie auch die Notwendigkeit des Verlernens. Die Nichtberücksichtigung des Kolonialismus und Imperialismus bei der Behandlung der Geschichte des 19. Jahrhunderts, die typisch für die Hochschulen des Westens ist, wird von Spivak scharf kritisiert. Für sie ist dies ein erneuter Beweis für die postkoloniale Fortsetzung epistemischer Gewalt (vgl. Spivak 1985b: 130). Als Konsequenz fordert sie in *Death of a Discipline* (2004a) eine einschneidende Revision des Kanons und die Weiterentwicklung der Literaturwissenschaften beziehungsweise Geisteswissenschaften zu einer transdisziplinären und -nationalen Kulturwissenschaft, die sich den Konsequenzen des (Neo-)Kolonialismus stellt.

(Post-)Kolonialismus und der literarische Text

Die Produktion und Rezeption der englischen Literatur des 19. Jahrhunderts stand, wie bereits Said gezeigt hat, in einem direkten Zusammenhang mit der imperialistischen Mission, die als ihr Ziel vorgab, die kolonialen Subjekte erziehen und damit zivilisieren zu wollen. Im Gegensatz zu Said, der sich in erster Linie mit der dominanten europäischen Literatur beschäftigt, wendet Spivak ihren Blick auch in Richtung postkolonialer Texte und fragt, ob diese die politische und rhetorische Macht haben, die »Großen Erzählungen« (*grand narratives*) kolonialer Tradition herauszufordern. Mit einer solchen Fragestellung gelingt es ihr, das totalisierende Modell des kolonialen Diskurses direkt anzugreifen.

Spivaks frühe Schriften bieten kritische Lesarten englischer Klassiker an und stellen die in diesen eingebettete Ideologie des Kolonialismus offen infrage. Wie Said betont sie hier, dass das Studium dieser kanonischen Werke im Interesse der Kolonialmacht war. Die englische Nationalkultur wurde durch diese als von Natur aus zivilisierter als nicht-europäische Kulturen dargestellt, wodurch quasi eine kulturelle Rechtfertigung des Kolonialismus erfolgte. Spivak behauptet, dass es nicht möglich sei, die britische Literatur des 19. Jahrhunderts zu lesen, ohne daran erinnert zu werden, dass der Imperialismus als soziale Mission ein ausschlaggebender Teil der kulturellen Repräsentation Englands war. Das Studium der englischen Literatur spielte eine wichtige Rolle in der Formierung der politischen Autorität des britischen Empires. Die indische Mittelschicht wurde damit gewissermaßen überzeugt, dass der Kolonialismus einem moralischen und intellektuellen Zweck diene.

In *Three Women's Text and a Critique of Imperialism* (1985c) bestimmt Spivak den klassischen Roman *Jane Eyre* (1847) von Charlotte Brontë (1816-1855) als eine für den feministischen Individualismus im imperialistischen Zeitalter geradezu typische Erzählung und liest ihn *à rebours* – gegen den Strich. Der Text zeigt auf, wie das Narrativ des weiblichen Individualismus sich mit dem Narrativ des Imperialismus verwoben zeigt. Während feministische Kritiker/-innen *Jane Eyres* Kampf um Selbstbestimmung gegenüber den Zwängen einer rigiden patriarchalischen viktorianischen Gesellschaft fokussieren, zeichnet Spivak nach, wie die Subjektkonstitution des britischen weiblichen Selbst auf der Exklusion des ›kreolischen‹ weiblichen Charakters *Bertha Masons* von der Kategorie des Menschlichen beruht. Konkret zeigt sie auf, wie die jamaikanische ›Kreolin‹ und Ehefrau des Briten Rochester, Bertha, in der Rolle der Anderen auftritt, damit Jane den Part der Heldin übernehmen kann (siehe auch McClintock 2001). Spivak zufolge wird eine weibliche Emanzipation der weißen europäischen Frau nur unter Auslassung der kolonisierten Frau möglich. Charlotte Brontë macht es den Lesern und Leserinnen nicht möglich, mit Bertha zu sympathisieren, während Janes Narrativ sozialer Mobilität und wirtschaftlicher Unabhängigkeit jeglicher Kritik enthoben wird, so Spivak. Der Diskurs kolonialer Unterdrückung wird so Janes Kampf um wirtschaftliche Unabhängigkeit, die ihren Ursprung in Profiten kolonialer Sklaverei hat, untergeordnet. Spivaks spezifische Lesart verdeutlicht, in welcher Weise selbst eine radikale Kritik am Patriarchat imperialistisch wirksam sein kann, wenn sie unter einer verschobenen Perspektive betrachtet wird. Dabei bringt sie in ihren Analysen die unbewusst rassifizierte Anordnung eines konzeptuellen Rahmens zu Tage, der sich in einer Reihe von kanonischen Texten von Autorinnen des 19. Jahrhunderts nachweisen lässt. Anhand einer genauen Untersuchung dieser Erzählungen gelingt es ihr unter anderem, die Art und Weise darzulegen, wie eine westliche weibliche Individualität auf Kosten der Anderen erreicht wird.

Bei der Besprechung des Romans *Wide Sargasso Sea* (1966) der auf Dominica geborenen britischen Schriftstellerin Jean Rhys (1894-1979), welcher den Klassiker *Jane Eyre* aus der Perspektive der marginalen Figur Bertha umschreibt, untersucht Spivak, wie es gelingt, die kulturelle Autorität englischer Klassiker infrage zu stellen und wie dominante Narrative über eine Geltendmachung der Stimmen von Figuren, die in der Erzählung marginalisiert und zum Schweigen gebracht worden waren, unterlaufen werden. Spivak vergleicht die beiden Romane detailliert und analysiert insbesondere den textuellen Widerstand, der in Rhys' Umschreibung durch eine Enthüllung verborgener Handlungsmacht in Berthas tragischem Tod entsteht. Während Brontë Bertha als eine Figur darstellt, deren Funktion es ist, »die Grenze zwischen Mensch und Tier unbestimmbar zu machen« (Spivak 1985c: 268), präsentiert Rhys Bertha als Kritikerin des Imperialismus. Nach Spivak stellen postkoloniale Texte die Autorität des kolonialen Diskurses durch eine transparente Repräsentation der Stimmen der Kolonisierten nicht offen infrage, stattdessen »bewachen sie die Ränder« (*guarding the margins*) (1999a: 132), indem sie die Stimmen der Kolonisierten vor einer imperialistischen Repräsentation bewahren.

In einer ähnlichen Weise wird J.M. Coetzees Roman *Foe* (1986) aus der Perspektive der Figur Freitag, Robinson Crusoes Diener in Daniel Defoes *Life and Adventures of Robinson Crusoe* (1719), erzählt. Mit Bezug auf die Marx'sche Interpretation Robinson Crusoes im ersten Band des *Kapitals* erinnert uns Spivak daran, dass Marx die Figur Robinson Crusoes zitiert, um daran zu erläutern, wie Produkte menschlicher Arbeit vom spezifischen sie produzierenden Körper abstrahiert werden. Während Defoes Robinson Crusoe sich der produktiven Nutzung der natürlichen Ressourcen der Insel für den merkantilen Kapitalismus verschreibt, hat Coetzees Crusoe kein Interesse daran, seine Zeit dort zu dokumentieren oder ein Inventar der vom Schiffsbruch geretteten Werkzeuge anzufertigen. Coetzees Foe unterbricht so das in Gestalt Crusoes propagierte europäische Geschichts- und Arbeitsnarrativ.

Während Defoes Text keinen Platz für Frauen hat, benutzt Coetzee eine weibliche Erzählerin, Susan Barton, die Robinson Crusoe und Freitag auf der Suche nach ihrer Tochter entdeckt. Interessanterweise wird Susan Bartons Suche nach ihrer Tochter schließlich ihrem Verlangen, »Freitag als Subjekt zu konstruieren« (Spivak 1991b: 168), indem sie ihm eine Stimme verleiht, untergeordnet. Spivak folgend zeigt Coetzees Roman die Grenzen einer Allianzpolitik zwischen Antikolonialismus und Feminismus auf, da »beide nicht denselben narrativen Raum einnehmen können« (ebd.). Die Gewalt der kolonialen Bildung, die bei Robinson Crusoe im Hintergrund blieb, wird nun durch die Offenbarung, dass Freitags Zunge durch Sklavenhändler entfernt worden war, in den Vordergrund gestellt. Susan Barton versucht, seine Stummheit zu überwinden und Freitag eine Stimme zu geben (vgl. ebd.: 169). Anfänglich experimentiert sie mit Bildern, um Freitag bei der Beschreibung seines Verlustes zu helfen, erkennt aber schließlich die Sinnlosigkeit ihrer Versuche, die traumatischen Erfahrungen durch Bilder darzustellen. Sie versucht als nächstes, Freitag das Schreiben beizubringen. Spivak unterstreicht die Tatsache, dass eines der Worte, welche Susan Barton Freitag zu vermitteln versucht, »Afrika« ist. Für Spivak ist das Wort »Afrika« eine Katachrese oder ein unzulässiges Wort, da es einem ganzen Kontinent durch europäische Kolonialmächte historisch aufgezwungen wurde (vgl. ebd.: 170). Susan Barton versucht, Freitag das Wort »Afrika« beizubringen und ihm so eine Sprache zu geben, die nationale Unabhängigkeit durchzusetzen und die koloniale Erzählung anzufechten. Für Spivak ist diese Szene besonders signifikant, da sie die Grenzen der Dekolonisierung und die Unmöglichkeit der Wiederherstellung einer nationalen Identität, die unkontaminiert vom Erbe des Kolonialismus ist, aufzeigt. Nach Spivak schafft Susan Barton als repräsentative »metropolitanische Antiimperialistin« (ebd.: 170) es nicht, Freitag »den Eigennamen seiner Nation oder seines Kontinents« (ebd.) beizubringen. Dieses Scheitern ist signifikant, da es demonstriert, dass die kritische und politische Agenda der Dekolonisierung auf einer Katachrese oder auf einem Namen ohne adäquaten Referenten beruht. Freitags ›Unfähigkeit‹, die kleinsten phonetischen Bestandteile des Englischen auszusprechen, bedeutet nicht, dass Freitag keine Handlungsfähigkeit oder Stimme außerhalb westlicher Repräsentationen besitzt, vielmehr ist er nach Spivak ein »undeutlicher Akteur des Vorenthaltens innerhalb des Texts« (*an unemphatic agent of withholding in the text*, ebd.: 172). Entgegen Susan Bartons Versuch, das kolonisierte Subjekt als Opfer zu konstruieren, welches repräsentiert werden muss, um gerettet zu werden, verweigert Freitag dem dominanten Diskurs und der Repräsentation seine Stimme und schützt sie dadurch (vgl. Sanders 2006: 67; Morton 2007: 28ff.).

Während der Schreiblektion geht Freitag dazu über, »laufende Augen« auf die ihm von Susan Barton gereichte Schreibtafel zu zeichnen. Sie kommt daher frustriert zu dem Schluss, dass die Lektionen sinnlos seien, und fragt sich:

»Wie kann Freitag wissen, was Freiheit bedeutet, wenn er kaum seinen eigenen Namen kennt?« (Coetzee zit. in Spivak 1991b: 171) Für Spivak ist das Scheitern der Schreiblektion Bartons eine instruktive Lehre für Lesende postkolonialer Texte. Anstatt Freitag als passives Opfer der Kolonialgeschichte zu begreifen, betont Spivak, dass Susan Bartons wohlwollendes emanzipatorisches Narrativ ihm keinerlei rhetorischen Freiraum lassen. Freitags Weigerung zu sprechen, könnte dementsprechend als gegen die Agenda von Nationalismus und Identität gerichtet begriffen werden. Susan Barton greift in ihrem Versuch, Freitags ›authentische‹ Stimme wiederzugewinnen, schließlich darauf zurück (vgl. Spivak 1991b: 172). Spivak argumentiert nun, dass Freitags Handlungsmacht in seiner Weigerung repräsentiert zu werden besteht; in seinem Schweigen; in der Verweigerung seiner Perspektive in Konfrontation mit den Systembedingungen dominanter Repräsentation und dominanten Wissens. In ihrem Vergleich von Defoes und Coetzees Freitag-Repräsentation betont Spivak, dass Coetzee Freitag nicht einfach eine Stimme verleiht, sondern ihm vielmehr den konzeptuellen Raum gibt, die Verletzlichkeit der Unterdrückten zu thematisieren, ohne dabei den Widerstand zu romantisieren. Anders gewendet: Coetzee verweigert den wohlwollenden antiimperialistischen Impuls, Freitag einfach Handlungsmacht zu verleihen, indem er fähig wird zu sprechen (vgl. Morton 2007: 32).

Eine ähnliche Aktion kann in Mahasweta Devis Kurzgeschichte *Pterodactyl, Puran Sahay and Pirtha* (1994) beobachtet werden. In dieser Geschichte zeichnet ein Stammesjunge namens Bikhia einen Pterodactylus auf eine Höhlenwand im fiktionalen Dorf Nagesia. Die Höhlenzeichnung wird dann im Bewusstsein der Stammesgemeinschaft lebendig. Für den Protagonisten Puran Sahay, ein gebildeter bürgerlicher linker Journalist, der das Dorf besucht, um einen Bericht über die Unterdrückung indigener Gemeinschaften in Indien zu schreiben, wird die Notlage der Stammesgemeinschaft durch staatliche Korruption, Kastenunterdrückung, Enteignung und Hungersnot verursacht. Trotzdem versteht Puran allmählich anhand eines nonverbalen Austauschs mit Bikhia über die Pterodactylus-Höhlenzeichnung, dass es in der Stammessprache keine Wörter gibt, die ihre täglichen Erfahrungen beschreiben könnten (vgl. Devi 1994: 118). In einer direkten Begegnung zwischen Puran und Bikhia versucht Puran, Bikhias Augen zu interpretieren, scheitert jedoch daran. Bikhias Zeichnung des Pterodactylus steht für ein unrepräsentierbares Zeichen, das darauf verweist, dass die Indigenen ihre eigene Geschichte, ihre spezifische Beziehung zum Land und ihre prekäre Zukunft verstehen. Dieses subalterne Wissen, verschlüsselt in der Höhlenzeichnung des Pterodactylus, widersetzt sich einer Übersetzung in Indiens postkoloniale Erzählung. Wie Freitag in Coetzees Foe steht Bikhia für einen Wächter des Randes, der die Bedeutung seiner Kultur schützt, indem er sie verschweigt (vgl. Sanders 2006: 19; Morton 2007: 33).

In ihren literarischen Textanalysen verfolgt Spivak klassischerweise Nebenschauplätze und -darsteller/-innen oder scheinbar unwichtige Motive, um eine »Route des Verschweigens« freizulegen, die die Subjekte aus der Haupthandlung ausgrenzt und sie stattdessen auf Nebenschauplätze verschiebt. Literarische Texte funktionieren ihr zufolge als »rhetorische Gegen-Orte«, von denen aus die Geschichte(n) Subalterner artikuliert werden. Dies sollte freilich nicht als ein Versuch missverstanden werden, das Leben und die Kämpfe der Entmächtigten zu bloßen »Seiten eines Buches« (Spivak 1988: 198) zu reduzieren. Das dekonstruktive Lesen fiktionaler Texte etwa der bengalischen Schriftstellerin Mahasweta Devi, deren Erzählungen häufig Ereignisse indischer Geschichte im 20. Jahrhundert reflektieren, können als eine Intervention betrachtet werden, das persistente Schweigen der britischen Archive und der nationalen Bourgeoisie zu stören. Devi bietet in ihren Kurzgeschichten eine Artikulationsmöglichkeit für die Handlungsmacht und den Widerstand subalterner Frauen im postkolonialen Indien. Damit widersteht sie Spivak zufolge symbolisch dem Vergessen der Marginalisierten innerhalb der hegemonialen Erzählungen im postkolonialen indischen Kontext. Frauen wie auch Indigene und die Landbevölkerung erhalten so Eintritt in eine gegendiskursive Geschichtsschreibung.

So sprechen Devis *Breast Stories* (1998) kraftvoll von der Überausbeutung und der Gewalt an den Körpern der subalternen Frau. Spivaks Übersetzungen und Kommentierungen von Devis Erzählungen untersuchen in erster Linie das Versagen der Dekolonisierung und die Exkludierung subalterner Frauen von der Teilnahme an der Demokratie im unabhängigen Indien. In Devis Kurzgeschichte *Stanadayini* (1998) (*Breast Giver*) beispielsweise stirbt eine Frau namens Jashoda, die Angehörige einer ›niederen‹ Kaste ist, nachdem sie als Amme mehrere Kinder einer wohlhabenden Brahmanenfamilie der gehobenen Mittelschicht versorgt hat. Spivak legt anhand dieser Erzählung die kritischen Paradigmen des marxistischen und liberalen Feminismus und der lacanianischen feministischen Theorie dar, während sie gleichzeitig die Irrelevanz des Nationalismusnarrativs für das Leben der Subalternen herausarbeitet (vgl. 1988: 245).

Die Literaturwissenschaftlerin sympathisiert einerseits mit marxistisch-feministischen Theorien, die aufzeigen, dass die Hausarbeit von Frauen im europäischen marxistischen Denken ausgeklammert wird, weil es ausschließlich die Lohnarbeit des männlichen Arbeiters in den Blick nimmt (vgl. Sanders 2006: 39f., 45f.; Morton 2007: 37f.). Allerdings bemerkt sie auch, dass in der Kritik nach wie vor die reproduktive Arbeit der subalternen Frauen im globalen Süden vernachlässigt wird. Weiter argumentiert Spivak, dass das Einkommen, welches durch Jashodas wiederholte Schwangerschaften und Laktation während ihrer Beschäftigung als Amme generiert wird, es ihr ermöglicht, ihren Ehemann und ihre Familie finanziell zu unterhalten. Der Verkauf von Jashodas Arbeitskraft verschiebt den Fokus marxistisch-feministischer Theorie weg von der Familie als Subjekt der Reproduktion hin zur bemutternden Frau (vgl. 1988: 248). Dies stellt die maskuline Logik, die der Arbeitswerttheorie in den Schriften materialistischer Denker zugrunde liegt, infrage.

Spivaks Kritik liberal-feministischer Ansätze fokussiert die Tendenz des nicht-marxistischen antirassistischen angloamerikanischen Feminismus, Klassenantagonismen zwischen der Elite und den Subalternen nicht zu berücksichtigen. Eine durch Spivaks Kritik des liberalen Feminismus aufgeworfene Frage ist, ob die reproduktiven Rechte von Frauen ein universelles politisches Ziel des globalen Feminismus sein sollten (vgl. Sanders 2006: 74ff.; Morton 2007: 38). Im Kontext ihrer Diskussion von *Breast Giver* bemerkt sie, dass die Lösung für Jashodas Problem nicht nur in reproduktiven, sondern ebenso in produktiven Rechten liegt, welche subalternen Frauen nicht nur durch Männer, sondern ebenso durch privilegierte Frauen vorenthalten werden. Dies deute auf das zugrunde liegende Paradox der Bevölkerungskontrolle in der ›Dritten Welt‹ (vgl. Spivak 1988: 258). Die Privilegierung reproduktiver Rechte als universelles politisches Ziel im westlichen liberalen Feminismus kann ungewollt zur Unterdrückung subalterner Frauen im globalen Süden führen.[7]

Doch Spivak macht hier nicht halt, sondern beschäftigt sich auch kritisch mit französischen feministischen Theoretikerinnen und deren Aufwertung der »orgasmischen Lust von Frauen [...], welche über die Kopulation oder Reproduktion hinausgeht« (Spivak 1988: 258). Die lacanianische Definition der *jouissance* wurde von französischen Feministinnen wie Luce Irigaray und Monique Wittig radikalisiert als Exzess, der nicht als positive Präsenz erfasst werden kann, auch wenn er sich der Logik maskuliner Intelligibilität verweigert. Nach Spivak kann dieses radikale Verständnis der *jouissance* nicht universell auf die soziale und politische Position subalterner Frauen wie Jashoda angewandt werden, deren von Krebs befallener Körper »sehr weit entfernt ist von der Singularität des klitoralen Orgasmus« (1988: 260), der in der westlichen feministischen Theorie oft als exemplarisch für weibliche Lust gesehen wird. Dies spielt auf die Diskontinuität der weiblichen Sexualität auf beiden Seiten, zwischen Frauen der Elite und subalternen Frauen, an (vgl. Sanders 2006: 80ff; Morton 2007: 39).

---

7 | Die afroamerikanische Intellektuelle Angela Y. Davis zeigt zur selben Zeit in ihrem Buch *Women, Race and Class* (1981) auf, warum schwarze Frauen sich nicht an den feministischen Bewegung gegen Abtreibungsgesetze beteiligt haben, und erläutert, wie diese so stark von einem Klassenbias wie auch von Rassismus durchdrungen war, dass es verarmten afroamerikanischen Frauen unmöglich wurde, sich der Bewegung anzuschließen.

Spivak vertritt dabei die Ansicht, dass Literatur einen rhetorischen Raum für subalterne Gruppen schaffen kann, der es ermöglicht, die unterdrückten Geschichten ihres Widerstands zu artikulieren. Sie weist darauf hin, dass ein auffälliger Unterschied zwischen der archivalischen historiographischen Herangehensweise an Subalternität und der literarischen Repräsentation von Widerständen in den Erzählungen von Devi besteht (vgl. Spivak 1988: 241ff.). Das ist auch der Grund dafür, dass Spivak viel Energie darauf verwendet hat, nicht nur Devis Erzählungen ins Englische zu übersetzen, sondern sie auch umfassend zu kommentieren. Sie sieht hierin eine Möglichkeit, die Erfahrungen subalterner Frauen artikulierbar zu machen, selbst wenn sie zugleich bemerkt, dass dieses Projekt *a priori* ethisch limitiert ist. Die Herausforderung bestehe darin, kulturelle Produktionen aus nicht-westlichen Kontexten in die dominanten Diskurse des Nordens einzuschreiben, ohne dass die Literatur des Südens subalternisiert wird (vgl. ebd.: 241). Vehement kritisiert Spivak dagegen ein naives Verständnis politischer Repräsentation, welches fälschlicherweise annimmt, man könne die literarische Repräsentation mit der politischen gleichsetzen.

Devis Erzählungen bringen die strukturellen Schranken der Klassenzugehörigkeit, Kultur und Literatur zur Sprache, die die indigenen Gemeinschaften daran hindern, an der parlamentarischen Demokratie im postkolonialen Indien teilzunehmen. Für diejenigen, die nach wie vor durch bestehende Gender-, Klassen- und Kastensysteme brutal ausgebeutet werden, können die Rituale der Demokratie nichts anderes darstellen als ein absurdes Theater. Devis Erzählungen intervenieren in den homogenisierenden nationalistischen Diskurs und fügen ihm Risse zu, so dass das vormals glatte Narrativ der Nation unterbrochen wird.

In diesem Zusammenhang kommt Spivak auch auf die Kommodifizierung der ›Dritte-Welt-Literatur‹ als kulturelles Objekt für eine westliche Leserschaft zu sprechen und bemerkt, dass es oft aufstrebende ehemalig Marginalisierte seien, die dazu beitragen, Marginalität zu vermarkten (vgl. Spivak 1991b: 154). Mit Rückgriff auf Derridas »Unerkennbarkeit der Ränder« erklärt sie, dass der Rand nicht als positives konzeptuelles Ding begriffen werden kann, denn er entzieht sich immer unserem Begriffsvermögen und ist deshalb »gänzlich anders«.

Spivaks Bemühen um eine andere Repräsentation subalterner Räume durch die Verbreitung von Mahasweta Devis Erzählungen, die zuvor nur Lesenden vorbehalten waren, die des *Bangla* – der bengalischen Sprache – mächtig waren, blieb freilich nicht ohne Kritik. Nicht nur die Güte der Übersetzungen wurde beanstandet – auch die Interpretationen von Devis Texten durch Spivak wurden angegriffen (vgl. Salgado 2000). Zudem wurde sie beschuldigt, Devis Texte für die internationalen Konsumenten und Konsumentinnen, die sich in einer nur oberflächlichen Weise für die Stimmen der Anderen interessieren, vermarktet zu haben. Ihre eigene Kritik fiel so auf sie selbst zurück, blieb aber insgesamt eher unbedeutend.

Privilegien verlernen: Imperialistischer Feminismus und die ›Dritte-Welt-Frau‹

Einer der wichtigsten Beiträge Spivaks sind ihre Darlegungen zum »vergeschlechtlichten subalternen Subjekt« (*sexed subaltern subject*, Spivak 1994a: 103). Die subalterne Frau wird von ihr als doppelt verletzlich beschrieben, nämlich einerseits über eine ökonomische Ausbeutung als Folge des Imperialismus und andererseits über eine erzwungene Unterordnung innerhalb patriarchalischer Strukturen. Es ist diese geschlechtssensible Perspektive, die Spivak vom Kreis postkolonialer Theoretiker wie etwa Said, Bhabha, Guha oder Mignolo merklich distinguiert.

Ein großes Verdienst Spivaks ist es gleichermaßen, dass sie die westlichen Feminismen einer kontinuierlich kritischen Hinterfragung ausgesetzt hat und dabei deutlich machen konnte, dass es unmöglich ist, in einer universellen Geste *alle* Frauen repräsentieren zu wollen, ohne gleichzeitig die Komplizenschaft einiger mit den imperialistischen Politiken unter die Lupe zu nehmen. Wie andere postkoloniale Feministinnen zweifelt auch Spivak die Existenz einer ›globalen Schwesterlichkeit‹ an, die die Frauenbewegung der ›Ersten Welt‹ mit der ›Dritten Welt‹ angeblich verbindet. Die Sprache der Bündnispolitik ist in Spivaks Augen nur attraktiv für Frauen aus dominanten sozialen Gruppen, die sich an einem »internationalen Feminismus« interessiert zeigen (vgl. Spivak 1994a: 84). Sie bemerkt, dass der akademische Feminismus des Nordens ungewollt mit den Interessen der Frauen im Süden in Konflikt tritt – und diesen zuweilen sogar schadet. Anders gewendet: Der »Internationale Feminismus« ist in erster Linie ein Diskurs des Nordens, und sein Engagement für die Frauen des Südens ist oft nichts weiter als eine paternalistische Mission für die ›armen Schwestern‹ in der ›Dritten Welt‹ (vgl. etwa Mohanty 1988; Castro Varela/Dhawan 2009a).

In ihrem Essay *French Feminism in an International Frame* (1988) verweist Spivak etwa auf die koloniale Kontinuität eines westlichen Feminismus, der Kolonialismus nur selten zum Thema macht und noch seltener den Beitrag weißer Frauen bei der Ausbeutung und gewaltvollen Unterdrückung der Kolonialländer analysiert. Insbesondere Julia Kristeva (1982 [1974]) gerät in Spivaks Visier, deren ›Engagement‹ für Frauen in China sie als beispielhaft für eine Selbstkonstitution der westlichen Welt über die Funktionalisierung des Südens liest, bleibe doch das Interesse zuvorderst die *eigene* Identität. Neben anderen westlichen poststrukturalistischen Intellektuellen sei es Kristeva, die außereuropäische Kulturen nur dann benennt, wenn sie die Autorität westlichen Wissens und westlicher Subjektivität herausfordern will, womit sie in »obsessiver Weise selbstzentriert« (Spivak 1988: 137) bleibe. So interessiere sich Kristeva für die matriarchalischen Ursprünge Chinas, weil diese eine alternative feministische Utopie bereitzustellen scheinen, und blende, so Spivak, dabei die aktuelle soziale und politische Situation chinesischer Frauen aus. Für Spivak ist das »symptomatisch für ein kolonialistisches Wohlwollen« (ebd.: 138).[8]

Beständig weist sie die Akteurinnen der feministischen Bewegungen im globalen Norden darauf hin, dass die Kämpfe der Frauen im Süden eine andere materielle Grundlage haben als jene, die von Frauen der ›Ersten Welt‹ ausgetragen werden. In diesem Zusammenhang erinnert sie auch daran, dass das »Differentmachen« (*othering*, Spivak 1999a: 113) nicht-westlicher Frauen letztlich dazu beigetragen hat, den (britischen) Imperialismus als eine soziale Mission zu legitimieren. So diente etwa die Praxis der Witwenverbrennung (*sati*) als Beweis dafür, dass es sich bei der indischen Gesellschaft um eine ›barbarische‹ und ›primitive‹ handele, die über eine Kolonisierung zivilisiert werden *müsse*.

Spivaks Kritik gilt zunächst den westlichen Intellektuellen, jedoch bezieht sie kontinuierlich ihre eigene privilegierte soziale Position in die theoretischen Betrachtungen ein und kritisiert etwa, dass sie in den Hochschulen des Nordens als Repräsentantin und/oder »einheimische Informantin« (*native informant*, Spivak 1999a: 6) des Südens wahrgenommen wird. Sie stellt hierbei die notwendige Frage, wie es möglich sei, der Rolle und Funktion der effizienten Informantin für akademische Interessen des Westens zu widerstehen, und insistiert, dass das privilegierte Wissen *verlernt* werden muss, da es sich durch koloniale und neokoloniale Interessen korrumpiert zeige. Nur dann, so Spivak, kann der Prozess der Globalisierung und seine Effekte auf den Lebensalltag der subalternen Frauen im Süden verstanden werden. Die verbreitete Praxis, Frauen des Südens zu romantisieren und auch zu viktimisieren oder etwa in paternalistischer Manier darzustellen, bleibe dagegen symptomatisch für ein kolonialistisches Wohlwollen (vgl. Spivak 1988: 138).

Wiederholt macht Spivak auf die internationale Arbeitsteilung aufmerksam, die sich in der Ausbeutung der Frauen des Südens durch multinationale Konzerne als billige Arbeitskräfte dokumentiert. Die Tendenz, Erfahrungen von Frauen aus der ›Dritten Welt‹ in den Begrifflichkeiten einer westlichen weiblichen Subjektivität zu beschreiben, kritisiert sie aufs Schärfste. Die privilegierte Distanz zum Leben der Entmächtigten zeigt sich für Spivak insbesondere in einer »gestatteten Ignoranz« (*sanctioned ignorance*) westlicher pädagogischer Institutionen, die ironischerweise nur über die Ausbeutung der Arbeitskraft aus der ›Dritten Welt‹ aufrechterhalten werden kann (vgl. Spivak

8 | Young weist auf ein Paradox in Spivaks Arbeiten hin, da sie einerseits auf einer Heterogenität der Frauen in der ›Dritten Welt‹ bestehe und doch gleichzeitig andererseits die Frauen der ›Ersten Welt‹ homogenisiere (vgl. Young 2004: 210).

1994a: 86). Spivak schlägt hier unter anderem die Praxis des Verlernens als Intervention vor. Privilegien seien immer auch ein Verlust. Sie nur als Gewinn zu sehen, müsse dementsprechend verlernt werden (vgl. etwa Spivak 1990a: 9). Im Spivak'schen Sinne impliziert die Problematisierung der eigenen »gestatteten Ignoranz« (ebd.) das Verlernen.

Zur Illustration erzählt Spivak, wie sie als Kind auf dem Land ihres Großvaters ein Streitgespräch zwischen zwei Wäscherinnen mithörte, bei der die Frauen die *East India Company* als Eigentümer des Landes bezeichneten. Da die materiellen Bedingungen des Lebens dieser Frauen unverändert geblieben waren, war es ihnen entgangen, dass das Eigentum des Landes schon vor Jahrzehnten von der *East India Company* auf das *British Raj* (Britische Herrschaft) und dann schließlich auf die unabhängige Republik Indien oder in Privateigentum übergegangen war. Damals empfand Spivak das Reden der Frauen als historisch inakkurat. Erst ein Verlernen ermöglichte es ihr, so Spivak, ihr Urteil über das situierte Wissen dieser Frauen zu den Eigentumsrechten des Landes zu problematisieren. Es sind nämlich die klassenabhängigen Annahmen, die für das voreilige Urteil der Wäscherinnen verantwortlich zu machen sind (vgl. Spivak 1988: 135). Situiertes Wissen ist dabei nicht gleichzusetzen mit Ignoranz. Heute distanziert sich Spivak von der Idee des Verlernens. Ihrer Meinung nach hat das Konzept zu sehr dazu beigetragen, das eigene Unwissen zu entschuldigen. Es sei darum angeraten, dieses zu verwerfen.

Als Teil ihrer kontinuierlichen Beschäftigung mit Dekolonisierungsbewegungen und der Frage der Subalternen im Allgemeinen verfolgt Spivak die sich wandelnden globalen Diskurse bezüglich der Frauen des Südens. In ihrem Essay *Claiming Transformation* (2000a) greift sie etwa die Rhetorik der Vereinten Nationen (UNO) in der Deklaration der Frauenrechte an, die den Zugang zur globalen Telekommunikation und das Recht auf Zugang zu Mikrofinanzierungsprogrammen mit dem allgemeinen Empowerment von Frauen des Südens verwechsle. Hingegen werde kein Versuch gemacht, die infrastrukturellen Bedingungen zu verändern, die die ökonomische Verarmung der Frauen auf dem Lande erst herstellen. Angesichts der aktuellen globalen Ungleichheiten zwischen den gebildeten professionellen Frauen in den hoch industrialisierten Ländern des Nordens und den subalternen Frauen in den sich ›entwickelnden‹ Nationen des Südens erscheint Spivak die Rhetorik der UNO als geradezu zynisch. Sie spricht sich hier für eine Abstinenz gegenüber jeglicher Exotisierung subalterner Frauen aus und beklagt den nostalgischen Wunsch, so sein zu wollen wie diese. Viel eher gehe es für die »privilegierten Feministinnen im Prozess der Dekolonisierung« (Spivak 1995c: 197) darum, von den entmächtigten und entrechteten Frauen zu lernen, anstatt deren historischen Erfahrungen mit einer Geste der mitleidigen Aufklärung korrigieren zu wollen (vgl. Spivak 1988: 135). Konkreter bestehe die Herausforderung darin, zu denen zu sprechen und von denen zu lernen, die weder lesen noch schreiben können und doch »in den Breschen des Kapitalismus« (über-)leben.

Spivak zufolge ist es gefährlich anzunehmen, dass man der ›Dritten Welt‹ – und besonders den ›Dritte-Welt‹-Subalternen – auf Augenhöhe begegnen könne, bleibe doch die Interaktion mit und Repräsentation von den Subalternen zwangsläufig voreingenommen (vgl. Kapoor 2008: 45). Wenn das erforschende Subjekt bewusst oder unbewusst seine Komplizenschaft leugnet oder vorgibt, »keine geopolitischen Bestimmungen« (Spivak 1994a: 66) zu haben, macht es sich selbst keineswegs unsichtbar, sondern setzt sich in eine privilegierte Position. Es erhebt Anspruch darauf, *für* Subalterne zu sprechen, und rechtfertigt so Macht- und Herrschaftsverhältnisse mithilfe einer dubiosen Repräsentationspolitik. Die Romantisierung Subalterner essentialisiert diese zudem als nicht ideologisch konstruierte Subjekte. Solche Bemühungen zielen nicht nur darauf, *für* Subalterne zu sprechen, sondern auch darauf, ›authentische‹ und ›heroische‹ Subalterne zu produzieren. Diese Gesten können, wie Spivak ausführt, als Gründungsakte des imperialen Subjekts als ein ethisch-politisches gesehen werden. Das Verlangen der Intellektuellen, wohlwollend und altruistisch zu sein, bringt den Subalternen letztendlich zum Schweigen, obwohl er die Illusion von Solidarität heraufbeschwört und vorgibt, ihnen zuzuhören. Spivak bezeichnet dies als »Auslöschung in der Offenlegung« (*effacement in disclosure,* Spivak 1999: 310). Das Transparentmachen der ungleichen Verhältnisse führt erneut zur Marginalisierung der subalternen Ränder.

Mit dem Begriff »Lehrmaschine« (*teaching machine,* Spivak 1993a) bringt Spivak die Überschneidung zwischen Wissensproduktion und Machtwillen auf den Punkt. Den Prozess der Feldforschung und Datenerhebung im globalen Süden beschreibt sie dabei als einen »Informationsabruf« (*information retrieval,* Spivak 1990a: 59), durch den die subalterne Frau zu einer Quelle »kultureller Differenz« wird. Spivak interpretiert dies als eine alternative Form von Imperialismus, durch die die ›Dritte Welt‹ erneut zu einer Ressource für die ›Erste Welt‹ wird, und bezeichnet dies als eine »Gewinnung von Mehrwert ohne außer-ökonomischen Zwang« (*extraction of surplus-value without extra-economic coercion,* Spivak 1999: 279). Wissenschaftler/-innen verwandeln die Rohmaterialien in Form von Geschichten und Daten in Wissen. Die Subalternen haben Erfahrungen, die Intellektuellen haben Theorien. Die Diskontinuität zwischen Theorie und Praxis wird so aufrechterhalten (vgl. Kapoor 2008: 47).

Marxismus überdacht

Spivaks Positionen bleiben strategisch ambivalent. Auf der einen Seite bezeichnet sie sich etwa als »altmodische Marxistin« (Spivak 1991a: 244), um dann auf der anderen Seite davon zu sprechen, dass es gelte, Marx zu »radikalisieren«

(ebd.). Wie wir bereits aufgezeigt haben, ist es für Spivaks Denken charakteristisch, dass die Grenzen klassischer Theorien ausgetestet werden – und nicht, dass eine systematische und konsistente Form kultureller Kritik etabliert wird. Deswegen hat Spivak die Verwendung Marx'scher Konzepte und Kategorien nie abgelehnt, sondern stattdessen ein dekonstruktives »Wieder-Lesen« (*re-reading*, Spivak 1993a: 115) angeregt. Kontinuierlich überarbeitet sie traditionelles Marx'sches Vokabular, um die ökonomische Ausbeutung von Frauen im Süden in Bezug auf die internationale Arbeitsteilung beschreibbar zu machen. Die ökonomischen Strukturen im Zeitalter des mikroelektronischen Kapitalismus und seine politischen – aber auch kulturellen Konsequenzen – bilden dabei das Zentrum Spivak'scher Theoriebildung und Analysen.

Marx ist immer wieder zu Recht für sein eurozentrisches Modell politischer Emanzipation kritisiert worden, welches die Erfahrungen kolonisierter Subjekte in nicht-westlichen Gesellschaften durchgängig ignoriert (vgl. etwa Said 1978: 153ff.; dagegen etwa Ahmad 1992: 222ff.; Jani 2002). Tatsächlich hat Marx es versäumt, seine Gedanken zu Indien und Afrika (etwa 1960a; 1960b [1853]) in eine entwickelte Imperialismusanalyse zu überführen.[9] Die Kämpfe des westlichen Proletariats für ökonomische Gleichheit und Emanzipation im 19. Jahrhundert repräsentieren Marx zufolge ein politisches Interesse der *gesamten* Menschheit, womit er offenkundig entrechtete Gruppen wie kolonisierte Subjekte nicht in seine Analysen einbezog. Deren politisches Interesse weicht nicht nur empfindlich von denen westlicher Proletarier/-innen ab, sondern steht nicht selten auch im direkten Widerspruch zu diesen. Trotz dieser Leerstellen war und bleibt marxistische Theorie zentral für die intellektuellen und politischen Arbeiten vieler antikolonialer und postkolonialer Aktivisten, Aktivistinnen und Theoretiker/-innen (siehe etwa Bartolovich/Lazarus 2002; San Juan, Jr. 2002; Amin 2011). Auch aufgrund des gescheiterten Versuchs der ›Dritten Welt‹, ökonomisch unabhängig von der ›Ersten Welt‹ zu werden, werden Marx'sche Theorien für postkoloniale Analysen weiterhin bedeutsam bleiben. Und obschon viele anderer Meinung sein mögen, ist die Marx'sche Theorie bei Spivak nicht nur eine Marginalie, sondern immer zentral gewesen.

Um Marx'sche und marxistische Ansätze für einen nicht-westlichen Kontext weiter zu ›öffnen‹, analysiert Spivak Subjektpositionen unter Gender- und Klassenperspektiven, um daran die Irreduzibilität der Vielfalt von Subjekten und Territorien, die beim »Weltmachen« unter kolonialer Herrschaft produziert wurden, darzulegen. In diesen marxistischen Interventionen deckt sie unter anderem die Ignoranz westlicher Theoriebildung in Bezug auf Rassismus und Sexismus auf. Ihre elaborierten Studien zu Lohnarbeit und Kapitalis-

9 | Rosa Luxemburg dagegen beschreibt in *Die Akkumulation des Kapitals* (1990 [1913]: 320ff.) detailliert und schonungslos die Kolonisierung Indiens durch England und unterwirft das imperialistische Unternehmen einer vehementen Kritik.

mus haben in tatsächlich beeindruckender Weise die Aktualität, Vitalität und Relevanz Marx'schen Denkens unter Beweis stellen können (etwa Spivak 1988: 154ff.). Die brutalen und enthumanisierenden Bedingungen, unter denen viele in der postkolonialen Welt Lohnarbeit verrichten müssen, machen schmerzlich deutlich, dass Marx' Kritik am Kapitalismus im Europa des 19. Jahrhunderts immer noch aktuell für das Verständnis ökonomischer Gewaltverhältnisse im 21. Jahrhundert ist.

Im Vergleich zu den Erfahrungen des männlichen europäischen Industriearbeiters im 19. Jahrhundert finden wir allerdings heute eine Situation vor, in der multinationale Konzerne zunehmend ihre Produktionen in den Süden auslagern. Dort sind die Arbeiter/-innen vielfach nicht gewerkschaftlich organisiert und aus diesem Grunde maximal ausbeutbar (vgl. etwa Mohanty 2000; weitere Rowbotham/Mitter 1993; Ong 2006). Die geographische Zerstreutheit eines modernen Kapitalismus macht es Arbeiterinnen im Süden besonders schwierig, sich zu organisieren und in den Begrifflichkeiten zu repräsentieren, die dem männlichen Industriearbeiter im Europa des 19. Jahrhunderts noch zur Verfügung standen. Die Arbeiterin im Süden ist darüber hinaus auch besonders verletzlich, weil ihr vergeschlechtlichter Körper zusätzlich durch patriarchalische Regimes – dazu zählen die eigene Familie, religiöse Institutionen und der Staat – regiert wird (vgl. Spivak 1988: 167). Spivaks Analysen regen hier zu einem Überdenken der Idee des ausbeutbaren Körpers an, denn nicht der männliche Arbeiter, sondern der Körper der subalternen Frau wird im Kontext eines globalen und ungebremsten Kapitalismus zum Ort der Überausbeutung. Marx' Aussage, dass der Arbeiter das Kapital produziert, weil er derjenige ist, der mit seiner Arbeitskraft für den Mehrwert verantwortlich zeichnet, ergänzt Spivak dahingehend, dass es die ›Dritte Welt‹ ist, die nicht nur den Reichtum, sondern auch die Möglichkeiten der kulturellen Selbstrepräsentation des Nordens produziert (vgl. Spivak 1990a: 96).

Auch die logischen Grundannahmen des aktuellen Kapitalismus, die diesen als quasi natürlich und unausweichlich darstellen, werden von Spivak problematisiert und neu formuliert. Dabei weist sie die antikapitalistische Vorstellung zurück, nach der es sich beim Gebrauchswert um einen reinen und unentfremdeten Ausdruck der proletarischen Arbeitskraft handele, während der Tauschwert die korrupte, entfremdete Repräsentation der kapitalistischen Ausbeutung darstelle. Diese allzu vereinfachende binäre Oppositionsbildung zwischen Kapitalismus und Sozialismus sei dringend einer Kritik zu unterziehen (vgl. Sanders 2006: 54ff.; Morton 2007: 58). Die von Spivak betriebene Dekonstruktion des Dualismus von Kapitalismus/Sozialismus kann als ein Beitrag im Bestreben verstanden werden, eine Alternative zu Kapitalismus und Kommunismus zu formulieren, die den globalen Süden nicht unberücksichtigt lässt. Im Gegensatz zum ökonomischen Determinismus eines klassischen Marxismus fokussiert Spivak althusserianisch auch andere Formen sozialer

Unterdrückung – etwa aufgrund des Geschlechts. Sie gibt allerdings zu bedenken, dass die wachsende Beschäftigung der *Cultural Studies* mit Kultur und Identität dazu geführt habe, dass die ökonomischen Ausgrenzungen häufig übersehen und neue Formen der Barbarei heute weitestgehend ignoriert würden (vgl. Spivak 1988: 168). Die Ökonomie, darauf ist mehrfach hingewiesen worden, läuft Gefahr, in den aktuellen kritischen Studien keinen Platz mehr zugewiesen zu bekommen (etwa San Juan, Jr. 1996; Eagleton 2003: 161).

Gleichzeitig begegnet Spivak einem marxistisch-ökonomischen Determinismus, indem sie das Ökonomische unter »kreuzweise Durchstreichung« (*under erasure*, Spivak 1988: 168; 1999a: 266) setzt[10] und danach fragt, was die Ökonomie in der Debatte hält, ohne dabei die Auseinandersetzungen um soziale Gerechtigkeit darauf zu reduzieren. Ihr Ziel ist die Überwindung einer Logik des Kapitalismus, die vom Standpunkt der entwickelten, industrialisierten Nationalstaaten des Nordens ausgeht. Scharf bemerkt sie, dass, wann immer nicht-westliche Ökonomien fokussiert werden, diese als »primitive konzeptionelle Objekte« für westliches Theoretisieren eingeführt würden. Das unterschlage, dass die postkolonialen Nationalstaaten Teil des global kapitalistischen Systems sind, und dass es die Ausbeutung der dortigen weiblichen Arbeitskraft ist, durch die Reichtum und Ressourcen für den Westen hergestellt werden. Spivaks Diskussion der globalen Dynamiken des modernen Kapitalismus zeigt sich nicht nur immer gendersensibel, sondern betont zudem, dass der Produktion von Kultur immer ein ökonomischer Text zugrunde liegt.

Besonders bemerkenswert sind ihre theoretischen Arbeiten, die sich mit der Marx'schen Arbeitswerttheorie und der so genannten »asiatischen Produktionsweise« befassen. Marx beschäftigt sich unter anderem in seinem Aufsatz *Die britische Herrschaft in Indien* (1960a [1853]) mit den Unterschieden zwischen ›orientalischen‹ und ›westlichen‹ Gesellschaften. Er klagt in diesem einerseits die koloniale Herrschaft der Engländer an, die mit maßloser Brutalität das Land ausgebeutet hätten, ist allerdings der Ansicht, dass diese unabdingbar gewesen sei, um das Land zu modernisieren und es von dem Joch des Feudalismus und der »angeborenen Trägheit« (1960b [1853]: 225) zu befreien. »Gewiß«, so Marx, »war schnödester Eigennutz die einzige Triebfeder Englands, als es eine soziale Revolution in Indien auslöste, und die Art, wie es seine Interessen durchsetzte, war stupid. Aber nicht das ist hier die Frage. Die

---

10 | Die Strategie, etwas *under erasure* zu stellen, ist der Dekonstruktion Derridas entliehen. Er versteht unter *sous rature* eine Taktik, bei der ein Signifikant im Text gelesen wird, *als ob* seine Bedeutung ganz klar wäre und dabei im Auge behalten wird, dass es sich nur um eine Strategie handelt. Derrida hat diese Strategie von der Heidegger'schen Philosophie abgeleitet. Martin Heidegger (1889-1976) hat häufig »Sein« durchgestrichen, um damit anzuzeigen, dass es zwar notwendig, aber gleichzeitig unmöglich sei, darüber zu sprechen.

Frage ist, ob die Menschheit ihre Bestimmung erfüllen kann ohne radikale Revolutionierung der sozialen Verhältnisse in Asien. Wenn nicht, so war England, welche Verbrechen es auch begangen haben mag, doch das unbewußte Werkzeug der Geschichte, indem es diese Revolution zuwege brachte.« (Marx 1960a [1853]: 133) Aussagen wie diese haben postkoloniale Theoretiker/-innen dazu bewogen, Marx' Eurozentrismus, der einhergeht mit einer materialistischen Konzeption des geschichtlichen Fortschritts, als eine der größten Begrenztheiten in seinem Denken zu bezeichnen. Nach Marx besteht die Geschichte aus einer Sequenz verschiedener Stufen – hier Produktionsweisen –, die sich chronologisch von ursprünglichen Formen der Akkumulation wie eben die »asiatische Produktionsweise« bis zu den fortschrittlichen industriekapitalistischen Volkswirtschaften im Westeuropa des 19. Jahrhunderts erstrecken. Jede Stufe oder Produktionsweise, von der asiatischen und der feudalistischen bis zum Kapitalismus und Sozialismus, wird in der darauf folgenden Produktionsweise überwunden beziehungsweise aufgehoben: »In großen Umrissen können asiatische, antike, feudale und modern bürgerliche Produktionsweisen als progressive Epochen der ökonomischen Gesellschaftsformation bezeichnet werden. Die bürgerlichen Produktionsweisen sind die letzte antagonistische Form des gesellschaftlichen Produktionsprozesses [...]. Mit dieser Gesellschaftsformation schließt daher die Vorgeschichte der menschlichen Gesellschaft ab.« (Marx 1951 [1859]: 14) Aus diesem Grunde sieht Marx den Kapitalisten auch nicht nur als einen Funktionär des Kapitals, sondern ebenso als Agenten einer progressiven Geschichte. Dieses eurozentrische Produktionsweisennarrativ findet sich auch in Marx Schriften zum britischen Kolonialismus in Indien, in denen er einerseits die Auflösung familiärer Gemeinschaften und der heimischen Wirtschaft in abgelegenen indischen Dörfern bedauert, andererseits aber betont, dass diese idyllischen Dorfgemeinschaften die Grundlage des orientalischen Despotismus sind (vgl. Marx 1960a [1853]). In dieser Hinsicht könnte Marx vorgeworfen werden, dass er die orientalistische Rhetorik der europäischen kolonialen Modernität wiederholt, die beispielsweise in den Arbeiten Kants und Hegels, ebenso wie denen liberaler Denker wie Adam Smith (1723-1790) und John Stuart Mill, beobachtet werden kann (vgl. Sanders 2006: 14f.; Morton 2007: 74). Weltsystemtheoretiker wie Samir Amin (etwa 2011) folgen im Großen und Ganzen dieser Sichtweise.

Said ist, wie im Kapitel II beschrieben, Marx gegenüber ambivalent. Einerseits kritisiert er dessen »romantischen Orientalismus« und bemerkt, dass Marx ein Bild Asiens als zurückgeblieben und vom Despotismus unterdrückt reproduziert, während er andererseits richtig darlegt, dass Marx die »niederträchtigsten Interessen« (Said 1978: 153) der britischen Herrschaft in Indien verurteilt. Wie auch Said weist Spivak nun darauf hin, dass die asiatische Produktionsweise die Grenze der Marx'schen Analyse für das postkoloniale Denken markiert, während sie zugleich betont, dass die asiatische Produktionsweise kein voll elaboriertes Konzept in Marx' Arbeiten ist, sondern »eine berüchtigte Formulierung, die Marx vielleicht nur einmal benutzt hat« (Spivak 1999: 71). Nach Spivak ist die »asiatische Produktionsweise« ein Name, welcher »innerhalb der prähistorischen oder para-geographischem Raum/Zeit, die das Außen des Kreislaufs des Feudalismus-Kapitalismus markiert« (ebd.: 83), existiert. Während sie jegliches moralisches Urteil über den Marx'schen Eurozentrismus suspendiert, schreibt sie sein Denken stattdessen für das gegenwärtige Zeitalter der »planetarischen Finanzialisierung« (ebd.: 91) um. Anstatt postkoloniale Kritiken zu wiederholen, fragt Spivak, ob wir die »asiatische Produktionsweise« wieder aufgreifen sollten, um anhand dessen Globalität zu verstehen (vgl. ebd.: 72). Mit dem Zusammenbruch ehemaliger sozialistischer Staaten und der globalen Expansion des Kapitalismus drängt Spivak auf ein Neudenken von Marx' Versuch, den historischen Produktionsweisennarrativ auf hegelianische Weise zu erklären (vgl. ebd.: 70). Spivak erweitert den Fokus der Wert- und Arbeitstheorien durch eine Analyse der Art und Weise, in der die Leben und Körper verschiedener subalterner Gruppen den Wertkodierungen westlicher Entwicklungsorganisationen und Nicht-Regierungsorganisationen unterworfen werden. Während sie Marx' Argument, dass ›primitivere‹ Produktionsweisen durch ›fortgeschrittenere‹ Produktionsweisen völlig überwunden oder negiert werden, ablehnt, schlägt Spivak stattdessen vor, die »asiatische Produktionsweise« angesichts des globalen Kapitalismus nicht einfach als verschwunden zu charakterisieren, sondern stattdessen gegen den Strich – als Zeichen der Differenz am Ausgangspunkt der kolonialen Modernität – zu lesen, welche die subalterne Frau aus dem gegenwärtigen kritischen Denken ausschließt (vgl. Morton 2007: 75).

Spivak skizziert, wie die industriellen Produktions- und Arbeitsbedingungen im Westeuropa des 19. Jahrhunderts, welche Marx beschäftigten, allmählich ersetzt worden sind durch flexible, nicht gewerkschaftlich organisierte Formen der Gelegenheitsarbeit, deren Zielgruppe oft Frauen und Kinder im globalen Süden sind. Sie erhebt hier keinen Anspruch darauf, das weibliche Proletariat zu vertreten. Stattdessen überdenkt sie die Marx'sche Arbeitswerttheorie mit Bezug auf die vergeschlechtlichte und geographische Dynamik der internationalen Arbeitsteilung, um zu zeigen, inwiefern die »asiatische Produktionsweise« weiterhin relevant für die gegenwärtige Weltwirtschaft bleibt. In der Tat lobt sie Marx (vgl. Spivak 1999: 167) für seine Antizipation der wachsenden Bedeutung weiblicher Arbeitskraft in der modernen Industrie im *Kommunistischen Manifest* (1848). Nach Spivaks Auffassung ist Marx' philosophisches System gekennzeichnet von einem »Begehren den Anderen zu theoretisieren« (Spivak 1999: 79), obwohl Marx in der Tradition Kants und Hegels versuchte, die historischen Erfahrungen des männlichen europäischen Subjekts zu universalisieren (vgl. ebd.: 78). Er stellt so den Universalismus des ethischen Subjekts der deutschen Aufklärungsphilosophie infrage und setzt

Differenz in das Selbstverständnis des normativen ethischen Subjekts ein (vgl. ebd.).

Ähnlich wie ihre dekonstruktive Lesart der »asiatischen Produktionsweise« sind Spivaks Interpretationen der Marx'schen Arbeitswerttheorie vor allem darauf bedacht, die kritische und politische Relevanz des Marx'schen Denkens im gegenwärtigen Zeitalter des globalen Kapitalismus zu demonstrieren (vgl. Sanders 2006: 54ff.; Morton 2007: 82). Obwohl Spivak betont, dass subalterne Frauen im globalen Süden im gegenwärtigen transnationalen Kapitalismus die Hauptakteurinnen der Produktion sind, ist ihre Analyse nicht darauf beschränkt, den produktiven Körper der subalternen Frau als Quelle der Wertschöpfung im aktuellen Kapitalismus darzustellen. Stattdessen macht sie die Ambivalenz der Marx'schen Arbeitswerttheorie ausfindig, um das singuläre verkörperte Wissen der subalternen Frau, das nicht mit den ökonomischen Maßstäben des Kapitalismus gemessen werden kann, zu artikulieren. Es geht ihr vor allem darum, die neuen Formen von Ausbeutung und prekärer Arbeit im gegenwärtigen Kapitalismus aufzuzeigen: Diese sind etwa gekennzeichnet durch ein Subunternehmertum, Gelegenheitsarbeit und eine fehlende gewerkschaftliche Organisation. Wie Eagleton in seiner Verteidigung von Marx, *Why Marx was Right* (2011), schreibt: »Heute, in einer Ära von Dritte-Welt-Sweatshops und landwirtschaftlicher Arbeitskraft, ist der typische Proletarier immer noch eine Frau.« (Ebd.: 169)

»Supplement« ist ein Spivak'scher Begriff, der die Beziehung zwischen dem Kapital und der Mehrarbeit im Marx'schen Denken zu beschreiben sucht. Spivak hinterfragt so die dialektischen Annahmen in Marx' Argument, dass der Kapitalismus zu einem bestimmten Zeitpunkt in der Zukunft überwunden oder durch eine sozialistische Ökonomie ersetzt wird, und argumentiert, dass die natürliche Kapazität des menschlichen Körpers, mehr zu produzieren, als er für seine eigene Subsistenz braucht, eine rationale und ethische Grundlage für die Kapitalrelation liefert. Marx zufolge zwingen Kapitalisten Arbeiter/-innen nicht einfach, mehr zu produzieren, als sie an Bezahlung erhalten, sondern sie nutzen die natürliche Kapazität des menschlichen Körpers aus, mehr zu produzieren, als er zum Überleben braucht (vgl. Marx 2001 [1867]). Kapital oder Mehrwert ist nichts weiter als die über die notwendige Arbeit hinausgehende Mehrarbeit. Während marxistisch-humanistische Kritiken des Kapitalismus meist von einer binären Opposition zwischen Arbeit und Ware ausgehen, argumentiert Spivak, dass Marx, indem er betont, dass der Warenwert durch Arbeit produziert wird, die Arbeiter/-in dazu ermutigen will, sich selbst als Agent/-in der kapitalistischen Produktion anstatt als Opfer von Ausbeutung zu sehen (vgl. Spivak 1995a: 110).

Nach dem Scheitern des Sowjetkommunismus sowie der globalen Restrukturierung der industriellen und landwirtschaftlichen Produktion durch multinationale Konzerne und durch international agierende Finanzorganisationen wie der Weltbank und der Internationale Währungsfonds könnten Marx' Arbeitswerttheorie als überholt und seine Programme für die soziale Umverteilung von Reichtum als wirklichkeitsfern erscheinen. Trotzdem ist es gerade die gegenwärtige Überausbeutung der nicht gewerkschaftlich organisierten, oft auf Leiharbeitsbasis beschäftigten Arbeiterinnen innerhalb der internationalen Arbeitsteilung, die Spivaks dekonstruktive Lesart der Marx'schen Arbeitswerttheorie so bedeutsam macht. Genau wie Marx betonte, dass das männliche Subjekt der industriellen Arbeiterklasse im Europa des 19. Jahrhunderts die Quelle der Wertproduktion im industriellen Kapitalismus war, so argumentiert Spivak heute, dass subalterne Frauen im Zeitalter der neoliberalen Globalisierung Reichtum produzieren (vgl. Spivak 1990a: 96). Sie widerspricht der Vorstellung der ›Dritten Welt‹ als eines ›primitiven‹, ›vormodernen‹ oder ›unterentwickelten‹ Raums außerhalb der Kapitalkreisläufe und stellt stattdessen fest, dass die Wertform ein dynamisches Kräftefeld ethischer und politischer Auseinandersetzungen darstellt.

Spivaks Lesart von Marx sollte im Kontext einer solchen Wiedereinbeziehung der Subalternität in die gegenwärtigen globalen kapitalistischen Kreisläufe der Produktion, Ausbeutung und Verschuldung gesehen werden. Wenn – wie Marx im *Das Kapital* (2001 [1867]) suggeriert – der Tauschwert einer Ware durch das Abstrahieren des Gebrauchswerts der in dieser Ware enthaltenen Arbeitskraft definiert wird, kann dieser Abstraktionsprozess als Prozess der Übersetzung in die gemeinsame Sprache des Tauschwerts verstanden werden. Diese gemeinsame Sprache der Waren löscht jedoch die singulären und situierten Geschichten subalterner Arbeit aus, welche in der Herstellung von Waren verausgabt wurde. Entgegen der Annahme, dass subalterne Arbeit ›primitiv‹ sei, argumentiert Dipesh Chakrabarty (2000: 93), dass »prä-kapitalistisch« nur als etwas imaginiert werden kann, welches innerhalb des zeitlichen Horizonts des Kapitals existiert, aber gleichzeitig die Kontinuität der säkularen Kalenderzeit unterbricht. Subalterne Arbeit kann dementsprechend nur in Beziehung zum geschichtlichen Narrativ der Warenproduktion verstanden werden, welcher ununterbrochen jegliche Ansprüche an Einheitlichkeit und Universalität auf Seiten des Kapitals, der Ware und folglich der Geschichte von innen heraus infrage stellt (vgl. ebd.). Indem er »Präkapitalismus« als heterogene Form subalterner Arbeit anstatt als ›primitive‹ Stufe in der linearen Geschichte der globalen kapitalistischen Akkumulation begreift, liefert Chakrabarty ein kritisches Vokabular zur Artikulierung anderer Geschichten subalterner Arbeit. Spivak, ebenso wie Chakrabarty, bittet westliche Marxisten und Marxistinnen sowie globale Gerechtigkeitsaktivisten und -aktivistinnen nachdrücklich, ein theoretisches Vokabular zu entwickeln, welches unterschiedliche Geschichten subalterner Arbeit erfassen kann, die im Marx'schen Produktionsweisennarrativ oft auf eine präkapitalistischen Stufe relegiert worden sind.

Es besteht eine systemische Beziehung zwischen dem Wachstum der Exportproduktion im globalen Süden und dem systematischen Anstieg der Migration aus der ›Dritten Welt‹ in die ›Erste Welt‹ einerseits und der Inkorporierung von Frauen aus der ›Dritten Welt‹ in die globalen Strukturen überausgebeuteter Lohnarbeit andererseits. In beiden Fällen sind es die Frauen des globalen Südens, die das Bedürfnis der globalen Wirtschaft nach billigen Arbeitskräften einlösen. Die ausbeuterischen Verhältnisse der Warenproduktion werden dabei unsichtbar gemacht, indem die globalen Konzerne ihre Produktion an Subunternehmer in die Freihandelszonen des globalen Südens auslagern, die Frauen dazu zwingen, unterhalb existierender Mindestlohngrenzen zu arbeiten. Die prekären Arbeitsbedingungen vieler Frauen und Kinder, die in Freihandelszonen – wie den *Maquiladoras*[11] im Norden Mexikos und in Mittelamerika – und bei Subunternehmen beschäftigt sind, macht es für solche Arbeiter/-innen fast unmöglich, sich gewerkschaftlich zu organisieren und gegen derartige Formen der Ausbeutung zu protestieren geschweige denn die soziale Umverteilung von Kapital zu fordern. Die Strategie, ausbeuterische Arbeitspraktiken zu ›exportieren‹, zielt auf die Förderung eines ethischen Konsumismus im globalen Norden. Dies ermöglicht es der Anti-Sweatshop-Bewegung und deren Sprechern und Sprecherinnen, im Namen der subalternen Arbeiter/-innen zu sprechen und zu handeln. Auch problematisiert Spivak den »moralischen Imperialismus« (Spivak 1999: 415) der Boykottpolitik.

In einer Analyse des öffentlichen Diskurses der US-Medien über die Ausbeutung von Kinderarbeit in der Bekleidungsindustrie Bangladeschs in den 1990er Jahren beleuchtet Spivak die transnationale Ignoranz wohlwollender liberaler Reformer/-innen, die Sanktionierungen gegen Kinderarbeit nutzende Kleiderfabriken im globalen Süden unterstützen (vgl. ebd.: 416). Diese Akti-

11 | *Maquila* war während der Kolonialzeit Mexikos die Bezeichnung für das Mahlgeld, das der Müller für seine Arbeit erhielt. Die *Maquiladoras* (auch *Maquilas*) sind entsprechend Betriebe, in denen nur eine Teilfertigung durchgeführt wird. Insbesondere über Steuervergünstigungen werden vor allem US-amerikanische Firmen in die *borderlands* eingeladen, um dort arbeitsintensive Produktionsprozesse – etwa im Bereich der Elektro-, Elektronik- und Textilindustrie – auf mexikanischen Boden zu verlegen. Die Halbfertigprodukte werden dann zurück in die USA exportiert und dort fertig gestellt (vgl. etwa Dwyer 1994). Kaum zufällig erinnert dies an den kolonialen Handelskreislauf – etwa Baumwollanbau und Spinnerei in den Kolonien, Weben und Nähen der Stoffe in Europa und Export der fertigen Kleidung in die Kolonien. Dies ist übrigens auch der Grund dafür, dass einer der antikolonialen Strategien von Gandhi darin bestand englische Kleidung zu verbrennen und nur noch selbst produzierte Stoffe zu tragen. Die *Maquiladores* sind auch aufgrund der Geschlechtergewalt, die sich in unglaublicher Weise in den Freihandelszonen entfaltet hat, immer wieder in der Debatte (siehe zu Ciudad Juárez etwa Biemann 2000).

visten und Aktivistinnen versäumten es, die wirtschaftlichen und materiellen Folgen für die Kinder, die aufgrund dieser Sanktionen ihre Lohnarbeit verlieren, zu berücksichtigen. Spivak scheint die politische Wirksamkeit der Boykottpolitik auch deswegen nicht schlüssig, weil diese eben nicht dazu beiträgt, den Mangel kollektiver Arbeitsrechte zu beheben oder infrastrukturelle Reformen zu artikulieren. Die moralisierende Rhetorik der Anti-Sweatshop-Kampagnen im Zusammenhang mit Konsumboykotten einiger Waren, die von ›Dritte-Welt‹-Arbeiter/-innen unter ausbeuterischen Bedingungen produziert werden, spricht vor allem die ethische Subjektivität von Konsumenten und Konsumentinnen der ›Ersten Welt‹ an und ermöglicht es eben nicht, das Gehalt und die Arbeitsbedingungen von Arbeiter/-innen in der ›Dritten Welt‹ zu verbessern (vgl. Morton 2007: 87f.). Spivak merkt hier zynisch an, dass ihre Kritik an der Boykottpolitik im globalen Norden von manchen als Billigung von Kinderarbeit interpretiert würde (vgl. Spivak 1999: 416). Das ist natürlich absurd.

Eine ethische Konsumhaltung als Lösung für die Ausbeutung von ›Dritte-Welt‹-Arbeiter/-innen blockiert die Handlungsmacht derselben und liefert eben keine politische Alternative zu notwendigen strukturellen Reformen und sozialer Umverteilung. Öffentlichkeitsarbeit durch globale Konzerne, die durch Kampagnen ihr Image aufpolieren und hierzu auf eine Rhetorik der sozialen Verantwortung von Unternehmen (*corporate responsibility*) zurückgreifen, gehen mit keinerlei Umgestaltung der Beschäftigungsbedingungen von überausgebeuteten ›Dritte-Welt‹-Arbeiterinnen – etwa in der Bekleidungsindustrie – einher. Stattdessen fördern diese Kampagnen die Verschuldung durch konzerngeförderte Mikrokreditprogramme als Lösung für die Ausbeutung und Armut von Frauen (vgl. Sanders 2006: 87, 90ff.), weswegen Spivak immer wieder wohlwollende liberale Aktivisten und Aktivistinnen im globalen Norden kritisiert, die vorgeben, subalternen Gruppen im globalen Süden zu helfen, ohne ein Wissen über deren wirtschaftlichen und sozialen Lebensbedingungen zu haben. Sie nehmen sich nicht die Zeit, so Spivak, sich mit der Sprache und Kultur der subalternen Gruppen vertraut zu machen, für die sie vorgeben zu sprechen. Konkret fordert sie politische Kollektive und Netzwerke, die nach Solidarität mit den Subalternen rufen, dazu auf, Sprachen des globalen Südens zu lernen. Das in der Tat wäre eine Geste der Verantwortung gegenüber der sozialen und politischen Welt der Subalternen, deren Denken und Sprechen beständig marginalisiert und disqualifiziert wird.

Spivaks Interesse an reproduktiven Rechten, der Bevölkerungskontrolle und postfordistischer Heimarbeit führt sie über die engere wirtschaftliche Dimension der Marx'schen Arbeitswerttheorie hinaus zu Gilles Deleuzes (1925-1995) und Felix Guattaris (1930-1992) *Anti-Oedipus* (1977). Diese schreiben Marx' Arbeitswerttheorie um, indem sie sie auf die Produktion und Aneignung der Wertform in affektiven und sozialen und nicht nur auf ökonomische Kodierungen anwenden (vgl. Spivak 1993a: 62). Deleuze und Guattari begreifen bekanntlich Marx' Produktionsweisennarrativ als diskontinuierlichen Prozess der Wunschproduktion (vgl. Morton 2007: 91). Ihr Überdenken der Wertekodierung und ihre Ablehnung des dem Marx'schen Produktionsweisennarrativ zugrunde liegenden evolutionistischen Modells verändert die randständige Platzierung der »asiatischen Produktionsweise«, welche nun als Ort ständig neuer Verbindungen anstatt als unüberbrückbare Kluft wie in Marx' eurozentrischer Geschichtsauffassung begriffen wird (vgl. Spivak 1999: 108). Diese Ausweitung des Marx'schen Arguments über das nur Ökonomische hinaus bezieht die von Spivak so bezeichnete »neue Sozialisation des reproduktiven Körpers« (ebd.: 68) mit ein. Dies lenkt das Augenmerk auf die Kontrolle der reproduktiven Körper von Frauen im globalen Süden, welche in einer Taxonomie gesehen wird, die reproduktive Rechte, Leihmutterschaft, Organhandel, Bevölkerungskontrolle wie auch die postfordistische Heimarbeit mitdenkt (vgl. ebd.). Spivaks Auseinandersetzung mit Bevölkerungskontrolle und den reproduktiven Rechten von Frauen kompliziert die moralische Agenda des transnationalen Feminismus. Ihr Interesse an den reproduktiven Körpern subalterner Frauen im globalen Süden trägt dazu bei, die die Marx'schen Arbeitswerttheorie bestimmende enge Definition produktiver Arbeit komplexer zu fassen.

Selbstverständlich befürwortet sie gerechte Arbeitsverhältnisse, die soziale Umverteilung des Kapitals und die Sozialstaatsmodelle im globalen Süden. Jedoch bleibt sie gegenüber den programmatischen sozialistischen Alternativen zum Kapitalismus skeptisch. Dagegen wird das Marx'sche dialektische Verständnis des sozialen und politischen Wandels neu ausgelotet, indem sie Sozialismus als Differänz (*différance*) des Kapitalismus denkt (vgl. Spivak 1999: 430). So beschreibt sie den Sozialismus als ein »ununterbrochenes Fortstoßen – eine Unterscheidung und Verschiebung – der kapitalistischen Nutzung der sozialen Produktivität des Kapitals« (ebd.). Während Marx argumentiert, dass der Industriekapitalismus den Keim seiner eigenen Zerstörung in sich trägt und dem Sozialismus in einem geschichtlich unvermeidbaren Prozess schließlich weichen wird, steht Spivaks dekonstruktive Lesart des Marx'schen Sozialismus im Zeitalter der post-kommunistischen Globalisierung dem evolutionären Narrativ des historischen Materialismus misstrauisch gegenüber und deutet auf die Möglichkeit einer anderen zeitlichen Beziehung zwischen Kapitalismus und Sozialismus. Spivaks agonistische Perspektivierung bezieht ihre Stärke insbesondere aus dem ungewissen, teleologisch nicht beschreibbaren Ausgang. Dies erscheint stimmig, wenn bedacht wird, dass der globale Kapitalismus ununterbrochen nach neuen ausbeutbaren Arbeitsmärkten sucht. Im Gegensatz zu Marx' ist Spivaks Vision der politischen Zukunft unsicher hinsichtlich der Möglichkeit eines kompletten Bruchs mit dem Kapitalismus (vgl. Morton 2007: 83). Sie unterscheidet sich hier nicht nur von orthodoxen

Marxisten, sondern deutlich auch von Vertretern der Weltsystemtheorie – etwa Amir Samin.

Indem Spivak den Begriff der Aufhebung durch den der Differänz (*différance*) als Bezeichnung für die Beziehung zwischen Kapitalismus und Sozialismus ersetzt, spielt sie auf die nie abschließbare politische Aufgabe der Umkehrung und Deplatzierung der Kapitalbeziehung auf der Suche nach sozialer Gerechtigkeit an. In einer veränderten Übersetzung der 11. These zu Feuerbach von Marx (1845/1888)[12], die oft zitiert wird, um Marx' eindeutige Positionierung als sozialen und politischen Denker zu exemplifizieren, der die apolitische Aktivität der philosophischen Interpretation ablehnt, kompliziert Spivak diese Dichotomie. In Kontrast zur konventionellen Übersetzung der These »Die Philosophen haben die Welt nur verschieden *interpretiert*, es kommt drauf an, sie zu *verändern*«, wobei *verändern* als »*to change*« ins Englische übersetzt wird, schlägt Spivak stattdessen die Übersetzung »*to make other*« (Spivak 1988: 208) vor und bemerkt, Marx habe versucht, die verschiedenen Aktivitäten der kritischen Interpretation und der sozialen Transformation zu verbinden, anstatt sie einfach einander entgegenzusetzen. Ihre Übersetzung »*to make other*« suggeriert eine weniger bestimmte Zeitlichkeit als »*to change it*« und deutet zudem auf ein offeneres Modell der politischen Zukunft hin.

Manche Kritiker/-innen merken an, dass ihnen Spivaks Strategie, Marx über Derrida zu lesen, suspekt sei, weil dies die theoretischen Grundlagen des marxistischen Denkens untergrabe, während auch festgestellt wird, dass ihre innovative Lesart der Marx'schen Arbeitswerttheorie mit der Dekonstruktion des Marx'schen Positivismus unvereinbar sei (vgl. Morton 2007: 12).

Dekonstruktive Strategien

Das wichtigste theoretische Instrument in Spivaks Theoriebildung ist zweifelsohne die Dekonstruktion. Diese macht letztlich kritische Interventionen möglich, die dem Erbe des Kolonialismus wie auch den aktuellen globalen Politiken nachspüren. Im Gegensatz zu Said argumentiert Spivak, dass Derridas Dekonstruktion für die postkoloniale Theorie weitaus mehr zu bieten hat als etwa die Arbeiten von Foucault, die ihrer Ansicht nach eher »enthusiastische Radikale« (Spivak 1994a: 104) im Westen ansprechen würden.[13] Die Dekons-

12 | Marx' Thesen über Feuerbach datieren wahrscheinlich aus dem Jahre 1845, sind aber erst posthum 1888 erschienen. Online unter: http://www.mlwerke.de/me/me03/me03_005.htm (letzter Aufruf 14.1.2014).

13 | Später revidiert sie diese Aussage allerdings und weist Foucaults politischen und theoretischen Herangehensweisen mehr Gutes zu, als es etwa Said tut (Spivak 1993a: 26ff.).

truktion beschreibt sie als eine »negative Wissenschaft« (Spivak 1996a: 155), die ihr Ziel weder darin hat, »positives Wissen« (ebd.) im Sinne einer autoritativen Wahrheit zu produzieren, noch als Ideologiekritik bestimmt werden kann. Der Blick solle dagegen auf die verschwiegenen Annahmen und Strategien gerichtet werden, die die Diskursmacht erzeugen und stabilisieren. In der dekonstruktivistischen Praxis erkennt Spivak einen »affirmativen« Aspekt, da sie politisch befähigen kann. Der Kampf gegen bestehende Herrschaftsverhältnisse stehe immer in der Gefahr, die Normen und Werte des kolonialen Diskurses zu verstärken, indem sich Teile von diesem in die Gegendiskurse einschreiben. Sie spricht hier von einer »Wiederholung in den Rissen« (*repetition-in-rupture*, ebd.: 211). Dies veranschaulicht, dass die bloße Umkehrung eines hegemonialen Diskurses diesen nicht aufheben kann, sondern stattdessen eine Argumentation repliziert, die in der dualistischen Logik gefangen bleibt. Wer beispielsweise den ›Orient‹ pauschal für besser befindet als den ›Westen‹, bleibe einer Logik verhaftet, die letztlich die bestehenden Herrschaftsverhältnisse stabilisiere, anstatt sie zu erschüttern. Dagegen solle angestrebt werden, opponierende Begriffe zu destabilisieren (vgl. Spivak 1985c: 250). Ein simpler Gegendiskurs ist anfällig für Vereinnahmungen, wohingegen die Taktiken, die in Spivaks politisch-theoretischen Interventionen zur Anwendung kommen, Macht- und Herrschaftsverhältnisse von innen her grundlegend zu destabilisieren suchen.

Derridas Konzept des »dezentrierten Subjekts« erweist sich dabei als nützlich, um postkoloniale Politik davor zu bewahren, in eine fundamentalistische Richtung abzudriften, da es die traditionellen Vorstellungen von Identität und Herkunft angreift. Dies bildet auch den theoretischen Hintergrund für Spivaks Ablehnung einer Suche nach den eigenen »Wurzeln« (Spivak 1990a: 93). Die Vorstellung des Verwurzelt-Seins greift schließlich notwendigerweise auf eine Idee von Reinheit und einem Original zurück – eine Idee, die Identität in essentialistische Container einschließt und die Fluidität derselben nicht zu sehen gewillt ist. Die Tendenz in postkolonialen Widerstandsgruppen, fundamentalistische Konzeptionen nicht-westlicher Identitäten zu bevorzugen, ist für Spivak nichts weiter als eine nostalgische Chimäre von ›authentischen Dritte-Welt-Subjekten‹, die sowohl einem antikolonialen Nationalismus als auch einem ›wohlwollenden‹ Westen zugutekommt. Sie argumentiert dagegen, dass das postkoloniale Subjekt so stark durch die koloniale Herrschaft bearbeitet wurde, dass es keine Möglichkeit mehr gibt, die ›reine‹ präkoloniale Subjektivität zu bergen (Spivak 1999a: 63).

In ihrem Vorwort zu Derridas *Of Grammatology* gesteht Spivak ein, dass »der Osten im Derridaschen Text nie ernsthaft durchdacht wird« (Spivak 1976: lxxxii). Dennoch bemerkt sie einschränkend, dass etwa Derridas Kritik an Claude Lévi-Strauss' (1908-2009) Repräsentation der Nambikwara als Volk ohne Schrift die Nützlichkeit der Derrida'schen Dekonstruktion des Logozentrismus für die postkoloniale Theorie gut verdeutlicht. Der Dekonstruktion der westlichen philosophischen Tradition entspricht auf Seiten der postkolonialen Theorie, so Spivak, die Infragestellung des Kolonialerbes, welches Subjekte produzierte, für die der westliche Humanismus einen universellen Standard der Aufklärung darstellte – einen Standard, den auch nicht-europäische Subjekte begehren sollten.

Spivaks origineller Gebrauch Derridas weicht von den im Mainstream verbreiteten Lesarten der Arbeiten Derridas deutlich ab. Der Anhang zu *A Critique of Postcolonial Reason* mit dem Titel *The Setting to Work of Deconstruction* liefert einen Einblick in die Art und Weise, in der die Dekonstruktion Spivaks Denken beeinflusst. Ihren eigenen Worten zufolge ist die wichtigste Lektion der Dekonstruktion, dass Widerstand und Opposition in einer Beziehung der Komplizenschaft mit dem Kritisierten verstrickt sind. Derrida folgend argumentiert sie, dass nicht alle Formen der Komplizenschaft äquivalent, aber dennoch irreduzibel sind. Die Komplizenschaft der politischen Kritik mit ihrem Objekt impliziert dabei kein notwendiges Scheitern von Kritik, vielmehr ist es nach Derrida die Anerkennung der eigenen Komplizenschaft, welche die Kritik ermöglicht. Handlungsmacht und Komplizenschaft sind miteinander verbunden (*agency in complicity*) und schulden dem Objekt der Kritik ihre ethische Verantwortung (vgl. Sanders 2006: 11f.).

Spivaks dekonstruktive Praxis ist Teil eines umfassenden Bestrebens, radikale Theorie mit einer ethisch-politischen Treue *vis-à-vis* der Singularität der Subalternen zu verbinden. Sie erinnert uns daran, dass die Dekonstruktion keinerlei politisches Programm begründen kann, besetzt sie doch eine Position außerhalb der logischen Systematisierungsanstrengungen, die nichts weiter als ein spezifisches Kalkül der akademischen Institution sind (vgl. Spivak 1999: 428). Für Spivak ist das antidisziplinäre Objekt der Dekonstruktion immer antiglobalistisch (vgl. ebd.: 429). Sie illustriert diesen Punkt mithilfe der paradoxen Nichtbeziehung zwischen Nichtregierungsorganisationen und subalternen Gruppen. Spivak beschreibt diese als eine »Aporie der Exemplarität« (*aporia of exemplarity*, ebd.): singuläre Beispiele, die nicht durch logische rationale Prinzipien verifizierbar sind, welche einen abstrakten universellen Anspruch zu exemplifizieren suchen. Dieses Anzweifeln jeglicher grundlegender Begründung rationalen politischen Denkens und Handelns stellt die Gewissheit politischer Programme infrage, um so eine Politik zu re-imaginieren, die die Singularität der subalternen Anderen tatsächlich ernst nimmt.

In ihrem Essay *Responsibility* (1994b) bringt Spivak Derridas Anklage Heideggers, keine Verantwortung für sein Tun während der Naziherrschaft übernommen zu haben[14], zusammen mit der Komplizenschaft der Intellek-

14 | Der deutsche Philosoph Martin Heidegger wurde am 21. April 1933 zum Rektor der Freiburger Universität ernannt, nachdem vorher sein Lehrer, der Phänomenologe

tuellen mit den ausbeuterischen Strukturen des globalen Kapitalismus, die subalterne Stimmen zum Schweigen bringen. Ein Beispiel für ein solches Zum-Schweigen-Bringen ist die Erfahrung Abdus Sattar Khans, eines Wortführers der bangladeschischen Bauernbewegung, der auf einer Konferenz über den Hochwasseraktionsplan der Weltbank eine Rede über Hochwassermanagementtechniken vor dem Europäischen Parlament in Strassburg hielt (vgl. Spivak 1994b: 60ff.). Khan agierte als politischer Repräsentant der bangladeschischen Bauern, deren Lebensweise aufgrund der politischen Strategien der Weltbank unmittelbar bedroht war. Spivak analysiert nun, wie dieser, obwohl er als ›authentische‹ Stimme Bangladeschs präsentiert wurde, scheitern musste. Die Übersetzung seines Vortrags war schlecht, und zudem musste er seine komplexen Argumente innerhalb der zugewiesenen Zeitspanne von nur 20 Minuten schlüssig vortragen. Es tat sich eine enorme Kluft auf zwischen Khans Erwartung, die Bauern gut zu repräsentieren, und der Struktur, in die er gezwängt wurde und die ihm *de facto* keine Möglichkeit einer adäquaten Repräsentation gab (vgl. ebd.: 61). Spivak bemüht dieses sehr konkrete Beispiel aus der internationalen politischen Arena, um daran die Produktion von Stimmlosigkeit darzulegen. Ihr zufolge gibt es keinen rhetorischen Raum, innerhalb dessen subalterne Subjekte aus dem globalen Süden im europäischen »Theater der Verantwortung« (ebd.) sprechen können, obschon dort Entscheidungen gefällt werden, die ihr Leben und ihre direkte Umwelt betreffen. Es handelt sich im Grunde um eine Allegorie der Verantwortung, innerhalb derer die dem europäischen Parlament zugrunde liegenden Strukturen politischer Repräsentation paradoxerweise dazu beitragen, die Stimme des Subalternen zum Schweigen zu bringen und auszuschließen (vgl. Morton 2007: 59f.). Gegen dieses Verstummen und die Ausschließung des Subalternen gerichtet, versuchen Spivaks dekonstruktive Reflexionen über Verantwortung, die Möglichkeitsbedingungen für einen ethischen Dialog zu imaginieren. Spivak betont hier die Wichtigkeit, eine »ethische Singularität« (*ethical singularity*, Spivak 1996a: 272) mit den Subalternen zu etablieren. Derrida dagegen spricht von einer Ethik der Verantwortlichkeit gegenüber den Anderen, doch Spivak bemerkt, wie schwierig diese sich *de facto* zeigt. Deswegen sei die Ethik à la Derrida als eine Erfahrung der Unmöglichkeit zu bezeichnen (vgl. ebd.: 270).

Edmund Husserl (1859-1938) wegen seiner, wie es hieß, ›nicht-arischen‹ Abstammung beurlaubt wurde. Heidegger trat nicht nur am 1. Mai desselben Jahres der NSDAP bei, sondern blieb auch bis Kriegsende Mitglied. Seine Rektoratsrede vom 27. Mai 1933 war unbestreitbar geprägt von nazistischem Denken – so betonte er unter anderem die Notwendigkeit der Bindung an die »Volksgemeinschaft«. Heidegger hat sich nie für seine Parteizugehörigkeit entschuldigt oder sich von seiner Rektoratsrede distanziert. Allerdings existiert eine sehr kontroverse und lang anhaltende Debatte darüber, wie dies zu werten sei.

Es ist die Beharrlichkeit des anthropologischen Paradigmas in der empirischen Feldforschung, die, so Spivak, den Bemühen westlicher Nichtregierungsorganisationen und entwicklungspolitischer Akteure und Akteurinnen um einen Dialog mit subalternen Gruppen zugrunde liegt. In Anknüpfung an Derridas kritischer Beschäftigung mit den Arbeiten des Philosophen Emmanuel Lévinas (1905-1995) spricht Spivak von einem Versuch, ethische Singularität mit Subalternen als »heimliche Begegnung« (Spivak 1994c: xxv) zu etablieren. Für Lévinas ist die ethische Beziehung zwischen dem Selbst und dem Anderen keine bewusste Entscheidung eines rationalen moralischen Subjekts, vielmehr entsteht diese durch den Ruf des Anderen, der dem Wissen und Verständnis des Selbst vorangeht. Mehr noch: Der Ruf des Anderen ist das, was sowohl die Subjektivität als auch die Verantwortlichkeit des Selbst konstituiert. Lévinas zufolge kann das Selbst jedoch keinen Akt moralischer Verantwortung gegenüber einem erfassbaren Anderen verüben, weil der Andere dem Selbst eben vorangeht. Der Begriff der Verantwortung gegenüber dem Anderen bezieht sich hier nicht auf einen bewussten Akt der Verantwortlichkeit gegenüber einem erkennbaren Anderen. Spivak bemerkt allerdings, dass ethische Singularität keinesfalls etwas ist, was man durch »mühsame Anstrengungen« (ebd.) verwirklichen kann. Sie divergiert an dieser Stelle von Lévinas' Argument, dass Ethik und Verantwortung die individuelle Handlungsmacht des Selbst übersteigen. Andererseits behauptet sie auch, dass eine ethische Begegnung mit der Singularität des Subalternen eine Erfahrung des Unmöglichen ist, und bezieht sich hier auf die soziale, linguistische und kulturelle Diskontinuität zwischen den Polen der Subalternität und der Hegemonie. Es ist an dieser Stelle sinnvoll zu unterstreichen, dass ein Verständnis der Unmöglichkeit ethischen Engagements, so paradox es auch klingen mag, bedeutsam für kollektives politisches Handeln ist (vgl. ebd.).

Gleichzeitig versucht Spivak, die theoretischen Protokolle der Dekonstruktion von einem materialistischen Standpunkt aus zu unterbrechen. In *Limits and Openings of Marx in Derrida* kritisiert Spivak Derrida für seine Unfähigkeit, Marx' Theorie des Industriekapitalismus zu verstehen (vgl. Spivak 1993a: 97). In ihrem Essay *Ghostwriting* (1995b) wendet sie zudem gegen Derrida ein, dass dieser den systematischen Charakter eines globalen Kapitalismus unterschätzt habe. Derridas Beschreibung der Marx'schen Arbeitswerttheorie bezeichnet Spivak als Karikatur derselben, die Gebrauchswert als gut und Tauschwert als schlecht definiere (Spivak 1995b: 74).

Geschickt beschreibt Spivak ihr eigenes »Neu-Lesen« von Marx *via* Derrida als eine Antwort auf das Versäumnis Derridas, die zentralen Argumente über den industriellen Kapitalismus in *Das Kapital* zu berücksichtigen (vgl. Spivak 1993a: 97). Spivaks Auseinandersetzung mit Derrida über Marx fokussiert dabei insbesondere die Ausbeutung des weiblichen Körpers in der ›Dritten Welt‹, wo die subalternen Frauen den Erhalt der globalen Produktion sichern (vgl.

Spivak 1999a: 67). Sie zeigt, inwiefern die erbarmungslose Ausbeutung von Frauen im Süden durch multinationale Konzerne eine Folge der wechselnden vergeschlechtlichten und geographischen Dynamiken des aktuellen Kapitalismus darstellt.[15]

In seiner Antwort auf Spivaks Kritik argumentiert Derrida, dass ihre Lesart von *Marx' Gespenster* (1995) unzulässig sei. Sie produziere Spivaks rhetorische Haltung als Kritikerin, da sie – wie sie selbst zugibt – zu besitzergreifend gegenüber dem Marx'schen Denken sei (vgl. Derrida 1999: 222f.). Abgesehen von der Frage der Rhetorik ihrer Argumentation antwortet Derrida nicht auf Spivaks Vorwurf, dass er die Bedeutung der Marx'schen Theorie des Industriekapitals oder der Ambivalenz des Gebrauchswerts in Marx' Arbeitswerttheorie übersehen habe. In Spivaks Infragestellung Derridas geht es nicht nur um einen Dissens über Nuancen des theoretischen Arguments von Marx – vielmehr versucht sie, Marxismus und Dekonstruktion auf eine Weise zu reartikulieren, die der gegenwärtigen internationalen Arbeitsteilung und der wirtschaftlichen Abhängigkeit vieler Nationen des globalen Südens gegenüber den globalen Finanzinstitutionen wie der Weltbank und des Internationalen Währungsfonds Rechnung tragen kann.

Bei Spivak werden wir kaum auf ein ›Versöhnungsprojekt‹, welches zwischen Feminismus, Dekonstruktion und Marxismus zu vermitteln sucht, stoßen (vgl. Spivak 1990a: 15), viel eher geht es ihr darum, die Leerstellen und Begrenzungen der einzelnen Diskurse aufzuzeigen, um darin die (neo-)kolonialen Spuren sichtbar zu machen. Insofern sind ihre theoretischen Interventionen als »kritische Unterbrechungen« (*critical interruptions*, ebd.: 110) zu verstehen, die die Diskontinuitäten zwischen Feminismus, Marxismus und Dekonstruktion zu bewahren suchen. Die Praxis der Verhandlung und Interruption ist dabei ein Kennzeichen Spivak'scher Theoriebildung. So kritisiert sie – wie gesehen – die Marx'sche Werttheorie, die, obschon sie zweifellos von großem Nutzen für die Analyse der internationalen Arbeitsteilung sei, die un-

15 | An dieser Stelle überschneidet sich Spivaks Argumentation mit der materialistischer Feministinnen. Insbesondere die so genannte deutsche Schule, die mit Maria Mies assoziiert wird, hat das Konzept der ›Arbeit‹ radikal retheoretisiert. Für Mies ist Subsistenzarbeit, die sie vor allem mit weiblicher Produktion und Reproduktion in Verbindung bringt, nicht außerhalb der internationalen Arbeitsteilung lokalisiert, sondern bildet gewissermaßen die Basis für die historische Akkumulation des Kapitals. Mies argumentiert, dass der kapitalistische Produktionsprozess auf der Überausbeutung der unbezahlten Arbeit beruht, die erst eine Ausbeutung der Lohnarbeit ermöglicht (vgl. Mies 1986: 48). Die Überausbeutung der Subsistenzwirtschaft wird nicht durch Lohn ausgeglichen, sondern über Gewaltverhältnisse aufrechterhalten und stellt darum für Mies den Hauptgrund für die wachsende Armut der ›Dritte-Welt‹-Produzenten und -Produzentinnen dar (vgl. ebd.).

bezahlte Arbeitskraft der Frauen des Südens unbeachtet lasse.[16] Die Dekonstruktion hält sie indessen für einen guten Ansatz, um der emanzipatorischen Rhetorik des Marxismus und Feminismus zu widerstehen. Letztere affirmiere die eigene Komplizenschaft mit dem Objekt der Kritik und hinterfrage die Autorität des zu untersuchenden Subjekts, ohne es zu paralysieren (vgl. ebd.: 201). Dementsprechend hinterfragt Spivak auch selbstkritisch ihre eigenen Privilegien als Angestellte einer westlichen Eliteuniversität und die damit einhergehende Komplizenschaft durch das Arbeiten für eine Institution, die letztlich an der ideologischen Produktion des Neokolonialismus beteiligt sei (vgl. ebd.: 210).

Masterwords – oder über die Macht, zu bezeichnen

»Epistemische Gewalt« (*epistemic violence*) geht für Spivak nicht nur vom Kolonialismus aus, sondern wird in neokolonialen Machtverhältnissen, die schließlich das postkoloniale Subjekt herstellen, fortgeführt. Der Begriff ›Inderin‹ sei etwa ein exemplarisches Beispiel für das Erbe kolonialer Diskurse und als Identitätskategorie ein Produkt imperialistischer Subjektkonstitution (vgl. Spivak 1993a: 211). Die Fetischisierung solcher Bezeichnungen wie ›Inderin‹ oder ›Asiatin‹ homogenisiere unvergleichbare Lebenserfahrungen. Dies wiederum gehe mit erheblich negativen politischen Folgen insbesondere für diejenigen postkolonialen Subjekte einher, die am untersten Ende der sozialen Hierarchie verortet sind. Im Gegensatz zu klassischen Kolonialismusanalysen werden hier ebenso die diversen neokolonialistischen Formationen nach der formalen Dekolonisation einer Betrachtung unterzogen. So beschreibt Spivak, wie die Indigenen im heutigen Indien im Namen von ›Entwicklung‹ und ›Fortschritt‹ ausgebeutet werden. Während diese selber vornehmlich, wie Spivak schreibt, im Status von Zuschauenden verbleiben, zerstört der neoliberale Kapitalismus, der auf ein »ferngesteuertes Leiden« (*remote-control suffering*, Spivak 1996a: 277) basiert, ihre Lebenswelten.

Wie schon Said lässt sich auch Spivak nicht von einer naiven Begeisterung für antikoloniale Bewegungen mitreißen und zeigt stattdessen auf, wie der bürgerliche Charakter eines antikolonialen Nationalismus viele der soziopolitischen Ungleichheiten, die während der kolonialen Ära bestanden, reproduzierte. In diesem Zusammenhang beschreibt sie den aus dem antikolonialen Widerstand hervorgegangenen Nationalismus als ein Produkt des Imperialismus.

---

16 | Siehe hierzu insbesondere den Aufsatz *Scattered Speculations on the Question of Value* in ihrem Buch *In Other Worlds* (1988: 212ff.).

Nach Spivak war der postkoloniale Nationalismus ein entscheidender Faktor im Wandel der geopolitischen Konjunktur vom territorialen Imperialismus hin zum Neokolonialismus (vgl. Spivak 1988: 245). Detailliert weist sie auf die Grenzen des Nationalismus als politischem Programm hin, welches beständig die Interessen der Eliten privilegiert, während es gleichzeitig eine Veränderung im Leben subalterner Frauen unmöglich macht. Nationalistische Erzählungen waren und bleiben für das Leben von Subalternen folglich bedeutungslos (vgl. ebd.). In ihrem Buch *Other Asias* (2008) schlägt Spivak den Begriff eines »kritischen Regionalismus« als Alternative zum Nationalismus und zu der Regionalforschung (*Area Studies*) vor. Ein kritischer Regionalismus dekonstruiert Grenzregimes und rigide Identitätspolitiken und wertet diese nicht auf. Er zielt dabei nicht auf das Aufbrechen von Nationen, sondern vielmehr auf ein Umformen des Nationalismus (vgl. Spivak 2008: 179). Spivak drängt auf ein Umdenken von ›Asien‹, das der politischen und kulturellen Komplexität des Raumes gerecht wird. Das Wort ›Asien‹ reflektiert für sie »Europas Weg nach Osten« (ebd.: 207) und existiert insbesondere als Imagination derjenigen, die vorgeben, über und für es sprechen zu können. Doch bezieht es sich letztlich auf keinen allgemeinen oder festen Referenten. ›Asien‹ ist der europäische Name für sein eigenes Imaginäres und die östliche Erweiterung seiner selbst. Doch am Ende sieht ›Asien‹ sich selbst wie die Imagination Europas. Daher ist die Frage problematisch, was ›Asien‹ ist – sowohl in historischer als auch in gegenwärtiger Form. Da es eine geographische Fläche vom Kaukasus bis nach Süd- und Ostasien umfasst und eine Zeitspanne von der Antike bis zur Gegenwart und Zukunft, argumentiert Spivak, dass ›Asien‹ bestenfalls im Plural als »viele Asiens« verstanden und beschrieben werden sollte. Entgegen der kolonialen Geste, die ›Asien‹ als identifizierbare Region versteht und ihr eine geographische und historische Position innerhalb der eurozentrischen Weltgeschichte zuweist, schlägt sie als theoretisch-methodologisches Korrektiv eine »informierte Imagination« vor, welche darauf zielt, den »Namen eines Kontinents zu pluralisieren« (ebd.: 237). Es ist dies nicht als ein ernsthafter Versuch zu werten, der Heterogenität und Komplexität Asiens gerecht zu werden. Ein kritischer Regionalismus wird dabei begleitet von einer aktualisierten »imaginären Geographie« (ebd.: 8) und beinhaltet ein Versprechen möglichen Sprechens über andere Asiens, andere Afrikas und über einen »antiethnischen Regionalismus« (ebd.: 238).

Eine spannende Strategie stellt ebenfalls die Hinterfragung gängiger Begrifflichkeiten politischer Bewegungen dar, die versuchen, die Erfahrungen, Perspektiven und Kämpfe minorisierter Gruppen in abstrakten Überbegriffen – »machtvollen Bezeichnungen« (*masterwords*, Spivak 1990a: 104) – einzufrieren. Beispiele hierfür sind etwa: *die* Arbeiter, *die* Frauen oder auch *die* Kolonisierten. Für Spivak stellen all diese Bezeichnungen Bildstörungen – Katachresen – dar, versuchen sie doch, *alle* Arbeiter, *alle* Frauen und *alle* Kolonisierten darzustellen, ohne dass hierfür ein Referent zur Verfügung steht (vgl. Spivak 1990a: 104). Dieser Versuch, unterschiedlichste Lebenserfahrungen von Menschen durch einen Begriff zum Ausdruck zu bringen, sei nichts weiter als ein essentialistisches Manöver, welches letztlich zum Scheitern verurteilt bleibe. Dasselbe gilt auch für die selbst ernannten und gewählten Repräsentanten und Repräsentantinnen, die im Namen unterdrückter Gruppen so sprechen, als gäbe es ein einheitliches politisches Subjekt, welches kollektiv *durch sie* sprechen würde. Die bei dieser Praxis hergestellte Kohärenz sei nichts anderes als ein Effekt dominanter Diskurse, während die Sprache eines universalen politischen Kampfes immer potentiell gewalttätig ist. Gewalt erfahren dabei vor allem die, die unter die machtvollen Bezeichnungen subsumiert und damit assimiliert werden. Ihre Stimmen würden, so Spivak, gerade von den radikalen Gegendiskursen zum Verstummen gebracht, die vorgeben, für sie zu sprechen.

Statt der Verwendung der gängigen politischen *masterwords* schlägt Spivak die Begrifflichkeit ›Subalterne‹ vor, die mehrere Subjektpositionen gleichzeitig zu beschreiben vermag. Es geht hierbei nicht um marginalisierte, sondern um heterogene Subjektpositionen, die innerhalb (prä-)kolonialer Strukturen – und auch durch die nationalistische Bourgeoisie nach der Unabhängigkeit – in unterschiedlicher Weise ausgebeutet und unterdrückt worden sind. Spivak warnt jedoch vor theoretischen Verallgemeinerungen, die bedeutsame soziale Differenzen zwischen den unterschiedlichen subalternen Gruppen verwischen könnten. Zudem bemerkt sie, dass die postkolonialen Intellektuellen in den Metropolen bei der Leser/-innenschaft des globalen Nordens oft als »Ersatz-Subalterne« (*token subalterns*, Spivak 1996a: 292) wahrgenommen werden, wenn diese im Namen derselben sprechen. Spivak rät, dieser narzisstischen Verführung zu widerstehen, die sowohl den postkolonialen Intellektuellen als auch den Lesenden der ›Ersten Welt‹ Vorteile verspricht. Ersteren gelingt es dadurch, die Position *der* legitimen Stimme der Unterdrückten und Entrechteten dieser Welt einzunehmen und dadurch Vorteile für sich zu erheischen. Das vermarktbare Gehör steht dann der Repression der subalternen Stimmen gegenüber. Spivaks politischer Gegenvorschlag folgt auch hier Derrida, wenn sie einen verantwortungsvolleren Ansatz empfiehlt, der die spezifischen Kontexte und materiellen Bedingungen, unter denen Menschen leben, berücksichtigt.

Wie bereits erwähnt, arbeitet Spivak unter anderem in Projekten in Westbengalen und auch Bangladesch, wo sie vor allem Lehrer/-innen ausbildet. Sie engagiert sich dort nicht nur aktiv gegen das weit verbreitete Analphabetentum Subalterner, sondern auch gegen ihre gewaltvolle Distanzierung von intellektueller Arbeit *(intellectual labour)*. Bei dieser Tätigkeit wurde Spivak nach eigenen Worten deutlich, wie schmerzhaft langsam der Prozess im konkreten Kampf um mehr Gerechtigkeit tatsächlich verläuft, bei dem die Subalternen nicht nur versuchen, lesen und schreiben zu lernen, sondern auch Bürger/-innen zu werden. Konsequent plädiert sie dafür, geduldig zu versuchen, von den Subalternen zu lernen, anstatt allzu schnell *für sie* zu sprechen, würde dies doch im Grunde nur einem »Willen, sich selbst sprechen zu hören« (*will to hear oneself speak*, Spivak 1996a: 33), gleichkommen. Ihr geht es nicht, und das ist bedeutsam, um die Erhaltung und Glorifizierung der Subalternität, sondern darum, die subalternen Räume aufzulösen (*undoing of subaltern space*, ebd.: 307).

Kann die Subalterne sprechen?

In ihrem einflussreichen Essay *Can the Subaltern Speak?* (1994a [1988]) entfaltet Spivak eine facettenreiche Kritik an dem Wohlwollen radikaler westlicher Intellektueller, welche durch die Behauptung, die ›Massen‹ könnten für sich selbst sprechen, ihre eigene Macht verschleiern würden.

Bevor wir nun auf die konkrete Argumentation und die Konsequenzen von Spivaks provokanter und leider oft missverstandener Aussage eingehen, dass die Subalternen nicht sprechen können, möchten wir vorher einige der theoretischen Quellen beleuchten, auf die Spivak dabei zurückgreift. Der Begriff der Subalternen, auf den sich Spivak und auch die bereits erwähnte *South Asian Subaltern Studies Group* beziehen, ist aus Gramscis *Quaderni del Carcere* (*Gefängnishefte* 1929-1935) entliehen, die er in Kerkerhaft während Mussolinis faschistischem Regime verfasste. Gramsci entlieh den Begriff dem Vokabular militärischer Dienstgrade, wo dieser der Name für ›untergeordnete Offiziere‹ ist. Er überträgt den Begriff ›Subalterne‹, um damit diejenigen zu bezeichnen, die keiner hegemonialen Klasse angehören – und fokussiert seine politischen Analysen auf diese, womit er deutlich von einer orthodox-marxistischen Herangehensweise abweicht, richtet letztere ihr politisches Hauptaugenmerk doch auf die städtische Arbeiterklasse. Die ländliche Bevölkerung wird bei Marx bekanntlich eher vernachlässigt, weil sie als unorganisiert gilt und keinen systematischen Gegenpol zur Bourgeoisie bilden kann. Da die oppositionellen politischen Praktiken der Subalternen als spontane, sporadische, inkonsistente, vorpolitische und unorganisierte Handlungen gelten, die vornehmlich regionalen und lokalen Ebenen zugeordnet werden, wird ihnen lediglich eine unwesentliche Bedeutung für die Politik beigemessen.

Im Vergleich zum orthodoxen Marxismus plädiert Gramsci nun für ein vielschichtigeres Verständnis von Herrschaft und Unterordnung. Eine subalterne Gruppe wird nicht allein durch die ökonomischen Verhältnisse marginalisiert, sondern ist von einer Vielzahl heterogener Ausschließungen betroffen. Die subalternen Gruppen, die Gramsci abwechselnd »*classi subalterne*«, »*classi subordinate*« und »*classi strumentali*« nennt, können sinnvollerweise nur im Zusammenhang mit den dominanten Gesellschaftsgruppen verstanden werden. Letztere realisieren ihre historische Einheit im Staat, das heißt in der Kombination von politischer und ziviler Gesellschaft. Im Kontrast dazu bilden die subalternen Klassen eine fragmentierte Gruppierung, die durch mangelnde Autonomie, fehlende organische Intellektuelle und durch strukturelle und ökonomische Ausgrenzung gekennzeichnet ist. Aus diesen Gründen ist die Geschichte der subalternen Gruppen episodisch und durch Spontaneität geprägt, die auf ihr fehlendes Selbstbewusstsein als Klasse zurückzuführen ist. Das politische Ziel ist es bei Gramsci, die Fragmentierung der subalternen Gruppen durch Organisation und durch eine Allianz zwischen Arbeitern und ländlichen Massen zu überwinden.

Im 25. Gefängnisheft »An den Rändern der Geschichte (Geschichte der subalternen gesellschaftlichen Gruppen)« (Gramsci 1999: 2185ff.) finden sich Analysen, die für die postkoloniale Perspektive von besonderem Interesse sind. Die Vorstellung der Subalternen als potentielle revolutionäre Kraft wurde von den Historikern und Historikerinnen der *South Asian Subaltern Studies Group* übernommen, kontextualisiert und weiterentwickelt.[17] Gramscis Erweiterung des marxistischen Klassenbegriffs durch den Begriff der Subalternität erwies sich als produktiv für eine postkoloniale Theoretisierung. Guha, einer der Begründer der Gruppe, definiert Subalternität als einen Raum, der innerhalb eines kolonialisierten Territoriums von allen Mobilitätsformen abgeschnitten ist (vgl. Spivak 1996a: 288). Gramsci, Guha und Spivak gebrauchen den Begriff mithin in ähnlicher Weise durchgängig relational. Die subalternen Gruppen zeichnen sich durch eine radikale Differenz zu den dominanten Gruppen aus. Subalternität ist gewissermaßen die Gegenposition zur Hegemonie. Sie ist keine Identitätsbezeichnung, sondern eine Position und Differenz.

Wie in Süditalien stellten in den meisten kolonisierten Kontexten ländliche Bevölkerungsgruppen eine demographisch bedeutsamere Gruppe als Industriearbeiter/-innen dies waren. Die schon in der präkolonialen Zeit stark von einem Klassen- und Kastensystem durchfurchte Gesellschaftsstruktur Indiens war entsprechend von einer Missachtung subalterner Räume durch die koloniale Hegemonie geprägt. Der antagonistische Kampf zwischen bürgerlicher

17 | Der renommierte Gramscianer Joseph A. Buttigieg hat die Vereinnahmung des Konzeptes der »Subalternen« durch die *South Asian Subaltern Studies Group* und *Latin American Subaltern Studies Group* beklagt, die sich seiner Meinung nach nicht der Mühe unterzogen haben, Gramscis *Gefängnishefte* systematisch zu studieren. Seine Hauptkritikpunkte richten sich gegen die willkürliche Vernachlässigung der Rolle der Partei bei der Organisierung der subalternen Massen und einer Missinterpretation des Konzeptes der »Subalternen« selbst sowie der »Zivilgesellschaft«, die für Gramsci nicht für Widerstand steht, sondern vielmehr einen Teil der hegemonialen Formation darstellt (vgl. Buttigieg 2000: 182ff.).

nationaler Elite und kolonialer Hegemonie ließ keinen Raum für die komplexen sozialen Bewegungen subalterner Gruppen. Die Analyse der Subalternen im Kontext der Dekolonisierung demonstriert, dass die Geschichte des Erfolgs des nationalistischen Widerstands nur in kohärenter Weise erzählt werden konnte, solange die Rolle der Subalternen strategisch ausgegrenzt wurde (vgl. Spivak 1988: 245). Der *South Asian Subaltern Studies Group* geht es nun darum, eine »Gegengeschichte« (*writing in reverse*, Guha 1983: 1) zu verfassen, die den Fokus auf andere Antagonisten lenkt und die Kampfschauplätze pluralisiert.

Wie auch später in anderen Unabhängigkeitsbewegungen, erschienen die spontanen Aufstände der Landbevölkerung den bürgerlich-städtischen Befreiungsgruppen in Indien als unkontrollierte Gewalt, der es an politischen Inhalten und Organisation fehlte. In diesem Zusammenhang greift Guha den britischen Historiker Eric Hobsbawm (1917-2012) an, der das Bild des unbewusst handelnden, präpolitischen Aufständischen geprägt hat. Politisches Bewusstsein setzt nach Hobsbawms Verständnis eine bewusste Führung, ein eindeutiges Ziel und ein klar definiertes politisches Programm voraus (vgl. Guha 1983: 5f.). Bauernaufstände und indigene Widerstandsbewegungen gegen das Feudalsystem in Indien fanden zwar während der gesamten kolonialen Periode bis hin zur Gegenwart regelmäßig statt. Doch wurden diese Aufstände immer wieder als ziellose und unorganisierte Gewaltakte verurteilt und in das kriminelle Terrain verschoben. Angesichts des Fehlens jeglicher institutioneller Bestätigung war es den Subalternen nicht möglich, sich selbst zu vertreten oder ihre Interessen geltend zu machen. Die autonomen Widerstandskämpfe der Subalternen wurden wegen des fehlenden historischen Materials lange nicht rekonstruiert. Ihre Geschichten wurden diskreditiert und die Unabhängigkeit wurde als alleiniger Erfolg der nationalen Elite dargestellt. Die Nation wurde so zum alleinigen Projekt der Eliten. Die Nichtberücksichtigung subalterner Kämpfe hat so eine Lücke in der historischen Erzählung hinterlassen, die die *South Asian Subaltern Studies Group* als symptomatisch für die elitäre historische Repräsentation beschreibt. Deswegen ist es ihr erklärtes politisches wie auch wissenschaftliches Ziel, die subalternen Widerstandsbewegungen in die offizielle Geschichte einzuschreiben.

Ihren Vorstellungen nach ist die Situation der ländlichen Bevölkerung im Süditalien der 1930er Jahre mit jener der ländlichen Bevölkerung und der Arbeiterklasse des unabhängigen Indien durchaus vergleichbar, erleben diese doch ebenso eine fortgesetzte, durch das Erreichen der nationalen Unabhängigkeit nicht unterbrochene Unterdrückung und Marginalisierung. Die Arbeiten der *South Asian Subaltern Studies Group* zeigen auf, inwiefern der nationale Befreiungskampf im Grunde versagt hat, denn die Mehrheit lebt auch im postkolonialen Indien in bitterer Armut. Die ökonomische und politische Macht ruht in Indien – wie auch in anderen ehemaligen Kolonialländern – bis zum heutigen Tage in den Händen einer kleinen Gruppe männlicher Angehöriger der gebildeten Mittelschicht, während die ländlichen Bevölkerungsschichten kaum von der Unabhängigkeit profitieren. Für sie hat sich nach der Befreiung von der Kolonialherrschaft existentiell kaum etwas verändert (vgl. Guha 1983). Diese Aussage steht in einer interessanten Übereinstimmung mit den Ausführungen Fanons, der betont, dass »für 95 Prozent der Bevölkerung der unterentwickelten Länder die Unabhängigkeit keine unmittelbare Veränderung gebracht hat« (Fanon 1981: 63). So notiert Fanon, dass paradoxerweise die nationale Regierung nach der Unabhängigkeit »in ihrem Verhalten gegenüber den ländlichen Massen an die Kolonialmacht« (ebd.: 101) erinnert. Das Projekt der *South Asian Subaltern Studies Group* möchte eine »Geschichte von unten« nachzeichnen, indem es die Leerstellen des bürgerlichen Befreiungskampfes beleuchtet.

In seiner einflussreichen Arbeit *Dominance without Hegemony: History and Power in Colonial India* (1998) argumentiert Guha, dass der koloniale Staat in Südostasien sich ursprünglich vom metropolitanen-bürgerlichen Staat unterschieden hat, welcher wiederum am Aufbau des kolonialen Staates beteiligt war. Im Gegensatz zu dem metropolitanen Staat, der durch Überzeugungskraft dominieren wollte und einen hegemonialen Charakter besaß, behauptet Guha, dass der koloniale Staat nicht hegemonial war. Zwang bildete den Kern in der Entstehung und Funktionsfähigkeit von Machtbeziehungen. Während bei der »Hegemonie [...] auch die überzeugendsten Dominanzstrukturen immer und notwendigerweise Raum für Widerstand bieten« (ebd.: 23), ist die Bedingung für »Dominanz ohne Hegemonie« (ebd.), dass die Überzeugungskraft niemals das Zwangsmoment aufhebt. Dies führte ironischerweise in der Geschichte dazu, dass England, als selbsternannte Führungsfigur der westlichen Demokratie, eine gewaltvolle koloniale Herrschaft auf Übersee sowohl institutionalisierte als auch über die koloniale Zeit hinweg aufrechterhielt. Guha folgert daraus, dass der nichthegemoniale koloniale Staat paradox ist – eine Dominanz ohne Hegemonie in dem Sinne, dass die Dominanzstruktur »nichthegemonial [ist], also die Überzeugungskraft durch das Zwangsmoment aufgehoben wurde« (ebd.: xii). Daher kenne der koloniale Staat nur Subjekte und keine Staatsbürger – ein Gedanke, den Mamdani in seiner Beschreibung des kolonialen Staates weitergeführt hat (siehe Kapitel I).

Des Weiteren veranschaulicht Guhas Analyse, dass die nationalistische Politik in Indien einen strukturellen Bruch zwischen einheimischen Eliten und Subalternen geschaffen hat, der ›die Massen‹ davon abhielt, in eine alternative Hegemonie einbezogen zu werden. Die einheimischen Eliten beanspruchten für sich die Aufgabe, die Stimme der indischen Bevölkerung zu repräsentieren, indem sie wie der englische Kolonialherr auf Zwang zurückgriffen.

Einer der wichtigsten Beiträge der Subalternen Studien war die Transformation der Idee von Politik überhaupt. Sie streben danach, die Distanz und

Verwobenheit zwischen organisierter und unorganisierter Politik zu begreifen, und erweiterten damit das Politikverständnis, das ihre westlichen Vorgänger entworfen hatten. Ziel ist die Analyse der Dynamiken zwischen dem postkolonialen Staat, der Zivilgesellschaft und subalternen Räumen. Der Fokus liegt hierbei auf der irreduziblen Rolle postkolonialer Nationalstaaten im Prozess der Dekolonisierung.

Spivak wertet die von der *South Asian Subaltern Studies Group* aufgedeckte historische Leerstelle als eine Krise in der historischen Erzählung der indischen Unabhängigkeitsbewegung und merkt an, dass die persistente Ignoranz gegenüber den Subalternen das imperialistische Projekt weiterführen würde. In kritischer Absetzung davon hinterfragt sie allerdings die Wirksamkeit eines nach wie vor eher klassisch-marxistischen Modells bei der Beschreibung der komplexen und widersprüchlichen Geschichte(n) subalterner Aufstände und kritisiert die Konstruktion einer glatten, subversiven und widerständigen subalternen Subjektivität.[18] Das Ziel, das Bewusstsein der Subalternen zu untersuchen, um dieses der dominanten Geschichtsschreibung entgegenzustellen, führt ihrer Ansicht nach zu einer positivistischen Tendenz in den frühen Arbeiten der Gruppe. Spivak folgend bilden die Subalternen eine Grenze der Wissensproduktion, da sie aufgrund ihrer oppositionellen Position zur Hegemonie nicht vollständig erfassbar sind. Indem sie divergierende Subjektpositionen simultan analysiert – etwa die von Frauen –, fordert Spivak den Versuch der Wiedergewinnung eines einheitlichen subalternen Bewusstseins heraus. Sie bestreitet die Möglichkeit einer Wiederherstellung des subalternen Bewusstseins oder Willens als positive Präsenz aus den kolonialen Archiven heraus.

Die Falle, so Spivak, liegt vornehmlich in dem Versuch, eine marxistische Analyse dergestalt vorzunehmen, dass die ehemaligen Klassenkämpfe schlicht durch die Aufstände der Subalternen ersetzt werden (vgl. auch Rodríguez 2001: 5f.). Anders gewendet: Ein Klassenbewusstsein kann nicht einfach durch

18 | Es ist an dieser Stelle noch einmal wichtig festzuhalten, dass die marxistische Theorie eine bedeutende Position innerhalb der indischen politischen Geistesgeschichte einnimmt. Es war die kommunistische Partei, die – klassisch marxistisch argumentierend – nie die internen Klassenkonfliktlinien hinter die nationalen Interessen in den Unabhängigkeitsbestrebungen stellen wollte. Die prominenten Figuren innerhalb der indischen *Congress Party*, die immer den nationalen Befreiungskampf über die Klasseninteressen gestellt haben, waren denn auch nicht von ungefähr durchweg Mitglieder der gebildeten indischen Elite. Der erste indische Präsident Jawaharlal Nehru (1889-1964) beispielsweise hatte wie viele andere Mitglieder der Elite bereits in den 1930er Jahren in Oxford studiert. Weil die kommunistische Partei den Klassenkampf immer als *den* gesellschaftlichen Hauptwiderspruch wahrnahm, verlor sie während des Unabhängigkeitskampfes viele Stimmen an die Congress Party Nehrus und Gandhis (vgl. hierzu auch Young 2001: 315).

ein Subalternenbewusstsein abgelöst werden (vgl. Spivak 1988: 201), würde dies doch die Subalternen erneut als aufständische Agenten soziopolitischer Transformation instrumentalisieren. Nach Spivak zeigen sich die Historiker/-innen der *South Asian Subaltern Studies Group* beteiligt an der Reproduktion kolonialer Wissensregimes, indem sie die subalterne Handlungsmacht in ein bürgerlich-humanistisches Modell einschreiben. Spivak stimmt hier mit Gyan Prakash überein, der argumentiert, dass, insofern die Subjektposition der Subalternen über die dominante Hegemonie konstruiert wird, diese niemals eine autonome sein kann (vgl. Prakash 1992a: 9). Daher hält sie es für unerlässlich, in den Praktiken der Subalternen sowohl eine Wiederholung als auch einen Bruch mit diesem kolonialen Dilemma sichtbar zu machen (vgl. Spivak 1988: 202). Sie bemerkt in diesem Zusammenhang, dass sie »keinerlei Verbundenheit mit einer reinen Subalternität an sich hat« (Spivak 1996a: 289). Es gibt auch keine authentischen Subalternen, die über ›Rasse‹, Sexualität, Religion oder Geschlecht bestimmbar wären. Subalternität ist eine singuläre Kategorie, die unverifizierbar ist und sich daher jeglicher Exemplarität entzieht, die als Grundlage für universelle Propositionen dienen könnte (vgl. Spivak 2005: 475). Die Singularität der Subalternen unterbricht die Kohärenz der hegemonialen Logik auch deswegen, weil Generalisierungen innerhalb der hegemonialen Repräsentationslogik immer das Risiko bergen, Subalterne erneut in ein Forschungsobjekt zu verwandeln und so ihre Unterwerfung zu perpetuieren.

Spivak befindet, dass die »kognitiven Fehler« (*cognitive failures*, Spivak 1988: 202) der *South Asian Subaltern Studies Group* verzeihlich – weil unvermeidlich – seien und bringt an dieser Stelle die heftig debattierte These eines notwendigen »strategischen Essentialismus« (*strategic essentialism*, ebd.: 205) ein. Im Sinne einer dekonstruktivistischen Herangehensweise erweist sich die subalterne Identität, wie bereits erwähnt, nicht als eine wahre oder gar natürliche Essenz, sondern als fiktional *und* wirkungsmächtig. Ein subalternes Bewusstsein ist demnach eine »theoretische Fiktion« (ebd.: 204) mit hohem strategischem Wert, insofern es solchermaßen gelingt, die dominante koloniale und nationalistisch bürgerliche Geschichtsschreibung einer fundamentalen Kritik zu unterwerfen (vgl. ebd.: 204f.). Die Spivak'schen Untersuchungen beabsichtigen deswegen vor allem, Fragen von Hegemonie und Widerstand mit Blick auf die (Un-)Möglichkeit subalterner Handlungsmacht zu analysieren.

Der mutwilligen epistemischen Gewalt des imperialistischen Projekts kann unmöglich mit einer simplen Gegenerzählung aus einer nativistischen Position heraus widerstanden werden (vgl. Spivak 1985b: 131). Auf Derrida rekurrierend[19] bemerkt Spivak, dass Foucault sich beispielsweise bei dem Ver-

19 | Derrida kritisiert Foucault für seinen Versuch, eine »Archäologie des Schweigens« des Wahnsinns zu schreiben. Er hält dies für nicht möglich, würde ein solcher Versuch doch erneut die westliche Vernunft reproduzieren (vgl. Derrida 1978: 33ff.).

such, die wahre Stimme der Zum-Schweigen-Gebrachten hervorzubringen, in ein unlösbares Dilemma manövriert hat (vgl. Spivak 1976: lx). Es sei klar, dass die postkolonialen Intellektuellen keine einfachen Alternativen anbieten können – und sich deswegen auch davor hüten sollten, diese zu versprechen. Diese dekonstruktive Arbeit kompliziert nicht nur das Terrain der sozialen Kämpfe, sondern erweitert darüber hinaus auch die klassische Marx'sche Vorstellung des Klassenkampfes. Daneben stellt Spivak klar, dass antikoloniale Kämpfe, die die internen Machtkämpfe vollkommen unbeachtet lassen, immer Teil einer problematischen, weil homogenisierenden – und damit ausgrenzenden – Nationenbildung sind. All jene, die nach klaren, simplen politischen Lösungen suchen, müssen sich von einer solchen Sichtweise freilich enttäuscht zeigen.

Für Spivak können Subalterne ohne die Vermittlung der Eliten nicht verstanden werden. Das subalterne Subjekt ist eben auch Konsequenz der hegemonialen Geschichte. Folgen wir Spivak hier, so sind Konzepte wie »Willen« und »Bewusstsein« theoretische Fiktionen – ein »Effekt des subalternen Subjekteffekts« (Spivak 1988: 204). An dieser Stelle diagnostiziert sie eine »historiographische Metalepsis« (ebd.: 205), bei welcher bei der Beschreibung eines geschichtlichen Ereignisses ein Effekt eine Ursache ersetzt. Dies geschah etwa in der Darstellung subalterner Aufstände in den kolonialen Archiven, die den subalternen Aufständischen als souveränes Subjekt konstruierten. Die Repräsentation der Subalternen als souveräne politische Akteure lässt deren Bedürfnisse jedoch unadressiert, weswegen vor einer nostalgischen Repräsentation der Subalternen als einem Widerstandssubjekt mit klaren Intentionen zu warnen ist (vgl. ebd.: 197). Auch scheint es nicht sinnvoll, »individuelle Heroen auf der Seite der Unterdrückten zu romantisieren« (Spivak 1985c: 272).

Spivak zufolge wird durch den Versuch, die authentische subalterne Stimme einzufangen, das westliche Konzept stabilisiert, nach der das Sprechen Ausdruck von Subjektivität ist. Sie hält nichts von dem Unterfangen, das subalterne Bewusstsein wiederzugewinnen, und schlägt stattdessen eine neue Fokussierung vor, die sich für die Verortung und Einschreibung der heterogenen Subjektpositionen interessiert. Dies würde das Konzept eines undifferenzierten kolonialen subalternen Subjekts, das als Produkt monolithischer kolonialer Machtverhältnisse verstanden wird, in produktiver Weise irritieren.

Stattdessen fordert sie die kurzsichtige Diskussion um Haupt- und Nebenwiderspruch heraus, indem sie divergierende Befreiungskämpfe simultan analysiert – etwa die Frauenbewegung, die Bauernaufstände oder die Kämpfe der Indigenen. Ihre Aufmerksamkeit gilt dabei immer den gesellschaftlichen Gruppen, die in der sozialen Rangordnung sprichwörtlich »ganz unten« zu finden sind: subsistenzwirtschaftende, unorganisierte besitzlose Arbeitskräfte, indigene Analphabeten und Analphabetinnen, diejenigen also, die sich im Feld der so genannten »Null-Arbeit« (*zero work*, Spivak 1988: 84) bewegen. Es sind jene, die in den Metropolen auf den Straßen oder eben auf dem Land oder in den Peripherien leben. Spivak erläutert, dass die lange Geschichte der weiblichen Reproduktionsarbeit ein gutes Beispiel für »Null-Arbeit« darstellt, findet ihre Arbeit doch nicht nur außerhalb eines Lohnarbeitsverhältnisses statt, sondern auch außerhalb eines definierten Produktionsverhältnisses (ebd.). In ihren Arbeiten thematisiert sie auch die zunehmende globale Feminisierung überausgebeuteter Arbeitskraft (*global feminization of super-exploited labour*, Spivak 1993a: 125). Die gegenwärtige internationale Arbeitsteilung tritt an die Stelle des territorialen Imperialismus des 19. Jahrhunderts, wobei die tragende Säule des globalisierten postfordistischen kapitalistischen Systems die gewerkschaftlich nicht organisierte und dauerhaft irreguläre Frauenarbeit im globalen Süden ist.

Zwar widersteht Spivak der Verführung, sowohl die kolonialen Diskurse als auch den anti- und postkolonialen Widerstand zu homogenisieren, dennoch argwöhnt der postkoloniale Kritiker Lazarus, dass Spivak mehr daran interessiert scheint, die sozialen und symbolischen Praktiken der (Non-)Repräsentation unterdrückter Gruppen innerhalb kolonialer Elitediskurse zu theoretisieren, denn die Handlungsmacht des ›Volkes‹ einer Betrachtung zu unterziehen (vgl. Lazarus 1999: 112) – eine Kritik, die auch der philippinisch-amerikanische Literaturkritiker Epifanio San Juan, Jr. immer wieder gegen die postkoloniale Theorie im Allgemeinen richtet (etwa 2001/2002: 95ff.).

Spivaks *Can the Subaltern Speak?* gehört zu den am meisten zitierten Aufsätzen der zeitgenössischen Geisteswissenschaften. Doch auch wenn bereits unzählige Artikel verfasst wurden, die sich mit diesem prominenten Text auseinandersetzen, scheint es häufig immer noch so, als wenn nur der Titel und der erste Satz des letzten Absatzes zur Kenntnis genommen würden: »Können die Subalternen sprechen?« – »Die Subalternen können nicht sprechen.« Dabei hat Spivak gerade diese letzte Aussage später als eine »nicht ratsame Bemerkung« (*inadvisable remark*, Spivak 1999a: 308) bezeichnet. Bei dem Text handelt es sich um eine kraftvolle Kritik an den Positionen Foucaults und Deleuzes, denen Spivak »unbeabsichtigten Eurozentrismus« (Spivak 1994a: 67ff.) vorwirft. Ausgehend von einem Gespräch zwischen Foucault und Deleuze (*Die Intellektuellen und die Macht*, Foucault 1977) weist Spivak eine Komplizenschaft zwischen westlicher Wissensformation und internationalen Wirtschaftsinteressen nach. Obwohl die französischen Philosophen die Idee eines souveränen Subjekts ablehnen, da dieses unfähig sei, der Heterogenität von Netzwerken von Macht, Begehren und Interesse gerecht zu werden, argumentieren sie, dass die Unterdrückten selbst über Wissen verfügen und für sich selbst sprechen können. Damit konstituieren sie ein ungeteiltes politisches Subjekt – und ignorieren damit gleichzeitig die Diskontinuität zwischen Begehren und Interesse. Ebenso versäumen sie es, gegenwärtige Formen ökonomischer Ausbeutung zu berücksichtigen, und vernachlässigen die ideologische Subjektkonstitution auf beiden Seiten der kolonialen Trennlinie. Auch der sehr unpräzise Repräsentationsbegriff bei den Ausführungen der zwei bekannten Intellektuellen, der zudem die darin enthaltenen Ambivalenzen nicht benennt, scheint Spivak bemerkenswert. So argumentiert Foucault, dass die Massen durchaus in der Lage seien, für sich selbst zu sprechen; sie bräuchten die Intellektuellen nicht, um Wissen über ihre Lage zu erlangen. Viel eher sei es so, dass die Machtsysteme ihre Diskurse verbieten und entwerten würden. Die Intellektuellen selber, so Foucault, sind Teil bestehender Machtkonfigurationen, weswegen ihre Aufgabe darin bestehe, jene Formen der Macht zu bekämpfen, die sie zu einem Objekt und Instrument derselben transformieren (vgl. Foucault 1977: 207).

Die von Foucault und Deleuze favorisierten Mikropolitiken, die sich auf lokale Widerstandsformationen konzentrieren, können Spivak zufolge nur bestimmt werden über die Ignorierung makropolitischer Konfliktlinien, die etwa durch den globalisierten Kapitalismus und nationalstaatliche Allianzen hervorgerufen werden. Die Arbeit der französischen Intellektuellen vernachlässige mithin das Feld der Ideologie, welches dagegen in ihren eigenen marxistisch orientierten Analysen eine gewichtige Rolle spielt. Die Nichtanerkennung ideologietheoretischer Annahmen führt zu einer Sichtweise, in der die Dominierten als klassisch-humanistische Subjekte konstruiert werden, die sich ihrer sozialen Lage bewusst sind und dementsprechend den Verhältnissen widerstehen.

Die Rolle der Intellektuellen, so Foucault weiter, liegt nicht mehr darin, die »erstickte Wahrheit« (ebd.: 207f.) der Massen zu artikulieren. Spivak deckt hinter dem von Foucault verwendeten »postrepräsentationalen Vokabular« eine »essentialistische Agenda« (Spivak 1994a: 80) auf. Foucault wie auch Deleuze machen sich ihrer Meinung nach schuldig, insoweit sie ihre Verantwortung gegenüber den Entmächtigten preisgeben und stattdessen eine bloß »utopische Politik« (ebd.: 71) verfolgen. Die Distanzierung von der Rolle der Verantwortlichen ist für Spivak nichts weiter als eine Maskerade, bei der die ›Erste-Welt-Intellektuellen‹ als »abwesende Nicht-Repräsentierende« (*absent nonrepresenter*, ebd.: 87) die unterdrückten Subjekte für sich selbst sprechen lassen.

Um nun das Konzept der Repräsentation zu beschreiben, bemüht Spivak ein Marx'sches Beispiel: die französische agrarische Gesellschaft im 19. Jahrhundert. In *Der achtzehnte Brumaire des Louis Bonaparte* (1852) setzt sich Marx bekanntlich mit dem fehlenden Klassenbewusstsein der französischen Parzellenbauern auseinander. Nach Marx repräsentieren diese Menschen keine kohärente Klasse, weswegen ein politischer Repräsentant oder Bevollmächtigter der Mittelschicht das fehlende Klassenbewusstsein in ihrem Namen darstellt. Für Marx hat die Repräsentation hier eine doppelte Bedeutung: *darstellen* (Repräsentation im Sinne von Porträt) und *vertreten* (Repräsentation durch einen politisch Bevollmächtigten, Spivak 1994a: 71ff.; vgl. auch Marx 2007 [1857]). In Anlehnung an Marx unterscheidet Spivak zwischen *Darstellung* als ein »Sprechen von« und *Vertretung* als ein »Sprechen für«. In Foucaults und Deleuzes

Beschreibung, so Spivak, fallen diese zwei Bedeutungen problematischerweise ineinander. In der Konsequenz wird die Darstellung, das ästhetische Porträt, welches symbolisch die Entmächtigten als kohärentes politisches Subjekt repräsentiert, zum transparenten Ausdruck ihrer politischen Begehren und Interessen. Dabei kritisiert Spivak, dass Foucault und Deleuze eine Stimmigkeit zwischen Interesse und Begehren voraussetzen. Sie ignorieren Spivak zufolge die Frage der Subjektproduktion, bei der Begehren und Interesse sich weder symmetrisch beschreiben lassen noch sich gegenseitig verstärken (vgl. Morris 2010: 3f.). Theorieproduktion sei, um Deleuzes Worte aufzugreifen, schließlich auch »Aktion«, daher handele es sich nicht um ein »Sprechen für« eine Gruppe, noch sei der Intellektuelle als ein Repräsentant zu begreifen. Zwar sind diese beiden Bedeutungen miteinander verbunden, allerdings bestehe auch ein irreduzibler Bruch zwischen ihnen. Diesen Bruch zu ignorieren führe zu einer widersprüchlichen Privilegierung des Subjekts. In den Schriften von Derrida und Marx finde, so Spivak, eine wesentlich radikalere Dezentrierung des Subjekts statt. Marx etwa geht nicht von einem ungeteilten Subjekt aus, in dem sich Begehren und Interesse vereinheitlichen, sondern von einem dislozierten Subjekt, welches nicht kohärent gedacht werden kann. Durch das fehlende kollektive Bewusstsein der französischen Kleinbauern, so Marx, wählen diese sich einen Repräsentanten aus, der eigentlich nicht an ihnen und ihrer Vertretung interessiert sei. Begehren und Interesse fallen mithin auseinander.

Spivak argumentiert nun, dass, wenn das Marx'sche Modell politischer Repräsentation auf den Süden Anwendung findet, die Lücke zwischen ästhetischer und politischer Repräsentation zwangsläufig noch größer wird. Auf der anderen Seite der internationalen Arbeitsteilung kann das Subjekt der Ausbeutung nicht den Text weiblicher Ausbeutung kennen und sprechen – selbst dann nicht, wenn die nicht-repräsentierenden Intellektuellen Raum schaffen würden, damit die Subalterne sprechen kann (vgl.: 84). Hinterfragt wird hier das Argument von Foucault und Deleuze, dass die Unterdrückten ihre Lebensbedingungen kennen und demzufolge für sich selbst sprechen können (vgl. ebd.: 75).

Spivak fokussiert darauf aufbauend den vergeschlechtlichten Ort subalterner Frauen, der sich gleich in doppelter Hinsicht durch (post-)koloniale Repräsentationspolitiken ausradiert zeigt. Sowohl die kolonialen Archivalien als auch die nachkolonialen historischen Beschreibungen subalterner Aufstände stabilisieren das dominante männliche Prinzip (vgl. ebd.: 82ff.). Hier wird nicht einfach die vergeschlechtlichte Form der Subalternen gegen ein klassenspezifisches Konzept eingetauscht, sondern aufgezeigt, dass der bloße Fokus auf eine klassenspezifische Verortung die Widerstandspraktiken weiblicher Subjekte und ihre Rolle beim Übergang von einer kolonialen zu einer postkolonialen Gesellschaft übersieht. Damit macht Spivak auch auf die genderspezifischen Leerstellen postkolonialer Theoriebildung aufmerksam. Um diese zu analysieren, liest Spivak vedische Quellen und Hindutexte wie etwa die *Rigveda* (die als die älteste mündlich überlieferte Textsammlung Indiens gilt und etwa im Jahre 1000 vor unserer Zeitrechnung entworfen wurde), die *Dharmashastras* (Hindugesetzestexte, die zwischen dem 7. und 2. Jahrhundert vor unserer Zeitrechnung kodifiziert wurden) *und* die legislativen Diskurse des britischen Empires, und zeigt daran auf, wie der politische Wille und die Stimme von Hindufrauen in den Berichten zur Witwenverbrennung im kolonialen Indien repräsentiert wurden. Sie stellt klar, dass in den antiken Schriften die Witwenverbrennung als eine außergewöhnliche Praxis beschrieben wird, die nicht zu vergleichen ist mit dem Freitod, der nach Hindugesetzen strengstens verboten war. Sich selbst das Leben zu nehmen war nur dann erlaubt, wenn es sich dabei um eine Form religiöser Pilgerfahrt handelte, die wiederum Männern vorbehalten war. Die einzige Möglichkeit für Frauen, dieses religiöse Ritual zu vollziehen, stellt die Praxis des *sati* dar, bei der die Witwe physisch den Tod des Ehemannes an einem heiligen Ort wiederholt. Gleichzeitig symbolisiert diese Praxis – innerhalb der hinduistischen Tradition – einen ungewöhnlichen Moment des freien Willens und des moralischen Verhaltens. Da diese Praxis weder vorgeschrieben noch gewaltsam durchgesetzt wurde, wird der Tod der Witwe als eindrucksvolles Zeichen ihres eigenen Wunsches gedeutet, eine gute Ehefrau zu sein (vgl. ebd.: 99). In der britischen kolonialen Gesetzgebung Indiens wird die Tatsache vollkommen ignoriert, dass es sich bei der Witwenverbrennung um ein normabweichendes Zeichen handelt (vgl. Mani 1989: 88ff.). Bei der englischen Transkription *suttee* des Sanskritoriginals *sati* liegt im Übrigen ein gravierender Übersetzungsfehler vor. *Sati* bedeutet »die gute Ehefrau« und wird nun fälschlicherweise mit dem Ritual der Witwenverbrennung identifiziert. Die ›gute‹ (indische) Ehefrau wird zu einem zu schützenden Objekt, welches durch die ›wohlmeinenden‹ Imperialisten ›gerettet‹ werden soll (vgl. Shetty/Bellamy 2000: 43). Für die britischen Kolonialbeamten handelt es sich bei der Praxis des *sati* um die Verbildlichung des barbarischen und inhumanen Indien, das einen gewaltsamen Imperialismus im Namen einer zivilisierenden Mission rechtfertigte. Das Schlüsselmanöver bildet hier die Konstruktion eines unterdrückten indischen weiblichen Subjekts, welches die Durchsetzung eines modernen und progressiven Regimes des Empires legitimiert. Anstatt die weibliche Handlungsmacht zu verteidigen, nutzte der Kolonialstaat den Körper der Witwen als ideologischen Kampfplatz. Der weiße britische Kolonialbeamte glaubte, dass er durch das Verbot der Witwenverbrennung nicht nur *die* indischen Frauen vor einer grausamen Praxis retten würde, sondern das kolonisierte Land in eine emanzipierte Moderne führen würde. Spivak bemerkt hier zynisch, dass diese dabei nicht einmal in der Lage waren, die Namen derer zu buchstabieren, deren Leben sie zu retten vorgaben. Der weiße Mann, so Spivak, versuchte »die braune Frau vor dem braunen Mann zu retten« (Spivak 1994a: 92). Die Literaturwissenschaftlerin verfolgt den »doppelten Ursprung« (ebd.) dieses Satzes einerseits im britischen kolonialen Diskurs des 19. Jahrhunderts über Witwenverbrennung und andererseits im einheimischen vedischen Diskurs. Dabei versucht sie, die Repression der Handlungsmacht und Stimme der subalternen Frau in der dominanten Repräsentation des *sati* aufzuspüren und identifiziert hierfür zwei rivalisierende Versionen ›der Freiheit‹ als Quelle von Antagonismen zwischen den Bediensteten der britischen *East India Company* und den hinduistischen Befürwortern der Selbstverbrennung von Witwen (vgl. ebd.: 97). Vor dem Verbot des *sati* im Jahre 1829 hatte die *East India Company* Magistrate beauftragt, Selbstverbrennungen zu überwachen, um sicherzugehen, dass die Witwe sich ›freiwillig‹ dazu entschlossen hatte und nicht von anderen dazu gezwungen worden war. Falls ein Magistrat es schaffte, eine Witwe zu überzeugen, ihre Entscheidung zu revidieren, wurde dies »als eine wirklich freie Entscheidung, eine Wahl der Freiheit« (ebd.: 96) angesehen. Für den hinduistischen Befürworter des *sati* war die ›freie‹ Entscheidung der Witwe, zu sterben, ein Zeichen ihrer Handlungsmacht. Zwischen diesen zwei wetteifernden Versionen ›freier Wahl‹ wird die Handlungsmacht der subalternen Frau ausradiert. Beide Male spricht das (koloniale und einheimische) Patriarchat *für* die subalterne Frau, während man an keiner Stelle auf die Stimme der Frau selbst trifft (vgl. ebd.: 93).

Spivaks Analyse stellt sowohl eine Kritik am imperialistischen als auch am einheimischen Patriarchat dar. Sie zeigt auf, dass die Aussagen: »die Frau will tatsächlich sterben« (die Hindugesetze implizierten eine Anerkennung der »freien Wahl« der Witwe) und »weiße Männer retten die braune Frau vor den braunen Männern« (Imperialismus als Zivilisierungsmission) sich hier gleichsam gegenseitig legitimieren. Und es ist die Lücke zwischen diesen beiden Äußerungen, die die Aporie der zum Schweigen gebrachten Subalternen darstellt. Dabei wird vernachlässigt, dass die Gründe, Witwen dazu zu drängen, *sati* zu praktizieren, zumeist ökonomischer Art waren (vgl. Spivak 1999a: 294).[20]

Sandhya Shetty und Elizabeth Jane Bellamy fragen nach den Möglichkeiten eines »postkolonialem Archivs«, welches versucht, das Zum-Schweigen-Bringen der subalternen Frau in den kolonialen Dokumenten der *East India Company* als auch in den Schriften des Sanskrit-Altertums zu lesen (vgl. Shetty/Bellamy 2000: 36). Die Briten im kolonisierten Indien haben für die Formulierungen ihrer Strafgesetze gegen die Praxis des *sati* die brahmanischen Gelehrten konsultiert und diese damit zu Stellvertretern einer breiten und heterogenen Hindugemeinschaft erhoben. Insofern zeigt sich die epistemische Gewalt des britischen Verbots der Praxis im Jahre 1829 von der »archivalischen Gewalt« der altindischen Schriften abgeleitet (vgl. ebd.). Deswegen sagt Spivak,

20 | Lata Mani schreibt etwa, dass es sich bei den dokumentierten Fällen von *sati* zumeist um Hindu-Frauen höherer Kasten handelte (vgl. Mani 1989: 88).

dass kein Raum existiert, von dem aus das vergeschlechtlichte subalterne Subjekt sprechen kann (vgl. Spivak 1994a: 104).

Ergänzt wird die Untersuchung juristischer Texte durch die Geschichte von Bhubaneswari Bhaduri, einer jungen Frau, die an den Unabhängigkeitskämpfen beteiligt war und sich schließlich, um ihre Involviertheit in den Kämpfen zu verbergen, in einem rituellen Akt erhängte. Im Gegensatz zu den Witwen, die warten mussten, bis ihre Menstruation vorüber war, bevor sie *sati* praktizieren durften, wartet Bhubaneswari umgekehrt den Zeitpunkt ihrer monatlichen Regelblutung ab, um in den Freitod zu gehen. Damit versuchte sie zu verhindern, dass angenommen werde, sie habe sich erhängt, weil sie unehelich schwanger sei. Spivak liest Bhubaneswaris tragische Geschichte als einen Versuch, den sozialen Text der *sati*-Tode neu zu schreiben (vgl. ebd.). Bhubaneswaris Teilnahme an den antikolonialen Widerstandskämpfen wurde von der Geschichtsschreibung gelöscht. Dabei gilt der Freitod den Hinterbliebenen Bhubaneswaris – auch der weiblichen Familienmitglieder – als Zeichen einer nicht statthaften Liebe. Subalterne Handlungsmacht, so wird daran verdeutlicht, ist eine (un-)mögliche Anstrengung. Sich selbst innerhalb dominanter Rahmenbedingungen der Intelligibilität als Autorin der eigenen Repräsentation zu beteiligen, ist im Inneren dieser spezifischen multiplen Herrschaftsverhältnisse zum Scheitern verurteilt. Bhubaneswaris Intervention erweist sich insoweit laut Spivak als ein tragisches Scheitern, denn das weibliche subalterne Subjekt kann nicht gehört werden (vgl. ebd.). Eine Subjektposition, von der aus sie sprechen könnte, bleibt ihr versagt.

Spivaks Bemerkungen, dass die Subalternen nicht sprechen können, haben zu einer Reihe von Kontroversen geführt. Dabei ging es sowohl um die Begrenztheit aktueller theoretischer Paradigmen als auch um die politische Struktur der Repräsentation. Die südafrikanische Literaturwissenschaftlerin Benita Parry beispielsweise kritisiert Spivak dafür, dass sie ›hohe Theorie‹ benutzt, um die historische und politische Unterdrückung entmächtigter Frauen zu thematisieren. Ihrer Meinung nach hat dies paradoxerweise eher dazu beigetragen, dieselben zum Verstummen zu bringen. Des Weiteren beklagt sie, dass die Möglichkeiten dekonstruktiver Strategien den Raum, in dem die Kolonisierten in die Geschichte eingeschrieben werden können, deutlich einschränken (vgl. Parry 2004: 23). Dagegen argumentiert Spivak, dass der subalterne Widerstand immer schon durch die hegemonialen Systeme der politischen Repräsentation gefiltert ist. Insoweit bedeutet die Aussage, dass die Subalternen nicht sprechen können, dass diese, selbst wenn sie es versuchen, nicht gehört werden (vgl. Spivak 1996a: 292). Dies bedeute keineswegs, dass die subalterne Frau überhaupt keine politische Handlungsmacht habe. Spivak hebt hervor, dass es nicht um die Sprachlosigkeit der Subalternen gehe, sondern vielmehr darum, dass das Hören hegemonial strukturiert ist.[21] Dennoch wird Spivak von der Kritik vorgeworfen, dass sie mit ihrem Text erneut das Stereotyp des schweigenden und passiven nicht-westlichen Subjekts stabilisiere.

Bruce Robbins zeigt dabei sehr spitzfindig ein Paradox in Spivaks Argumentation auf, welches nicht einfach von der Hand zu weisen ist: »Die Kritikerin, die andere dafür anklagt«, so Robbins, »dass diese im Namen der Subalternen sprechen, indem sie beispielsweise verneint, dass die Subalternen für sich selber sprechen können, behauptet natürlich, für diese zu sprechen.« (Robbins 1992: 50) Und Parry merkt spöttisch an, dass die Indigenen durchaus sprechen – Spivak wolle sie nur nicht hören (vgl. Parry 2004: 23), was Spivak mit der Bemerkung retournierte, dass sie selber auch eine Indigene (*native*, Spivak 1989: 92) sei.

Spivak verweigert ›perfekte‹ politische Lösungen oder fertige theoretische Formeln für die Emanzipation der subalternen Frauen. Anstatt die Anderen zu assimilieren, indem man sie anerkennt, plädiert sie dafür, die subalterne Erfahrung als »unerreichbare Leere« (*inaccessible blankness*, Spivak 1994a: 89) zu erhalten, was des Weiteren den Vorteil hätte, dass dies Grenzen eines westlichen Wissens sichtbar machen würde.

Die Argumente in *Can the Subaltern Speak?* sind nach Meinung Spivaks so oft konfundiert worden, dass sie es abgelehnt habe, denselben für den *Spivak Reader* (1996a) freizugeben. Nach eigenen Worten bedauert sie es, dass das Konzept der ›Subalternen‹ solcherart vereinnahmt worden sei, dass er seine widerständige Kraft verloren habe (vgl. ebd.: 290). An anderer Stelle bemerkt sie bitter, dass die meisten, die den Begriff ›Subalterne‹ benutzen, sich nicht einmal annähernd vorstellen könnten, von welchen Frauen die Rede sei (vgl. Spivak 1993a: 137).

---

21 | In einem äußerst interessanten Artikel mit dem Titel *Can the subaltern vote?* haben die Autoren Leerom Medovoi, Shankar Raman und Benjamin Robinson (1990) Spivaks Argument weitergeführt und auf den Kontext der postrevolutionären Wahlen in Nicaragua am 25. Februar 1990 angewendet. Der Artikel spricht sich vehement gegen eine Übertragung der Beziehung »Sprechende/r – Zuhörende/r« in der Alltagskommunikation auf das »politische Sprechen« aus und macht deutlich, wie während der Wahlen 1990 die politische Repräsentation durch das ökonomische System und die Macht der Unterwerfung, die auf den ›Dritte Welt-Ländern‹ lastet, vermittelt wurde. Der Wahlprozess, so die Autoren, hat die Subalternität der Menschen genau in dem Augenblick reproduziert, an dem zugelassen wurde, dass diese ›sprechen‹.

Subalterne und Intellektuelle

Kontra Foucault, der unbeabsichtigt ein expressives Subjekt konstruiert, welches für sich selbst sprechen kann und deshalb keinen Repräsentanten braucht, argumentiert Spivak, dass die postkoloniale Feministin ihre repräsentative Verantwortung nicht zurückweisen kann. Das macht die ethisch-politische Verantwortlichkeit für Repräsentation zu einer schwierigeren Aufgabe als die einer bloßen Wiedergewinnung der subalternisierten Perspektiven. Dabei ist die Frage *Can the Subaltern Speak?* als rhetorische zu verstehen, denn die Unmöglichkeit des Sprechens ist dem Begriff von Subalternität an sich bereits immanent. Spivak schlussfolgert, dass trotz aller Gefahren der Reifizierung jede Repräsentation marginalisierter Stimmen nur durch eine notwendige vermittelnde Rolle der (weiblichen) Intellektuellen stattfinden kann. Als Teilnehmerin an den kritischen Diskussionen, die es sich zum Ziel gesetzt haben, die Stimme der Marginalisierten zu artikulieren, fungiert die postkoloniale Feministin als Verbindungslinie zum Prozess der Dekolonisierung. Dennoch besteht die Gefahr, dass die postkoloniale Feministin, die im Namen der zum Schweigen gebrachten Anderen spricht, vereinnahmt wird. Denn als Vertretung der zum Schweigen gebrachten Marginalisierten erfüllt sie für hegemoniale Diskurse die Funktion einer *native informant*. Repräsentative Verantwortung übernehmen zu wollen wirft schließlich die Frage danach auf, wer die legitime Stimme der Marginalisierten sein kann. Diese Frage ist aufs Engste mit dem Problem verknüpft, auf welche Art es möglich ist, die Perspektive der Anderen auf ethische Weise zu vertreten, ohne die Anderen zu vereinnahmen, zu kooptieren und ohne sie essentialisierender Gewalt zu unterwerfen (vgl. Sanders 2006: 9). Im-Namen-des-Anderen-Sprechen geht immer auch mit einer Interpretation einher, die es nötig macht, den Prozess der Repräsentation selbstreflexiv zu gestalten. Diese Forderung nach Transparenz betrifft nicht nur diejenigen, die repräsentieren, sondern führt auch zu der Frage, wer aus welchem Grund und in welchem historischen Moment repräsentiert wird. Angesichts des Umstands, dass Sprechen selbst in den Strukturen und der Geschichte von Herrschaft verankert ist, stellt Chow (1993: 36ff.) fest, dass jeder Versuch, die zum Schweigen gebrachten Stimmen wiederherzustellen, das Risiko birgt, die Unübersetzbarkeit ihrer Erfahrungen zu neutralisieren und zu verraten. In der Beziehung zwischen repräsentierender postkolonialer Feministin und den repräsentierten Marginalisierten, die den Akt der Selbstrepräsentation nicht vollziehen können, besteht eine Paradoxie. Die Aufgabe der postkolonialen Feministin ist es, die Entmündigung der subalternen Selbstrepräsentation herauszufordern. Und obwohl das Ziel der postkolonialen Feministin darin besteht, subalterne Räume aufzulösen, verwirkt sie gerade durch diese Desubalternisierung ihre Legitimität als repräsentierende Intellektuelle. Ihre politische Praxis befindet sich exakt an der Stelle, an der sich die

»repräsentative Verantwortlichkeit« und die »Legitimität zu erzählen« kreuzen. Die Bemühungen der postkolonialen Feministin, den marginalisierten Perspektiven eine Stimme innerhalb der Geschichte zu verleihen, ist anfällig für die Gefahren des Essentialismus – oder mehr noch für die Gefahr, dass die Repräsentierenden selbst zu »Ersatz-Opfern« (*token victims*) mutieren, die als Instrumente der dominanten Strukturen, den Prozess der Dekolonisierung blockieren. Die postkoloniale Feministin befindet sich insoweit in einem klassischen *double bind*, denn sie bewegt sich präzis in jenen Strukturen, die sie zu kritisieren sucht.

Einerseits dient Repräsentation als operativer Begriff innerhalb des politischen Prozesses, der versucht, die Interessen der subalternen Frauen voranzutreiben. Andererseits ist es notwendig, den oben beschriebenen kritischen Aspekt der Repräsentation im Blick zu haben, also die mögliche Gefahr, unwissentlich gerade dann Dominanz und Exklusion aufrechtzuerhalten, wenn Repräsentation die zentrale Operation politischer Praxis darstellt. Die Lösung hierfür kann schlichtweg nicht eine post-repräsentationale Politik sein. Gefordert wird stattdessen die dauerhafte Infragestellung der eigenen Komplizenschaft mit den Prozessen der Subalternisierung.

Europäische Aufklärung und affirmative Sabotage

Im Gegensatz zu der Said'schen Konzeption von Kolonialismus als uniformen Diskurs von Unterdrückung und Ausbeutung nimmt Spivak die Widersprüchlichkeiten von Kolonialisierungs- und Dekolonisierungsprozessen in den Blick. Ihr Konzept der »befähigenden Verletzung« (*enabling violation*, Spivak 1996a: 19) beschreibt den Kolonisierungsprozess als grundsätzlich destruktiv, der gleichwohl mit der Eröffnung neuer Möglichkeiten einhergegangen sei (vgl. Dhawan 2013b). Spivak schlägt vor, diese Befähigung strategisch zu nutzen, auch wenn die Verletzung dabei neu verhandelt werden muss (vgl. Spivak 2008: 263). Um dies zu verdeutlichen, charakterisiert Spivak den Postkolonialismus als »Produkt einer Vergewaltigung«. Die Herausforderung besteht dabei darin, ein aus einer Vergewaltigung, aus einem Gewaltakt also, entstandenes Kind lieben zu lernen. Mit diesem kraftvollen Bild gelingt es Spivak, sowohl die internationale Arbeitsteilung zu verurteilen als auch die zivilisatorische Kraft eines globalen »Kapitals mit sozialen Zügen« (*socialized capital*, ebd.: 5) zu beschreiben.

Wie andere postkoloniale Theoretiker/-innen auch, wird Spivak dafür kritisiert, westliche Theorien zum Anschlag zu bringen, um das kulturelle, soziale und wirtschaftliche Erbe des Kolonialismus einer Kritik zu unterziehen. Auf diese etwas simple Kritik antwortet sie nachvollziehbar, dass die Idee einer durch das Erbe der europäischen Aufklärung unkontaminierten indigenen

Theorie an sich problematisch ist. Westliche Theorien können nicht einfach abgelehnt werden, da sie auch das konzeptionelle Werkzeug für eine Infragestellung der Grundlagen des westlichen Imperialismus bereitstellen (vgl. Dhawan 2014). Spivak nutzt westliche Theorien freilich nicht unhinterfragt. Im Gegenteil: Sie mobilisiert sie auf erfinderische Weise gegen diese selbst. Ihrer Ansicht nach kann Handlungsmacht nur innerhalb dominanter Diskurse entstehen – eine Situation, die sie beschreibt als: »ein unmögliches ›nein‹ zu einer Struktur, die man kritisiert, aber mit der man zugleich aufs Engste vertraut ist« (Spivak 1990b: 228). Dies bedeutet, dass auch zwischen den Kolonisatoren und den Kolonisierten eine unvermeidliche Komplizenschaft besteht (vgl. Spivak 1988: 180) und sich mithin ein Akteur, eine Akteurin nicht auf die Suche nach einer ›authentischen‹ Identität machen oder aus »Nostalgie für verlorene Ursprünge« (Spivak 1994a: 93) in einen präkolonialen, präorientalistischen Diskurs zurückziehen kann. Der koloniale Diskurs hat kolonisierte Gesellschaften für immer geprägt, weshalb es unmöglich ist, eine durch den Kolonialismus unkontaminierte Identität wiederherzustellen. Stattdessen versucht die postkoloniale Theorie, Europa zu provinzialisieren – ein notwendiges, aber unmögliches Unterfangen. Die Herausforderung besteht darin, »Bedingungen der Unmöglichkeit« unermüdlich in »Bedingungen der Möglichkeit« (Spivak 1988: 201) zu transformieren.

Während die koloniale Herrschaft durch bürokratische, ökonomische und politische Institutionen aufrechterhalten wurde, war es, wie gezeigt, die Verbreitung westlicher Literatur und Philosophie, die die rhetorische Basis für den westlichen Imperialismus bereitgestellt hat. Deswegen macht es durchaus Sinn, wenn die Literaturwissenschaftlerin Spivak dekonstruktive Strategien gegen die »Ideologie imperialistischer Axiome« (*ideology of imperialist axiomatics*, Spivak 1999a: 4) anwendet und mithilfe dieser die Schlüsseltexte der europäischen Aufklärung entfaltet. So zeigt sie zum Beispiel anhand eines absichtlich »irrigen Lesens« (*mistaken reading*, ebd.: 9) des Kant'schen Kategorischen Imperativs auf, wie das imperialistische Europa seiner territorialen Expansion Ausdruck verlieh und Eroberungen als ein göttliches Recht beschrieb, indem es sich der moralischen Imperative westlicher Philosophie und Religion bediente (vgl. ebd.: 10ff.). Die Gewalt des Kolonialismus ist innerhalb eines transzendentalen moralischen Gesetzes verborgen. Spivak reformuliert den Kategorischen Imperativ wie folgt: »[M]ache den Heiden zu einem Menschen, damit er als Selbstzweck behandelt werden kann.« (Spivak 1985c: 267) Indem er den »Menschen« als Grund transzendentaler Vernunft begreift, versucht Kant die Antithese zwischen empirischem Wissen und transzendentaler Vernunft zu umgehen. Spivaks Lesart von Kants Gebrauch anthropologischer Metaphern versucht, die Ausschließung des nativen Informanten und die Privilegierung des bürgerlichen männlichen Subjekts als universelles Subjekt der Vernunft im europäischen Denken nachzuzeichnen. Der Gewaltakt, bei dem die ›Heiden‹ durch die Zivilisierungsmission des Kolonialismus zu Menschen werden, fungiert als Symbol für die Ideologie der Axiome des Imperialismus, die transzendentale Konzepte wie »Moralität« und »Kultur« verwendet, um den Kolonialismus zu rechtfertigen (vgl. Morton 2007: 20). Gleichzeitig werden die wirtschaftlichen Imperative und die zwanghaften Mittel des Kolonialismus verschleiert. Der Imperialismus und sein territoriales und subjektkonstituierendes Projekt sind, laut Spivak, eine durch den Kolonialstaat vorgenommene Travestie des moralischen Gesetzes (vgl. ebd.).

Die andere Herausforderung, die Spivak adressiert, ist das Verhältnis zwischen der europäischen Aufklärung und der Subalternität. Trotz ihrer implizit weißen, bourgeoisen, maskulinistischen Ausrichtung bleiben die Aufklärungsideale völlig unverzichtbar; wir können diese »nicht nicht wollen«, so Spivak, obwohl wir ihre erzwungene Mobilisierung im Dienste der weiter gehenden Rechtfertigung des Imperialismus einer ständigen Kritik unterziehen müssen. Eines der wichtigsten Vermächtnisse der europäischen Aufklärung seien »Zweifel« (Spivak 2012: 2): Was bedeutet es aber nun konkret, dass man mit widersprüchlichen Anweisungen leben lernen muss? Anstatt Widersprüche aufzulösen, muss man lernen, mit dem *double bind* fertig zu werden. Dies beinhaltet nicht einfach Opposition gegenüber dominanten Ideen, sondern deren »produktive Annullierung« (*productive undoing*). Dies ist eine schwierige Aufgabe, da man sorgfältig auf die Konfliktlinien seines Tuns achten muss, ohne Vorwurf oder Ausrede, mit dem Hauptaugenmerk auf den Gebrauch (vgl. Dhawan 2014).

In einem interessanten Interview mit dem Titel *What is Enlightenment?* stellt Spivak (2004b) die Abhandlungen von Kant und Foucault gegenüber, um der Frage nachzugehen: »Was ist falsch gelaufen mit dem Besten der Aufklärung?« Wenn sie das Verhältnis zwischen Postkolonialismus und Aufklärung als eine dilemmatische »double-bind-Situation« beschreibt, empfiehlt sie zugleich, in die Protokolle der kanonischen Texte der Aufklärung einzutreten, um herauszufinden, wie ihre Begriffe für eine gerechtere und demokratischere Postkolonialität genutzt werden können. Spivak (2012: 4) schlägt an dieser Stelle eine »affirmative Sabotage« der Prinzipien der Aufklärung vor – eine Strategie, die die Instrumente des Kolonialismus in Werkzeuge für dessen Überschreitung verwandelt und damit Gift zu Medizin macht. Dekolonisierung beruht somit nicht auf einem Verzicht auf die »Werkzeuge des Herren«, sondern zielt vielmehr darauf, den Subalternen Zugang zu eben diesen Werkzeugen zu ermöglichen (vgl. Dhawan 2014).

Unrecht richten: Alterglobalisierung und epistemischer Wandel

Eine der Schlüsselprobleme kritischer Gesellschaftstheorie ist die Frage, warum nichthegemoniale Gruppen ihrer eigenen Unterdrückung zustimmen. Spivak bietet hier einen aufschlussreichen Einblick in die ideologische Subjektkonstitution der Subalternen, die ihre eigene Unterwerfung als unentrinnbares Schicksal annehmen. Es fehlt den Subalternen nämlich das Selbstverständnis als Träger/-innen politischer Rechte, wobei ihre soziale und ökonomische Marginalisierung als normal akzeptiert wird. Spivak argumentiert, dass diese ideologische Subjektkonstitution nur durch pädagogische Interventionen aufgehoben werden kann. Der Kampf gegen Ausbeutung innerhalb von Dekolonisierungsprozessen bleibt insoweit unvollendet, wenn nicht auch der Kampf gegen zwanghafte Subjektivierungsformen aufgenommen wird, so dass ›Opfer‹ keine ›Opfer‹ bleiben. Es muss als ein großes Verdienst Spivaks angesehen werden, dass sie einen Perspektivwechsel vom universellen westlichen ethischen Subjekt als Grundlage kritischer Gesellschaftstheorie hin zur Handlungsmacht der weiblichen Subalternen als Ort der Veränderung anbietet.

Die neuen Erfordernisse der Globalisierung, unter der transnationale Ströme von Kapital, Waren, Informationen und Menschen gegenwärtig reguliert werden, haben neue Herausforderungen für die Frage der Subalternität ausgebildet. Mit den neoliberalen Reformen und der Öffnung zum Weltmarkt setzte sich die Ausschließung der armen Landbevölkerung unter neuen Vorzeichen fort. Dazu hat die neue Weltordnung der marktwirtschaftlichen Globalisierung zu einer systematischen Demontage der Verantwortlichkeit des Nationalstaates geführt, der zunehmend eine lediglich geschäftsführende Rolle einnimmt. Internationale Unternehmen setzen postkoloniale Staaten unter Druck, möglichst günstige Bedingungen für die freie Zirkulation von Kapital zu schaffen. Sollten die Staaten dem Druck nicht folgen, kann dies eine internationale Isolation zur Folge haben. Unternehmen und Investoren haben ein freies Spiel und diktieren die Regeln. Dies hat die Dominanz multinationaler Unternehmen verstärkt, zur Aushöhlung von Nationalstaaten beigetragen und dazu geführt, dass Unternehmensmanager über mehr Macht verfügen als demokratisch gewählte Abgeordnete. Auf der anderen Seite arbeiten Politiker und Politikerinnen im globalen Süden – unter der Rechtfertigung der Verfolgung nationaler Interessen – stets an einer Neumodellierung des Staates, um Auslandsinvestitionen anzuziehen. Der postkoloniale Staat ist dabei sowohl Akteur als auch Objekt neoliberaler Globalisierung. Während Verfechter der Globalisierung Deregulierung, Privatisierung und das freie Spiel der Marktkräfte begrüßen, stehen engagierte Gegner/-innen der neoliberalen Globalisierung dem neuen ›Marktfundamentalismus‹, der das Konzept der Demokratie schwächt, kritisch gegenüber.

Ironischerweise erschließen sich aus dem Legitimitätsverlust des Staates neue Handlungsmöglichkeiten für die internationale Zivilgesellschaft, welche eine Führungsrolle innerhalb der aktuellen *Global Governance*[22] einnimmt. Asymmetrischer Zugang zu Macht und ungleiche Ressourcenverteilung haben in der gegenwärtigen Phase des postkolonialen Spätkapitalismus eine Reihe von kritischen Diskursen und Bewegungen hervorgebracht, welche darauf zielen, globale Hierarchien zu rekonfigurieren. Da sie ein hohes Maß an Legitimität in der öffentlichen Sphäre besitzen, werden internationale Organisationen und internationale zivilgesellschaftliche Akteure und Akteurinnen zunehmend mit der Verantwortung betraut, Fragen von Gerechtigkeit, Frieden und Demokratie auf globaler Ebene zu überwachen. Mit dem Legitimitätsverlust des Nationalstaats wird die transnationale Zivilgesellschaft zum Hoffnungsträger bezüglich möglicher sozialer und politischer Transformationsprozesse. Man geht davon aus, dass es unmöglich ist, ein System zu transformieren, das global durch Regulation und Administration des Nationalstaates operiert, wobei Ungleichheiten auf transnationaler Ebene und nicht auf der Ebene des Nationalstaates gelöst werden können. Die internationale Zivilgesellschaft entwickelt sich in zunehmendem Maße zu einem dominanten Akteur in Fragen globaler Gerechtigkeit und Menschenrechte, verhält sich aber als Form des kollektiven Handels parasitär zum Scheitern der Staaten.

In unserem Alltagsverständnis nehmen wir an, dass eine ermächtigte Zivilgesellschaft unwillkürlich zu einer Stärkung von Demokratie beitragen wird. Im Anschluss an Gramsci hinterfragt Spivak diese Gleichung, indem sie darlegt, dass die Zivilgesellschaft als eine Erweiterung der hegemonialen Ordnung zu verstehen ist. Die Hegemonie, nämlich die Zustimmung der Subalternen zu bürgerlichen Herrschaftsformen, entsteht in der Zivilgesellschaft durch die moralisch-intellektuelle Führung bürgerlicher Klassen, die ihre Wissens- und Wertesysteme verallgemeinern. Die Subalternen – darauf sei an die-

---

22 | Unter »Global Governance« wird der Versuch verstanden, in einer Situation ohne Weltregierung dennoch globale Lösungen für Probleme, die sich im Zuge der Globalisierung ergeben, zu finden. Es werden damit aber auch transnationale Kooperationsformen zwischen Nationalstaaten, UN-Organisationen und NGOs bezeichnet. Ziel ist der Aufbau eines Netzwerkes, das differente Institutionen integriert und dabei auch unterschiedliche Regelungen zulässt. Die hiermit entstehenden neuen politischen Strukturen sollen es ermöglichen, den Herausforderungen der Globalisierung adäquater zu begegnen. Insbesondere die Vorstellung, dass die besten Problemlösungen von Seiten außerstaatlicher Experten- und Expertinnengruppen kommen, wird innerhalb postkolonialer Theorie durchaus kritisch betrachtet (vgl. Dhawan 2013b; Dhawan/Randeria 2013). Nicht selten werden zudem die tatsächlichen Ursachen von Armut oder Krieg und die darin impliziten Interessenskonflikte der involvierten differenten Akteure nicht berücksichtigt.

ser Stelle hingewiesen – haben keinerlei Anteil an den organisierten Kämpfen der neuen sozialen Bewegungen in Zeiten der neoliberalen Globalisierung.

In ihren neuesten Arbeiten kritisiert Spivak den Avantgardismus außerstaatlicher Akteure und auch die staatsfeindliche Politik der wohlwollend-feudalen Alterglobalisierungslobby, die zu organischen Intellektuellen des globalen Kapitalismus geworden sind. Spivaks Fokus richtet sich vor allem auf subalterne Gruppen, die weder Zugang zu staatlichen Organen noch zu transnationalen Gegenöffentlichkeiten haben. Sie problematisiert hierbei die Rolle von elitären Akteuren der Zivilgesellschaft, die – ohne von den Menschen, die sie angeben zu vertreten, direkt gewählt worden zu sein – beachtliche politische Macht sowie Zugang zu einer transnationalen Öffentlichkeit erlangt haben. Die Monopolisierung von Handlungsfähigkeit durch zur Elite gehörige Zivilgesellschaftsakteure, die Unrecht richten, reduziert Subalterne zu Opfern ohne Handlungsmacht. Hierdurch werden Dominanzverhältnisse derer, die handeln, über diejenigen, die fremdbestimmt sind, verstärkt. Spivak verweist dabei auf eine diskontinuierliche Trennung zwischen denen, die von oben Unrecht richten, und jenen unten, denen Unrecht angetan wird (vgl. Spivak 2008: 16). Wird das Dilemma der Subalternität in den Blick genommen, so erscheint dies als ein strukturierter Raum, von dem aus es kaum möglich ist, Macht zu erlangen (vgl. Morris 2010: 8), so dass die Auflösung subalterner Räume notwendigerweise nach einer Rekonfiguration der Beziehung zwischen Staat, Zivilgesellschaft und Subalterne verlangt.

Anlässlich einer Vortragseinladung von *Amnesty International* im Jahr 2001 verfasste Spivak den Text *Righting Wrongs* (2004c). Hier argumentiert sie, dass Menschenrechte zu einer wirkmächtigen politischen Norm geworden sind, so dass ihre Verletzung durch einen Staat oder eine Institution zur Delegitimation führt. Entsprechend wird ihre Einhaltung als Marker für die Zugehörigkeit zur Gemeinschaft liberaler Staaten gelesen. Verstehen wir den Liberalismus als grundlegende philosophisch-politische Richtung, die wesentlich zur Entstehung von Konzepten wie etwa »parlamentarische Demokratie« oder auch »Verfassungs- und Rechtsstaat« beigetragen hat, so ist es interessant, dass postkoloniale Kritiker/-innen eben diesen Liberalismus nicht nur eine offene Komplizenschaft mit dem europäischen Kolonialismus und Imperialismus vorwerfen, sondern auch die Verdrängung dieser Komplizenschaft kritisch bemerken (siehe etwa Mehta 1999). John Stuart Mill hat zum Beispiel das Britische Empire mit der Einschätzung gerechtfertigt, dessen Kolonien seien noch nicht ›reif‹, um liberale Werte wie etwa Freiheit zu genießen. Der Politikwissenschaftler Uday Singh Mehta spricht in diesem Zusammenhang von einem unterstellten Zivilisierungsinfantilismus (»*civilizational infantilism*«, ebd.: 70). Die in der Tat wenig demokratischen Methoden der Kolonialherren wurden, wie gezeigt (siehe Kapitel I), durchgängig als notwendiges, temporäres Übel präsentiert. Eine weitere Kritik am Liberalismus weist auf dem diesen zugrunde liegenden Evolutionismus hin. Man erkennt darin kaum zufällig sozialdarwinistische Ideen wieder, die sich in Dualismen widerspiegeln, die zwischen ›fortschrittlichen‹ und ›rückständigen‹ Gesellschaften unterscheiden. Dipesh Chakrabarty (2000: 8ff.) spricht in diesem Zusammenhang vom »Warteraum der Geschichte«, in denen die Kolonien in einer Nicht-jetzt-Situation gehalten wurden, sobald sie liberal argumentierend Ansprüche stellten.

Im ersten Artikel der Allgemeinen Erklärung der Menschenrechte (AEMR) heißt es bekanntlich: »Alle Menschen sind frei und gleich an Würde geboren.« Diese Erklärung wurde von Seiten der damals noch kolonialisierten Länder – gelinde gesagt – mit Skepsis zur Kenntnis genommen. Doch während Verbrechen gegen die Menschheit vor allem von Europa ausgingen, denkt auch heute die Mehrheit der Menschen im globalen Norden bei Menschenrechtsverletzungen nicht an Europa, sondern eben an jene Länder, die Europa angeblich zu ›zivilisieren‹ trachtet. Je besser die Menschenrechtspolitik eines Staates bewertet wird, desto eher, so wird angenommen, ist dieser als liberaler und mithin ›zivilisierter‹ Staat zu beschreiben. Immer wieder beruft sich der globale Norden auf die Menschenrechte, um so genannte ›Schurkenstaaten‹ anzuprangern. Spivak bemerkt nun, dass dies bedeutsame Veränderungen in der Beziehung zwischen Staat, internationaler Zivilgesellschaft als ›Verteidiger‹ der Menschenrechte und den Subalternen im globalen Süden als ›Empfänger‹ derselben zur Folge hat. Menschenrechte werden zunehmend instrumentalisiert, um in die internen Obliegenheiten postkolonialer Staaten zu intervenieren. Der Druck auf die Länder des globalen Südens wird dabei ebenso von transnationalen Netzwerken und so genannten Hilfsorganisationen ausgeübt.

Spivak konstatiert, dass Menschenrechtspolitik fast ausschließlich den globalen Süden ins Visier nimmt, was unweigerlich zu einer Einteilung der Welt in zwei Räume führt: die, von denen die Rechte zu kommen scheinen (globaler Norden), und jenen, in denen scheinbar keine vergleichbaren Rechte institutionalisiert sind (globaler Süden). Den Vorwurf, Menschenrechte seien eurozentrisch und deswegen zurückzuweisen, bezeichnet Spivak als unaufrichtig (»*disingenuous*«, 2004c: 525). Eher geht es Spivak zufolge darum, die Idee der Zuteilung von Rechten und damit auch jene Gerechtigkeit, die in den Menschenrechtsdiskursen ihren Ausdruck findet, zu hinterfragen. Letztlich handele es sich um eine Spielart des Sozialdarwinismus, nach dem die, die als Opfer markiert werden, wahrgenommen werden, als seien sie weder dazu in der Lage, sich selbst zu helfen, noch eigenständig zu regieren (vgl. ebd.: 524). Die Distanz zwischen jenen, die Rechte zuteilen, und jenen, die lediglich als Opfer von Unrecht und als Empfänger/-innen von Rechten gelten, verharrt unter dem Vorzeichen historischer Gewalt (vgl. ebd.: 549).

Im Menschenrechtskonzept findet sich nicht nur ein spezifischer Rechtsanspruch, sondern auch die Forderung, das Unrecht zu richten. Geschickt kombiniert Spivak hier die artikulierte »Bürde des weißen Mannes« (*the white man's burden*), ein Gedicht von Rudyard Kipling, mit der darwinistischen Vorstellung des »Überleben des Stärkeren« (*survival of the fittest*) und formt daraus »die Bürde des Stärkeren« (*burden of the fittest*). Zum Ausdruck kommt damit die zur Schau gestellte eigene Überlegenheit, die Länder des globalen Nordens glauben macht, sie seien unweigerlich dazu verpflichtet, die Menschenrechtsverletzungen im globalen Süden zu richten und entsprechend über diese Gericht zu sitzen. Dass der Westen sich unhinterfragt berufen fühlt, das Unrecht im globalen Süden anzuklagen, stellt eine erstaunliche Umkehrung der Geschichte dar – schließlich war es der globale Norden, der Territorien annektierte, Rohstoffe ausbeutete und die Bevölkerungen der kolonisierten Länder über Jahrhunderte unterwarf. Es ist insoweit politisch klug, die historische Amnesie des Westens zu fokussieren – eine Geschichtsvergessenheit, die den globalen Norden weiterhin in dem Glauben lässt, er sei moralisch dazu verpflichtet, den Unterjochten in den postkolonialen Räumen zur Hilfe zu eilen. Erneut wiederholt sich die Annahme der längst vergangen geglaubten kolonialen Zivilisierungsmission, die davon ausgeht, dass eine Intervention in die postkolonialen Länder als ein ethischer Akt zu verstehen sei (vgl. Kapoor 2008: 36).

Ein wichtiger Aspekt, den Spivak ebenso beleuchtet, ist die Rolle der Pädagogik (vgl. Spivak 2004c: 526ff.). Dabei besteht das Problem laut Spivak darin, dass Bildung zu einer unternehmerischen Wohltätigkeit verkommen ist (vgl. Kapoor 2008: 44). Spivak kritisiert diese Verantwortung-als-Pflicht-Rhetorik und schlägt ein anderes Verständnis von Verantwortung vor. Solange Bildung als »Bewusstseinsbildung« oder als »Alphabetisierung zum Zwecke eines besseren Zugangs zu Medien« (ebd.: 526) verstanden wird, kann sie nur zur Legitimation weiterer internationaler Kontrolle führen. Laut Spivak müsse eine neue Pädagogik aktiv werden, die an beiden Enden, dem verteilenden und dem empfangenden, ansetzt, um einen notwendigen »epistemischen Wandel« (*epistemic change*, ebd.: 560) zu bewerkstelligen. Dies erfordere eine Veränderung des Verständnisses von Verantwortung als einer Pflicht des Stärkeren *für* den Anderen hin zu einer Verantwortung *gegenüber* dem Anderen (vgl. Kapoor 2008: 28). Hier ist es wichtig, nicht zu vergessen, dass Spivak zwischen kulturellen Systemen, die auf Verantwortung basieren (*responsibility-based cultures*), und Systemen, denen Rechte zugrunde liegen (*rights-based cultures*), unterscheidet (vgl. Spivak 2007: 180). In *Imperatives to Re-Imagine the Planet* (1999) führt Spivak das islamische Konzept *haq* ein, welches sie als »para-individuelle strukturelle Verantwortung« (Spivak 1999b: 55) beschreibt. In dieses werden wir, so Spivak, schlicht hineingeboren. Die nun doppelte Bedeutung von *haq* als *Recht* einerseits und *Verantwortung* andererseits sieht Spivak als ein von den präkapitalistischen Kulturen geteiltes Imperativ, welches nicht in eurozentrischer Manier verstanden werden solle, sondern einen Raum für die unmögliche Aufgabe eröffne, eine Kollektivität zwischen den Gebenden und Empfangenen von Rechten zu bilden (ebd.: 55f.). »Unser Recht, unsere Wahrheit *besteht* darin, verantwortlich zu sein und zwar in strukturell spezifischer Art und Weise.« (Ebd.: 57)

Spivak plädiert in diesem Sinne für »eine supplementierende Pädagogik«, welche an beiden Enden ansetzt: sowohl in der akademischen Bildung der Elite des globalen Nordens als auch in der Grundschulausbildung der ländlich lebenden Kinder des globalen Südens (vgl. Spivak 2011). Ihre beiden Schlüsselkonzepte sind dabei die »unerzwungene Neuanordnung von Wünschen« (*uncoercive re-arrangement of desires,* Spivak 2004c: 558) und das »Lernen von unten zu lernen« (ebd.: 563). Provokativ wiederholt sie die anthropologisierende Geste des Westens und beschreibt ihre pädagogische Praxis in Westbengalen als »Lernen im Feld« (Spivak 2011: 62f.; vgl. auch Spivak 1993a: 278). Transformative Bildung, so Spivak, muss an beiden Seiten stattfinden: im ›Feld‹ *und* an den Elitehochschulen des globalen Norden. Einseitige pädagogische Unternehmen weist sie zurück und unterwirft diese einer scharfen Kritik.

Häufig sind Spivaks Schriften dafür kritisiert worden, dass sie kein politisches Programm anzubieten scheint. Allerdings würden programmatischen Schriften ihre dekonstruktiven Herangehensweisen auch unterlaufen. Stattdessen beschäftigt sie sich mit der Herausforderung, eine Imaginationsfähigkeit durch ästhetische Bildung herauszubilden (vgl. etwa Spivak 2012), und erinnert uns daran, dass wir durch eine spezifische Psychobiographie konstituiert wurden: »Die Konstruktion aller Denkweisen ist komplex: eine ungebildete Denkweise ist genauso komplex wie eine sogenannte kultivierte Denkweise.« (Spivak 1996a: 291) Bildung ist ihrer Ansicht nach in erster Linie eine Ausbildung ethischer Gewohnheiten, weswegen Pädagogik sich den systematischen Aufgaben eines epistemologischen Engagements zuwenden solle (vgl. ebd.: 9).

Universalistinnen wie der US-amerikanische Philosophin Martha Nussbaum wirft Spivak vor, die Narrative von ›Dritte-Welt‹-Frauen zu beschlagnahmen, um eine philosophische Begründung für ihre Universalismusthese zu finden. Anstatt offen gegenüber dem Anderen zu sein, bringe Nussbaum »den Anderen ins Selbst« (Spivak 2004c: 567f.): Es erscheint als eine unangemessene Überidentifikation mit den subalternen Frauen im globalen Süden (vgl. Morris 2010: 1), wenn Nussbaum behauptet, dass man eurozentrische Sichtweisen umgehen könne, wenn man den Subalternen nur zuhöre.

Das Problem der Universalisierung der Menschenrechte ist besonders offensichtlich im Feld der Frauenrechte (vgl. Kapoor 2008: 35). Das Hauptproblem in diesem Zusammenhang ist, dass Frauenrechtsdiskurse lokale Kulturen als frauenfeindlich essentialisieren, während der Fokus auf kulturellen und politischen Rechten dazu tendiert, die Frage nach den ökonomischen Verhältnissen zu übersehen. CEDAW (Übereinkommen der Vereinten Nationen zur Beseitigung jeder Form von Diskriminierung der Frau) etwa behandelt westliche Rechte *per se* als modern und emanzipatorisch, während die Quelle der Unterdrückung von ›Dritte-Welt‹-Frauen vor allem in den angeblich ›traditionellen‹ kulturellen Praktiken gesucht wird. So tritt erneut die Moderne als Befreierin der unterdrückten einheimischen Frauen auf. Gewalt gegen Frauen wird in diesem Diskurs fetischisiert, wodurch stereotype Vorstellungen von ›barbarischen‹ und patriarchalischen afrikanischen, hinduistischen oder islamischen Traditionen verstärkt werden (vgl. ebd.). Dies ruft auch erneut die Ideologie auf, die Frauen als Opfer eines fehlenden oder falschen Bewusstseins determiniert (vgl. Morris 2010: 5). Nach wie vor glauben viele naiverweise, soziale Ungerechtigkeit könne durch Reden, Bewusstseinstrainings und einen liberalen Rechtsdiskurs überwunden werden. Doch die Kulturalisierung und Individualisierung von Frauenrechten lenkt von weit reichenden Fragen globaler struktureller Ungleichheit nur ab. Es ist wichtig festzustellen, dass viele Menschen- und Frauenrechtsverletzungen das direkte Resultat von Strukturanpassungsprogrammen sind, die von den gleichen Geldgebern gefördert werden, die auch Menschenrechte verteilen. Staaten, die Rechte missachten, indem sie gewerkschaftliche Organisation verbieten, Arbeiterinnen disziplinieren, Kinderarbeit unterstützen, Löhne unterhalb von Mindestlohngrenzen tolerieren, über schädliche Arbeitsbedingungen hinwegsehen und Ernährungs- und Bildungssubventionen kürzen, verteidigen vor allem neoliberale Strukturanpassungspolitik. Ironischerweise können selbst Entwicklungsorganisationen, die der Strukturanpassung kritisch gegenüberstehen, zum Beispiel Menschenrechtsorganisationen, dazu beitragen, den Neokolonialismus zu verstärken, indem sie unkritisch die liberal-universalistischen Menschenrechte predigen. Die Menschenrechtsagenda trägt tatsächlich dazu bei, die institutionelle Macht internationaler Organisationen zu vermehren, während sie, oft unter dem Vorwand der »Schutzverantwortung« (*responsibility to protect*)[23], als Alibi für strategische oder militärische Interventionen dient.

23 | Bei der dominanten Idee der Schutzverantwortung wird davon ausgegangen, dass westliche Organisationen und Nationalstaaten eine ethische Verantwortung gegenüber den prekär lebenden Teilen der Weltbevölkerung haben – insbesondere während eines Konflikts und/oder in Postkonflikt-Situationen. Der Fokus liegt hier darauf, die Opfer bzw. Überlebenden zu schützen und gleichzeitig die Täter/-innen für ihre Taten zu Verantwortung zu ziehen. Oft wird dabei vorgegeben, lediglich die Gewalt und die sozialen und politischen Ungerechtigkeiten der Vergangenheit beenden zu wollen, mit dem Ziel, Weltfrieden und globale Sicherheit zu garantieren. Tatsächlich wird aber in den meisten Fällen die Souveränität postkolonialer Staaten missachtet (siehe auch Castro Varela/ Dhawan 2015).

Aristoteles nahm an, dass nicht alle Personen bereit seien, Teil einer regierenden Klasse zu werden, weil nicht jeder über das notwendige praktische Wissen oder die ethische Tugend verfüge. Tatsächliche Regierungspraktiken in den meisten postkolonialen Gesellschaften basieren immer noch auf dieser Annahme, dass nicht jeder regieren kann. Die Fragestellung, die Spivak – hier ganz gramscianisch – eröffnet, ist: Wie kann die Subalterne in die Hegemonie eintreten, so dass sie befähigt wird, zu regieren – und nicht nur als angelernte Arbeiterin beschäftigt zu werden? Wie kann die Subalterne von einem Objekt der Barmherzigkeit zu einer demokratischen Akteurin werden?

In Anlehnung an Gramsci argumentiert Spivak, dass eine demokratische Erziehung nicht darauf zielen darf, die ungelernten Arbeiter/-innen arbeitsfähig zu machen, sondern darauf, die Bürger/-innen – wenn auch auf abstrakte Weise – in die Lage zu versetzen zu regieren (vgl. Spivak 2009: 36). Daher besteht ein wichtiges Erfordernis darin, zwischen der Geltendmachung der eigenen Handlungsfähigkeit und der Herstellung der notwendigen Grundvoraussetzungen für subalterne Handlungsfähigkeit zu unterscheiden. Es bleibt eine Herausforderung, demokratische Theorie und Öffentlichkeit mit Blick auf die Frage der Subalternität zu rekonstruieren. In großen Teilen der postkolonialen Welt wurde, wie Spivak pointiert bemerkt, eine »Klassenapartheid« (Spivak 2008: 32), die auf der Trennung von Kopf- und Handarbeit basiert, durch das postkoloniale Bildungssystem etabliert. Dem größten Teil der zukünftigen globalen Wählerschaft, den Kindern der armen ländlichen Bevölkerung im globalen Süden, wird jeglicher Zugang zu intellektueller Arbeit systematisch verwehrt (vgl. Spivak 2004c: 526). Um diesen Prozess aufzuheben, müssen Subalterne durch eine Aktivierung demokratischer Gewohnheiten in die Hegemonie eingeführt werden. Die Subalterne, so Spivak, wurde aus der Öffentlichkeit herausgerissen und die Aufgabe besteht nun darin, diesen Riss durch einen langsamen und geduldigen epistemischen Wandel unsichtbar zu verweben (vgl. 2008: 34ff.). Der Umstand, dass Subalterne ihren Status der Subalternität als normal und natürlich ansehen, stellt dabei eine besondere Herausforderung dar. Die größte Aufgabe der Dekolonisierung besteht nach wie vor darin, die Subalternität in eine Krise zu versetzen. Dies kann jedoch nicht allein über die Sicherung der ökonomischen Unabhängigkeit bewerkstelligt werden. Selbstverständlich ist die Armutsbekämpfung notwendig, sie stellt jedoch weder Gerechtigkeit noch Gleichheit automatisch her (vgl. Spivak: 24f.).

In Anschluss an Gramsci, der darauf hinweist, dass die Probleme von subalternen Gruppen nicht durch eine Diktatur des Proletariats gelöst werden können, betont Spivak, dass Menschenrechte und Gerechtigkeit nicht einfach durchgesetzt werden können, indem den leidenden Klassen materielle Güter bereitgestellt werden. Neokoloniale Strukturen überleben – ähnlich wie bereits der Kolonialismus – dadurch, dass die privilegierten Gruppen Gutes für die

Welt tun wollen, während sie den Objekten ihrer Gutmütigkeit unterstellen, keine Handlungsmacht entwickeln zu können. Unter den derzeitigen Umständen werden »die Subalternen nicht gehört werden, außer als Bettler/-innen« (Spivak 2010: 229). Folglich kann das Reden von globaler Gerechtigkeit und Menschenrechten – wenn etwa eine kleine Gruppe von Institutionen, die entweder im Norden verortet ist oder durch diesen finanziert wird, das Unrecht der Welt richten möchte – den berechtigten Verdacht eines neokolonialen Paternalismus hervorrufen. Die Beziehung zwischen ökonomischer und politischer Ermächtigung ist diskontinuierlich. Formalisierte demokratische Rechte befähigen ökonomisch verarmte Staatsbürger/-innen nicht automatisch zum Handeln, so wie auch ökonomische Ermächtigung nicht gleichbedeutend mit Desubalternisierung sein kann. »Die Lücke zwischen Recht und Gerechtigkeit zu verringern, steht in etwa im selben Verhältnis wie der Versuch, in einer beharrlichen Kritik die Supplementierung der grundlegenden Kluft zwischen dem Historisch-Politischen und dem Ethischen zu suchen.« (Spivak 2011: 63)

Machtasymmetrien können nicht einfach durch eine Umverteilung von Einkommen und Reichtum korrigiert werden. Die Überwindung von ökonomischer Ungleichheit kann nicht schlicht durch Sicherung der ›Grundbedürfnisse‹ der Entrechteten bewerkstelligt werden, sondern beruht Spivak folgend, wie dargelegt, auf einer »Neuanordnung von Begehren« auf beiden Seiten der Postkolonialität durch eine ethisch-politische Bildung der privilegierten Klassen und der Subalternen gleichermaßen (vgl. etwa Spivak 2009: 36; 2012). Sie insistiert auf die Notwendigkeit einer geisteswissenschaftlichen Erziehung in digitalen Zeiten. Diese umfasst ein Training der Imagination, die einer epistemologischen Performanz (*epistemological performance*) zugute kommt, die Spivak als eine Performanz beschreibt, die in die Lage versetzt, Wissensobjekte in einer anderen als der gewohnten Art und Weise herzustellen.

Im Gegensatz zu jenen, die ihre politischen Hoffnungen in die emanzipatorische Kraft des Marktes oder der internationalen Zivilgesellschaft setzen, betont Spivak immer wieder die Rolle des Staates in Desubalternisierungsprozessen. Mit erneutem Bezug auf Gramsci verschiebt sie den Fokus weg von den zwanghaften hin zu den erzieherischen Funktionen des postkolonialen Staates, welche in die ideologische Reproduktion von Subalternität eingreifen. Der Umstand, dass Subalterne ihren Status der Subalternität als normal ansehen, stellt im Kontext des fehlenden Zugangs Subalterner zum Staat eine besondere Herausforderung dar. Wir müssen uns hier vergegenwärtigen, dass bereits die Möglichkeit, sich selbst als Teil eines Nationalstaates verstehen zu können, ein Privileg darstellt, dessen Subalterne beraubt wurden.

Mithilfe der nationalen und internationalen Zivilgesellschaft als der Avantgarde von *Global Governance* ist, so Spivak, die redistributive Macht des Staates gänzlich untergraben worden (vgl. Spivak 1999: 357). In Kontexten der ›Dritten Welt‹ mit meist fragilen Demokratien wird der Staat zum *Pharmakon*, das, wie

Derrida erläutert, Gift und Arznei zugleich ist. »Es verwandelt sich in Gift, was Medizin hätte sein können.« (Spivak 2008: 71) Dies ist kein Plädoyer für einen Etatismus, sondern vielmehr für eine Wachsamkeit in Bezug auf die Verdrängung des Staates durch nichtstaatliche Akteure und Akteurinnen als treibende Kräfte der Gerechtigkeit. Abgesehen von der Relevanz des Staates für die Mechanismen der Verteilungsgerechtigkeit und seiner Fähigkeit, die Interessen seiner Staatsbürger/-innen zu adressieren, ist es notwendig, grundsätzliche Formen zu untersuchen, die es ermöglichen, den Staat neu zu konfigurieren (vgl. Dhawan 2013b). Hier wird die Notwendigkeit einer Reflexion über eine Neugestaltung des Verhältnisses von Staat, Zivilgesellschaft und den Subalternen unterstrichen. Statt eines begrenzten Verständnisses vom Staat als repressivem Apparat, welches nach einer Für- oder Gegen-Position gegenüber dem Nationalstaat verlangt, muss eine andere Vorstellung vom Staat entwickelt werden, die fähig ist, die Interessen der ausgeschlossenen subalternen Kollektive zu artikulieren (vgl. auch Yeğenoğlu 2005: 106). Trotz des Legitimitätsverlustes des Staates müssen hegemoniale Kämpfe immer noch innerhalb des Territoriums der Nation gewonnen werden, da keine anderen Akteur/-innen zwischen subalternen Gruppen und transnationalen Machtstrukturen vermitteln können. Nur die territoriale Souveränität des Nationalstaates kann den deterritorialisierenden Imperativ des Kapitalismus eingrenzen. Die Angriffe auf den Staat sind überwiegend durch die Diktate der neoliberalen politischen Ökonomie geleitet, welche einen falschen Gegensatz zwischen den Problemen staatlicher Planung und den Prinzipien des freien Marktes aufstellt. Dabei wird gerne übersehen, dass der Neoliberalismus selbst den Staat voraussetzt (vgl. ebd.: 114).

Schließlich muss – anstelle einer Debatte über Pro und Kontra Staat – der Fokus auf der Frage liegen, wie die Interessen entrechteter Gruppen in hegemonialen Kämpfen durch eine Institutionalisierung der Umverteilungsfunktionen des Staates artikuliert werden können (vgl. ebd.). Während die dominante Art metropolitaner Politik kritisiert wird, muss gleichzeitig diejenige Sphäre der Politik zurückerobert werden, die eine permanente Quelle der Beunruhigung für Theoretiker/-innen postkolonialer Modernität und Demokratie darstellt – die riesige Domäne, die außerhalb der vorgesehenen Sphären moderner Politik existiert. Diese Bemühungen sollten zum Ziel haben, subalterne Gruppen zu befähigen, innerhalb der formellen Grammatik von Rechten und Staatsbürgerschaft Forderungen an den Staat zu stellen. Nur so kann eine »Demokratie von unten« aufgebaut werden.

Widersprüche und Selbstkritik

Linksliberale Projekte sehen sich immer wieder mit der Kritik am Stil ihres Schreibens und Sprechens konfrontiert. Konkret geht es darum, wie wer erreicht werden soll und warum. Je mehr eine Autorin vorgibt, für die Befreiung unterdrückter Gruppen zu arbeiten, desto eher wird an sie die Forderung herangetragen, so zu schreiben, dass die Massen – die Deklassierten und Deprivilegierten – sie verstehen können. Spivak wurde immer wieder ermahnt, weniger unverständlich zu schreiben und nicht den Kampf gegen soziale Ungerechtigkeiten auf dem Altar einer ›hohen Theorie‹ zu opfern (etwa Eagleton 2003: 158f.). Sie allerdings bezweifelt, dass es mit einer ›einfachen Sprache‹ gelingen könne, die Lage und Interessen der Unterdrückten adäquat darzustellen – und argumentiert deswegen rigoros, dass die komplexen und kontingenten Wirklichkeiten in eine ›einfache Sprache‹ schlichtweg nicht übersetzbar seien. Die Sperrigkeit der gelebten Realitäten und Geschichten finden somit logischen Ausdruck in einer oft fragmentarischen und schwer verständlichen Sprache, die der marxistische Literaturkritiker Terry Eagleton missbilligend als »hermetisches privates Idiom« (Eagleton 2003: 159) charakterisiert hat. Im Gegenzug bemerkt Spivak, dass »simple Prosa betrügt« (*plain prose cheats*, Spivak 1993b: 33), weil sie einfache, leicht verständliche Wahrheiten verkündet, die zwar allen schnell einleuchten, doch den komplexen, widersprüchlichen Realitäten (post-)kolonialer Verhältnisse niemals gerecht werden können.

Eine Kontinuität kann bei Spivak lediglich thematisch nachgewiesen werden: Immer wieder sind es die Entrechteten und Unterdrückten und deren Situation, die ihre theoretischen Überlegungen motivieren. Dabei scheut sie weder die Kritik anderer an ihren Schriften noch die Dokumentation eigener Widersprüchlichkeiten. Widersprüche hält sie für unausweichlich und zeigt sich eher skeptisch gegenüber jeder Kohärenz, die um ihrer selbst willen hergestellt wird. Trotzdem bringt Spivaks bewusster Eklektizismus einige Schwierigkeiten mit sich. So macht Moore-Gilbert (1998: 101f.) darauf aufmerksam, dass Spivak auf der einen Seite insistiert, dass es für die postkolonialen Kritiker/-innen wichtig sei, von »Angesicht zu Angesicht« (Spivak 1993a: 177) mit den Subalternen zu arbeiten, während sie auf der anderen Seite davon spricht, dass Subalternität in erster Linie eine »unerreichbare Leere« (Spivak 1994a: 89) repräsentiere, von wo aus die dominanten Praktiken der Subjektpositionierungen und -konstitutionen befragt werden können. Dieser grundsätzliche Widerspruch in Spivaks Arbeiten zu den Subalternen mache zwar eine einfache Vereinnahmung der Subalternen unmöglich, kompliziere jedoch entschieden eine politische Praxis (Moore-Gilbert 1998: 102f.). In ihren Arbeiten wirft Spivak immer wieder die Frage auf, wie Subalterne repräsentiert werden können, ohne vereinnahmt oder instrumentalisiert zu werden – ohne sie also hegemonialen Wissensregimes unterzuordnen. Allerdings beschreibt Spivak nicht, wie die Subalternen, die nicht sprechen können, eine Stimme erhalten können, was also sinnvolle politische Strategien in diesem Feld wären. Das wäre auch unsinnig, denn die sprechende Subalterne ist ein Oxymoron: Während Spivak auf der einen Seite argumentiert, dass die Subalterne nicht sprechen kann, sagt sie an anderer Stelle, dass, wenn die Subalterne spricht, diese keine Subalterne mehr ist (vgl. Spivak 1990a: 158).

Außer *Bhubaneshwari* stellt Spivak auch den Fall *Rani* von *Sirmur* (1985b) als Beispiel dafür vor, dass die Subalternen nicht sprechen können. Spivaks angeblich ›willkürliche‹ Anwendung des Konzepts der Subalternen wurde heftig kritisiert, gehörten doch sowohl die *Rani* von Sirmur als auch *Bhubaneshwari* der einheimischen Elite an. Sie standen also den Subalternen, die die *South Asian Subaltern Studies Group* untersucht, geradezu diametral entgegen.

Ebenfalls wird Spivak vorgeworfen, die Intellektuellen zu paralysieren, indem sie es versäumt, zwischen verschiedenen Graden von Komplizenschaft zu unterscheiden (vgl. Varadharajan 1995: 89). Zudem elaboriere sie nicht, wie eine ethische Begegnung mit Subalternen von Angesicht zu Angesicht in institutionelle oder makrologische Politik übersetzt werden könne. Es ließe sich fragen, wie effektiv – in Anbetracht des Ausmaßes globaler Ungleichheiten – ein direkter Dialog zwischen einzelnen Menschen sein kann (vgl. Kapoor 2008: 57). Leider beantwortet Spivak diese Fragen nicht, was ihren Arbeiten an einigen Stellen einen romantisierenden, utopischen Anstrich und ihren Auseinandersetzungen zu den ethischen Begegnungen mit Subalternen einen quasi-mythischen, ekstatischen Charakter verleiht, der zu ihren marxistisch-dekonstruktivistischen Strategien im deutlichen Widerspruch steht (vgl. ebd.: 58).

Moore-Gilbert argumentiert weiter, dass, obwohl Spivaks »Beschreibung des Prozesses des Zum-Schweigen-Bringens« der Subalternen instruktiv ist, sie keinen Einblick in den Prozess bietet, durch den es möglich würde, dass Subalterne »ihre Stimme hörbar machen« (1997: 106). Schließlich wird Spivak ironischerweise beschuldigt, die Selbstbesessenheit des Westens zu fördern, indem sie sich zu stark auf Fragen der Selbstreflexivität konzentriere (vgl. ebd.). In *Absolutely Postcolonial* (2002) kritisiert Peter Hallward die postkoloniale Theoretikerin auch für ihre Relegation der Subalternen innerhalb eines unzugänglichen, quasi-transzendentalen Raums (siehe Hallward 2002: 30). Die Rezeption wird in der Tat auch durch eklatante Widersprüche erschwert, die dieselbe im Inneren beherbergen. So verwendet Spivak einerseits einen Subalternitätsbegriff, der nicht-relational gedacht wird, während sie gleichzeitig andererseits Subalternität als konkrete Kategorie für die soziale Komposition untergeordneter Gruppen nutzt. Auch verhindert die immer wieder betonte unreduzierbare Singularität der Subalternen das Denken einer Allianz mit einer breiteren politischen Bewegung.

Hallwards Kritik ignoriert jedoch die äußerst differenzierten sozialen, historischen und politischen Determinanten, die Spivaks Versuchen der Theoretisierung einer ethischen Beziehung mit Subalternen zugrunde liegen. Ihr kritisches Engagement gilt den ethischen Grenzen rationaler politischer Programme wie des Nationalismus oder Marxismus, die der Singularität von subalternen Gruppen eben nicht gerecht werden können, weil sie sie unter die hegemoniale Logik ihrer politischen Ziele subsumieren. Sie versucht daher, das Versagen politischer Bewegungen zu supplementieren, welche »auf lange Sicht scheitern« (Spivak 1994c: xxv), ohne die Dringlichkeit kollektiver politischer Kämpfe abzustreiten und ohne Blaupausen für politische Veränderungen bereitzustellen. Spivak fordert ununterbrochen die Beachtung von Klassen- und Genderaspekten und warnt gleichzeitig vor einer vorschnellen Übernahme von Kategorien – wie etwa der Subalternen – in die dominanten Klassenformationen und Konzeptionen von sozialer Identität. Die Sprache der Allianzpolitiken ist in Spivaks Augen nur attraktiv für Mitglieder dominanter sozialer Gruppen – sowohl im globalen Norden als auch im globalen Süden –, die sich an globalen Widerstandsbündnissen interessiert zeigen (vgl. Spivak 1999a: 276f.). Ihr zufolge bleiben diese unweigerlich in eine kapitalistische Logik verstrickt. Die drängende Frage nach Bündnispolitiken, so muss mithin resümiert werden, bleibt weiterhin ein trick- und debattenreiches Thema.

Ein anderer akuter Widerspruch, der nicht ungenannt bleiben soll, ist ihre Kritik an Foucaults Arbeiten. Zum einen behauptet sie – im Kontrast zu diesem –, dass die Subalternen den Text der weiblichen Ausbeutung nicht kennen und insofern von den Eliteintellektuellen repräsentiert werden müssen. Andererseits argumentiert sie aber, dass die Intellektuellen lernen müssen, von den Subalternen zu lernen, anstatt für sie zu sprechen. Darüber hinaus spricht sie immer wieder davon, dass die Subalternität einen Raum beschreibt, der nicht in Kontakt mit dem Kapitalismus oder auch Sozialismus ist – was bedeuten würde, dass die Subalternen nicht Teil einer globalen Ökonomie sind. Dies würde allerdings Subalterne zu einer nur konzeptionellen Kategorie reduzieren. Auch spricht Spivak davon, dass die aktuelle internationale Arbeitsteilung die Subalternisierung, die durch den kolonialen Prozess begonnen wurde, fortführt (vgl. Spivak 2002a: 325). An keiner Stelle werden diese Widersprüche aufgelöst – das wäre auch recht unspivakisch. Wer sich mit Spivak beschäftigt und ihre Konzepte nutzt, kommt kaum umhin, sich mit diesen Widersprüchen auseinanderzusetzen. Positiv gewendet können diese als textliche Verbildlichung der widerspruchsvollen globalen Wirklichkeit gelesen werden.

Ungeachtet aller auch berechtigten Kritik an ihren Schriften ist Spivak eine der selbstkritischsten Theoretikerinnen, die auf solch hohem Niveau argumentiert. Kaum eine andere bekennt sich so kontinuierlich und offen zu den eigenen Widersprüchen. Moore-Gilbert (1998: 109) spricht gar von einer »entwaffnenden Selbstkritik«, die sich durchaus ihres eigenem »Wohlwollens«

bewusst ist und deswegen ihre privilegierte Position immer mit reflektiert. Dies dokumentiert eine ethische Haltung, die zu ihrer Aussage passt, dass man vorsichtig mit den Grenzen der eigenen Macht umgehen solle, anstatt sich selbst zu dramatisieren und grandiose Lösungen anzubieten, die keine politische Spezifik aufweisen und somit lediglich von rhetorischem Interesse seien (vgl. Spivak 1988: 148).

Arbeiten ohne Garantien

In Antwort an die an sie gerichtete Kritik erklärt Spivak, dass ihre Anstrengung darauf zielt, die Autorität des forschenden Subjekts zu hinterfragen, ohne es zu paralysieren (vgl. Spivak 1988: 201). Die Anerkennung unserer Komplizenschaft, so Spivak, sei ein Weg, Raum für einen subalternen Sprechakt zu schaffen und gleichzeitig Ansprüchen von Reinheit, Transparenz oder Triumphalismus vorzubeugen. Schließlich sind wir alle nichts weiter als »Subjekteffekte« (Spivak 1988: 204), das heißt, da wir zwangsläufig durch eine Vielzahl von Diskursen konstituiert werden, informieren unsere persönlichen und institutionellen Wünsche und Interessen auch unsere politischen Praxen. Wir müssen daher stets skrupellos wachsam gegenüber unserer eigenen Komplizenschaft sein. Die Akzeptanz der eigenen Kontaminierung kann vor persönlicher Arroganz und geo-institutionellem Imperialismus bewahren, so Spivaks Hoffnung.

Nach Spivak ist eine gute Politik nicht möglich, ohne zunächst seine Hausaufgaben gemacht zu haben. Die Intervention ›dort drüben‹ erfordert die genaue Überprüfung des ›hier‹ (vgl. auch Visweswaran 1994: 112). Es reiche nicht, zu versuchen, sich selbst im Hintergrund zu halten oder wohlwollend vorzugeben, von der eigenen Autoritätsposition herunterzusteigen; stattdessen gehe, wie Spivak warnt, eine solche Geste oft mit einer Verstärkung von Privilegien einher und ist letztlich nichts weiter als ein Akt der Selbstkonsolidierung. Es geht aber eigentlich darum, die lieb gewonnenen intellektuellen Gewohnheiten zu verändern und dominante Wissens- und Repräsentationssysteme zu verlernen (vgl. Kapoor 2008: 56). Dies beinhaltet auch, den Drang, *immer* Sprecher/in sein zu wollen und in allen Situationen auch sprechen zu müssen, als das anzuerkennen, was es tatsächlich ist: »ein Begehren nach Überlegenheit und Herrschaft« (Spivak 1990a: 19). Diese Erkenntnis ist es, die einen entscheidenden Bestandteil dessen ausmacht, was Spivak als epistemischen Wandel bezeichnet. Zu Recht warnt sie davor, einfach anzunehmen, dass Begriffe wie etwa »Partizipation« oder »Empowerment« immer wünschenswert oder unumstritten sind. Diese den Subalternen ohne jegliches Problembewusstsein aufzuzwingen, bedeutet zu vergessen, dass sie in spezifischen historischen und geographischen Kontexten entstanden sind (vgl. Spivak 1993a: 60).

Den Subalternen gegenüber offen zu sein hat eben zur Konsequenz, sich mit der unausweichlichen Differenz abfinden zu müssen. Dies erfordert auch die Bereitschaft, unerwartete Antworten zu akzeptieren (vgl. Kapoor 2008: 56f.).

Nicht zufällig plädiert Spivak für ein intensives Erlernen vernakularer Sprachen, könne dadurch doch ein Prozess angestoßen werden, der dazu führt, dass die Subalternen nicht mehr definiert, sondern ihnen zugehört wird, wenn sie sich selbst repräsentieren. Es ist dies als eine Grundlage für eine notwendige multidirektionale Konversation und für ein nicht-ausbeuterisches Lernen zu verstehen (vgl. ebd.). Wie Arendt ihr Arbeiten als »Denken ohne Geländer« beschrieben hat, so fordert Spivak die Fähigkeit, »ohne Garantien« zu arbeiten. Dies sei deswegen auch unumgänglich, weil die Subalternen »unwiederbringlich heterogen« und somit »nicht-narrativierbar« seien (vgl. Spivak 1990a: 144). Sich mit der Differenz des Anderen abzufinden bedeutet auch zu akzeptieren, dass die eigenen Bemühungen, die Strukturen zu erkennen und die Welt zu verstehen, oft nicht ausreichend sind. Daher müssen verschiedene Formen subalterner Schweigsamkeit – im Gegensatz zu einem Zum-Schweigen-Bringen der Subalternen – als Formen von Widerstand und Handlungsmacht anerkannt werden (vgl. Visweswaran 1994: 60). Arbeiten ohne Garantien fordert die Anerkennung der Grenzen der eigenen politischen Bemühungen ebenso wie eine wachsame Selbstreflexion und ein gewissenhaftes ethisches Engagement. Lesen allein reicht wohl nicht aus, wie wohl ohne eine umfassende geisteswissenschaftliche Bildung die Möglichkeiten eines Imaginieren des Anderen ebenso begrenzt bleiben. Auch (Selbst-)Kritik muss erlernt werden.

IV. Homi K. Bhabha – Mimikry, Hybridität und Dritte Räume

»Denn der Theoretiker muss versuchen, die unausgesprochenen, nicht dargestellten Vergangenheiten, welche die historische Gegenwart heimsuchen, vollständig zu realisieren und Verantwortung für sie zu übernehmen.« (Bhabha 1994a: 12)

1949 im indischen Mumbai (Bombay) geboren, besuchte Homi K. Bhabha die koloniale St. Mary's School – eine von Jesuiten aufgebaute und geleitete Schule in Mumbai –, um daran anschließend 1970 am renommierten Elphinstone College der Mumbai University[1] seinen *Bachelor of Arts* in den Geisteswissenschaften zu erwerben. Um sein Studium fortzusetzen, emigrierte er nach London und erwarb am Christ Church College der Oxford University einen *Master of Arts* in englischer und amerikanischer Literaturwissenschaft. Im Jahre 1990 wurde er an der Oxford University mit einer Arbeit zum Werk des Nobelpreisträgers V.S. Naipaul im selben Fach promoviert. Mehr als zehn Jahre lehrte Bhabha an der University of Susssex, bevor er mit einem Stipendium an die Princeton University kam und in die USA übersiedelte. Nach einem kurzen Zwischenstopp als Steinberg-Gastprofessor an der Pennsylvania University vertrat er von 1997 bis 2001 die Chester-D.-Tripp-Professur für englische Sprach-

1 | Das Elphinstone College wurde im Jahre 1856 gegründet. Es ist eines der ältesten Colleges in Indien. Gegründet wurde es von der *Bombay Native Education Society*. Bereits im Jahre 1827 beschloss der Bildungsverein, ein Institut unter dem Namen Elphinstone College – nach Mountstuart Elphinstone (1779-1859), dem damals scheidenden Gouverneur von Bombay – zu gründen. Elphinstone vollendete nach seiner Rückkehr nach England sein zweibändiges Werk zur Geschichte Indiens *A History of India* (1841). 2013 erschien das Werk in der Cambridge University Press in Neuauflage. Er setzte sich für die Bildung der Kolonisierten ein. Als eigenständige Organisation besteht das Elphinstone College seit April 1856, doch bereits im Jahre 1836 wurden die ersten Kurse angeboten. Seit 1860 ist es Teil der University of Bombay.

und Literaturwissenschaften, Kunstgeschichte und südasiatische Sprachen und Kulturen an der Chicago University. Seit 2001 ist Bhabha Anne-F.-Rothenberg-Professor für englische und amerikanische Literatur und Sprache an der Harvard University. Zudem ist er Leiter des *Mahindra Humanities Center* als auch Berater des Präsidenten und Kanzlers der Harvard University in geisteswissenschaftlichen Fragen. Bhabha erhielt zahlreiche bedeutende Auszeichnungen für sein Schaffen, darunter 2012 den indischen Staatsorden *Padma Bhushan*, und mehrere Ehrendoktortitel – unter anderem von der Freien Universität Berlin. Zu seinen wichtigsten Veröffentlichungen zählen *Nation and Narration* (1990a) und *The Location of Culture* (1994a).

Bhabha ist Mitglied einer kleinen und außerhalb Indiens wenig bekannten Minderheit, den Parsen. Die indischen Parsen sind Zorastier, die im 7. Jahrhundert nach Indien flohen. Sie galten als Vermittler zwischen den verschiedenen indischen Bevölkerungsgruppen und den britischen Kolonialherren. Mitte des 19. Jahrhunderts nahmen sie aktiv an der beginnenden Urbanisierung Indiens teil und gelten bis zum heutigen Tage als Vorreiter der Entwicklung internationaler Handelsbeziehungen und dem Aufbau moderner Infrastruktur in indischen Metropolen. In einem Interview mit W.J.T. Mitchell bemerkt Bhabha ironisch, dass die Parsen Nietzsche-Anhänger seien, verehrten sie doch den Propheten Zarathustra. Außerdem handle es sich bei ihnen um eine hybridisierte Gemeinschaft, die ein beachtliches Geschick bei der Verhandlung kultureller Identitäten zeigen würden (vgl. Bhabha 1995: 80ff.). In einem anderen Interview weist er darauf hin, dass die Parsen zwar wohlhabend waren, aber nie wirklichen politischen Einfluss in Indien hatten, und dass sie auch aktuell noch eine soziale Grenzposition einnehmen (vgl. Bhabha 1997a: 244). Es seien seine frühen Erfahrungen als Parse in Indien gewesen, die ihn über »Dritte Räume« und die Rolle der »Ambivalenz« haben nachdenken lassen, so Bhabha (vgl. ebd.: 246).

Derweil er sich in der Tradition postkolonialer Vordenker wie Fanon[2] und des afro-amerikanischen Intellektuellen W.E.B. Du Bois (1868-1963) sieht, gilt sein theoretisches Hauptinteresse den Repräsentationsformen kultureller Differenz. Dabei zeigt Bhabha sich stark beeinflusst von poststrukturalistischen und psychoanalytischen Ansätzen. Der Einfluss von Foucault, Derrida, Freud und Lacan auf seine Schriften ist kaum übersehbar.

Bhabhas Artikel wurden bereits heftig debattiert, bevor er einige von ihnen 1994 in zum Teil stark überarbeiteter Form in seinem Hauptwerk *The Location of Culture* (1994a) erneut abdrucken ließ. Der Band gilt als bedeutsamer Beitrag zur zeitgenössischen Kulturanalyse und als Impulsgeber für die anhalten-

2 | Auch wenn Bhabhas Schriften stark von Fanons Denken beeinflusst wurden, so wurde er auch dafür kritisiert, seinen eigenen Fanon erfunden zu haben (Parry 1987; Lazarus 1999).

den politischen Auseinandersetzungen zu Fragen von Rassismus, Kolonialismus und Migration.

In der frühen Phase seines Schaffens hat sich Bhabha hauptsächlich mit der kolonialen Diskursanalyse auseinandergesetzt und hier zur Illustrierung vorzugsweise Beispiele aus der britischen Kolonialherrschaft in Indien herangezogen. Wie Said hat er sich dabei auf die Bedingungen der kolonialen Wissensaneignung konzentriert. Später sind es eher die kulturellen Wirkungen des Neokolonialismus und die komplexen, oft konfliktreichen Beziehungen zwischen postkolonialen und postmodernen Diskursen, die Bhabha beschäftigen. Postkolonialismus sieht er als Kontinuität und nicht als einen Bruch zwischen der kolonialen und nachkolonialen Ära und spricht entsprechend von einer »voranschreitenden kolonialen Gegenwart« (Bhabha 1994a: 128).

Charakteristischerweise sind Bhabhas Texte dicht und durchzogen von labyrinthartigen Darstellungen. Durch die Bevorzugung eines methodischen Eklektizismus sind sie im Stil Spivaks Schriften nicht unähnlich. Dabei kommt es schon einmal vor, dass Bhabha seine Quellen radikal verbiegt, um seine Argumentation zu entwickeln – eine Methode, die nicht unangemessen ist, wird damit doch eine explizit postkoloniale Strategie verfolgt, in der es darum geht, die Erzählungen des Westens mithilfe anderer Perspektiven zu verstellen – und nicht *zu verstehen*. Bhabha nimmt das dekonstruktive Diktum beim Wort, demzufolge jede Textinterpretation notwendigerweise Elemente eines »falschen Lesens« beherbergt, und erweitert damit den subversiven Akt des »Neu-Schreibens« (*re-writing*, Moore-Gilbert 1998: 115) metropolitaner literarischer Texte.

In seinen frühen Schriften stellt er den kolonialen Diskurs als Machtapparat im Foucault'schen Sinne dar und untersucht, inwieweit Texte als spezifische Momente dieses ambivalenten Apparates zu sehen sind. Gegen Said argumentiert er, dass die Autorität der kolonialen Macht niemals ausschließlich im Besitz der Kolonisatoren war.[3] Die damit einhergehende Idee einer kolonialen Subjektivität, die nie vollkommen ist, ermöglicht es Bhabha, Saids Vorstellung einer »totalen Herrschaft« zu korrigieren[4] und stattdessen die Handlungsmacht (*agency*) der Kolonisierten in den Blick zu nehmen. Ebenso zeichnet Bhabha die multiplen und dezentrierten Strukturen von Macht und Opposition nach, ohne die der antikoloniale Widerstand unmöglich geblieben wäre. Unter Hinzuziehung psychoanalytischer und poststrukturalistischer Subjektkonzepte legt er des Weiteren dar, dass der koloniale Diskurs nie in der

3 | Bhabha bezieht sich in seinen Texten fast ausschließlich auf männliche Akteure, weswegen auch die männliche Form bei der Übersetzung gewählt wurde.

4 | Bhabha zufolge hat Said den Foucault'schen Machtbegriff folgenreich simplifiziert, indem er koloniale Machtbeziehungen nur einseitig – vom Westen ausgehend – betrachtet hat (1994a: 71f.).

Lage war, wirklich störungsfrei zu operieren, wie dies etwa Saids *Orientalism* suggeriert. Die Identitäten, mit denen der Kolonialismus ›Herren‹ und ›Unterworfene‹ zu fixieren suchte, erweisen sich, so Bhabha, als unerwartet instabil und fragil. Eine klare binäre Opposition zwischen Kolonisierten und Kolonisatoren ist nicht auszumachen, vielmehr sieht Bhabha beide Seiten in einer komplexen Reziprozität gefangen. In den Rissen der dominanten Diskurse sei es dem kolonisierten Subjekt möglich, Verhandlungen und Befragungen zu initiieren und damit den kolonialen Prozess zu irritieren.

Ängstlichkeit, Macht und Stereotyp

In seinen Analysen der kolonialen Beziehungen sucht Bhabha das binäre Oppositionssystem, wie es etwa in Saids *Orientalism* (1978), in Fanons *Die Verdammten dieser Erde* (1981 [1961]), aber auch in Memmis *Der Kolonisator und der Kolonisierte. Zwei Portraits* (1994 [1966]) beschrieben wird, zu überschreiten. So stellt er fest, dass Said zwar durchgängig eine Polarität oder Teilung andeute, die dadurch erzeugte Spannung jedoch nur lösen kann, indem er einen einseitigen und intentionalen Willen des kolonialen Wissens zur Macht behauptet. Ironischerweise stabilisiert dieses Manöver die Teilung zwischen Kolonisierten und Kolonisatoren, die Said im Orientalismus selber beklagt.

In Bhabhas Aufsatz *The Other Question: Stereotype, Discrimination and the Discourse of Colonialism*[5] wird das Problem der Ambivalenz in Saids *Orientalism* bearbeitet, indem es in eine positivere, ermöglichende Form gegossen wird. Unter Hinzuziehung von Freuds Traumtheorie argumentiert Bhabha, dass das Kernstück von *Orientalism* nicht einfach eine homogenisierende Perspektive präsentiert, sondern gleichzeitig eine Disziplin des enzyklopädischen Lernens, ein Wissen über die »Signifikanten der Stabilität« *und* eine Darstellung der Fantasie über die Anderen beschreibt (vgl. Bhabha 1994a: 71). Mit anderen Worten: Es werden hier sowohl die bewusste Seite von Erkenntnis als auch Fantasien, Mythen, Obsessionen, Bedürfnisse, Begehren und unbewusste Träume repräsentiert (vgl. ebd.). Bhabha meint feststellen zu können, dass Said die Auseinandersetzung mit den Ambivalenzen dieser zwei Ökonomien verweigert und deswegen am Ende geradezu eine Binarität einführen *muss* (vgl. ebd.). Anstatt die orientalistische Diskursformation schlichtweg als hegemonial zu disqualifizieren, veranschaulicht Bhabha, wie Said diese Ambivalenz in der Konstitution des Orientalismus freilegt. Allerdings weist er Said eine historische und theoretische Simplifizierung nach: in der Art, wie er die

---

5 | Alle im Text genannten Aufsätze von Bhabha finden sich, soweit nicht anders angegeben, in *The Location of Culture* (1994a).

aufgedeckte Ambivalenz auflöst, indem er nämlich eine ursprüngliche Intention kolonialer Macht behauptet.

Weil Said von einer binären oppositionellen Struktur zwischen den machtvollen Kolonisatoren und den machtlosen Kolonisierten ausgeht, wird kein wirklicher Raum für Verhandlung oder Widerstand eröffnet (vgl. ebd.: 72). Dagegen zeige die Repräsentation des Orients in den Diskursen des Westens eine produktive Ambivalenz gegenüber den Anderen, »die gleichzeitig das Objekt der Sehnsucht und des Spotts« seien (ebd.: 67). An dieser Stelle erweist sich Bhabha theoretisch näher an Foucault als Said, indem er insistiert, dass die koloniale Macht niemals vollkommen habe sein können. Die dominante Macht ist hier Bhabha folgend vielmehr einer konfliktreichen Ökonomie ausgesetzt, bei der Angst (*anxiety*) eine entscheidende Rolle spielt. Die Struktur der Ambivalenz manifestiert sich dabei auf Seiten der Kolonisatoren durch wiederkehrende Widersprüche im kolonialen Diskurs. So kann etwa das kolonisierte Subjekt beides sein: ein »Wilder (Kannibale) und doch zugleich der gehorsamste und würdevollste aller Diener (derjenige, der das Essen bringt); er ist die Verkörperung rasender Sexualität und doch unschuldig wie ein Kind; er ist mystisch, primitiv und einfältig und doch ein gewandter und meisterhafter Lügner« (ebd.: 82). Der koloniale Diskurs zeigt mithin eine widersprüchliche Struktur auf. Seine intendierte Abgeschlossenheit wird durch Prozesse des stetigen Entgleitens beständig von innen her sabotiert.

In seinen Analysen veranschaulicht Bhabha die Bedeutsamkeit dieses permanenten »Entgleitens« (*slippage*) und problematisiert sowohl die Vorstellung einer klaren Intentionalität der Kolonisatoren als auch die von Said angenommene instrumentelle Beziehung von Macht und Wissen. Nach Bhabha sind folglich selbst auf Seiten der Kolonisatoren die Repräsentationskonstruktionen der Anderen niemals uniform gewesen. Belegt wird diese Aussage durch die Tiefenanalyse kolonialer Stereotypisierungsprozesse. Das Stereotyp zeichne keine simple und krude Abweichung zwischen der vermeintlichen Repräsentation und der tatsächlichen Komplexität eines Menschen nach. Vielmehr zeigt sich das koloniale Stereotyp selbst in seiner Repräsentation notwendigerweise »komplex, ambivalent und widersprüchlich« wie gleichzeitig »ängstlich und behauptend« (ebd.: 70).

Während Said primär die Kolonisatoren und ihre Diskurse untersucht und Fanon fast ausschließlich die Kolonisierten fokussiert, konzentriert sich Bhabha auf die *Verhandlungen* über die koloniale Grenze hinweg. Im Grunde setzt er damit an der Stelle an, an der sich Saids Theorie als angreifbar erwiesen hat. In seinen eigenen theoretischen Auseinandersetzungen versucht er tunlichst, Homogenisierungen und Totalisierungen zu vermeiden, was ihm durch ein beständiges Bemühen um die Klärung des ›Dazwischen‹ auch gelingt. Bei den Beziehungen zwischen Kolonisierten und Kolonisatoren handele es sich, resümiert Bhabha, um ein komplexes und aufgeladenes Phänomen:

Es sei die Zirkulation der Widersprüche des Psychischen, die die kolonialen Beziehungen präge. Beispielsweise sei der Kolonialherr voller Bewunderung dem Anderen gegenüber und ängstige sich gleichzeitig vor ihm, weil er ihn für unberechenbar halte. Eine solche Feststellung zeigt, dass Identifizierungen und Positionierungen nie stabil und einheitlich sind. Sie stehen vielmehr immer in Konflikt zueinander. Hiermit verwirft Bhabha im Übrigen auch die Möglichkeit einer allgemeinen Theorie, welche die unterschiedlichen Stränge des kolonialen Diskurses zu organisieren vorgibt (ebd.: 75).

Sein Interesse liegt zuvorderst auf der Frage nach Identitätsformationen innerhalb des kolonialen Diskurses. Die Ambivalenz ist dabei konstitutiv für koloniale Verhältnisse. Bereits bei Fanon werden koloniale Beziehungen als dynamisch und nicht statisch beschrieben. Im Titel *Schwarze Haut, Weiße Masken* (Fanon 1980 [1952]) sieht Bhabha gar die Verdopplung von Fantasien und das Abstreiten der Differenz vorweggenommen, die sein Konzept des Stereotypen konstituieren. Weil Fanon koloniale Beziehungen auf einer intersubjektiven Ebene behandelt, anstatt sich mit juristischen Texten und militärischen Operationen auseinanderzusetzen, sei es ihm, so Bhabha, möglich gewesen, die übliche Einteilung kolonialer Subjekte in ›Schwarz/Weiß‹, ›Selbst/Andere‹ zu irritieren und darüber hinaus an den traditionellen Vorstellungen ›rassischer‹ Identität zu rütteln, welche letzlich die essentialistischen Mythen der *Négritude* und einer weißen kulturellen Überlegenheit hervorgebracht haben (vgl. Bhabha 1986: ix). Laut Bhabha ist Fanon Vertreter einer transgressiven und temporären Wahrheit (vgl. 1994a: 40). Er zeige sich deswegen auch kritisch gegenüber der Bewegung der *Négritude*, zielten deren theoretischen und poetischen Bemühungen doch explizit auf die gewollte Konstruktion einer dem kolonialen Diskurs entgegengesetzten, widerständigen Position. Fanon, so Bhabha, unterstütze nicht den Wunsch nach Fixierung von Identität, weswegen die *Négritude* für ihn lediglich einen Abschnitt auf dem Weg hin zu einem fließenden Verständnis von Identität darstellt.

Sowohl für Bhabha als auch für Fanon gibt es weder eine ›Tatsache‹ des Schwarzseins noch eine ›Tatsache‹ des Weißseins – eine Erkenntnis, die für den Kolonisator allerdings bedrohlicher als für den Kolonisierten ist. Gleichzeitig hebt Bhabha jedoch die Bedeutung von *Whiteness Studies* aufgrund ihres Fokus auf die historische Formierung weißer Ethnizität hervor (vgl. 1998b: 21ff.). Historisch wurde Weißsein als transparent und mithin als nicht markiert wahrgenommen. Es ist dies eine wirkungsvolle Autoritätsstrategie. *Whiteness Studies* untersuchen aus diesem Grunde sowohl die Konstruktion von Weißsein als auch die Art und Weise, wie Weißsein infrage gestellt werden kann. Bhabha geht jedoch darüber hinaus und zeigt auf, wie die Autorität, die das Weißsein begleitet, immer schon gespalten und bedroht war (Huddart 2006: 49). Konkret wird über die Wirkungsanalyse kolonialer Stereotype die instabile psychische Ebene kolonialer Beziehungen erläutert. Im Gegensatz zu

Positionen, die davon ausgehen, dass Stereotypen zu jeder Zeit einen sicheren Referenzpunkt bilden, wird die Stabilität von Stereotypenregimes hier nicht als ausgemacht betrachtet. Vielmehr beschreibt Bhabha, bis zu welchem Grad die Identität der Kolonisatoren – und damit auch ihre Autorität – durch die widersprüchlichen psychischen Antworten an die kolonisierten Anderen gebrochen und destabilisiert wurde. In seiner Untersuchung zur Abhängigkeit des kolonialen Diskurses von fest gefügten Repräsentationskonzepten erstarrter Subjektidentitäten – etwa im Stereotyp des »edlen Wilden« – entfaltet er die oft skurrilen Effekte der Stereotypenökonomie.

Laut Bhabha bestätigt ein Stereotyp kontinuierlich genau das, was immer schon gewiss sei (vgl. Bhabha 1994a: 66): Es liefere weder neue noch falsche Informationen, sondern stelle eine ambivalente Form der Erkenntnis und Identifizierung dar. In Bhabhas Lesart ermöglichen Stereotype so auf beiden Seiten des kolonialen Diskurses Subjektivierungsprozesse (vgl. ebd.: 98). Die Wiederholungsabhängigkeit des Stereotyps deute dabei auf eine Spaltung hin, die *ex negativo* in der Selbstbeschreibung der Kolonisatoren transparent werde. Das Subjekt wird Bhabha zufolge, der sich hier klar auf Lacan bezieht, durch Spaltung oder Lücken konstituiert, es ist niemals fertig oder gar vollständig. Nicht von ungefähr stellen sich die imperialen Herren immer als das dar, was sie *nicht* sind (nicht ›schwarz‹, nicht ›wild‹, nicht ›primitiv‹ etc.). Es ist gerade diese Abhängigkeit von den Anderen, die die eigene Identität kontinuierlich gleichzeitig stabilisiert und untergräbt.

Ein koloniales Stereotyp ist laut Bhabha schließlich das, was der Fetisch in der Vorstellung Freuds für den Fetischisten ist. Es teilt mit dem Fetisch nicht nur die metonymische Struktur, indem es Ersatzobjekt für das ›reale‹ Objekt ist, sondern tritt auch als ein Mittel auf, das stark konfliktträchtige Gefühle und Haltungen ausdrücken und kontrollieren kann. Die Verbindung zwischen der Ambivalenz des Stereotyps und dem Freud'schen Begriff des Fetischismus sieht Bhabha folgendermaßen begründet: Stereotype seien keine Simplifikationen, weil sie eine falsche Repräsentation der Realität darstellen, sondern weil sie als fixierte Form der Repräsentation die Spielweisen der Differenz leugnen (vgl. 1994a: 75). Ein Stereotyp ist mithin keine Vereinfachung, weil es eine ›falsche‹ Repräsentation einer ›gegebenen‹ Realität darstellt, sondern weil es sowohl auf Herrschaft und Lust als auch auf Abwehr basiert. Da es »das Spiel der Differenzen« ablehnt, stellt es ein Problem für die »*Repräsentation* des Subjekts in den Bedeutungen psychischer und sozialer Beziehungen« dar (ebd.: 75; Hervorhebungen im Original). Bhabha beschreibt stereotype rassistische Diskurse als eine Strategie, die aus insgesamt vier Pfeilern besteht (*four-term strategy*, ebd.: 77). Auf der einen Seite findet eine Kopplung zwischen »der metaphorischen oder maskierenden Funktion des Fetischs und der narzisstischen Objektwahl« statt, während auf der anderen Seite die »entgegengesetzte

Allianz zwischen dem metonymischen Figurieren des Fehlenden und der aggressiven Phase des Imaginären« (ebd.) steht.

Das Subjekt innerhalb des kolonialen Diskurses wird, so Bhabha, durch ein ganzes Repertoire konfliktreicher Positionen konstituiert. Welche davon auch immer in einer spezifischen diskursiven Form, in einem konkreten historischen Moment eingenommen wird, es bleibt problematisch und »ein Ort des Arretierten und der Fantasie« (ebd.) zugleich. Die koloniale Identität wird angesichts der Bedrohung und Erschütterung, die von der Heterogenität der anderen Positionen ausgehen, inszeniert (vgl. ebd.). Damit das Stereotyp eine erfolgreiche Bedeutungsposition einnehmen kann, bedarf es der ständigen Wiederholung anderer Stereotypen, so dass es sich festsetzen und seine fantasmatische Qualität erhalten kann. Dieselben alten Stereotype über die Kolonisierten müssen hierfür immer wieder aufgefrischt werden und sind dabei »befriedigend und beängstigend« (ebd.) zugleich.

Neben den ambivalenten Stereotypisierungsprozessen thematisiert Bhabha auch die Risse in den Identitäten und Diskursen auf Seiten der Kolonisatoren. In seinem Essay *Sly Civility* untersucht er etwa exemplarisch die paradoxe Figur von John Stuart Mill, der, wie bereits im ersten Kapitel dargelegt, für die *East India Company* tätig war und gleichzeitig für die Prinzipien individueller Freiheit und Ausweitung demokratischer Rechte in Europa agitierte. 1869 verfasste Mill seine berühmte Schrift *On Liberty*, die eine Antwort auf den Vorschlag Macaulays darstellt, das indische Erziehungssystem zu reformieren. Über eine Vision britischer Identität, die an eine Mission als Nation gekoppelt ist, versucht Mill hier die Kompatibilität zwischen dem britischen Despotismus in Übersee und der heimischen Demokratie herzustellen. Nach Bhabhas Ansicht könne dies nur eine »agonistische Unentschiedenheit« zwischen »Imperium und Nation« (Bhabha 1994a: 96) hervorbringen. Der Diskurs um Zivilisiertheit, der eine repräsentative Regierungsmacht und Freiheit für die britische Nation fordert, während er für das Empire bloß Gehorsam verlangt, stellt sich hier selbst zur Disposition (vgl. ebd.). Die radikalen Widersprüche des britischen Zivilisierungsdiskurses im 19. Jahrhundert zeigen sich für Bhabha exemplarisch auch in den gewalttätigen Versuchen, Frieden und Fortschritt nach Indien zu importieren, oder auch in dem Ansinnen, die Emanzipation des indischen Subjekts durch absolute Herrschaft zu erreichen.

Ein wichtiger Aspekt in Bhabhas Werk ist seine aufschlussreiche Analyse der kolonialen psychischen Ökonomie (*colonial psychic economy*), in welche sowohl Kolonisator als auch Kolonisierter involviert sind. Die Psychoanalyse spielt hier insofern eine bedeutende Rolle, als dass sie durch den veränderten Analysefokus wichtige Fragen über den Kolonialismus aufwirft, die vor Bhabha zumeist unbeachtet blieben. Gleichzeitig kritisiert Bhabha traditionelle Formen der Kolonialismusanalyse, die dadurch, dass sie dem stereotypisierenden Apparat zu viel Macht zusprechen, nicht in der Lage sind, den Diskurs des

Stereotyps herauszufordern. Dadurch bleiben sowohl die Bereiche, die sich der Stereotypisierung entziehen, als auch – und insbesondere – die Effekte der Stereotypisierung unbeachtet.

Zu den zentralen Beiträgen Bhabhas zählen Untersuchungen der Widerstandsformen Kolonisierter gegen die Macht der Kolonisatoren – einer Macht, die niemals so abgesichert ist, wie sie erscheint. Seine psychoanalytische Herangehensweise zeigt auf, dass die Autorität dominanter Gruppen und Ideen immer von einer radikalen Angst geprägt ist, die um die Erhaltung der eigenen Macht bangt – was es den Beherrschten ermöglicht, zurückzuschlagen. Dementsprechend legt er in seinem Werk offen, wie die koloniale Nachahmung (*colonial doubling*) das Selbstbild der Kolonisatoren beständig destabilisiert und diese dazu zwingt, ihre eigene Identität zu erklären und zu rechtfertigen. Kolonialismus wird, dieser Argumentation folgend, von einer komplexen Identitätsökonomie geleitet, wodurch bei der Begegnung von Kolonisator und Kolonisiertem immer ein Element der Verhandlung von kulturellen Bedeutungen zugegen ist. Die kulturellen Deutungen des Kolonisators sind dabei offen für eine Transformation durch den Kolonisierten. Anstatt den Fokus auf die gewaltförmigen antikolonialen Kämpfe zu legen, werden in dichten Textanalysen die versteckten Lücken der kolonialen Situation offen gelegt und dabei ein performatives Modell von Handlungsmacht entwickelt. Angesichts der Kritik an Saids und Spivaks angenommener Vernachlässigung der Handlungsmacht der Unterdrückten sucht Bhabhas dichtes Lesen (*close reading*) nach den Widerstandsmomenten, in denen sich der Kolonisierte trotz gewalttätiger Strukturen gegen den Kolonisator erhebt. Diese Betonung der Handlungsmacht wird häufig als Bhabhas herausragender Beitrag zur postkolonialen Theorie betrachtet.

Für ihn stellt der Kolonialdiskurs eine Art Narrativ dar – ein Repräsentationssystem, ein Wahrheitsregime (vgl. 1994a: 71). Im Gegensatz zu Said, der davon ausgeht, dass die koloniale Macht und der koloniale Diskurs vollständig im Besitz des Kolonisators seien, deckt Bhabha die Mehrdeutigkeiten, das Zögern, die Ausschweifungen und die Lücken in kolonialen und postkolonialen Texten auf – ganz gleich, ob es sich um literarische, politische oder juristische Dokumente handelt. Stereotype, die einen komplexen, ambivalenten und widersprüchlichen Repräsentationsmodus darstellen, stehen für ihn als politisches und ökonomisches Unterfangen im Zentrum des Kolonialismus. Der Kolonialdiskurs legitimiert in dieser Vorstellung seine Strategien durch die Produktion von stereotypem Wissen über Kolonisatoren und Kolonisierte. Letztlich wird die imperiale Eroberung gerechtfertigt, indem die Kolonisierten – auf Grundlage einer Argumentation über die angeblich differente ›rassische Herkunft‹ – als eine ›degenerierte Bevölkerung‹ konstruiert werden, während gleichzeitig über den Diskurs eine Form der Gouvernementalität ausgeübt wird (vgl. 1994a: 70). Die koloniale diskursive Macht gründe auf der Zirkulation von Stereotypen über die ›Faulheit‹ und ›Zurückgebliebenheit‹ der kolonisierten Bevölkerungen, um die Legitimität der kolonialen Mission zu rechtfertigen. Aber auch wenn die angenommene Unterlegenheit der kolonisierten Bevölkerungen eine wichtige Rolle im kolonialen Diskurs spielt, stellt das Stereotyp, laut Bhabhas Ausführungen, gleichzeitig eine ängstliche Form des kolonialen Wissens dar.

Hierbei ist wichtig anzumerken, dass für Bhabha das Stereotyp nicht *nur* Unterdrückung darstellt, sondern immer auch produktiv ist. Zwar funktioniert die Ermächtigung der kolonialen Autorität durch das Stereotyp über die Rechtfertigung der kolonialen Herrschaft auf Grundlage der dem Kolonisator innewohnenden Überlegenheit – gleichzeitig ist jedoch den Operationen kolonialen Wissens eine Paranoia inhärent: Auch wenn die Kolonialherrschaft von angenommenen zivilisierenden Idealen geleitet wird, die auf der Basis von Stereotypen diskriminierende Regierungsstrukturen hervorbringen, wird doch zugleich die Quelle kolonialer Autorität durch eine Angst erschüttert, die ihre Stabilität stört und ihre Kohärenz brüchig erscheinen lässt. Die kolonialen Stereotype oszillieren demnach zwischen der Anerkennung von kultureller und ›rassischer‹ Differenz einerseits und ihrer Verleugnung andererseits, zwischen Ergötzung und Angst, Missachtung und Neugier (vgl. 1994a: 73).

Der koloniale Diskurs zielt darauf ab, Identität festzulegen, ohne die Möglichkeit für Veränderung zuzulassen. So wird etwa das Fluide des Schwarzseins, die Beweglichkeit und die Artikulation des Signifikanten ›Rasse‹, zu Gunsten einer Fixiertheit verhindert. Die epidermische Beschaffenheit des kolonialen Stereotyps, also der Fokus auf Haut, stellt einen wichtigen Aspekt der Fanon'schen Lektüre kolonialer Diskurse dar (vgl. Huddart 2006: 29f.). Das Begehren, dass im ›Sehen‹ besteht, beschreibt Fanon psychoanalytisch als »Schautrieb« (*scopic drive,* Bhabha 1994a: 76). Bhabha analysiert darauf aufbauend, wie die Haut als primärer Signifikant des Körpers im Regime der Sichtbarkeit und Diskursivität als Identitätsmerkmal auftaucht (vgl. Huddart 2006: 42f.). Die Hautfarbe stelle einen Schlüsselsignifikanten der kulturellen und ›rassischen‹ Differenz dar, denn sie sei nicht nur sichtbar, sondern gelte mehr noch als ein ›allgemein anerkanntes Wissen‹ und spiele damit einen wichtigen Part im alltäglichen »rassistischen Drama« kolonialer Gesellschaften (Bhabha 1994a: 78). Als Objekt von Diskriminierung ist die schwarze Haut damit ein gleichzeitig sichtbares und naturalisiertes sowie kulturelles und politisches Zeichen für ›Minderwertigkeit‹ und ›Degeneriertheit‹.

Das Visuelle wird hier zum Schlüsselelement kolonialer Beziehungen: Visuelle Identifizierung ist Träger der Fantasie einer vollkommenen und stabilen Identität – womit Voyeurismus und Überwachung zusammenfallen (vgl. Huddart 2006: 67). Aber diese Form der Identifizierung sei beständig bedroht, da stereotype Bedeutungszuweisungen eher einer Zirkulation von Beziehungen entsprächen als einem auf eine spezifische Richtung fixierten Repräsentationsmodus. Der Kolonisator behauptet auf aggressive Weise seine

Überlegenheit gegenüber dem Kolonisierten, ist dabei aber mit dem bedrohlichen »Zurückwerfen des Blickes« (Bhabha 1994a: 81) konfrontiert. Über diesen zurückgeworfenen Blick beobachtet er ängstlich die eigene Identität, die sich nie so stabil zeigt, wie die Aggression dies erscheinen lässt. Dieser Blick des Kolonierenden dient den Kolonisatoren als Erinnerung, dass die Kolonisierten gleichzeitig Subjekte und Objekte seien, denn Kolonisatoren und Kolonisierte sind miteinander in einer Ökonomie verbunden: »[D]er Blick der Überwachung kehrt zurück als der (de-)platzierende Blick des Disziplinierten, indem der Beobachtende zum Beobachteten wird.« (Ebd.: 89) Daher kann die koloniale Beziehung, so Bhabha, auch wenn es sich dabei um eine Herrschaftsbeziehung handelt, niemals total sein.

Die Macht der Machtlosen? – Hybridität und Mimikry

Mithilfe poststrukturalistischer Argumentationsstrategien gelingt es Bhabha folglich zu demonstrieren, dass der koloniale Diskurs keineswegs so autoritativ und uniform sein konnte, wie er es vorgab zu sein. Die intendierte Bedeutungsfixierung konnte niemals gelingen, denn die Übersetzung partikularer Ideen und Theorien aus den Metropolen in die Kolonien wurde zwangsläufig im Prozess ihrer Reartikulation von Hybridisierungen innerhalb der imperialen Herrschaftsverwaltung begleitet. Die Wiederholung kann, so Bhabha, keinesfalls identisch mit dem ›Original‹ sein, denn der Prozess der Übersetzung – der Wiederholung innerhalb eines anderen Kontextes – schlage gezwungenermaßen eine Lücke in das ›Original‹, womit der Kolonialismus im Grunde selbst Identität und Autorität der Kolonisatoren fragmentiere (vgl. ebd.: 224ff.).

Für Fanon formiert sich das psychische Trauma beim kolonisierten Subjekt, wenn dieses feststellt, dass es niemals die ›Weißheit‹ besitzen kann, die es zu begehren gelernt hat, noch die ›Schwärze‹ verbergen kann, die es zu hassen gelernt hat – ein Gedankengang, den Bhabha aufnimmt und fortführt, indem er koloniale Identitäten als agonistisch und »immer im Fluss seiend« beschreibt. In seinem Aufsatz *Remembering Fanon* (1986) lotet Bhabha dies für die heutige Zeit aus und bemerkt, auch hier Lacan bemühend, dass sich das koloniale Begehren immer in Relation zum Ort der Anderen artikuliert. In Fanons *Schwarze Haut und Weiße Masken* (1980 [1952]) geht es laut Bhabha nicht um eine klare Gegenüberstellung. Im Gegenteil: Das Bild rufe eine Ambivalenz hervor, die nicht nur das Trauma der Kolonisierten markiere, sondern auch die hegemoniale Autorität und die Widerstandsdynamiken beschreibe. Wird doch die Autorität des kolonialen Herrschaftssystems gerade deswegen untergraben, weil sie sich nicht in der Lage sieht, ihr eigenes Selbst in Perfektion nachzubilden.

Das Konzept der Mimikry, welches hiermit im Zusammenhang steht und als eine Form kolonialer Kontrolle von den metropolitanen Kolonisatoren hervorgebracht wird, diskutiert Bhabha pointiert in *Of Mimicry and Man*. Zentral für die Analyse ist hier Naipauls Roman *The Mimic Men* (1967).[6] Im Gegensatz zu Bhabhas Verwendung des Begriffs stellt Mimikry in Naipauls Roman ein Problem dar. Der »Mimikry-Mann« (*mimic man*, ebd.: 87) erscheint durch seine Mimikry entmächtigt, weswegen hier häufig ein Narrativ der Selbstkolonisierung gesehen wird. Bhabhas Begriff der Mimikry dagegen identifiziert die Handlungsmacht der Kolonisierten gerade dort, wo die Kultur angenommen und sich ihr angepasst wird. Die koloniale Mimikry kann als ein Begehren nach einem reformierten, erkennbaren Anderen verstanden werden. Sie bringt ein koloniales Subjekt hervor, welches wie der Kolonisator selbst ist – und doch anders: »nicht ganz/nicht weiß« (*not quite/not white*, Bhabha 1994a: 92). Der Kolonisator verlangt, dass der Kolonisierte die Werte und Normen der herrschenden Macht internalisiert, womit Mimikry auch als ein Ausdruck der europäischen Zivilisierungsmission, die es sich zur Aufgabe gemacht hatte, die kolonisierte Kultur in ihrem Sinne zu transformieren, gelesen werden kann. Mimikry stellt dabei, wie Bhabha betont, weder gewaltsame Assimilation in die herrschende Kultur noch die blinde Nachahmung derselben dar. Für ihn besteht Mimikry darin, Sprache, Kultur, Verhaltensweisen und Ideen in übertriebener Weise nachzuahmen. Die Übertreibung mache Mimikry zu einer »Wiederholung mit Differenz« (*repetition with difference*, ebd.). Sie solle und könne nicht als Beleg für die Unterwerfung des Kolonisierten verstanden werden. Auch hier bedient sich Bhabha erneut der Psychoanalyse, um zu verdeutlichen, wie durch Mimikry koloniale Macht ausgeübt und diese gar übertroffen wird. Ausgehend von Lacans Konzept der *Camouflage* erläutert er, dass dieses darauf verweise, sich anzupassen und dabei »fast, aber nicht ganz dasselbe« zu werden (1994a: 89).

Mimikry wird als eine Reaktion auf die Zirkulation von Stereotypen – als einen spaßigen (*comic*) Zugang zur Subversion – gedeutet. In *Joking Aside: the Idea of a Self-critical Community* (1998a) stellt Bhabha eine Verbindung zwischen dem »spaßigen Timing« von Juden und Parsen her. Er konstatiert, dass beide Gruppen sich darin ähnlich seien, dass sie beständig stereotype Witze über sich selbst erzählen (vgl. Huddart 2006: 57f.). Die konstanten Wiederholungen transformieren diese Witze jedoch. Das Erzählen von Witzen gerät geradezu zu einer unverhofften Widerstandsform. Bekanntermaßen gilt Freuds *Der Witz und seine Beziehung zum Unbewußten* (1999 [1905]) als eine Schlüsselschrift der Psychoanalyse. Der Witz wird von Freud als eine Technik des Unbewussten zum Lustgewinn beschrieben, die eine temporäre Entspannung mit

6 | In der deutschen Übersetzung zum ersten Mal 1974 unter dem Titel *Herr und Sklave* erschienen.

sich bringe, die die kontinuierliche Verdrängung aufbaut. Der Witz kann so als kongeniale Solidarisierung im Widerstand gegen Autoritäten gedeutet werden, weswegen ihm eine außerordentliche Funktion zukommt. Das *Komische* der Mimikry ist insbesondere deswegen interessant, weil der koloniale Diskurs ernst und pathetisch auftritt und vorgibt, Bildung und Besserungen mit sich zu bringen. Der Kolonisator möchte, dass der Kolonisierte wie er selbst sei – aber doch nicht identisch, denn würde zwischen den beiden tatsächlich eine absolute Wesensgleichheit bestehen, verlören die kolonialen Rechtfertigungsideologien ihre Gültigkeit, beruhen diese doch auf einer notwendigen strukturellen Ungleichheit. Sie verkörpern eine absolute Differenz zwischen ›Überlegenem‹ und ›Unterlegenem‹, um die Beherrschung einer Bevölkerungsgruppe durch die andere zu rechtfertigen. Wenn allerdings diese Differenz erst einmal etabliert ist, kann der Kolonialdiskurs nicht mehr die Konsequenzen des Prozesses kontrollieren. Die Handlungsmacht der Kolonisierten ruht in den Bedeutungsverschiebungen. Mimikry funktioniert hier als eine Form des Spottes, der die Anmaßungen des Empires untergräbt (vgl. Bhabha 1994a: 85f.).

Bhabha gelingt es mit dieser Analyse, die klare Trennung zwischen den materiellen Auswirkungen des Kolonialismus und seinen Diskursen über die moralische und intellektuelle Überlegenheit aufzudecken. Mimikry, so erläutert er, bricht nicht mit dem kolonialen Diskurs, sondern stimuliert das Spiel zwischen Äquivalenz und Exzess, wodurch der Kolonisierte für den Kolonisator sowohl beruhigend als auch beängstigend wirkt, denn »Mimikry ist gleichzeitig Ähnlichkeit und Bedrohung« (ebd.: 86). Es ist diese »rissige koloniale Mimesis« (*flawed colonial mimesis*, ebd.: 87), die letztlich Widerstandsräume gegen die koloniale Herrschaft eröffnet.

Bhabha führt hier das Beispiel der kolonialen Erziehungsverordnungen in Indien an, die das konkrete Ziel verfolgten, ›europäisierte Eingeborene‹ zu schaffen, die sozusagen als Übersetzer zwischen der Kolonialmacht und den Millionen von Indern und Inderinnen fungieren sollten. Um dies zu illustrieren, wirft auch er einen genaueren Blick auf Macaulays *Minute on Indian Education* aus dem Jahre 1835. Macaulay sprach, wie bereits erwähnt, im Britischen Parlament über die Notwendigkeit, die indische Bevölkerung zu bilden, um eine, so Bhabha, »*go-between*«-Klasse[7] herzustellen, die dann helfen sollte, das riesige Land zu regieren (vgl. Huddart 2006: 61). Macaulay beschreibt diese

7 | Bhabha spielt hier wohl auf den Roman *The Go-Between* des britischen Schriftstellers L.P. Hartley (1895-1972) aus dem Jahre 1953 an. Der Roman beginnt mit dem Satz: »Die Vergangenheit ist ein fremdes Land, dort gelten andere Regeln« und erzählt von den jugendlichen Protagonisten Leo, der in einem Sommerurlaub als Mittler Briefe zwischen Ted und Marian überbringt. Es ist ein Vermitteln zwischen Arm und Reich, Stadt und Land – und erinnert damit nicht zufällig an eben diese Klasse der Kolonisierten, die zwischen den Begehren der Kolonisatoren und den kolonisierten Massen vermittelten.

mit den Worten: eine »Klasse von Personen, indisch in Blut und Farbe, aber englisch in Geschmack, Sinn, Moral und Intellekt« (Macaulay zit. in Bhabha 1994a: 87). Das koloniale Ansinnen war freilich, die Kolonisierten zu einer Nachahmung der Kolonialherren anzuhalten – mit der Annahme, dass diese niemals wirklich in der Lage sein würden, ›englische Werte‹ zu internalisieren. Anders gewendet: Die koloniale Mimikry würde immer makelbehaftet bleiben. Die Differenz zwischen »Englischsein« und »Anglisiertsein« beschreibt laut Bhabha einen bedeutsamen Unterschied, auf dem ein guter Teil der kolonialen Kontrolle beruhte. Die Anerkennung dieser Differenz stellt sich als Herrschaft stabilisierendes Moment heraus, denn das Wissen um den Unterschied zwischen den ›wahren‹ Engländern und denen, die diese lediglich nachahmten, sicherte die Unterdrückung Letzterer.

Da Mimikry in einem affektiven und ideologischen Bereich arbeitet – im Gegensatz etwa zu dem brutalen Rechtssystem kolonialer Herrschaft –, konstituiert sie Bhabha zufolge eine schwer fassbare und doch gerade deswegen wirksame Strategie kolonialer Macht (vgl. ebd.: 85). Allerdings erfährt der disziplinierende Blick der Kolonisatoren eine Destabilisierung, die aufgrund der Leerstelle auftritt, die als Konsequenz der Differenzierung zwischen »Englischsein« und »Anglisiertsein« hervorgerufen wird (vgl. ebd.: 87). Der koloniale Diskurs, so Bhabha, lässt vermittels seiner ›wohltätigen‹ imperialen Führung eine graduelle Annäherung hin zu einem ›höheren Sein‹ zu. Jedoch ist die Grenze ebenso strikt wie das vermeintliche Wohlwollen, legt doch die fixierte ontologische Differenz das kolonisierte Subjekt unveränderlich auf die Position der ›Minderwertigen‹ fest. Mimikry ist entsprechend als ein »ironischer Kompromiss« zu fassen, der das eigene »strategische Scheitern« (ebd.) sichert. Um effektiv zu sein, muss Mimikry deswegen kontinuierlich das eigene Entgleiten produzieren.

Die Beispiele kolonialer Nachahmung, die Bhabha wählt, treten in einem Feld zwischen »Mimikry und Farce« (ebd.: 86) auf. So beleuchtet er etwa das Beispiel der Inder, die eine englische Erziehung erhielten, um dann für den *Indian Civil Service* als Vermittler zwischen der imperialen Macht und den Kolonisierten tätig zu sein. Auf der einen Seite war es für die Kolonialherren befriedigend zu sehen, dass die indische Bevölkerung in ihren Augen englisch werden konnten. Und doch erwies sich dieses Projekt zugleich als bedrohlich (vgl. ebd.): Der »Mimikry-Mann« stellt unabwendbar eine nur partielle Repräsentation der Kolonialherren dar. Und so konnten sich die Kolonialmächte ihrer selbst nie wirklich sicher sein. Die Kolonisatoren, so Bhabha, müssen sich nun mit der verzerrten Darstellung ihres narzisstischen Selbst auseinandersetzen. Das überwachende Auge wird gewissermaßen mit dem erwidernden Blick der Anderen konfrontiert und erkennt, dass seine Kontrolle untergraben wird (vgl. ebd.: 89).

Die Fähigkeit der Einheimischen, den Engländern zu ähneln, war eine stetige Erinnerung an die unstabile Basis rassistischer Stereotype und demnach auch an den nicht zu rechtfertigenden Charakter des Kolonialismus. Mimikry und das Stereotyp leiten sich von der fundamentalen Ambivalenz des Kolonialdiskurses ab. Einerseits braucht die Kolonialmacht Intermediäre und Kollaborateure, um ihre Autorität auszuüben; andererseits erscheinen diese den Kolonisatoren mit der Zeit als zu ähnlich – was die Ideologie der Überlegenheit, die ja auf Differenz aufbaut, letztlich untergräbt. Die Identität des Kolonisators wird beständig durch Witze, »listige Höflichkeit« und Mimikry unterlaufen und irritiert. Bhabha beschreibt Mimikry folgerichtig sowohl als eine Strategie der kolonialen Unterwerfung als auch als Ausflucht vor derselben (*colonial subjection and subterfuge*). »Die Drohung der Mimikry« (*menace of mimicry*) so schreibt er, »ist ihre doppelte Vision, die, indem sie die Ambivalenz des Kolonialdiskurses aufzeigt, gleichsam seine Autorität zerschlägt« (ebd.: 88). Anstatt eine kontrollierte Imitation oder eine organisierte Reaktion von Seiten des Einheimischen zu erzeugen, rufe die *mission civilisatrice* Widerspruch hervor – einen drohenden Blick, ein entstelltes und verstörendes Echo (vgl. Kapoor 2008: 8).

Sehr aufschlussreich sind in diesem Zusammenhang auch Bhabhas Ausführungen zu dem »Begehren, ›authentisch‹ aus der Mimikry hervorzugehen« (*desire to emerge as ›authentic‹ through mimicry*) (1994a: 88) und damit britischer als die Briten zu sein. Dieses Begehren ist nicht nur das der Kolonisierten, sondern offenkundig auch das der Kolonisatoren. Die Ambivalenz der Kolonialdiskurse hat den ironischen Effekt, dass die Briten sich nicht mehr wirklich britisch fühlen, sondern entfremdet von der Identität, die sie für ihre wahre halten (vgl. Huddart 2006: 65). Die Kolonisierten werden dabei vom Kolonialdiskurs notwendigerweise in den Kreislauf von Identifikation und Zurückweisung hineingezogen. Somit regieren die Briten, obwohl es kein fixiertes Britischsein gibt, weiterhin so, als ob diese Fixiertheit real sei. Die Mimikry verberge laut Bhabha hinter ihrer Maske allerdings kein Original (vgl. Bhabha 1994a: 88). Die metonymische Funktionsweise der Mimikry erklärt er als einen unendlichen Prozess der Substitution, ohne jemals den Punkt vollkommener Präsenz zu erreichen. In der Mimikry ist Identität entsprechend nie mit sich selbst identisch. Es handelt sich bei ihr um einen Prozess, der eine nichtfixierte, instabile Identität nachahmt. Weder haben die Kolonisatoren eine vorgegebene Identität, die imitiert werden kann, noch verfügen die Kolonisierten über eine authentische Identität, die mit der Mimikry betrogen wird. Ein damit verbundener Aspekt ist das Phänomen des »going native« der Kolonisatoren: Mimikry in umgekehrter Form.

In seinen Schriften argumentiert Bhabha in Abgrenzung zu Said – der, wie bereits dargelegt, den kolonialen Diskurs als allmächtig beschreibt –, dass es sich hierbei um ein dynamisches Beziehungsmuster handle, weswegen auch die dadurch hervorgerufenen instabilen kolonialen Identitäten sowohl die kolonialen als auch die nationalistischen Begehrlichkeiten stören, die ja beide ein einheitliches Subjekt anrufen (vgl. ebd.: 71f.; auch Loomba 1998: 178). So wird Handlungsmacht in einen zirkulären Prozess eingelassen, bei dem die Kolonisatoren ihre Macht konsolidieren, aber eben auch von Ambivalenz durchzogene Strategien zum Einsatz bringen. Die Position der Kolonialherren wird hierbei gleichzeitig stabilisiert und destabilisiert, wodurch es zu einer kuriosen Identitätsvermengung von Kolonisierten und Kolonisatoren kommt. Ein Effekt von Mimikry auf Seiten der Kolonialmacht ist deswegen auch, in Bhabhas Worten, eine »schwelende Paranoia« (ebd.: 100), die kontinuierlich versucht, die finsteren Intentionen der Einheimischen zu erraten, und gerade dann ins Spiel kommt, wenn die narzisstische Autorität erschüttert wird: Der ›Herr‹ interpretiert die Verweigerung der ›Eingeborenen‹, seine Macht zu verstetigen, als einen gegen ihn gerichteten und mithin für ihn bedrohlichen Hass. Zudem ist er der andauernden Herausforderung ausgesetzt, zwischen einem unterwürfigen ›Diener‹ und der Maskerade zu unterscheiden. Das ist es, was Bhabha auf Seiten der Kolonisierten als »schlaue Zivilisiertheit« (*sly civility*, ebd.: 93ff.) bezeichnet hat. Die Konsequenzen stehen dabei im Widerspruch zu den Intentionen der Kolonialherren. Der Wille zur Macht wird im Grunde dadurch gestört, dass das Englischsein, welches die eigentliche Macht begründet, immer Effekt des Zusammentreffens mit den Anderen ist. Bhabha bezeichnet dies auch als eine »Zeitverschobenheit« (*time-lag*), welche die Lücke im Zentrum der Identität der Kolonisatoren aufzeigt und eine Spaltung im dominanten Diskurs entlang seiner Machtachse transparent werden lässt (vgl. ebd.: 113).

Unklar bleibt allerdings die Frage, ob der Kolonisierte sich aussuchen kann, von der Mimikry Gebrauch zu machen, ob Mimikry also als bewusste Strategie gelten kann – und zudem, ob der Kolonisator von seinem eigenen Diskurs verfolgt wird. Kurz und gut: Ist Mimikry eine bewusste Widerstandsstrategie und wer profitiert von ihr? Und schließlich: Kann Mimikry als verallgemeinerbares Modell für Handlungsmacht fungieren?

Bemerkenswert ist, dass Bhabha die Mimikry als die »geheime Kunst der Rache« (1997b: 112) beschreibt. Wenn Fanons Arbeiten zeigen konnten, wie koloniale Autorität ausgeübt wird, indem das ›schwarze Subjekt‹ eingeladen wird, die ›weiße Kultur‹ nachzuahmen, kehrt Bhabha diese Sichtweise um und zeigt, wie Nachahmung die Autorität durchlöchert. Mimikry erweist sich als eine Praxis, die die hegemoniale Herrschaft angreift. Doch muss wohl bezweifelt werden, dass sich Mimikry als antikoloniale Waffe in den Händen eines selbstbewussten Subjekts befindet. Eher handelt es sich dabei um einen Effekt, der die vorhandenen Risse im kolonialen Diskurs darstellt. Dadurch gerät Widerstand für Bhabha zu einer Handlung, die durch die hegemonialen Diskurse hergestellt wird. Ihn interessieren hier weniger die orthodoxen Widerstandsformen: Mimikry ist für ihn eine Art Handlungsmacht ohne Subjekt – oder auch eine Repräsentationsform, die ungewollte Effekte produziert. Diese Darstellung hat ihm zu Recht viel Kritik eingebracht. Anne McClintock etwa fragt, ob es ausreicht, Handlungsmacht in den ewigen Rissen des Diskurses zu lokalisieren (vgl. McClintock 1995: 63).

In *Sign Taken for Wonders* führt Bhabha sein kontrovers diskutiertes Konzept der Hybridität als eine weitere Form des Widerstands ein.[8] Hierfür analysiert er verschiedene Momente postkolonialer Literatur, welche die »plötzliche, zufällige Entdeckung des englischen Buches« (Bhabha 1994a: 102) – die Bibel nämlich – beschreiben. In Bhabhas Lesart handelt es sich dabei um einen Prozess der Verschiebung, der paradoxerweise das Buch zu etwas »Wundersamen« macht, indem es wiederholt »falsch gelesen« und »übersetzt« (ebd.: 102) wird. Geschickt stellt Bhabha exemplarisch Conrads *The Heart of Darkness* (1902) einer Szene von Naipauls *The Return of Eva Peron* (1980) gegenüber, um zu zeigen, wie die Bibel als ein »Sinnbild kolonialer Herrschaft und Signifikant kolonialen Begehrens und kolonialer Disziplin« (ebd.) porträtiert wird. Hauptargument ist hier, dass die Bibel ein fetischisiertes Zeichen darstellt, das die epistemologische Zentralität und Permanenz der europäischen Dominanz verherrlicht. Paradoxerweise repräsentiert sie jedoch gleichzeitig ein Merkmal kolonialer Ambivalenz, das die Kraftlosigkeit des kolonialen Diskurses und seine Empfänglichkeit für die mimetische Subversion offenlegt. Im Prozess der Überlieferung der Bibel im kolonialen Indien wird, so Bhabha, diese geradezu unabwendbar hybridisiert, denn die Wiederholung des biblischen Textes durch die Kolonisierten führe zu anderen Nuancierungen, während die beunruhigenden Hinterfragungen auf die inhärente Potentialität des politischen Aufstands deuteten. Bhabha folgert, dass die koloniale Präsenz sich als gespalten in ein autoritatives ›Original‹ und die Artikulation als Wiederholung und Differenz erweise. Dies sei ein Graben, der letztendlich das Scheitern kolonialer Diskurse markiere. Auch hier stellt sich Widerstand nicht als notwendigerweise oppositioneller Akt mit politischer Intention, sondern als eine geschaffene Ambivalenz dar (vgl. ebd.: 110). Die Kolonisierten weisen auf Widersprüche in der nicht herausgeforderten ›Heiligen Schrift‹ hin und intervenieren in die Autorität derselben. Sie stellen Fragen, welche die Missionare häufig nicht zu beantworten in der Lage sind (vgl. ebd.: 115). Der Prozess der Hybridisierung

8 | ›Hybridität‹ – wie auch ›Kreolisierung‹ und ›crossover‹ – steht als Konzept lange schon im Mittelpunkt zahlreicher postkolonialer Studien. Bekannt ist etwa der bereits 1971 erschienene Aufsatz *Calibán* des kubanischen Schriftstellers Retamar, in welchem er von einer »radikalen Hybridität« spricht und diese unterscheidet von der Hybridität der Mitglieder der kreolischen Unterdrückerklasse Lateinamerikas und der Karibik. Doch ist es Bhabhas Interpretation von Hybridität, die sicher den größten Einfluss auf aktuelle postkoloniale Debatten hat.

wird mithin über eine Katechese, die von ironischen und subversiven (Miss-)Verständnisses des kanonischen christlich-imperialistischen Textes durch die Kolonisierten unterlaufen wird, beschrieben. Die Einführung ins Christentum gerät damit zugleich zu einer Hinterfragung des Christentums.

Hybridität stellt für Bhabha eine gewichtige Herausforderung kolonialer Repräsentation dar. Gewissermaßen werden damit die Effekte kolonialer Demütigung verkehrt, womit das abgelehnte *andere* Wissen Einlass in die dominanten Diskurse erhält und in Konsequenz das Fundament der Autorität durchlöchert (vgl. ebd.: 114). Insoweit handelt es sich um eine strategische Umkehrung des Prozesses von Dominierung und Unterwerfung (vgl. ebd.: 112). Wie bei der Mimikry werden die diskursiven Bedingungen der Herrschaft selbst zur Basis, von der aus ein Widerstand der Kolonisierten möglich wird. Der Prozess der Hybridisierung impliziert dabei, dass die kulturellen Differenzen nicht mehr identifiziert und damit auch nicht mehr vereinnahmt werden können (vgl. ebd.: 114).

Bhabha widerspricht der Ontologisierung – und damit auch der Verdinglichung – von Hybridität, die sich besonders deutlich in der unkritischen Begeisterung für das Hybride im westlichen Multikulturalismus zeigt, wo ›Ethnokultur‹ nicht als Ergebnis von Wandel und Widerstand betrachtet wird, sondern als ein eigenständiges, essentialisiertes und musealisiertes Produkt (vgl. Bhabha 1994a: 34). Bhabha steht dieser Art von ›kultureller Diversität‹ kritisch gegenüber. Kultur werde hier zu einem Objekt empirischen Wissens und tendiere damit zu orientalistischen und fixierten Begriffen von Tradition und Sitte. Solche Ansätze, so Bhabha, depolitisieren nicht nur die Minderheitenkulturen, wodurch diese für die Mehrheitskulturen ›lenkbar‹ würden, sondern fügen sich durch die Kommodifizierung von Ethnizität und *Otherness* (etwa im Konzept »ethnischer Ökonomien«), ihrer Vermarktung und Konsumierung, zudem fluid in spätkapitalistische Bedingungen ein (vgl. Kapoor 2008: 134). Dagegen verweist Bhabha auf »kulturelle Differenz«, bei der es mehr um die »Artikulation von Kultur« (*enunciation of culture*, 1994a: 34) und ihre hybride Verortung geht, wobei ihre Produktion von den Rändern her untersucht werden muss. Wenn Hybridität ein Aussagecharakter zugeschrieben werde, so Bhabha, sei es bei weitem schwieriger, das Hybride zu (er-)fassen beziehungsweise zu kooptieren. Interessanterweise wurden Bhabhas Theorien, wie Moore-Gilbert (1998: 180ff.) darlegt, bereits in den Arbeiten karibischer Intellektueller wie Edward Kamau Brathwaite – unter anderem Begründer des *Caribbean Artists Movement (CAM)* –, und Wilson Harris aus Guayana vorweggenommen: etwa in *The Development of Creole Society in Jamaica 1770-1820* (1971) von Brathwaite und *Tradition, the Writer and Society* (1967) von Harris. Im Kontrast zu der manches Mal synthetisierenden, dialektischen Teleologie in der ›karibischen Version‹ von Hybridität insistiert Bhabha allerdings auf die inkommensurablen Aspekte kultureller Differenz, welche die unterworfene

Kultur vor einer Assimilierung bewahren. Trotz wichtiger Unterschiede sind die Überschneidungen von Bhabhas Ideen und den frühen karibischen Theorieproduktionen erheblich, obschon Parry dringend davor warnt, die Definitionen von Hybridität von Bhabha und Brathwaite gleichzusetzen (Parry 2004: 70). Ein entscheidender Unterschied besteht ihrer Meinung nach darin, dass Brathwaite und auch Harris in ihrem Versuch, die Bestimmung der Kreolisierung zu beschreiben, im klaren Gegensatz zu Bhabha die Erfahrung von Verlust als Teil des Prozesses beschreiben. So wird die Mimikry bei Bhabhas Vorläufern immer von negativen Konsequenzen für die nachahmenden Subjekte begleitet, da sie hier zumeist Imitation und Assimilation darstellt, die nicht zwingend einen Prozess der Hybridisierung der dominanten Ordnung bedeuten muss. Mimikry ist für Harris darum immer auch ein Prozess der »Selbstverstümmelung« (Harris 1967: 67). Da Bhabha dies unberücksichtigt lässt und sie lediglich als eine erfolgreiche Widerstandsstrategie bewertet, ignoriert er, dass Mimikry durchaus auch eine erfolgreiche Strategie kolonialer Herrschaft darstellt (vgl. auch Moore-Gilbert 1998: 181).

Performanz, Subjektivierung und Handlungsmacht: Verhandlungen und Widerstandsformen

Bhabhas theoretische Darlegungen sind außerordentlich ambitioniert. Beständig unternimmt er den (unmöglich erscheinenden) Versuch, über etablierte Dualismen hinwegzudenken. Dabei ist nicht nur eine Revision traditionell marxistischer und liberaler Begrifflichkeiten intendiert, sondern auch eine kritische Auseinandersetzung mit postkolonialen Studien selbst. Hieraus folgen wichtige Herausforderungen für die Formulierung politischer Widerstandspraxen, die auch die Handlungsmacht Marginalisierter zur Debatte stellen.

Das Politische wird von Bhabha nicht in der Öffentlichkeit materieller Beziehungen lokalisiert, sondern findet sich in den wechselnden, nicht selten unbewussten, affektiven Bereichen des »Dazwischen« (*in-between*) der dominanten und unterworfenen Kulturen. Ihm zufolge ist hier der Ort, an dem psychische Identifikationen und politische Neuverhandlungen beobachtet werden können. Klassisch poststrukturalistisch beschreibt er sowohl ›Intentionalität‹ als auch ›Handlungsmacht‹ als diskursive Effekte und betrachtet sie nicht als Ursache oder gar Quelle von Widerstand. Ähnlich der Lacan'schen Vorstellung, dass Subjekte erst individualisiert werden, wenn sie ihren Platz in der symbolischen Ordnung eingenommen haben und aufgerufen werden zu sprechen, entsteht der/die Handelnde in der Bhabha'schen Theorie in Form einer »*Nachträglichkeit*« (Bhabha 1994a: 185; Deutsch im Original). Damit ist postkoloniale Handlungsmacht Bhabha zufolge intersubjektiv, was die Möglichkeit zur Solidarität über Grenzen hinweg eröffnet. Wie der Sinn eines Textes über einen Prozess der Verhandlung zwischen Autor/-in und Leser/-in erzeugt wird – wobei der/die Leser/-in den Sinn des Textes aktiv konstruiert –, so sind auch bei der Herstellung von Handlungsmacht Effekte der Handlungsmacht anderer involviert. Bhabha bezeichnet dies als »Zeitverzögerung« oder auch als »nachträglichen Effekt« (ebd.). In der Weise, wie der Sinn eines Textes über Zwischentexte an andere Texte gebunden ist und Spuren dieser in sich berge, so seien auch in der Handlungsmacht Zeichen anderer, früherer Handlungen eingelassen (vgl. ebd.: 188). Diese Spuren sind es, welche die Handlungsmacht zu einem Teil eines dialogischen Prozesses werden lassen, der Möglichkeiten einer Bündnispolitik eröffnet. Handlungsmacht ist damit individualisiert und aktiv sowie gleichzeitig unbewusst und unkalkulierbar. Widerstand ist weder unbedingt oppositionell noch zwangsläufig eine intentionale Praxis. Eine durch vorgegebene Modelle und Paradigmen überdeterminierte Politik lehnt Bhabha rundweg ab, denn für ihn sind es gerade die immer wieder produzierten Kontingenzen – und nicht die fixierten Oppositionen –, die eine effektive politische Positionsbeziehung ermöglichen. Es geht einer Strategie im Bhabha'schen Sinne in erster Linie um die Infiltration des Anderen in die dominante symbolische Ordnung. Ziel einer solchen Sichtweise kann nie die schlichte Umkehrung der Verhältnisse, wie sie traditionellerweise im politischen Aktivismus repräsentiert wird, sein – im Gegenteil.

Die Reformulierung des Politischen bei Bhabha schafft unübliche Beschreibungsformen postkolonialer Verhältnisse. Das Politische ist hier nicht zwingend eine Sache konfrontativer Interaktionsweisen oder gegnerischer Räume. Die klassischen Figuren, wie die des gewalttätigen »aufständischen Eingeborenen« aus Fanons *Die Verdammten dieser Erde,* schreiben sich ungewollt in ein westliches Modell ein, welches das Individuum als souveränes Subjekt repräsentiert. Der Diskurs einer westlichen Moderne und die Geschichte des Kolonialismus bleiben in einer solchen Vorstellung unberührt und sind allein schon deswegen problematisch. In Saids *Orientalism* wird dagegen das koloniale Subjekt als ein Effekt dominanter Diskurse gesehen, welches folglich kaum Handlungsmacht besitzt, um gegen hegemoniale Strukturen Widerstand zu leisten. Bhabha versucht nun, diese sich gegenüberstehenden Modelle zu überschreiten, indem er verschiedene intransitive Widerstandsmodelle entwickelt, die weder in *Orientalism* noch bei Fanon berücksichtigt werden. Er konzentriert sich dafür auf die im Zentrum hegemonialer Macht wirkenden destabilisierenden Prozesse.

In einem Versuch der Systematisierung hat Moore-Gilbert (1998: 131) insgesamt drei Bhabha'sche Widerstandsmomente ausgemacht: Erstens stellt Bhabha – Foucault folgend – fest, dass die koloniale Autorität (wie andere Machtformationen auch) bei dem Bemühen, eine absolute Kontrolle zu behaupten, unbewusst und damit auch ungewollt Widerstand hervorbringt. Zweitens wird das Foucault'sche Konzept der »wiederholbaren Materialität« (*repeatable mate-*

riality, Bhabha 1994a: 22) mit Derridas Konzepten der »Iterabilität« (*iterabilité*) und »Differänz« (*différance*) verbunden, wodurch gezeigt werden kann, dass ein intransitiver Widerstand aus der Tatsache erwächst, dass Sprache immerzu instabil und variabel ist. Der Prozess der ›Wiederholung‹ und ›Übersetzung‹ veranschaulicht dabei die intrinsische Flucht der Sprache vor Fixierungen. Drittens argumentiert Bhabha unter Hinzuziehung von Lacan, dass die koloniale Identität teilweise von der Konstitution eines *Anderen* abhängig ist, der immer ein potentieller Feind bleibt. Im Kontrast zu einem solchermaßen intransitiven Widerstand versucht sich Bhabha gleichwohl auch an der Theoretisierung konventioneller Widerstandsformen. Für ihn ist sowohl aktiver als auch passiver Widerstand stets miteinander verbunden, wobei ersterer Raum für letzteren eröffnet. Mimikry ist für Bhabha auch eine Form des Selbstschutzes, die ähnlich der militärischen Taktik der Camouflage funktioniert (vgl. ebd.: 85). Die aktive Widerstandsform der Mimikry – bei der das kolonisierte Subjekt ermächtigt wird, den Blick des Kolonisators zu erwidern – überlappt sich mit der passiven Camouflage als einer Form der bewussten Assimilierung. Darüber hinausgehend kann sich das Subjekt, welches Mimikry nutzt, weigern, den Blick des Kolonisators zu erwidern, was Bhabha zufolge ebenso die koloniale Autorität destabilisiert.

In *Sly Civility* ist der aktive Widerstandstypus prototypisch in der Verweigerung einer Anerkennung der dominanten Autorität durch die Einheimischen charakterisiert. Widerstand ist hier der bewusste Versuch, die Subjektposition aufzulösen, die durch die koloniale Macht zugewiesen wird. Konfrontiert mit diesem schwer fassbaren kolonisierten Subjekt, welches multiple Subjektpositionen gleichzeitig bewohnt (›nicht-richtig-englisch‹ *und* ›original-indisch‹), ist es der kolonialen Autorität weder möglich, ihre Botschaft zu vereinheitlichen, noch die Subjekte konkret zu verorten. Mimikry und Hybridisierung sind damit Strategien, bei denen der Blick der Diskriminierten auf die unterdrückende Macht geworfen und damit eine Gegenkraft zur hegemonialen Macht geformt wird (vgl. ebd.: 112). In *Signs Taken for Wonders* demonstriert Bhabha diese Vorstellung wiederum anhand der Fähigkeit des indigenen Subjekts, die grundlegenden Erzählungen und Texte westlicher Kultur zu hinterfragen und folglich zu re-interpretieren – und zwar in einer Weise, welche die koloniale Macht nicht vorhersehen kann.

In seinen Schriften bricht Bhabha im Grunde mit der Vorstellung von Herrschaft und Imperialismus als allumfassend und unbesiegbar, indem er deren Schwachstellen und Anfälligkeiten offenlegt. Seine Erwiderung sowohl gegenüber der Vorherrschaft der Unterdrücker als auch gegenüber der Unterwerfung der Unterdrückten besteht darin, die potentielle Instabilität dieser sich gegenseitig bedingenden Konstellation und die Möglichkeit für Widerstand, immer und überall, aufzuzeigen (vgl. Kapoor 2008: 132). Bhabha insistiert nicht nur darauf, dass der Kolonialismus mit unzähligen Akten des alltäglichen Widerstandes konfrontiert war, was die Effizienz der kolonialen Macht infrage stellt, sondern deckt darüber hinaus die Handlungsmacht der kolonisierten Subjekte trotz ihrer Unterwerfung auf. Im Unterschied zu Foucault argumentiert Bhabha, dass Macht weit mehr als nur widerständige Subjekte produziert. Macht könne vielmehr kreative Akteur/-innen hervorbringen, die fähig sind, Autorität auf unerwartete Art und Weise zu untergraben. Auch wenn Bhabha uns damit die (Un-)Möglichkeit eines stabilen und souveränen Subjektes vor Augen führt, gelingt es ihm doch, kreative und performative Handlungsmacht, die intersubjektiv hergestellt wird, nachzuzeichnen (Bhabha 1994a: 184). Mit Foucault argumentiert er, dass es »kein Machtverhältnis ohne Handlungsmacht gibt« – wobei Macht beides ist: »anstiftend und nötigend« (ebd.: 72), gleichzeitig Möglichkeiten schaffend und Unruhe stiftend.

Ein weiteres zentrales Argument, welches sehr kontrovers diskutiert wurde, ist die Idee, dass wir nicht unter der Voraussetzung unserer eigenen freien Wahl handeln, sondern vielmehr innerhalb eines gegebenen diskursiven Kontextes. Handlungsmacht geht demgemäß vom herrschenden Diskurs (*master discourse*) aus und bleibt eng mit der Unterwerfung verflochten – wobei eine klare Beziehung zwischen der spezifischen Form von Handlungsmacht und dem Grad der Macht auszumachen ist. Indem er von Handlungsmacht als eine Form der ›Übersetzung‹ spricht, deutet Bhabha an, dass ein Text zur Übersetzung vorhanden sein müsse, der eine spezifische Art der Autorisierung und Authentifizierung mit sich bringt (Bhabha 1995: 83). Alle Möglichkeiten der Handlung entstehen bei Bhabha aus der Konfrontation mit der imperialen Autorität: Handlungsmacht kann dabei sowohl aus der diskursiven Unterwerfung als auch ihr zum Trotz entspringen – potentiell ist sie eigentlich immer da. Die Herstellung von Subjekten durch den Kolonialdiskurs wird durch zahlreiche subversive Akte des Widerstandes von Seiten der kolonisierten Subjekte verdeutlicht – was gleichzeitig belegt, dass die Kolonisierung nie ungebrochen ›effektiv‹ war.

Die Idee der Wiederholung ist dabei zentral für die Vorstellung, dass Handlung nur innerhalb des gegebenen diskursiven Feldes möglich ist. Bereits Derrida weist darauf hin, dass alle »Sprechakte« nur »zitathafte Dopplungen« (*citational doubling*) darstellen, so dass jede Artikulation eigentlich (Re-)Artikulation sei (vgl. Derrida 1982: 307ff.). Dennoch werde jede diskursive Wiederholung, auch wenn der Diskurs bereits iterativ sei, in unterschiedlichen Kontexten unterschiedlich artikuliert. Ähnlich wie für Arendt und Butler ist für Bhabha Handlungsmacht Effekt der Performativität dieser Wiederholung (vgl. Bhabha 1994a: 190). Die Idee der Wiederholung ist dabei mit der Idee der ›diskursiven Instabilität‹ verknüpft, welche die Möglichkeit für performatives Handeln schafft. Bhabhas ›Performativität‹ verweist auf die Möglichkeit, innerhalb eines vorgegebenen diskursiven Kontextes zu handeln: Anstatt zu versuchen, sich der Herrschaft von außen entgegenzustellen, sie zu negieren oder zu zerstören, besteht Bhabha darauf, dass die Handelnden diese durch Verhandlungen von innen heraus kritisieren und verschieben können (vgl. ebd.: 192). Angesichts der inhärenten Instabilität der Kolonialdiskurse wird die Sprache der Herren bereits durch die Herrschaftspraxis selbst hybridisiert. Stereotype – wie das des »edlen Wilden« oder des »listigen Orientalen« – sollen als fixiert und ›natürlich‹ akzeptiert werden; dennoch müssen sie immer wieder reproduziert und bestätigt werden. Diese Wiederholung bzw. »doppelte Einschreibung« (*double inscription*) demonstriert die Instabilität und Ambivalenz der kolonialen Diskurse und deren Autorität (vgl. ebd.: 108). Wiederholung und Dopplung, Paranoia, psychische Ängste und Unsicherheiten decken die Mängel der kolonialen Macht auf, die zwanghaft mit Stabilitätssicherung beschäftigt ist. Iteration ist hierbei sowohl Teil der herrschenden Diskurse als auch der subalternen Handlungsmacht. Der entscheidende Unterschied besteht darin, dass es der subalternen Handlungsmacht darum geht, die Konstruiertheit der Diskurse aufzudecken, während die Herrschaft besorgt ist, diese zu verdecken und zu naturalisieren.

Gestützt auf Ideen von Roland Barthes (1915-1980), Michail Bachtin (1895-1975), Lacan und Derrida erklärt Bhabha, dass wir von Grund auf linguistische Wesen sind. Und da Sprache eine unbestimmte und kontingente Aneinanderreihung darstellt, bestehend aus voneinander abgegrenzten Zeichen, muss jeder Versuch der Schließung und Kontrolle scheitern (vgl. ebd.: 179ff.). Bhabha zufolge werden die diskursiven Bedingungen von Herrschaft durch die Ambivalenz und Unentschlossenheit zu Orten der Intervention (vgl. ebd.: 112). In seinen Untersuchungen der alltäglichen Begegnungen zwischen Kolonisatoren und Kolonisierten zeigt er das Ausmaß der Verbreitung der Kolonialdiskurse, sowohl auf psychischer als auch auf sozialer Ebene, auf. Foucault folgend nennt Bhabha dies die kapillaren Effekte der Mikrotechniken kolonialer Macht (vgl. ebd.: 116), welche danach trachtet, fügsame koloniale Subjekte hervorzubringen. Gleichzeitig deckt er die Hybridität der imperialen Macht auf. Das bedeutet, dass zwischen Kolonisatoren und Kolonisierten unvermeidbar eine Art von Komplizenschaft und geheimen Einverständnis besteht. Es ist demnach nicht überraschend, dass Bhabha von subalterner Handlungsmacht eher als einer Form der »Verhandlung« (*negotiation*) und nicht der »Negierung« (*negation*) (ebd.: 25, 183) spricht. Der Kolonialdiskurs hat die Kolonisierten und ehemals kolonisierten Gesellschaften für immer geprägt, so dass die Wiederherstellung von den durch die Kolonialherrschaft unkontaminierten Identitäten unmöglich ist. Entsprechend warnt Bhabha vor den Gefahren des direkten Widerstandes gegen die herrschende Macht, denn das Resultat sei oftmals lediglich die Umkehr von Orientalismus und Rassismus oder der Austausch einer Macht gegen eine andere. Politische Positionen seien weder *a priori* zu verstehen noch außerhalb der Begrifflichkeiten und Bedingungen ihrer diskursiven Herkunft als radikal oder reaktionär zu erkennen (vgl. ebd.: 25).

Sein Verständnis von performativer Handlungsmacht verdeutlicht Bhabha anhand verschiedener historischer und zeitgenössischer Beispiele. So nutzte die britische Frauengruppe *Women Against Fundamentalism* die Rushdie-Affäre[9] weder dafür, den westlichen Liberalismus noch den islamischen Fundamentalismus zu unterstützen oder zu verteidigen, sondern um die Aufmerksamkeit auf ›Frauenbelange‹ wie häusliche Gewalt oder Geschlechtergerechtigkeit zu lenken. Das Ereignis wird dabei rekontextualisiert und in die Politiken der Gemeinschaft und der öffentlichen Institutionen übersetzt. Bhabha kann damit nachzeichnen, wie die Begegnungen zwischen Kolonisatoren und Kolonisierten, aber eben auch zwischen Migrant/-innen und metropolitaner Handlungsmacht, einer psychologischen »Guerilla-Kriegsführung« ähnelt (vgl. Moore-Gilbert 1998: 130). Diese beinhaltet die Verfremdung, Kontaminierung oder ein *misreading* des herrschenden Diskurses, wodurch einmal unterdrücktes Wissen eingebracht wird und ein anderes Mal unerwartete kleine Änderungen geschehen – immer mit dem Ziel, die herrschende Autorität zu verwerfen oder umzustürzen.

Zwei weitere historische Beispiele sind hier interessant. In *By Bread Alone* erläutert Bhabha, wie die Briten den ›seltsamen Akt‹ der Dorfbewohner, ein *Chapati* (Fladenbrot) von Hand zu Hand zu reichen, als Warnsignal für den bevorstehenden Aufstand im Jahr 1857 interpretierten. Die Geschichte wurde von einem Zuflüstern zwischen den Dorfbewohnern zu einem übertriebenen, unpräzisen und unkontrollierbaren Gerücht, das schließlich die britische Armee in Panik versetzte. Bhabha liest Gerüchte, hier Guha folgend, als eine symbolische Übermittlung rebellischer Handlungsmacht. Die iterative Zirkulation von Gerüchten sei ansteckend, intersubjektiv und gemeinschaftlich (vgl. Bhabha 1994a: 200).

Der spannendste Bericht vom »spektakulären Widerstand« (ebd.: 117) findet sich jedoch in Bhabhas Lektüre einer Missionarsaufzeichnung aus dem frühen 19. Jahrhundert. Sie handelt von dem Versuch, eine Einheimische nahe der Stadt Delhi zu konvertieren. Bhabha erinnert uns daran, dass nur kastenangehörige Hindus Zugang zu den ›heiligen Schriften‹ hatten, weswegen die freie Ausgabe von Bibeln durch die Briten als ein Geschenk Gottes interpretiert wurde. Die Dorfbewohner/-innen aber verweigerten die Annahme des Sakramentes und widerstanden der Konversion mit der Begründung, dass

9 | 1988 erschien Rushdies vierter Roman *The Satanic Verses*. Die darin vorkommende Darstellung des Propheten Mohammed erregte Anstoß bei einigen muslimischen Vertretern. Der damalige iranische Staatschef Khomeini belegte Rushdie 1989 daraufhin mit einer *Fatwa*. Das Buch sei, so Khomeini, gegen den Islam, den Propheten und den Koran gerichtet. Muslime in aller Welt wurden zur Vollstreckung des Todesurteils aufgerufen und es wurde ein Kopfgeld von drei Millionen US-Dollar ausgesetzt. Jahrelang lebte Rushdie unter Polizeischutz an einem geheimen Ort (vgl. auch Rushdie 2012).

das Wort Gottes aus dem Mund eines Fleischessers und nicht eines Vegetariers käme – wie es ihren Vorstellungen entsprechend hätte sein müssen. Die Zurückweisung auf Grundlage einer Essensregel, die Forderung nach einer »Vegetarier-Bibel«, problematisiert dabei die Annahme der Gleichstellung zwischen Gott und den Briten (vgl. ebd.: 117f.). Die Forderung der Einheimischen nach einem ›indisierten‹ Evangelium bringt sie dazu, erklärt uns Bhabha, der hybriden Macht der Taufe zu widerstehen, und verortet das Projekt der Konversion in einer Position der Unmöglichkeit (vgl. ebd.: 118). Die selbstverständliche Natur des herrschenden Diskurses wird so durch die Dorfbewohner/-innen herausgefordert, die koloniale Autorität untergraben. Diese Episode ist nicht, wie Bhabha betont, lediglich ein Austausch zwischen einem mächtigen kolonialen Christentum (vgl. Kapitel I), das anstrebte, die Indigenen zu konvertieren, und einer einheimischen Tradition, die sich dem widersetzte (vgl. ebd.). Vielmehr haben wir es mit einem kolonialen Antagonismus zu tun, der einen supplementierenden oder inkommensurablen Diskurs als Ort des Widerstandes und der Verhandlung schuf. Bhabha schließt daraus, dass die Dorfbewohner/-innen und die Frauengruppe *Women Against Fundamentalism* nicht lediglich unbeugsame Gegenspieler/-innen seien, vielmehr forderten sie die unterkomplexen und geradlinigen Lesarten von Widerstand durch ihre politischen Praktiken grundlegend heraus: ob durch die Forderung nach einer ›Vegetarier-Bibel‹ oder durch migrantische Geschlechterpolitiken (vgl. Kapoor 2008: 133).

Aber wenn Diskurs immer bereits Wiederholung und Handlungsmacht lediglich deren Ausdruck ist, was für einen Unterschied macht dann Widerstand überhaupt? Nach Kapoor (2008: 120) ist es die Aufgabe der Handlungsmacht, eben diese Wiederholung – und die darin enthaltene Inszenierung der Ambivalenz und Kontingenz der Autorität – bloßzustellen: eine Entehrung, die Bhabha als offenkundige Herausforderung kultureller Überlegenheit bezeichnet (vgl. Bhabha 1994a: 228). Indem die Dorfbewohner/-innen die seltsame Geschichte des *Chapati* zu einem unkontrollierbaren Gerücht werden lassen, decken sie die Angst auf, auf der die Autorität ihrer Herren gründet – die diese aber zu verstecken suchen, bis die Angst zur Panik wird. Sie sezieren und denaturalisieren die Geschichte und das Stereotyp, indem sie diese bis an die Grenzen des Absurden treiben. Und während die ›Worte des Herren‹ wiederholt werden, ändert sich ihr Tonfall (vgl. Bhabha 1992: 53). Bhabha stellt hier eine Art Variation des diskursiven Themas fest: Mimikry wird nicht einfach vorgetragen, sie wird als Spott vorgetragen; kolonialer christlicher Glaube wird nicht einfach abgelehnt, er wird falsch angeeignet und falsch interpretiert, unrichtig übersetzt und verfremdet. Wie das Beispiel der Dorfbewohner/-innen zeigt, beinhalten die Widerstandspolitiken oft nur kleine Interventionen. Bhabha bezeichnet die geringfügigen Veränderungen und Verschiebungen als die oftmals bedeutsamsten Elemente in einem Subversions- oder Transformationsprozess, welche zusätzliche Positionen produzieren: Die ›Vegetarier-Bibel‹ ist nicht lediglich eine Modifikation, sondern eine unvergleichliche Position, ein nicht lösbares Rätsel, das die koloniale Autorität zutiefst irritiert (vgl. Kapoor 2008: 121).

Kapoor (2008: 123) arbeitet in Bhabhas Schriften drei Konsequenzen der Verknüpfung von Handlungsmacht mit diskursiver Unterwerfung heraus. Erstens vermeide Bhabha es, auf Unterwerfung nur mit direkter Opposition zu antworten. Er gäbe zu bedenken, dass Widerstand gegen Herrschaft, anstatt diese zu überwinden, oftmals ihre bloße Umkehr erzeuge. Revolutionären Projekten – marxistischen etwa – halte er entgegen, dass gewaltförmige Gegenmacht oftmals mit der Perpetuierung von Gewalt und der Ablösung einer Herrschaft durch eine andere ende. Die nationalistische Nostalgie für eine ›rein‹ einheimische Identität oder eine ›wahre‹ nationale Geschichte bringt im Gegenzug Ethnozentrismus oder Nativismus hervor; sie verinnerlicht und reproduziert in anderer Form die dem Unterdrücker eigene binäre Struktur der Bedeutung (wir/sie, weiß/schwarz), die sie selbst zu vermeiden sucht. Bhabha unterstütze hier die Ansicht Fanons, dem er zuschreibt, dass dieser sich der Notwendigkeit von nationaler Kultur bewusst gewesen sei und gleichzeitig vor den Gefahren von Fixiertheit und einem Identitätsfetischismus sowie vor der Versteinerung kolonialer Kulturen, der Romantisierung der Vergangenheit oder der Homogenisierung der Gegenwartsgeschichte warnte (vgl. Bhabha 1994a: 9). Stattdessen plädiert Bhabha für eine Handlungsmacht, welche die Macht von innen heraus verschiebt, unterbricht und entfremdet. Zweitens entledige Bhabha sich sowohl einer ›proaktiven‹ Politikkonzeption als auch des Postulats des souveränen und berechnenden Akteurs. Für Bhabha kann Politik nicht im Voraus geplant und nur retrospektiv verstanden werden. Politik ist die Iteration eines dominanten Diskurses, der ihr gleichzeitig vorausgehe und sie ermögliche. Die dritte Konsequenz, die Bhabha wiederholt betont, besteht darin, Handlungsmacht als eine Art von Verhandlung zu verstehen (vgl. ebd.: 25). Dass das Handeln auf iterative Art und Weise und im hegemonialen diskursiven Feld geschehe, zeige an, dass wir von einer gewissen Gegenseitigkeit und Komplizenschaft zwischen Akteur/-innen und dem Hegemonialen ausgehen können. Erst der Verhandlungsaspekt dieser Begegnung, selbst wenn es sich um eine asymmetrische Beziehung handelt, erlaubt demzufolge eine subalterne Handlungsmacht.

Die Kritik, die am häufigsten an Bhabha geäußert wird, ist die, dass die Handlungsmacht bei ihm auf semiotische Transaktionen – wie Widerstand gegen Stereotype und religiöse Konversion – beschränkt bleibt, während er materielle Widerstandsformen, wie antikapitalistische Aufstände oder Proteste gegen Sklaverei und unmenschliche Arbeitsbedingungen, außer Acht lässt. Selbst in seiner Analyse semiotischer Transaktionen gelingt es Bhabha nicht, die sozioökonomischen Positionierungen anzusprechen. Die Auswirkungen dieser Machtungleichheit auf die Verhandlungsfähigkeiten bleiben unsichtbar. Laut Parry fehlt jedoch vor allem eine Analyse des Verhältnisses zwischen Materialität und Handlungsmacht einerseits und der Grenzen der subalternen ›Verhandlung‹, die sich aus der materiellen Ungleichheit ergeben, andererseits (Parry 1996: 21). Wie etwa, so ließe sich fragen, beeinflussen die koloniale Drohung ökonomischer Vergeltung oder das relative Fehlen eines Zugangs zu Bildung und Gesundheit die Fähigkeiten der Subalternen, sich einen semiotischen Widerstand zu leisten (vgl. Kapoor 2008: 124).

Verschiedene Kritiker/-innen lasten Bhabha an, dass Handlungsmacht bei ihm unpersönlich, unfreiwillig und mechanisch sei (etwa Moore-Gilbert 1997: 130ff.; Parry 1996: 16ff.). Sie weisen auf Inkonsistenzen bei Bhabha hin: So postuliere er einmal einen ›transitiven‹ und ein anderes Mal einen ›intransitiven‹ Handlungsmodus. Des Weiteren bleibe unklar, ob die Widerstandsformen, die er beschreibe, bewusst, zielgerichtet und programmatisch ausgeführt würden. In Abwesenheit bewusster Handlungsmacht gehe die normative oder moralische Grundlage verloren, auf welcher die antikolonialen Akteure und Akteurinnen agierten (vgl. Parry 1996: 15). Obwohl er den Kritikpunkten teilweise zustimmt, bemerkt Kapoor (2008: 125), dass Bhabhas Kritiker fast durchgängig die performative Dimension seiner Theorie übersehen. Sie sind auf der Suche danach, was Butler als »expressive Handlungsmacht« bezeichnet (Butler 1990: 141). Dahinter steht die Idee eines souveränen Subjektes mit klaren Intentionen, Moral und einem Bewusstsein, das der Vorstellung von performativer Handlungsmacht entgegensteht, in welcher subjektive Qualitäten durch die Akteur/-innen inszeniert werden, anstatt ihm bereits zuvor fertig an die Hand gegeben worden zu sein. In Bezug auf das Verhältnis zwischen Subjektivität, Handlungsmacht und Performanz ist an dieser Stelle eine Überschneidung mit Butlers Werk auszumachen (vgl. Bhabha 1992: 51; 1994a: 219).

Theatralität ist ein wichtiger Teil von Bhabhas Performativitätsverständnis. In seinen Texten deckt er die spaßigen und parodisierenden Elemente auf und entfaltet, wie die Akteur/-innen hegemoniale Diskurse verspotten und unterbrechen. Eine performative Handlung ist für Bhabha (1994a: 12f.) immer riskant und unberechenbar, denn die Protagonisten können sich der Auswirkung ihrer Worte und Taten nie sicher sein. Es ist keine Kontrolle darüber möglich, wie und ob überhaupt die unter Einheimischen und Briten zirkulierende *Chapati*-Geschichte zu einem Gerücht wurde und letztlich Panik auslöste. Diese Unberechenbarkeit verweist hier ein weiteres Mal auf die Kontingenz sowohl von Subjektivität als auch von Unterwerfung. Für Bhabha wird das Subjekt durch die Handlung konstituiert: Es gibt kein Subjekt davor oder danach, sondern nur während der Handlung (vgl. Kapoor 2008: 127).

Bhabhas Performativität ist damit mehr als bloß Widerstand, vielmehr stellt sie einen Dritten Raum her. Er konzipiert diskursive Instabilität in der Weise, dass es für die Akteure und Akteurinnen nicht nur möglich wird, den hegemonialen Diskurs durch Mimikry und Spott neu zu besetzen, vielmehr erlaubt sein Ansatz, diesen Diskurs in vielfältiger Weise, etwa durch die Wiedergewinnung unterdrückter Bedeutungen, zu verfremden (vgl. ebd.: 128). Dabei zielt Bhabha auf eine agonistische kulturelle Differenz ab, die, angesichts der imperialistischen Versuche, Heterogenität im Namen von ›Modernität‹, ›Zivilisation‹ oder ›Entwicklung‹ zu unterdrücken, dissidente Geschichten und Stimmen anerkennt. Bei einem Dritten Raum geht es also nicht darum, den Imperialismus aufzuheben oder zu überwinden; vielmehr handelt es sich um einen nicht-dialektischen Ort, der aus den Brüchen des Imperialismus entsteht, dort, wo die »inkommensurablen« und »unübersetzbaren« Elemente artikuliert werden (Bhabha 1994a: 219, 227).

Bhabhas Kritiker/-innen, so Kapoor (2008: 127), seien eher auf der Suche nach einem vorgeformten (*pre-formed*) als nach einem performierten (*performed*) Subjekt; sie übersähen, dass der/die Akteur/-in immer schon in Bewegung sei. Die Existenz eines ontologischen Subjektes sei eine Illusion, die durch performatives Handeln bloßgestellt und durchbrochen werden könne. Trotz der weit verbreiteten Thematisierung fragmentierter Subjekte und kontingenter Politiken herrscht nach wie vor eine Sehnsucht nach traditionellen Artikulationen von Bewusstsein – Intention – Handlung vor. Darüber hinaus scheinen die Kritiker/-innen, wenn sie nach der normativen Grundlage von Handlungsmacht bei Bhabha fragen, eine oppositionelle oder argumentative Politik im Sinn zu haben, in welcher das Subjekt eine bereits bestehende ›Ethik‹ ausdrückt oder diese von ›außen‹ importiert – eine Denkfigur, die Bhabha gänzlich zu vermeiden sucht (vgl. Kapoor 2008: 127).

Bhabhas Untersuchung von Machtstrategien erlaubt es ihm, diese nicht nur auf der Makroebene zu erkennen, sondern auch auf multiplen lokalen Ebenen auszumachen. Handlungsmacht umfasst bei ihm die alltäglichen Begegnungen mit und die Herausforderungen von Macht (vgl. Bhabha 1994a: 130). Es sind die marginalisierten Gruppen, die in den kulturellen Kämpfen an vorderster Front stehen, da sie es sind, die handeln müssen, um zu überleben und um zwischen Vergangenheit und Gegenwart, Osten und Westen zu verhandeln. Ihre Kämpfe und Geschichten sprechen von der Realität des Überlebens und der Verhandlung, die nur selten in den Heldengeschichten, die wir zur Erinnerung und Nacherzählung auswählen, Erwähnung finden (vgl. ebd.: 172). Dies sind, so Bhabha, die Kämpfe, um das »historische und ethische Recht zu signifizieren« (*historical and ethical right to signify*, Bhabha 1992: 53).

Bhabhas performative Politiken stellen damit eine implizite Kritik an den ›großen Politiken‹ dar, die von Eliten und Staaten ausgeführt und interpretiert werden. Ziel ist es dabei, das politische Terrain zu erweitern, indem die unzähligen, alltäglichen Formen von Unterwerfung und die gleichzeitig stattfindenden, gewöhnlichen Widerstandsakte miteinbezogen werden. Kapoor (2008: 131) merkt an, dass Bhabhas Politiken durch zwei Momente gekennzeichnet seien: einerseits eine instabile diskursive Unterwerfung, die gebrochene Identitäten und Repräsentationen hervorbringt; andererseits die Anrufung eines Subjektes-als-Handelnde/r, die nicht nur der Unterwerfung widersteht und widerspricht, sondern zudem die diskursive Instabilität zu Gunsten der Herstellung eines ergänzenden Dritten Raumes ausnutzt. Seine postkoloniale Analytik der Macht enttarne diese als durchdringender – aber auch als verletzlicher –, als wir es gewohnt seien. Trotz der relativen Vernachlässigung der Materialität und der Privilegierung informeller gegenüber formeller Politiken in Bhabhas Schriften betont Kapoor (2008: 131), dass Bhabha, anstatt vor einem emanzipatorischen Projekt zurückzuschrecken, eine erfrischend optimistische politische Vision aufzeige, die Möglichkeiten der kreativen und transgressiven Transformation eröffnet.

Allerdings, so Kapoor weiter (2008: 130), gelingt es Bhabha nicht, zu verdeutlichen, inwiefern lokale Handlungsmacht spürbare Veränderungen auf der Makroebene hervorbringt. Obwohl er die Wirkung globaler und nationaler Macht im Lokalen sichtbar macht, bleibt es schwierig zu erkennen, wie sich lokale Handlungsmacht auf die größeren Strukturen auswirken. Sein Fokus auf die alltäglichen, relativ informellen und unorganisierten Politiken, gekoppelt mit seiner vergleichsweise geringen Auseinandersetzung mit dem Nationalstaat und den formellen transnationalen Strukturen, trägt nichts zum Verständnis bezüglich der Transformation von Institutionen bei, die für einen nachhaltigen politischen Wandel notwendig sind. Lokalisierter Widerstand mag zwar vielfältig und weit verbreitet sein, aber er schlägt nicht notwendigerweise in einen Wandel der hegemonialen Strukturen um – oder falls er dies doch tut, so erklärt Bhabha uns nicht, wie. In einer Zeit schnell voranschreitender sozialökonomischer Globalisierung erscheint die Notwendigkeit für solche koordinierten politischen Antworten – sei es durch Koalitionspolitiken, *community networking* oder intersubjektive Überlegungen – allerdings dringender denn je (vgl. ebd.).

Kulturelle Differenz und Dritter Raum

Kulturen stellen für Bhabha keine ›natürlichen‹ Gegebenheiten dar. Sie befinden sich im kontinuierlichen Werden, die weder in der Vergangenheit noch in der Zukunft vollständig präsent sind. Bhabha betont immer wieder die Hybridität und ›Unreinheit‹ von Kulturen, womit er auf den originären Mischcharakter jeder Form von Identität verweist – den permanenten Prozess der Hybridisierung. Statt der Vorstellung einer Interaktion zwischen ›reinen‹ Kulturen werden die Grenzlinien zwischen den Kulturen fokussiert. Das Interesse wird auf das gerichtet, was zwischen den kulturellen Räumen geschieht. Damit löst Bhabha sich auch von einer traditionellen und kritischen Perspektive der Inter-

Kulturalität und lässt die Grenze zu dem Ort werden, von der Kultur aus gedacht werden kann. Die Vorstellung dieser Grenzräume unterminiert die Auffassung solider, authentischer und unkontaminierter Kulturen und betrachtet stattdessen ihre ›Unreinheit‹. Bhabhas Idee von der Verortung der Kultur ist eine zeitliche wie auch räumliche. Kultur sei nicht nur an der Grenze (*liminally*) verortet, sondern vielmehr in einem Prozess der konstanten (Wieder-)Herstellung eingebettet. Einer der wichtigsten Beiträge Bhabhas liegt darin, Kulturen als rückblickende Konstruktionen. Sie sind bei ihm gewissermaßen die Konsequenz historischer Prozesse.

Er weist dabei totalisierende Erklärungsversuche, wie etwa multikulturelle Diskurse, zurück, die versuchen, disparate Kulturen in ein harmonisches Ganzes zusammenzuschweißen. Denn disparate Kulturen präexistieren seines Erachtens keineswegs, sondern sind die Folgen spezifischer historischer Phänomene – wie etwa des Kolonialismus. Ihm zufolge sollten kulturelle Differenzen nicht als *Diversity* gefeiert, sondern ihr umkämpfter und konfliktärer Charakter betont werden (vgl. Bhabha 1991a: 82). Anstatt die Vorstellung von kultureller Identität als Kultur fixierend und vereinheitlichend zu stützen, geht es Bhabha darum, Kultur als einen Bedeutung erzeugenden Prozess (*signifying process*) zu erkennen: Kultur ist demnach nicht statisch, sondern dynamisch, nicht stabil, sondern gleitend und beweglich, nicht vollständig, sondern vielfältig und hybrid. Und schließlich ist sie keine Gegebenheit, sondern erscheint verhandelt und konstruiert (vgl. Kapoor 2008: 21).

Darüber hinaus ist die koloniale Hybridität bei Bhabha nicht ein Identitäts-Problem zwischen zwei differenten Kulturen, welches über die Behauptung eines Kulturrelativismus gelöst werden könne. Hybridität ist vielmehr eine Frage kolonialer Repräsentation, durch welche die Effekte der kolonialen Diskurse umgekehrt werden. Verworfenes Wissen fügt sich in den dominanten Diskurs ein und entfremdet die Basis seiner Autorität – seine Anerkennungsregeln. Dieser Bruch bedeutet keine einfache Anerkennung des verworfenen Wissens, vielmehr wird die Grundlage kultureller Differenz an sich herausgefordert. Damit kann die Differenz der Kulturen nicht mehr als Objekt einer epistemologischen oder moralischen Überlegung identifiziert oder bewertet werden: Kulturelle Differenzen sind einfach nicht dafür da, untersucht oder angeeignet zu werden (vgl. Bhabha 1994a: 114).

Zwei Punkte müssen hier hervorgehoben werden: Erstens kann nicht von zwei oder mehreren mehr oder weniger ›reinen‹ Kulturen ausgegangen werden, deren historische Hybridisierung schließlich nachgezeichnet wird. Eher ist es so, dass die Entstehung von Kulturen als eine unvermeidliche Folge umstrittener Autorität zu sehen ist. Eine angeblich absolute kulturelle Differenz ist Produkt der Strategien, die von beiden Seiten angewendet werden. Unterschiedliche Kulturen sind »nicht der Ursprung des Konflikts«, sondern »die Folge diskriminierender Praktiken« (ebd.). Kulturen sind also das Ergebnis der

Stabilisierung von Autorität. Vor diesem Hintergrund erscheint es notwendig, bestimmte Vorstellungen kultureller Differenz zu problematisieren, die auf der Idee aufbauen, es gäbe ›da draußen‹ unterschiedliche Kulturen, die wir unvoreingenommen erforschen könnten. Zweitens stellt Bhabhas Hybriditätskonzept die traditionelle Kolonialismusanalyse infrage, die ausschließlich die Modalitäten kolonialen Wissens umzukehren sucht. »Die Bedeutung von Hybridität«, so erklärt uns Bhabha, »besteht nicht darin, dass sie zwei ursprüngliche Momente feststellt, aus denen ein dritter entsteht, sondern Hybridität [...] ist der ›Dritte Raum‹, der die Entstehung neuer Positionen ermöglicht. Dieser Dritte Ort verschiebt die Geschichten, die ihn selbst konstituieren, und produziert neue Autoritätsstrukturen, neue politische Initiativen.« (Bhabha 1990b: 211) Hybridität ist weder die Folge ›reiner‹ Positionen, die einander aufgedrängt werden, noch die Folge dialektischer Aufhebung. Um die Kulturalisierung von Kulturen zu vermeiden, müssen die liberalen Mehrheitskulturen des Westens sich selbst aus der postkolonialen Perspektive betrachten.

Das Konzept des »Dritten Raumes« (*Third Space*) zeichnet die Ambivalenz zwischen migrantischer oder postkolonialer Kultur und ihrem Gegenstück in den Metropolen nach. Bhabhas Ziel ist es hier, neue Räume und Zeiten für die politische und kulturelle Praxis der Gegenwart verfügbar zu machen, indem er eine potentielle Rekonzeptualisierung der »*inter*nationalen Kultur, die nicht auf der Exotik des Multikulturalismus oder der *Diversität* der Kulturen, sondern auf der Einschreibung und Artikulation der *Hybridität* von Kultur beruht« (Bhabha 1994a: 38; Hervorhebung im Original), anregt. Im Dritten Raum können kulturelle Symbole neu verhandelt, das heißt mit neuen Bedeutungen belegt und damit (re-)interpretiert, werden. »Der Dritte Raum der Äußerung«, so Bhabha, »zerstört [den] Spiegel der Repräsentation« (ebd.: 37), der Wissen als allgemeingültig und uniform darstellt. Es ist dies kein dialektischer Raum, der zwischen den binären Strukturen orientalistischer Repräsentationen und Minderheitsperspektiven steht (vgl. ebd.). Vielmehr handelt es sich um einen inkommensurablen Zwischen-Ort, in den Minderheitsdiskurse intervenieren können, um ihre Besonderheit zu bewahren. Es ist ein Ort, an dem Polarisierungen verhandelt werden, indem die Grenzen des Diskurses herausgefordert und dessen Begrifflichkeiten verschoben werden, ohne dabei auf grundlegende Forderungen zurückzugreifen (vgl. ebd.: 119).

Bhabha ist darüber hinaus für ein weiteres kritisches Raumprojekt bekannt. Er bemerkt, dass eine postkoloniale Archäologie der Moderne es zulasse, eine »verräumlichte Zeit« (*spatial time*, ebd.: 254) und deren räumliche Begrenzungen zu zeichnen. Es ist hier der Raum, der das Sprechen über Zeit ermöglicht, womit eine spezifische Kontextualisierungsstrategie benannt wird. Die räumlichen Grenzen der Moderne deuten die Grenzziehungen einer statisch und zeitlich begrenzten Vorstellung von Identität an. Im Gegensatz zu Said und Spivak, die Raum objektiv wie imaginativ bestimmen, ist Bhabhas

Raumgebrauch allerdings ein rein metaphorischer. Doch wird, indem nahe gelegt wird, dass der Raum der Moderne nicht als ein rein sozialgeographischer Raum gelesen werden kann, gleichzeitig die Betrachtung der Moderne kompliziert. Er plädiert geradezu dafür, diesen als einen ganzheitlich-konzeptionellen Raum wahrzunehmen, der erst in Beziehung zu den temporären Diskontinuitäten, welche die historischen Tatsachen bestimmen, verstanden werden kann.

Bei dem Versuch, mithilfe dieses Modells die komplexen Prozesse sozialer Transformation zu verstehen, erweist sich dasselbe allerdings schnell als inadäquat. So ist Bhabhas Konzept eines Raumes an der Grenze und des Exils (*exilic, liminal space*) auch deswegen so problematisch, weil es in keiner Weise den tatsächlichen materiellen Bedingungen des kolonisierten Südens oder gar der Tatsache der bewaffneten, hoch kontrollierten Grenzen Europas und der USA gerecht wird. Entgegen seiner Intention riskiert Bhabha, einen privilegierten diskursiven Raum zu beschreiben, der sich lediglich für akademische Intellektuelle als durchlässig erweist.

Postkoloniale Gegenmoderne – Verhandlungen an der Grenze

In *The Commitment to Theory* setzt Bhabha sich mit der unglücklichen Opposition von Theorie und Politik auseinander, um daran die Frage nach der Unvermeidlichkeit von Elitismus und dem vermeintlichen Eurozentrismus postkolonialer Theorie zu erörtern. Bhabha hält es für unsinnig und auch gefährlich zu behaupten, dass alle Theorie immer zugleich elitär ist und die Sprache der sozial und kulturell Privilegierten repräsentiert. Auch bewege sich nicht alle akademische Kritik zwangsläufig innerhalb der »eurozentrischen Archive eines imperialistischen neokolonialen Westens« (Bhabha 1994a: 19). In seinem Versuch, die Kategorien des ›Dazwischen‹ umkämpfter kultureller Differenzen zu betrachten, wirft Bhabha Licht auf die Verhandlungen an der Grenze (*liminal negotiation*) kultureller Identität, welche die Differenzachsen von ›Rasse‹, Klasse, Geschlecht und kultureller Tradition durchkreuzen (vgl. ebd.: 2). Die permanenten Hybridisierungsprozesse, in denen Kulturen von ihren Grenzen aus definiert werden, machen dabei die Unterscheidung zwischen dem Innen und Außen einer Kultur zunehmend schwieriger.

Seiner Meinung nach ist es problematisch, kulturelle Differenzen allzu schnell als Reflexionen »vor-gegebener ethischer oder kultureller Eigenschaften« (ebd.) zu lesen. Eine soziale Artikulation von Differenzen aus der Minderheitenperspektive wird hier als komplexe, flüssige Verhandlung gedeutet. Intention ist in diesem Sinne die Autorisierung kultureller Hybridität, die in Momenten historischer Transformation zum Vorschein kommt (ebd.). Die Grenze wird zu einem Ort, »von woher etwas *sein Wesen beginnt*« (ebd.: 5; Hervorhebung im Original), wie Bhabha – Martin Heidegger bemühend – notiert. Dieses »Grenzmodell« (*liminality model*) nähert sich der Kultur auf produktive Weise, indem es einen Weg eröffnet, der bisher nur mittels des unklaren Präfix ›post‹ – wie etwa in Postmodernismus und Postkolonialismus – gedacht werden konnte (vgl. ebd.: 4). Das von Derrida inspirierte »Denken an der Grenze« ist dabei nicht nur von Bedeutung für das Analysieren der Räume zwischen kulturellen Gemeinschaften, sondern dient Bhabha auch dazu, die seiner Meinung nach falschen Gegensätze zwischen Theorie und politischer Praxis aufzudecken. Entsprechend plädiert Bhabha für ein Modell der »Arbeit an der Grenze«, welches die Zwischenräume nicht auseinanderzerrt, sondern sich stattdessen auf den gegenseitigen Austausch konzentriert und die relative Bedeutung der beiden Felder gründlich ausarbeitet. Kritiker/-innen könnten kaum zwischen Theorie und Politik wählen, so Bhabha, befänden sich doch beide Interventionsfelder in einem reziproken Verhältnis zueinander. Insofern interessiert er sich insbesondere für die Überlappungen und Spannungen zwischen und innerhalb der beiden Felder, die schließlich Hybridität hervorbringen.

Ein weiteres zentrales Moment in Bhabhas Werk ist die untrennbare Beziehung zwischen Moderne und Kolonialismus. Indem er die westliche Moderne mit ihrem gewaltvollen Erbe konfrontiert, fordert er unsere Vorstellung davon, was es bedeutet, modern zu sein, grundlegend heraus und transformiert sie in geradezu radikaler Weise. Die List der westlichen Moderne baue auf die Verdrängung ihrer kolonialen Ursprünge einerseits und auf ihr Narrativ von Fortschritt und Rationalität andererseits. Bhabhas koloniale und postkoloniale Genealogie sucht die historischen Ironien und Fortschrittsparadoxe der westlichen Moderne aufzudecken. Die (post-)koloniale Kritik erschüttert die Selbstdefinition der westlichen Moderne, die sich gegenüber anderen kulturellen Formationen als überlegen imaginiert. In *The Postcolonial and the Postmodern* argumentiert Bhabha, dass wir anhand der (post-)kolonialen Perspektive unsere Ideen über die Postmoderne modifizieren müssten, die oftmals nur sequentiell und historizistisch entweder als Kontinuität oder als Bruch mit der Moderne betrachtet werde. Anhand von Foucaults *Die Ordnung der Dinge* zeigt Bhabha auf, dass dieser, obwohl er die universalistischen Ansprüche des westlichen Wissens infrage stellt, keinen ernsthaften Bezug zum Kolonialismus herstellt. So falle es Foucault nicht auf, dass der Sozialdarwinismus nicht nur dem Nazismus den Weg bereitete, sondern im kolonialen Kontext entstand. Bhabha verdeutlicht, dass Foucault, anstatt die Rolle des Rassismus im liberalen Humanismus anzuerkennen, diesen als Teil ›vormoderner‹ Episteme liest (vgl. Moore-Gilbert 1998: 123). Indem der Westen weiterhin als normativ anerkannt werde, tendiere der Postmodernismus dazu, Eurozentrismus zu reproduzieren. Doch anstatt Foucault rundweg abzulehnen, stellt Bhabha fest, dass »Geschichte ihren unheimlichen Doppelgänger« in Foucault »entgegentritt«, und dass die (post-)koloniale Perspektive in seinem Text subversiv wirkt (vgl. Bhabha 1994a: 195). (Post-)koloniale Kontexte sind laut Bhabha privilegierte Orte, von denen aus die Frage nach der Moderne in Form einer Befragung auftaucht, die sich dem »Problem der ambivalenten Temporalität der Moderne« (ebd.: 239) entgegenstellt. Die katachrestische (post-)koloniale Übersetzung der Moderne erzwingt die Frage: »Was ist das ›Jetzt‹ der Moderne? Wer definiert diese Gegenwart, von der aus wir sprechen?« (Ebd.: 244) Bhabha argumentiert, dass sich die metropolitanen Geschichten der *Civitas* (Bürgerschaft) transformieren, sobald die ›wilden‹ kolonialen Vorfahren der Idee der Zivilität aufgerufen würden.

In seinen Schriften diskutiert er ausführlich die Französische Revolution und ihre zentrale Rolle für die Entstehung der Moderne und für die Erzählungen einer radikalen Aufklärung. Er hinterfragt die modernen Bestrebungen und die durch die Französische Revolution propagierten Werte von Freiheit, Gleichheit und Brüderlichkeit, indem er sie durch die Linse der auf sie folgenden antikolonialen Erhebungen unter der Führung von Toussaint Louverture auf *Saint-Domingue* liest (vgl. ebd.: 244). Die Sklavenrevolten zeigten an, dass die Früchte der europäischen Aufklärung – Emanzipation, Fortschritt, Freiheit – für die außereuropäische Welt unerreichbar blieben. Seine »postkoloniale Archäologie der Moderne« stellt gegenwärtige Theoretisierungen der Moderne infrage, indem er auf marginalisierte und unterdrückte Geschichten hinweist.

Bhabhas Projekt einer »postkolonialen Gegenmoderne« (ebd.) versucht sich im Grunde an einer Neuformulierung der Moderne und Postmoderne aus einer postkolonialen Position heraus. Er hinterfragt im gegenwärtigen Kontext, insbesondere hinsichtlich des diskriminierenden legalen und kulturellen Status postkolonialer Migranten und Migrantinnen, die Sprache der Rechte als das wichtigste Erbe der Europäischen Aufklärung (vgl. ebd.: 175). Dafür untersucht er insbesondere die Lage postkolonialer Migranten und Migrantinnen in den westlichen Metropolen und setzt sich mit kolonialer Geschichte, Nationalismus und Rassismusdiskursen der Gegenwart auseinander. Sein Fokus wechselt dabei zum kulturellen Austausch, der durch Migration eine Nähe der Kulturen ermöglicht, die sich denselben Raum in den Metropolen teilen. Bhabha glaubt, dass die transnationale Dimension kultureller Transformation durch »Migration, Diaspora, Verschiebung, Neuverortung […] den Prozess kultureller Übersetzung zu einer komplexen Form der Signifikation werden« (ebd.: 172) lässt. Um das Verhältnis metropolitaner Kulturen zu ihren migrantischen Gegenbildern und die Herausforderung für Identität und Handlungsmacht der Migranten und Migrantinnen zu seinen Forschungsgegenständen erklären zu können, setzt sich Bhabha mit den vielschichtigen und verzwickten Verhandlungen zwischen postkolonialen und postmodernen Diskursen auseinander.

Moore-Gilbert (1998: 121f.) betont, dass Bhabhas Versuch, die Postmoderne aus einer postkolonialen Erfahrung heraus neu zu artikulieren, eine zweifache Herausforderung für die postmoderne Erzählung darstellt: Auf der einen Seite zeige sich, dass das Projekt der Moderne, welches mit der Aufklärung begann, seine Versprechungen angesichts aktueller historischer Ereignisse nicht mehr einlösen kann, während auf der anderen Seite behauptet wird, dass dasselbe Projekt mit dem globalen Triumph des westlichen sozialdemokratischen Modells und des Kapitalismus gegenüber dem Sozialismus vollendet wurde. Gegen beide Positionen wendet Bhabha ein, dass die gegenwärtige Welt noch nicht bei einer kulturellen Neuverteilung angekommen sei. Die Moderne kann darüber hinaus nie vollendet werden, weil die Postmoderne an entscheidenden Stellen negative Aspekte der Moderne reproduziert und stabilisiert, womit die Vollendung der Moderne permanent von innen heraus torpediert wird (vgl. Moore-Gilbert 1998: 122). Bhabha hebt hervor, dass die Sprache der Rechte, die zentral für die Moderne ist, auf der Basis des diskriminierenden legalen und kulturellen Status von Migranten und Migrantinnen, Menschen in der Diaspora sowie Asylsuchenden hinterfragt werden muss (vgl. ebd.: 175). Die Moderne kann auch deswegen nie vollkommen sein, weil die Rolle, welche die nicht-westliche Welt bei der Konstituierung derselben gespielt hat, bisher nicht gebührend berücksichtigt wurde – so sei der Beitrag der Sklaverei und der kolonialen Ausbeutung bisher nicht adäquat zur Kenntnis genommen worden (vgl. ebd.: 241). Analog sei darüber hinaus auch auf der kulturellen und ideologischen Ebene eine Missachtung zu verzeichnen. So wurde bisher fast gänzlich ignoriert, auf welche Art die Grundideen der Moderne – etwa Vernunft, Fortschritt und Nation – über eine Differenzbildung zu den kolonisierten Ländern, die nach wie vor als ›prämodern‹ gelten, aufgebaut wurden.

Die Moderne erweist sich für Bhabha als offen für neue Artikulationen und kulturelle Differenzen. Damit vermeidet er eine Sichtweise, die sich besessen zeigt von der Idee der Vollendung der Moderne. Er fordert vielmehr teleologische Visionen, seien sie nun marxistischer oder auch liberaler Art, heraus und distanziert sich von der Dialektik als theoretischem Instrument, da für diese Fortschritt immer mit einem Auflösen kultureller Differenzen einhergehe, indem diese in einer »höheren Form« aufgingen. Das von ihm offerierte Modell indes respektiert die Einzigartigkeit multipler Geschichten und die Identitäten Marginalisierter (vgl. Bhabha 1996b: 211).

Skeptisch zeigt sich Bhabha auch gegenüber einer postmodernen Zelebrierung pluralistischer Identitäten (vgl. Bhabha 1994a: 245). Die politischen Implikationen einer postmodernen Vision kultureller Synthese – der *Bricolage* – sind ihm zu nah an den dominanten Diskursen eines Multikulturalismus und kulturellen Relativismus, denen er bestenfalls kritisch gegenübersteht (vgl. Moore-Gilbert 1998: 125). Die Multikulturalismus-Perspektive assimiliert sich Bhabha zufolge an die dominante Kultur, indem sie Kulturen als im Kern gleichwertig konstruiere, während der kulturelle Relativismus Differenzen immer in Relation zum normativen Zentrum setzt und damit die Autorität der hegemonialen Kultur konsolidiert. Beide Male zeigten sich die Diskurse abhängig von einer konsensuellen Übereinkunft, die unweigerlich westlichen Zuschnitts seien. Das ›Problem der Integration‹ von Migranten und Migrantinnen konfiguriert Bhabha dabei als postkoloniales »Übersetzungsproblem«, womit angezeigt wird, dass die Erzählungen und Symbole, mit denen sich eine gegebene Kultur repräsentiert, nicht immer einfach in die Begrifflichkeiten einer anderen Kultur übersetzbar sind (Bhabha 1994a: 242). Die Betonung einer separatistischen Tradition wird mithin in eine die westlichen Diskurse der Moderne störende Praxis transformiert.

Beachtenswert ist auch, wie Bhabha koloniale Differenz über den Begriff der »Zeitverschiebung« (*time-lag*) beschreibt. Dabei weist er kritisch auf die Ungleichzeitigkeiten (*temporal disjunctures*) innerhalb der Moderne hin. Während beispielsweise die Briten im 19. Jahrhundert zu Hause das Fundament für Demokratie und Bürgerschaft legten, betrieben sie gleichzeitig in den Kolonien ökonomische Ausbeutung sowie Autoritarismus und zeichneten verantwortlich für gravierende Menschenrechtsverstöße. Ein weiteres Beispiel ist Fanons Lesart der zeitlichen Verschiebung. Fanon folgend gewinnt der ›Schwarze‹ im westlichen Diskurs nur mit Verzögerung Anerkennung. Und es ist diese Tatsache, die die Legitimität der universalisierten und transzendentalen Kategorie »Mensch« erschüttert. Die enthistorisierte Figur des Menschen taucht auf Kosten der Auslassung der Anderen auf – etwa der Versklavten, der Zwangsarbeiter/-innen (*indentured labourers*, ebd.: 197). Bhabha spricht von der »Zeitverschiebung« auch als eine Art und Weise, die verschiedenen Zeitlichkeiten zu validieren und »andere Arten von Geschichten zu rekonstruieren« (1992: 56f.), so dass die metropolitane Zeit oder die westliche Moderne nicht mehr als Standard oder Maßstab für andere nicht-westliche Zeiten und Traditionen genutzt werden kann. Sein Begriff der Zeitverschiebung und die damit einhergehenden inkommensurablen zeitlichen Dimensionen sind ein Versuch, die lineare und teleologische Zeit der Moderne infrage zu stellen und zu zeigen, inwiefern diese lediglich inszeniert ist: Die Figur der »Verspätung dient dazu, bestimmte Prioritäten und Mythen über Kultur und Modernisierung zu kritisieren« (ebd.). Bhabha versucht, die teleologische Zeit mithin zu dekonstruieren, so dass nicht-westlichen Kontexten ihren eigenen Bedingungen entsprechend begegnet werden kann. Die Beschreibung der Welt in binären Begriffen – ›zivilisiert‹ versus ›unzivilisiert‹, ›entwickelt‹ versus ›unterentwickelt‹ – lässt die Existenz ›Dritter Welten‹ in der ›Ersten‹ außer Acht, wie etwa die kolonialen Bedingungen, unter denen gegenwärtig *Native Americans* in den USA oder die migrantischen Gemeinschaften aus den ehemaligen Kolonien in Europa leben (vgl. ebd.). Verdeckt werden auch die bedeutenden regionalen ökonomischen Ungleichheiten innerhalb westlicher Länder sowie die ›Ersten Welten‹ in den ›Dritten‹, wie zum Beispiel die kosmopolitischen Städte im Süden, die Entwicklung wegbereitender Technologien in Indien oder der universelle Zugang zu Gesundheitsvorsorge auf Kuba (vgl. Kapoor 2008: 129). Unberücksichtigt bleiben aber auch die unterschiedlichen Zeitlichkeiten der Dekolonisierung, beispielsweise die Tatsache, dass Lateinamerika im Vergleich zu Afrika bereits eine viel längere Periode der Unabhängigkeit erlebt hat. Der Begriff der »Zeitverschiebung« fungiert somit einerseits als Kritik an der Universalisierung europäisch-US-amerikanischer kultureller Prioritäten und andererseits als Validierung der politischen Bestrebungen, nichthegemoniales und post-orientalistisches Wissen zu artikulieren (vgl. ebd.).

Die Nation erzählen: Migration, Kolonialismus und Zugehörigkeit

In dem von ihm herausgegebenen Buch *Nation and Narration* (1990a) erklärt Bhabha, dass Nationalismus der Versuch sei, eine einzelne »große Erzählung« zu konstruieren, welche den jede Nation begründenden kulturellen und sozialen Pluralismus ignoriere. Nationale Kräfte haben die Tendenz, so Bhabha, die tatsächliche Vielfalt zu dementieren und auszublenden und all das zu unterdrücken, was nicht mit der für eine Nation maßgeblichen politisch-kulturellen Einheit übereinzustimmen scheint. Ambivalenz, so Bhabha, »sucht die Idee der Nation heim« (ebd.: 1). Kohärenz, Reinheit, Authentizität, Einstimmigkeit und Beständigkeit haben Vorrang vor Heterogenität, Hybridität, Kontaminierung, Uneinigkeit und allem Fluiden. Bhabha stützt sich dabei auf das Lacan'sche Argument, dass Identifikation auf dem Wunsch nach Ganzheit basiert und eine Vermeidung von Mangel, Unvollständigkeit und Uneindeutigkeit impliziert. Menschen schließen sich demnach einer Nation an und wünschen sich, selbst Teil einer Gemeinschaft zu sein (vgl. Anderson 1991), weil sie ein Gefühl von Identität, Zugehörigkeit und Zusammengehörigkeit begehren. Die Nation selbst mag eine fiktionale Erfindung sein, jedoch seien ihre Mythen so wirkmächtig, dass unangenehme Erinnerungen, wie Kolonialismus, Gewalt, Rassismus und Ungleichheit, welche mit der Bildung der Nation verbunden seien, ausgeklammert würden. Stattdessen lerne man Selbstachtung vor nationalen Symbolen wie Flaggen zu entwickeln und stolz an nationalistischen Ritualen wie Gedenktagen, nationalen Feiertagen, militärischen Paraden etc. teilzunehmen. Man erkenne die Unantastbarkeit von Gründungstexten der Nation an, wie die der Verfassung, von Landkarten etc., und verehre die Repräsentanten der Nation, wie Gründungsväter, Nationalhelden oder Märtyrer (vgl. Kapoor 2008: 86). Dieser Prozess der Selbstidentifikation geschieht jedoch immer auf Kosten eines Anderen. Die Einheit und Stabilität der Nation beruht parasitär auf den Anderen, welche kontinuierlich identifiziert, ausgeschlossen und abgewertet werden müssen (vgl. Bhabha 1990a: 4). Die Anderen werden als eine Gefahr wahrgenommen, welche ›unser‹ Potential und ›unsere‹ Vollkommenheit als Nation zu erreichen droht. Durch deren Abwertung mittels politischer Ideologiebildung, Witzen oder rassistischen, sexistischen und homophoben Stereotypen wird ein Bild von Überlegenheit und Gemeinschaft erst hervorgebracht (vgl. Kapoor 2008: 86).

Es erscheint Bhabha bedenklich, dass das politische Subjekt innerhalb des Nationalstaates begrenzt wird, weswegen er konsequenterweise den Fokus seiner Analysen bewusst von der ›großen‹ Staatspolitik hin zur alltäglichen und ›marginalen‹ Position der Minderheiten lenkt. Die als homogen, rein und authentisch angesehene nationale Identität wird dann aufgebrochen durch eine widersprüchliche, gespaltene und ambivalente Identität, welche den künstlich erzeugten und abgegrenzten Charakter des Nationalstaates offenlegt. Die lineare, homogene leere Zeit des Narrativs der Nation wird durch die »disjunktive Zeitlichkeit« (Bhabha 1994a: 145ff.) des ›Volkes‹ gebrochen. Nationale Kulturen werden durch entrechtete Minderheiten sowohl in der ›Dritten‹ als auch in der ›Ersten Welt‹ – hier vornehmlich durch Migranten, Migrantinnen, Asylsuchende oder Vertriebene aus den Ex-Kolonien –, als eine Überlebensstrategie beharrlich neu verhandelt, was die kulturellen und politischen Grenzen zwischen Peripherie und Metropole verschwimmen lässt (vgl. ebd.: 6).

Für Bhabha sind die Erfahrungen der Migration zentrale globale Phänomene, die sehr eng mit einer langen Geschichte von Reisen, Handel und Kolonialismus verbunden sind. Entsprechend muss jede Theorie, die sich mit Kolonialismus befasst, sich auch mit Migration beschäftigen und umgekehrt: Jede Untersuchung über Migration muss sich mit dem Phänomen der kolonialen Beherrschung auseinandersetzen. In *Anxious Nations, Nervous States* (Bhabha 1994b: 202) erläutert Bhabha, dass Migrationserfahrungen ›überkommene‹ Zugehörigkeits- und Identitätsvorstellungen, insbesondere nationalistische Ideen, ergänzen. Entsprechend bietet das ›Unheimliche‹ der Migranten und Migrantinnen aus seiner Perspektive eine wichtige Erkenntnis für uns alle: Heimat ist gleichzeitig ein Gebiet der Desorientierung und der Deplatzierung (vgl. Huddart 2006: 86).

Die Gegenwart postkolonialer Migranten und Migrantinnen wird von den Ländern im globalen Norden als Bedrohung wahrgenommen, weil sie zur eigenen Sinnerhaltung von eben diesen Anderen abhängig sind. Die Untersuchung nationaler Narrative – insbesondere die dominanten offiziellen Erzählungen – verdeutlichen rasch, wie *andere* Identitätsgruppen zum Schweigen gebracht werden. Die Narrative verbergen hierfür ihre Geschichtlichkeit, weswegen Nationen, so Bhabha, seltsam zeitlos erscheinen. Marginalisierte Einsichten ermöglichen instruktive Perspektiven, die erkennen lassen, wie nationale Identitäten inklusiver gestaltet werden können. Sie können Alternativen zu der Narrativisierung der Nation anbieten (vgl. ebd. 84f.).

In seinem Text *DissemiNation: Time, Narrative and the Margins of the Modern Nation* untersucht Bhabha Salman Rushdies Roman *The Moor's Last Sigh* (1996), in welchem der Kunsthistoriker Vakil ein Essay mit dem Titel *Imperso-Nation and Dis/Semi/Nation* verfasst – ein Wortspiel, das die Performanz von Nationen verdeutlicht: Erzählungen wie Nationen verlieren ihre Ursprünge in den Mythen der Zeit, verbergen ihre Geschichtlichkeit, so dass sie immer als in eins mit sich selbst erscheinen (vgl. Bhabha 1990a: 1). Bhabhas Arbeiten suchen dagegen das selbstgefällige und schädliche Beharren auf eine Gleichzeitigkeit zu unterminieren, die dazu tendiert, alle auszuschließen, die nicht ins Bild passen. Er analysiert, wie Gruppenidentitäten – etwa nationale – sich ständig in einem Konstruktionsprozess befinden und dementsprechend neuen kulturellen Identitäten und Formen gegenüber offen bleiben. Entgegen essentialistischen identitätspolitischen Vorstellungen verweist er darauf, dass Gemeinschaften geschaffen und verhandelt werden müssen: Sie existieren nicht ›natürlich‹ auf der Grundlage von ›Rasse‹ oder Sexualität (vgl. Bhabha 1991b: 19).

Eine interessante und häufig verwendete Metapher in diesem Zusammenhang ist das Palimpsest (vgl. Huddart 2006: 107). Palimpseste sind überschriebene, üppig mit Anmerkungen versehene Manuskriptseiten, auf denen unter dem neu Geschriebenen das Vorherige weiterhin sichtbar bleibt: Die Metapher lässt hybride Identitäten als ein Schichtenmodell erscheinen, das Identitäten als aus kreativen und agonistischen Prozessen entstanden sieht. Gruppenidentitäten sind in dieser Perspektive nicht ein und für allemal festgelegt, sondern werden als Bestandteil fortlaufender Prozesse hervorgebracht. Dementsprechend bevorzugt Bhabha ein Verständnis von Kultur und Identität, in dem diese sich im beständigen Übergang befinden (vgl. ebd.).

Darüber hinaus arbeitet Bhabha die Spannung zwischen einer pädagogischen und performativen Erzählung der Nation heraus (vgl. Bhabha 1994a: 147). Erstere deutet auf die Autorität des nationalen Narrativs, das ein Volk *a priori* als geschichtliche Präsenz bezeichnet, ein pädagogisches Objekt sozusagen. Die performative Erzählung dagegen weist auf diejenigen Subjekte hin, welche im performativen Akt hervorgebracht werden. Bhabha erläutert, wie die Nation gleichzeitig pädagogisch und performativ erzählt wird. Beispielsweise sei eine nationalistische Pädagogik am Werk, wenn Personen des öffentlichen Lebens nationale Identität vorlebten. Ebenso spielten bei der Fiktion von Identität und Nationalität die Medien eine sehr bedeutende Rolle. Performanz bezieht sich im Gegensatz dazu auf den andauernden Prozess jeder Identität, das zu werden, was sie ist. Sie kann daher niemals völlig identisch mit sich selbst sein. Dies wiederum impliziert, dass Identitäten nur eine ungewisse Bestätigung von sich selbst aus der Zukunft beziehen können. Die Unheimlichkeit, die damit einhergeht, ist nicht nur eine Frage des Ortes, sondern auch der Zeit. Denn nationale Identität ist beides: zum einen ›statisch‹ – etwas, was wir gelernt haben: Pädagogik – und zum anderen ›offen‹ – etwas, was wir durch unser tägliches Tun verändern: Performanz (vgl. Huddart 2006: 108f.; 119f.). Ambivalenz erweist sich dabei für Bhabha nicht nur als eine Konsequenz kolonialer Autorität, sondern ebenso auch der postkolonialen Nationalität. Sie ist eine Frage von Zeitlichkeit. Bhabha spricht an dieser Stelle von der »disjunktive(n) Zeit der Moderne der Nation«, wonach wir gefangen sind »zwischen Fetzen und Flecken kultureller Signifikation und den Gewissheiten einer nationalistischen Pädagogik« (Bhabha 1994a: 142). Einerseits kann »die kontinuierlich, kumulative Zeitlichkeit des Pädagogischen« beobachtet werden und andererseits »die sich wiederholende, rekursive Strategie des Performativen« (ebd.: 145). Es ist, folgen wir hier Bhabha, unbedingt notwendig, den Versuchungen einer statischen und durch Äquivalenz charakterisierten Gemeinschaft zu widerstehen. Gleichwohl operieren das Pädagogische und das Performative notwendigerweise immer zusammen, gerade weil das Pädagogische nie so stabil ist, wie es sein möchte, und das Performative selbst pädagogische Bedeutung erlangt. Bhabha schlägt vor, die Idee von ›dem Volk‹ aus einer »doppelt narrativen Bewegung« (*double narrative movement*, ebd.) heraus zu verstehen. Das Volk – ebenso wie die Nation – sei nichts weiter als eine rhetorische Strategie. Eine solche Argumentationslinie sieht die (Re-)Iteration der Nation immer begleitet von einem sonderbar unheimlichen Gefühl, das darauf hinweist, dass das, was wiederholt wird, nie wirklich ganz da war: »[D]ie Wiederholung des ›Selben‹ ist eher seine eigene Versetzung.« (Ebd.: 137) Einerseits erfahren wir über die Taktiken der Pädagogik, dass die Nation und das Volk das sind, was sie sind; auf der anderen Seite erinnert uns die Performativität beständig daran, dass die Nation und das Volk immer ein nicht-identisches Mehr erzeugen, das unsere Vorstellungen sprengt. Die scheinbare Stabilität pädagogischer Aussagen ist in der Tat in dem Bedürfnis gefangen, die Realität einer Nation, welche fortwährend ihre eigene Definition sprengt, endlos neu herzustellen: »An die Stelle der Polarität zwischen einer präfigurierten ›sich selbst‹ generierenden Nation und extrinsischen anderen Nationen setzt das Performative eine Zeitlichkeit des ›Dazwischen‹ ein.« (Ebd.: 148)

Die Nation erweckt den Anschein, eine gewisse Realität und einen Ursprung zu beinhalten. Im Hinblick auf ein lineares, horizontales und geschichtliches Narrativ steht die Nation für eine sichere – wenn auch nostalgische – Vision von Gemeinschaft. Bhabha betrachtet in seinen Analysen insbesondere die Widerstände, die sich gegen die Ambivalenzen innerhalb einer Nation oder nationalen Kultur als eine empirische soziologische Kategorie oder holistische kulturelle Einheit richten (vgl. ebd.: 140). Seiner Meinung nach dürfen Nationen nicht über ihrer Geschichtlichkeit wahrgenommen werden. Vielmehr sollten sie als eine narrative Strategie verstanden werden, die beim Schreiben der Nation eine fortwährende Abweichung der Kategorien produziert (vgl. ebd.). Diese Verlagerung und Wiederholung von Bedingungen spiegelt das Ausmaß des Mangels nationaler Kohärenz wieder. Die Nation stellt gewissermaßen das brisanteste Symptom der Moderne dar.

Wie die koloniale Autorität auch, so scheint die Macht eines nationalen Narratives gänzlich von seiner Konsistenz und Kohärenz überzeugt zu sein, obwohl sie ständig durch ihre Unfähigkeit untergraben wird, die Identität eines Volkes wirklich auf eine einheitliche, allumfassende nationale Identität zu fixieren. Anstelle dessen wird das nationale Narrativ durch andere Identitäten nacherzählt, die die der Sexualität, Klasse oder ›Rasse‹ verdrängen. Entsprechend umfasst die Kategorie ›Volk‹ sowohl eine nachgewiesene Tatsache als auch ein offenes Entstehen (vgl. Huddart 2006: 70f.).

Bhabha fokussiert Minderheiten und migrantische Kulturen, da dies einen privilegierten Ausgangspunkt bietet, von dem aus das westliche Selbstbild erschüttert werden kann, insoweit diese Kulturen die Narrative der Staatsangehörigkeit neu schreiben (vgl. Bhabha 1994a: 157). Minderheitenkulturen entlarven nationale Kulturen als umstrittene, performative Orte. Prekär an den politischen und kulturellen Grenzen moderner Gesellschaften situiert, tragen sie das Potential für kulturelle Übersetzungen. Doch der Versuch, zwischen verschiedenen Kulturen, Sprachen und Gesellschaften zu vermitteln, birgt auch das Risiko von Fehlübersetzungen, Verwirrung und Angst. Hybridität sollte nicht einfach als ein multikulturalistisches Gegenmittel zu inhaltsleeren nationalen Traditionen gefeiert werden, eher handelt es sich um einen schwierigen, agonistischen Verhandlungsprozess. Der Angriff der Hybridität auf die Tyrannei des ›Reinen‹ verhöhnt, untergräbt und fordert die Fiktion einer unverfälschten Identität heraus (vgl. Huddart 2006: 119f.).

Die Vorstellung imaginärer Heimatländer steht im Zusammenhang mit einem »migrantischen Zustand«, in dem die Heimatländer der Migranten und Migrantinnen eben zu imaginären geraten. Dabei sind sie nicht *nicht* real, können sie doch (re-)imaginiert werden. Wie gesehen, setzt sich Bhabha immer wieder mit der Unheimlichkeit migrantischer Erfahrungen auseinander. Er rekurriert dabei auch auf Freuds kanonische Schrift *Das Unheimliche* (1919), nach der »das Unheimliche [...] jene Art des Schreckhaften [ist], welches auf das Altbekannte, Längstvertraute zurückgeht« (Freud 1999 [1919]: 231). Das Gefühl der Unheimlichkeit ist im Wesentlichen eine unfreiwillige Wiederkehr des Altvertrauten und Familiären. Demzufolge ist es nichts, was kontrollierbar ist oder auf das direkt zugegriffen werden kann. Freud folgend ist jede Verdrängung zwangsläufig unvollständig – die Spuren früherer Überzeugungen und Erfahrungen bleiben im Geiste präsent. Auch wenn wir als Erwachsene, um uns selbst zu finden, das Verdrängte zu erkennen wünschen, so ist es doch nicht möglich, widerstrebende Eigenschaften ganz zu löschen. Das Unheimliche ist fundamentaler Teil der psychischen Erfahrung. Auch wenn heimlich (*homely*) das Heimische, das Gemütliche ist, so hat es eben die Tendenz, sich in das Unfamiliäre zu verwandeln, in das Unheimliche, welches uns von dem entfremdet, was wir am ehesten als unser Eigenes angesehen haben (vgl. Huddart 2006: 79). Das Unheimliche kann demzufolge als eine Möglichkeit gesehen werden, die uns inspiriert, unsere Identitäten zu (re-)evaluieren. Es eröffnet uns den Raum zu überlegen, wie wir zu denen geworden sind, die wir jetzt unweigerlich sind. Das Unheimliche ermöglicht es den Subjekten, notwendige Fragen zu stellen.

Inspiriert durch Freuds Theorie untersucht Bhabha nun die Unheimlichkeit von Kultur. Diese erscheine uns, dank ihren disziplinarischen Verallgemeinerungen, ihren nachahmenden Narrativen, ihrer entsprechend leeren Zeit, Serialität, Entwicklung, Gewohnheiten und Kohärenz, *heimlich* – im Sinne von heimelig (vgl. Bhabha 1994a: 136f.). Kulturelle Autorität sei jedoch gleichzeitig *unheimlich*, denn um unverwechselbar und bedeutend, Einfluss nehmend und identifizierbar zu sein, muss sie übersetzt, verbreitet, differenziert, interdisziplinär, intertextuell, international und inter-ethnisch sein (vgl. ebd.). Enthüllt wird damit ihre doppelte Identität: Kultur ist einerseits *heimlich*, kohärent sowie stabil, und doch andererseits *unheimlich*, insofern sie sich stets im Wandel befindet, nie autark ist und von denjenigen zum Einsatz gebracht werden kann, die ihr eigentlich nicht angehören.

Bhabha zufolge verdeutlichen Migranten und Migrantinnen eben diese doppelte Eigenschaft von Kultur, da sie sowohl in einer *ursprünglichen* Kultur als auch an einem *neuen* Ort beheimatet seien. Die hybride Identität der Migranten und Migrantinnen stellt ein Gebilde dar, das durch die *unheimliche* Fähigkeit gekennzeichnet ist, überall zuhause zu sein – eine Fähigkeit, die immer das Risiko in sich berge, nirgendwo ein Zuhause zu finden. Das Unheimliche, so Bhabha, ist auch das Unheimische (vgl. ebd.: 10ff.). Der unheimliche Sprechfluss der Sprache des Anderen ernte häufig Zustimmung und Akzeptanz (vgl. ebd.: 139). Die Fähigkeit der Migranten und Migrantinnen, in mehreren Sprachen zu kommunizieren, ist sowohl für den Sprechenden als auch für diejenigen unheimlich, für die es eine *richtige* Sprache tatsächlich gibt (vgl. Huddart 2006: 80). Migranten und Migrantinnen suchten, so Bhabha, das in ihren Herkunftsländern gelebte Leben zu wiederholen. Doch die Wiederholung kann niemals vollständig gelingen, denn sie beinhaltet immer eine »Differenz-in-der-Wiederholung« (*difference-in-repetition*, Bhabha 1994a: 131): Das vorherige Leben wird gleichsam erneuert, indem es in der Gegenwart gelebt wird.

Anstatt Nationen als Kategorie und politische Struktur geradewegs zurückzuweisen, schlägt Bhabha vor, sowohl Nationen als auch Gemeinschaften auf neue Art und Weise zu erfinden. Der erste Schritt in diese Richtung besteht darin, die historischen Begrenzungen für die Gegenwart anzuerkennen (vgl. Bhabha 1991a: 82). Wenn Minderheitendiskurse die nationalen Narrative überlagern, kann dies als Start für politische Transformation verstanden werden (vgl. Bhabha 1994a: 157).

Kulturelle Rechte und *vernacular cosmopolitanism*

In seinem Essay *On Minorities: Cultural Rights* (2000) untersucht Bhabha, warum und wie eine Sprache der Rechte und Pflichten *vis-à-vis* dem diskriminierenden rechtlichen und kulturellen Status, der marginalisierten Gruppen zugewiesen wird, hinterfragt werden muss. Über eine Untersuchung der ›kulturellen Rechte‹, die über internationale Abkommen garantiert werden, analysiert Bhabha die Beziehung zwischen den Diskursen über Kultur und Menschenrechte und stellt fest, dass jedwede Diskussion über ›kulturelle Rechte‹ die Komplexität des Begriffs ›Kultur‹ aufgreifen muss (vgl. Huddart 2006: 123ff.). Insbesondere sieht er ein Risiko darin, dass die Rechte von Kulturen, die keine nationale Anerkennung erfahren, ignoriert werden, da bekanntlich die relevanten Abkommen unter Nationalstaaten geschlossen werden. Dies verlangt nach einer Transformation des Menschenrechtsdiskurses. Bhabha bemerkt deswegen pointiert, dass Minderheitenrechte mit Begriffen beschrieben werden müssten, die über Nationen hinausgehen: »Die Hervorbringung neuer Minderheiten enthüllt einen öffentlichen Grenz- und Zwischenraum, der zwischen Staaten und Nicht-Staaten, zwischen Individualrechten und Gruppenbedürfnissen entsteht; [...] Subjekte kultureller Rechte besetzen ein analytisches und ethisches Grenzland der ›Hybridisierung‹ [...].« (Bhabha 2000: 4) In einer komplexen globalisierten Welt übersieht die internationale Sprache der Rechte[10] verletzliche Gruppen, die nicht einfach innerhalb von Nationalstaaten und -kulturen ausfindig gemacht werden könnten (Huddart 2006: 127). Ein solches Rechtsverständnis stellt zwingend die Frage nach dem Subjekt von Rechten. Artikel 27, Abs.1 der Allgemeinen Erklärung der Menschenrechte, der ausdrücklich die kulturellen Rechte schützt, versteht und garantiert Rechte im Sinne eines nationalen Rahmens. Internationale Abkommen, als Verträge zwischen Nationen, übersehen Menschen, so Bhabha, die sich aus den verschiedensten Gründen rechtlich und/oder kulturell zwischen Nationen befinden. Solche Minderheitenidentitäten werden üblicherweise als ›Exzess‹ gedacht, der eingedämmt werden muss. Artikel 27 betont, so Bhabha, die Notwendigkeit für Minoritäten, ihre kulturellen Identitäten zu schützen, anstatt sich mit entstehenden Minderheitenkollektiven zu vernetzen (vgl. 2004: xxii). Trotz guter Intentionen vernachlässigt dies ›inter-kulturelle‹ ethische Imperative, sich quer durch Gemeinschaften der Differenz und in kontingenten Koalitionen zu engagieren. Bhabha erinnert uns an dieser Stelle an eine Bemerkung Arendts: »[W]ir sind nicht gleich geboren, aber *werden* gleich als Mitglieder einer Grup-

10 | Die internationale Rechtssprache hat ihren Ursprung in liberalen Internationalismustheorien, die Internationalismus als ein Zusammenspiel bereits existierender Nationen und nationaler Kulturen verstehen (kritisch hierzu Castro Varela/Dhawan 2015).

pe kraft unserer Entscheidung, uns gegenseitig gleiche Rechte zu garantieren.« (Arendt zit. in Bhabha 2004: xxiii)

Bereits in seinem Essay *Liberalism's Sacred Cow* (1999) befasst sich Bhabha in einer ähnlichen Wendung mit der Frage, ob Multikulturalismus schlecht für Frauen sei. Er argumentiert, dass die Frage nach Minderheitenkulturen erfahrungsgemäß immer dann angesprochen wird, wenn diese Kulturen angeblich im Konflikt zur Dominanzkultur stehen würden. Nicht zufällig seien es häufig Geschlechterfragen, die angeführt werden (vgl. Bhabha 1999: 79). Das Problem wird dabei als ein Aufeinanderprallen der formellen und rechtlichen Geschlechtergleichheit in liberalen Staaten – ungeachtet der *de facto* existierenden Geschlechterdiskriminierung – und den ›Sonderrechten‹, die kulturellen Minderheiten gewährt werden, dargestellt. Dies hat zu dem Schluss geführt, dass Feminismus und Multikulturalismus nicht einfach zu versöhnen seien. So wird oft darauf hingewiesen, dass es insbesondere in der Privatsphäre des Zuhauses keine Garantie für Geschlechtergerechtigkeit gibt. Die Unterstellung hier ist, dass Minderheitenkulturen stärker anfällig für Geschlechtergewalt sind, die diese angeblich als ›Tradition‹ verteidigen. Dieser Logik folgend treten liberale Staaten als Beschützer individueller Rechte auf, hier spezifisch der Frauenrechte von Migrantinnen, und stehen damit zugleich unwillkürlich im Konflikt mit der Minderheitenkultur (vgl. ebd.: 80).

Bhabha geht dieses Problem an, indem er die Wichtigkeit des Privaten im Neu-Schreiben von Recht, Politik und der öffentlichen Sphäre bespricht. Anstatt alle Beziehungen zwischen Dominanz- und Minderheitenkulturen als konflikthaft zu charakterisieren, entfaltet Bhabha, wie Minderheitenkulturen eben nicht isoliert oder jenseits der Moderne stehen, sondern im Gegenteil immer an historischen Prozessen teilgenommen haben und insofern Kulturen in Bewegung sind. Indem der westliche Liberalismus ständig als Messlatte angesetzt wird, werden Minderheitenkulturen als in einer homogenen, ahistorischen, patriarchalen Ära gefangen vorgeführt und gleichzeitig als in ein Woanders hingehörend dargestellt (vgl. Bhabha 1999: 81f.). Vernachlässigt werden hier die »internen Differenzen« (ebd.: 82). Bhabha bemerkt etwa, dass die zeitgleichen Kämpfe gegen einheimische Patriarchate sowie gegen einen paternalistischen Liberalismus vor allem von diasporischen Feministinnen ausgehandelt werden (vgl. ebd.: 83). Es gibt natürlich auch Minderheitenrepräsentanten und -repräsentantinnen, die ihre Kultur festzuschreiben suchen, was Bhabha zu der Frage drängt, wer eigentlich die Definition von Kulturen kontrolliere: Wer hat ein Recht darauf, die Narrative festzulegen? Und wer kann in dieselben intervenieren? »Das Recht auf freie Meinungsäußerung als individuelles Recht, das Recht zu erzählen [...] ist mehr denn das Recht, sich auszudrücken, ein Aussagerecht – das dialogische, kommunale Gruppenrecht, das garantiert, dass man adressieren kann und adressiert wird, dass man signifiziert und interpretiert wird, sprechen kann und gehört wird, dass man ein Zeichen setzen kann und weiß, dass dieses in respektvoller Aufmerksamkeit aufgenommen wird.« (Bhabha 2003a: 34) Inspiriert durch Toni Morrisons Schriften bemerkt Bhabha, dass das narrative Sprechen auf das Recht beharrt, zu entdecken, zu überleben und eine komplexe Revision von Bedeutung und Sein innerhalb der Gemeinschaft zu initiieren (vgl. Bhabha 2003b: 179f.).

In seiner Oxforder *Amnesty-International*-Vorlesung *On Writing Rights* (2003b) stellt Bhabha folgerichtig die Frage, ob die Kultur der Rechte (*culture of rights*) und das Schreiben der Kultur (*writing of culture*) in Dialog gebracht werden können (vgl. ebd.: 164). Den gängigen Menschenrechtsdiskurs kritisiert er, weil dieser seiner Meinung nach nicht in der Lage dazu sei, die kulturellen Optionen von Minderheiten zu erkennen, die außerhalb des Nationalen liegen (vgl. ebd.: 166). Das Nationale bezieht sich dabei Bhabha zufolge immer auf ganze Gesellschaften, wobei ein »präskriptives Imperativ« (ebd.: 167) nationaler Identität und Kultur sichtbar wird. Entsprechend haben viele Nationen es verpasst, die Allgemeine Erklärung der Menschenrechte so zu revidieren, dass Migranten und Migrantinnen nicht mehr als Minderheiten aufgefasst werden (vgl. Huddart 2006: 133). Die universale Rechtssprache befördert stattdessen eine sehr spezifische Vorstellung einer nationalen Kultur, die die Grundlage kultureller Gerechtigkeit bildet (vgl. Bhabha 2003b: 170). Die Nation erfüllt – mit der Erwartung, dass jede und jeder von uns einer Nation angehört – die Funktion einer normativen Kategorie. Aber offensichtlich gehören wir nicht alle auf die gleiche Art und Weise Nationen an. Und diejenigen, die einer Nation angehören, brauchen eben nicht den Schutz der Allgemeinen Menschenrechtserklärung – darauf hatte bereits Arendt hingewiesen (vgl. auch Castro Varela/Dhawan 2014).

Ein weiterer interessanter Punkt, den Bhabha thematisiert, ist das Spannungsverhältnis, welches in der Schöpfung einer Gemeinschaft liegt: nämlich jenes zwischen Verhandlung und Agonismus, die notwendig und fortlaufend sind (vgl. Bhabha 2003b: 171). Ihm zufolge kann die migrantische Perspektive gleichzeitig als Problem und als Chance wahrgenommen werden. Dies schützt vor einer romantisierten Betrachtung von Migranten und Migrantinnen und erinnert zugleich daran, dass diese keine homogene Gruppe bilden und dass infolge dessen die Vielfältigkeit der Positionen unbedingt anerkannt werden muss.

Bhabha schlägt vor, Minderheitenkulturen einen profunden Sinn des Parteilichen und Prozessualen in der Selbstgestaltung des politischen Subjektseins und der kulturellen Identifikation zuzuschreiben (vgl. ebd.: 168). Überdies müssten Minderheitenrechte zwischen individuellen und Gruppenrechten verhandelt werden, halten diese Interventionen doch wichtige Lehren für Menschenrechtsdiskurse, die vorwiegend individuelle Rechte fokussieren, bereit. Laut Bhabha pendeln wir bei der Produktion von Kultur kontinuierlich zwischen zwei Ansichten: »das Humane als ein ethischer oder moralischer

Horizont, der über das Alltagsleben hinausgeht, und das Humane als über einen Prozess historischer und sozialer Zeit konstituiert« (ebd.: 170). Dies erfordere ein konstantes Verhandeln zwischen einer universalen Humanität auf der einen und einer sich in Bewegung befindlichen Humanität auf der anderen Seite (vgl. ebd.: 171).

Die Geschichten, die über Kulturen vermittelt werden, und die Standards, an denen diese gemessen werden, müssen, so Bhabha, zur Disposition gestellt werden. Seine Forderung, kollektive Zugehörigkeiten neu zu überdenken, sind dabei unter anderem von Adrienne Richs (1929-2012) Gedicht *Inscriptions* (1995) inspiriert (vgl. Huddart 2006: 137-138). Rich folgend stellt Bhabha fest, dass die Zugehörigkeit zu einer Bewegung im politischen oder kollektiven Sinn des Wortes nach einer erneuerten Weise der Selbsterkennung verlangt, die das Sprechen eines ›Wir‹ und das Sprechen von den ›Anderen‹ stört (vgl. ebd.: 172). Zu einer Bewegung zu gehören bedeutet, im mehrfachen Sinne in Bewegung zu bleiben. Es geht hier um eine »verhandelte (Nicht-)Abmachung [...] zwischen dem Subjekt [und] [...] der politisierten ›Person-im-Kommen‹« (ebd.: 174). Dies ist ein erneuter Hinweis auf den temporalen und prozesshaften Charakter der Narration, denn das »Narrativ ist ein sich bewegendes Zeichen zivilen Lebens« (ebd.: 181). Ein Einschränken der Widersprüche und der Verhandlungsbewegungen innerhalb von Narrativen führt zwangsläufig zu einer monolithischen, autoritären politischen Kultur. Er beschreibt dies geradezu poetisch in folgenden Worten: »Wenn du daran scheiterst, das Recht zu erzählen zu schützen, bist du in Gefahr, das Schweigen zu füllen mit Sirenen, Megaphonen, einschüchternden Stimmen – von den hohen Podien aus über Lautsprecher übertragen zu den Menschen, die zu einer ununterscheidbaren Masse zusammenschrumpfen.« (Ebd.)

Bhabha beharrt auf einen unübersetzbaren Anteil kultureller Identität und besteht auf Respekt gegenüber kulturellen Differenzen, um dann trotzdem die Epistemologien und Politiken eines kulturellen Nationalismus zu hinterfragen. Im Kontext seiner Diskussion über die migrantische Erfahrung kommt Bhabha auf einen *vernacular cosmopolitanism* – einen *heimischen* Kosmopolitismus – zu sprechen (vgl. Huddart 2006: 143). Es ist dies ein Kosmopolitismus, der die verschiedenen Arten und Weisen beschreibt, eine Heimat im Ausland aufzubauen – oder eben im Ausland zuhause zu sein (vgl. Pollock et al. 2000: 587). Bhabha geht davon aus, dass sich Kosmopolitismus immer in einem Prozess der Entstehung befindet. Es ist also nichts, was bereits als ein Objekt existiert, über das theoretisiert werden kann. Stattdessen ist Kosmopolitismus eher als ein Projekt anzusehen – wie etwa das der Demokratie: Es sei sehr unkosmopolitisch, Kosmopolitismus positiv und definitiv zu definieren (vgl. ebd.: 577). Traditionellen, eurozentrischen Intellektuellen zufolge ist Kosmopolitismus auf Kants Ausführungen zurückzuführen. Eine solche Lesart der Entwicklung der kosmopolitischen Idee negiert jedoch die konstituierende Vermittlung in jeder Kultur. Ein eurozentrischer Kosmopolitismus ist unangemessen für eine Welt, in der die »Zentren überall sind und nirgendwo periphere Linien« (ebd.: 588) auszumachen sind. Angemessener wäre ein *vernacular cosmopolitanism* – oder auch ein hybridisierter Kosmopolitismus –, der nach Lektionen »außerhalb der Schublade europäisch intellektueller Geschichte« (ebd.: 586) sucht. Für Bhabha ist die »Territorialität des globalen ›Bürgers‹ zweifelsohne postnational, denational oder transnational« (Bhabha 2003a: 30). Er differenziert dabei zwischen zwei Formen kosmopolitischen Denkens, die sich aus heutigen Globalisierungsdiskursen entwickelt haben. Einerseits finden wir die Idee eines höchst einflussreichen globalen Kosmopolitismus, der den Planeten als eine konzentrische Welt nationaler Gesellschaften konfiguriert, die sich zu globalen Dörfern ausdehnen (vgl. Bhabha 2004: xiv). Es handelt sich hierbei um einen von Reichtum und Privilegien geprägten Kosmopolitismus, der sich auf Konzepte von Wachstum und Entwicklung stützt, mit dem Glauben an die Macht technischer Innovationen und globaler Kommunikation. Hierin eingeschlossen sind neoliberale Regierungsformen, die an die Kräfte des freien Marktes glauben. Diese globalen Kosmopolitanismen zelebrieren eine Welt pluralistischer Kulturen und heben ihre Verpflichtung zur Diversität hervor. Ein solcher »multikultureller Multinationalismus« besteht nicht aus Asylsuchenden, Menschen, die aus politischen Gründen im Exil leben, oder den Armen, sondern aus gebildeten Wirtschaftsmigranten und -migrantinnen wie etwa Computeringenieuren, medizinischen Technikerinnen und Unternehmern. Davon unberücksichtigt bleiben Fragen zu anhaltender Ungleichheit, die durch eine uneinheitliche globale Entwicklung und die Überausbeutung im globalen Süden (re-)produziert wird (vgl. ebd.).

Demgegenüber steht das, was Bhabha als einen *vernacular cosmopolitanism* bezeichnet. Kristevas Idee eines »verwundeten Kosmopolitismus« (*wounded cosmopolitanism*) folgend, erklärt er, dass dieser das Abwägen globalen Fortschritts aus einer marginalisierten Perspektive mit sich bringt, worin Forderungen nach Freiheit und Gleichheit durch ein »Recht zur Differenz in Gleichheit« (Bhabha 2004: xvii) gestellt werden. Gleichheit ist hier nicht als eine Neutralisierung von Differenzen im Namen der Universalität von Rechten zu verstehen, welche ideologischen und institutionellen Definitionen folgend von dem, was gemäß der hegemonialen Norm als »human« wahrgenommen wird, implementiert wird. Bhabha zufolge bewegen sich *vernakulare* Kosmopoliten zwischen kulturellen Traditionen und decken hybride Lebens- und Kunstformen auf, die in den isolierten Welten der verschiedenen Kulturen oder Sprachen vorher nicht existierten (vgl. ebd.: xiii). Die kosmopolitische Ethik, die aus einer aus dem Kolonialkampf hervorgegangenen Existenz entsteht, sei eine Kritik an der verdeckten Intoleranz der metropolitanen Welt. Der *vernakulare* Kosmopolit hinterfragt den auf die Nation zentrierten Blick souveräner Staatsbürgerschaft. Das Dilemma der Minderheitenzugehörigkeit kann lediglich als ein ontologisches Problem erfasst werden, nämlich als eine Frage von Zugehörigkeit zu einer bestimmten ›Rasse‹, Geschlecht, Klasse oder Religion (vgl. ebd.: xvii). *Vernacular cosmopolitanism* entsteht als Antwort auf das Scheitern und die Grenzen demokratischer Repräsentation und produziert neue Modelle von Handlungsmacht und Anerkennung, anstatt eine bestimmte Herkunft zu bestätigen beziehungsweise zu legitimieren oder Zugehörigkeit und Staatsbürgerschaft zu naturalisieren. Als Beispiele neuer Formen politischer und symbolischer Repräsentation verweist Bhabha konkret auf die Bewegung der Antiglobalisierungsgegner/-innen, die Wahrheitskommissionen, Internationale Gerichtshöfe sowie lokale Verwaltungsstellen transnationaler Gerichtsbarkeit, wie die *Gacaca*-Gerichte in Ruanda[11] (vgl. ebd.: xviii). Ein *vernacular cosmopolitanism* verfolgt eine Politik geteilter Ziele demokratischer Herrschaft und nicht einfach nur die Anerkennung bereits konstituierter ›marginaler‹ politischer Entitäten und Identitäten (vgl. ebd.). Ziel ist es nicht, das souveräne repräsentative globale Subjekt zu etablieren, welches für alle sprechen kann, sondern Zusammenschlüsse in einem kollektiven ethischen Recht auf Verschiedenheit in der Gleichheit zu erlauben (vgl. ebd.: xx). »Die Aufrechterhaltung des Geists des ›Rechts auf Erzählung‹ als ein Weg zum Erreichen unserer eigenen nationalen oder kommunalen Identität in der globalen Welt verlangt danach, dass wir unseren Sinn für symbolische Staatsbürgerschaft, unseren Zugehörigkeitsmythos, revidieren, indem wir uns selbst mit [...] anderen nationalen und internationalen Geschichten und Geographien identifizieren.« (Bhabha 2004: xx)

Demokratie de-realisieren

Selbst wenn von komplexen Aushandlungen ausgegangen wird, stützt die orthodoxe marxistische Theorie sich bei der Analyse hegemonialer Verhältnisse letztlich auf die Vorstellung stabiler Klassen. Bhabha bringt in diesem Zusammenhang die Idee der »kulturellen Front« (Bhabha 2003a: 31) ein, welche die Bedeutung von Hegemonie transformiert, indem sie die Chimäre vorgegebener politischer Identitäten unterminiert. Im Gegensatz zu einem ökonomistischen Verständnis sozialer Beziehungen begreift Bhabha Politik eher als eine

11 | *Gacaca* ist ein traditionelles ruandisches Rechtssystem (*community justice*), welches 2001 als eine Form von Übergangsgerechtigkeit (*transitional justice*) zur Aufarbeitung des Genozids an den Tutsi im Jahre 1994, bei dem in 100 Tagen ca. eine Million Menschen getötet wurden, etabliert wurde. Dafür wurde zunächst eine nationale Kommission gebildet, die die Vorlage für das 2001 verabschiedete *Gacaca*-Gesetz entwarf. Die kommunalen Gerichte nahmen Schritt für Schritt ihre Arbeit auf, so dass nun über 12.000 Gacaca-Gerichte über das ganze Land verteilt tätig sind.

Frage konkurrierender Identitäten. Die Herausforderung besteht darin, sich kollektive Subjekte vorzustellen – und nicht, Politik auf den Effekt rationaler Verträge zwischen autonomen Individuen zu reduzieren. Bhabha versucht indes zu ergründen, wie die hegemoniale Imagination einer Nation hinterfragt werden kann. Für ihn stellt die Subalternität eine Form der Herausforderung des *Status quo* dar, welches den Staat weder homogenisiert noch dämonisiert, obschon eine Opposition formuliert wird (vgl. Bhabha 2003a: 32). Statt auf simplistische Polaritäten zurückzugreifen, setzen sich diese gegenhegemonialen Bestrebungen selbst in ein Verhandlungsverhältnis mit dem *Status quo*. Die kulturelle Front weist diesen nicht einfach zurück, sondern beginnt einen vorläufigen und anhaltenden Prozess der Übersetzung zwischen politischen Kontexten. Ein solcherart postkolonialer Apparat muss mit Sorgfalt errichtet werden, um denjenigen Subjekten und Gruppen Gerechtigkeit widerfahren zu lassen, die Erfahrungen mit Sklaverei und Kolonialismus gemacht haben. Bhabha schlägt vor, ein Gefühl von Unvollständigkeit und Übergang in die Idee der Weltbürgerschaft einzubetten, denn die Subalternen verhandeln aus einer Position der Parteilichkeit heraus, ohne auf irgendeine Art von verwurzelter Identität zurückzugreifen. Durch seine Betonung der Vernetzung und Unvollständigkeit von Identitäten versucht Bhabha, ein Modell von Staatsbürgerschaft zu konstruieren, welches die Beständigkeit und Überlegenheit nationaler Identität stört (vgl. Huddart 2006: 146).

Bhabha hinterfragt auch einen kulturellen Rassismus, der die Welt in vereinzelte kulturelle Räume unterteilt. Er zeigt auf, wie Diskurse, die vom »Kampf der Kulturen« sprechen, lediglich eine Wahl zwischen Terror und Demokratie zulassen (vgl. Bhabha 2003a: 31). Dabei kritisiert er, dass das Narrativ, welches das Bild vom »Kampf der Kulturen« aufführt, bestrebt scheint, die Komplexität globaler Kulturen zu verringern, indem politische Aktionen auf stabile Kulturen aufgebaut werden (vgl. ebd.: 27). Für Bhabha liegt der beste Ort, unsere Lektionen über Demokratie zu lernen, nicht dort, wo Demokratie am lautesten proklamiert wird, sondern eher da, wo sie in ihren Auswirkungen besonders uneindeutig ist (vgl. Huddart 2006: 142). »[I]m Angesicht der Fortschrittskrisen oder der Gefahren der Demokratie werden unsere Lektionen zu Gleichheit und Gerechtigkeit am besten von den marginalisierten, peripheralisierten Menschen gelehrt, die die bittersten Früchte des Liberalismus während seines Kolonialismusprojekts und während der Sklaverei geerntet haben, anstatt von jenen imperialen Nationen und souveränen Staaten, die behaupten, die Saatbeete der Demokratie zu sein.« (Bhabha 2003a: 28)

Im Gegensatz zu dem bekannten Ziel, Demokratie in so vielen Ländern wie möglich zu realisieren, schlägt Bhabha vor, Demokratie als »de-realisiert« (*de-realized*, ebd.: 29) und nicht als etwas ›nicht Realisiertes‹ zu sehen (vgl. Huddart 2006: 142f.). Seine Verwendung des Begriffs der »*De-Realisierung*« beinhaltet zwei Anregungen: Zum einen reinterpretiert Bhabha Bertolt

Brechts (1888-1956) Begriff der »Verfremdung« als eine »kritische Distanz« oder Entfremdung, die durch die Ausgrenzungen in der Herausbildung demokratischer Erfahrung und ihren Ausdruck von Gleichberechtigung offen gelegt wird (vgl. ebd.). Weiterhin benutzt Bhabha »*De-Realisation*« im surrealistischen Sinne: Hiermit ist die Platzierung eines Objektes, einer Idee, eines Bildes oder einer Geste in einen anderen Kontext, der nicht der seines Entstehens ist, um es zu verfremden und seinen naturalistischen und normativen Kontext zunichte zu machen, gemeint (vgl. ebd.). Bhabhas Bestreben, Demokratie zu »de-realisieren«, indem ihre Geschichte und ihr politisches Projekt verfremdet wird, versucht keineswegs, ihr Scheitern zu deklarieren, vielmehr legt er den Fokus auf ihre Kontingenz. Die Anerkennung der zerbrechlichen Natur von Demokratie, ihrer Begrenzungen und Widersprüche, schließt mit ein, jene zu beachten, die durch den demokratischen Prozess aufgrund ihrer ethnischen Zugehörigkeit, ihrer Klasse, ihres Geschlechts oder ihrer Sexualität als unwürdig angesehen wurden. Bhabha gibt zu bedenken, dass eine Repräsentation der Krise der Demokratie lediglich im Hinblick auf ihre unrealisierten Ideen und die Nichterfüllung demokratischer Versprechungen keine genügende Herausforderung darstellt. Die Nichterfüllung wird hier hinsichtlich historischer Grenzen erklärt, wonach der Glaube an die Demokratie nicht in ihrer Perfektionierbarkeit verankert ist, sondern in der Weiterverfolgung ihrer Ideale, unabhängig von ihrer Realisierbarkeit. Dieses utopische Narrativ beurteilt das Scheitern als eine strategische Notwendigkeit von Demokratie. »Solange wir nicht anerkennen, was an der Welt alt und müde ist – diese ›langen Geschichten‹ von Sklaverei, Kolonisierung, Diaspora –, sind wir nicht in der Lage, das zu repräsentieren, was aufstrebend oder ›neu‹ innerhalb unseres zeitgenössischen globalen Moments ist.« (Bhabha 2003a: 30)

Um nun offenzulegen, was Demokratie sein könnte, muss diese de-realisiert werden, anstatt einfach anzunehmen, dass klar sei, was Demokratie letztendlich bedeute. Gehen wir davon aus, dass wir bereits wissen, was Demokratie ist und was sie uns zukünftig bringt, dann sind wir nicht bereit für das, was von der Zukunft zu erwarten ist. Bhabha proklamiert hier die »Demokratie im Kommen« (*démocratie à venir*) á la Derrida (2003: 59).

Bhabha im Kreuzfeuer der Kritik

Bhabhas Theorien erfreuen sich nicht nur in den anglophonen Geisteswissenschaften großer Beliebtheit, auch im deutschsprachigen Kontext sind sie auf eine große Resonanz gestoßen (vgl. etwa Struve 2013). Doch so groß die Begeisterung für Bhabha'sche Konzepte ist, so vielfältig und breit ist auch die Kritik, die an diesen formuliert wurde. Seine These, dass die Quelle postkolonialer Kritik historisch gesehen bei den Marginalisierten und Unterjochten liege, entwickelt er etwa ausschließlich mit der Hilfe zeitgenössischer westlicher Denker. Dies beschreiben viele Kritiker/-innen als ein gravierendes Paradox, denn dem gut gemeinten Ansinnen zum Trotz, diese Perspektiven herauszufordern, bleibt er beständig in Gefahr, eurozentrische Theoriebildung zu befördern. Dies gilt auch dann, wenn er vorgibt, kulturelle Differenzformen zu entwerfen, welche die üblichen binären Repräsentationsmodelle zu überwinden suchen.

Gerade weil Bhabha Wert darauf legt, Polaritäten zu vermeiden und Kontingenzen hervorzuheben, während er auf die produktiven Dynamiken kultureller Übersetzung hinweist, ist er zu der Annahme gezwungen, dass alle kulturellen Systeme in ambivalenten Räumen konstruiert sind, womit die Behauptung einer inhärenten ›Reinheit‹ der Kulturen freilich unhaltbar wird. Bhabha fixiert damit jedoch alle Kulturen in einem kontinuierlichen Prozess der Hybridität (vgl. etwa Bhabha 1994a: 37). Wenn aber alle Kulturen hybrid sind, dann ist zu fragen, von welchem Nutzen Vorstellungen von Dritten Räumen, eines Dazwischen und Hybridität sind. Können diese dann noch als spezifisch postkoloniale Formen oder Räume kultureller Intervention bestimmt werden? Wenn jede Kultur hybrid und keine selbstidentisch ist, dann verliert das Postkoloniale konsequenterweise seine spezifische Handlungsmacht, die Bhabha jedoch behauptet (vgl. etwa Hardt/Negri 2000: 145). Darüber hinaus erinnert Robert Young daran, dass ein Hybrid technisch gesprochen eine Kreuzung zwischen zwei Spezies darstellt und insofern der Begriff »Hybridisierung« nicht zufällig sowohl das botanische Konzept von ›Interspezies‹ als auch das Vokabular der viktorianischen Rechte heraufbeschwört – für die unterschiedliche ›Rassen‹ verschiedene ›Spezies‹ darstellten (vgl. Young 1995: 10). Aufgrund seiner historischen Wurzeln in rassistischer Ideologie wird die Idee der Hybridität durchaus kontrovers diskutiert. So warnt Young davor, essentialistische ›Rassenkonzepte‹ zu dekonstruieren, könnte es doch leicht passieren, dass die notwendige Distanzierung zu derlei Begriffen verfehlt und stattdessen die kritische Debatte von der Vergangenheit eingeholt wird (vgl. ebd.: 27). Während Hybridität gleichsam essentialistische Kulturkonzepte und Identitäten zu stören vorgibt, evoziert die Idee selbst rassistische Unterscheidungen, welche kolonial-rassistische Diskurse gespeist haben und speisen (siehe hierzu Brah/Coombes 2000; Werbner/Modood 1997). Darüber hinaus wird oft ignoriert, dass die Idee der Hybridität immer auch eine dem Konzept inhärente heteronormative Politik transportiert (vgl. Young 1995: 25). So wird Hybridität als eine ganz und gar »heterosexuelle Kategorie« (ebd.: 26) und damit aus vielerlei Gründen problematische beschrieben.

Das Konzept der Hybridität kann nur durch die Annahme, dass es etwas ›Nicht-hybrides‹ gibt, konzeptuelle Kraft entwickeln. Dies jedoch führt unweigerlich zu einer Homogenisierung der Metropolen mit nicht zu unterschätzenden theoretischen, aber auch politischen Folgen. Das Zentrum ist aber –

insofern etwa die Kategorien Klasse, Gender oder auch Ethnizität mitgedacht werden – ebenso heterogen und instabil wie die Peripherien. Damit einher geht eine durchaus positiv zu beurteilende Pluralisierung von Netzwerken und Allianzen, die es mit sich bringt, dass einige Gruppen gleichzeitig dem Zentrum und der Peripherie zugerechnet werden.[12] Die nationale Bourgeoisie, die als das hybrideste Segment der Kolonisierten beschrieben wird, war es, der zu Beginn der neokolonialen Ära die Kontrolle über die neuen Ausplünderungsformen übertragen wurde. Sie steht mithin als warnendes Beispiel dafür, wie schnell hybride Kulturen ebenso unterdrückerisch werden können wie angeblich monokulturelle. Dirlik hat zu Recht angemahnt, dass eine der enthusiastischsten Anwälte von Hybridität letztlich multinationale Konzerne sind (vgl. Moore-Gilbert 1998: 194).

Durch die einseitige und enge Hybriditätsperspektive kommt es zur fatalen Verkennung von separatistischen Tendenzen im globalen Süden, die paradoxerweise den Prozess der Globalisierung begleiten – etwa Gruppen, die einen ›umgekehrten Ethnozentrismus‹ propagieren und Politiken des kulturellen Nationalismus verfolgen. Für marxistische Denker wie Ahmad sollten solche Formen nationalistischer Bewegungen nie die bevorzugte Widerstandsform darstellen (vgl. Ahmad 1992: 8). Viel eher sehen diese in der Erneuerung der Klassenkategorie ein Ziel, das den kulturellen Problematiken der jetzigen neokolonialen Periode besser zu begegnen in der Lage ist. Freilich muss hier eingewendet werden, dass die simple Wiederbelebung der alten Klassenkategorie auch die Gefahr in sich birgt, andere Formen von Diskriminierung unberücksichtigt zu lassen.[13]

Ania Loomba stellt fest, dass Bhabha, obschon er Hybridität akzentuiert, im Grunde doch das koloniale Zusammentreffen homogenisiert und universalisiert, da das von ihm projizierte hybride koloniale Subjekt in der gesamten kolonialen Welt lokalisiert sein kann (vgl. Loomba 1998: 178). Hybridität scheint somit frei von einer Politik der Verortung zu sein. Auch ist das von Bhabha beschriebene kolonisierte Subjekt zwar innerlich gespalten und agonistisch, aber immer männlich, nie behindert und immer ohne klare Klassenzugehörigkeit oder sozialen Kontext. Shohat schlägt deswegen vor, diverse Hybriditätsmodalitäten zu unterscheiden, und gibt als Beispiele »erzwungene Assimilation«, »internalisierte Selbstablehnung«, »politische Kooptierung«, »sozialen

12 | Wie Shahid, eine Figur in einem Roman Hanif Kureishis, bemerkt, ist es in einigen Zirkeln der neokolonialen Metropolen ausnehmend *chic*, ein ›Außenseiter‹ zu sein, was zur Folge haben kann, dass die Ränder zu einem Teil des Zentrums werden (vgl. Kureishi 1995: 145).

13 | Chow weist etwa darauf hin, dass die Kategorie der »Klasse« in Ländern wie China von autoritären Regimes vereinnahmt worden ist und damit ihr widerständiges Potential eingebüßt hat (vgl. Chow 1993: 148).

Konformismus«, »kulturelle Mimikry« und »kreative Transzendenz« (Shohat 1992: 110) an.

Tatsächlich wurde die koloniale Präsenz, wie im Kapitel I dargelegt, sehr unterschiedlich erfahren. So ist bekannt, dass viele Menschen in den Kolonien nie einem Europäer oder einer Europäerin begegnet sind. Für sie ist die Vorstellung von Herrschaft immer an eine einheimische Elite gebunden geblieben. Für andere wiederum war die Präsenz einer kolonialen Macht, obschon separierte Räume bewohnt wurden, eine Alltagserfahrung, die ihr Leben zutiefst bestimmte. Die universalisierende Tendenz, die in Bhabhas Arbeiten durchscheint, rührt auch daher, dass dieser die kolonialen Machtbeziehungen vollständig in semiotischen und psychoanalytischen Begrifflichkeiten theoretisiert. Die psychische Spaltung, die die koloniale Herrschaft hervorgerufen hat, muss jedoch unseres Erachtens immer innerhalb spezifischer Geschichten und den damit einhergehenden Erfahrungen gelesen werden, will die Thematisierung theoretisch gewinnbringend sein. In einer differenzierten Kritik bemerkt Parry (2004: 59) pointiert, dass Bhabha *die* Welt durch *das* Wort darlegt, wobei dieses Wort größtenteils das Wort der Kolonisierenden zu sein scheint. Nur wenn die feinen und zahlreichen Nuancen kultureller Beziehungen und Kämpfe innerhalb der kolonialen Zeit komplett ignoriert würden, ist es möglich, die verschiedenartigen Gestalten von Hybridität zu einer einzigen zu komprimieren.

Das grundlegende Problem in Bhabhas Schriften, so Loomba, hängt damit zusammen, dass in den westlichen Akademien die Erfahrung der Migration und des Exils, die durch koloniale Vertreibungen hervorgerufen wurden, sich zu einem Zeichen für zerrissene Identitäten und Hybriditäten entwickelt habe. Die traumatischen Erfahrungen bei der postkolonialen Teilung des indischen Subkontinents in Indien und Pakistan im Jahre 1947, die zur größten erzwungenen Migration aller Zeiten geführt hat und durch erschütternde Pogrome begleitet wurde (siehe auch Kapitel I), sind allerdings, so Loomba weiter, wohl kaum mit den großen Migrationsbewegungen aus ehemals kolonialisierten Ländern nach Europa oder in die USA zu vergleichen. Sie erinnert fernerhin daran, dass die *meisten* Menschen in der ›Dritten Welt‹ *nicht* emigriert seien und insoweit auch weiterhin vom globalen Süden aus sprechen: einem Raum, der sich als ideologisch und politisch ebenso gebrochen und kontingent erweist wie die so genannten Einwanderungsländer im globalen Norden. Auch bleibt es künftig deutlich schwieriger, von dort aus gehört und ernst genommen zu werden. Migrationsprozesse bewirken wohl kaum eine Fragmentierung des Subjekts, wie sie Bhabha für die koloniale Zeit beschreibt. Eine klare Kontextualisierung bei der Beschreibung von Phänomenen – wie etwa dem der Hybridität – erscheint Loomba deswegen dringend geraten (vgl. Loomba 1998: 180f.).

Parry zufolge verharmlosen die aktuellen Debatten um Hybridität die erbitterten Spannungen und Kämpfe zwischen kolonisierter Bevölkerung und Kolonialmacht und verfälschen damit die Repräsentation der Dynamiken des antikolonialen Kampfes (vgl. Parry 2004: 62). Nationalistische und pannationalistische Bewegungen wie die *Négritude* entsprängen der Wut kolonisierter Menschen und könnten entsprechend kaum über ein Hybriditätskonzept in Bhabha'scher Diktion verstanden werden. Viele nationalistische Antikolonialisten und Antikolonialistinnen hätten bewusst die binäre Opposition zwischen Europa und seinen Anderen akzeptiert, weil der von ihnen initiierte Befreiungskampf die Rehabilitierung ihrer kulturellen Identität verfolgte, welche die Europäer/-innen über Jahrhunderte hinweg verspotteten (vgl. ebd.: 63).

Theoretiker/-innen wie Parry und Lazarus unterstreichen die zentrale Wichtigkeit nationalistischer Bewegungen innerhalb antikolonialer Kämpfe (vgl. etwa Parry 2002). Bhabhas selbstgerechte Widerstandsrhetorik, so Parry, hat dagegen dazu geführt, dass die antiimperialistischen Texte der nationalen Befreiungsbewegungen abgewertet wurden, während die Rolle der Indigenen als historisches Subjekt und als Kämpfer/-innen, Besitzer/-innen eines *anderen* Wissens und Produzierende alternativer Traditionen gleichsam disqualifiziert wurde (vgl. Parry 1987: 34).

Am vehementesten wird jedoch Bhabhas Fanon-Interpretation kritisiert. Fanons Texte, so Parry, beschreiben die Konstruktion eines politisch-bewussten, vereinigten revolutionären Selbst – ein Selbst, welches im vollkommenem Widerspruch zum Unterdrücker steht und eine kämpferische Subjektposition besetzt, aus welcher heraus »die Verdammten dieser Erde« ermächtigt werden, einen bewaffneten Kampf gegen die Kolonialmacht anzustrengen (vgl. ebd.: 30). Ihrer Meinung nach vernebelt Bhabhas Lesart Fanons Paradigma der kolonialen Bedingung: die unerbittliche Feindschaft zwischen dem Einheimischen und dem Eindringling, welche eine bewaffnete Feindschaft zu einer sowohl erlösenden als auch pragmatischen Notwendigkeit macht (vgl. ebd.: 32). Insgesamt wird immer wieder die Begrenztheit von Bhabhas Dekolonisierungsschriften hervorgehoben. So wurde bemerkt, dass die allzu starke Fokussierung des Diskursiven die Nichtanerkennung real existierender sozialökonomischer und politischer Institutionen und anderer Formen sozialer Praxis mit sich bringt (vgl. ebd.: 43). Allerdings favorisiert Parry in der Frage »subalterner Stimmen« Bhabhas Position gegenüber der von Spivak: »Für Bhabha hat der Subalterne gesprochen und seine Lektüre der kolonialistischen Texte bringt eine indigene Stimme zurück.« (Ebd.: 40)

Ähnlich wie Parry kritisiert Lazarus in seinem Buch *Nationalism and Cultural Practice in the Postcolonial World* (1999) die falsche Darstellung des Nationalismus innerhalb der postkolonialen Theorie. Auch er richtet seinen Blick auf Bhabhas umstrittene Lesart Fanon'scher Texte, die ihm zufolge den historischen Ablauf der Fanon'schen Gedanken geradezu umkehrt (vgl. Lazarus

1999: 80). Diese Umkehrung »versucht ein Porträt Fanons als Poststrukturalist *avant la lettre* zu konstruieren« (ebd.: 81). Bhabha wird beschuldigt, sich Fanons Ideen zu eigen zu machen, damit sie seinem eigenen »erkenntnistheoretischen und methodologischen Programm« entsprechen. Dies hindere Fanon letztlich daran, »das zu sagen, was er gesagt hätte« (ebd.).

Hall dagegen weist in seiner kritischen Auseinandersetzung mit Fanons Vermächtnis *The Fact of Blackness* (1996) darauf hin, dass wir uns der Herausforderung und dringenden Aufgabe gegenüber sehen, die ›Mehrstimmigkeit‹ Fanon'scher Texte erneut und gegen den Strich zu lesen (vgl. Hall 1996: 16). Bhabhas Kritiker erinnert er daran, dass dieser deutlich die Stellen bezeichnet, an denen er sich von Fanon entfernt, um heutige Interessen zu verfolgen. In seinem »symptomatischen Lesen von Fanons Text« (ebd.: 25) behauptet Bhabha, so Hall, nicht, uns zu erzählen, was Fanon ›wirklich‹ dachte – und er muss dies auch nicht. »[O]b wir ein solches ›symptomatisches Lesen‹ begrenzen sollen? Mit welcher Autorität und signifikanter noch, mit welchen Effekten vereinnahmen wir Fanons Arbeit in aktiver Weise gegen den textlichen Kern?« (Ebd.: 25)

In Parrys Rezension von *The Location of Culture* wirft sie Bhabha vor, dass seine Kritik an totalisierenden theoretischen Systemen wie dem Marxismus in einer Gleichgültigkeit gegenüber wirklichen Ungleichheiten, die durch die globale Ausbreitung des Kapitalismus hervorgerufen werden, resultiert (vgl. hierzu auch Bartolovich/Lazarus 2002). Die Auflösung sozialer Uneinigkeit und politischen Wettstreits, welche in die antagonistische Paarung von Kolonialist/Kolonialisierte eingeschrieben ist, führt demnach zur Produktion einer neutralen, ideologiefreien Zone (vgl. Parry 1994: 15). »Der Effekt der Verschiebung von Handlungsmacht weg von einem Subjekt als Akteur/-in eines Aufstandes hin zu textlicher Performanz ist die Auflösung von Widerstand als Praxis, die der Unterminierung und Zerschlagung eines unterdrückerischen Opponenten dient.« (Ebd.: 16) Widerstandsräume verschmelzen und Handlungsmacht wird von individueller und kollektiver Erfahrung entfernt wahrgenommen. Das Sprechen von einem gemeinsam geteilten Raum des Dazwischen vernebelt fernerhin die Tatsache, dass die Territorien recht unterschiedlich besetzt wurden und dass es sich um umkämpfte Räume handelte. Was stattgefunden hat, waren Kriege, Gewalt und Widerstand und nicht eine zivile Verhandlung zwischen Herausforderern unter gleichen Bedingungen (vgl. ebd.: 19). Der Vorwurf lautet hier, dass Bhabha Erfahrungen von einem »expatrierten postkolonialen Ort« (ebd.: 31) beziehe und diese dann als exemplarisch, repräsentativ und normativ präsentiert (auch Ahmad 1995: 16).

Für Bhabha sind oppositionelle kulturelle Praktiken subversiv und transgressiv. Dennoch fehlt eine vergleichbare politische Ökonomieanalyse, die diese Behauptung stützen könnte. In der Tat räumen weder Said noch Bhabha den Auswirkungen des Kapitalismus oder der materiellen Ungleichheit und

Ausbeutung einen angemessenen Raum in ihren Analysen ein (anders als etwa Amin 1976, 2012). Schon die Titel bekannter postkolonialer Arbeiten – etwa *Culture and Imperialism* oder *The Location of Culture* – belegen eine Präferenz kultureller gegenüber ökonomischer Argumentationen. Und auch wenn Bhabha gelegentlich über »multinationales Kapital« und eine »multinationale Arbeitsteilung« (Bhabha 1994a: 241, 6) spricht, so werden an keiner Stelle vertiefte ökonomische Analysen angeboten. Dies wird besonders in Ausführungen wie der folgenden deutlich: »[P]opuläre Rebellion und Mobilisierung sind oft am subversivsten und transgressiv, wenn sie über oppositionelle kulturelle Praxen hervorgebracht werden.« (Ebd.: 20) Ein solchermaßen semiotischer Zugang zu Politik tendiert natürlich dazu, Fragen ökonomischer Ungleichheit nicht angemessen zu behandeln. Dies wiederum führt dazu, dass nicht in Betracht gezogen wird, wie sich der unterschiedliche sozialökonomische Status auf die Interaktionen und Verhandlungen zwischen Kolonialisierten und Kolonisatoren ausgewirkt hat (dagegen etwa Quijano 2008: 198ff.). Wie Moore-Gilbert aufzeigt, geht Bhabha davon aus, dass »die affektiven Ökonomien der Mimikry und der Ambivalenz gleichwertig für alle kolonialen Subjekte, unabhängig von ihrer Positionierung in der sozialen Hierarchie, operieren« (1997: 110, 168). Keine Berücksichtigung findet dagegen die Frage, wie der Status des kolonisierten Subjekts innerhalb des kapitalistischen Wirtschaftssystems seine Repräsentations- beziehungsweise Verhandlungsmacht beeinflusst oder auch, mit wie viel Nachdruck es mit anderen Subjekten in Verhandlung treten kann.

In diesem Zusammenhang bemerkt Kapoor (2008: 15), dass weder Bhabha noch Said eine ökonomisch ausgerichtete subversive Handlungsmacht der indigenen Bevölkerung aufzeigen: etwa die Weigerung, Kolonialsteuern zu zahlen, gegen Grundbesitzer zu revoltieren, sich gegen inhumane Arbeitsbedingungen zur Wehr zu setzen etc. (dagegen etwa Chakrabarty 1988). Seiner poststrukturalistischen Politik der Repräsentation treu bleibend, fokussiert Bhabha Widerstand in der postmaterialistischen symbolischen Sphäre – etwa gegen ein koloniales Bildungswesen oder die Subversion gegen einen westlichen Orientalismus und seine Stereotype. Im Gegensatz zu der Vorstellung, soziale Kämpfe würden vorrangig über Symbolisierungen geführt, streben aber auch heutige soziale Kämpfe nach sozialökonomischer Transformation. So wird im globalen Süden von marginalisierten Gruppen ein verbesserter Zugang zum Arbeits- und Wohnungsmarkt und eine bessere Gesundheitsversorgung gefordert. Einer rein kulturalistischen Ausrichtung kann es nicht gelingen, diese andauernden materialistischen subalternen Kämpfe in der ›Dritten Welt‹ nachzuzeichnen.

Schließlich behauptet Bhabha, dass niemand sich von seiner an den kolonialen Diskurs und ihre Geschichte gebundenen Identität befreien kann. Noch kann auf eine nicht durch Orientalismus oder Imperialismus ›kontaminierte‹ Sprache zurückgegriffen werden. So schreibt er: »[S]ie haben keinen direkten

Zugang zu einer originären Identität oder einer ›erhaltenen‹ Tradition.« (Bhabha 1994a: 2) Eine solche Sichtweise verhindert freilich jede autonome Repräsentation, die immun gegenüber den Äußerungen des Kolonialismus ist.

Dazu vernachlässigt die Theorie über koloniale Diskurse auch das Präkoloniale. Obschon Bhabha zuzustimmen ist, dass eine indigene Identität durch koloniale Repräsentationssysteme vermittelt werden musste, so waren diese zwar machtvoll, jedoch nie so dominant, dass eine Handlungsmacht der Indigenen komplett verunmöglicht werden konnte: »Handlungsmacht benötigt eine Grundierung«, so Bhabha, »aber sie verlangt nicht nach einer Totalisierung dieser Gründe« (ebd.: 265). Macht zwingt uns, einen anderen Raum, eine andere Zeit zu bewohnen, von wo aus das Problem neu betrachtet werden kann (vgl. Bhabha 1995: 83). Wenn Einheimische mit der Herausforderung konfrontiert werden, ihre Identität aktiv gestalten zu müssen, können sie dies laut Bhabha nur unter Bezugnahme auf den hegemonialen Diskurs tun.

In ihrem Aufsatz *Different Diasporas and the Hype of Hybridity* stellt Katharyne Mitchell (1997: 533ff.) fest, dass die lexikalische Standarddefinition des Begriffes »Hybridität« als ein Gegenstand, der von heterogenen Quellen stammt beziehungsweise aus inkongruenten Elementen zusammengesetzt ist, eine starke Anziehungskraft auf diejenigen ausübe, die sich mit Fragen der Identität beschäftigen. Für viele ist es gerade die quasi mobile Ambivalenz und das Fehlen einer festen, klaren Identität, die Hybridität zu einem perfektem Ort des Widerstands gegen essentialistische Erzählungen von ›Rasse‹, Kultur und Nation werden lasse. Mitchell bestreitet dabei nicht das widerständige Potential, stellt allerdings infrage, ob dem diasporischen und hybriden Subjekt immer eine politisch progressive Agenda unterstellt werden kann. Des Weiteren argumentiert auch sie, dass die implizite Annahme der Nation als eines abstrakt kulturellen Raumes die Wichtigkeit aktueller ökonomischer Prozesse und die verschiedenen Formen diasporischer und hybrider Subjektpositionen – die strategisch zur Erzielung von Profit genutzt werden – ignoriert. In anderen Worten: Grenzorte bieten sicherlich Raum für die strategische Intervention in hegemoniale Strukturen, aber ebenso gut dienen sie dem Spätkapitalismus auch zur Hervorbringung immer neuer und ausgeklügelter Formen der Kapitalakkumulation. Die übertriebene Verwendung abstrakter Metaphern führen, so Mitchell, nicht selten zu deren Fetischisierung. Konzepte wie das der Hybridität würden dann dekontextualisiert betrachtet und offenbaren nicht die historischen, ökonomischen und politischen Bedingungen, in denen sie entstanden sind, womit sie dann keine Beziehung mehr zum sozialen Alltag aufweisen. Said würde wohl sagen: Ihnen fehlt die Weltlichkeit. Ohne Kontext drohen diese Zwischenorte zu mobilen, aber auch reaktionären Räumen zu mutieren (vgl. ebd.). Der ebenso problematische Begriff der Diaspora, der Menschen beschreibt, die sich zwischen geopolitischen Orten bewegen und dabei keinen singulären kulturellen Raum besetzen, erwies sich aus ähnlichen Gründen als schnell popularisierbar.

Mitchell bemerkt aber auch, dass die Nation bei Bhabha ein abstrakter Raum ist, was den eigentlichen Raum für widerständige Interventionen, die ambivalenten Ränder nämlich, als regelrecht frei fluktuierend erscheinen lässt – selbst dann, wenn Bhabha gegen eine solche Kritik einwendet, dass dieser Raum »mit der Rückkehr des Subjekts konstituiert wird« und »eine dialogische Position von Berechnung, Verhandlung und Befragung« (Bhabha 1996a: 354) darstellt. Sein Raumbegriff zeigt sich nicht an einen konkreten sozialen oder politischen Kontext gebunden, womit es unmöglich wird, Widerstand zu lokalisieren – er ist vielmehr überall und nirgends. Wichtige Fragen, wie etwa die sozialen Bedingungen aktueller Grenzziehungen und -kontrollen sowie die gewaltvolle Produktion dieser Räume, werden dabei in problematischer Weise übersehen. Bhabhas Vertrauen in die politischen und kulturellen Erzählungen der Nation erlauben ihm eine Neukodierung von ›entstehenden‹ Erzählungen als grenzüberschreitend. Mitchell allerdings zeigt, dass die vielen Weisen, in denen Kultur immer schon vom Kapitalismus gezeichnet ist, bei Bhabha unthematisiert bleiben, so dass auch die Diskussion um Widerstandsformen gegen ausbeuterische Verhältnisse zwangsläufig fehlt (vgl. Mitchell 1997: 537).

Selbst wenn Bhabha seine »Gegen-Erzählungen« (etwa Bhabha 1990a: 300) explizit an eine antiessentialistische Agenda koppelt, bleibt unbestritten, dass die wachsenden transnationalen Kapitalbewegungen und grenzüberschreitenden Migrationen zwar kulturelle Erzählungen initiiert haben, die die totalisierenden Grenzen des Nationalstaates irritieren konnten, aber gleichzeitig auch konstant neue Formen essentialistischer Identitäten hervorbrachten und -bringen. So sind Kapitalüberweisungen von Migranten und Migrantinnen so lukrativ, dass einige Staaten die Kontrolle derselben über Grenzen hinweg ausgeweitet haben. Neben der erweiterten Fürsorge für migrierende Staatsbürger/-innen, die etwa in einer Etablierung der Option für eine doppelte Staatsbürgerschaft Ausdruck findet, tauchen gleichzeitig auch modernisierte Diskurse der nationalen Zugehörigkeit auf. Anders gesagt: Die transnationale Bewegung von Menschen und Kapital, die in der Vergangenheit immer als eine Gefahr für den Nationalstaat betrachtet wurde, produziert aktuell einen neuen hyper-essentialistischen Diskurs über nationale Identität und Zugehörigkeit.

Da Bhabha insbesondere kulturelle Momente fokussiert und die rassistischen Töne, die in Konzepten wie Hybridität immer mitschwingen, scheinbar überhört, produzieren seine Überlegungen allzu schnell leere Worthülsen, die kaum dazu in der Lage sind, (neo-)koloniale Herrschaft adäquat zu adressieren. Mitchell hält deswegen das Bejubeln theoretischer Konzepte wie Hybridität und Dritter Raum bestenfalls für verfrüht (vgl. Mitchell 1997: 547): Es sollte nicht vergessen werden, dass das Widerstandspotential gegen hegemoniale Erzählungen der Nation immer von der potentiellen Kollaboration mit den bestehenden kapitalistischen Strukturen der internationalen Arbeitsteilung begleitet wird.

Auch Bhabhas Vorstellungen von Handlungsmacht wurden problematisiert. Moore-Gilbert etwa bemängelt, dass Bhabha nicht klarstellt, ob die von ihm benannten Widerstandsformen aktiv oder passiv seien (Moore-Gilbert 1998: 133). Wenn Bhabha ausführt, dass die Ambivalenz eine Strategie gegen diskriminierende Macht ist, welche die koloniale Macht intentional als Instrument ihrer Autorität eingesetzt hat, widerspricht er damit zudem der Foucault'schen Rahmung, ist doch für Foucault Ambivalenz eher eine willkürliche Schleuse für das Fließen der Macht und mithin von den Intentionen des Subjekts unabhängig. In seiner Auseinandersetzung mit den antikolonialen Aufständen in Indien 1857 beschreibt Bhabha dagegen die Zirkulation von Gerüchten und Panik auf der indischen Seite als eine intendierte Strategie. Man kann hier einwenden, dass Gerüchte immer spontan sind und keinen intendierenden Autor oder Autorin haben und somit eher in Übereinstimmung mit Foucaults Vorstellung von Widerstand stehen. Young fragt hier zynisch, ob Bhabha vergessene Momente historischen Widerstands beschreibe oder ob dieser Widerstand lediglich unartikuliert bleiben müsse, bis ein Übersetzer Jahrzehnte später »zwischen den Zeilen liest« (Young 2004: 190), um die Geschichte neu zu schreiben. Dabei ist dann zu fragen, welche Realität ein solches Lesen wohl verändern kann. Young zufolge gibt es genügend Evidenz vom Widerstand der Kolonisierten, so dass die Vorstellung, dass jemand zwischen den Zeilen lesen muss, um diesen zu finden, die Widerstandspraktiken eher verhöhnt (vgl. ebd.). Auch ist fraglich, ob sich die beschriebenen subversiven Praktiken tatsächlich bei allen Beteiligten im Unbewussten abspielten und nur Bhabha – in der Rolle des ›theoretischen Psychoanalytikers‹ – in der Lage ist, diese zu interpretieren und entsprechend zu artikulieren (vgl. ebd.: 193).

Das Konzept der Mimikry bringt dagegen ganz andere Probleme mit sich, wird es doch von Bhabha einerseits als eine unbewusste Strategie beschrieben (etwa Bhabha 1994a: 89) und andererseits als eine bewusste Subversionsform dargestellt (etwa ebd.: 99). Wenn Mimikry nun als ein unbewusstes Strategiemodell der Kolonisierten beschrieben wird, wobei sowohl das Verlangen als auch die Verweigerung der Anerkennung im Unbewussten verhandelt wird, kann diese jedoch unmöglich als Basis für einen organisierten Widerstand fungieren. Das Potential von Mimikry als eine mobilisierende Strategie für politische Aktionen unterdrückter Gruppen erweist sich damit als extrem begrenzt. Bhabha selbst gibt zu, dass ein Subjekt kolonialer Diskurse, welches über solchermaßen ambivalente Kategorien konstruiert wird, aufgrund seiner eigenen Unbestimmtheit keine wirkliche Bedrohung für die koloniale Herrschaftsmacht darstellen kann (vgl. Bhabha 1983: 203). Ein gutes Beispiel für die enorme Ambiguität in Bhabhas Aufzählung von Widerstandsmomenten ist seine Beschreibung in *Signs Taken for Wonders*, in der er den Moment, an dem die Indigenen aus der Bibel lesen, als einen Prozess der aktiven und zielgerichteten Hybridisierung der Bibel bezeichnet. Doch ist durchaus zu bezweifeln, ob die Fragen der indischen Landbevölkerung *de facto* eine Herausforderung für die kolonialen Autoritäten bedeuteten. Auch sollte nicht vergessen werden, dass das Christentum und damit auch die Bibel für viele Fleisch essenden Hindus der unteren Kasten eine Möglichkeit darstellte, den unterdrückerischen vedischen Texten und dem damit einhergehenden ausbeuterischen präkolonialen Kastensystem zu entfliehen. Diejenigen, die den unteren Kasten angehörten, sahen sich immer schon simultan gefangen zwischen indigenen und imperialistischen Diskursen. Weder die Hybridisierung des imperialen Textes noch die Konversion zum Christentum, die nicht selten als Widerstand gegen dominante einheimische Strukturen gesehen wurde, haben eine wirkliche Veränderung der hegemonialen indigenen Strukturen mit sich gebracht. Doch im Gegensatz zu Spivak zeigt Bhabha nur wenig Interesse an präkolonialen Machtverhältnissen und ihrer Komplizenschaft mit kolonialen Diskursen – er ignoriert sie schlicht in seiner Theoriebildung. Die von ihm beschriebenen Paradoxe innerhalb imperialer Diskurse haben dagegen die Wirksamkeit der kolonialen Mission nicht untergraben können. Es gibt nur wenig plausibles Material, das bezeugen könnte, dass die von Bhabha geschilderten psychologischen Guerillataktiken die britische Kolonialmacht wirklich destabilisiert haben (kritisch etwa Moore-Gilbert 1998: 133f.).

Bhabhas Analysen gehen dazu immer von der Möglichkeit einer universellen Theorie kolonialer Diskurse aus, was sogleich die Frage nach sich zieht, ob koloniale Diskurse wirklich *immer* die subversive Ambivalenz zeigen, die er in ihnen liest (kritisch McClintock 1995: 64). Das Konzept der Mimikry etwa unterschätzt die damit einhergehende strategische Kontrolle der Kolonisatoren, die eher glücklich über die anglisierten Inder/-innen waren, standen sie der kolonialen Verwaltung doch stets zu Diensten.[14] Die Landbevölkerung dagegen hatte sich weitaus weniger an die hegemoniale Ordnung assimiliert und stellte in der Folge eine wesentlich stärkere Bedrohung dar als die anglisierten Inder/-innen, die eher verachtet denn gefürchtet wurden (vgl. Moore-Gilbert 1998: 134).[15] Für die heutige Zeit gilt dies interessanterweise ebenso: Die länd-

14 | Moore-Gilbert macht den spannenden Vorschlag, eine *Gegen-Mimikry* zu untersuchen. Dabei handelt es sich um ein »Nachahmen des Ethnischen« (*going native*), bei dem die Subjekte sich anstatt mit dem Zentrum mit der »lokalen indischen Kultur« identifizieren (Moore-Gilbert 1998: 149).

15 | Bhabha erwähnt nicht, dass dies eine Taktik darstellt, die nur wenigen zur Verfügung stand und steht. So arbeitet der indische Autor Mulk Raj Anand in seinen bereits 1935 erschienenen Roman *Untouchable* hervorragend heraus, was geschieht, wenn ein *Dalit* (Mitglied der ›unteren‹ Kasten) versucht, Mimikry zu praktizieren: Die Verachtung seiner eigenen Gemeinschaft ist ihm sicher. Auch galt die Strategie der Mimikry für Frauliche Bevölkerung Indiens verfügt über ein enormes Widerstandspotential, während die gebildete Elite des Landes schnell kooptiert wird und in der Folge nicht selten neokoloniale Interessen verteidigt.[16]

Bhabha versucht, Alternativen postkolonialer Handlungsmacht zu formulieren, die den Dualismus zwischen einer humanistischen Konzeption von Handlungsmacht und einer, die nur als ein Effekt der dominanten Ideologie gilt, zu überwinden. In seinem Essay *By Bread Alone* etwa bringt er Toni Morrisons Roman *Beloved* (1987) und die darin beschriebene Bewegung zur Abschaffung der Sklaverei etwas gewagt in Beziehung mit dem Vorabend des Aufstands der indischen Landbevölkerung gegen die britische Kolonialherrschaft. Er legt hier dar, dass der Grund für die Verbindung dieser beiden Geschichten nicht in einer Affinität der Ereignisse liegt, sondern in der »Zeitlichkeit der Wiederholung, die jene Zeichen konstituiert, durch die Marginalisierte oder aufständische Subjekte kollektive Handlungsmacht schaffen« (Bhabha 1994a: 199). Moore-Gilbert hält Bhabha allerdings entgegen, dass er auch hier nicht zwischen den verschiedenen Modellen historischer Handlungsmacht Subalterner und dem zeitgenössischen postkolonialen Subjekt unterscheide (vgl. Moore-Gilbert 1998: 136).

Auch der Marxist Ahmad verschont Bhabha nicht mit scharfer Kritik: Bhabha, der in *Nation and Narration* (1990a) Poststrukturalismus als eine Alternative zum Nationalismus anbiete, lebt selber unter den materiellen Bedingungen der Postmoderne und sieht die Vorteile der Moderne als etwas Gegebenes an, so Ahmad scharf. Es brauche scheinbar eines »sehr modernen, sehr wohlhabenden, äußerst entwurzelten Intellektuellen« (Ahmad 1992: 68), um die Idee von ›Fortschritt‹ und ›Moderne‹ als bloße »Rationalisierungen autoritärer Tendenzen innerhalb der Kulturen« (ebd.) zu diskreditieren. Ahmad empfindet die Idee einer relativierenden »Theorie-als-Gespräch« (*theory-as-conversation*, ebd.: 70), wie sie etwa von Denkern wie Bhabha repräsentiert wird, als unzumutbar. Theorie verkomme hier zu einem bloßen »Marktplatz der Ideen« (ebd.), ohne eine strikte und politisch notwendige Parteilichkeit einzufordern. Es sei dann möglich, gleichzeitig »marxistische und antimarxistische, feministische und antifeministische, dekonstruktivistische, phänomenologische« (ebd.) oder beliebig andere Theorien zu nutzen, um die eigene Argumentation zu untermauern. Ahmad bemängelt nicht nur die eklektische Herangehens-

en immer schon als unakzeptabel und wurde entsprechend von allen Seiten unterbunden, wurden und werden sie doch als *die* Repräsentantinnen *der* Kultur angesehen.

16 | So ist es insbesondere die indigene Bevölkerung, die gegen das Narmada-Staudammprojekt der Weltbank Widerstand leistet, während große Teile der gebildeten Mittel- und Oberschicht die Weltbankinteressen unterstützen oder sich eher unberührt von diesem massiven Eingriff zeigen, der die Existenz tausender Menschen im Namen des Fortschritts und der Entwicklung bedroht.

weise Bhabhas, sondern auch dessen politische Standpunktlosigkeit – Ahmad selbst lehnt es ab, wie er schreibt, »mit guten akademischen Manieren modisch eklektisch zu sein« (ebd.).

Akut wird dies in Bhabhas Essay *Remembering Fanon* (1986), in dem der Revolutionär Fanon in gewisser Weise zu einem Literaturkritiker mutiert. Fanons Ruf nach einem bewaffneten Widerstand gegen die Kolonisatoren wird hier schlichtweg ignoriert (vgl. Moore-Gilbert 1998: 38). Dies ist für viele ein Grund, Bhabha die Ausbeutung politischen Widerstands für seine literaturkritischen Untersuchungen vorzuwerfen, die neben dem antikolonialen Widerstand auch die materiellen Kämpfe gegen neokolonialistische und neoimperialistische Formen der Gewalt geradezu banalisiert (etwa San Juan, Jr. 2001/2002: 110f.).

Young allerdings meint, dass die Kritiker/-innen von Bhabhas Textualität und Idealismus – darunter auch Parry und Ahmad – einen Kategorienfehler begehen: Seiner Meinung nach kann Bhabhas Diskursanalyse sehr wohl ein »signifikantes Gerüst« (Young 1995: 163) für historisch-materialistische Analysen bereitstellen, indem sie die Weisen betont, in der Sprache nicht »transparent, naiv, ahistorisch oder einfach instrumentell« (ebd.) ist, sondern stattdessen einen wichtigen Bestandteil eines Kontrollsystems – in diesem Falle des Kolonialismus – darstellt, welches das Wissen durchdringt. Zugegebenermaßen artikuliert Bhabha sehr wohl immer wieder die kaum beachtete Beziehung der Diskurse zu den materiellen Formen politischer Aktion.

Während Bhabha die verwendeten poststrukturalistischen Ansätze immerhin problematisiert, steht er der Psychoanalyse sehr viel unkritischer gegenüber. Er hinterfragt nicht einmal ihren kontextunspezifischen, universalistischen Einsatz. Im Gegensatz dazu beschreibt Spivak die Psychoanalyse als eine begrenzte und spezifische »regionale Praxis« (Spivak 1988: 143) und bestimmt die Arbeiten Freuds als zugehörig zu einer maskulinen imperialistischen ideologischen Formation (Spivak 1994a: 92).[17] Für die Art und Weise, in der Bhabha psychoanalytische Theorien zur Anwendung bringt, ist er von feministischer Seite heftig kritisiert worden. So bemerkt McClintock, dass Bhabha das symbolische Wissen und den Fetischismus kolonialer Diskurse analysiert, als seien diese geschlechtsneutral. Dieses Ignorieren ist ihrer Ansicht nach für die Reproduktion jenes Diskurses verantwortlich, der immer schon die Existenz einer weiblichen Handlungsmacht negiert hat. Das Konzept der Mimikry wurde dabei durch den Entwurf einer »Gendermimikry« inspiriert (Irigaray 1979: 70ff.). Irigarays Mimikry-Konzept gebietet als Form der Wiederholung dem theoretischen Apparat des Phallogozentrismus Einhalt. Wie McClintock aufzeigt, hat Irigaray mit der Vorstellung, dass Frauen Weiblichkeit als notwendige Maskerade nachahmen, Lacans Maskulinismus herausgefordert (vgl.

17 | Auch gegenüber Lacan zeigt sich Spivak weitaus kritischer als Bhabha (siehe etwa Spivak 1988: 261).

McClintock 1995: 62). Die von der Frau performierte Heterosexualität ist für Irigaray eine bloße Überlebensstrategie. McClintock bemerkt allerdings, dass die Zelebrierung der Mimikry als weibliche Strategie eine Reifizierung der Geschlechterbinarität riskiert, auch weil Irigaray die Rassismusfrage in Gänze übersieht. Bhabha dagegen, so McClintock, ignoriert Irigarays Verständnis der Mimikry als eine vergeschlechtlichte Subversion. In seiner Analyse der kolonialen Mimikry sind die Protagonisten allesamt Männer (vgl. ebd.). Seine »nicht-vergeschlechtlichte Mimikry« (*ungendered mimicry*, ebd.: 64) fokussiert – unter Ignorierung anderer Formen sozialer Diskriminierung – ›nur‹ den Rassismus. Bhabhas Mimikry als eine männliche Strategie schreibt damit wieder einmal Maskulinität als die unsichtbare Norm in postkoloniale Diskurse ein (vgl. ebd.: 64f.). Auch Yeğenoğlu wirft Bhabha vor, die Frage der Sexualität unbeachtet zu lassen (vgl. 1998: 29).

Bhabhas Modell der affektiven Ökonomie des Kolonialismus behauptet, dass in Momenten sozialer und diskursiver Entfremdung nicht mehr zwischen ›Herr‹ und ›Sklave‹ unterschieden werden kann, sondern dass wir es lediglich mit »versklavten Herren« und »unbeherrschten Sklaven« (*enslaved master/unmastered slave*, Bhabha 1994a: 131) zu tun haben. Eine solche Sichtweise weicht freilich den materiell existenten Konflikten zwischen Kolonisatoren und Kolonisierten aus. Das, was Bhabha an Said vehement kritisiert – nämlich, dass dieser den kolonialen Diskurs mit seiner Annahme eines intentionalen Willens zur Macht homogenisiert hat –, fällt nun auf ihn selbst zurück. In der Art und Weise, wie er auf psychoanalytische Theorie rekurriert, vereinheitlicht auch Bhabha den Imperativ des unbewussten Begehrens der Kolonisatoren nach Anerkennung. Deswegen kann Bhabhas Modell weder die differenten Oppositionsbewegungen gegen das Empire in den Kolonialländern noch den Widerstand innerhalb der Metropolen des Empires wirklich erklären. Wenn er etwa beschreibt, wie die Moderne sich über eine Distinktion vom Nicht-Westen konstituierte (vgl. ebd.: 171ff.), findet der Prozess des »Zum-Anderen-gemacht-Werdens« von Frauen und unterdrückten Klassen nur *en passant* als Darlegung von parallelen Prozessen innerhalb des Diskurses der Aufklärung Beachtung. Bhabha scheint der Ansicht zu sein, dass keine Unterschiede in den Strukturen psychischer Identifizierungen und Affekten zwischen gebildeten kolonisierten männlichen Subjekten und weiblichen subalternen Analphabetinnen auszumachen sind. So sind eine Reihe fataler Homogenisierungen in Bhabhas ahistorischer Theoriebildung zu konstatieren, die sie zumindest als inadäquat für die theoretische Erfassung unterschiedlicher Muster und Operationen (neo-)kolonialer Realitäten erscheinen lassen.

Kapoor (2008: 133) bemerkt zudem, dass trotz der evidenten Stärken, die die Idee der Performativität birgt, damit auch bedeutsame politische Probleme einhergehen – insbesondere, wenn sowohl Hybridität als auch das politische Subjekt selbst als performativ beschrieben werden. Für Bhabha ist Politik ein spontaner Ausbruch, eine Krisensituation, in welcher das »Subjekt-als-Akteur« (*subject-as-agent*) unmittelbar versteht, worum es bei der Macht geht, und auf kreative Art und Weise dieselbe verhandelt. Bhabha beschreibt diesen Prozess als ein »pulshaftes Ereignis« (*pulsional incident*) und als eine »Bewegung in einem Bruchteil einer Sekunde« (*split-second movement*, Bhabha 1994a: 185). Seine Skepsis gegenüber einem souveränen, berechnenden Subjekt führt ihn zur Postulierung eines »artikulierenden Subjekts« (*enunciatory subject*). Was er an dem/der Subjekt/Akteur/-in kritisiert – diese Kritik teilt er mit dem Poststrukturalismus –, ist dessen Autonomie, Transparenz und Berechenbarkeit. Obwohl die Vorstellung einer Performativität von Hybridität und Subjektivität überzeugt, so Kapoor (2008: 134), verhindert Bhabhas Position die Aussicht auf jedwede klare politische Strategie. Wenn Akteure und Akteurinnen gedacht werden, welche Normen und Intentionalität ohne Koordination, Pläne und Erwartungen ertragen, wird Strategie sowohl bedeutungslos als auch unmöglich. Das Fehlen von Reflexivität heißt zudem, dass unklar bleibt, ob die Handlungsmächtigen überhaupt eine genaue Vorstellung darüber haben, ob sie Widerstand leisten werden. Bhabha lehnt es ausdrücklich ab, Handlungsmächtigkeit auf Bewusstsein und Intention zu reduzieren: »Mein Gebrauch des Konzepts der Artikulation (*enuniciation*) [...] hat mich dazu gebracht, nicht nur [...] Handlungsmacht, in Zeiten und an Orten, an denen sie am wenigsten Anerkennung findet, verstehen zu wollen, sondern auch zu versuchen, Formen von Handlungsmacht zu verstehen, die nicht aus einer individuellen Intention heraus entstehen.« (Bhabha 1994a: 185) So gesehen ist es nicht erstaunlich, dass seine Texte nur äußerst knappe Informationen über den historischen Kontext oder die Identität seiner Akteur/-innen enthalten. Das Ereignis der Dorfbewohner nahe Delhis beispielsweise enthält keinerlei Details über deren sozialen Status oder die Umstände, in denen das Ereignis stattfindet. Wie bereits aufgezeigt, diagnostiziert Bhabha die Selbstwerdung des »Subjekt-als-Akteurs« nur im Moment der Konfrontation mit der hegemonialen Macht. Bhabha will verhindern, so zeigt Kapoor auf (2008: 134), dass Subjektivität auf Bewusstsein und Hybridität reifiziert wird, weswegen sein Politikverständnis auf ein reines Krisenmanagement begrenzt bleibt. Die Zufälligkeit von Handlungsmacht wird so stark betont, dass es scheint, als ob das Wissen über Hybridität nur flüchtig sein könnte und Widerstand nicht über spontane Guerillataktik hinausgehen kann. Kapoor und andere dagegen behaupten, dass es für das handelnde Subjekt durchaus möglich ist, ein Maß an Voraussicht zu haben, ohne dass man die Kontingenz des Widerstands in Abrede stellen muss: Sie können taktisch und strategisch handeln, ohne Autonomie oder Transparenz einzufordern. Kapoor (2008: 134) schlägt nun eine Position vor, die zwischen Bhabhas ›Performativität‹ und jener liegt, die ein autonomes und voll bewusstes Subjekt anstrebt. Er argumentiert, dass das handelnde Subjekt berechnender und bewusster ist, als Bhabha es darstellt – insbesondere, weil Bhabha ihnen nicht das zugesteht, was er für sich selbst in Anspruch nimmt, nämlich: ein größeres Bewusstsein für Hybridität zu haben. Wenn Hybridität für den Diskurs wesentlich ist, warum sollten die Protagonisten und Protagonistinnen kein Wissen darüber besitzen, um dadurch eine eindeutigere Strategie von Hybridisierung zu ermöglichen? Natürlich wäre Bhabha über die essentialisierenden Tendenzen dieses Manövers besorgt. Jedoch postuliert Kapoor keine vollständige Kenntnis oder eine transparente Strategie – vielmehr behauptet er, dass das Eingeständnis eines gewissen Grades an Voraussicht und Planung eine stärkere interventionistische Politik zulasse (vgl. ebd.). Ein taktischer Ansatz hat wahrscheinlich eine größere Reichweite und einen stärkeren Einfluss, als Bhabhas radikale Idee von Performativität. Folgt man Kapoor, so könnte man Bhabhas Politik als einen Annäherungsversuch an die Foucault'sche Idee des Widerstands lesen. Allerdings lassen die postulierte Flüchtigkeit und ihr notfallgesteuerter Charakter diese lediglich als örtlich begrenzt erscheinen. Die Vorstellung, dass lokale Handlungsmacht oder eine Reihe nicht miteinander verbundener Widerstandshandlungen irgendwie zu einem globalen und strukturellen Umbruch führen können, ist allerding sehr voraussetzungsvoll. Eine geplante und koordinierte Politik erscheint hier – auf der anderen Seite – viel dienlicher zur Realisierung langfristiger gesellschaftlicher Transformation in Form von institutioneller Veränderung (vgl. Kapoor 2008: 135).

Der heftigen Kritik zum Trotz bieten Bhabhas Arbeiten spannende Einsichten zu Fragen der kulturellen Identität, Migrationspolitiken und Globalisierung. In einem aktuellen Interview[18] verdeutlicht Bhabha die Wichtigkeit zivilgesellschaftlicher Netzwerke und Organisationen. Im Gegensatz zu Spivak, die sich, wie dargelegt (siehe Kapitel III), skeptisch gegenüber der emanzipativen Rolle der Zivilgesellschaft zeigt, betrachtet Bhabha zivilgesellschaftliche Akteure und Akteurinnen als *»agents of change«* und schreibt ihnen eine transformative Energie zu. Diese entspringt aus den zerstreuten, amorphen Allianzen und weniger aus den vorkonstituierten politischen Parteien. Weiterhin betont er, dass sinnvolle soziale Transformationen einer effektiven Erziehungsreform bedürfen, der es gelingen muss, akademisches Wissen mit ziviler Ethik zu verknüpfen, so dass Menschen im digitalen Zeitalter in die Lage versetzt werden, zwischen Information und Wissen zu unterscheiden. Wie Spivak betont er die Wichtigkeit des Zugangs zu Bildung über soziale Grenzziehungen hinweg. Auch Bhabha – wie schon Said und Spivak – hebt dabei die Bedeutung einer geisteswissenschaftlichen Bildung hervor, die einer Bildung zu verantwortungsvoller und bewusster Bürger/-innenschaft gleichkomme. Das *Mahindra Humanities Centre*, dessen Leiter Bhabha ist, ist ein solcher Ort, an dem digitale, medizinische, juristische wie auch Geisteswissenschaften zu

18 | Bhabha, Homi (2014): »Why Can't A Civil Society Activist Become A Minister?«. Online: http://www.outlookindia.com/article.aspx?289111 (letzter Aufruf 14.1.2014).

einer integrierten Geisteswissenschaft zusammengeführt werden sollen. Das Ziel, so Bhabha, sei die Förderung ethischer Werte in politischen Angelegenheiten. Dieser Agenda kann kaum widersprochen werden.

V. Postkoloniale Theorie kritisch betrachtet

> »Diese Kritikpunkte, so vehement sie gelegentlich vorgebracht werden mögen, besagen nicht unbedingt, dass die Kritiker des Postkolonialismus diesem jeglichen Wert absprechen.« (Dirlik 1994: 347)

Nach der Dekolonisation der meisten ehemaligen Kolonien in Afrika und Asien und vier Dekaden postkolonialer Theoriedebatten erscheint es durchaus gewinnbringend, die aktuellen Herausforderungen postkolonialer Studien zu erörtern. Im Mittelpunkt steht dabei die Frage, wie postkoloniale Theoretiker/-innen sich heute den Dekolonisierungs- und den damit zusammenhängenden Demokratisierungsprozessen stellen.

Nachdem wir die theoretischen Grundzüge der drei Hauptpositionen postkolonialer Theorie vorgestellt haben, sollen in diesem Kapitel die wichtigsten Einsprüche gegen diese präsentiert werden. In erster Linie wird es dabei um die Einwände der Kritiker/-innen gehen, die sich teilweise oder ganz von der postkolonialen Theorie, wie sie durch Spivak, Bhabha und Said repräsentiert wird, distanzieren. Kritiken hingegen, die insbesondere aus Richtung der Neuen Rechten kommen, die postkoloniale Theorie zu einer Frage von »Tischmanieren« reduziert haben (vgl. Spivak 1990a: 148), bleiben unberücksichtigt.

Die nunmehr seit fast 40 Jahren existierenden postkolonialen Studien haben ohne Zweifel mannigfache Erfolge vorzuweisen. Hierzu zählen die teilweise gelungenen Rekonfigurationen traditioneller Wissenschaftsdisziplinen wie auch die anhaltende konstruktive Anfechtung klassisch-kultureller Betrachtungsweisen. Darüber hinaus ist es der postkolonialen Theorie gelungen, über differenzierte theoretische Herangehensweisen und die Vermeidung üblicher Simplifizierungen die politischen Debatten um Dekolonisierungsprozesse, Demokratisierung, Menschenrechte, transnationale Gerechtigkeit, internationale Arbeitsteilung, Migration und Globalisierung anzuregen. Allerdings muss auch festgestellt werden, dass sie sich mit einer zunehmenden Zahl von Problemen konfrontiert sieht, die nicht nur durch die Kritik von außerhalb, sondern auch durch wachsende Unstimmigkeiten innerhalb des Feldes produziert werden.

Die postkoloniale Theorieindustrie

Ironischerweise wird es, wie wir bereits im ersten Kapitel festgestellt haben, mit jedem Jahr schwieriger zu beschreiben, was den Postkolonialismus als Theorierichtung wirklich ausmacht. Es scheint unmöglich, eine einfache, allgemeingültige Definition zu geben, die bestimmen könnte, was *de facto* unter postkolonialer Theorie trennscharf zu verstehen ist. Der Begriff »postkolonial« widersetzt sich gleichsam einer exakten Markierung: Weder bezeichnet er eine spezifisch-historische Periode noch einen konkreten Inhalt oder gar ein klar bestimmbares politisches Programm. Im Laufe der Zeit hat sich eine regelrechte Polemik darüber entsponnen, welche Regionen, Perioden, soziopolitischen Formationen und kulturellen Praktiken legitimerweise als genuin postkolonial gelten dürfen. Viele haben angemerkt, dass sich die Idee der Postkolonialität als allzu flexibel erweist. Damit läuft sie Gefahr, ihre Wirkmächtigkeit als analytisches Konstrukt zu verlieren. Es finden sich allerdings auch Stimmen, welche eine weitere Diversifizierung der Themen, die von postkolonialer Theorie bearbeitet werden, fordern. So wird dafür plädiert, Kolonisierungspraktiken innerhalb verschiedener Kontexte während und nach der europäisch-überseeischen Kolonialzeit einzubeziehen und mehr Raum für die differenten neokolonialistischen Dynamiken einzuräumen. Das Risiko besteht hier einerseits in einer Überstrapazierung des Konzepts sowie andererseits in dem problematischen Versuch, die aus einer partikularen historischen und politischen Situation hervorgegangene Perspektive auf andere Kontexte zu übertragen. Postkoloniale Theorie droht dann, um ihre Erklärungsmächtigkeit gebracht zu werden.

Einer der Vorwürfe gegen die postkoloniale Theorie ist, dass sie lediglich auf die konzeptuellen und kulturellen Bedürfnisse des globalen Kapitalismus und die Begehren westlicher Akademien reagiere (vgl. Dirlik 1994: 331). Auch wenn die Theorie immer mit dem Versuch einhergeht, die ausgrenzenden Politiken westlicher Epistemologien durch das Transparentmachen der einst kolonisierten, nicht-westlichen Perspektiven zu reformieren, so wird ihr doch immer wieder ein spezifischer Eurozentrismus vorgeworfen – selbst wenn sie sich als Disziplin ›modisch marginal‹ gibt. Allerdings wird das, was im Westen als am Rande stehend gilt, nicht selten außerhalb der Metropolen dem westlichen Kanon zugerechnet. Einige der wichtigsten postkolonialen Texte sind zudem notorisch voraussetzungsvoll, weswegen der postkolonialen Theorie im Allgemeinen vorgeworfen wird, die ausgrenzenden Praktiken des Nordens zu wiederholen, während ihre Produktionen für die postkolonialen Subjekte im Süden, für die sie vorgibt zu sprechen, nur eine geringe Bedeutung haben. Said, Bhabha und Spivak sind zudem zu ›Popstars‹ erhoben worden und überstrahlen unglücklicherweise zuweilen die Sache, um die es geht (vgl. Loomba 1998: xv).

McClintock argumentiert, dass die Popularität des Begriffes Postkolonialismus wahrscheinlich von seiner akademischen Vermarktbarkeit herrührt, ist er doch bei weitem nicht so provokativ wie etwa die Bezeichnung »Studien zum Neokolonialismus« (1995: 391ff.). Zudem zeige sich die Bezeichnung ›postkolonial‹ geplagt von der Figur einer linearen Entwicklung, die doch eigentlich demontiert werden soll (vgl. ebd.: 10). In metaphorischer Weise markiere der Begriff die Geschichte als eine Abfolge von epochalen Stufen von ›präkolonial‹ zu ›kolonial‹ und schließlich ›postkolonial‹, wobei *andere* Kulturen erneut über eine untergeordnete, retrospektive Beziehung zur linearen, europäischen Zeit charakterisiert werden. Anders gewendet: Das Präfix ›post‹ homogenisiert und reduziert die diversen menschlichen Erzählungen zu *einer* Erfahrung kolonialer Begegnung und deren Konsequenzen. Es verwundert demnach nicht, dass die Begrifflichkeit eine solche akademische Schlagkraft errungen hat und sich professionell so exzellent vermarkten ließ, verwischt sie doch McClintock zufolge geopolitische Differenzen (vgl. ebd.: 11). Dasselbe gilt auch für die Schlüsselkonzepte, die es scheinbar jedem offen stellen, sich als hybrid oder subaltern zu beschreiben.

Der historische Bruch, der durch das Präfix »post« suggeriert wird, widerspricht dabei sowohl den Machtkontinuitäten als auch -diskontinuitäten, die »das Erbe der ehemaligen europäischen und britischen kolonialen Imperien (nicht zu erwähnen die islamischen, japanischen, chinesischen und anderen imperialen Mächte) geformt haben« (vgl. ebd.: 12). Dagegen wurden die politischen Differenzen zwischen den Kulturen den zeitlichen Entfernungen zum europäischen Kolonialismus untergeordnet. Wenn man sich nicht der Banalisierung schuldig machen will, erscheint es notwendig, die ungleichen Entwicklungen des Postkolonialismus in den diversen geopolitischen Kontexten wachsam zu verfolgen. So ist etwa Argentinien nicht in derselben Art und Weise postkolonial wie Hongkong; der französische Kolonialismus in Algerien ist nicht zu vergleichen mit dem japanischen in Korea. Insofern stellt McClintock die berechtigte Frage, ob es in Anbetracht der Diversität des Kolonialismus überhaupt möglich ist, von einer einzigen geteilten Erfahrung zu sprechen, die dann als postkoloniale Bedingung bezeichnet werden kann. Sie warnt im Übrigen auch vor der vorschnellen Zelebrierung des Begriffes »Postkolonialismus«, da die Erfahrung eines *Post*kolonialismus für die Mehrheit der Weltbevölkerung gar nicht gegeben ist (vgl. ebd.: 12). Ihre Einwände richten sich dabei nicht gegen die theoretische Substanz postkolonialer Studien *per se*, sondern gegen einen ahistorischen Einsatz des Begriffes ›postkolonial‹, für dessen bedachtsame Verwendung sie plädiert. Es erscheint schwieriger, so McClintock, die historischen Kontinuitäten internationaler Ungleichheiten imperialer

Herrschaftsverhältnisse zu theoretisieren, wenn eine Theorie in eine Zeitachse »kolonial – postkolonial« gezwungen wird.[1]

Nicht nur Historiker stimmen McClintock in den meisten Punkten zu (etwa Cooper 2012) – auch die Kulturwissenschaftlerin Shohat tut dies und betont zudem, dass die Popularität des Postkolonialen innerhalb des akademischen Kontextes »depolitisierende Implikationen« (Shohat 1992: 99) birgt. Auch sie klagt den Postkolonialismus einer theoretischen und politischen Doppeldeutigkeit an und merkt an, dass letztlich unklar bleibt, ob das Präfix ›post‹ einen Bruch markiert oder einfach nur die Chronologie von Geschichte beschreibt (vgl. ebd.: 101). Als temporäres Präfix sei es extrem problematisch, da unentscheidbar bleibe, ob es ein ›Nach‹ oder ›Darüber hinaus‹ markiere.[2] Laura Chrisman stimmt McClintock zu, dass »Postkolonialismus« keine politische Provokation mehr bedeutet, wie dies beim einst verwendeten Begriff »Antikolonialismus« noch der Fall war (vgl. Chrisman 1995: 205ff.).

Im Unterschied zu den genannten Kritikerinnen steht Stuart Hall dem Projekt der postkolonialen Studien und auch der Begrifflichkeit ›postkolonial‹ weitaus versöhnlicher gegenüber. In seinem Essay *Wann gab es ›das Postkoloniale‹? Denken an der Grenze* (2002) warnt er gar vor einer vorschnellen Ablehnung. Hall deutet hier auf die Krise linker Politiken und rät davon ab, einer neu erwachten Sehnsucht zu frönen, die nach einer Rückkehr zu einer Politik binärer Oppositionen ruft (vgl. ebd.: 222). ›Post‹-Diskurse sind ihm zufolge auch als eine mögliche Antwort auf den Zusammenbruch eines allzu reduktionistischen Marxismus zu lesen (vgl. ebd.: 243). Doch auch er muss feststellen, dass der Begriff ›postkolonial‹ zu sorglos zur Anwendung komme, weswegen für eine rücksichtsvolle Unterscheidung zwischen verschiedenen sozialen und kulturellen Formationen zu plädieren sei, die nicht den Blick für die globalen Konsequenzen der Kolonisierung verliert (vgl. ebd.: 233). ›Post‹ bedeutet für Hall nicht ein ›Nach‹ dem Kolonialismus, sondern etwas über das Koloniale Hinausgehende (vgl. ebd.: 236). Es handle sich dabei kaum um eine »konfliktfreie Zone«, sondern um neue Figurationen eines Macht-Wissens-Komplex, die im Entstehen befindlich sind (vgl. ebd.: 238). In Anlehnung an Derrida

---

1 | McClintock führt den »US-Imperialismus ohne Kolonien« an, um daran die feinen Unterschiede zeitgenössischer Imperialismusfiguren aufzuzeigen, welche den implizierten Bruch der Begrifflichkeit postkolonial besonders unangemessen erscheinen lassen.

2 | Ähnlich argumentiert auch Spivak, die den Begriff Postkolonialismus als Schwindel (*bogus*, Spivak 1991a: 224) bezeichnet. Ihr zufolge kann der Begriff irreführend sein, wenn er als historischer Bruch mit den Erbschaften des Kolonialismus interpretiert wird. Sie warnt davor, den Fokus nur auf die Repräsentation der kolonialen Geschichte zu setzen, kann dies doch der Produktion aktueller neokolonialer Macht dienen, wenn Kolonialismus und Imperialismus schlicht zur Geschichte erklärt werden (vgl. Spivak 1999a: 1).

fasst Hall deswegen den Zustand des Postkolonialen als »im Entstehen begriffene Episteme« (vgl. ebd.: 239).

Dass sich postkoloniale Theorie trotz vielfacher Kritik etablieren konnte, liegt wohl auch darin begründet, dass der Begriff und die Perspektive, die damit bezeichnet wird, bei aller Problematik eine nach wie vor wichtige kritische Fokussierung vornehmen.

Politik der Verortung

Vielfach zielt die Kritik an postkolonialer Theorie konkret auf die kulturelle Position und materielle Situation, in denen sich dieselbe herausgebildet hat. Insbesondere die Popularität des Begriffs postkolonial innerhalb westlicher akademischer Kontexte hat ihr dabei den Vorwurf des Eurozentrismus eingebracht (vgl. etwa Ahmad 1992; San Juan, Jr. 1996). Obschon der allzu lockere Umgang mit dem Vorwurf des Eurozentrismus diesem die Schärfe genommen hat, scheint doch alles, was im globalen Norden, und das meiste, was im globalen Süden geschrieben wird, eurozentrisch zu sein.

Hinterfragt werden sowohl die Orte der Wissensproduktion – die Metropolen des Westens nämlich – als auch die direkten materiellen Effekte dieser Privilegierung. Manche sind der Ansicht, dass sich die postkoloniale Theorie im Laufe der Zeit von einer scharfen kritischen Theorie zu einer »Karrierebeförderungsmaschine« (Bahri 1995: 71) gewandelt habe, womit der Verlust ihrer ethisch-politischen Positionierung einherging. Letztlich ist es die Marktfähigkeit des Konzeptes, welches das Misstrauen vieler begründet. Allerdings ließe sich hier fragen, zu welchem Zeitpunkt postkoloniale Theorie, die ja ein Produkt der US-amerikanischen Elitehochschulen ist, nur scharfe Kritik war.

Im Zusammenhang mit dem »postkolonialen Boom« spricht Spivak (1991c) dagegen von der Banalisierung der Imperialismuskritik, womit sie einerseits den Verlust politischer Schlagkraft beanstandet und andererseits die Produktion leicht vermarktbarer Theoriefragmente angreift. Was früher unter dem Label antirassistischer Politik, der Migrationsstudien, des Multikulturalismus, der Ungleichheitsforschung oder der Diversity Studies analysiert wurde, wird jetzt vielfach als postkolonial etikettiert – in der Hoffnung, damit Innovation auszustrahlen. Altbekannte Betrachtungen erscheinen damit im quasi-neuen, aber eben depolitisierten Gewande. Was also häufig als postkoloniale Strategie bezeichnet wird, stellt häufig nichts anderes dar als »nicht-performative« Widerstandsstrategien (vgl. Ahmed 2006). Nicht-performativ bedeutet hier, dass das Sprechen eben keine transformierenden Effekte zeitigt – die Kritik verpufft und hinterlässt lediglich einen Nebel wohlklingender Sätze. In den Hochschulen der ›Ersten Welt‹ wünschen sich viele, ein Stück vom Popularitätskuchen postkolonialer Theorie abzubekommen, was postwendend die

Frage nach den Konsequenzen dieses Nimbus' auf die Wissensproduktion aufwirft. Die Kritiker/-innen postkolonialer Theorie, insbesondere jene, die nicht im Westen verortet sind bzw. lange nicht waren (etwa Ahmad 1992), haben in diesem Sinne unentwegt betont, dass postkoloniale Studien paradoxerweise dem Westen dabei behilflich waren, seine Vergangenheit und Zukunft ›in Ordnung‹ zu bringen und damit insbesondere den Intellektuellen in der ›Ersten Welt‹ von Nutzen sind. Dieser Lesart folgend haben wir es mit einer opportunistischen Mobilisierung des Begriffs Postkolonialismus im Dienste der Deplatzierung brisanter politischer Themen wie etwa das der Rekolonisierung zu tun. Kurzum: Die Kommodifizierung postkolonialer Theorie und der damit einhergehende unhinterfragte Konsum derselben geraten zu einem Alibi für politisch verhinderte und nichtsdestotrotz notwendige soziale Veränderungen im Sinne einer globalen Dekolonisierung. Breite Bevölkerungsteile im globalen Süden sehen sich zu Recht als Opfer einer unausgesetzten und systematischen Entrechtung, die nichts anderes als eine weitere Form des Neokolonialismus darstellt. In Anbetracht dessen könnte zugespitzt gesagt werden, dass der Postkolonialismus im »Bauch des metropolitanen kapitalistischen Biestes« konstant neu hergestellt wird und so vermarktbar bleibt, während der Begriff postkolonial gleichzeitig die Ränder des globalen Südens verdinglicht. Die zunehmende Sichtbarkeit steht dabei im direkten Kontrast zu der Position, die jene Gruppen einnehmen, die von dieser häufig untersucht werden. Simon During erhebt daher den Einwand: »Es ist wichtig, nicht zu vergessen, dass das postkoloniale Paradigma vor allem Anziehungskraft auf weiße und diasporische [...] Intellektuelle, die im Westen arbeiten, hat. [...] Ich glaube nicht, dass es ein Maori-Wort für ›Postkolonialismus‹ gibt.« (During 1992: 348) Einer der kontingenten Effekte der kolonialen Aufteilung des globalen Raums war die Etablierung der ›Ersten Welt‹ als produktivster Ort des postkolonialen Widerstands. Der Dekolonisierungswettbewerb ist damit von den Peripherien hin zu den Metropolen verschoben worden (vgl. Said 1990: 30), die nunmehr als privilegierte paradigmatische Positionen postkolonialer Politik in Erscheinung treten. Der nonchalante Gebrauch der Terminologie tendiert im Grunde dazu, die materiellen und historischen Kontexte der ›Dritten Welt‹ zu ignorieren. Dies lässt wiederum die Frage aufkommen, wie es sich mit den Unterschieden zwischen den akademischen und revolutionären Praktiken im Interesse sozialer Transformation verhält: Wäre es etwa möglich, Gruppenhierarchien anders wahrzunehmen, indem die Konstruktionen von ›Rasse‹, Sexualität und Religion gleichzeitig anerkannt würden? Wie kann postkoloniale Theorie der Tatsache ungleichzeitiger, multilokaler Ereignisse in den Falten der Weltökonomie gerecht werden? Und in welcher Weise beeinflusst die Institutionalisierung von Imperialismuskritik die Inhalte postkolonialer Theorie?

Die akademische Industrie verspricht, dass postkoloniale Theorie die Darstellung einer radikal revidierten Geschichte und die Generierung dissidenter Lesarten gewährt. Die Kritiker/-innen argumentieren dagegen, dass diese weder eine revolutionäre Methode entwickelt noch ein wirklich neues Untersuchungsfeld eröffnet habe. Postkoloniale Theorie konnte – gemäß dieser Stimmen – weder das Versprechen einhalten, Unterdrückung und Ausbeutung über Hybridisierung zu bezwingen, noch die radikale Hinterfragung von Kategorien leisten. Wir haben es wohl eher mit der Produktion einer neuen Ideologierichtung zu tun – wie marxistische Theoretiker/-innen herausstellen (vgl. Ahmad 1992; Parry 2004; San Juan, Jr. 1996).

Postkoloniale Theorie, so wird behauptet, steht deswegen auch symptomatisch für das Versagen der demokratischen Reformen nach der politischen Unabhängigkeit ehemals kolonisierter Länder. Sie hat es weder vermocht, globale ökonomische Gerechtigkeit noch eine umfassende politische Partizipation zu ermöglichen. Doch ist es, wie Spivak feststellt, erforderlich, »die Differenzen und die Beziehung zwischen akademischen und revolutionären Praktiken im Interesse sozialer Veränderungen« (Spivak 1990b: 219) ernstzunehmen.

Bereits 1992 verfasste Ahmad die viel beachtete Streitschrift *In Theory*, in welcher eine der weit reichendsten und provokantesten Kritiken in Richtung postkoloniale Theorie formuliert wurde. Für Ahmad ist postkoloniale Theorie eine zutiefst konservative Praxis, die zudem mit den aktuellen Operationen einer neokolonialen Weltordnung in einem engen Verhältnis der Komplizenschaft steht. Er zeigt sich von den verschiedenen Versuchen beunruhigt, die ›Dritte Welt‹ von der ›Ersten Welt‹ aus zu denken, und bezeichnet dies als eine »opportunistische Art eines ›Dritt-Weltismus‹« (Ahmad 1992: 86). Für ihn stellt postkoloniale Theorie lediglich ein Medium dar, durch welches die Autorität des Westens über die (vormals) imperialistisch Beherrschten des Globus wieder eingeschrieben wird. Postkolonialität repräsentiere mithin nichts anderes als eine neue Ausdrucksform des westlichen historischen Willens zur Macht. Die steile Kritik, die besagt, dass die vorgeblich radikale postkoloniale Theorie im Grunde durch die aktuelle westliche Hegemonie stabilisiert wird, begründet Ahmad vor allem mit der Tatsache der institutionellen Verortung postkolonialer Theorie im Westen – vor allem in den USA (vgl. hierzu auch San Juan, Jr. 1996).

Für Ahmad, dessen Buch der philippinische Marxist San Juan, Jr. als »heilsame polemische Intervention« (ebd.: 363) bezeichnet hat, stellt postkoloniale Theorie die Aktivität einer privilegierten Klassenfraktion dar, die vollkommen von den materiellen Realitäten der Kämpfe des Südens abgeschnitten ist. Die dynamischen Energien der Widerstandskämpfe würden hier freimütig vereinnahmt und domestiziert und erscheinen dann als schicke und letztlich zahme intellektuelle ›Waren‹, die problemlos innerhalb der westlichen Wissenschaftscommunity zirkulieren können (Ahmad 1992: 91). Nach Ahmad reproduzieren postkoloniale Theoretiker/-innen, autorisiert und finanziert durch den globalen Kapitalismus, innerhalb der akademischen Sphäre die internationale

Arbeitsteilung (ebd.: 79f.). In dieser Perspektive senden die Kulturproduzenten und -produzentinnen des Südens ihr Rohmaterial über die mit Autorität ausgestatteten, ›indigenen‹ Informanten und Informantinnen, die als Vermittler/-innen zwischen dem Westen und seinem ›Rest‹ fungieren, in die Metropolen. Dort angekommen, wird das Material in ein verfeinertes theoretisches Konsumprodukt für die metropolitane Elite, die schließlich auch die Zielgruppe darstellt, weiterverarbeitet. Ein geringer Teil davon wird sodann als ›Theorie‹ für die bürgerlichen Eliten in den Süden zurück exportiert. Nicht von ungefähr erinnert das von Ahmad projizierte Bild an den durch Kolonialismus ermöglichten ausbeuterischen internationalen Weltmarkt (vgl. auch Moore-Gilbert 1998: 153). Die postkolonialen Theoretiker/-innen – die im Norden verortet sind – werden von Ahmad damit direkt angeklagt, die revolutionäre Energie postkolonialer Kulturen des Südens zu vereinnahmen, für die sie angeblich vermitteln. In der Folge wird der Fokus subversiver Handlungsmacht von den (post-)kolonialen Subjekten hin zu den Texten intellektueller Migranten und Migrantinnen im Westen verschoben (vgl. Slemon/Tiffin 1989: xviii).

Postkoloniale Theorie begünstigt insbesondere die Arbeit – und die Karrieren – der migrantischen Intelligenzija im Norden, was zwangsläufig zu perspektivischen Schieflagen innerhalb der postkolonialen Theorie selbst geführt hat. Ahmad macht zudem darauf aufmerksam, dass die Zelebrierung der Arbeiten von Migranten und Migrantinnen in den Metropolen zuweilen unglückliche Vorurteilsbildungen fördert. So gilt etwa Salman Rushdie den meisten postkolonial Interessierten als begnadeter Schriftsteller, der in seinen Romanen den Übermut des Westens zur Schau stellt und diesem damit auch widersteht. Was bei einer solchen Einschätzung allerdings übersehen wird – und nicht nur Ahmad hat darauf aufmerksam gemacht –, sind seine das Werk durchziehenden feindseligen Repräsentationen von Frauen und Minderheiten (vgl. Ahmad 1992: 142).[3] In dem mit *Salman Rushdies Shame: Postmodern Migrancy and the Representation of Women* übertitelten Kapitel geht Ahmad deswegen mit Rushdie hart zu Gericht und zeigt auch keine Sympathien für dessen »postmodernistischen Kosmopolitismus« (*postmodernist cosmopolitanism*, ebd.: 158). In diesem Zusammenhang sind auch Leela Gandhis (2001) Analysen interessant, die dezidiert auf Rushdies »postkoloniale Homophobie« hinweisen.

Die Tendenz, die Produkte der auf Englisch schreibenden Intelligenzija in den kosmopolitischen Städten zu den zentralen Dokumenten des Südens zu erheben, hält Ahmad jedenfalls für eine durch und durch schädigende Praxis (vgl. Ahmad 1992: 76). Im Verlaufe dieses Prozesses würden wichtige Aspekte der ›Dritte-Welt-Kulturen‹ schlichtweg unsichtbar gemacht. Rushdie ist etwa der Mitherausgeber einer viel beachteten Anthologie postkolonialer indischer

---

3 | Für diese perspektivische Einseitigkeit kritisiert Ahmad Said, für den Rushdie die ›authentische‹ Stimme der ›Dritten Welt‹ repräsentiert.

Schriftsteller/-innen, in die nur ein einziger Autor einbezogen wurde, der im Original in einer indischen Vernakularsprache schreibt. In der Einleitung behauptet Rushdie, dass die Prosa – sowohl fiktionale als auch nicht-fiktionale –, die in der postkolonialen Periode von indischen Schriftstellern und Schriftstellerinnen in Englisch verfasst wurde, bedeutsamer sei als fast alles, was in den 16 offiziellen Sprachen Indiens – den so genannten *vernacular languages* – in der gleichen Zeit produziert wurde (vgl. Rushdie 1997: x). Anglo-indische Literatur repräsentiert Rushdie zufolge den bisher wichtigsten Beitrag Indiens zur Weltliteratur, während er die gesamte Literatur, die in Vernakularsprachen verfasst wurde, als provinziell abqualifiziert (vgl. ebd.: xv). Diese grotesken und anmaßenden Behauptungen übersehen in Gänze die Bandbreite indischer fiktionaler Werke und haben verständlicherweise zu wütenden Protesten von Seiten prominenter indischer Schriftsteller/-innen und Intellektueller geführt. Ironischerweise klingt Rushdie hier ähnlich wie der koloniale Generalgouverneur Lord Macaulay, der deklariert hat, dass »ein einziges Regal guter europäischer Literatur mehr wert ist als die gesamte Literatur Indiens und Arabiens« (zit. in Gandhi 1998: 144). Schriftsteller wie Rushdie und andere postkoloniale Intellektuelle verortet Ahmad deswegen innerhalb der dominanten politischen Klasse ihrer jeweiligen Einwanderungsländer (vgl. Ahmad 1992: 12ff.).

Generell zeigt Ahmad sich misstrauisch gegenüber den migrantischen postkolonialen Intellektuellen und ihrer »Überbewertung der Nicht-Zugehörigkeit« (ebd.: 137), und bemerkt, dass die in den Texten dieser Intellektuellen auftauchenden Perspektiven nur der eigenen Selbstverwirklichung und professionellen Behauptung der »Mittelschichtsimmigranten und -immigrantinnen und ›ethnischen‹ Intellektuellen« (ebd.: 197) dient. Überdies problematisiert er auch den Gebrauch der Begriffe »Exil« und »Diaspora«, in denen die Erfahrungen von Verlust und Leid durch die aus professionellen Gründen in den Metropolen des Westens lebenden Subjekte vereinnahmt werden, was zu einer problematischen Verquickung von Bedürfnis und Ehrgeiz führe (vgl. ebd.: 85ff.).

Ähnlich argumentiert auch der Philosoph Kwame Anthony Appiah, wenn er in seinem oft zitierten Essay *Is the ›Post‹ in Postmodernism the ›Post‹ in Postcolonialism?* (1996) feststellt, dass Postkolonialität die Bedingung einer »comprador Intelligenzija« (ebd.: 62) darstellt. Appiah kontrastiert hier postkoloniale Intellektuelle im Westen mit in Afrika lebenden. Erstere beschreibt er als eine relativ kleine Gruppe von im westlichen Stil trainierten Schriftsteller/-innen und Denker/-innen, die beim Handel mit kulturellen Waren (Theorie, Romane, Essays, Musik etc.) des Weltkapitalismus vermitteln (vgl. ebd.: 69). In eine ähnliche Richtung argumentiert auch Dirlik, wenn er schreibt, dass der Postkolonialismus nichts anderes als ein »Kind des Postmodernismus« (1994: 330) sei.

Seiner Ansicht nach kam es zum Postkolonialismus in dem Moment, in dem Intellektuelle des Südens in der ›Ersten Welt‹ ankamen (vgl. ebd.: 329). San Juan, Jr. geht hier einen Schritt weiter und spricht davon, dass der »Aufstieg des postkolonialen Textualismus [...] ein Symptom des schwindenden Widerstands der ›Dritten Welt‹ in den Achtzigern« (San Juan, Jr. 1996: 368) darstellt. Für ihn liegt das Problem der Postkolonialität eher darin begründet, dass nicht zwischen »indigenem Informanten und ethnographischem Konstrukt, subalterner Mimikry und echtem historischen Träger aufständischer Praxis« (ebd.: 369) unterschieden wird.

Im Gegensatz dazu sieht Moore-Gilbert zwar die institutionelle Verortung postkolonialer Theorie in Komplizenschaft mit den dominanten Strukturen, glaubt jedoch, dass sich die postkolonialen Theoretiker/-innen mit dieser Tatsache zur Genüge selbstkritisch auseinandergesetzt haben (vgl. Moore-Gilbert 1998: 153). So fragt Said selber, ob es tatsächlich angemessen ist, oppositionelle Hinterfragungen von den westlichen Hochschulen aus zu artikulieren. Während sich Bhabha zu der Frage seiner institutionellen Eingebundenheit bisher nicht genau geäußert hat, thematisiert Spivak nicht nur die Widersprüche, in denen sie ihr eigenes Arbeiten innerhalb einer Institution, die sie als mitverantwortlich für die Produktion neokolonialen Wissens beschreibt, verstrickt sieht, sondern kritisiert auch die imperialistische Geste der Universitäten im globalen Norden *vis-à-vis* dem globalen Süden. Sie bedauert die Banalisierung der Geisteswissenschaften und die problematische Ausrichtung der so genannten *Area Studies* (etwa in Spivak 2004a, 2008).

Die Unterschiede zwischen Spivak und Bhabha, die beide poststrukturalistische Theorien bevorzugen und beide Beispiele aus *British India* für ihre Analysen heranziehen, sind für Moore-Gilbert ein Beweis dafür, dass es durchaus unangemessen und gefährlich ist, postkoloniale Studien zu homogenisieren. Es zeige sich vielmehr, dass selbst die, die ›abstrakte Theorien‹ präferieren, offenbar dennoch radikal unterschiedliche Agenden haben können. Diejenigen, die den Einfluss postkolonialer Theorie verwerfen, tendieren zu schnell zu einer Vereinheitlichung der bestehenden Heterogenität des Feldes. Aus diesen Gründen ist Ahmads marxistische Herangehensweise wiederum von unterschiedlicher Seite kritisiert worden. So wird angeführt, dass sein theoretischer Referenzpunkt schließlich der westliche Marxismus sei, den er großzügig von seiner Polemik verschone (vgl. etwa Moore-Gilbert 1998: 156).[4] Ahmad kritisiert etwa Said dafür, einem Essentialismus und Determinismus gefrönt zu haben, der den gesamten westlichen kulturellen Kanon zu einem Archiv orientalistischer Deformation reduziere. Dem ungeachtet übersieht er allerdings,

4 | Das stimmt allerdings nicht ganz, da Ahmad in seinen Buch *In Theory* nicht nur postkoloniale Theoretiker/-innen, sondern auch den marxistischen Literaturwissenschaftler Frederic Jameson kritisiert (vgl. Ahmad 1992: 95ff.).

dass durch seine Favorisierung einer Althusser'schen Sichtweise, die westliche Hochschulen und Kulturen als ideologische Staatsapparate beschreibt, eine ganze Fülle postkolonialer Theoretiker/-innen zu mehr oder weniger willigen Agenten und Agentinnen westlicher Hegemonie reduziert werden. Damit reproduziert er den Essentialismus und Determinismus, den er Said vorwirft, im Grunde selbst (vgl. ebd.: 154ff.).

Die Privilegierung poststrukturalistischer Theorie innerhalb postkolonialer Studien und der damit einhergehende Ausschluss anderer theoretischer Herangehensweisen postkolonialer Kritik stellen ein weiteres Motiv anhaltender Kontroversen dar. Es ist, als existiere eine informelle Hierarchie postkolonialer Studien, bei der nur die zur Kenntnis genommen werden, die auf poststrukturalistischen Konzepten und Theorieelementen – seien sie in der Anwendung auch noch so eklektisch – aufbauen. Häufig vergessen wird bei diesem Einwand indes, dass es gerade die postkoloniale Theorie ist, die immer wieder den Anspruch einer ›hohen Theorie‹ problematisiert hat. So war es Said, der sich im Laufe seines Schaffens immer mehr von dieser distanziert hat, weil es ihr seiner Meinung nach nicht gelingt, (neo-)koloniale Geschichte zu adressieren – und ihr zudem die Weltlichkeit, die er fordert, fehlt. Auch Bhabha und Spivak greifen immer wieder europäische kritische Theorieansätze aus einer postkolonialen Perspektive an. Spivak warnt hingegen vor einer bloßen Verdammung europäischer Theorie, könnte dies doch sehr schnell in die Falle des Nativismus oder umgekehrten Ethnozentrismus führen. Auch die poststrukturalistische Dezentrierung europäisch-kultureller Imperative und die Autorität des weißen, männlichen, bürgerlichen Subjektes, die letztlich der imperiale Diskurs mobilisiert hat, sollten nicht vergessen werden. Die Aversion gegen theoretische Herangehensweisen vermittelt den Eindruck, als sei theoretisches Tun eine zweitrangige Aktivität, die in einer parasitären Beziehung zu den direkteren Formen des politischen Aktivismus stehe. Dies würde jedoch eine zu radikale und klare Distinktion zwischen intellektueller Arbeit und politischem Engagement etablieren, die so weder festzustellen noch anzustreben ist.

In ihrem Buch *The Empire Writes Back* (1989) stellen Bill Ashcroft, Gareth Griffiths und Helen Tiffin fest, dass postkoloniale Theorie primär aus der Unfähigkeit europäischer kritischer Diskurse heraus entstanden ist, adäquat mit den Komplexitäten und verschiedenen kulturellen Ursprüngen postkolonialer Werke umzugehen (vgl. ebd.: 11). Deswegen kann eine kulturelle Dekolonisierung nicht darauf verzichten, sich intensiv mit den Bedingungen auseinanderzusetzen, die imperialistische Erkenntnismodi und Repräsentationen herausfordern. Der metropolitane Kanon muss gegen den Strich gelesen werden, um daran die bisher ungesehenen Verbindungen mit der kolonialen Geschichte herauszuarbeiten.

Mit der Kritik an den hochtheoretischen Betrachtungen geht eine andere einher, die bereits genannt worden ist: die Kritik am kryptischen Schreibstil einiger Autoren und Autorinnen. Die manches Mal geheimnisvoll anmutende Sprache postkolonialer Theoretiker/-innen bestätigt dabei in bedenklicher Weise, dass sich die Zielgruppe in erster Linie aus der metropolitanen Elite zusammensetzt. Einschränkend muss hier jedoch gesagt werden, dass sich dieser Einwand ausschließlich an Bhabha und Spivak richtet. Dagegen hat Said, wie gesagt, immer auf einen verständlichen Stil beharrt und diesen zu einer Sache der politischen Verantwortung erhoben (etwa Said 2002: 5). Neben den voraussetzungsvollen, abstrakt theoretischen Herangehensweisen wird auch problematisiert, dass die Kernkonzepte wie etwa ›Dritter Raum‹ und – geradezu notorisch – Subalternität sehr widersprüchlich dargelegt werden, so dass sie nicht wirklich griffig seien. Selbst wenn Spivak im Gegenzug die »Klarheitsfetischisten« kritisiert, ist der Widerspruch zwischen Anspruch und Realität gerade in ihrem Falle erstaunlich, beharrt sie doch darauf, dass die Intellektuellen in der Lage sein müssen, *zu* den Subalternen und nicht nur *von ihnen* zu sprechen.

›Dritte-Welt-Marxismus‹ kontra ›Erste-Welt-Postmodernismus‹?

Neben Ahmad haben auch andere Autoren und Autorinnen marxistischer Richtung Einsprüche gegen die postkoloniale Theorie erhoben. Die materialistische Kritik von Parry, San Juan, Jr., Dirlik und Eagleton hebt dabei immer wieder hervor, dass die postkoloniale Theorie die materiellen Formen kolonialer Unterdrückung und Widerstandsformen relativ unberücksichtigt lässt. In ihrer Essaysammlung *Postcolonial Studies. A Materialist Critique* (2004) problematisiert Parry entsprechend einige Versionen postkolonialer Theorie, die ihrer Meinung nach die materiellen Kämpfe gegen den (Neo-)Kolonialismus domestiziert haben. Dies zeige sich etwa in Form einer bizarren Heroisierung der dekonstruktiven postkolonialen Kritikerin als »Freiheitskämpferin«, die mit ihren innovativen Lesestrategien Widerstand leistet gegen einen brutalen ökonomischen und militärischen Neokolonialismus. Das Risiko liegt auf der Hand: Wenn das semiotische Feld zum privilegierten Widerstandsmodus gerät, verlieren die direkten physischen Existenzkämpfe, die tagtäglich im Süden gegen imperialistische Ausbeutung geführt werden, an Relevanz.

Dirlik führt aus, dass der von Harvey (1989) und Jameson (1991) herausgearbeitete Zusammenhang zwischen Postmodernismus und Spätkapitalismus auf das Feld des Postkolonialismus erweitert werden muss. Wenn der Postmodernismus in Jamesons Worten die »kulturelle Logik« des Spätkapitalismus repräsentiert, so gilt auch für den Postkolonialismus, dass er in einem Verhältnis der Komplizenschaft mit spätkapitalistischen Strukturen steht. Der Versuch, die universalistischen Ambitionen westlicher Erkenntnissysteme – und damit auch marxistische Argumentationen – anzugreifen, kann Dirlik zufolge nur in einer Stabilisierung einer »Erste-Welt-Fachsprache« (1994: 342) mit gleichsam universalistisch epistemologischen Prätentionen münden. Dirlik variiert hier die Argumentation von Appiah, wonach Postkolonialität die Bedingung der Intelligenzija im globalen Kapitalismus darstellt (vgl. ebd.: 356). Seiner Meinung nach hat sich die postkoloniale Kritik nie wirklich ernsthaft mit der Frage auseinandergesetzt, wie Postkolonialität durch die aktuellen spätkapitalistischen Strukturen geformt wird. Wenn die ökonomische Dimension der neuen Weltordnung allerdings ignoriert wird, so führt dies zu der Konstruktion einer Welt, die Dirlik als »formlos« (*shapeless*, ebd.) bezeichnet.

Die Rolle des Marxismus innerhalb postkolonialer Theorie bleibt allerdings eine widersprüchliche: Während Spivak die Wichtigkeit marxistischer Analysemethoden betont, zeigt sich Bhabha uninteressiert an materialistischen Analysen. Said erscheint seine Herangehensweise als ambivalent (vgl. Said 1993: 278). Der Marxismus ist zweifelsohne Teil eines westlichen humanistischen Erkenntnisprojekts, das in Folge mit universalistischen Erzählungen einherging (vgl. etwa kritisch Blaut 1989). Obschon viele Mitglieder der antikolonialen Bewegungen dies durchaus erkannten, beharrt eine Mehrheit auch postkolonialer Theoretiker/-innen auf der Wichtigkeit marxistischer Erkenntnismodi (vgl. auch Bartolovich/Lazarus 2002).

Hall rät angesichts der Heftigkeit gegenseitiger Beschuldigungen, beide Standpunkte in Betracht zu ziehen, und macht sich stark für eine Fokussierung der theoretischen und politischen Überlappungen (vgl. Hall 2002: 241ff.). Weder habe der Marxismus an Erkenntnisstärke verloren, noch scheine es sinnvoll, poststrukturalistische Herangehensweisen vollständig zu verwerfen. Auch sollte keine der beiden Positionen homogenisiert werden. Die beispielsweise von Ahmad etablierte Unterteilung in ›Dritte-Welt-Marxismus‹ und ›Erste-Welt-Postmodernismus‹ findet Hall problematisch, weil diese suggeriert, dass Unterdrückung nur über konkrete materielle Formen vermittelt werden kann. Doch wie bereits Fanon herausgestellt hat, wird die Dekolonisierung nur dann erfolgreich sein, wenn die Sphäre der Kultur in den Prozess mit einbezogen wird, ist die Dekolonisation für ihn doch nicht nur ein »historischer Prozess«, sondern »ein Programm absoluter Umwälzung« (Fanon 1981 [1961]: 29). Es scheint nicht adäquat, die Semiotik kolonialer Beziehungen zu bagatellisieren und zu disqualifizieren, würde man damit doch ein weiteres Mal einer Simplifizierung komplexer kolonialer Beziehungen in die Hände spielen. Sowohl Said als auch Spivak haben immer wieder auf die Dringlichkeit des Zusammendenkens von theoretischer Auseinandersetzung und praktischen Kämpfen hingewiesen. Während für Said die entscheidende Rolle der Theorie innerhalb postkolonialer Analysen darin besteht, die materiellen Realitäten der

Kämpfe gegen die imperialistischen Vermächtnisse sichtbar zu machen, ist es Spivak wichtig, dass Theorie und Praxis sich gegenseitig in die Krise bringen (vgl. Spivak 1990a: 44ff.).

Gyan Prakash wiederum schlägt eine andere, nicht weniger interessante Sichtweise vor: Ihm zufolge bezieht das Projekt der *South Asian Subaltern Studies* seine Schlagkraft als postkoloniale Kritik aus einer katachrestischen Kombination von Marxismus, Poststrukturalismus, Gramsci und Foucault, dem modernen Indien und dem Westen, archivalischen Untersuchungen und Textkritik (vgl. Prakash 1994: 1490). Wie auch Spivak geht Prakash dabei davon aus, dass die Verknüpfung all dieser Analysemodi und Erkenntnisverortungen immer wieder dazu führen muss, dass sich die unterschiedlichen Perspektiven gegenseitig hinterfragen, womit einer konstruktiven Transformation Vorschub geleistet werden kann. In Anlehnung an Rosalind O'Hanlons und David Washbrooks (1992) Bild für die theoretische Kombination von Marxismus und Poststrukturalismus als der Versuch, »zwei Pferde zur gleichen Zeit zu reiten«, fordert Prakash: »Lasst uns unbeständig an zwei Pferden festhalten.« (Prakash 1992b: 184) Florencia Mallon bemerkt ironisch – kritisch an die *Latin American Subaltern Studies Group* gerichtet –, dass es für die postkolonialen Theoretiker/-innen anscheinend notwendig sei, »Kunstreiter/-innen« zu werden, müssten diese doch in der Lage sein, »vier apokalyptische Pferde« gleichzeitig zu reiten: Derrida, Foucault, Gramsci und Guha (Mallon 1994: 1498). Auch Mallon glaubt nicht, dass es mithilfe semiotischer und poststrukturalistischer Methoden möglich ist, emanzipatorische Ziele zu verfolgen. Andere haben pointiert darauf aufmerksam gemacht, dass ein methodisches Reinheitsgebot letztlich nur auf Kosten marginalisierter Erzählungen und Perspektiven eingehalten werden kann. Und eigentlich klingt viel der geäußerten Kritik eher wie eine Konkurrenzansage, der es darum geht, die Anerkennung zu erhalten, die Spivak, Bhabha und Said zu Recht zuteil wurde.

Intersektionalität und soziale Gerechtigkeit

In den letzten Jahren ist eine wahre diskursive Explosion in den feministisch orientierten Sozialwissenschaften zu verzeichnen: Intersektionalität scheint in aller Munde. Von vielen wird sie als eine Art korrektive Methodologie verstanden, die darauf zielt, das Zusammenwirken sozialer Ungleichheiten zu analysieren. Bereits in den 1970er Jahren konnte westlich-feministische Theoriebildung eines inhärenten Eurozentrismus und Rassismus überführt werden. Der alleinige Fokus auf Geschlecht, so wurde bemängelt, vernachlässige in problematischer Weise andere Kategorien wie etwa ›Rasse‹, Klasse oder Religion. Dies wiederum ließ den epistemologischen Rahmen und die theoretischen Kategorien als unpassend für die Analyse differenter Subjektpositionen erscheinen. Die exklusive Befassung mit einem universal gedachten patriarchalischen System basiert, wie beispielsweise Feministinnen *of color* konstatierten, gerade auf der Vernachlässigung anderer Diskriminierungsformen. Die gleichzeitige Berücksichtigung unterschiedlicher Formen und Dimensionen von Ungleichheit, Differenz und Herrschaft sollte jedoch nicht in additiver Weise erfolgen, sondern die Wechselwirkungen und Ko-Konstituiertheit (*co-constitutiveness*) diverser Diskriminierungsgründe beschreiben können. Als Lösung wurde etwa ein *multi-issues*-Feminismus vorgeschlagen. Damit, so die Begründung, würden mannigfaltige Erfahrungen und Perspektiven nicht mehr einer totalisierenden feministischen Agenda unterworfen. Die mehr als nachvollziehbare Kritik an einem hegemonialen Feminismus rief nach differenzierteren, komplexeren und kontextualisierten Analysen sozialer Ungerechtigkeit. Die afroamerikanische Rechtswissenschaftlerin Kimberlé Crenshaw (1991), die den Begriff der Intersektionalität prägte, machte darauf aufmerksam, dass das US-amerikanische Rechtssystem zwar jeweils die Rechte von Frauen und von schwarzen Menschen schützt, dagegen nur ungenügend die Rechte schwarzer Frauen verteidigt. Die meisten Intersektionalitätsansätze versuchen nun die Heterogenität von Identitäten sichtbar zu machen. Sie bieten *race-class-gender*-Feministinnen dabei eine theoretisch anspruchsvolle Methodologie an, die die Fallen einer additiven Herangehensweise im Zusammenhang multipler Identitäten zu umgehen sucht.

Die aktuellen Diskurse um Intersektionalität finden aufgrund ihrer Fokussierung auf die Trias ›Rasse‹, Klasse, Geschlecht immer wieder Erwähnung im Zusammenhang mit postkolonialer Theorie. Das ist nicht gänzlich unverständlich, geht es postkolonialen Studien schließlich doch auch darum, soziale Ungerechtigkeiten und Ungleichheiten zu untersuchen. Wir möchten nun kurz skizzieren, wie Intersektionalitätsanalysen postkoloniale Perspektiven bereichern und wie postkoloniale Ansätze produktiv für eine Kritik an Intersektionalitätsansätzen gemacht werden können. Im Mittelpunkt der Analyse steht dabei nicht nur der weit verbreitete »methodologische Nationalismus«, der viele Intersektionalitätsanalysen plagt, sondern insbesondere die Frage danach, welche Diskriminierungen unbesprochen bleiben, sowohl in postkolonialen Studien als auch in Intersektionalitätsforschungen.

Der erste, ins Auge fallende Vorteil von Intersektionalitätsansätzen ist seine Eingebundenheit nicht nur in feministischer Theorie und Debatte, sondern auch kritischer Bewegung. Intersektionalitätsforschungen versprechen nicht nur, Differenzen und Heterogenität zu adressieren, sondern dies auch in solcher Weise zu tun, dass die alten feministischen Ideale einer Theorieproduktion, die sämtliche differenten Erfahrungen von Frauen berücksichtigt, eingelöst werden können. Als offenes Projekt wird Intersektionalität als ein produktives, zeitgenössisches feministisches Forschungssetting beschrieben.

Doch bleibt der Westen, so lässt sich kritisch anmerken, wieder einmal das Zentrum, rund um das Kritik formuliert wird. Damit laufen sie Gefahr, nicht nur in einem eurozentrischen Rahmen zu verharren, sondern auch die wichtigen Erkenntnissen, die aus der Formulierung von verwobenen Geschichten entstehen, zu vernachlässigen. Diese fordern schließlich aus einer postkolonialen Perspektive heraus globale, transnationale Ansätze.

Zudem fällt auf, dass in der Intersektionalitätsforschung selten nach dem unterschiedlichen Status der differenten analysierten Kategorien gefragt wird. In postkolonialen Studien wird dagegen durchaus darauf verwiesen, dass innerhalb kolonialer Widerstandsformationen ›Rasse‹ *die* prominente Kategorie war. Dekolonisierung bedeutet schließlich vor allem die Disqualifizierung rassistischer Legitimierungsstrategien. Wie Mamdani sehr richtig darlegt, wurde die historische Legitimität der nationalistischen Regierungen nach der Dekolonisation vor allem daran gemessen, ob sie eine effektive Derassifizierung einleiteten (vgl. Mamdani 1996: 288). Mamdani folgend ist die postkoloniale Situation eines Sub-Sahara-Afrikas deswegen auch heute immer noch als »Derassifizierung ohne Demokratisierung« (ebd.) zu beschreiben. Formuliert als ein »Indigenisierungsprogramm« oder auch als »Nationalisierung« war es einer der Ziele, die durch rassistische Politiken akkumulierten Privilegien der ehemaligen weißen Kolonisatoren zu demontieren. Es ist insoweit nachvollziehbar, dass die Kritik an postkolonialen Studien das häufige Ausblenden der Geschlechterfrage und das Ignorieren der kolonialen, präkolonialen und postkolonialen Heteronormativität sowohl in den Kolonien als auch in den Metropolen in den Blick nimmt. In ihrem Buch *Imperial Leather. Race, Gender and Sexuality in the Colonial Contest* (1995) erläutert McClintock, die als eine der profiliertesten Stimmen feministischer postkolonialer Kritik gilt, dass die Erfahrungen mit Rassismus, Sexismus und Klassismus nicht einfach zu verschiedenen Bereichen gezählt werden können, die quasi isoliert voneinander existieren. Es sei unmöglich, diese diversen Perspektiven retrospektiv zusammenzubringen, die eigentlich in einer gegenseitigen – manchmal widersprüchlichen, manchmal konfligierenden – Beziehung zueinander existieren (vgl. ebd.: 5). Gemäß dieser Vorstellung sind ›Rasse‹ und Geschlecht nicht einfach eine Frage von Hautfarbe und Sexualität, sondern eine von unterworfener Arbeit und imperialer Ausplünderung. Sie warnt davor, diese komplexen Felder auf identische Kategorien zu reduzieren und dabei ihren engen und reziproken Charakter aus den Augen zu verlieren. Beispielsweise führe es zu einer Vernachlässigung der Kategorien von Klasse, Geschlecht und Sexualität, wenn der Fokus ausschließlich auf Rassismus gelegt werde. Und selbst wenn anerkannt wird, dass es sich bei den direktesten Agenten des Empires um weiße europäische *Männer* handelt, so sind die Geschlechts- und Sexualitätsdynamiken, so McClintock, bisher dennoch bei weitem nicht ausreichend untersucht worden.

Für McClintock kann Imperialismus ohne eine Theorie der Geschlechterregimes schwerlich verstanden werden (vgl. ebd.: 6), repräsentiere er doch seit seinem Entstehen ein gewalttätiges Zusammentreffen westlicher mit präkolonial existierenden Machthierarchien, die eine opportunistische Überlagerung der patriarchalischen Machtregimes mit sich brachten. Beispielsweise waren kolonisierte Frauen zumeist bereits vor dem Einzug imperialer Herrschaft innerhalb ihrer indigenen Gesellschaften benachteiligt, was ihrer kolonialen sexuellen und ökonomischen Ausbeutung einen anderen Charakter gab, als dies für die Unterdrückung der Männer gelten kann (vgl. ebd.: 6).[5] Kolonisierte Frauen mussten sich nicht nur mit den Ungleichheiten in Bezug zu ihren ›eigenen‹ Männern auseinandersetzen, sondern auch innerhalb der gewalttätigen Strukturen imperialer Herrschaftsverhältnisse positionieren – und zwar gegenüber den weißen europäischen Frauen *und* Männern (vgl. ebd.).

Ebenso hält McClintock die Homogenisierung der weißen kolonialen Frau für theoretisch unangemessen, da deren Rolle im imperialen Prozess immer ambivalent und darüber hinaus ausgesprochen different von der des weißen europäischen Mannes war (vgl. ebd.; siehe auch Wildenthal 2001; Bechhaus-Gerst/Leutner 2009). Im Gegensatz zum essentialisierenden Mythos der allmächtigen kolonialen Frauen unterstreicht McClintock die Heterogenität der von diesen eingenommenen Rollen, die von der Offiziersgattin bis zur Hausangestellten und sexuellen Domestikin reichten. So ist etwa bekannt, dass weiße britische Frauen nach Indien ›exportiert‹ wurden, um dort dem Projekt der ›rassischen und sexuellen Reinheit‹ zu dienen und die britischen Soldaten vor unerwünschten sexuellen Kontakten mit indigenen Frauen zu bewahren (vgl. Bhaskaran 2002: 16f.). Das bedeutet freilich nicht, dass weiße Frauen innerhalb des imperialen Prozesses nur unschuldige Zuschauerinnen waren, aber doch, dass sie sich in einer zweischneidigen Position von Komplizenschaft befanden (vgl. hierzu auch Mamozai 1989). Geschlechterdynamiken erwiesen sich als fundamental wichtig, um die imperialen Herrschaftsverhältnisse zu sichern, weswegen postkoloniale Studien, die sich *nur* auf die Mechanismen des Rassismus konzentrieren, zwangsläufig verzerrte Vorstellungen des kolonialen Prozesses produzieren müssen. Die postkoloniale Kritikerin Sara Suleri stellt deswegen die provokante und trickreiche Frage, ob Geschlecht vor ›Rasse‹ komme oder *vice versa* (vgl. Suleri 1995: 273). Sie richtet damit das Augenmerk auf die diffizile Relation von ›Rasse‹ und Geschlecht (vgl. auch Trinh 1989).

Daneben zeigten sich antikoloniale männliche Nationalisten durchweg feindlich eingestellt gegenüber einer feministischen Bewegung, da diese ihrer Meinung nach die notwendigen nationalen Allianzen im Dekolonisierungsprozess zu irritieren droht (vgl. auch Castro Varela/Dhawan 2006). Diese Missbilligung lässt sich auch innerhalb postkolonialer Studien nachweisen, wo die

5 | Dies ist eine Tatsache, die im Übrigen häufig auch in aktuellen Arbeitsmarktanalysen und Migrationsdiskursen, die die kolonialen Kontinuitäten nachzeichnen, übersehen wird.

Thematisierung von Geschlecht häufig als ein gefährliches Ablenkungsmanöver von den eigentlich relevanten Kategorien ›Rasse‹ und Ethnizität verstanden wird. Westlicher Feminismus wurde von antikolonialen Nationalisten geradezu systematisch verteufelt, um die Grenzziehungen zwischen weißen und indigenen Frauen zu stabilisieren (vgl. Gandhi 1998: 96ff.), weswegen der koloniale Zusammenstoß ohne Weiteres als ein Kampf zwischen konkurrierenden Männlichkeiten gelesen werden kann (vgl. ebd.: 98). Sowohl der Imperialismus als auch der antikoloniale Nationalismus erweisen sich im Wesentlichen als heteronormative und gewalttätige sexistische Projekte, die ihre spezifischen Männlichkeitsvorstellungen durchsetzten, indem sie den jeweils *anderen* Mann als ›verweiblicht‹ und/oder homosexuell repräsentierten (vgl. Castro Varela/Dhawan 2005).[6]

McClintock merkt zudem an, dass sich die aktuelle globale Situation von Frauen als »eine Geschichte verschobener Hoffnungen« (ebd.: 13), die im Wort »Postkolonialismus« schlummern, figurieren lässt.[7] Die nationale Bourgeoisie, die die imperialen Herren ersetzt habe, sei geradezu überwältigend männlich. Von einer geteilten postkolonialen Bedingung zu sprechen, sei zudem auch deswegen absurd, weil Frauen und Männer Postkolonialität verschieden erleben, wofür unter anderem die globale Militarisierung von Männlichkeit bei gleichzeitiger Feminisierung von Armut verantwortlich zu machen sei. Ebenso sei es kaum haltbar, dem Kolonialismus unidirektional die Schuld für die kontinuierliche Ausbeutung von Frauen zuzuweisen. Deshalb sei es ein *Muss*, Geschlecht als eine konstitutive Kategorie aktueller imperialer Projekte zu analysieren (vgl. ebd.: 14). Die Vorstellung eines universalen Anderen vernebelt nicht nur die unterschiedlichen Beziehungen von Männern und Frauen, sondern auch die zwischen differenten Frauen. So erweisen sich die immer wieder zur Anwendung kommenden binären Bezeichnungen ›Kolonisierter/Kolonisator‹, ›dominant/marginal‹, ›kolonial/postkolonial‹ als inadäquat, da diese unmöglich die Differenziertheit, Ambiguität und Widersprüchlichkeit imperialer Erbschaften und die ebenso kontradiktorischen antikolonialen Widerstände zum Ausdruck bringen können. Historisch sind diese ohnehin, so McClintock, einem metaphysischen Manichäismus imperialer Aufklärung geschuldet, weswegen solche Dualismen immer riskieren, die Verhältnisse lediglich umzupolen, anstatt dominante Konzepte der Macht zu deplatzieren (vgl. ebd.: 15).

---

6 | Fanons Schriften etwa sind durchzogen von einem Maskulinismus, der sich immer wieder auch homophob zeigt (vgl. Fanon 2008 [1952]: 158f., Anm. 45).

7 | Bekanntermaßen werden zwei Drittel der Arbeit weltweit von Frauen geleistet, wobei diese nur zehn Prozent des weltweiten Einkommens beziehen und lediglich ein Prozent des Eigentums besitzen (vgl. McClintock 1995: 13).

Neben der groben Vernachlässigung der Geschlechterfrage, die feministische Kritiker/-innen sowohl bei Said als auch bei Bhabha aufzeigen konnten, ist es insbesondere Bhabha, der die Klassenfrage für scheinbar irrelevant hält. So beschreibt er die affektiven Ökonomien des Mimikry und der Ambivalenz so, als würden sie ungeachtet der diversen sozialen Positionierung für alle in gleicher Weise wirksam sein. Im Gegensatz dazu haben viele Untersuchungen des Kolonialismus demonstrieren können, dass die Klassenidentität des nichteuropäischen Subjekts von äußerster Bedeutsamkeit für die kolonialen Mächte war. Beispielsweise legt Spivak dar, dass die Fokussierung des Elite-Nationalismus als privilegierte Form des Widerstands gegen (neo-)kolonialistische Machenschaften Geschlechter- und Klassenkämpfe übersieht. Diese werden stattdessen in einer konfliktträchtigen Beziehung zu den dominanten Diskursen des Antikolonialismus gesehen.

Spivak warnt darüber hinaus davor, den alleinigen Fokus auf ›Rasse‹ und (Anti-)Rassismus in der ›Ersten Welt‹ zu legen, würde dies doch nicht automatisch eine Kritik an einer internationalen Arbeitsteilung beinhalten (vgl. 1990a: 126). Ähnlich wie McClintock mahnt sie an, dass eine solche Einengung nicht zulasse, die dominanten Klassen, Geschlechterdynamiken oder Verachtungspraktiken gegenüber nicht-normativen Sexualitäten im Prozess der Dekolonisierung zu thematisieren.

Postkoloniale Kritik sieht sich damit in dem Dilemma, den bedeutsamen sozialen Differenzen gerecht zu werden, ohne die notwendige Solidarität im Prozess der Dekolonisierung zu untergraben. Dabei zeigt sich, dass solche Koalitionsformen immer gebrochen sind, denn die Ränder können unmöglich nur als gegen ein unterdrückerisches Zentrum gerichtet definiert werden (vgl. Gates 1992: 303). Im Widerstandsprozess kommt es geradezu zwangsläufig zu Essentialisierungen und Reifizierungen – wie auch die ehemaligen Ränder *nolens volens* als oppositionelle Zentren auftreten können. Henry Gates illustriert dies am Beispiel afroamerikanischer Frauen, die sich in ihrem Widerstand sowohl gegen das afroamerikanische Patriarchat, den weißen Feminismus als auch gegen das weiße Patriarchat richten und doch ungewollt in die Kritik lesbischer afroamerikanischer Frauen gerieten, die sie des Heterosexismus anklagten (vgl. ebd.). Es muss also konstatiert werden, dass die postkoloniale Theorie ohne eine adäquate Beachtung der komplexen und konfligierenden Überschneidungen von Klasse, Gender, ›Rasse‹ und Sexualität essentialistische Identitätspolitiken zu reproduzieren droht. Allerdings hat gerade die feministische postkoloniale Theorie viel dazu beigetragen, solche komplexen Überschneidungen zu denken (vgl. Castro Varela/Dhawan 2009a,b, 2011). Lange Zeit haben sich kaum Analysen finden lassen, in denen postkoloniale Studien innerhalb der *Disability Studies* zum Einsatz kammen. Dies hat sich in den letzten Jahren deutlich verändert. Die Fokussierung ist auch deswegen besonders spannend, weil rassistische Bio- und Körperpolitiken, die selten durch die antikolonialen Kämpfe thematisiert wurden, eine wichtige Perspektiverweiterung anbieten und die Analysen auch zum Neokolonialismus radikalisieren (vgl. etwa Choi 2001; Quayson 2002; Jarman 2005; Sherry 2007; Barker/Murray 2010).

Als korrektive Methodologie kann von Intersektionalitätsforschungen in diesem Zusammenhang nun erhofft werden, dass diese die Überbetonung einer Kategorie bei Vernachlässigung anderer transparent werden lässt. Weiterhin ist es nach wie vor vonnöten, dass sich Analysen mit der Verschränktheit differenter Faktoren beziehungsweise Diskriminierungsformen beschäftigen, aber eben auch ›Rasse‹ und Klasse oder ›Rasse‹ und Geschlecht als konfligierende Analysekategorien sichtbar machen – selbst wenn es zuweilen sinnvoll ist, herauszustellen, dass in spezifischen Kontexten einige Kategorien wirkmächtiger sind als andere. Gegen ein simplifizierendes Verständnis von Intersektionalität als die Untersuchung von gleichzeitigen Ungleichheiten wäre es wohl sinnvoller, herauszufinden, warum spezifische Ungleichheiten zu konkreten Zeiten, an konkreten Orten mehr Bedeutung beigemessen wird als anderen. Beispielsweise ergibt die Fokussierung der Kastenpolitiken innerhalb des indischen Kontextes mehr Sinn als die Betrachtung rassifizierender Prozesse – und dies gilt auch für Analysen von Machtverhältnissen innerhalb der indischen Diaspora. Kastenbasierte Diskriminierungen innerhalb diasporischer Räume sind aber bisher kaum Thema kritischer Untersuchungen. Die deutsche Debatte um Intersektionalität läuft zudem Gefahr, gerade weil sie ihre Analysen stark innerhalb nationaler Grenzen rahmt, das *race-class-gender*-Mantra unendlich zu wiederholen, ohne zu beachten, welche Themen durch diese unreflektierte Wiederholung und eurozentrische Setzung unsichtbar gemacht und exkludiert werden. Ähnliches gilt auch für die Auslassung der Kategorie »*First Nations*«, »*Native Americans*« oder »*Pueblos Originarios*«, die sich weder schlicht unter die Kategorie ›Rasse‹ und noch weniger unter jener der Migration subsumieren lassen. Ihre Nichtberücksichtigung verzerrt jede Untersuchung zu (historischen) Diskriminierungsprozessen erheblich.

Aus diesem Grunde scheint es dringend geboten, eine transnationale Perspektive anzulegen, der es gelingt, die dicht verwobenen Geschichten ans Tageslicht zu bringen.

Es ist darüber hinaus auch danach zu fragen, ob der Fokus auf ›Rasse‹, Klasse und Geschlecht nicht erneut in Richtung einer universalistischen Theorie weist. Wann immer die Liste der Kategorien aufgezählt wird, werden erneut bestimmte Unterdrückungsmomente verschwiegen. Es ist dies ein paradoxer Effekt einer Analyse, die möglichst viele Ausgrenzungen sichtbar machen möchte und gleichzeitig nicht dazu in der Lage zu sein scheint, kategoriale Vorstellungen einer dekonstruktiven Betrachtung zu unterziehen. Bruce Robbins (2005: 561) merkt hierzu an, dass es kaum um die jeweils einzelnen Momente gehen könne, sondern eigentlich um etwas Größeres: etwas, was nicht direkt benennbar und mehr als die Summe der Einzelteile ist und von den Einzelteilen unabhängig besteht. Es müsse eher um die Differenzen und Konflikte zwischen den einzelnen Kategorien gehen. Zusätzlich bemerkt Davina Cooper (2004), dass ein Problem einer intersektionalen Perspektive auch darin liegt, dass die Ko-Konstituierung von Identitäten und Ungleichheiten aus den Augen verloren wird, die Identitäten herstellt, die sich nicht aus Überschneidungen ergeben. Die Klarheit und Ordnung, in der sich überschneidende Kategorien darstellen lassen, scheint ein Versuch zu sein, das größere nebulöse Bild nicht heraufzubeschwören. Irritation und auch die Zulassung der Unheimlichkeit bei der Betrachtung sozialer Ungerechtigkeiten wird durch klare methodologische Anweisungen scheinbar gebändigt. Im Grunde kann dabei sehr rasch das *Comeback* nicht nur einer universalistischen Perspektive beobachtet, sondern es können auch Re-Essentialisierungstendenzen ausgemacht werden. Bekanntlich spielt Butler (1990: 143) bereits in *Gender Trouble* darauf an, wenn sie auf das geradezu peinliche »Etcetera« am Ende der Kategorienliste zu sprechen kommt. »Etcetera« kann hier, Butler folgend, gleichzeitig als Erschöpfung *und* Exzess gedeutet werden und könnte als Startpunkt für feministisch-politische Theoretisierung gesehen werden. Die Frage bleibt offen, wie eine feministische Theorieproduktion, die das »Etcetera« ernst nimmt und von hier aus ihre Untersuchung beginnt, aussehen könnte. Was wären die Fragen, die eine solche Theorie stellen würde? Wer würde von einer solchen Theoriebewegung profitieren? Das »Etcetera« lässt ein Nachdenken über das Verschwiegene zu und wendet den Blick im Sinne postkolonialer Analysen auf den Raum des Subalternen und die Prozesse der Subalternisierung.

Auch wenn Intersektionalitätsanalysen wertgeschätzt werden müssen, da sie in produktiver Weise die komplizierte und komplexe Frage des ›universalen Opfersubjekts‹ angehen und die Untersuchung von Machtoperationen in (post-)kolonialen Kontexten bereichert haben, muss gefragt werden, ob die in feministischen Kreisen so zelebrierte intersektionale Perspektive tatsächlich besser dazu in die Lage versetzt, komplexe Macht- und Herrschaftsstrukturen zu untersuchen. Und ob sie wirklich Analysen hervorbringt, die Widerstandsstrategien ermöglichen und die Handlungsmacht verletzlicher Subjekte stärkt.

Letztlich führt das offenkundige Problem der Universalisierung und der Re-Essentialisierung, welches die Perspektive der Intersektionalität plagt, auch zur Depolitisierung des Politischen. Butler (1990: 111ff.) warnt vor einer Politik, die »Positionen« hervorbringt, von denen aus exkludierte Gruppen sprechen können. Sie widerspricht einer Logik, nach der Positionen als makellose, kohärente Kategorien dargestellt werden. In ihren Worten kann es nicht darum gehen, ›Rasse‹, Sexualität und Geschlecht in ihrer Beziehung zueinander zu denken, als seien sie »vollständig separierbare Machtachsen« (ebd.: 116). Viel eher sollte die theoretische Trennung in wuchernde Kategorien bzw. Positionen als solche hinterfragt werden. Intersektionalitätsansätze tun dies nicht immer. Dies ist aber dringlich, gerade weil die Konstituierung und Stabilisierung von kategorialem Denken eng verwoben ist mit kolonialen und neokolonialen Herrschaftspraxen. Und schließlich sollten Crenshaws Einsichten ernstgenommen werden, wenn sie provokant fragt: »Welchen Unterschied machen Differenzen? Intersektionalität sollte nicht zu einem Wettkampf zwischen denen geraten, die Unterdrückung beklagen.«[8] Ähnlich argumentiert Davis, wenn sie die Verlinkung von Intersektionalität mit Diversität und Gerechtigkeit beklagt und dies als »Differenz, die keinen Unterschied macht« beschreibt, weil der Fokus auf ›Rasse‹ oder Geschlecht in keiner Weise die Unterdrückungsmaschinerie verändert.[9]

Die Frage nach Dekolonisierung darf weder auf eine antirassistische Praxis der ›Ersten Welt‹ noch auf eine Zelebrierung von Diversität, Vielfalt und Differenz reduziert werden. Es bleibt notwendig, die Konflikte, die die intersektionale Perspektive mit sich bringt, transparent zu machen und sie im Kontext aktueller globaler Interdependenzen zu verorten. Heute sollte es eigentlich unmöglich sein, sich eine kritische politische Praxis vorzustellen, die nicht auch die globalen Dimensionen sozialer Ungleichheit in den Blick nimmt. Trotz vielfältiger Bemühungen, Macht und Herrschaft von einer multidimensionalen Perspektive zu erfassen, scheitert der intersektionelle Ansatz zumindest in der deutschsprachigen Rezeption an dieser Herausforderung, weil er transnationale Dimensionen sozialer Ungleichheit als eine Konsequenz des Kolonialismus unbeachtet lässt. Der vorherrschende Fokus auf metropolitane Räume ist symptomatisch für einen impliziten Eurozentrismus. Unserer Ansicht nach werden Themen wie die strukturellen Effekte der internationalen Arbeitsteilung und Überausbeutung in den Intersektionalitätsdebatten zumeist in riskanter Weise vernachlässigt. Die politische Herausforderung, der wir uns in Anbetracht der internationalen Arbeitsteilung und der Fragen globaler Gerechtigkeit stellen müssen, verlangt nach dem Überdenken eines vehementen methodologischen Nationalismus. Folgende Frage aus Richtung eines postkolonialen Feminismus sollte also unbedingt gestellt werden: In welcher Art und Weise werden Kategorien wie Klasse, Geschlecht und ›Rasse‹ in den vermeintlichen Gegendiskursen re-kodiert?

Es kann dabei nicht darum gehen, den Streit um Anerkennung versus Umverteilen zu reaktivieren oder gar ökonomischen Analysen den Vorrang vor der Analyse kultureller Ungleichheiten zu gewähren. Denn es ist klar, dass reduktionische ökonomistische Analysen ebenso problematisch sind wie rein kultu-

---

8 | Kimberlé Crenshaw auf der Tagung »Celebrating Intersectionality?« an der Goethe-Universität Frankfurt am Main am 23.01.2009.

9 | Zitat aus der Antrittsvorlesung *Feminism and Abolition: Theories & Practices for the 21st Century* von Angela Davis am Cornelia Goethe Centrum für Frauen und Geschlechterforschung der Goethe-Universität Frankfurt am Main am 03.12.2013.

relle Perspektiven. Weil der globale Norden und der globale Süden in einem Kontext »ökonomischer Interdependenz« miteinander verbunden sind, der durch eine Machtasymmetrie und eine Geschichte des Imperialismus gekennzeichnet ist, scheint es dringlich, die Verstrickungen innerhalb der bestehenden internationalen Arbeitsteilung ebenso transparent zu machen wie die Produktion dominanter Epistemologien und Methodologien zu problematisieren. Konsequenz neokolonialer Herrschaftssysteme ist letztlich die Privilegierung der Perspektive des globalen Nordens, während die Alltagssituation verletzlicher Subjekte im globalen Süden durch Repression und Ausbeutung gekennzeichnet bleibt. Um Interdependenzdynamiken analysieren zu können, bleibt es notwendig, eine postkoloniale historische Perspektive anzulegen, die auch makroökonomische Strukturen in den Blick nimmt. Weder genügt es, differente Diskriminierungsgründe zu benennen, ohne die nationale Verengung zu überschreiten, noch reicht es aus, unkritisch transnationale Bündnisse zu beschwören. Wie zu Beginn dargelegt, verlangen globale ökonomische und soziale Restrukturierungen, die als Re-Kolonisierungen interpretiert werden können, nach einem Neudenken feministischer Theorie wie auch nach einer Zuspitzung von Analysen sozialer Ungerechtigkeiten. Intersektionalitätsansätze, wie sie zurzeit die deutschsprachige feministische Debatte dominieren, nehmen die Herausforderungen postkolonialer Theorie nur sehr bedingt an. Sie fallen hinter den Analysemöglichkeiten und politischen Notwendigkeiten weit zurück. Es wird sich zeigen müssen, ob postkoloniale Theorie weiterhin in der Lage ist, eine kritische Wendung sozialwissenschaftlicher feministischer Theorie und Praxis zu provozieren. Bis dahin gilt: Kritische Intervention darf nicht an nationalstaatlichen Grenzen enden und eine Analyse, die mit hegemonialen Kategorien operiert, sollte zumindest eine dekonstruktive Wachsamkeit unter Beweis stellen. Politische Strategien und Taktiken erfordern möglichst präzise Analysen der historisch gewordenen sozialen Ungerechtigkeiten und Unfreiheiten. Diese müssen gleichzeitig kontextspezifisch und über den Kontext hinausweisend sein. Sie müssen auch Möglichkeiten des Widerstands bereitstellen, ohne zu verbergen, dass Widerstandsformationen erneut Unfreiheiten erzeugen.

Was ist wirklich neu an postkolonialer Theorie?

Nicht wenige beklagen, dass die postkoloniale Theorie nicht anerkennt, wie viel sie nicht-westlichen Theorieproduktionen schuldet. Mit einer solchen Ignoranz werde aber die eurozentrische Chimäre bestärkt, dass nur Europa wertvolle Methodologien und kritische Theorien entwickeln könne. Dieses Trugbild präsentiert postkoloniale Theorie als eine Richtung, die mit Said beginnt und eigenständig eine neue Perspektive eröffnet (vgl. Williams/Chrisman 1993a:

5). Doch wie im ersten Kapitel ausgeführt, genügt bereits eine recht oberflächliche Kenntnis der Geschichte antikolonialer Diskurse, um festzustellen, dass lange vor Said koloniale Repräsentationssysteme und auch eurozentrische und imperialistische Wissensproduktionen kritisch herausgefordert wurden. Vielen Kritikern und Kritikerinnen des globalen Südens hat Said unter Hinzuziehung zeitgenössischer europäischer Kulturtheorien eine methodologische Variation längst schon vorhandener Analysen vorgelegt.

So gilt etwa Césaires *Discourse on Colonialism* aus dem Jahre 1955 als eines der frühesten Beispiele postkolonialer Kritik und stellt einen durchaus signifikanten Angriff gegen den Versuch dar, das westlich Partikulare universell zu konstruieren. Er antizipiert damit nicht nur Saids *Orientalism*, sondern auch einige Bhabha'sche Argumente – in allerdings wesentlich radikalerer Form. Hinzu kommt, dass Césaire seine Texte zu einer Zeit verfasst hat, in welcher der formale koloniale Imperialismus noch ein faktischer war. Es ist gewinnbringend zu untersuchen, wie viele der taktischen Prozeduren und Konzeptmetaphern der postkolonialen Theorie in den Schriften früherer Kritiker/-innen wiedergefunden werden können. Nicht nur Bhabhas Mimikry und Saids kontrapunktisches Lesen, sondern auch Spivaks Konzept des strategischen Essentialismus, das zu solch erbitterten Debatten geführt hat, ist bereits in Fanons Verteidigung der *Négritude* vorgedacht. Die Konstruktion einer essentialistischen »nativen Identität« ist insoweit legitim, so Fanon, als dass diese für die Befreiung aus der durch die kolonialen Regimes aufoktroyierten Assimilation hin zu einer dekolonisierten nationalen Kultur notwendig ist (vgl. Fanon 1981: 177ff.).

Young argumentiert allerdings, dass die Neuheit postkolonialer Arbeiten in erster Linie in ihrer Beschäftigung mit Diskursformationen sowie in der Bearbeitung aktueller Formen von Rassismus zu suchen ist (vgl. Young 1995: 163) – und nicht in den Inhalten. Sowohl die Ansicht, die postkoloniale Theorie sei radikal neu, als auch die Feststellung, dass diese vollkommen substanzlos ist – wie dies etwa Dirlik (vgl. 1994: 352) behauptet –, erscheint weitestgehend irreführend. Zumal Dirlik selbst sich in seinen Schriften nicht ganz einig zeigt, ob er die postkoloniale Theorie für relevant erachtet oder sinnlos (vgl. etwa ebd.: 347). Allerdings hat diese Debatte im Kontext postkolonialer Theorie durchaus eine besondere Bedeutsamkeit, geht es hier doch nicht nur um wissenschaftliche Redlichkeit, sondern um einen verantwortungsvollen Umgang mit Erzählungen, die innerhalb des imperialen Westens oft genug unsichtbar gemacht wurden. Geschieht dies durch diejenigen, die als theoretische und auch politische Vertreter/-innen der zum Schweigen gebrachten ›Massen‹ beschrieben werden, so ist dies insoweit fatal, als dass es den imperialen Prozess auf unheilsame Weise nicht nur stabilisiert, sondern vor allem auch legitimiert.

Postkoloniale Theorie hat nicht nur die antikolonialen Schriften nicht ignoriert, sondern diese auch über ein Wieder-Lesen davor bewahrt, an die Ränder gedrängt zu werden.

Interessenkonflikte: Migrantischer Aktivismus versus internationale Arbeitsteilung

In den letzten Jahren sind zahlreiche Untersuchungen zum internen europäischen Imperialismus erschienen. Sie handeln etwa vom inner-europäischen österreichischen Kolonialismus *vis-à-vis* den osteuropäischen Ländern, den Verknüpfungen imperialistischer Politiken in Richtung Europa und Übersee während der Naziherrschaft oder auch von der angenommenen und so oft proklamierten Schweizer Neutralität und damit einhergehend von der Freiheit von der ›Bürde‹ der Geschichte des Kolonialismus. Die oft gestellte Frage, ob postkoloniale Studien von Relevanz für den deutschsprachigen Kontext sind, erscheint uns, um dies nochmals zu betonen, redundant, ignoriert sie doch den Hauptfokus postkolonialer Theorie, der auf neokolonialistische Strukturen und den ungehemmten internationalen Kapitalismus gerichtet ist. Gleichzeitig ist es dringend geboten, die Risiken einer unhinterfragten Zelebrierung postkolonialer Theorie und ihrer differenten Konzepte vor allem für diejenigen, die nicht ›direkt‹ davon profitieren können, aufzuzeigen. Dies impliziert eine Selbstkritik am metropolitanen Postkolonialismus, der von den Akteuren und Akteurinnen eben dieser Perspektive ausgehen muss (vgl. Spivak 1999a: xii). Insbesondere Spivaks Einwände gegen Bhabhas Theorien sind hier bedeutsam. Wenn Spivak auch bisher keine erschöpfende Kritik an Bhabha formuliert hat, so problematisiert sie doch kontinuierlich Konzepte wie Mimikry, Hybridität und Dritter Raum. Eine Reduktion postkolonialer Politiken auf das Feiern eines »migranten Hybridismus« *(migrant hybridism)* in der ›Ersten Welt‹ à la Bhabha lehnt Spivak strikt ab (vgl. ebd.: xii, 65, 164, 168f., 358).

Auch diese Debatten machen deutlich, dass es nicht möglich ist, von einer uniformen postkolonialen Theorie oder Politik zu sprechen, unterscheiden sich doch etwa Spivaks Ziele und Interessen deutlich von denen Bhabhas – trotz der Überlappungen und Affinitäten. Spivak bemerkt zwar in aller Bestimmtheit, dass sie migrantischen und antirassistischen Aktivismus im globalen Norden für wichtig und unterstützungswürdig hält (vgl. ebd.: 382), warnt aber gleichzeitig vor der Gefahr, dass dieser die brisante politische Frage der internationalen Arbeitsteilung in den Schatten stellt. Und diese Positionen sind auch nicht einfach zu harmonisieren. Eher handelt es sich um einen handfesten Interessenskonflikt, der mit riskanten Politiken einhergeht, etwa wenn postkoloniale klassenprivilegierte Migranten und Migrantinnen in den Metropolen die Position der Subalternen einnehmen und sich damit eigene Vorteile verschaffen (vgl. ebd.: 6, 18, 169, 256, 360).

Im deutschsprachigen Raum fand die postkoloniale Theorie lange Zeit ein besonderes Interesse in den kritischen Migrationsstudien, dem Antirassismus, der kritischen Weißseinsforschung und den Multikulturalismusdebatten. Der Fokus liegt hier auf den Möglichkeiten politischer Partizipation insbesondere postkolonialer Migranten und Migrantinnen wie auch den Privilegien weißer Menschen aufgrund einer rassistisch strukturierten Gesellschaft. Die kolonialen Kontinuitäten von Migrationspolitik im europäischen Kontext, sowie die Erfahrungen von Rassismus und Diskriminierung, die das Alltagsleben der Migranten und Migrantinnen im postkolonialen Europa bestimmen, sind wichtige politische Interventionsfelder, die der permanenten Adressierung bedürfen. Und es ist hier geradezu zwingend, eine Verbindung zu postkolonialer Theorie herzustellen. Von Du Bois (1996 [1903]: 13), einer intellektuellen Gallionsfigur des afroamerikanischen Widerstands, ausgehend, der bemerkte, dass das Problem des 20. Jahrhunderts die »*color line*« sei, haben sich Theoretiker wie Said und Bhabha – aber auch Gilroy und Hall – insoweit folgerichtig den Fragen des Rassismus in postkolonialen Zeiten, der kulturellen Identität und Differenz angenommen. Sie alle fanden in einem spezifisch politisierten migrantischen Spektrum im deutschsprachigen Raum schnell Gehör. Spivak allerdings kompliziert die scheinbar selbstevidente Beziehung zwischen Postkolonialismus und antirassistischer Politik und warnt davor, postkoloniale Kritik auf metropolitane Räume zu begrenzen und postkoloniale Migranten und Migrantinnen zu Agenten der Dekolonisierung zu bestimmen (Spivak 1999: 256).[10] Migrantischer Aktivismus ist auch für Spivak ein bedeutsames politisches Feld – so fokussiert sie etwa die Subalternisierung undokumentierter Migranten und Migrantinnen im globalen Norden (vgl. Spivak 1995c: 189).

Spannenderweise hat Du Bois seine eigene Bemerkung einige Jahre später revidiert und betont, dass es eine größere Frage als die der »*color line*« gebe – eine, die sie sowohl überschattet und ihr gleichzeitig inhärent sei, nämlich die »*question of labor*« (Arbeitsfrage) (Du Bois 1925: 385).[11] Und er betont zudem, dass die *color line* in Afro-Amerika nicht verschwinden wird, solange koloniale Leibeigenschaft erhalten bleibt.[12] Du Bois deutet hierbei direkt auf die transnationalen Verwobenheiten von Befreiungskämpfen: eine Befreiung aus Unterdrückungsverhältnissen im globalen Norden ohne die Beseitigung kolonialer Machtverhältnisse im globalen Süden ist für Du Bois schlichtweg keine Befreiung. Das eine kann nicht ohne das andere gedacht werden.

---

10 | Auch wenn eingeräumt werden muss, dass eine allzu schematische Aufteilung in ›Süden‹ und ›Norden‹, riskant ist, insoweit die Heterogenität und internen sozialen Ungleichheiten im nationalen Kontext damit ungenannt bleiben, scheint es strategisch sinnvoll, mit dem Einsatz der Begrifflichkeiten auf die strukturellen Disparitäten aufmerksam zu machen.

11 | Spivak zufolge ist dagegen die »*gender line*« die dominierende Frage des 21. Jahrhunderts. Sie führt damit eine erneute Perspektivverschiebung ein.

12 | Du Bois *To the Nations of the World*, Rede bei der 1. Panafrikanischen Konferenz 1900 in London (vgl. Du Bois 2006 [1900]: 85ff.).

Wie wir im ersten Kapitel dargelegt haben, sind viele der Probleme, welche den *Commonwealth Literary Studies* anhafteten, auf die postkolonialen Studien übergegangen. In ähnlicher Weise sind nun bei der Übersetzung der anglophonen postkolonialen Studien in den deutschsprachigen Raum ein Großteil der Probleme mit übertragen worden. Bedauerlicherweise ist dabei die kritische Debatte kaum rezipiert worden. Eines der Probleme, die vom anglophonen in den deutschsprachigen Kontext übergesprungen ist, betrifft das Verhältnis zwischen migrantischem Aktivismus und postkolonialer Kritik. Die koloniale Kontinuität der Migrationspolitiken im europäischen Kontext oder auch die migrantische Erfahrung mit strukturellem Rassismus und Alltagsrassismus, der ökonomischen Ausbeutung und Diskriminierungen in den Bildungsinstitutionen und auf dem Arbeitsmarkt ist nicht infrage zu stellen. Es sind insbesondere Bhabhas spätere Arbeiten, die den Fokus von der kolonialen Diskursanalyse hin zu der konkreten Situation postkolonialer Migranten und Migrantinnen in den Metropolen und ihren gewaltvollen Diskriminierungserfahrungen verschoben haben. Analog argumentiert Said, dass der ideologische und kulturelle Krieg gegen Imperialismus – in Form von Opposition und Dissens – von den ehemaligen Kolonien in die Metropolen übergesprungen ist (Said 1993: 276). Die Verbindung von postkolonialer Theorie und Migrationsstudien ist also pointiert signifikant. Dennoch warnt Spivak zu Recht vor einer Reduktion postkolonialer Kritik auf migrantischen Aktivismus und weist darauf hin, dass der metropolitane Postkolonialismus manches Mal mit der globalen Gerechtigkeit in Konflikt gerät (vgl. Spivak 1999a: 279). Aus der Position einer postkolonialen Migrantin fokussiert sie damit auf instruktive Weise die Grenzen und Leerstellen ihrer eigenen Politik (vgl. ebd.: xii).

Im deutschsprachigen Diskurs – nicht viel anders wie im anglophonen – ist die Popularität der ›Migrantin-als-Subalterne‹ oder als ›Hybride‹ geradezu symptomatisch für die Gefahren, vor denen Spivak warnt. Das erste Konzept ist dabei besonders paradox, weil Spivaks Verständnis folgend der Raum der Subalternen gerade als abgeschnitten von jeglichen Möglichkeiten zur Mobilität – vertikal und horizontal (vgl. Spivak 1996a: 288f.) – charakterisiert ist. Erst durch diese Mobilitätsrestriktion werden klassen- und geschlechtsspezifische koloniale Subjekte produziert (vgl. Spivak 2002a: 319). Wiederholt spricht Spivak davon, dass es die Nichtberücksichtigung der epistemischen Gewalt des Imperialismus ist, die dazu führt, dass die aktuelle internationale Arbeitsteilung mit der Situation der ›Gastarbeiter/-innen‹ oder der Menschen aus der ›Dritten Welt‹ innerhalb der ›Erste-Welt-Arenen‹ versinnbildlicht wird, was ihrer Meinung nach nur wenig mit dem umfassenderen Problem zu tun hat (vgl. 1990a: 14). Aus diesen Gründen betont sie die Überausbeutung der subalternen Frau im Süden und unterstreicht, dass die Subalternität nicht konfundiert werden sollte mit unorganisierter Arbeitskraft, Frauen im Allgemeinen, Proletarier/-innen, Kolonisierten, Migranten und Migrantinnen oder geflüchteten Menschen. Die Vermengung dieser Subjektpositionen mit dem Begriff der Subalternität sei nicht gewinnbringend (vgl. 1995a: 115). Nun ist Spivak zu Recht mehrfach für ihre mehrdeutige Verwendung des Konzepts ›Subalterne‹ kritisiert worden. Der Ambiguität steht allerdings die Klarheit dessen gegenüber, wer für sie *nicht* Subalterne ist: Unmissverständlich betont Spivak, dass *nicht* jedes postkoloniale Subjekt und auch *nicht* jedes Mitglied einer ethnischen Minderheit sogleich eine Subalterne bzw. ein Subalterner ist (vgl. etwa 1999a: 310).

Spivaks Konzept der Subalternen wird von vielen postkolonialen Theoretiker/-innen opportunistischerweise in der Proklamation der ›Migrantin-als-Subalterne‹ verwendet (vgl. Dhawan 2007). Es ist erstaunlich, mit welcher Vehemenz ihre beständige Warnung vor einer Ineinssetzung der Position der Subalternen mit anderen postkolonialen Subjekten in der deutschsprachigen Rezeption postkolonialer Theorie ignoriert wird (vgl. ebd.). Überdies wird verkannt, dass der Begriff der Subalternen in keiner Weise eine Form der Selbstrepräsentation darstellt. Die nicht alphabetisierten, unorganisierten, weiblichen Arbeitskräfte im Süden sprechen von sich selbst kaum als »Wir – die Subalternen!«. Vielmehr ist der Spivak'sche Begriff der Subalternen einer, der auf eine Heterogenisierung (post-)kolonialer Räume zielt. Diejenigen, die subalterne Räume mit einer marginalisierten Perspektive im Allgemeinen gleichsetzen, riskieren, der Spezifizität des Konzeptes die Kraft zu entziehen (vgl. Spivak 1996a: 290). Slavoj Žižek (2004) hat in einem anderen Zusammenhang treffend formuliert: »Einen armen Bauern [...] mit demselben Begriff zu belegen wie den Angehörigen der ›symbolischen Klasse‹ (Akademiker, Journalist, Künstler, Kunstmanager), der ständig zwischen Kulturhauptstädten hin- und herreist, läuft auf dieselbe Obszönität hinaus wie die Gleichsetzung von Hungersnot und Schlankheitsdiät.« (vgl. auch Spivak 2002a: 320) Die schlichte Zusammenlegung einer Diaspora-Elite mit den Anderen, die nicht von den Bühnen der ›Ersten Welt‹ aus sprechen können, ist letztlich Resultat der Vereinnahmung der Perspektiven der ›Dritten Welt‹ zum Wohle der ›Ersten‹, die gerade von Kritiker/-innen der postkolonialen Theorie immer beklagt wurde und wird.

Die postkoloniale Theoretikerin Rey Chow versteht den Fokuswechsel von den materiellen Kontexten und Kämpfen der ärmsten Frauen im Süden hin zu den intellektuellen Migranten und Migrantinnen in der ›Ersten Welt‹ als eine Veruntreuung, werden doch die Begriffe für Unterdrückung um ihren kritischen und oppositionellen Beitrag gebracht (Chow 1993: 13). Eine der schwerwiegendsten Folgen einer solchen »Selbstsubalternisierung« (*self-subalternization*) der Intellektuellen ist nach Chow das erneute – diesmal doppelt legitimierte – Zum-Schweigen-Bringen der Entrechteten und Entmächtigten (vgl. ebd.). Weder Chow noch Spivak geht es dabei um eine Opfer-Hierarchisierung postkolonialer Subjekte, sondern viel eher darum, vor einem politischen Opportunismus der Selbstsubalternisierung zu warnen. In ihrem Essay *Achtung: Postkolonialismus!* (1997) spricht Spivak beispielsweise über ihre Erfahrungen auf einer Postkolonialismuskonferenz in Deutschland, wo die indisch-deutschen Frauen im Publikum sie, nach eigenen Worten, angriffen, weil »die Botschaft [ihres] Vortrags nicht ›liebe mich, liebe mich, ich bin eine indische Hybride‹ war« (ebd.: 120). Spivak warnt, dass, sollte ein solcherart akademischer Narzissmus als Postkolonialismus validiert werden, die Gefahr darin besteht, dass das Politische nur auf das Persönliche reduziert werde. Dies würde, so Spivak, eine fragliche Inversion des feministischen »Das Private ist politisch« bedeuten, nach der alles Politische immer das Private sei (vgl. 1993a: 4). Es ist hier wichtig zu betonen, dass die Subalternisierung der Migranten und Migrantinnen auch Vorteile für die hegemoniale Kultur mit sich bringt, macht die Übernahme der Position der Subalternen durch die Migranten und Migrantinnen diese doch zu bequemen »Ersatz-Subalternen« (*token subaltern*, Spivak 1996a: 292), deren Agenda im Grunde bei der Verdrängung der Forderungen und Anklagen der ›Dritten Welt‹ behilflich ist. Der liberale Teil der hegemonialen Mehrheitsbevölkerung kann dann mit den »sprechenden Subalternen« (*speaking subaltern*, ebd.) in Kontakt treten und damit ihr »Wohlwollen« unter Beweis stellen.[13] Die Selbstimmunisierung gegen Kritik der postkolonialen Intellektuellen ist dabei Bestandteil einer Figuration, die Vorteile für beide, die postkolonialen Migranten und Migrantinnen *und* die hegemoniale Kultur, bringt. Spivak warnt deswegen unseres Erachtens zu Recht vor der Verführung, den Raum der Subalternen zu besetzen, denn wird die postkoloniale Intellektuelle erst einmal als »Ersatz-Opfer« wahrgenommen, so wird auch sie zum Schweigen gebracht. Die Vertreter/-innen der liberalen hegemonialen Kultur können über eine ›Solidarität‹ mit den *token subaltern* dagegen ihre Radikalität zur Schau stellen und abermals ihr Gewissen retten (vgl. 1990a: 61).

In seinem wichtigen Buch *Subalternity and Representation* (2004) argumentiert John Beverley von der *Latin American Subaltern Studies Group*, dass es notwendig sei, die postkolonialen Intellektuellen als Protagonisten und Protagonistinnen der Dekolonisierung zu verabschieden. In einem selbstkritischen Zug legt Beverly – ähnlich wie Spivak – das Paradox frei, dass die Wissensproduktion der postkolonialen Intellektuellen koloniale und postkoloniale Subalternitäten reproduziert (vgl. ebd.: 34).

Die verzwickte Beziehung der Intellektuellen mit den Subalternen hat Spivak auch in der bekannten Frage, ob die Dominanten fähig seien, den Subalternen zuzuhören, thematisiert. Interessanterweise behauptet sie, dass die Subalternen nur über die Stimme der Elite gehört werden können (vgl. 1988:

13 | Suleri schlägt einen ähnlichen Ton an, wenn sie bemerkt, dass sie es leid sei, als »Differenzmaschine« (*otherness machine*) (Suleri zit. in McClintock 1995: 11) instrumentalisiert zu werden.

203). An dieser Stelle scheint es instruktiv, erneut auf Parrys scharfe Kritik hinzuweisen, die Spivak vorwirft, willentlich taub gegenüber den indigenen Stimmen zu sein, wo sie eigentlich deutlich hörbar sind (vgl. Parry 2004: 23). Diese Kritik führt wieder zurück zu Foucaults Warnung, dass die Intellektuellen – und zwar alle – immer einen Teil der Machtstrukturen besetzen, die das Sprechen der ›Massen‹ blockieren (vgl. Foucault 1977: 207f.).

Wie bereits ausgeführt, zeigt sich Spivak durchaus selbstkritisch gegenüber ihrer eigenen Aussage, dass die Subalterne nicht sprechen kann, und beurteilt diese heute aus der Distanz als »nicht ratsame Bemerkung« (*inadvisable remark*, 1999a: 308). Ihre Ausführung am Ende ihres Essays *Can the Subaltern Speak?*, dass die Subalterne nicht sprechen könne, erklärt sie später mit ihrer eigenen Verzweiflung, die sich einstellte, als sie erfuhr, dass Bhubaneswaris Versuch zu sprechen, innerhalb ihrer Familie (vgl. Kap. III) mehr als 50 Jahre unmöglich gemacht wurde. Nicht mit den kolonialen Autoritäten geht Spivak hier zu Gericht, sondern deutet stattdessen auf ein Schweigen, welches von den emanzipierten Großgroßnichten Bhubaneswaris hergestellt wurde (vgl. Spivak 1999a: 309). Bhubaneswari kämpfte für die nationale Befreiung Indiens – eine ihrer Großgroßnichten dagegen ist, so bemerkt Spivak bitter, eine gefeierte Migrantin, die innerhalb eines transnationalen US-amerikanischen Konzerns Karriere macht (vgl. ebd.: 311). Aus diesem Grunde insistiert Spivak, dass es von immenser Bedeutung ist, dass die *eigene* Verstrickung am Zum-Schweigen-Bringen der Subalternen anerkannt und thematisiert wird. Anstatt Postkolonialität zu zelebrieren, erscheint es jedenfalls viel dringlicher, die »gestattete Ignoranz« (*sanctioned ignorance*) nicht nur der hegemonialen Kultur, sondern auch der postkolonialen Intellektuellen zur Zielscheibe zu machen und damit den eigenen Anteil für das Nicht-Gelingen der Dekolonisierung zu analysieren.

Expliziter als Spivak warnt kaum jemand vor den unhinterfragten Privilegien postkolonialer Elite-Migranten und Migrantinnen, die ihren Worten zufolge zu einer Verschiebung der Subalternen in die Vergessenheit führen können (vgl. ebd.: 18). Die Subalternen sind dabei nach Spivak *nicht* Teil eines uniform organisierten Widerstandes, der immer mit den kapitalistischen Strukturen verstrickt bleibt (vgl. ebd.: 243). Sie unterstreicht, dass – *post*kolonialistisch gesehen – die Beziehung zwischen »dem ›gebildeten Westafrikaner‹ – dem schwarzen Europäer – und dem ›indigenen‹ in Form einer Klassenapartheid fortgeführt wurde« (Spivak 2004: 98). Die meisten Analysen scheuen sich dagegen davor, den aktuellen Nationalismus in postkolonialen Räumen im Kontext einer erstarkenden bürgerlich-konservativen Diaspora der Immigranten und Immigrantinnen zu sehen. Beispielsweise ist bekannt, dass rechte Hindu-Organisationen in Indien mit großen Geldsummen von Immigrantengruppen unterstützt werden (vgl. etwa Gopinath 2002: 158).[14] Dies bedeutet, dass ein Teil der postkolonialen Diaspora die Politik in ihrem Herkunftsland durch Kapitalzuwendungen lenkt, obschon sie selbst weit genug entfernt vom »aktuellen Theater der Dekolonisierung« (Spivak 1999a: 287) lebt. Spivak zeigt keinerlei Sympathie für diese postkolonialen Subjekte und geht gar so weit, den »Mainstreameinwanderer« als »DISPO« (*dollar-income-private-sector-operator*, Spivak 2002b: 60) zu bezeichnen, der nichts anderes ist als ein Mitglied der Gemeinschaft des mikroelektronischen Kapitalismus. Diese Gruppe postkolonialer Migranten und Migrantinnen beschwört, so Spivak, online einen Nationalismus, lebt in den Metropolen und rekodiert Klassenmobilität in Form von Mimikry und Maskerade als Widerstand, Destabilisierung und Intervention (vgl. ebd.). Eine solch starke Beschreibung lässt freilich die Frage nach der Möglichkeit »subalterner Räume« in den Metropolen aufkommen. Spivak verdeutlicht in ihren Bemerkungen zu den »neuen Subalternen«, dass diese mit dem langsamen Zusammenbruch der Wohlfahrtsstaaten am ehesten von den metropolitanen Wohnungslosen (vgl. 2002a: 323) und undokumentierten Migranten und Migrantinnen besetzt werden (vgl. 1995c: 189).

Nun geht es weniger darum, die ›wahren‹, ›authentischen‹ Subalternen zu lokalisieren oder gar einen Nord-Süd-Dualismus zu reifizieren, sondern stattdessen um die Betonung von Spivaks Position, dass ein »Hybridismus« der Migrantinnen letztlich in Konflikt steht mit den Interessen der ärmsten Frauen im Süden – ja diesen, wie beschrieben, im Grunde schadet (vgl. Spivak 1999a: 169). Anders gewendet: Der im Norden lokalisierte und organisierte Widerstand von Migranten und Migrantinnen richtet sich nicht *zwangsläufig* gegen globale soziale Ungerechtigkeiten (vgl. ebd.: 279). Spivak zufolge stellt eine migrantische Selbstrepräsentation als *per se* Marginalisierte des Nordens eine Aberkennung des dominanten Status *vis-à-vis* dem Süden dar (vgl. Spivak 1995c: 180). Gelegentlich befinden sich Migranten und Migrantinnen auch auf der Ausbeutungsseite der internationalen Arbeitsteilung – und solange keine Verantwortung hierfür übernommen wird, bleiben, so Spivak, privilegierte Migranten und Migrantinnen Teil des Problems (vgl. ebd.: 183).

Im Zeitalter der Globalisierung sind die »neuen Subalternen«, so Spivak, diejenigen, deren Körper und Wissen immer mehr zur Zielscheibe kapitalistischer Strategien – etwa TRIPS (*Trade-related Aspects of Intellectual Property Rights*) – multinationaler Unternehmen geraten (vgl. Spivak 2002a: 319). Die Idee des »handelbaren intellektuellen Eigentums« wurde dabei zur Basis einer

14 | Siehe auch die Website der »Overseas Friends of BJP« (Bharatiya Janata Party; indische Volkspartei) nach dem Wahlsieg der konservativen BJP bei den indischen Parlementswahlen in 2014: http://www.ofbjp.org/inindian-diaspora-national-capital-area-celebrate-bjp%E2%80%99s-historic-win-india%E2%80%99s-parliamentary-election (letzter Aufruf 24.11.2014).

erweiterten Ausbeutung und Biopiraterie, die für indigene Subalterne zur existentiellen Bedrohung geworden ist. Dies sind nur einige wenige Symptome für die unbezweifelbare Tatsache, dass die verschlungene Beziehung zwischen Kapitalismus und Kolonialismus in Gestalt transnationaler Unternehmen und deren Versuch, die arme Landbevölkerung der Welt unter die Herrschaft des Finanzkapitals zu bringen, weiterhin besteht (vgl. ebd.: 322). Der Neokolonialismus präsentiert sich, so Spivak pointiert, erneut als segensreiches »Entwicklungsprojekt« und führt die anhaltende »Zivilisierungsmission« weiter fort. Shalini Randeria schreibt hierzu: »Aus der Perspektive der Mehrzahl postkolonialer Gesellschaften erscheint die Globalisierung [...] als Versuch, sowohl die Gegenwart zu rekolonialisieren als auch die Zukunft zu kolonialisieren.« (Randeria 2000: 18) Dabei geraten die ärmsten Frauen des Südens über Subkontrakte und der damit verbundenen Schuldenfalle in eine Position maximaler Ausbeutung. Selbst die oft gelobten Mikrokredite für Frauen erweisen sich als grausame Köder, um die indigenen Subalternen in kapitalistische Strukturen einzubinden. So sind etwa die schlimmsten Opfer im Spiel der multinationalen pharmazeutischen Konzerne im Namen der Bevölkerungskontrolle wieder einmal die Körper der Frauen des globalen Südens (vgl. Spivak 1995c: 194). Die Rolle transnationaler Konzerne und der Europäischen Union bei dieser neuen Form von Ökokolonialismus[15] und Überausbeutung ist dabei längst kein Geheimnis mehr (vgl. etwa Randeria 2000; Shiva 2001).[16]

Es bleibt insoweit problematisch, postkoloniale Perspektiven auf einzelne nationale oder regionale Räume zu beschränken, sind nationale Grenzen doch selber koloniale Produkte. Ebenso ist die Vorstellung, dass es möglich wäre, rassistische Ausgrenzungspolitiken zu verstehen, indem alleinig Europa in den Mittelpunkt der Analyse gestellt wird, im Grunde eurozentrisch. Deswegen etwa ist die Frage, ob die Subalterne Deutsch spricht, bestenfalls risikoreich, gerade weil sie die globalen Verflechtungen, die auf einer kolonialen Geschichte aufruhen, ignoriert (vgl. Dhawan 2007). Bleiben postkoloniale Interventionen auf den globalen Norden beschränkt, kommt ein nicht mehr

15 | Das Buch *Green Imperialism: Colonial Expansion, Tropical Island Edens and the Origins of Environmentalism, 1600-1860* von Richard H. Grove (2010) gibt einen sehr guten Einblick in die Anfänge der Umweltpolitik (*environmentalism*) und deren Verflechtung mit Imperialismus und Kolonialismus.

16 | Zunehmend wird auch ein Konflikt zwischen den von der Welthandelsorganisation (WTO) im internationalen Handelssystem verwalteten handelbaren intellektuellen Eigentumsrechten (TRIPS) und der Biodiversitätskonvention (CBD), die eine nachhaltige Nutzung der biologischen Ressourcen zum Ziel hat. Das hat etwa zu der Forderung geführt, kollektive Rechte anstatt individueller Menschenrechte zu verfolgen. Darüber hinaus wird in diesem Zusammenhang auch verlangt, indigenes Wissen anzuerkennen, welches lange nicht den Status von Wissen innehatte.

akzeptabler methodologischer Nationalismus zum Zuge, der die Kritik erneut in nationale Einheiten verpackt. Das koloniale Weltmachen wird mithin erneut stabilisiert und nicht irritiert. Nicht selten wird etwa ein allzu enger und exklusiver Blick auf lokale Bewegungsaktivitäten gerichtet. In der Konsequenz wurde die transnationale Perspektive eher marginalisiert oder bestenfalls in die akademischen *Area Studies* verschoben. Und das, obschon der Prozess zunehmender Globalisierung die Untersuchung widersprüchlicher transnationaler Verflechtungen, wie wir gezeigt haben, unumgänglich macht. Es kann nicht sein, dass der aktuelle Neokolonialismus in erster Linie mit Fokus auf die interne Kolonisierung postkolonialer Migranten und Migrantinnen im globalen Norden betrachtet wird und dabei gleichzeitig die Frage nach internationaler Arbeitsteilung unbeleuchtet bleibt. Insofern ist es unseres Erachtens nicht notwendig, lange nach umständlichen Erklärungen zur Sicherung der Legitimität postkolonialer Studien im deutschsprachigen Raum zu suchen, jedoch muss weiterhin über Fokus und Zielrichtung derselben debattiert werden.

Es ist kaum möglich, in allen Punkten mit Spivak übereinzustimmen, aber wenn schon ihre komplexen und differenzierten Konzepte und Theorien genutzt werden, dann sollten doch zumindest die Fallstricke, die Spivak damit offenlegt, ernst genommen werden. Es geht weniger um eine Abkehr von migrantischen Widerstand, sondern viel eher um das notwendige Überdenken der Strategien und Taktiken, bei denen die internationale Arbeitsteilung und die eigene Verstrickung im globalen kapitalistischen System nicht aus den Augen verloren wird. Effekt wäre, so die Hoffnung, eine radikale Revitalisierung und Reformulierung migrantischer Politiken. Spivak schreibt hierzu: »[I]n ihrer Sehnsucht, mit den Nationen ihrer Herkunft identifiziert zu werden, treten Menschen aus dem Süden, die in der Diaspora leben, in den Vordergrund, um sich für den Süden einzusetzen. Sie sind nicht nur *nicht* der Süden, sie sind auch nicht der Süden im Norden. Ihre Klassenbündnisse verlaufen häufig vertikal, ihre politischen Anliegen gründen bestenfalls in ihrem Leiden als Migranten/Migrantinnen – ein ehrenwertes Interesse zwar, aber nur indirekt mit der internationalen Ausbeutung verknüpft. Der Zusammenhang wird deutlich, wenn Klassenbildung im weitesten Sinne als etwas gesehen wird, das die demographischen Auswirkungen des Globalkapitals in ländlichen Gebieten mit einschließt.« (Spivak 1996b: 57f.)

Dekolonial versus postkolonial

Antirassistische Politiken[17] nutzen postkoloniale Analysen, um die Ursachen, Herkunft und Kontinuitätslinien rassistischer Strukturen im globalen Norden zu skandalisieren. Die Verbindungslinien sind klar. Das Problem liegt lediglich darin begründet, dass häufig, wie gezeigt, die Anderen im globalen Süden die Anderen bleiben. Selten wird ihre Situation in einen Zusammenhang mit Ausbeutungsverhältnissen im globalen Norden gestellt. Eher kann eine Spaltung zwischen einem entwicklungspolitischen Aktivismus, der den globalen Süden in Blick nimmt – wenn auch zumeist in problematischer Art und Weise –, und einem Migrationsaktivismus, der sich oft genug ignorant gegenüber den Macht- und Herrschaftsverhältnissen im globalen Süden zeigt, beobachtet werden. Politisch wichtig und theoretisch relevant wäre es, nicht nur die differenten Perspektiven, Strategien und Taktiken zusammenzudenken, sondern auch ihre Spannungen und Widersprüche aufzudecken und zu thematisieren.

Dagegen wird in den letzten Jahren eine andere Konfliktlinie gezogen: die zwischen postkolonialen und dekolonialen Ansätzen. Insbesondere Vertreter/-innen der US-amerikanischen Lateinamerikastudien (*Latin America Studies*) definieren sich immer wieder – wenn auch in sehr unterschiedlicher Weise und Vehemenz – über eine Kritik an postkolonialen Ansätzen.[18] Auch im deutschsprachigen Raum werden die Ansätze insbesondere in den Lateinamerikastudien rezipiert, erfreuen sich aber auch bei antirassistischen Gruppen einer zunehmenden Beliebtheit. Drch- und Angelpunkt ist das Konzept der »Kolonialität«, das der peruanische Soziologe Aníbal Quijano, der zurzeit an der Universität Ricardo Palma in Lima das Zentrum »*América Latina y la Colonialidad del Poder*« (Lateinamerika und die Kolonialität der Macht) leitet und gleichzeitig an der University Binghamton Soziologie lehrt, geprägt hat. Unter Kolonialität versteht er Strukturen und Prozesse, die aus den kolonialen Verhältnissen hervorgegangen sind und die auch aktuelle globale Macht- und Herrschaftsverhältnisse prägen. Der Fokus liegt dabei auf der Kontinuität kolonialer Machtverhältnisse, die mit Konzepten wie etwa »koloniale Machtmatrix« oder auch »Kolonialität der Macht« beschrieben werden (vgl. etwa Quijano 2008).

Im Zusammenhang mit der Debatte hat sich eine recht furiose Attacke in Richtung postkolonialer Studien entfaltet, die nicht einfach zu verstehen ist, scheint doch der Fokus auf den ersten Blick identisch: die Kontinuität epis-

---

17 | Siehe zum Unterschied zwischen einem depolitisierenden multikulturalistischen Antirassismus und einem politischen Antirassismus Bratić (2010).

18 | Eine sehr gute Zusammenstellung der Rezeption postkolonialer Studien innerhalb der Lateinamerikastudien bietet Fernando Coronil (2008).

temischer, ökonomischer und politischer (post-)kolonialer Macht- und Herrschaftsverhältnisse (Bhambra 2014).

Eine wichtige Kritik an postkolonialen Studien, die von Seiten der dekolonialen Theoretiker/-innen erhoben wird, ist der starke Fokus auf Asien und einige wenige arabische und afrikanische Räume. Dies ist allerdings darauf zurückzuführen, dass die prominentesten Stimmen der postkolonialen Theorie, die im vorliegenden Band auch vorgestellt werden, nicht nur aus diesen spezifischen postkolonialen Regionen (Indien und Palästina) stammen, sondern zudem auch einen starken Einfluss auf nachfolgende Generationen von Wissenschaftlerinnen und Wissenschaftlern hatten, die dann ähnliche regionale Fokusse wählten. Heute finden wir etwa eine Vielzahl von Studien zur britischen Kolonialherrschaft in Indien, die von europäischen Wissenschaftlerinnen und Wissenschaftlern verfasst wurden, die sich etwa auf Spivaks Schriften oder die *South Asian Subaltern Studies Group* beziehen. Jedoch beschränkten sich postkoloniale Studien nie nur auf diese Räume.

Eine andere Kritik, die mit ersterer interdependent zusammenhängt, ist die an den eingeschränkten zeitlichen Räumen und der Spezifik der beschriebenen Kolonisierungsprozesse (vgl. Moraña et al. 2008). Die meisten Länder in Lateinamerika errangen bekanntlich bereits im 18. und 19. Jahrhundert ihre Unabhängigkeit und befanden sich mithin in der Hochzeit des Kolonialismus nicht mehr unter direkter kolonialer Herrschaft, während auf dem afrikanischen Kontinent erst in den Jahren um Unabhängigkeit gekämpft wurde, in denen die postkoloniale Theorie in ihren Kinderschuhen steckte. Dekoloniale Studien fokussieren verstärkt die Prozesse der frühen Kolonialisierung Lateinamerikas und der Karibik.

Die Rezeption der postkolonialen Schriften wurde auch über die (kaum zufällige) Etablierung des Englischen als *lingua franca* des Wissenschaftsbetriebs befördert – wie auch die besondere Position der US-amerikanischen Hochschulen und Publikationen innerhalb des globalen Wissenschaftsbetriebs eine entscheidende Rolle spielen. So begründet einer der prominenten Autoren innerhalb der dekolonialen Studien, Mignolo, in seinem bereits 1995 erschienenen Buch *The Darker Side of the Renaissance*, warum er dieses auf Englisch und nicht auf Spanisch verfasst hat, damit, dass ein auf Spanisch geschriebenes Buch nicht dieselbe Resonanz hätte wie ein auf Englisch oder Französisch geschriebenes Buch. Das imperiale Spanisch – abwechselnd als Kastilisch und Spanisch bezeichnet – reiht er dabei problematischerweise in eine Kategorie mit den originären Sprachen Lateinamerikas – etwa Quechua und Aymara – ein (vgl. Mignolo 1995: ix). Diese Sprachen, so Mignolo, haben keine wissenschaftliche Legitimität. Freilich muss hier eingewendet werden, dass Sprachpolitiken etwas komplizierter sind – ein dermaßen vereinfachender Dualismus verwundert. So unterschlägt Mignolo, dass natürlich in Spanisch geschriebene Literatur eine weitaus größere Verbreitung findet als etwa in Quechua verfasste Texte, und dass die Gründe für die Marginalisierung des Kastilischen – die in Katalonien oder im Baskenland kaum jemand beklagen wird – auch mit dem US-amerikanischen Imperialismus des 19. und 20. Jahrhunderts in Zusammenhang stehen. Darüber hinaus leben in den USA fast genauso viele Spanisch sprechende Menschen wie Englisch sprechende. Es geht hier wohl eher um eine Klassenfrage, denn wer, wenn nicht akademisch gebildete Menschen, würden Bücher zur dekolonialen Theorie kaufen und lesen? Und warum hat die Mehrheit der Weltbevölkerung keinen Zugang zu einer akademischen Bildung? Hierauf gibt Spivak, wie wir gesehen haben, durchaus Antworten, während es die poststrukturalistischen Theorien waren, die die Gewaltförmigkeit von Sprache freigelegt haben. Dagegen behaupten dekoloniale Theoretiker/-innen, dass über die postkolonialen Studien das Primat der europäischen Erkenntnisproduktion für die Untersuchung kolonialer Räume reinstalliert wurde, und beanspruchen, andere Theoriezugänge zu nutzen, die nicht eurozentrisch seien – eine Behauptung, die noch zu beweisen bleibt. Darüber hinaus beklagen sie, dass die postkolonialen Studien eine wirkliche Dekolonisierung des Wissens nicht erreichen möchten oder können, da sie zu stark im Wissenschaftsbetrieb des Westens verankert seien. Letzteres Argument erscheint geradezu ironisch, wenn bedacht wird, dass viele Hauptvertreter/-innen der dekolonialen Richtung ebenso an US-amerikanischen Universitäten verortet sind. So sind nur vier von den insgesamt 24 Autorinnen und Autoren im Sammelband *Coloniality at Large. Latin America and the Postcolonial Debate* (2006) an Universitäten in Lateinamerika tätig. Einige von ihnen, wie der argentinische Literaturwissenschaftler Mignolo, wurden darüber hinaus erst als postkoloniale Theoretiker/-innen bekannt, bevor sie dieses Etikett ablehnten und ein neues propagierten.[19] Spivak dagegen hat sich recht früh schon gegen eine Vereinnahmung ihres Denkens durch die sich etablierenden postkolonialen Studien verwehrt und sich immer wieder von diesen zu distanzieren gesucht, ohne eine neue »Schule« zu begründen. Viel eher wurde von den prominenten Vertreter/-innen der postkolonialen Theorie die Disziplinierung derselben problematisiert. Nicht zufällig werden diese auch als antidisziplinär – im Gegensatz zu interdisziplinär – bezeichnet.

In einem Artikel mit dem Titel *The Epistemic Turn* (2007) skizziert der aus Puerto Rico stammende US-amerikanische Kulturwissenschaftler Ramón Grosfoguel die Kriterien und Zielsetzung dekolonialer Studien, die er immer wieder von postkolonialen Studien distinguiert. Die theoretischen Bezüge sind unter anderem die Weltsystemtheorie, die von dem US-amerikanischen So-

19 | So schreibt Mignolo sein 1995 erschienenes Buch innerhalb der Trilogie zur Erfindung Lateinamerikas noch in die postkoloniale Theorie ein (siehe Einleitung) und spricht erst im dritten Band, welcher 2005 erschien, von Dekolonialität. Die Themen und Argumente haben sich nicht geändert – die Einschreibung schon.

zialwissenschaftler Immanuel Wallerstein entwickelt wurde, und die schon erwähnte Idee der Kolonialität von Quijano, der im Übrigen ebenso stark innerhalb der postkolonialen Theorie rezipiert wird. Daneben werden Vertreter/-innen des in den USA verorteten *Chicana Feminism* (etwa Gloria Anzaldúa 1999) und *Black Feminism* (etwa Patricia Hill Collins 2008) zitiert, ohne dass auf ihre Schriften genauer eingegangen wird. Der Beitrag macht dabei sehr schnell deutlich, dass die starke Abgrenzung zu den postkolonialen Theoretiker/-innen nur gelingt, indem wesentliche Aussagen und Auseinandersetzungen derselben gelöscht oder verfälscht werden. So betont Grosfoguel immer wieder, dass die formale Dekolonisation nicht das Ende der Kolonisierung bedeute, und wiederholt damit eine der wichtigsten Aussagen postkolonialer Theorie. Wie Hall (2002: 236) bereits festgestellt hat, ist das Präfix ›post‹ in ›postkolonial‹ nicht als ein Danach zu lesen, sondern spricht die Notwendigkeit an, die Konsequenzen der kolonialen Herrschaft profund zu analysieren. Postkoloniale Theorie greift zudem kulturelle Essentialismen und die binären Oppositionen, die den kolonialen Diskurs durchziehen, an, weswegen die klare Grenzziehung zwischen eurozentrischer und nicht-eurozentrischer Wissensproduktion, die Grosfoguel zufolge einer der Merkmale dekolonialer Theorie sei, seltsam anmuten (vgl. auch Mascat 2014). Auch die Abwendung von ökonomistischen Perspektiven bei gleichzeitiger Warnung vor der Vernachlässigung der Ökonomie kann schlechterdings nicht als ein Distinktionsmerkmal gegenüber postkolonialer Theorie stark gemacht werden, wenn bedacht wird, wie vehement etwa Spivak, die sich fast durchgehend auf Gramsci und Marx bezieht, dies in vielen ihrer Schriften nicht nur betont, sondern detaillierte Analysen anlegt. Was die in diesem Band vorgestellten Vertreter/-innen der postkolonialen Theorie allerdings allesamt nicht tun, ist eine präkoloniale Zeit zu romantisieren und implizit zu konstatieren, alles Übel heutiger postkolonialer Räume hätte mit ihrer Kolonisierung begonnen – wie sie auch nicht mit der formalen Dekolonisation beendet werden konnten. Spivak spricht gar davon, dass es eurozentrisch sei zu behaupten, der Imperialismus hätte mit dem Kolonialismus begonnen, während sie immer wieder klarstellt, dass ihr viel zitierter Aufsatz *Can the Subaltern Speak?* eine Analyse des einheimischen Hindu-Patriarchats zum Ziel hatte. Zu diesem Zweck habe sie, so Spivak, die Schriften weißer europäischer Männer herangezogen (Spivak 2010). Sie hebt damit hervor, dass es möglich ist, wie auch Said immer wieder betont hat, die Erkenntnisse europäischer Gelehrter für die Analyse von Unterdrückungs- und Herrschaftsstrukturen heranzuziehen (siehe Kapitel III). Saids bahnbrechende Analysen sind, wie wir gesehen haben, inspiriert von Foucault und Gramsci, aber auch von der eigenen Exilerfahrung und seiner Auseinandersetzung mit dem US-amerikanischen Neoimperialismus. Spivaks Werk ist nicht nur dekonstruktivistisch und marxistisch und insoweit beeinflusst von Marx, Gramsci und Derrida, sondern rekurriert ebenso auf ein immenses

Wissensreservoir indischer Philosophie, welches in der Rezeption allerdings nur wenig Erwähnung findet. Bhabha wiederum hat nicht nur eine eigene Lesart von Lacan und Freud vorgelegt, sondern auch Fanons Werk produktiv gemacht und Toni Morrison neu gelesen. Alle drei Literaturwissenschaftler/-innen haben Autoren und Autorinnen aus postkolonialen Räumen analysiert und teilweise übersetzt. Wer würde in Europa die bengalische Schriftstellerin Mahasweta Devi kennen, hätte Spivak keine exzellente Übersetzung ihrer Erzählungen vorgelegt? Gleichzeitig scheinen weder Mignolo noch Grosfoguel Schwierigkeiten damit zu haben, die Weltsystemtheorie als Referenzpunkt zu nehmen. Warum gerade die Schriften von Foucault und Derrida als eurozentrisch verstanden werden, leuchtet jedoch nicht wirklich ein – waren es doch gerade sie, die einen Frontalangriff auf den Kanon der abendländischen Philosophie begonnen haben, der die Grundpfeiler derselben erheblich erschüttert hat. Deswegen verwundert es auch nicht, dass insbesondere Spivak und Said in vielen dekolonialen Schriften Erwähnung finden, haben sie es doch vermocht, diese Theorien zum Verständnis (neo-)kolonialer Verhältnisse produktiv zu machen. Dagegen klagt Grosfoguel in einem Beitrag selbst die *South Asian Subaltern Studies Group* an, sich nur westlicher Theorien zu bedienen[20] (vgl. Grosfoguel 2008). Doch auch der argentinische Philosoph und Theologe Enrique Dussel (1980) verweist auf Theorien der Frankfurter Schule wie auch auf Lévinas und Heidegger.

An einer Stelle beklagt Mignolo, dass ein Bolivianer aus einer ›hohen Klasse‹, wie er schreibt, der in Heidelberg studiert hat, nicht dieselben Chancen wie jemand aus der deutschen Mittelschicht hat, der immer schon Deutsch gesprochen und in Deutschland studiert hat (vgl. Mignolo 2005: 44f.). Spivak interessiert eine solche Frage nicht, sieht sie sich doch, wie sie dies bei ihrem Vortrag im Dezember 2013 an der Humboldt-Universität in Berlin bemerkte, als Klassenfeindin der Subalternen und nicht als Opfer eines europäischen Kolonialismus – im Gegensatz zu Mignolo.

Die Behauptung, der dekoloniale Ansatz sei radikaler als der postkoloniale, weil er nicht eurozentrisch und zudem kapitalismuskritischer ist und weil er sich zudem mit der ›Realität‹ auseinandersetzt im Gegensatz zur postkolonialen Beschäftigung ›nur‹ mit literarischen Texten, ist schlichtweg falsch. In *Who's Afraid of Postcoloniality?* (1996) argumentiert Prakash als Antwort auf Kritiker, die meinen, dass postkoloniale Theorie nicht in der Lage sei, den gegenwärtigen globalen Kapitalismus und Imperialismus infrage zu stellen,

20 | Nur dem indischen Historiker Ranajit Guha bescheinigt Grosfoguel, eine ›nicht-westliche‹ Position zu vertreten. Warum Guha, dessen Vater Großgrundbesitzer war und dessen Gramsci-Rezeption mit zur Etablierung der *South Asian Subaltern Studies Group* geführt hat, anders als Spivak, die lange Zeit eng mit diesen zusammengearbeitet hat, als ›authentisch‹ gilt, wird wohl nicht einfach zu beantworten sein.

dass die Tatsache, dass sich das Konzept der Postkolonialität erst nach der Niederlage des Sozialismus und des ›Dritte-Welt‹-Radikalismus verbreitet hat, nicht automatisch zu der Schlussfolgerung führen muss, dass es nichts weiter als ein Trick des Spätkapitalismus ist, welcher auf die Demobilisierung der Opposition zielt (vgl. Prakash 1996: 189). Demzufolge sollten wir Kritikern wie Mignolo und Grosfoguel mit Vorsicht begegnen, wenn sie sich als die letzten antikapitalistischen Intellektuellen inszenieren (vgl. ebd.: 198). In ihren Schriften wird teilweise die Universalisierung des Kapitals als vollendete Tatsache dargestellt, was sie so weit auf die Spitze treiben, dass alles abgesehen von einem Konflikt zwischen Arbeit und Kapital zu einer Ablenkung wird, zu einem Epiphänomen des Kapitalismus an sich. Postkoloniale Kritik wird angegriffen, weil sie es ablehnt, materialistische Kämpfe zu ihrem Grundprinzip zu machen. Was von diesen Kritikern ignoriert wird, ist, dass der Kapitalismus selbst hybridisiert und von Heterogenität gezeichnet ist (vgl. ebd.), sodass die Multidirektionalität postkolonialer Kritik gerade ihre größte Stärke ist.

Kein/e ernstzunehmende/r Vertreter/-in postkolonialer Theorie würde zudem behaupten, wie dies oft in den dekolonialen Schriften anklingt, dass nur das europäische Wissen wirkliches Wissen sei, und dass es außerhalb von Europa keine Wissensproduktion gegeben hätte. Schon Saids *Orientalism* spricht im Gegenteil von der Aneignung des Wissens der arabischen Welt.

Darüber hinaus muss es auch verwundern, dass Grosfoguel (2007) von einer Akzeptanz Homosexueller in präkolonialen Zeiten spricht, wo es doch symptomatisch für eine eurozentrische Argumentation ist, dass Kategorien in anachronistischer Weise auf andere Kontexte angelegt werden – es ist dies in der Tat eine unzulässige Universalisierung, die theoretisch problematisch und politisch risikoreich ist (kritisch hierzu Massad 2007).

Die starke Bezugnahme auf eine Kritik des Imperialismus und neokolonialer Strukturen, die in den 1960er und 1970er Jahren insbesondere von lateinamerikanischen Autorinnen und Autoren entwickelt wurde, hat im globalen Norden eine starke Resonanz gehabt. Die Vertreter/-innen der Dependenztheorie sind als weitere wichtige Referenzpunkte dekolonialer Theorie zu verstehen. Die Dependenztheorie entwickelte sich in den 1960er Jahren im Umfeld der *Comisión Económica para América Latina y el Caribe* (CEPAL) als Kritik an der damals dominanten Modernisierungstheorie. Sie zeigt auf, dass der unterschiedliche Entwicklungsstand vor allem über internationale Ausbeutungsverhältnisse verursacht wird. Vertreter dieser Theorierichtung sind beispielsweise der ehemalige brasilianische Staatspräsident und Soziologe Fernando Henrique Cardoso, der unter anderem Mitglied des *Institute for Advanced Study* (Princeton) ist und an der Berkeley University gelehrt hat. Aber auch der deutschstämmige Ökonom André Gunder Frank (1929-2005), Sohn des sozialistischen und pazifistischen Schriftstellers Leonhard Frank (1882-1961), gilt als Mitbegründer dieser kritischen Richtung. Frank war während seiner Studienzeit ein großer Freund der Keynesianischen Theorie und lehrte an der Michigan University, bevor er Anfang der 1960er Jahre durch Lateinamerika und Afrika reiste. Auf einer seiner Reisen lernte er seine chilenische Frau kennen und blieb in Lateinamerika. Lange Zeit lehrte er an der Universität von Brasilia und auch in Mexiko. Mit Beginn der Militärdiktatur in Chile unter Pinochet flüchtete er mit seiner Familie nach Deutschland und arbeitet schließlich unter anderem am Max-Planck-Institut in Starnberg. Diese zwei kurzen biographischen Einblicke zeigen wie schwierig es ist, mit einer Beschämungsrhetorik (*rhetorics of blame*) auf postkoloniale Theoretiker/-innen zu zeigen, weil diese aus dem Zentrum der Macht – den US-amerikanischen Hochschulen – sprechen. Alle Vertreter/-innen der dekolonialen Theorie haben ausgezeichnete Hochschulausbildungen erhalten; die meisten stammen aus der gehobenen Mittelschicht und/oder einem intellektuellen Milieu und haben an US-amerikanischen Hochschulen gelehrt – bzw. tun dies auch jetzt noch. Said allerdings hat es gewagt, sich mit seinem politischen Aktivismus für Palästina angreifbar zu machen. Und Spivak, die immer wieder wegen ihrer abstrakten Sprache und ihrer komplexen Texten Häme einstecken muss, arbeitet seit über 30 Jahren in subalternen Räumen. Es kann insoweit nicht darum gehen, in einen Wettkampf um die integersten Intellektuellen einzusteigen – der Ausgang wäre ohnehin offen. Auch die Theorien, die zum Einsatz kommen, können schlichtweg nicht gegeneinander ausgespielt werden, wenn das Ziel tatsächlich die Dekolonisierung und ein epistemischer Wandel ist. Die Dependenztheorie der 1970er Jahre wurde als Kritik an der Modernisierungstheorie von Lateinamerika aus formuliert. Ihr gelang es, die Gründe für die ökonomische Unterentwicklung des globalen Südens im Neoimperialismus und Neokolonialismus des globalen Nordens auszumachen. Die Studien, die mit diesem theoretischen Rahmen erstellt wurden und zum Teil noch werden – auch wenn die Dependenztheorie selbst von linker Seite erhebliche Kritik einstecken musste –, sind wichtig und weisen nicht nur auf Leerstellen innerhalb ökonomischer Mainstreamansätze hin, sondern deuten auch auf koloniale Kontinuitätslinien, die nicht aus den Augen verloren werden sollten. Sicher haben der Kalte Krieg und die massive Unterdrückung revolutionärer Impulse in Lateinamerika und Afrika – insbesondere durch die wechselnden US-Regierungen – dazu beigetragen, dass transformative kritische Theorien aus Lateinamerika marginalisiert wurden. Eine Revision der kritischen Produktion – insbesondere innerhalb peripherer Räume – ist deswegen mehr als notwendig. Jedoch muss mit Spivak konstatiert werden, dass »[d]er territoriale Kolonialismus [...] natürlich noch nicht zu Ende [ist]. Aber nationale Befreiungskämpfe und ihre Bildproduktionen sind nicht länger der herrschende Modus.« (Spivak 2011: 64)

Es scheint uns zudem auch dringend notwendig, postkoloniale Perspektiven zu supplementieren und den Textkorpus größeren Lesegruppen zugänglich zu machen. Das bedeutet nicht nur, dass eine stärkere Differenzierung (*ideological and theoretical refinement*) vonnöten ist, wie dies die Herausgeber/-innen des ersten Sammelbandes zu dekolonialen Ansätzen in ihrer Einleitung fordern (siehe Moraña et al. 2008: 5), sondern vielmehr nach den Auslassungen und Widersprüchen der unterschiedlichen theoretischen Herangehensweisen an das Erbe des Kolonialismus und der Präsenz und Fortdauer des Neoimperialismus und Neokolonialismus gesucht werden muss. Theoretiker/-innen wie die argentinische feministische Soziologin Karina Bidaseca (etwa 2010), die US-amerikanische palästinensisch-jüdische Anthropologin Lila Abu-Lughod (etwa 2013) oder der aus Kamerun stammende Achille Mbembe (2001) haben wichtige Schriften zu postkolonialen Studien in Lateinamerika, den arabischen Räumen und Afrika geschrieben, die zur Kenntnis genommen werden müssen. Die Gefahr liegt indes in der Stabilisierung eines theoretischen Zentrums nicht nur im globalen Norden, aber in dessen Metropolen. Dies wird etwa deutlich, wenn sich auf großen Konferenzen akademisch gebildete Menschen aus den Metropolen Europas in den Großstädten Europas treffen, um über die Marginalisierung ihrer selbst zu diskutieren. Die Subalternisierung im globalen Süden allerdings schreitet gleichzeitig voran. Und wenn die ökonomischen und ökologischen Krisen auch Europa erschüttern, während zeitgleich einige postkoloniale Räume ökonomisch stabil sind wie nie zuvor – etwa Indien, Argentinien und Brasilien –, so kann dies über den Fortbestand der internationalen Arbeitsteilung nicht hinwegtäuschen. Insoweit ist es bedauerlich, dass die Vertreter/-innen der dekolonialen Theorie nur selten über Klassenfragen sprechen, obschon sie ihre Theorien größtenteils auf neomarxistische Theorien – insbesondere der Dependenztheorie und der Weltsystemtheorie – aufbauen. Ein anderer Weltsystemtheoretiker, der im globalen Süden – Senegal nämlich – verortet ist, der ägyptische Ökonom Samir Amin, ist ebenso ein Kritiker der postkolonialen Ansätze. Er spricht allerdings vor allem über die Produktion von Armut und glaubt nach wie vor an die Notwendigkeit, den Kapitalismus stürzen zu müssen. Als Leiter des *Dritte-Welt-Forums* in Dakar findet er weltweit Gehör und zählt sich selber weder zur postkolonialen noch zur dekolonialen Theorie – beide seien schließlich Erfindungen eines US-amerikanischen akademischen Kontextes. Vielleicht wird es in Zukunft darum gehen müssen, einen Weg zu finden, in denen kritische Ansätze miteinander verbunden und nicht gegeneinander ausgespielt werden. Schließlich schreibt Spivak bereits in ihrem Vorwort zu *A Companion to Postcolonial Studies:* »Das Beste des Postkolonialismus ist selbstkritisch.« (Spivak 2000b: xv) Sonst bleibt nur zu konstatieren, dass die neoliberale Wettkampfethik der Hochschulen und Theorierichtungen gegen den Wunsch und die Notwendigkeit, andere Zukünfte möglich zu machen, obsiegt. Wie der Philosoph Luis Manuel Sánchez Martínez in der Einleitung zu seiner komplexen, theoretischen Auseinandersetzung mit der Philosophie Dussels schreibt: »[Es] ist sehr wichtig, endlich zu verstehen, dass eine langfristige gewaltlose Lösung von Konflikten in der heutigen Welt eher die Kooperation als die Konfrontation von verschiedenen Perspektiven erfordert.« (Sánchez Martínez 2006: 1)

Universalismus versus Differenz

Einer der häufig wiederholten Kritikpunkte gegen die postkoloniale Theorie ist, dass diese aufgrund ihres Einspruchs gegen die universalisierenden Kategorien der Theorien der Aufklärung, die als eurozentrisch und unzureichend gewertet werden, die Unterschiede zwischen dem Westen und dem Orient ontologisiere. Da die Unverwechselbarkeit der postkolonialen Welt hervorgehoben wird, wird den postkolonialen Theoretikerinnen und Theoretikern des Weiteren vorgehalten, dass sie selbst ethnozentrisch argumentieren würden und die universelle Gültigkeit emanzipatorischer Normen, wie Gerechtigkeit, Demokratie und Menschenrechte, die von der gesamten Menschheit – ungeachtet von Kultur, ›Rasse‹, Geschlecht, Sexualität, Religion oder anderer Unterschiede – geteilt werden, bestreiten (kritisch hierzu Dhawan 2014). Wenn Menschen gemeinsame Bedürfnisse und Interessen unabhängig von historischen, kulturellen und ökonomischen Unterschieden teilen – wie es die Befürworter/-innen der Universalismustheorie behaupten –, werden die postkolonialen Bemühungen, »Europa zu provinzialisieren« und ausführliche Lesarten der verschiedenen Kontexte anzubieten, fraglich. Ebenfalls wird jede Kritik an der Aufklärung und ihrem Erbe als symptomatisch für den Verlust von emanzipatorischer Politik gelesen, während gleichzeitig eine Exotisierung des Orients als ›anders‹ gerechtfertigt wird.

Vivek Chibbers Buch *Postcolonial Theory and the Specter of Capital* (2013a), das erhebliche Debatten auslöste, lässt sich als erneuter Angriff auf die postkoloniale Theorie – bei gleichzeitiger Verteidigung marxistischer Sichtweisen – lesen. Chibber richtet seine Kritik hauptsächlich gegen die Vertreter/-innen der *South Asian Subaltern Studies* – insbesondere Guha, Chatterjee und Chakrabarty –, ohne Spivak direkt zu erwähnen. Der Soziologe wirft der *South Asian Subaltern Studies Group* zusammengefasst zwei Dinge vor: erstens unterstellt er, dass diese die Rolle der Bourgeoisie während der Englischen und Französischen Revolution falsch gelesen hätten; zweitens argumentiert er, dass die *South Asian Subaltern Studies Group* durch ihre Behauptung, dass sich der Kapitalismus und die Moderne in der postkolonialen Welt unterschiedlich entwickelt hätten, den Orientalismus fortschreiben und mithin den Unterschied zwischen dem Westen und dem Orient ontologisieren würden.

Mit der globalen Ausbreitung des Kapitalismus infolge der kolonialen Beherrschung haben Theorien, die sich damit auseinandersetzen, wie transnationale Operationen des Kapitalismus verstanden werden sollen, an Bedeutung gewonnen. Wie bereits weiter oben erwähnt, zeichnet die Arbeit des *South Asian Subaltern Studies*-Kollektivs die abweichende Entstehung kultureller, politischer und ökonomischer Praktiken und Institutionen in der westlichen und postkolonialen Welt nach und argumentiert, dass die außereuropäische Welt nicht bloß den Westen nachahmt. Westliche Theorien, die den Kapitalismus und die Moderne untersuchen, scheinen ihnen relevant, aber eben doch unzulänglich, um die postkoloniale Welt damit verstehen zu können. Obgleich zutiefst marxistisch, haben viele postkoloniale Wissenschaftler/-innen Einwände gegen die universellen Annahmen des historischen Materialismus vorgebracht. Zu glauben, dass der Kapitalismus im globalen Süden und globalen Norden gleichermaßen funktioniere, war ihrer Meinung nach ein Beweis für den durchdringenden Eurozentrismus, würde doch dabei die Geschichte des Westens als Modell für den Rest der Welt festgeschrieben. So wurde durchaus zu Recht vorgebracht, dass das nahtlose Übertragen von Kategorien der Aufklärung und des Marxismus auf die postkoloniale Welt die Realitäten verzerren würden, weil *a priori* eine universelle politische Handlungsmacht angenommen würde.

Chibber fokussiert in seiner Analyse nun zwei differente Argumente der *South Asian Subaltern Studies Group*, die erklären sollen, warum eine Universalisierung des Kapitalismus nicht gelingen kann. Es ist einer der Charakteristiken des Kapitalismus, dass er aufgrund der ihm inhärenten universalisierenden Tendenz globale politische und kulturelle Veränderungen mit sich bringt. Chibber zufolge schreibt Guha nun den Universalisierungsdrang des Kapitals bestimmten Akteuren – nämlich der Bourgeoisie oder kapitalistischen Klasse – zu, die dazu in der Lage seien, die feudale Ordnung umzustürzen und eine Vereinigung der Klassen zu errichten, die nicht nur Kapitalisten und Kaufleute einschließt, sondern ebenfalls Arbeiter/-innen und Kleinbauern und -bäuerinnen. Dieses zusammengeschusterte Bündnis verteidige nicht nur die Eigentumsrechte der Kapitalisten, sondern gewährleiste gleichermaßen eine liberale, allumfassende und einvernehmliche Ordnung, die das *ancien régime* ersetze. Es ist insofern universalisierend, als es die Interessen der Kapitalisten als universelle Interessen formuliert. Der entscheidende Punkt für Guha ist, Chibber zufolge, dass die Bourgeoisie im Westen in der Lage war, eine solche Ordnung hervorzubringen, wohingegen die Bourgeoisie im globalen Süden ohne Zustimmung herrschte. Anstatt eine einvernehmliche und allumfassende politische Ordnung zu errichten, wurden in den ehemaligen Kolonien höchst instabile und autoritäre politische Systeme geschaffen und gleichzeitig der Graben zwischen den subalternen und den elitären Sphären erweitert (vgl. Chibber 2013a: 90). Guha folgert daraus nun, so Chibber, dass es der Bourgeoisie im Westen gelang, für die differenten Klassen zu sprechen, während dieses Ansinnen in den ehemalig kolonisierten Räumen scheiterte und infolgedessen eine zwar dominante, aber nicht hegemoniale Herrschaft etabliert werden konnte. Das Entwickeln von sehr unterschiedlichen politischen Dynamiken im globalen Süden und im globalen Norden habe wiederum dazu geführt, dass die Moderne in diesen beiden Weltgegenden grundlegend different blieb.

Gemäß Chibber besteht die *South Asian Subaltern Studies Group* darauf, dass subalterne Gruppen in postkolonialen Räumen nach ihren eigenen politischen Kalkülen und Bewusstseinsformen agieren, welche sich von den auf sie projizierten Theorien des Westens deutlich unterscheiden würden. Kultur und Bewusstseinsformen würde für die *South Asian Subaltern Studies Group* damit geradezu zur Quelle historischer Differenz, obschon die abweichenden Charaktere der Bourgeoisie die unterschiedlichen Bahnen europäischer und außereuropäischer politischer Praxen, Institutionen und des Kapitalismus selbst kennzeichnen. Das historische Versagen der postkolonialen Bourgeoisie habe damit Guha zufolge den Universalisierungsdrang des Kapitalismus unterbrochen.

Chibber widerspricht insbesondere Guhas Beurteilung der Leistungen der westlichen Bourgeoisie, welche gleichsam die Grundlage des *South Asian Subaltern Studies* Projekts bildet. Ihm zufolge versteht Guha das Jahr 1640 – und mithin den Beginn der Englischen Revolution – als Startpunkt einer »bourgeois-demokratischen Revolution«, während welcher die aufstrebende kapitalistische Klasse vordringlich zwei Ziele verfolgte: die Überwindung feudaler Beziehungen und das Errichten einer liberalen, einvernehmlichen politischen Ordnung (vgl. Chibber 2013a: 37f.). Doch die westliche Bourgeoisie habe nie die Ziele angestrebt, die Guha ihnen zuschreibe. So habe diese nie intendiert, eine harmonische politische Kultur herbeizuführen oder gar die Interessen der Arbeiter/-innenklasse zu vertreten, sondern im Gegenteil jahrhundertelang gegen sie gekämpft. In Chibbers Lesart hat die bürgerliche Oligarchie die demokratischen Rechte geradezu zermalmt (vgl. ebd.: 76). Freiheiten wurden indes über die heftigen Kämpfe der Enteigneten gewonnen. Guha, so Chibber, hat nicht beachtet, dass die Kapitalisten sich immer und überall feindselig gegenüber der Ausweitung politischer Rechte für die Arbeiter/-innenklasse gerierten – eine Tatsache, die nicht wenige Kritiker/-innen dieser weit verbreiteten Betrachtungsweise über die Rolle der Bourgeoisie im Westen bereits lautstark formuliert hätten. Die Erfahrung der Dominanz ohne Hegemonie im postkolonialen Raum weiche nicht im Mindesten von der westlichen Erfahrung ab, so Chibber (vgl. ebd.: 91). Guha insistiere irrtümlicherweise darauf, dass der Aufstieg der liberalen Ordnung ein Verdienst der Kapitalistenklasse sei. Fälschlicherweise werde damit dem Westen dieser Erfolg zugeschrieben, während gleichzeitig die Bourgeoisie in den ehemalig kolonisierten Räumen für das Scheitern und die Unzulänglichkeiten verantwortlich gemacht würden. Dagegen argumentiert Chibber, dass die Gründe für die sichtbare Instabilität der demokratischen Institutionen in den postkolonialen Räumen und ihre Tendenz zum Autoritarismus an der eigenen schwachen Arbeiter/-innenbewegung und Bewegung der Kleinbauern und -bäuerinnen – wie auch den diese Gruppen repräsentierenden Parteien – zu finden seien (vgl. ebd.: 98).

Chatterjee wiederum glaubt, dass Chibber Guha falsch gelesen hat. Dieser habe keine persönliche Diagnose zur bürgerlichen Revolution in England und Frankreich gestellt, sondern lediglich die liberale Geschichtsschreibung nacherzählt, welche behauptet, dass die britische Herrschaft in Indien sich auf die Einwilligung indischer Subjekte stützte. Wie ihre europäischen Pendants behaupteten indische Liberale ebenfalls, dass die indische Bourgeoisie berechtigterweise im Namen der ganzen Nation spreche. Guha zeigt auf, so Chatterjee, dass diese liberalen Ansprüche auf Hegemonie der kolonialen – als auch der postkolonialen – Regime recht fadenscheinig seien. Er kritisiert vor allem die liberale Geschichtsschreibung und die damit einhergehende Ideologie, die die universalisierende Tendenz des Kapitals sowie deren Ansprüche auf die Englische wie auch auf die Französische Revolution als Begründer der bourgeoisen Hegemonie unhinterfragt lässt und nach wie vor glaubt, für die gesamte Gesellschaft sprechen zu können (vgl. Chatterjee 2013: 69). Guha, so Chatterjee, macht diese nicht erfüllten liberalen Ansprüche transparent, indem er sich auf Marx bezieht. Immerhin hat Marx die Englische und Französische Revolution durchaus als wertvollen Beitrag auf dem Weg zu einer neuen Ordnung interpretiert. Jedoch, wie Chatterjee zeigt, bemerkte auch Marx, dass das Kapital irgendwann an unüberwindbare Grenzen gerät (vgl. ebd.). Wenn nun bedacht wird, wie Chatterjee ausführt, dass Guha keinerlei eigenen Behauptungen über die bürgerliche Revolution in Europa macht, wird Chibbers Argument, dass die Revolutionen der Bourgeoisie in Europa nicht antifeudal waren, eigentlich hinfällig. Ein weiterer wichtiger Punkt, den Chatterjee im Zuge der Debatte um Chibbers Thesen macht, ist, dass die indische nationale Bourgeoisie im souveränen postkolonialen Nationalstaat ihre Herrschaft nicht an den europäischen Maßstäben des 17. oder 18. Jahrhunderts angelehnt habe, sondern eher an den höchsten Maßstäben des Liberalismus des 20. Jahrhunderts gemessen werden wollte. Chibbers Gleichsetzung der europäischen Bourgeoisie des 17. und 18. Jahrhunderts mit der indischen Bourgeoisie des 20. Jahrhunderts sei auch in Bezug auf die von ihm gewählte komparative historische Methode entlarvend. Insoweit argumentiert Chatterjee gegen Chibber folgerichtig, dass die indische Bourgeoisie dem Bürgertum der westeuropäischen und nordamerikanischen Nationen nach dem Zweiten Weltkrieg ähnele – und nicht der englischen Bourgeoisie des 17. Jahrhunderts oder der französischen Bourgeoisie des 18. Jahrhunderts entspricht (vgl. ebd.: 70). Basierend auf den Behauptungen der liberalen indischen Bürgerlichen, im Namen der Nation zu sprechen, analysiert Guha den postkolonialen indischen Staat, der diese nicht haltbar erscheinen lässt. Aus diesem Grund schlussfolgert Guha, dass ihre Hegemonie nicht echt ist; die Herrschaft ist bloße Dominanz, denn der Zwang übertrifft die Zustimmung bei weitem. Ebenso stellt Guha fest, dass sowohl die liberale Ideologie als auch die antikoloniale Geschichtsschreibung die intrinsischen Grenzen der Expansion des Kapitals und die Momente des Widerstands, welche niemals überwunden werden können, missachtet haben. Ihm zufolge war der Kampf gegen die liberale Geschichtsschreibung nur der erste Schritt einer antikolonialen Kritik des Kapitals. Zudem macht Chatterjee deutlich, dass im Gegensatz zu Chibbers Verständnis der bürgerlichen Hegemonie als Einbeziehung der wahren Interessen der subalternen sozialen Klassen in das revolutionäre Programm, Guha eher einem gramscianischen Verständnis folgt, in welchem es die hegemoniale Bourgeoisie schafft, seine eigenen Interessen als die universellen Interessen der Gesellschaft zu präsentieren (vgl. ebd.). Guha, so Chatterjee, habe immer von der Bourgeoisie und nicht von den Kapitalisten gesprochen, wenn er die politische und intellektuelle Führung der nationalen indischen Bewegung beschrieben hat (vgl. ebd.). Ähnlich argumentierend wirft auch Spivak (2014: 187) Chibber vor, weder zwischen Kapital und Kapitalismus noch zwischen dem Bürgertum und den Kapitalisten zu differenzieren.

In seinen Auseinandersetzungen mit Chakrabarty argumentiert Chibber, dass dieser die Globalisierung des Kapitals zwar durchaus anerkenne, aber dennoch die Universalisierung des Kapitalismus infrage stelle (2013a: 217). In seinem Werk versucht Chakrabarty bekanntlich zwei verschiedene Arten von Geschichte gegenüberzustellen (vgl. Chakrabarty 2000: 47ff.). Die erste Geschichte (*History 1*) wird dominiert von universellen Kategorien, die im westlichen Rationalitätsdiskurs verankert sind. Diesem Modell zufolge wird die postkoloniale Welt letztlich die gleiche Stufe der Moderne und Industrialisierung erreichen wie der Westen. Jegliche lokalen Partikularitäten, die diesem Universalisierungsvorhaben nicht entsprechen, werden im Prozess der Homogenisierung der Welt nach und nach abgestreift. Diese Idee basiert auf einem spezifischen Verständnis von der Verbreitung des Kapitalismus. Nachdem Chakrabarty die Universalisierungstendenz des Kapitals zurückgewiesen hat, wendet er sich der Studie der Partikularitäten der indischen Unterschichten zu und schaut sich an, welche Rolle etwa Traditionen, Religionen und verschiedene Perspektiven in der politischen Praxis spielten, und bezeichnet dies als zweite Geschichte (*History 2*).

Im Gegensatz zu Guha, der Chibber zufolge die Universalisierungstendenz des Kapitals einem bestimmten Akteur zuschreibt – der Bourgeoisie nämlich –, lokalisiert Chakrabarty sie in der Fähigkeit des Kapitalismus, alle sozialen Beziehungen in die Logik des Kapitals zu übersetzen. Laut Chibber schlussfolgert Chakrabarty, dass der Kapitalismus aufgrund von verschiedenen kulturellen, sozialen und politischen Praktiken im außereuropäischen Raum, die nicht mit dem normativen Modell einer kapitalistischen Kultur und eines kapitalistischen Systems übereinstimmen, an diesem Test scheitert (vgl. Chibber 2013a: 218f.). Da die lokalen Praktiken und Institutionen aufgenommen werden müssen, entsteht ein Kapitalismus, der sich vom westlichen Kapitalismus unterscheidet. Chibber widerspricht dieser Vorstellung und argumentiert, dass die Universalisierung des Kapitalismus keine Auslöschung aller sozialer Diversität und kultureller Verschiedenheit bedeutet, sondern dass der Kapitalismus kulturelle oder religiöse Verschiedenheit inkludieren, unterstützen und sogar zu verstärken in der Lage sei, sodass kulturelle Diversität nicht *per se* als antikapitalistisch zu lesen ist (vgl. Chibber 2013a: 233; auch Chibber 2013b). Weiter argumentiert er, dass die Behauptung, Menschen würden sich auf lokale Kulturen und Praktiken berufen, wenn sie sich gegen den Kapitalismus wenden, nicht bedeutet, dass sie nicht von universellen Zielen oder Interessen motiviert seien. Anders gewendet versucht Chibber aufzuzeigen, dass die empirische Arbeit der *South Asian Subaltern Studies Group* zu den subalternen Widerständen eigentlich verdeutlicht, dass wenn indische Kleinbauern und -bäuerinnen kollektiv handeln, sie dies aus denselben Beweggründen und demselben Antrieb heraus tun, wie es die Kleinbauern und -bäuerinnen im Westen getan haben (vgl. Chibber 2013a: 203ff.). Was sie vom Westen unterscheidet, sind kulturelle Formen, die diese Beweggründe zum Ausdruck bringen. Doch die Motivationen als solche sind allen gemein. Dadurch, dass die *South Asian Subaltern Studies Group* darauf beharren würde, dass westlich Handelnde nicht von den gleichen Bedenken zum Tun bewegt werden wie postkolonial Handelnde, würden sie *nolens volens* einen kolonialen Essentialismus aufrechterhalten (vgl. ebd.: 192). Dieser Betrachtungsweise folgend, gehen, so Chibber, sowohl die *South Asian Subaltern Studies Group* als auch die dekolonialen Ansätze der Lateinamerikastudien das Risiko ein, die indigenen Kollektive zu exotisieren. Das Abstreiten eines Universalismus führt, so Chibber, innerhalb der postkolonialen Theorie zur Reproduktion eines unverzeihlichen Ethnozentrismus (vgl. Chibber 2014).

Mit Blick auf Chatterjee verdeutlicht Chibber, dass in der Arbeit der *South Asian Subaltern Studies Group* häufig die Psychologie der indischen Subalternen so dargestellt wird, als seien diese unmöglich mit westlichen Kategorien zu erfassen (vgl. Chibber 2013a: 199). Im Gegensatz zur »politischen Psychologie« westlicher Arbeiter/-innen, die sich um die säkularen Konzeptionen individueller Rechte dreht, behauptet Chatterjee, so Chibber, dass postkoloniale Subalterne eher von kollektiven und religiösen Verbindlichkeiten als etwa von utilitaristischen Berechnungen motiviert seien (vgl. Chatterjee 2013: 72). Ganz im Gegensatz dazu konstatiert Chibber, dass indische Kleinbauern und -bäuerinnen von den gleichen materialistischen Bedenken motiviert seien wie der Rest der Welt. Die Argumente der *South Asian Subaltern Studies Group* tragen ihm zufolge nur dazu bei, indische Kleinbauern und -bäuerinnen lediglich kollektiviert zu denken und angeblich traditionell orientierte Subalterne zu orientalisieren (vgl. Chibber 2013a: 154; 160f.). Der Ungleichheit des Akkumulationsprozesses zum Trotz glaubt Chibber, dass es tatsächlich eine Universalisierungstendenz des Kapitals gibt, die überall das gleiche Tauschsystem durchsetzt, völlig ungeachtet des jeweiligen ›Entwicklungsniveaus‹. Diese universelle Logik des Kapitals, so legt er dar, verbindet die politischen Kämpfe der Arbeiter/-innenklassen im Westen und in den postkolonialen Räumen in einer universellen Geschichte (vgl. ebd.: 202ff.). Chibber geht also davon aus, dass der Kapitalismus seine Dynamiken universalisiert und dabei gleichzeitig in verschiedenen Formen existiert, sodass es möglich ist, die universellen Prozesse als auch die unterschiedlichen sozialen Herausbildungen zu erklären (vgl. ebd.).

Ebenfalls widerspricht Chibber Chatterjees Kritik an den nationalen Führungskräften nach der Unabhängigkeit – etwa an dem ersten indischen Premierminister Jawaharlal Nehru. Laut Chibber drängte Nehru auf Industrialisierung, Etablierung der Wissenschaften oder auch auf die Einrichtung moderner Verwaltungstechniken, weil es unmöglich war, einen alternativen Weg außerhalb des Kapitalismus zu finden und der postkoloniale Staat zudem vehement unter Bedrängnis stand – und nicht etwa, weil Nehru voller Ehrfurcht vor der Vernunft der kolonialen Aufklärung gestanden oder diese gar internalisiert hätte (vgl. ebd.: 256ff.). Chibber bezeichnet dies treffend als »geopolitischen und ökonomischen Druck von oben« (*geopolitical and economic pressures from above*).

Der Kritik, die behauptet, Chibber habe nur ein einziges Modell anzubieten, das der Rational-Choice-Theorie entstamme, erwidert er, dass Menschen zwar durch ihre Kultur geformt würden, es aber zudem Bedürfnisse gebe, die unabhängig von ihrer Kultur Bestand haben – und dies gelte es schlichtweg zu akzeptieren (vgl. ebd.: 189; 196f.). Die Universalität dieser Grundbedürfnisse erkläre die Universalität des Widerstands gegen Ausbeutung und Unterdrückung. Menschen würden ihre Erfahrungen der Unterdrückung und Ausbeutung kulturübergreifend verstehen und dies würde eben ein kontextunabhängiges politisches und soziales Handeln ermöglichen (vgl. ebd.: 202ff.).

So gesehen schreibt Chibber den Handelnden in unterschiedlichen Kontexten eine geteilte Rationalität und geteilte Interessen zu und besteht darauf, dass Menschen trotz enormer kultureller Unterschiede Grundbedürfnisse teilen – etwa das Sehnen nach einem leiblichen Wohl. Jede Kultur normiert Herrschaft und rechtfertigt Ausbeutung, genauso wie jeder Herrschaftskontext ebenfalls Widerstand hervorruft. Wären Handelnde bloße Erschaffungen ihrer Kulturen, so würden sie, laut Chibber, schlicht die Normen internalisieren, womit Widerstand unmöglich würde. Der Soziologe argumentiert dagegen, dass Akteure in unterschiedlichen kulturellen Kontexten von gemeinsamen Interessen und dem Grundbedürfnis, Widerstand zu leisten, geleitet werden – selbst wenn die Artikulation ihrer Interessen kulturell unterschiedlich sein mag (vgl. ebd.).

Da Widerstand nicht bloß einem spezifisch kulturellen Kontext entspringt, kann er mithin von einem zum anderen Ort ausgeweitet werden. Progressive Bewegungen wie der Marxismus argumentieren, so Chibber, dass Arbeiter/-innen sich über nationale Grenzen hinaus zusammenschließen können, eben weil sie spezifische Interessen teilen (vgl. Chibber 2013a: 178f.). Diese maßgebliche Idee wird von der *South Asian Subaltern Studies Group* grundlegend infrage gestellt. Chibber jedoch fragt sich nun, warum trotz der existierenden globalen Bewegungen gegen Neoliberalismus und Kapitalismus, die über die kulturellen und nationalen Grenzen hinausreichen, postkoloniale Theorien, die die Einzigartigkeit und Differenz subalterner Handlungsmacht betonen, weiterhin in der akademischen Landschaft weit verbreitet sind (vgl. ebd. 176; 186). Den Marxismus verteidigend, behauptet Chibber, dass dieser womöglich die einzige Theorie des historischen Wandels Europas bereitgestellt habe, die sich systematisch mit den Spezifika postkolonialer Räume auseinandergesetzt hat. Der *South Asian Subaltern Studies Group* wirft er nun nicht, wie dies vielleicht angenommen wird, eine Abweichung von der marxistischen Orthodoxie vor, sondern beanstandet vielmehr, dass der Postkolonialismus sich als zukunftsfähige Version des Marxismus präsentiert, während er gleichzeitig die Klassenanalyse vernachlässigt und somit die zentrale marxistische Idee des universellen Strebens seitens der Unterdrückten, die in der Natur des Menschen und dem Bedürfnis nach kulturübergreifenden universellen Prinzipien begründet liegt, untergräbt (vgl. Chibber 2013a: 231; 2013b).

Der Postkolonialismus wird mithin beschuldigt, den Kulturessentialismus und Orientalismus wiederzubeleben, anstatt ein Gegengift hierzu zu entwickeln. Wie andere bereits vor ihm vermutet Chibber, dass der Postkolonialismus vor allem aufgrund des Niedergangs der Arbeiter/-innenbewegung und des allgemeinen Bedeutungsverlustes der Linken in den 1970ern eine große Resonanz erhielt (vgl. Chibber 2013a: 2). Des Weiteren argumentiert er, dass mit der Öffnung der akademischen Institutionen gegenüber bisher marginalisierten Gruppen, wie etwa Frauen, Migranten und Migrantinnen aus postkolonialen Ländern oder People of Color, die allesamt über Unterdrückungserfahrungen verfügen, aber eben nicht zwingend eine Idee von Klassenausbeutung mitbringen, eine Verschiebung vom Klassenkampf hin zu Studien der Unterdrückung stattgefunden habe (vgl. ebd.: xi). Der Postkolonialismus fügt sich leicht in eine solche Logik ein. Seine breite Rezeption und Akzeptanz steht damit in einem Zusammenhang mit der allgemeinen Desorganisation der Arbeitskräfte wie der Linken (vgl. Chibber 2013b).

Darüber hinaus behauptet Chibber, dass die postkoloniale Theorie die akademische Welt erstmalig über die Literatur- und Kulturwissenschaften erreicht habe. Das Vorhaben, die ausgeschlossenen Stimmen in die Diskussionen miteinzubeziehen oder zumindest die Existenz solcher Exklusion infrage zu stellen, gibt dem Feld der postkolonialen Theorie ihre wichtigste Berechtigung. Ihre Befürworter/-innen argumentieren aber, dass epistemische Gewalt nicht dadurch überwunden werden kann, den Kanon anzupassen und den bisher Unterdrückten mehr Aufmerksamkeit zu schenken (vgl. Chibber 2013a: 1). Obwohl Chibber die Bemühungen der postkolonialen Literaturwissenschaftler/-innen auch positiv hervorhebt, behauptet er dennoch, dass der Einfluss der postkolonialen Literaturmethodologie auf die Sozialwissenschaften nicht positiv sei. Vielmehr befürchtet er, dass die Vernunft als universeller Begriff der Aufklärung auf dem Altar der postkolonialen Kritik geopfert wird (vgl. ebd.: 290ff.). Ihm zufolge lässt die postkoloniale Theorie den andauernden Wert des Aufklärungsuniversalismus unberücksichtigt. Chibber plädiert vehement dafür, die außereuropäische Welt durch dieselbe analytische Brille zu konzeptualisieren wie die Transformationsbewegungen im Westen, und hebt dabei die Bedeutung universeller Kategorien, wie etwa Kapitalismus und Klasse, aber auch Demokratie, Liberalismus, Rationalität, Objektivität und Menschenrechte, hervor. Ebenfalls bemerkt er provokant, dass postkoloniale Theorie aufhören muss, darauf zu bestehen, dass wir zwischen dem Universellen und dem Partikularen wählen müssen (vgl. ebd.).

Bruce Robbins (2014) weist in diesem Zusammenhang darauf hin, dass, während Chibber marxistische Argumente gegen den Postkolonialismus mit alleinigem Fokus auf kulturelle Vielfalt vorbringt, dieser dabei selbst die ökonomische Diversität völlig außer Acht lässt und es somit versäumt, die Heterogenität des Kapitalismus zu erklären. Im Gegensatz zu Chibber argumentiert Marx, in Robbins' Lesart, dass die europäische Bourgeoisie eine Kraft der Demokratie darstellt. Da die Arbeiter/-innenklasse kein Wahlrecht besaß, so Robbins, brachte das Bürgertum, das sich von der Not der Arbeiter/-innen entsetzt zeigte, das Parlament dazu, Gesetze zu erlassen, die das Elend mildern sollten.

Als Antwort auf Chibbers Kritik hält Chatterjee entgegen, dass er in seiner Arbeit nicht über Psychologie spricht und nicht auch davon ausgehe, dass die Subalternen über ein spezielles psychologisches Wesen verfügen würden (vgl. Chatterjee 2013: 72). Wie Chakrabarty spricht Chatterjee in der Tat eher von den Dynamiken des subalternen Bewusstseins und wählt damit eine anthropologische und eben nicht eine psychologische Herangehensweise (vgl. ebd. 73). So legt Chatterjee beispielsweise dar, dass die brahmanischen Arbeiter/-innen in den Jutefabriken in Kalkutta behaupteten, dass sie mehr Grundgüter als die am niedrigsten gestellten Arbeiter/-innen bräuchten, was sie mit den Verpflichtungen ihrer Kaste gegenüber begründeten. Selbst als die Arbeiter/-innen der Jutefabrik in den kommunistischen Gewerkschaften zusammenkamen, brachen gewalttätige und religiöse Konflikte unter ihnen aus (vgl. ebd.: 71). Chatterjee erklärt, dass die Arbeiter/-innen nicht proletarisiert waren, da sie Kontakte zu der kleinbäuerlichen Produktion in ländlichen Gebieten beibehalten hatten. Er bezieht sich hier auf Kastengewohnheiten und bietet damit eine materialistische Erklärung für das spezifisch subalterne Bewusstsein, ohne dies zu orientalisieren, wie Chibber behauptet (vgl. ebd. 72). Chatterjee folgend unterschied sich das politische Bewusstsein der Kleinbauern und -bäuerinnen wie auch der industriellen Arbeiter/-innen, die immer noch nicht aufgehört hatten, kleinbäuerlich zu sein, von den Inhabern abstrakter Rechte in der Zivilgesellschaft und dem abstrakten bürgerlichen Subjekt des Bourgeoisiestaates (vgl. ebd.: 73). Das historische Problem, mit dem sich die *South Asian Subaltern Studies Group* konfrontiert sieht, ist insoweit nicht die Differenz zwischen dem globalen Norden und dem globalen Süden, sondern das Verschwinden der kleinbäuerlichen Gemeinschaften im kapitalistischen Europa im Kontrast zu seiner kontinuierlichen Reproduktion unter der Herrschaft des Kapitals in den Ländern Asiens, Afrikas und Lateinamerikas. Chatterjee erklärt, dass die Arbeit der *South Asian Subaltern Studies Group* trotz der augenscheinlichen Ähnlichkeiten niemals auf die gleiche Art und Weise hätte durchgeführt werden können wie die »Geschichte von unten« in Europa (vgl. ebd.: 75). In der europäischen Version der Arbeiter/-innenkämpfe zu Zeiten des Aufstiegs des Kapitalismus war die endgültige Auflösung dieser Klassen zwangsläufig in dessen Geschichte eingelassen. Deshalb kann man nicht von dem gleichen Beweggrund für Agrargesellschaften in anderen Teilen der Welt ausgehen. Eine andere Reihenfolge der kapitalistischen Moderne hat dazu geführt, dass die historischen Resultate hinsichtlich der ökonomischen Verbände, politischen Institutionen oder kulturellen Praktiken sich deutlich von denen des Westens unterschieden (vgl. ebd.). Der Prozess der ursprünglichen Akkumulation des Kapitals, der sich in Asien, Afrika und Lateinamerika vollzog, fand unter Konditionen statt, die es noch nie zuvor in der Geschichte des westlichen Kapitalismus gegeben hatte (vgl. ebd.). Im Gegensatz zu Chibbers bevorzugter historischer Methode erklärt Chatterjee, dass ein richtiges Verständnis der europäischen Geschichte nicht dabei helfe, die Probleme des historischen Wandels in der nicht-westlichen Welt zu lösen (ebd.: 75).

Zum Thema des Universalismus bemerkt Chatterjee darüber hinaus, dass die größte Stärke der universellen Position in der Gewissheit liegt, dass sie eine Berechenbarkeit und Kontrolle über ungewisse Ergebnisse bietet. Es ist der Glaube daran, dass Geschichte ein verlässlicher Wegweiser der Zukunft ist, die Chibber dazu verleite, darauf zu beharren, dass der Kapitalismus oder die Kämpfe der subalternen Klassen überall dieselben sein müssten (vgl. ebd.). Chibber behauptet dies wohlwissend, dass die Verteidigung politischer Rechte seitens der Arbeiter/-innen im gesamten Westen ironischerweise zu einer kapitalistischen Ordnung geführt hat, die von undemokratischen Oligarchien dominiert wurde. In den übrigen Regionen der Welt ist das Kapital in Kämpfe verwickelt, die bisher nie gefochten worden sind, genauso wie kleinbäuerliche Kollektive und Arbeiter/-innen sich dem Kapital auf einer Art und Weise widersetzen, die es zuvor nicht gab, weil auch die historischen Umstände beispiellos sind. Die Kritiker/-innen des Universalismus argumentieren, dass der

Ausgang ungewiss, unbestimmt und somit unvorhersehbar sei. Sie akzeptieren die Herausforderung riskanter politischer Entscheidungen, die auf provisorischem, bedingtem und korrigierbarem Wissen fußen (vgl. ebd.). Nach Chatterjee können die europäischen und nordamerikanischen Arbeiter/-innen und ihre Ideologien nicht länger als selbsternannte Avantgarde im Kampf der subalternen Klassen in anderen Teilen der Welt agieren. Dennoch ist der Fokus auf Differenz nicht sogleich als Orientalismus zu beschreiben. Die *South Asian Subaltern Studies Group* lehnt Universalismen keineswegs ab, sondern eher die Behauptungen des globalen Nordens, die Quelle des Geschichtsuniversalismus zu sein.

In seinem Beharren darauf, dass politisches Handeln aus einer einzigen universellen Neigung der menschlichen Natur heraus entsteht, folgt Chibber, so Chatterjee, kritiklos der kontrakttheoretischen Schule des liberalen politischen Denkens (vgl. ebd.: 74). Chibbers Behauptung, dass Bedürfnisse nicht kulturell erzeugt würden, sondern dass eher gemeinsame Interessen und Grundbedürfnisse die fundamentalen Merkmale der menschlichen Natur darstellen, ignoriert dabei auch die wichtige Kritik, die an den Theorien Nussbaums geübt wurde, auf welche Chibber sich problemlos bezieht. Diese universalisierende Geste lässt Produktionsweisen, staatliche Strukturen und historische Gegebenheiten schlicht außer Acht. Wenn Chibber darauf besteht, dass Menschen wüssten, was gut für sie ist, so ignoriert er zudem die Frage der Ideologie und der Diskontinuität zwischen Interessen und Begehren – einige der Schlüsselprobleme, denen sich Spivak, wie gezeigt, in ihrem Essay *Can the Subaltern Speak?* gewinnbringend widmet. Selbst nach vier Jahrzehnten hat man immer noch den Eindruck, dass Spivak nicht gehört – und vielleicht auch nicht verstanden – wird. Wie Hall zeigt, bezogen sich postkoloniale Studien auf poststrukturalistische Ideen der Differenz und Kontingenz, gerade weil die marxistische Theorie problematische Lücken aufwies – ein Aspekt, der von Chibber zweckdienlich unberücksichtigt gelassen wird. Selbst jene, die mit Chibbers Perspektive sympathisieren, bemerken, dass sein alleiniger Fokus auf die empirischen Arbeiten postkolonialer Provenienz als problematisch zu werten ist (vgl. etwa Brennen 2014: 86).

Darüber hinaus ist Chibbers Ansinnen, die postkoloniale Theorie in den Fakultäten der Literaturwissenschaften zu isolieren, mehr als zweifelhaft, zielt dies doch auf eine nicht wünschenswerte disziplinäre Reinheit. Der größte Mangel in Chibbers Argumentation ist jedoch darin zu sehen, dass er die postkoloniale Theorie als *zwangsläufig* antagonistisch gegenüber der Rationalität der Aufklärung inszeniert und zudem behauptet, dass die Logik des Kapitals tatsächlich universell ist und dass ihre Ausbreitung in postfeudalen und postkolonialen Gesellschaften zwangsläufig eine universelle Geschichte des Klassenkampfs erzeugt. Chibber kann allerdings nicht erklären, warum eine große Vielzahl differenter Formen des Staatskapitalismus existiert, geprägt von sehr verschiedenen Kontexten und historischen Erfahrungen. Es ist nicht möglich, eine gute Analyse zu präsentieren, ohne zu erklären, wie die gleichen Güter unter unterschiedlichen Bedingungen produziert werden, aber im gleichen Markt miteinander konkurrieren.

Spivak macht deutlich, dass der eigentliche Begriff »subalterne Gruppen« in postkolonialen Gesellschaften – von Gramscis Schriften zum *Risorgimento* bis hin zu Du Bois' Schriften zur panafrikanischen Bewegung – beabsichtigt, die Teile der Gesellschaft genau zu beschreiben, die von der universellen Logik des Kapitalismus nicht eingeschlossen wurden: diejenigen Menschen und Traditionen also, die nicht vollkommen auf die kapitalistischen Tauscheinheiten reduziert werden konnten, weil unterschiedliche Länder sehr different auf die Ausbreitung des kapitalistischen Systems reagierten (vgl. Spivak 2014: 188). Es bildeten sich Klassenunterschiede heraus, welche oftmals untrennbar mit rassistischen, religiösen und historischen Unterschiedlichkeiten verknüpft waren. Diese können, laut Spivak, nicht einfach ausgelassen werden, wenn, wie es die Marxisten und Marxistinnen hoffen, ein positiver Wandel in Kraft gesetzt und der Universalisierungstendenz des Kapitals widerstanden werden soll. Des Weiteren weist sie auch darauf hin, dass Chibbers Behauptung, es gäbe einen kulturübergreifenden Widerstand, die Beziehungen des Internationalismus der Arbeiter/-innenbewegung zum Kolonialismus missachtet. Chibbers Verständnis des Widerstands vermittele den Eindruck, so Spivak, als wäre Widerstand frei von rassistischen und genderspezifischen Konstruktionen (vgl. ebd.). Ihr zufolge sind subalterne soziale Gruppen nicht mit dem internationalen Proletariat gleichzusetzen. Im Gegensatz zu Chibbers Romantisierung der Alltagspraktiken des Widerstands bezieht sich Spivak auf Gramsci und argumentiert, dass subalterne Gruppen nicht vereinigt sind, ja sich nicht vereinigen können, bevor sie Staat werden (vgl. ebd.: 193). Durch die Idealisierung der subalternen Klassen und dadurch, dass sie der Gruppe der global Entrechteten zugeteilt werden, integriert Chibber diese in problematischer Weise nahtlos in die Geschichte Europas. Spivak ordnet mithin Chibbers Position zu Recht einer weit reichenden Tendenz zu, die es nicht zulässt, einen anderen als den westlichen Marxismus gelten zu lassen (vgl. ebd.: 195).

Ferner problematisiert Spivak Chibbers begrenzten Fokus auf die *South Asian Subaltern Studies Group* – und hier insbesondere auf Guha, Chakrabarty und Chatterjee –, da dadurch die Bandbreite und Tiefe der postkolonialen Perspektiven ignoriert wird und zum Beispiel die Auseinandersetzungen innerhalb Lateinamerikas komplett außer Acht gelassen werden (vgl. ebd.: 185). Ihrer Meinung nach ist die Andeutung, dass postkoloniale Theorie, da sie poststrukturalistisch argumentiert, nicht in der Lage dazu sei, universelle Bewegungen entstehen zu lassen, extrem zweifelhaft. Sie selber zieht Marx' Begriff des »Generellen« dem des »Universalen« vor. Durchaus geht sie mit der Annahme konform, dass es generelle Prinzipien gibt, ergänzt aber, dass diese an bestimmte Voraussetzungen geknüpft werden müssen. Um der universalisierenden Geste – nicht nur des Marxismus, sondern des globalen Kapitals – standzuhalten, sei es zum Beispiel notwendig, in der Lage zu sein, sich dieser Geste aus differenten materiellen und kulturellen Perspektiven zu nähern. Die größere Frage sei dann nicht eine des Marxismus oder der Aufklärung versus einem Postkolonialismus, sondern: wie die Kategorien, die von Marx – oder auch von Kant oder Hegel – entwickelt worden sind, eingesetzt werden könnten, um Situationen zu analysieren, die diese Denker nicht kannten. Dies ist durchaus als ein Plädoyer für eine Interpretation des Marxismus – oder der Aufklärung – unter Bedingungen der historischen Differenz zu verstehen.

VI. Postkoloniale Utopien und die Herausforderung der Dekolonisierung

Von postkolonialen Utopien zu sprechen ist zugegebenermaßen gewagt, zeigen Utopien doch seit Thomas Moore (1516) enge Verbindung zum kolonialen Projekt der Moderne auf. Nicht umsonst wies die Insel *Utopia* eine kartographische Nähe zu dem damals gerade von den spanischen Kolonialherren erfundenen ›Amerika‹ auf. Die Kolonien boten nicht nur den Raum, das ›Andere‹ zu denken, sondern erwiesen sich auch als ›Experimentierfelder‹ der europäischen Metropolen (vgl. etwa Bhatti/Turk 1998), weswegen die postkoloniale Kritik eine radikale Restrukturierung des europäischen Denkens und seiner Historiographie sucht. Und so sieht die postkoloniale Agenda nicht nur eine Re-Positionierung europäischer Erkenntnissysteme vor, sondern auch den Versuch, die lange Geschichte imperialer Interventionen und deren nicht umkehrbaren Folgen für die kolonialen *Anderen* transparent zu machen. Dass hierbei die westliche so genannte ›hohe Theorie‹ zum Einsatz kommt, die nur von einer kleinen Elite vertreten werden kann, die keine konkrete politische Zielsetzung verfolgt und zudem zumeist an westlichen Hochschulen angestellt ist, gerät dabei zu einem der Hauptwidersprüche. Spivak zufolge ist es nicht möglich, diesen Widerspruch zu lösen, denn ein Zurück zu einem ›präkolonialen Paradies‹ – welches ohnehin nie existent war –, kann es nicht geben. Dekolonisierungsstrategien zeigen immer Aporien auf, die letztendlich auch Effekte der Wirkmächtigkeit kolonialer Gewalt sind.

Gleichzeitig lässt die trickreiche Beziehung zwischen Kultur, Ökonomie und politischen Strukturen daran erinnern, dass das Projekt, »Europa zu provinzialisieren« (Chakrabarty 2002), nur gelingen kann, wenn es nicht nur ein exklusives Projekt einer Handvoll Intellektueller bleibt. Zu oft schon wurde, wie Ran Greenstein schreibt, die ›Geschichte von unten‹ von ›oben‹ geschrieben (1995: 231). Einige Texte – sowie Akteure und Akteurinnen – postkolonialer Theorie haben es geschafft, populär zu werden, doch sind sie, so muss einschränkend gesagt werden, weit davon entfernt, soziale Bewegungen wesentlich zu inspirieren – wie dies in den letzten Jahrzehnten andere kritische Strömungen getan haben. Postkoloniale Theorie als kritische Intervention muss deswegen, anstatt sich dem Mainstream *via* Mimikry anzubiedern, widerständige Methoden, Darstellungsformen und Kommunikationsstile hervorbringen.

Die wichtigste und wohl schwierigste Herausforderung bleibt aber, eine Allianz zwischen differenten postkolonialen sozialen Formationen und Interessen zu erreichen, die nicht auf eine Politik der Assimilierung oder gar Marginalisierung zurückgreift. Wie Spivak aufzeigt, ist es dabei längst nicht genug, eine antirassistische Politik zu verfolgen, welche sich darauf spezialisiert, die Ignoranzen der weißen Menschen im dominanten Westen zur Zielscheibe zu machen. Auch die postkolonialen und diasporischen Intellektuellen müssen sich und ihre Komplizenschaft im Prozess der bisher fehlgeschlagenen Dekolonisierung hinterfragen sowie sich ihrer »strategischen Taubheit« (vgl. Dhawan 2005; auch John 1996) stellen. Postkoloniale Theorie stellt eine Möglichkeit der kritischen Intervention dar, die nicht als irrelevant abgetan, aber auch nicht überschätzt werden sollte. Ohne die interne konstruktive Kritik und die Beteiligung möglichst vieler an den Debatten, die auch zu einer notwendigen Diversifizierung von Perspektiven führen wird, wird es dagegen kaum einer zusätzlichen Anstrengung von außen bedürfen, um die postkoloniale Theorie in das Tal der Vergessenheit zu lotsen. Noch allerdings erscheint es uns möglich, *mit* ihrer Hilfe andere Zukünfte denkbar zu machen (vgl. Castro Varela 2005). Das Andere in seiner Singularität zu denken, sollte dabei nicht zwangsläufig in essentialistischen Sackgassen enden. Allerdings sollte hierfür die »epistemologische Privilegierung« (Moraña 1998: 244), die insbesondere durch den Ort der theoretischen Produktion erfolgt, ebenso infrage gestellt werden wie die häufige Ausklammerung der internationalen Arbeitsteilung und den damit einhergehenden existenziellen Kämpfen der Mehrheit der Menschen auf der anderen Seite der Klassenlinie. Die häufige »Hyperästhetisierung« einer eigentlich antihegemonialen Theoriebildung kann dagegen selbst bei einer nur oberflächlichen Auseinandersetzung mit der neoliberalen Gewalt nur zynisch anmuten. Wie sagte die lesbisch-feministische afroamerikanische Poetin und Aktivistin Audre Lorde noch: »Überleben ist keine akademische Fertigkeit.« (Lorde 1981: 99)

Literatur

Abu-Lughod, Ibrahim (2011 [1963]): *The Arab Rediscovery of Europe: A Study in Cultural Encounters*, London: Saqi Books.

Abu-Lughod, Janet L. (1991): *Before European Hegemony: The World System A.D. 1250-1350*, Oxford: Oxford University Press.

Abu-Lughod, Lila (2005): »About Politics, Palestine, and Friendship: A Letter to Edward from Egypt«. In: Homi Bhabha/W. J. T. Mitchell (Hg.), *Edward Said. Continuing the Conversation*, Chicago/London: The University of Chicago Press, S. 17-25.

Abu-Lughod, Lila (2013): *Do Muslim Women Need Saving?*, Cambridge: Harvard University Press.

Adam, Ian/Tiffin, Helen (Hg.) (1991): *Past the Last Post. Theorizing Postcolonialism and Postmodernism*, Hemel Hemstead: Harvester Wheatsheaf.

Ahluwalia, Pal (2001): »The Evolution of Orientalism and Africanist Political Science«. In: Bill Ashcroft/Hussein Khadim (Hg.), *Edward Said and the Post-Colonial*, Huntington, New York: Nova Science Publishers, S. 127-144.

Ahmad, Aijaz (1992): *In Theory. Classes, Nations, Literatures*, Oxford: Oxford University Press.

Ahmed, Sara (2006): »The Non-Performativity of Anti-Racism«. In: *Merideans: Journal of Women, Race and Culture* 7 (1), S. 104-126.

Ahmed, Sara (2010): »Happy Objects«. In: Melissa Gregg/Gregory J. Seigworth (Hg.), *The Affect Theory Reader*, Durham/London: Duke University Press, S. 29-51.

Aldrich, Robert (2003): *Colonialism and Homosexuality*, London/New York: Routledge.

Alexander, Edward (1989): »Professor of Terror«. In: *Commentary* 88 (2), S. 49-50.

Alexander, Jacqui M. (1996): »Erotic Autonomy as a Politics of Decolonization«. In: dies./Chandra Talpade Mohanty (Hg.), *Feminist Genealogies, Colonial Legacies, Democratic Futures*, New York/London: Routledge, S. 63-100.

Ali, Tariq (2006): *Conversations with Edward Said*, Kolkata/London/New York: Seagull.

Altvater, Elmar/Mahnkopf, Birgit (2004): *Grenzen der Globalisierung. Ökonomie, Ökologie und Politik in der Weltgesellschaft*, Münster: Westfälisches Dampfboot.

Amin, Samir (1977): *Unequal Development. An Essay on the Social Formations of Peripheral Capitalism*, New York: Monthly Review Press.

Amin, Samir (2011): *Ending the Crisis of Capitalism or Ending Capitalism?*, Cape Town u.a.: Pambazuka Press.

Amin, Shahid (1984): »Gandhi as Mahatma«. In: Ranajit Guha (Hg.): *Subaltern Studies*, Bd. 3, New Delhi/London: Oxford University Press, S. 1-61.

Anderson, Benedict (1991 [1983]): *Imagined Communities. Reflections on the Origin and Spread of Nationalism*, London/New York: Verso.

Anghie, Antony (2007): *Imperialism, Sovereignty, and the Making of International Law*, Cambridge: Cambridge University Press.

Anghie, Antony/Chimni, B.S. (2003): »Third World Approaches to International Law and Individual Responsibility in Internal Conflicts«. In: *Chinese Journal of International Law* 2 (1), S. 77-103.

Anzaldúa, Gloria (1999): *Borderlands/La Frontera. The New Mestiza*, San Francisco: Aunt Lute Books.

Appiah, Kwame Anthony (1996): »Is the Post in Postmodernism the Post in Postcolonialism?«. In: Padmini Mongia (Hg.), *Contemporary Postcolonial Theory. A Reader*, London: Arnold, S. 55-71.

Arendt, Hannah (1962 [1951]): *The Origins of Totalitarianism*, Cleveland/New York: Meridian.

Asad, Talal (1993): *Genealogies of Religion*, Baltimore: The Johns Hopkins University Press.

Asad, Talal (2003): *Formations of the Secular: Christianity, Islam, Modernity*, Stanford: Stanford University Press.

Ashcroft, Bill (2001): »Globalization«. In: ders. (Hg.), *Post-Colonial Transformation*, New York/London: Routledge, S. 206-227.

Ashcroft, Bill/Griffiths, Gareth/Tiffin, Helen (1989): *The Empire Writes Back. Theory and Practice in Post-colonial Literatures*, London/New York: Routledge.

Bahri, Deepika (1995): »Once More with Feeling: What is Postcolonialism?«. In: *ARIEL: A Review of International English Literature* 26 (1), S. 51-82.

Bal, Mieke (2002): *Travelling Concepts in the Humanities: A Rough Guide*, Toronto: University of Toronto Press.

Baldwin, James (1963): *The Fire Next Time*, New York: Dial Press.

Barker, Clare/Stuart, Murray (2010): »Disabling Postcolonialism: Global Disability Cultures and Democratic Criticism«. In: *Journal of Literary & Cultural Disability Studies* 4 (3), S. 219-236.

Bartolovich, Crystal/Lazarus, Neil (Hg.) (2002): *Marxism, Modernity and Postcolonial Studies*, Cambridge: Cambridge University Press.

Bass, Gary J. (2013): *The Blood Telegram: Nixon, Kissinger, and a Forgotten Genocide*, New York: Knopf.
Baxi, Upendra (2000): »Postcolonial Legality«. In: Sangeeta Ray/Henry Swartz (Hg.), *A Companion to Postcolonial Studies*, Malden/Oxford: Blackwell Publishing, S 540-555.
Bayoumi, Moustafa/Rubin, Andrew (2000): *The Edward Said Reader*, New York: Vintage Books.
Bechhaus-Gerst, Marianne/Leutner, Mechthild (Hg.) (2009): *Frauen in den deutschen Kolonien*, Berlin: Ch. Links.
Behdad, Ali (2005): »On Globalization, Again!«. In: Ania Loomba et al. (Hg.), *Postcolonial Studies and Beyond*, Durham: Duke University Press, S. 62-79.
Beverley, John (2004): *Subalternity and Representation. Arguments in Cultural Theory*, Durham/London: Duke University Press.
Bhabha, Homi (1983): »Difference, Discrimination and the Discourse of Colonialism«. In: Francis Barker et al. (Hg.), *The Politics of Theory*, Colchester: University of Essex, S. 194-211.
Bhabha, Homi (1986): »Foreword: Remembering Fanon. Self, Psyche and the Colonial Condition«. In: Frantz Fanon, *Black Skin, White Masks*, London/Sydney: Pluto, S. vii-xxvi.
Bhabha, Homi (Hg.) (1990a): *Nation and Narration*, London/New York: Routledge.
Bhabha, Homi (1990b): »The Third Space«. In: Jonathan Rutherford (Hg.), *Identity. Community, Culture and Difference*, London: Lawrence and Wishart, S. 207-221.
Bhabha, Homi (1991a): »Art and National Identity: A Critics' Symposium«. In: *Art in America* 79 (9), S. 82.
Bhabha, Homi (1991b): »Threatening Pleasures«. In: *Sight and Sound* 1 (4), S. 17-19.
Bhabha, Homi (1992): »Freedom's Basis in the Indeterminate«. In: *The Identity in Question* 61, S. 46-57.
Bhabha, Homi (1994a): *The Location of Culture*, London/New York: Routledge.
Bhabha, Homi (1994b): »Anxious Nations, Nervous States«. In: Joan Copjec (Hg.), *Supposing the Subject*, London: Verso, S. 201-217.
Bhabha, Homi (1995): »Translator translated: W.J.T. Mitchell talks to Homi Bhabha«, *Artforum* 33 (7), S. 80-84.
Bhabha, Homi (1996a): »Postkoloniale Kritik. Vom Überleben der Kultur«. In: *Das Argument* 38 (3), S. 345-359.
Bhabha, Homi (1996b): »Unpacking my Library... Again«. In: Ian Chambers/Lidia Curti (Hg.), *The Postcolonial Question. Common Skies, Divided Horizons*, London/New York: Routledge, S. 199-211.
Bhabha, Homi (1997a): »The Postcolonial Critic«. Interview mit David Bennet und Terry Collits. In: Patrick Colm Hogan/Lalita Pandit (Hg.), *Literary In-*

dia. Comparative Studies in Aesthetics, Colonialism and Culture, New Delhi: Rawat, S. 237-254.

Bhabha, Homi (1997b): »Die Frage der Identität«. In: Elisabeth Bronfen et al. (Hg.), *Hybride Kulturen. Beiträge zur anglo-amerikanischen Multikulturalismusdebatte*, Tübingen: Stauffenburg, S. 97-122.

Bhabha, Homi (1998a): »Joking Aside: the Idea of a Self-critical Community«. In: Byran Cheyette/Laura Markus (Hg.), *Modernity, Culture and ›the Jew‹*, Cambridge: Polity Press, S. xv-xx.

Bhabha, Homi (1998b): »The White Stuff«. In: *Artforum* 36 (9), S. 21-24.

Bhabha, Homi (1999): »Liberalism's Sacred Cow«. In: Susan Moller Okin (Hg.): *Is Multiculturalism Bad for Women?*, Princeton: Princeton University Press, S. 79-84.

Bhabha, Homi (2000): »On Minorities. Cultural Rights«. In: *Radical Philosophy* 100, S. 3-6.

Bhabha, Homi (2003a): »Democracy De-realized«. In: *Diogenes* 50 (1), S. 27-35.

Bhabha, Homi (2003b): »On Writing Rights«. In: Mathew J. Gibney (Hg.): *Globalizing Rights: the Oxford Amnesty Lectures 1999*, Oxford: Oxford University Press, S. 162-183.

Bhabha, Homi (2004): »Preface to the Routledge Classics Edition«. In: ders., *The Location of Culture*, London/New York: Routledge, S. ix-xxv.

Bhambra, Gurminder K. (2014): »Postcolonial and decolonial dialogues«. In: *Postcolonial Studies* 17 (2), S. 115-121.

Bhaskaran, Suparna (2002): »The Politics of Penetration. Section 377 of the Indian Penal Code«. In: Ruth Vanita (Hg.), *Queering India. Same-Sex Love and Eroticism in Indian Culture and Society*, New York/London: Routledge, S. 15-29.

Bhatti, Anil (2003): »Kulturelle Vielfalt und Homogenisierung«. In: Johannes Feichtinger et al. (Hg.), *Habsburg Postcolonial – Machtstrukturen und Kollektives Gedächtnis*, Wien: Studien Verlag, S. 55-68.

Bhatti, Anil/Turk, Horst (Hg.) (1998): *Reisen, Entdecken, Utopien. Untersuchungen zum Alteritätsdiskurs im Kontext von Kolonialismus und Kulturkritik*, Bern: Peter Lang.

Bidaseca, Karina (2010): *Perturbando el Texo Colonial. Los Estudios (Pos)Coloniales en América Latina*, Buenos Aires/Montevideo/México: Editorial SB.

Biemann, Ursula (2000): *been there and back to nowhere. Geschlecht in transnationalen Orten/Gender in transnational spaces, postproduction documents 1988-2000*, Berlin: b_books.

Blaut, J.M. (1989): »Colonialism and the Rise of Capitalism«. In: Science & Society 53 (3), S. 260-296.

Boone, Joseph A. (2003): »Vacation Cruises, or The Homoerotics of Orientalism«. In: Reina Lewis/Sara Mills (Hg.), *Feminist Postcolonial Theory. A Reader*, Edinburgh: Edinburgh University Press, S. 460-487.

Brah, Avtar/Coombes, Annie (Hg.) (2000): *Hybridity and its Discontents. Politics, Science, Culture*, London/New York: Routledge.
Brathwaite, Edward K. (1971): *The Development of Creole Society in Jamaica 1770-1820*, Oxford: Clarendon.
Bratić, Ljubomir (2010): *Politischer Antirassismus: Selbstorganisation, Historisierung als Strategie und diskursive Interventionen*, Wien: Loecker Erhard Verlag.
Brennan, Timothy (2005): »The Economic Image-Function of the Periphery«. In: Ania Loomba et al. (Hg.), *Postcolonial Studies and Beyond*, Durham: Duke University Press: 101-124.
Brennan, Timothy (2008): »Postcolonial Studies and Globalization Theory«. In: Ravitha Krishnaswamy/John C. Hawley (Hg.), *The Postcolonial and the Global*, Minneapolis: University of Minnesota Press, S. 37-53.
Brennan, Timothy (2014): »Subaltern Stakes«. In: *New Left Review* 9, S. 67-87.
Bronfen, Elisabeth/Marius, Benjamin/Steffen, Therese (Hg.) (1997): *Hybride Kulturen. Beiträge zur anglo-amerikanischen Multikulturalismusdebatte*, Tübingen: Stauffenburg.
Butler, Judith (1990): *Gender Trouble: feminism and the subversion of identity*, London/New York: Routledge.
Buttigieg, Joseph (2000): »Sobre la Categoría Gramsciana de Subalternos«. In: *Utopias* 186 (4), S. 181-190.
Callaway, Helen (1987): *Gender, Culture and Empire: European Women in Colonial Nigeria*, Urbana: University of Illinois Press.
Cardoso, Fernando Henrique/Faletto, Enzo (1979): *Dependency and Development in Latin America*, Berkeley: University of California Press.
Casanova, José (1994): *Public Religions in the Modern World*, Chicago: University of Chicago Press.
Castro-Gómez, Santiago/Mendieta, Eduardo (Hg.) (1998): *Teorías sin Disciplina. Latinoamericanismo, Postcolonialidad y Globalización en Debate*, México: Miguel Ángel Porrúa.
Castro Varela, María do Mar (2007): *Unzeitgemäße Utopien. Migrantinnen zwischen Selbsterfindung und Gelehrter Hoffnung*, Bielefeld: transcript Verlag.
Castro Varela, María do Mar (2014): »Uncanny Entanglements: Holocaust, Colonialism, and Enlightenment«. In: Nikita Dhawan (Hg.): *Decolonizing Enlightenment: Transnational Justice, Human Rights and Democracy in a Postcolonial World*, Opladen: Barbara Budrich Verlag, S. 115-135.
Castro Varela, María do Mar (2015): »Koloniale Wissensproduktionen. Edwards Saids ›interpretative Wachsamkeit‹ als Ausgangspunkt einer kritischen Migrationsforschung«. In: Julia Reuter/Paul Mecheril (Hg.): *Schlüsselwerke der Migrationsforschung. Pionierstudien und Referenztheorien*, Wiesbaden: Springer VS, S. 307-322..

Castro Varela, María do Mar/Dhawan, Nikita (2005): »Spiel mit dem Feuer. Post/Kolonialismus und Heteronormativität«. In: *femina politica* 14 (1), S. 47-59.

Castro Varela, María do Mar/Dhawan, Nikita (2006): »Das Dilemma der Gerechtigkeit: Migration, Religion und Gender«. In: *Das Argument* 266, 48 (3), S. 427-440.

Castro Varela, María do Mar/Dhawan, Nikita (2009a): »Gendering Post/Kolonialismus, Decolonising Gender – Feministisch-Postkoloniale Perspektiven«. In: Ingrid Kurz-Scherf/Julia Lepperhoff/Alexandra Scheele (Hg.), *Feminismus: Kritik und Intervention,* Münster: Westfälisches Dampfboot, S. 64-80.

Castro Varela, María do Mar/Dhawan, Nikita (Hg.) (2009b): Feministische Postkoloniale Theorie. Gender und (De-)Kolonisierungsprozesse, *Femina Politica* 18 (2).

Castro Varela, María do Mar/Dhawan, Nikita (Hg.) (2011): *Soziale (Un)Gerechtigkeit. Antidiskriminierung, Dekolonisierung und Demokratisierung,* Münster u. a.: LIT.

Castro Varela, María do Mar/Dhawan, Nikita (2014): »Human Rights and its Discontents. Postkoloniale Interventionen in die Menschenrechtspolitik«. In: Julia König/Sabine Seichter (Hg.), *Menschenrechte. Demokratie. Geschichte. Transdisziplinäre Herausforderungen an die Pädagogik,* Weinheim/Basel: Beltz Juventa, S. 145-162.

Castro Varela, María do Mar/Dhawan, Nikita (2015): »Postkoloniale Studien und Internationale Beziehungen: Die IB dekolonisieren«. In: Carlo Masala/Frank Sauer (Hg.): *Handdbuch Internationale Beziehungen,* Wiesbaden, SpringerVS.

Césaire, Aimé (1972 [1955]): *Discourse on Colonialism,* New York/London: Monthly Review Press.

Chakrabarti, Sumit (2010). *The Impact oft the Postcolonial Theories of Edward Said, Gayatri Spivak and Homi Bhabha on Western Thought. The Third-World Intellectual in the First-World Academy,* Lewiston/Queenston/Lampeter: The Edwin Mellen Press.

Chakrabarty, Dipesh (1988): »Conditions for Knowledge of Working-Class Conditions«. In: Ranajit Guha/Gayatri C. Spivak (Hg.), *Selected Subaltern Studies,* New York/Oxford: Oxford University Press, S. 179-230.

Chakrabarty, Dipesh (1992): »Postcoloniality and the Artifice of History: Who speaks for ›Indian Pasts‹?« In: *Representations* 37, S. 1-26.

Chakrabarty, Dipesh (2000): *Provincializing Europe. Postcolonial Thought and Historical Difference,* Princeton/Oxford: Princeton University Press.

Chakrabarty, Dipesh (2002): »Europa Provinzialisieren. Postkolonialität und die Kritik der Geschichte«. In: Sebastian Conrad/Shalini Randeria (Hg.),

Jenseits des Eurozentrismus: Postkoloniale Perspektiven in den Geschichts- und Kulturwissenschaften, Frankfurt am Main/New York: Campus, S. 219-246.

Chakravarti, Uma (2003): *Gendering Caste: Through a Feminist Lens*, Calcutta: Stree.

Chakravarty, Gautam (2005): *The Indian Mutiny and the British Imagination*, Cambridge: Cambridge University Press.

Chatterjee, Partha (1993): *The Nation and Its Fragments. Colonial and Postcolonial Histories*, Princeton: Princeton University Press.

Chatterjee, Partha (2013): »Subaltern Studies and Capital«. In: *Economic and Political Weekly* xlviii (37), S. 69-75.

Cheng, Sinkwan (1999): »The Kingdom of Heaven versus the Kingdom of Earth: Christianity and the Displacement of African in *Black Anger*«. In: *Jouvert. A Journal of Postcolonial Studies*, 3 (1-2). Online: http://english.chass.ncsu.edu/jouvert/v3i12/cheng.htm (letzter Aufruf 12.1.2014).

Chibber, Vivek (2013a): *Postcolonial Theory and the Specter of Capital*, London: Verso.

Chibber, Vivek (2013b): »How Does the Subaltern Speak?: An Interview with Vivek Chibber«. In: *Jacobin Bibliographie 10* Online: https://www.jaco binmag.com/2013/04/how-does-the-subaltern-speak/ (letzter Aufruf 21.11.2014).

Chibber, Vivek (2014): »Making sense of postcolonial theory: a response to Gayatri Chakravorty Spivak«. In: *Cambridge Review of International Affairs* 27(3), S. 617-624.

Chimni, B.S. (2006): »Third World Approaches to international Law: Manifesto«. In: *International Community Law Review* 8, S. 3-27.

Choi, Kyeong-Hee (2001): »Impaired Body as Colonial Trope: Kang Kyong'ae's ›Underground Village‹«. *Public Culture* 13 (3), S. 431-458.

Chow, Rey (1993): *Writing Diaspora. Tactics of Intervention in Contemporary Cultural Studies*, Bloomington/Indianapolis: Indiana University Press.

Chrisman, Laura (1995): »Inventing Postcolonial Theory: Polemical Observations«. In: *Pretexts* 5 (1-2), S. 205-212.

Clifford, James (1988): *The Predicament of Culture. 20th-Century Ethnography, Literature, and Art*, Cambridge: Harvard University Press.

Clifford, James (1989): »Notes on Travel and Theory«. In: James Clifford/Vivek Dhareshwar (Hg.): *Travelling Theories, Travelling Theorists, Inscriptions* 5, S. 177-188.

Comaroff, Jean (2005): »The End of History, Again? Pursuing the Past in the Postcolony«. In: Ania Loomba et al. (Hg.), *Postcolonial Studies and Beyond*, Durham: Duke University Press, S. 125-144.

Comaroff, Jean/Comaroff, John (1991): *Of Revelation and Revolution, Bd. 1: Christianity, Colonialism, and Consciousness in South Africa*, Chicago: University of Chicago Press.

Comaroff, Jean/Comaroff, John (2011): *Theory from the South: Or, How Euro-America is Evolving Toward Africa*, Boulder: Paradigm Publications.

Conrad, Sebastian (2008): *Deutsche Kolonialgeschichte*, München: C.H. Beck.

Conrad, Sebastian/Osterhammel, Jürgen (Hg.) (2006): *Das Kaiserreich transnational. Deutschland in der Welt 1871-1914*, Göttingen: Vandenhoeck & Ruprecht.

Conrad, Sebastian/Randeria, Shalini (2002): »Einleitung. Geteilte Geschichten – Europa in einer Postkolonialen Welt«. In: dies. (Hg.), *Jenseits des Eurozentrismus. Postkoloniale Perspektiven in den Geschichts- und Kulturwissenschaften*, Frankfurt am Main/New York: Campus, S. 9-50.

Cooper, Davina (2004: *Challenging Diversity. Rethinking Equality and the Value of Difference*, Cambridge: Cambridge University Press.

Cooper, Frederick (2012): *Kolonialismus denken. Konzepte und Theorien in kritischer Perspektive*, Frankfurt am Main/New York: Campus.

Cooppan, Vilashini (2005): »The Ruins of Empire: the National and Global Politics of America's Return to Rome«. In: Ania Loomba et al. (Hg.), *Postcolonial Studies and Beyond*, Durham: Duke University Press, S. 80-100.

Coronil, Fernando (1996): »Beyond Occidentalism: Toward Nonimperial Geohistorical Categories«. In: *Cultural Anthropology* 11 (1), S. 51-87.

Coronil, Fernando (2003 [1995]): »Introduction to the Duke University Press Edition. Transculturation and the Politics of Theory: Countering the Center, Cuban Counterpoint«. In: Fernando Ortiz, *Cuban Counterpoint: Tobacco and Sugar*, Durham: Duke University Press, S. ix-lvi.

Coronil, Fernando (2008):»Elephants in the Americas? Latin American Postcolonial Studies and Global Decolonization«. In: Moraña, Mabel/Dussel, Enrique/Jáuregui, Carlos A. (Hg.), *Coloniality at Large. Latin America and the Postcolonial Debate*, Durham/London: Duke University Press, S. 396-416.

Crenshaw, Kimberlé (1991): »Mapping the Margins: Intersectionality, Identity Politics, and Violence against Women of Color«. In: *Stanford Law Review* 43 (6), S. 1241-1299.

Dallmayer, Fred (2001): *Beyond Orientalism. Essays on Cross-Cultural Encounter*, Jaipur/New Delhi: Rawat Publications.

Darian-Smith, Eve/Fitzpatrick, Peter (Hg.) (1999): *Laws of the postcolonial*, Ann Arbor: University of Michigan Press.

David, Thomas et al. (2005): *Schwarze Geschäfte. Die Beteiligung von Schweizern an Sklaverei und Sklavenhandel im 18. und 19. Jahrhundert*, Zürich: Limmat.

Davis, Angela Y. (1981): *Women, Race and Class*, New York: Random House.

de Kock, Leon (1992): »Interview with Gayatri Chakravorty Spivak: New Nation Writers Conference in South Africa«. In: *ARIEL. A Review of International English Literature* 23 (3), S. 29-47.

de Madariaga, Salvador (1947): *The Rise of the Spanish American Empire*, New York: The Macmillan Company.

Deleuze, Gilles/Guattari, Felix (1977): *Anti-Ödipus: Kapitalismus und Schizophrenie*, Frankfurt am Main: Suhrkamp.

Delpar, Helen (2008): *Looking South: The Evolution of Latin Americanist Scholarship in the United States, 1850-1975*, Tuscaloosa: University of Alabama Press.

Deppe, Frank/Salomon, David/Solty, Ingar (2011): *Imperialismus*, Köln: PapyRossa.

Derrida, Jacques (1978 [1967]): *Writing and Difference*, Chicago: University of Chicago Press.

Derrida, Jacques (1982): *Margins of Philosophy*, Chicago: University of Chicago Press.

Derrida, Jacques (1995): *Marx' Gespenster. Der verschuldete Staat, die Trauerarbeit und die neue Internationale*, Frankfurt am Main: Suhrkamp.

Derrida, Jacques (1997): *Dem Archiv verschrieben. Eine Freudsche Impression*, Berlin: Brinkmann und Bose.

Derrida, Jacques (1999): »Marx and Sons«. In: Michael Sprinker (Hg.), *Ghostly Demarcations. A Symposium on Jacques Derrida's Specters of Marx*. London/New York: Verso, S. 213-269.

Derrida, Jacques (2003): *Schurken*, Frankfurt am Main: Suhrkamp.

Devi, Mahasweta (1994): *Imaginary Maps*, New York/London: Routledge.

Devi, Mahasweta (1998): *Breast Stories*, Calcutta: Seagull.

Dhawan, Nikita (2007): »*Can the Subaltern Speak German? And Other Risky Questions. Migrant Hybridism versus Subalternity*«. In: *translate*, webjournal of eipcp, Online: http://translate.eipcp.net/strands/03/dhawan-strands01en (letzter Aufruf 3.1.2014).

Dhawan, Nikita (2013a): »The Empire Prays Back: Religion, Secularity and Queer Critique«. In: *boundary 2 – An international Journal of Literature and Culture* 40 (1), Hg. von Aamir Mufti: Special Issue. Antinomies of the Postsecular, S. 191-222.

Dhawan, Nikita (2013b): »Coercive Cosmopolitanism and Impossible Solidarities«. In: *Qui Parle: Critical Humanities and Social Sciences*. Special Issue: Human Rights between Past and Future, 22 (1): S. 139-166.

Dhawan, Nikita (2014): »Affirmative Sabotage of the Master's Tools: The Paradox of Postcolonial Enlightenment«. In: dies. (Hg.): *Decolonizing Enlightenment: Transnational Justice, Human Rights and Democracy in a Postcolonial World*, Opladen: Barbara Budrich Verlag, S. 19-78.

Dhawan, Nikita/Randeria, Shalini (2013): »Perspectives on Globalization and Subalternity«. In: Graham Huggan (Hg.), *The Oxford Handbook of Postcolonial Studies*, Oxford: Oxford University Press, S. 559-586.

Dietrich, Anette (2007): *›Weiße Weiblichkeiten‹: Konstruktionen von ›Rasse‹ und Geschlecht im deutschen Kolonialismus*, Bielefeld: transcript.

Diner, Dan (Hg.) (1988): *Zivilisationsbruch. Denken nach Auschwitz*, Frankfurt am Main: Fischer.

Dirlik, Arif (1994): »The Postcolonial Aura: Third World Criticism in the Age of Global Capitalism«. In: *Critical Inquiry* 20 (2), S. 329-356.

Douglass, Frederick (1995 [1845]): *Narrative of the Life of Frederick Douglass*, Mineola: Dover Publications.

Du Bois, W.E.B. (1996 [1903]): *The Souls of Black Folk*, New York/London: Penguin.

Du Bois, W.E.B. (1925): »The Negro Mind Reaches Out«. In: Alain Locke (Hg.): *The New Negro. Voices of the Harlem Renaissance*, New York: Atheneum, S. 385-414.

Du Bois, W.E.B. (1925): »To the Nations of the World«. In: James Daley (Hg.): *Great Speeches by African Americans*, Mineola, New York: Dover Publcations, S. 85-87.

Dueñas, Alcira (2010): *Indians and Mestizos in the »Lettered City«: Reshaping Justice, Social Hierarchy, and Political Culture in Colonial Peru*, Boulder: University Press Colorado.

During, Simon (1998): »Postcolonialism and Globalisation: A Dialectical Relation after All?«. In: *Postcolonial Studies* 1 (1), S. 31-47.

Dussel, Enrique (1980): *Philosophy of Liberation*, London: Wipf & Stock Publishers.

Dwyer, Augusta (1994): *On the Line. Life on the US-Mexican Border*, London: Latin America Bureau.

Eagleton, Terry (2003): *Figures of Dissent. Critical Essays on Fish, Spivak, Žižek and Others*, London/New York: Verso.

Eagleton, Terry (2011): *Why Marx Was Right*, New Haven/London: Yale University Press.

Eckert, Andreas (2006): *Kolonialismus*, Frankfurt am Main: Fischer.

Eckert, Andreas (2009): »Spätkoloniale Herrschaft, Dekolonisation und internationale Ordnung. Einführende Bemerkung«. In: Anja Kruke (Hg.), *Dekolonisation. Prozesse der Verflechtungen 1945-1990*, Bonn: Dietz, S. 3-20.

Eckert, Andreas/Randeria, Shalini (2009): »Geteilte Globalisierung«. In: Shalini Randeria/Andreas Eckert (Hg.), *Vom Imperialismus zum Empire*, Frankfurt/Main: Suhrkamp, S. 9-33.

Eckert, Andreas/Wirz, Albert (2002): »Wir nicht, die Anderen auch. Deutschland und der Kolonialismus«. In: Sebastian Conrad/Shalini Randeria (Hg.), *Jenseits des Eurozentrismus. Postkoloniale Perspektiven in den Geschichts- und Kulturwissenschaften*, Frankfurt am Main/New York: Campus, S. 372-392.

Elliott, John H. (2002): *Imperial Spain 1469-1716*, London: Penguin.

Enzensberger, Hans Magnus (1981 [1966]): »Las Casas oder ein Rückblick in die Zukunft«. In: Bartolomé de las Casas, *Kurzgefaßter Bericht von der Verwüstung der westindischen Länder*, Frankfurt am Main: Insel, S. 124-150.

Equiano, Olaudah (1995 [1794]: *The Interesting Narrative and Other Writings*, Hg. und mit einem Vorwort von Vincent Carretta, New York: Penguin Books.
Evans, Raymond/Thorpe, Bill (2001): »Indigenocide and the Massacre of Aboriginal History«. In: *Overland* 163, S. 21-39.
Fanon, Frantz (1981 [1961]): *Die Verdammten dieser Erde*, Frankfurt am Main: Suhrkamp.
Fanon, Frantz (2008 [1952]): *Black Skins, White Masks*, New York: Grove Press.
Ferguson, James (2006): *Global Shadows. Africa in the Neoliberal World Order*, Durham/London: Duke University Press.
Fernández Retamar, Roberto (1989): *Caliban and Other Essays*, Minnesota: University of Minnesota Press.
Fischer, Sybille (2004): *Modernity Disavowed. Haiti and the Cultures of Slavery in the Age of Revolution*, Durham: Duke University Press.
Foucault, Michel (1977): »Intellectuals and Power: a Conversation between Michel Foucault and Gilles Deleuze«. In: Donald F. Bouchard (Hg.), *Language, Counter-Memory, Practice. Selected Essays and Interviews by Michel Foucault*, Ithaca: Cornell University Press, S. 205-217.
Foucault, Michel (1983): *Der Wille zum Wissen. Sexualität und Wahrheit I*, Frankfurt am Main. Suhrkamp.
Foucault, Michel (1994): *Diskurs und Wahrheit. Berkeley-Vorlesungen 1983*, Berlin: Merve.
Freud, Sigmund (1999 [1905]): *Der Witz und seine Beziehung zum Unbewußten, Gesammelte Werke, Bd. 6*, Frankfurt am Main: Fischer.
Freud, Sigmund (1999 [1919]): »Das Unheimliche«, In: ders., *Gesammelte Werke, Bd. 12, Werke aus den Jahren 1917-1920*, Frankfurt am Main: Fischer, S. 229-268.
Freud, Sigmund (1999 [1939]): »Der Mann Moses und die monotheistische Religion«, In: ders., *Gesammelte Werke, Bd. 16, Werke aus den Jahren 1932-1939*, Frankfurt am Main: Fischer, S. 103-246.
Galeano, Eduardo (2003 [1971]): *Die offenen Adern Lateinamerikas. Die Geschichte eines Kontinents von der Entdeckung bis zur Gegenwart*, Wuppertal: Peter Hammer.
Gandhi, Leela (1998): *Postcolonial Theory. A Critical Introduction*, Edinburgh: Edinburgh University Press.
Gandhi, Leela (2001): »Ellowen Deeowen: Salman Rushdie and the Migrant's Desire«. In: Ann Blake et al. (Hg.), *England through Colonial Eyes in Twentieth-Century Fiction*, New York: Palgrave Macmillan, S. 157-170.
Gates Jr., Henry Lewis (1992): »African American Criticism«. In: Stephen Greenblatt/Giles Gunn (Hg.), *Redrawing the Boundaries. The Transformation of English and American Literary Studies*, New York: MLA, S. 303-320.
Gikandi, Simon (2005): »Globalization and the Claims of Postcoloniality«. In: Gaurav Desai/Supriya Nair (Hg.), *Postcolonialisms: An Anthology of Cultural*

Theory and Criticism, New Brunswick: Rutgers University Press, S. 608-634.
Gilroy, Paul (1993): *The Black Atlantic. Modernity and Double Consciousness*, Cambridge: Harvard University Press.
Gilroy, Paul (2000): *Between Camps. Nations, Cultures and the Allure of Race*, London: Penguin Books.
Goldberg, David Theo/Quayson, Ato (Hg.) (2002): *Relocating Postcolonialism*, Oxford: Blackwell Publishing.
Gopinath, Gayatri (2002): »Local Sites/Global Contexts. The Transnational Trajectories of Deepa Mehta's Fire«. In: Arnaldo Cruz-Malavé/Martin Manalansan (Hg.), *Queer Globalizations. Citizenship and the Afterlife of Colonialism*, New York: New York University Press, S. 149-161.
Gosewinkel, Dieter (2006): »Rückwirkungen des kolonialen Rasserechts? Deutsche Staatsangehörigkeit zwischen Rassestaat und Rechtsstaat«. In: Sebastian Conrad/Jürgen Osterhammel (Hg.), *Das Kaiserreich transnational. Deutschland in der Welt 1871-1914*, Göttingen: Vandenhoeck & Ruprecht, S. 236-256
Gourgouris, Stathis (2013): *Lessons in Secular Criticism*, New York: Fordham University Press.
Gramsci, Antonio (1996 [1934]): *Gefängnishefte, Kritische Gesamtausgabe* Bd. 7, Hg. von Wolfgang Fritz Haug/Klaus Bochmann, Hamburg: Argument.
Gramsci, Antonio (1999 [1934]): *Gefängnishefte, Kritische Gesamtausgabe* Bd. 9, Hg. von Wolfgang Fritz Haug/Klaus Bochmann, Hamburg: Argument.
Greenstein, Ran (1995): »History and the Production of Knowledge«. In: *South African Historical Journal* 32, S. 217-232.
Grosfoguel, Ramón (2007): »The Epistemic Turn. Beyond political-economy paradigms«. In: *Cultural Studies* 21 (2-3), S. 211-223.
Grosfoguel, Ramón (2008): »Transmodernity, border thinking, and global coloniality. Decolonizing political economy and postcolonial studies«. In: *eurozine*, Online: http://www.eurozine.com/articles/2008-07-04-grosfoguel-en.html (letzter Aufruf 12.1.2014).
Grove, Richard H. (2010): *Green Imperialism: Colonial Expansion, Tropical Island Edens and the Origins of Environmentalism, 1600-1860*, Cambridge: Cambridge University Press.
Gründer, Horst (1982): *Christliche Mission und deutscher Imperialismus 1884-1914. Eine politische Geschichte ihrer Beziehungen während der deutschen Kolonialzeit (1884-1914) unter besonderer Berücksichtigung Afrikas und Chinas*, Paderborn: Schöningh.
Gründer, Horst (2012): *Geschichte der deutschen Kolonien*, Paderborn: Schöningh.

Guha, Ranajit (1982): »On Some Aspects of the Historiography of Colonial India«. In: ders., *Subaltern Studies I: Writings on South Asian History and Society*, New Delhi: Oxford University Press, S. 1-8.

Guha, Ranajit (1983): *Elementary Aspects of Peasant Insurgency in Colonial India*, New Delhi: Oxford University Press.

Guha, Ranajit (1998): *Domination without Hegemony: History and Power in Colonial India*. Harvard: Harvard University Press.

Guha, Ranajit/Spivak, Gayatri C. (Hg.) (1988): *Selected Subaltern Studies, New York/Oxford: Oxford University Press.*

Gutiérrez Merino, Gustavo (1973): *Theologie der Befreiung*, München: Matthias Grünewald.

Hall, Catherine (2004): »Of Gender and Empire: Reflections on Nineteenth Century«. In: Philippa Levine (Hg.), *Gender and Empire*, New York: Oxford University Press, S. 46-76.

Hall, Stuart (1992): »The West and the Rest: Discourse and Power«. In: ders./ Bram Gieben (Hg.), *Formations of Modernity*, Cambridge: Polity Press, S. 275-320.

Hall, Stuart (1997): »The Local and the Global: Globalization and Ethnicity«. In: Anne McClintock/Aamir Mufti/Ella Shohat (Hg.), *Dangerous Liaisons: Gender, Nation, and Postcolonial Perspectives*, Minneapolis: University of Minnesota Press, S. 173-187.

Hall, Stuart (2002): »Wann gab es ›das Postkoloniale‹?‹: Denken an der Grenze«. In: Sebastian Conrad/Shalini Randeria (Hg.), *Jenseits des Eurozentrismus. Postkoloniale Perspektiven in den Geschichts- und Kulturwissenschaften*, Frankfurt am Main/New York: Campus, S. 219-246.

Hallward, Peter (2002): *Absolutely Postcolonial: Writing Between the Singular and the Specific*, Manchester: Manchester University Press.

Hardt, Michael/Negri, Antonio (2000): *Empire*, Cambridge: Harvard University Press.

Harris, Wilson (1967): *Tradition, the Writer and Society*, London: New Beacon Books.

Harvey, David (1989): *The Condition of Postmodernity*, Malden/Oxford: Blackwell Publishing.

Harvey, David (2007): *A Brief History of Neoliberalism*, Oxford/New York: Oxford University Press.

Hilferding, Rudolf (1974 [1910]). *Das Finanzkapital. Eine Studie über die jüngste Entwicklung des Kapitalismus*, Hamburg: Europäische Verlagsanstalt.

Hill Collins, Partricia (2008): *Black Feminist Thought*, London: Routledge.

Himmerich y Valencia, Robert (1991): *The Encomenderos of New Spain, 1521-1555*, Austin: University of Texas Press.

Huddart, David (2006): *Homi K. Bhabha*, London/New York: Routledge.

Huggan, Graham (Hg.) (2013): *The Oxford Handbook of Postcolonial Studies*, Oxford: Oxford University Press.

Irigaray, Luce (1979): *Das Geschlecht, das Nicht Eins Ist*, Berlin: Merve.

Jaffrelot, Christophe (2004): *Ambedkar and Untouchability. Analysing and Fighting Caste*, New York: Columbia University Press.

James, C.L.R. (1963 [1938]): *The Black Jacobins: Toussaint L'Ouverture and the San Domingo Revolution*, New York: Vintage Books.

James, C.L.R. (1993 [1963]): *Beyond a Boundary*, Durham: Duke University Press.

Jameson, Frederic (1991): *Postmodernism, or the Cultural Logic of Late Capitalism*, Durham/London: Duke University Press.

Jani, Pranav (2002): »Karl Marx, Eurocentrism, and the 1857 Revolt in British India«. In: Crystal Bartolovich/Neil Lazarus (Hg.) (2002), *Marxism, Modernity and Postcolonial Studies*, Cambridge: Cambridge University Press, S. 81-97.

Jarman, Michelle (2005): »Resisting ›Good Imperialism‹: Reading Disability and Radical Vulnerability«. In: *Atenea* 25 (1), S. 107-116.

John, Mary (1996): *Discrepant Dislocations. Feminism, Theory and Postcolonial Histories*, Berkeley: University of California Press.

Kah, Henry Kam (2012): »›Africa Must Unite‹: Vindicating Kwame Nkrumah and Uniting Africa Against Global Destruction«. In: *The Journal of Pan African Studies*. 4 (10), S. 26-41.

Kapoor, Ilan (2008): *The Postcolonial Politics of Development*, London/New York: Routledge.

Kapur, Ratna (2005): *Erotic Justice. Law and the New Politics of Postcolonialism*, New Delhi: Permanent Black.

Kennedy, Valerie (2000): *Edward Said: A Critical Introduction*. Cambridge: Polity Press.

Khalidi, Rashid (1991): *The Origins of Arab Nationalism*, New York: Columbia University Press.

King, Richard (1999): *Orientalism and Religion. Postcolonial Theory, India and ›the Mystic East‹*, London/New York: Routledge.

Kirkby, Diane Elizabeth/Coleborne, Catharine (Hg.) (2001): *Law, History, Colonialism: The Reach of Empire*, Manchester: Manchester University Press.

Koskenniemi, Martti (2004): *The Gentle Civilizer of Nations: The Rise and Fall of International Law 1870-1960*, Cambridge: Cambridge University Press.

Krishnaswamy, Revitha (2008): »Connections, Conflicts, Complicities«. In: dies./John C. Hawley (Hg.), *The Postcolonial and the Global*, Minneapolis: University of Minnesota Press, S. 2-21.

Kristeva, Julia (1982 [1974]): *Die Chinesin. Die Rolle der Frau in China*, Berlin: Ullstein.

Kruke, Anja (Hg.) (2009): *Dekolonisation. Prozesse der Verflechtungen 1945-1990*, Bonn: Dietz.

Kumar, Vidya (2003): »A Proleptic Approach to Postcolonial Legal Studies? A Brief Look at the Relationship Between Legal Theory and Intellectual History«. In: *Law, Social Justice & Global Development Journal* 2, Online: http://www2.warwick.ac.uk/fac/soc/law/elj/lgd/2003_2/kumar/ (letzter Aufruf 3.1.2014).

Kundrus, Birthe (Hg.) (2003): *Phantasiereiche: Zur Kulturgeschichte des deutschen Kolonialismus*, Frankfurt am Main/New York: Campus.

Kureishi, Hanif (1995): *The Black Album*, London: Faber.

Lane, Christopher (1995): *The Ruling Passion. British Colonial Allegory and the Paradox of Homosexual Desire*, Durham/London: Duke University Press.

Las Casas, Bartolomé (1988 [1552]): *Kurzgefaßter Bericht von der Verwüstung der westindischen Länder*, Frankfurt am Main: Insel.

Lazarus, Neil (1994): »National Consciousness and the Specificity of (Post)colonial Intellectualism«. In: Francis Barker et al. (Hg.), *Colonial Discourse/Postcolonial Theory*, Manchester: Manchester University Press, S. 197-220.

Lazarus, Neil (1999): *Nationalism and Cultural Practice in the Postcolonial World*, Cambridge: Cambridge University Press.

Leal Cruz, Miguel (2010): *Canarias-Cuba. Perspectivas Cruzadas*, Santa Cruz de Tenerife: Ediciones Aguere.

Lewis, Reina (1995): *Gendering Orientalism. Race, Femininity and Representation*, London/New York: Routledge.

Lewis, Reina/Mills, Sara (Hg.) (2003): *Feminist Postcolonial Theory. A Reader*, Edinburgh: Edinburgh University Press.

Liberti, Stefano/Flannelly, Enda (2013): *Land Grabbing: Journeys in the New Colonialism*, New York/London: Verso.

Liu, Lydia (1995): *Translingual Practice: Literature, National Culture, and Translated Modernity – China, 1900-1937*, Stanford: Stanford University Press.

Loomba, Ania (1998): *Colonialism/Postcolonialism*, London/New York: Routledge.

Loomba, Ania et al. (2005): »Beyond What? An Introduction«. In: dies. (Hg.), *Postcolonial Studies and Beyond*, Durham: Duke University Press, S. 1-39.

Lorde, Audre (1981): »The Master's Tools Will Never Dismantle the Master's House«. In: Cherrie Moraga/Gloria Anzaldúa (Hg.), *This Bridge Called My Back. Writings by Radical Women of Color*, Latham: Kitchen Table Press, S. 98-101.

Löwy, Michael (2013): »Westlicher Imperialismus gegen Urkommunismus. Eine neue Lesart von Rosa Luxemburgs ökonomischen Schriften«. In: Ingo Schmidt (Hg.), *Rosa Luxemburgs »Akkumulation des Kapitals«. Die Aktualität von ökonomischer Theorie, Imperialismuserklärung und Klassenanalyse*, Hamburg: VSA, S. 53-62.

Luxemburg, Rosa (1990 [1913]): *Die Akkumulation des Kapitals. Ein Beitrag zur Ökonomischen Erklärung des Imperialismus*, GW Bd. 5, Berlin: Dietz.

MacCabe, Colin (1988): »Foreword«. In: Gayatri Chakravorty Spivak, *In Other Worlds. Essays in Cultural Politics*, New York/London: Routledge, S. ix-xix.

MacKenzie, John (1995): *Orientalism. History, Theory and the Arts*, Manchester: Manchester University Press.

MacLean, Malcolm (2010): »Ambiguity within the Boundary: Re-reading C.L.R. James's Beyond a Boundary«. In: *Journal of Sport History* 37 (1), S. 99-117.

Maldonado Torres, Nelson (2008): »Secularism and Religion in the Modern/Colonial World-System: Secular Postcoloniality to Postsecular Transmodernity«, In: Moraña, Mabel/Dussel, Enrique/Jáuregui, Carlos A. (Hg.), *Coloniality at Large. Latin America and the Postcolonial Debate*, Durham/London: Duke University Press, S. 360-387.

Mallon, Florencia (1994): »The Promise and Dilemma of Subaltern Studies. Perspectives from Latin American History«, In: *American Historical Review* 99 (5), S. 1491-1515.

Mamdani, Mahmood (1996): *Citizen* and *Subject*: *Contemporary Africa and the Legacy of Late Colonialism*, Princeton: Princeton University Press.

Mamdani, Mahmood (2001): *When Victims Become Killers: Colonialism, Nativism, and the Genocide in Rwanda*, Princeton: Princeton University Press.

Mamozai, Martha (1989): *Schwarze Frau, Weiße Herrin. Frauenleben in den Deutschen Kolonien*, Reinbek bei Hamburg: Rowohlt.

Mani, Lata (1989): »Contentious Traditions: The Debate on Sati in Colonial India«. In: Kumkum Sangari/Suresh Vaid (Hg.), *Recasting Women. Essays in Colonial History*, New Delhi: Kali for Women, S. 88-126.

Marx, Karl (1951 [1859]): Zur Kritik der politischen Ökonomie, Berlin/DDR: Dietz.

Marx, Karl (1960a [1853]): »Die britische Herrschaft in Indien«. In: Karl Marx/Friedrich Engels, *Werke*, Bd. 9, Berlin/DDR: Dietz, S. 127-133.

Marx, Karl (1960b [1853]): »Die künftigen Ergebnisse der britischen Herrschaft in Indien«. In: Karl Marx/Friedrich Engels, *Werke*, Bd. 9, Berlin/DDR: Dietz, S. 220-226.

Marx, Karl (2001 [1867]): *Das Kapital. Kritik der politischen Ökonomie, Bd. 1.* Karl Marx/Friedrich Engels, *Werke*, Bd. 23, Berlin: Dietz Verlag.

Marx, Karl (2007 [1852]): *Der achtzehnte Brumaire des Louis Bonaparte*, Frankfurt am Main: Suhrkamp.

Marx, Karl/Engels, Friedrich (1969 [1845/46]): »Die Deutsche Ideologie« In: Karl Marx/Friedrich Engels, *Werke*, Bd. 3, Berlin/DDR: Dietz, S. 5-530.

Mascat, Jamila M.H. (2014): »Hegel and the Black Atlantic: Universalism, Humanism and Relation«. In: Nikita Dhawan (Hg.), *Decolonizing Enlightenment: Transnational Justice, Human Rights and Democracy in a Postcolonial World*, Opladen: Barbara Budrich Verlag, S. 94-114.

Massad, Joseph A. (2007): *Desiring Arabs*, Chicago: University of Chicago Press.
Mbembe, Achille (2001). *On the Postcolony*, Berkeley/Los Angeles/London: University of California Press.
McClintock, Anne (1995): *Imperial Leather. Race, Gender and Sexuality in the Colonial Contest*, New York/London: Routledge.
McClintock, Anne (2001): *Double Crossings: Madness, Sexuality and Imperialism*, Vancouver: Ronsdale Press.
Medevoi, Leerom/Raman, Shankar/Robinson, Benjamin (1990): »Can the Subaltern Vote?«. In: *Socialist Review* 20 (3), S. 133-150.
Mehta, Uday Singh (1999): *Liberalism and Empire: A Study in Nineteenth-Century British Liberal Thought*, Chicago: Chicago University Press.
Meister, Robert (2012): *After Evil. A Politics of Human Rights*, New York: Columbia University Press.
Memmi, Albert (1994 [1966]): *Der Kolonisator und der Kolonisierte. Zwei Portraits*, Hamburg: Europäische Verlagsanstalt.
Menon, Nivedita (2005): »Between the Burqa and the Beauty Parlor? Globalization, Cultural Nationalism, and Feminist Politics«. In: Ania Loomba et al. (Hg.), *Postcolonial Studies and Beyond*, Durham: Duke University Press, S. 206-229.
Mies, Maria (1986): *Patriarchy and Accumulation on a World Scale. Women in the International Division of Labour*, London: Zed Books.
Mignolo, Walter D. (1993): »Colonial and Postcolonial Discourses. Cultural Critique or Academic Colonialism«. In: *Latin America Research Review* 28, S. 120-131.
Mignolo, Walter D. (1995): *The Darker Side of the Renaissance. Literacy, Territoriality and Colonization*, Michigan: Michigan University Press.
Mignolo, Walter D. (2000): *Local Histories/Global Designs. Coloniality, Subaltern Knowledges and Border Thinking*, Princeton: Princeton University Press.
Mignolo, Walter D. (2005): *The Idea of Latin America*, Malden/Oxford: Blackwell Publishing.
Mignolo, Walter D. (2007): »Delinking«. In: *Cultural Studies*, 21 (2/3), S. 449-514.
Mignolo, Walter/Escobar, Arturo (Hg.) (2010): *Globalization and the Decolonial Option*, New York/London: Routledge.
Miles, Robert (1991): *Rassismus. Einführung in die Geschichte und Theorie eines Begriffs*, Hamburg: Argument.
Mills, Sara (1991): *Discourses of Difference. An Analysis of Women's Travel Writing and Colonialism*, London/New York: Routledge.
Mires, Fernando (1991): *Die Kolonisierung der Seelen. Mission und Konquista in Spanisch-Amerika*, Fribourg/Luzern: Edition Exodus.
Mitchell, Katharyne (1997): »Different Diasporas and the Hype of Hybridity«. In: *Environment and Planning D: Society and Space* 15 (5), S. 533-553.

Mohanty, Chandra Talpade (1988): »Aus westlicher Sicht. Feministische Theorie und Koloniale Diskurse«. In: *beiträge zur feministischen theorie und praxis* 23 (11), S. 149-162.

Mohanty, Chandra Talpade (2000): »Arbeiterinnen und die Globale Ordnung des Kapitalismus: Herrschaftsideologien, Gemeinsame Interessen und Strategien der Solidarität«. In: Ruth Klingebiel/Shalini Randeria (Hg.), *Globalisierung aus Frauensicht*, Bonn: Dietz, S. 320-344.

Mohanty, Chandra Talpade/Russo, Ann/Torres, Lourdes (2003): *Third World Women and the Politics of Feminism*, Bloomington: Indiana University Press.

Mommsen, Wolfgang J. (1979): *Der europäische Imperialismus. Aufsätze und Abhandlungen*, Göttingen: Vandenhoeck & Ruprecht.

Moore-Gilbert, Bart (1997): *Postcolonial Theory. Contexts, Practices, Politics*, London/New York: Verso.

Morales, Mario Roberto (2008): »Peripheral Modernity and Differential *Mestizaje* in Latin America: Outside Subalternist Postcolonialism«. In: Moraña, Mabel/Dussel, Enrique/Jáuregui, Carlos A. (Hg.), *Coloniality at Large. Latin America and the Postcolonial Debate*, Durham/London: Duke University Press, S. 479-505.

Moraña, Mabel (1998): »El Boom del Subalterno«. In: Santiago Castro-Gómez/Eduardo Mendieta (Hg.), *Teorías sin Disciplina*, S. 233-244.

Moraña, Mabel/Dussel, Enrique/Jáuregui, Carlos A. (Hg.) (2008): *Coloniality at Large. Latin America and the Postcolonial Debate*, Durham/London: Duke University Press.

Morris, Rosalind (2010): »Introduction«. In: dies. (Hg.): *Can the Subaltern Speak? Reflections on the History of an Idea*, New York: Columbia University Press, S. 1-20.

Moses, Dirk/Stone, Dan (Hg.) (2006): *Colonialism and Genocide*, London: Routledge.

Moses, Dirk (Hg.) (2009): *Empire, Colony, Genocide. Conquest, Occupation and Subaltern Resistance in World History*, New York/Oxford: Berghahn Books.

Morton, Stephen (2007): *Gayatri Spivak: Ethics, Subalternity and the Critique of Postcolonial Reason*, Cambridge: Polity.

Mudimbe, V.Y. (1988): *The Invention of Africa. Gnosis, Philosophy and the Order of Knowledge*, Bloomington: Indiana University Press.

Mufti, Aamir R. (1998): »Auerbach in Istanbul: Edward Said, Secular Criticism, and the Question of Minority Culture«. In: *Critical Inquiry* 25, 1, S. 95-125.

Müller, Friedrich Max (2002 [1883]): *India, What Can it Teach Us?*, New Delhi: Rupa.

Mutua, Makau (2000): »What is TWAIL?«. In: *American Society of International Law Proceedings* 94, S. 31-40.

Nehring, Andreas/Tielesch, Simon (Hg.) (2013): *Postkoloniale Theologien. Bibelhermeneutische und kulturwissenschaftliche Beiträge*, Stuttgart: Kohlhammer.

Ngũgĩ wa Thiong'o (1986): *Decolonising the Mind: The Politics of Language in African Literature*, London/Nairobi/Portsmouth: Heinemann.
Ngũgĩ wa Thiong'o (1995): *Moving the Centre. Essays über die Befreiung afrikanischer Kulturen*, Münster: Unrast.
Niranjana, Tejaswini (1992): *Siting Translation: History, Post-Structuralism, and the Colonial Context*, Berkeley: University of California Press.
Nkrumah, Kwame (1965): *Neo-Colonialism: The Last Stage of Imperialism*, London: Heinemann.
Nkrumah, Kwame (2006 [1963]): *Africa Must Unite*, London: Panaf Books.
O'Hanlon, Rosalind/Washbrook, David (1992): »After Orientalism: Culture, Criticism and Politics in the Third World«. In: *Comparative Studies in Society and History*, 34 (1), S. 141-167.
Olson, Gary A./Worsham, Lynn (1999): »Staging the Politics of Difference. Homi Bhabha's Critical Literacy«. In: dies. (Hg.), *Race, Rhetoric, and the Postcolonial*, Albany: SUNY Press, S. 3-39.
Olusoga, David/Erichsen, Casper (2010): *The Kaiser's Holocaust. Germany's Forgotten Genocide and the Colonial Roots of Nazism*, London: Faber and Faber.
Omvedt, Gail (2004): *Ambedkar. Towards an Enlightened India*, New Delhi: Penguin.
Ong, Aihwa (1987): *Spirits of Resistance and Capitalist Discipline: Factory Women in Malaysia*, Albany: State University of New York Press.
Ong, Aihwa (2006): *Neoliberalism as Exception*, Durham: Duke University Press.
Ortiz, Fernando (2003 [1947]): *Cuban Counterpoint: Tobacco and Sugar*, Durham: Duke University Press.
Osterhammel, Jürgen (1997): »Edward W. Said und die »Orientalismus«-Debatte. Ein Rückblick«. In: Asien *Afrika Lateinamerika* 25, S. 597-607.
Osterhammel, Jürgen (2003): *Kolonialismus. Geschichte – Formen – Folgen*, München: C.H. Beck.
Osterhammel, Jürgen (2011): *Die Verwandlung der Welt. Eine Geschichte des 19. Jahrhunderts*, München: C.H. Beck.
Pahuja, Sundhya (2013): *Decolonizing International Law. Development, Economic Growth and the Politics of Universality*, Cambridge: Cambridge University Press.
Pandey, Gyanendra (2002): *Remembering Partition: Violence, Nationalism and History in India*, Cambridge: Cambridge University Press.
Parry, Benita (1987): »Problems in current theories of colonial discourse«. In: *Oxford Literary Review* 9 (1/2), S. 27-58.
Parry, Benita (1996): »Signs of our times«. In: *Third Text* 28 (9), S. 5-24.
Parry, Benita (2002): »Liberation Theory: Variations on Themes of Marxism and Modernity«. In: Crystal Bartolovich/Neil Lazarus (Hg.) (2002), *Mar-*

xism, Modernity and Postcolonial Studies, Cambridge: Cambridge University Press, S. 125-149.

Parry, Benita (2004): *Postcolonial Studies. A Materialist Critique,* London/New York: Routledge.

Pearce, Fred (2012): *The Land Grabbers: The New Fights over Who Owns the Earth,* Boston: Beacon Press.

Perras, Arne (2004): *Carl Peters and German Imperialism 1856-1918. A political Biography,* Oxford: Clarendon Press.

Pocock, J.G.A. (1998): »Law, Sovereignty and History in a Divided Culture: The Case of New Zealand and the Treaty of Waitangi«. In: *McGill Law Journal* 43, S. 481-506.

Polaschegg, Andrea (2005): *Der andere Orientalismus. Regeln deutsch-morgenländischer Imagination im 19. Jahrhundert,* Berlin/New York: De Gruyter.

Pollock, Sheldon (1993): »Deep Orientalism? Notes on Sanskrit and Power Beyond the Raj«. In: Carol A. Breckenridge/Peter van der Veer (Hg.): *Orientalism and the Postcolonial Predicament. Perspectives on South Asia,* Philadelphia: University of Pennsylvania Press, S. 76-133.

Pollock, Sheldon et al. (2000): »Cosmopolitanisms«. In: *Public Culture* 12 (3), S. 577-589.

Porter, Dennis (1993): »Orientalism and its Problems«. In: Patrick Williams/Laura Chrisman (Hg.): *Colonial Discourse and Postcolonial Theory. A Reader,* Hemel Hemstead: Harvester Wheatsheaf, S. 150-161.

Prakash, Gyan (1992a): »Postcolonial Criticism and Indian Historiography«. In: *Social Text* 10 (31-32), S. 8-19.

Prakash, Gyan (1992b): »Can the ›Subaltern‹ Ride? A Reply to O'Hanlon and Washbrook«. In: *Comparative Studies in Society and History* 34 (1), S. 168-184.

Prakash, Gyan (1994): »Subaltern Studies as Postcolonial Criticism«. In: *American Historical Review* 99 (5), S. 1475-1490.

Prakash, Gyan (1996): »*Who's Afraid of Postcoloniality?*«. In: *Social Text* 49, S. 187-203.

Puar, Jasbir K. (2007): *Terrorist Assemblages: Homonationalism in Queer Times,* Durham: Duke University Press.

Quayson, Ato (2002): »Looking Awry: Tropes of Disability in Postcolonial Writing«. In: David Theo Goldberg/Ato Quayson (Hg.), *Relocating Postcolonialism,* Malden/Oxford: Blackwell Publishing, S. 217-230.

Quijano, Aníbal (2000): »Coloniality of Power, Eurocentrism, and Latin America«. In: *Nepantla: Views from the South* 1 (3), S. 533-580.

Quijano, Aníbal (2008): »Coloniality of Power, Eurocentrism, and Social Classification«. In: Moraña, Mabel/Dussel, Enrique/Jáuregui, Carlos A. (Hg.), *Coloniality at Large. Latin America and the Postcolonial Debate,* Durham/London: Duke University Press, S. 181-224.

Rabinowitz, Dan (2005): »Belated Occupation, Advanced Militarization: Toward Said's Critique of the Oslo Process Revisited«. In: Homi Bhabha/W.J.T. Mitchell (Hg.), *Edward Said. Continuing the Conversation*, Chicago/London: The University of Chicago Press, S. 142-148.

Randeria, Shalini (2000): »Globalisierung und Geschlechterfrage: Zur Einführung«. In: Ruth Klingebiel/Shalini Randeria (Hg.), *Globalisierung aus Frauensicht*, Bonn: Dietz, S. 16-33.

Randeria, Shalini (2009): »Transnationalisierung des Rechts und der ›listige Staat‹ in Indien: zivilgesellschaftlicher Widerstand gegen die Privatisierung öffentlicher Güter«. In: dies./Andreas Eckert (Hg.), *Vom Imperialismus zum Empire*, Frankfurt am Main: Suhrkamp, S. 211-236.

Randeria, Shalini/Eckert, Andreas (Hg.) (2009): *Vom Imperialismus zum Empire*, Frankfurt am Main: Suhrkamp.

Rangan, Pooja/Chow, Rey (2013): »Race, Racism, and Postcoloniality«. In: Graham Huggan (Hg.), *The Oxford Handbook of Postcolonial Studies*, Oxford: Oxford University Press, S. 396-411.

Reinhard, Wolfgang (2008): *Kleine Geschichte des Kolonialismus*, Stuttgart: Kröner.

Rich, Adrienne (1995): *Dark Fields of the Republic. Poems 1991-1995*, New York: W.W. Norton.

Robbins, Bruce (1992): »The East is a Career. Edward Said and the Logics of Professionalism«. In: Michael Sprinker (Hg.), *Edward Said. A Critical Reader*, Malden/Oxford: Blackwell Publishing, S. 48-73.

Robbins, Bruce (2005): »Race, Gender, Class, Postcolonialism: Toward a New Humanistic Paradigm?«. In: Henry Schwarz/Sangeeta Ray (Hg.), *A Companion to Postcolonial Studies*, Malden/Oxford: Blackwell Publishing, S. 556-573.

Robbins, Bruce (2014): »Response to Vivek Chibber«. In: *n+1*, Online: https://nplusonemag.com/online-only/online-only/response-to-vivek-chibber/ (letzter Aufruf 21.11.2014).

Robertson, Roland (1998): »Glokalisierung: Homogenität und Heterogenität in Raum und Zeit«. In: Ulrich Beck (Hg.), *Perspektiven der Weltgesellschaft*, Frankfurt am Main: Suhrkamp, S. 192-220.

Robins, Nick (2006): *The Corporation that Changed the World. How the East India Company Shaped the Modern Multinational*, Hyderabad: Orient Longman.

Rodríguez, Ileana (2001): »Reading Subalterns Across Texts, Disciplines, and Theories. From Representation to Recognition«. In: dies. (Hg.), *The Latin American Subaltern Studies Reader*, Durham/London: Duke University Press.

Rodríguez, Juana Maria (Hg.) (2003): *Queer Latinidad: Identity Practices, Discursive Spaces*, New York/London: New York University Press.

Rose, Jacqueline (2003): »Response to Edward Said«. In: Edward W. Said, *Freud and the Non-European*, London/New York: Verso, S. 59-79.
Rothberg, Michael (2009): *Multidirectional Memory: Remembering the Holocaust in the Age of Decolonization*, Stanford: Stanford University Press.
Rowbotham, Sheila/Mitter, Swasti (1993): *Dignity and Daily Bread: New Forms of Economic Organization Among Poor Women in the Third World and the First*, London/New York: Routledge.
Rushdie, Salman (1997): »Introduction«. In: Salman Rushdie/Elizabeth West (Hg.), *Mirrorwork. 50 Years of Indian Writing: 1947-1997*, New York: Henry Holt, S. vii-xxi.
Rushdie, Salman (2012): *Joseph Anton. A Memoir*, London: Vintage.
Said, Edward (1978): *Orientalism*, New York: Vintage.
Said, Edward (1983): *The World, the Text and the Critic*, Cambridge: Harvard University Press.
Said, Edward (1985): »Orientalism Reconsidered«. In: Francis Barker et al. (Hg.), *Europe and Its Others*, Colchester: University of Essex, S. 14-27.
Said, Edward (1990): »Third World Intellectuals and Metropolitan Culture«. In: *Raritan* 9, S. 27-50.
Said, Edward (1992 [1979]): *The Question of Palestine*, New York: Vintage.
Said, Edward (1993): *Culture and Imperialism*, London: Chatto & Windus.
Said, Edward (1994a): *Representations of the Intellectual. The 1993 Reith Lectures*, London: Vintage.
Said, Edward (1994b): *The Pen and the Sword. Conversations with David Barsamian*, Monroe: Common Courage Press.
Said, Edward (1995): *The Politics of Dispossession. The Struggle for Palestinian Self-Determination, 1969-1994*, New York: Vintage.
Said, Edward (1997a [1981]): *Covering Islam. How the Media and the Experts Determine How We See the Rest of the World*, New York: Vintage.
Said, Edward (1997b): »Die Politik der Erkenntnis«. In: Elisabeth Bronfen et al. (Hg.), *Hybride Kulturen. Beiträge zur anglo-amerikanischen Multikulturalismusdebatte*, Tübingen: Stauffenburg, S. 81-95.
Said, Edward (1999a): »Die Konstruktion des ›Anderen‹«. In: Christoph Burgmer (Hg.), *Rassismus in der Diskussion*, Berlin: Elefanten Press, S. 27-44.
Said, Edward (1999b): *Out of Place: A Memoir*, New York: Knopf.
Said, Edward (1999c [1986]): *After the Last Sky: Palestinian Lives* (mit Photographien von Jean Mohr), New York: Columbia University Press.
Said, Edward (2000): *Reflections on Exile and Other Essays*, Cambridge: Harvard University Press.
Said, Edward (2001a): »Afterword to the 1995 Printing«. In: ders., *Orientalism. Western Conception of the Orient*, New Delhi: Penguin India.
Said, Edward (2001b): *The End of the Peace Process: Oslo and After*. New York: Vintage.

Said, Edward (2002): »In Conversation with Neeladri Bhattacharya, Suvir Kaul and Ania Loomba«. In: David Theo Goldberg/Ato Quayson (Hg.), *Relocating Postcolonialism*, Malden/Oxford: Blackwell Publishing, S. 1-13.

Said, Edward (2003): *Freud and the Non-European*, London/New York: Verso.

Said, Edward (2004): *Humanism and Democratic Criticism*, New York: Columbia University Press.

Said, Edward/Hitchens, Christopher (Hg.) (1988): *Blaming the Victims: Spurious Scholarship and the Palestinian Question*, New York: Columbia University Press.

Sainath, Palagummi (2004): »Seeds of Suicide«. In: *The Hindu July 20*. Online: http://www.hindu.com/2004/07/20/stories/2004072003071200.htm (letzter Aufruf 14.1.2014).

Salgado, Minoli (2000): »Tribal Stories, Scribal Worlds«. In: *Journal of Commonwealth Literature* 35 (1), S. 131-145.

San Juan, Jr., Epifanio (1996): »Über die Grenzen ›postkolonialer‹ Theorie. Kassiber aus der ›Dritten Welt‹«. In: *Das Argument* 38 (3), S. 361-372.

San Juan, Jr., Epifanio (2001/2002): »Comparative Postcolonialities and the Dialectics of Subaltern Discourse«. In: *Jadavpur Journal of Comparative Literature* 39, S. 91-130.

San Juan, Jr., Epifanio (2002): »Postcolonialism and the Problematic of Uneven Development«. In: Bartolovich, Crystal/Lazarus, Neil (Hg.), *Marxism, Modernity and Postcolonial Studies*, Cambridge: Cambridge University Press, S. 221-239.

Sánchez Martínez, Luis Manuel (2006): *Warum kann (und darf) der ›Andere‹ nicht verstanden werden? Sinnkritische historisch-philosophische Rekonstruktion der Befreiungsethik von Enrique Dussel*, Aachen: Verlagsgruppe Mainz.

Sanders, Mark (2006): *Gayatri Chakravorty Spivak: Live Theory*. London/New York: Continuum.

Sangari, Kumkum/Vaid, Suresh (Hg.) (1989): *Recasting Women. Essays in Colonial History*, New Delhi: Kali for Women.

Santos, Boaventura de Sousa (2007): »Beyond abyssal thinking: From global lines to ecologies of knowledges«. In: *Revista Critica de Ciencias Sociais* 80. Online: http://www.eurozine.com/articles/2007-06-29-san-tos-en.html (letzter Aufruf 3.1.2014).

Santos, Boaventura de Sousa (Hg.) (2008): *Another Knowledge Is Possible: Beyond Northern Epistemologies*, London/New York: Verso.

Sardar, Ziauddin (2002): *Orientalism*, New Delhi: Viva Books.

Sartre, Jean Paul (1981 [1961]): »Vorwort«. In: Frantz Fanon: *Die Verdammten dieser Erde*, Frankfurt am Main: Suhrkamp, S. 7-28.

Sassen, Saskia (2008): »The Many Scales of the Global: Implications for Theory and for Politics«. In: Ravitha Krishnaswamy/John C. Hawley (Hg.), *The*

Postcolonial and the Global, Minneapolis: University of Minnesota Press, S. 82-93.

Saunders, Kriemhild (Hg.) (2002): *Feminist Post-Development Thought: Rethinking Modernity, Post-Colonialism & Representation*, London: Zed Books.

Schaller, Dominik J./Zimmerer, Jürgen (2005): »Raphael Lemkin: The ›Founder of the United Nations' Genocide Convention‹ as a Historian of Mass Violence.«. In: Sondernummer des *Journal of Genocide Research*, 7 (4), S. 447-452.

Schwarz, Henry/Ray, Sangeeta (Hg.) (2000): *A Companion to Postcolonial Studies*, Malden/Oxford: Blackwell Publishing.

Senghor, Léopold (1994): »Négritude: A Humanism of the Twentieth Century«. In: Patrick Williams/Laura Chrisman (Hg.), *Colonial Discourse and Post-Colonial Theory*, Hemel Hemstead: Harrester Wheatsheaf, S. 27-35.

Sharpe, Jenny (1993): *Allegories of Empires. The Figure of Woman in the Colonial Text*, Minneapolis: University of Minnesota Press.

Sherry, Mark (2007): »Intersecting Gender and Disability Perspectives in Rethinking Postcolonial Identities«. In: *Wagadu* 4, S. 10-22.

Shetty, Sandhya/Bellamy, Elizabeth (2000): »Postcolonialism's Archive Fever«. In: *Diacritics* 30 (1), S. 25-48.

Shiva, Vandana (2001): *Patents. Myths and Reality*, New Delhi: Penguin.

Shohat, Ella (1988): »Sephardim in Israel: Zionism from the Standpoint of Its Jewish Victims«. In: *Social Text* 19/20, S. 1-35.

Shohat, Ella (1992): »Notes on the Postcolonial«. In: *Social Text* 31/32, S. 99-113.

Sinha, Mrinalini (1995): *Colonial Masculinity: The ›manly Englishman‹ and the ›effeminate Bengali‹ in the late nineteenth century*, Manchester: Manchester University Press.

Sklair, Leslie (2008): »Discourses of Globalization: A Transnational Capitalist Class Analysis«. In: Ravitha Krishnaswamy/John C. Hawley (Hg.), *The Postcolonial and the Global*, Minneapolis: University of Minnesota Press, S. 215-227.

Slemon, Stephen/Tiffin, Helen (1989): »Introduction«. In: dies. (Hg.), *After Europe. Critical Theory and Post-colonial Writing*, Coventry: Dangaroo Press, S. ix-xxiii.

Spanos, William V. (2009): *The Legacy of Edward W. Said*, Urbana/Chicago: University of Illinois Press.

Speitkamp, Winfried (2005): *Deutsche Kolonialgeschichte*, Stuttgart: Reclam.

Spivak, Gayatri Chakravorty (1976): »Translator's Preface«. In: Jacques Derrida, *Of Grammatology*, Baltimore: Johns Hopkins University Press, S. ix-lxxxix.

Spivak, Gayatri Chakravorty (1985a): »Strategies of Vigilance«, Interview mit Angela McRobbie. In: *Block* 10, S. 5-9.

Spivak, Gayatri Chakravorty (1985b): »The Rani of Sirmur. An Essay in Reading the Archives«. In: Francis Barker et al. (Hg.), *Europe and its Others*, Colchester: University of Essex, S. 128-151.

Spivak, Gayatri Chakravorty (1985c): »Three Women's Texts and a Critique of Imperialism«. In: *Critical Inquiry* 12 (1), S. 243-261.

Spivak, Gayatri Chakravorty (1988): *In Other Worlds. Essays in Cultural Politics*, New York/London: Routledge.

Spivak, Gayatri Chakravorty (1989): »Naming Gayatri Spivak«, Interview mit Maria Koundoura. In: *Stanford Humanities Review* 1 (1), S. 84-97.

Spivak, Gayatri Chakravorty (1990a): *The Post-Colonial Critic. Interviews, Strategies, Dialogues*, Hg. von Sarah Harasym, New York/London: Routledge.

Spivak, Gayatri Chakravorty (1990b): »Poststructuralism, Marginality, Postcoloniality and Value«. In: Peter Collier/Helga Geyer-Ryan (Hg.), *Literary Theory Today*, Cambridge: Polity Press, S. 219-244.

Spivak, Gayatri Chakravorty (1991a): »Neocolonialism and the Secret Agent of Knowledge«, Interview mit Robert Young. In: *Oxford Literary Review* 13 (1-2), S. 220-251.

Spivak, Gayatri Chakravorty (1991b): »Theory in the Margin: Coetzee's *Foe* Reading Defoe's *Crusoe/Roxana*«. In: Jonathan Arac/Barbara Johnson (Hg.), *The Consequences of Theory*. Baltimore: The John Hopkins University Press. S. 154-180.

Spivak, Gayatri Chakravorty (1991c): »Once Again a Leap into the Postcolonial Banal«. In: *Differences* 3 (3), S. 139-170.

Spivak, Gayatri Chakravorty (1993a): *Outside in the Teaching Machine*, New York/London: Routledge.

Spivak, Gayatri Chakravorty (1993b): »An Interview with Gayatri Chakravorty Spivak«, Interview mit Sara Danius und Stefan Jonsson. In: *boundary 2* 20 (2), S. 24-50.

Spivak, Gayatri Chakravorty (1994a [1988]): »Can the Subaltern Speak?« In: Patrick Williams/Laura Chrisman (Hg.), *Colonial Discourse and Post-Colonial Theory*, Hemel Hemstead: Harvester Wheatsheaf, S. 66-111.

Spivak, Gayatri Chakravorty (1994b): »Responsibility«. In: *boundary 2* 21(3), S. 19-64.

Spivak, Gayatri Chakravorty (1994c): »Translators Preface«. In: *Imaginary Maps*, London/New York: Routledge, S. xxiii-xxx.

Spivak, Gayatri Chakravorty (1995a): »Supplementing Marxism«. In: Steven Cullenberg/Bernd Magnus (Hg.), *Whither Marxism?* New York/London: Routledge, S. 109-119.

Spivak, Gayatri Chakravorty (1995b): »Ghostwriting«. In: *Diacritics* 25 (2), S. 65-84.

Spivak, Gayatri Chakravorty (1995c): »Teaching for the Times«. In: Jan Nederveen Pieterse/Bhikhu Parekh (Hg.), *The Decolonization of Imagination. Culture, Knowledge and Power*, London: Zed Books, S. 177-202.

Spivak, Gayatri Chakravorty (1996a): *The Spivak Reader*, Hg. von Donna Landry und Gerald Maclean, New York/London: Routledge.

Spivak, Gayatri Chakravorty (1996b): »›Frau als Theater‹: Beijing 1995«. In: Vathsala Aithal (Hg.), *Vielfalt als Stärke: Beijing 95. Texte von Frauen aus dem Süden zur Vierten Weltfrauenkonferenz, epd-Entwicklungspolitik*, II/96, S. 56-59.

Spivak, Gayatri Chakravorty (1997): »Achtung: Postkolonialismus!« In: Peter Weibel/Slavoj Žižek (Hg.), *Inklusion – Exklusion. Probleme des Postkolonialismus und der Globalen Migration*, Wien: Passagen, S. 117-130.

Spivak, Gayatri Chakravorty (1999a): *A Critique of Postcolonial Reason. Towards a History of the Vanishing Present*, Calcutta/New Delhi: Seagull.

Spivak, Gayatri Chakravorty (1999b): *Imperatives to Re-Imagine the Planet/Imperative zur Neuerfindung des Planeten*, Hg. von Willi Goetschel, Wien: Passagen.

Spivak, Gayatri Chakravorty (2000a): »Claiming Transformation. Travel Notes with Pictures«. In: Sara Ahmed et al. (Hg.), *Transformation. Thinking Through Feminism*, New York/London: Routledge, S. 119-130.

Spivak, Gayatri Chakravorty (2000b): »Foreword: Upon Reading the *Companion to Postcolonial Studies*«. In: Henry Schwarz/Sangeeta Ray (Hg.), *A Companion to Postcolonial Studies*, Malden/Oxford: Blackwell Publishing, S. xv-xxii.

Spivak, Gayatri Chakravorty (2002a): »Discussion. An Afterword on the New Subaltern«. In: Partha Chatterjee/Pradeep Jeganathan (Hg.), *Subaltern Studies XI: Community, Gender and Violence*, New Delhi: Permanent Black, S. 305-334.

Spivak, Gayatri Chakravorty (2002b): »Resident Alien«. In: David Theo Goldberg/Ato Quayson (Hg.), *Relocating Postcolonialism*, Malden/Oxford: Blackwell Publishing, S. 46-65.

Spivak, Gayatri Chakravorty (2004a): *Death of a Discipline*, Calcutta/New Delhi: Seagull.

Spivak, Gayatri Chakravorty (2004b): »What is Enlightenment?«. Interview with Jane Gallop. In: Jane Gallop (Hg.), *Polemic: Critical or Uncritical*. London/New York: Routledge, S. 179-200.

Spivak, Gayatri Chakravorty (2004c): »Righting Wrongs«. In: *The South Atlantic Quarterly* 103 (2/3); S. 523-581.

Spivak, Gayatri Chakravorty (2005): »Scattered Speculations on the Subaltern and the Popular«. In: *Postcolonial Studies* 8 (4), S. 475-486.

Spivak, Gayatri Chakravorty (2007): »Feminism and Human Rights«. In: Nermeen Shaikh (Hg.), *The Present as History: Critical Perspectives on Global Power*, New York: Columbia University Press, S. 172-201.

Spivak, Gayatri Chakravorty (2008): *Other Asias*, Malden/Oxford: Blackwell Publishing.

Spivak, Gayatri Chakravorty (2009): »They the People. Problems of Alter-Globalization«. In: *Radical Philosophy* 157, S. 31-36.

Spivak, Gayatri Chakravorty (2010): »In Response: Looking Back, Looking Forward«. In: Rosalind Morris (Hg.): *Can the Subaltern Speak? Reflections on the History of an Idea*, New York: Columbia University Press, S. 227-236.

Spivak, Gayatri Chakravorty (2011): »Ein moralisches Dilemma«. In: María do Mar Castro Varela/Nikita Dhawan (Hg.), Soziale (Un)Gerechtigkeit. Kritische Perspektiven auf Diversity, Intersektionalität und Antidiskriminierung, Münster u.a.: LIT Verlag, S. 62-77.

Spivak, Gayatri Chakravorty (2012): *An Aesthetic Education in the Era of Globalization*, Cambridge: Harvard University Press.

Spivak, Gayatri Chakravorty (2014): »Postcolonial theory and the specter of capital«. In: *Cambridge Review of International Affairs* 27 (1), S. 184-198.

Stoler, Ann Laura (2010): *Carnal Knowledge and Imperial Power. Race and the Intimate Colonial Rule*, Berkeley/Los Angeles/London: University of California Press.

Struve Karen (2013): *Zur Aktualität Von Homi K. Bhabha: Einleitung in sein Werk*, Wiesbaden: Spinger VS.

Suleri, Sara (1995): »Woman Skin Deep. Feminism and the Postcolonial Condition«. In: Ashcroft et al. (Hg.), *The Post-Colonial Studies Reader*, London/New York: Routledge, S. 273-280.

Theweleit, Klaus (1986): *Männerphantasien*, Frankfurt am Main: Stroemfeld/Roter Stern.

Thomas, Hugh (2006): *The Slave Trade. The History of the Atlantic Slave Trade: 1440-1870*, London: Phoenix Books.

Todorova, Maria (2009): *Imagining The Balkans*, London: Oxford University Press.

Trinh, Minh-ha (1989): *Woman, Native, Other. Writing Postcoloniality and Feminism*, Bloomington/Indianapolis: Indiana University Press.

Trouillot, Michel-Rolph (1995): *Silencing the Past: Power and the Production of History*, Boston: Beacon Press.

van der Veer, Peter (2001): *Imperial Encounters: Religion and Modernity in India and Britain*, Princeton: Princeton University Press.

Varadharajan, Asha (1995): *Exotic Parodies: Subjectivity in Adorno, Said and Spivak*, Minneapolis: University of Minnesota Press.

Varisco, Daniel Martin (2007): *Reading Orientalism: Said and the Unsaid*, Seattle: University of Washington Press.

Vergès, Françoise (2006): »Sklavenhandel und das System der Sklaverei. Blinde Flecken im französischen Denken«. In: *translate*, webjournal of eipcp, Online: eipcp.net/transversal/1206/verges/de (letzter Aufruf 3.1.2014).

Viswanathan, Gauri (1989): *Masks of Conquest. Literary Study and British Rule in India*, London: Faber.

Visweswaran, Kamala (1994): *Fictions of Feminist Ethnography*, Minneapolis: University of Minnesota Press.

Wallerstein, Immanuel (1997): »Eurocentrism and its Avatars: The Dilemmas of Social Science«. In: *New Left Review* 226 (11/12), S. 93-107.

Warraq, Ibn (2007): *Defending the West. A Critique of Edward Said's Orientalism*, Amherst: Prometheus Books.

Werbner, Pnina/Modood, Tariq (Hg.) (1997): *Debating Cultural Hybridity. Multicultural Identities and the Politics of Anti-Racism*, London: Zed Books.

Werner, Michael/Zimmermann, Bénédicte (2002): »Vergleich, Transfer, Verflechtung. Der Ansatz der Histoire croisée und die Herausforderung des Transnationalen«. In: *Geschichte und Gesellschaft* 28 (4), S. 607-636.

Wildenthal, Lora (2001): *German Women for Empire 1884-1945*, Durham: Duke University Press.

Williams, Patrick/Chrisman, Laura (1993a): »Introduction«. In: dies. (Hg.), *Colonial Discourse and Postcolonial Theory. A Reader*, Hemel Hemstead: Harvester Wheatsheaf, S. 1-20.

Williams, Patrick/Chrisman, Laura (Hg.) (1993b): *Colonial Discourse and Postcolonial Theory. A Reader*, Hemel Hemstead: Harvester Wheatsheaf.

Woollacott, Angela (2006): *Gender and Empire*, Basingstoke/New York: Palgrave Macmillan.

Yeğenoğlu, Meyda (1998): *Colonial Fantasies. Towards a Feminist Reading of Orientalism*, Cambridge: Cambridge University Press.

Yeğenoğlu, Meyda (2005): »Cosmopolitanism and Nationalism in a Globalized World«. In: *Ethnic and Racial Studies* 28 (1), S. 103-131.

Yerushalmi, Yosef Hayim (1991): *Freud's Moses. Judaism terminable and interminable*, New Haven/London: Yale University Press.

Young, Robert (1995): *Colonial Desire. Hybridity in Theory, Culture and Race*, London/New York: Routledge.

Young, Robert (2001): *Postcolonialism. An Historical Introduction*, Malden/Oxford: Blackwell Publishing.

Young, Robert (2004): *White Mythologies. Writing History and the West*, London/New York: Routledge.

Zantop, Susanne (1997): *Colonial Fantasies. Conquest, Family and Nation in Precolonial Germany, 1770-1870*, Durham/London: Duke University Press.

Zantop, Susanne (2001): »Europe's Occidentalism«. In: Bill Ashcroft/Hussein Khadim (Hg.), *Edward Said and the Post-Colonial*, Huntington, New York: Nova Science Publishers, S. 107-126.

Zechner, Johannes (2003): »Heinrich von Treitschkes Antisemitismus und die deutsche Geschichtswissenschaft«. In: Heinrich Böll Stiftung (Hg.): *Gedächtnispolitik – Eine kritische Zwischenbilanz,* Berlin: Heinrich Böll Stiftung, S. 94-113.

Zein-Elabdin, Eiman O./Charusheela, S. (Hg.) (2003): *Postcolonial Meets Economics,* New York/London: Routledge

Zeller, Joachim/Zimmerer, Jürgen (2003): *Völkermord in Deutsch-Südwestafrika. Der Kolonialkrieg (1904-1908) in Namibia und seine Folgen,* Berlin: Christian Links.

Zelliot, Eleanor (1996): *From Untouchable to Dalit. Essays on the Ambedkar Movement,* New Delhi: Manohar.

Zeuske, Michael (2004): *Schwarze Karibik. Sklaven, Sklavereikultur und Emanzipation,* Zürich: Rotpunkt.

Zimmerer, Jürgen (2010): »Der erste Genozid des 20. Jahrhundert. Der deutsche Vernichtungskrieg in Südwestafrika (1904-1908) und die Globalgeschichte des Genozids«. In: ders., *Von Windhuk nach Auschwitz. Beiträge zum Verhältnis von Kolonialismus und Holocaust,* Münster u.a.: LIT, S. 40-70.

Zimmerer, Jürgen (2011): *Von Windhuk nach Auschwitz. Beiträge zum Verhältnis von Kolonialismus und Holocaust,* Münster u.a.: LIT.

Žižek, Slavoj (2004): »Blut ohne Boden – Boden ohne Blut«, Konzept Filmreihe des Kölnischen Kunstverein 6./7.2004.